Carr • Für immer Nichtraucher!

Allen Carr

Für immer Nichtraucher!

Der einfache Weg,
dauerhaft mit dem Rauchen
Schluß zu machen

Mosaik

Titel der Originalausgabe:
»The Only Way To Stop Smoking Permanently«
Originalverlag: Penguin Books Ltd, London

Übersetzung aus dem Englischen: Gabriele Zelisko
Redaktion: Monika König
Textbearbeitung: Irmgard Perkounigg
Umschlaggestaltung: Design Team München
Umschlagfoto: Guido Pretzl, München
Satz: Filmsatz Schröter GmbH, München
Druck und Bindung: Graphischer Großbetrieb Pößneck
Printed in Germany
ISBN 3-576-11276-6

Inhalt

Vorwort 7

Kapitel

1 Allen im Wunderland 9
2 Alles noch einmal von vorn 39
3 Welche Art von Rauchern schafft es nicht? 51
4 Warum hat es beim zweitenmal nicht mehr funktioniert? . . . 67
5 Warum ich nie wieder süchtig werden kann 77
6 Die unglaubliche Maschine Mensch 83
7 Die Schwachstelle in der Maschine 91
8 Realität oder Illusion? 105
9 Wo ging es schief? 113
10 Im Innern der fleischfressenden Pflanze 119
11 So wird man für den Rest seines Lebens glücklicher Nichtraucher 131
12 Die Besteigung des Everest 135
13 Die zwölf Geschworenen 139
14 Die richtige Einstellung 141
15 Das Tauziehen der Ängste 147
16 Aber ich genieße die Zigarette 153
17 Warum kratzen wir uns bei Juckreiz? 167
18 Gewohnheit oder Abhängigkeit 169
19 Ich habe nicht genug Willenskraft 181
20 Ehemalige Raucher 189
21 Ich neige zur Sucht 201
22 Ich wäre so gerne Nichtraucher 209

23 Die anderen Raucher ... 217
24 Unsere Vorbilder ... 233
25 Wie kann ich mich ohne Zigarette konzentrieren? ... 237
26 Wenn es nur einen geeigneten Ersatz gäbe 245
27 Das Märchen vom Gewicht ... 257
28 Diese »fürchterlichen« Entzugserscheinungen ... 265
29 Das »Fünf-Tage-« und das »Drei-Wochen-Syndrom« ... 275
30 Raucherinnen ... 285
31 Gelegenheitsraucher ... 295
32 Heimliche Raucher ... 323
33 Werde ich das Leben jemals wieder genießen können? ... 329
34 Wann hört das Verlangen auf? ... 345
35 Die Versklavung ... 365
36 Die gesellschaftliche Stütze ... 375
37 Gesundheit ... 399
38 Der richtige Zeitpunkt ... 415
39 Die letzte Zigarette ... 425
40 Die Anweisungen ... 443
41 Das Nachglühen ... 447
42 Alkohol, Heroin und andere Drogen ... 459
43 Alkohol ... 467
44 Heroin und andere Drogen ... 509
45 Die »Wellen« ... 519
46 Zusammenfassung ... 523

Adressen ... 540

Vorwort

von Allen Carr zur deutschen Ausgabe

Liebe Leserin, lieber Leser,

als ich selbst »endlich Nichtraucher« wurde, konnte ich noch nicht ahnen, daß meine Freude und Erleichterung darüber, daß ich einer lebenslangen Nikotinsucht entkommen war, noch übertroffen werden konnte: nämlich von der Freude, anderen dabei zu helfen, sich ebenfalls aus der Nikotinfalle zu befreien.

Diese Freude erreichte ihren Höhepunkt, als mein Buch *Endlich Nichtraucher* in Deutschland auf Platz 1 der Bestsellerliste war. Diesen Erfolg verdanke ich nicht nur dem Goldmann Verlag, sondern auch vielen Freunden und Kollegen, die als Allen-Carr-Trainer Nichtraucherkurse in Deutschland, Österreich und der Schweiz durchführen. Ganz besonders bedanke ich mich bei Petra Wackerle und Stephan Kraus, deren Begeisterung, Engagement und Können viel zum Erfolg von Allen Carr's Easyway beigetragen haben.

Ich bin mir sicher, daß dieses Buch allen Nikotinabhängigen helfen kann, die es mit *Endlich Nichtraucher* noch nicht geschafft haben aufzuhören, oder auch denjenigen, die es geschafft haben und wieder in die Falle hineingetappt sind, um ebenfalls diese unermeßliche Freude zu empfinden, den Fängen des Nikotins entkommen zu sein.

Allen Carr, Januar 1999

KAPITEL 1

Allen im Wunderland

»Was um alles in der Welt tust du dir an?«

»Ich lasse mir eine Zigarette schmecken.«

Die Frage kam von meiner Frau Joyce. Eine dieser glücklichen Personen, die ihre erste Zigarette so widerlich finden, daß ihnen für immer die Lust auf eine zweite vergeht.

Wie sollte auch ein Nichtraucher den *Genuß* des Rauchens ermessen?

Die Zigarette hing aus meinem Mundwinkel wie bei Humphrey Bogart, und die Tatsache, daß sie mit meinem eigenen Blut getränkt war, schmälerte den *Genuß* nicht im geringsten. Ich blutete bereits zum zweiten Mal innerhalb einer Stunde aus der Nase.

Die erste und wirklich schlimme Blutung war die Folge eines krampfartigen Hustenanfalls, ausgelöst von jener *ganz besonderen* Zigarette am frühen Morgen. Das Nasenbluten gehörte seit kurzem fest zu meinem Tagesablauf. Joyce hielt mir regelmäßig die bekannten Vorträge über die Auswirkungen des Rauchens auf die Gesundheit. Sie gingen zum einen Ohr hinein und auf direktem Weg zum anderen wieder hinaus.

Mir war ohnehin klar, daß das Rauchen mich umbringen würde, durch die dauernden Ermahnungen kam ich mir nur noch idiotischer vor – und meine Abhängigkeit von den Zigaretten schien noch größer zu werden.

Nicht daß ich nicht aufhören wollte, aber ich wußte, ich würde es nicht schaffen. Und damit unternahm ich nicht einmal mehr den Versuch.

Nach dem ersten Nasenbluten wechselte ich den Anzug und ging zu meinem Wagen. Dort saß ich, deprimiert und fertig, und dachte: So sieht mein Leben nun aus mit diesem Zeug, und ich halte es nicht aus ohne!

Ich spürte größtes Verlangen nach einer Zigarette, wußte aber, daß dann das Nasenbluten wieder anfangen würde. Das erste Mal hatte mir Angst eingejagt, ich hatte mindestens einen Viertelliter Blut verloren, das sollte reichen.

Unter diesem Tauziehen mit der Angst leiden alle Drogenabhängigen

– und bleiben doch an der Droge hängen. Es war ein elender Montagmorgen. Ich war entsetzt, wohin das Rauchen mich gebracht hatte, und dachte gleichzeitig: Wenn ich jemals wirklich eine Zigarette nötig gehabt hatte, dann jetzt!

Mein Raucherhirn fand schnell eine einfache Lösung des Problems. Eines der wenigen Fächer, das mich in der Schule interessiert hatte, war Biologie. Ich erinnerte mich, daß im menschlichen Körper ungefähr vier Liter Blut zirkulieren. Wenn ich nun einen Viertelliter verloren hatte, mußte mein Blutspiegel unter Nasenhöhe gesunken sein, weshalb wohl auch das erste Nasenbluten aufgehört hatte. Ich konnte also unbedenklich eine zweite Zigarette anstecken. Und tat es.

Ich halte mich selbst für einen halbwegs intelligenten Menschen. Falls Sie an dieser Stelle anderer Meinung sind, sei Ihnen verziehen. Ich erinnere mich gut an Tony Hancocks klassische Bemerkung in *The Blood Donor* und seinen entsetzten, ungläubigen Blick, als man ihm erklärte, er solle einen halben Liter Blut spenden: »Einen halben Liter! Das ist ja fast ein Arm voll! Ich laufe doch nicht den ganzen Tag mit einem schlaffen Arm herum, nur um einem amtlich zugelassenen Vampir einen Gefallen zu tun!«

Ich wußte natürlich um die Funktionsweise des Blutkreislaufs und insbesondere auch um die Wichtigkeit der permanenten Blutversorgung im Gehirn; doch hier handelte es sich um die typische Verirrung eines Drogenabhängigen. In unserem Raucherleben kennen wir viele überzeugende Argumente dagegen – und haben immer schnell fadenscheinige Ausflüchte parat, *um nur noch eine Zigarette* zu rauchen!

Innerhalb kürzester Zeit lief das Blut wieder in Strömen, und ich nahm nichts mehr wahr als meine eigene Erbärmlichkeit. Doch plötzlich bemerkte ich, wie Joyce mich durch das Autofenster anstarrte, in ihrem Gesicht jener gequälte Ausdruck, den ich so fürchtete. Ich biß die Zähne zusammen und wartete auf den üblichen Vortrag.

Er kam nicht. Joyce hatte wohl allmählich begriffen, daß Vernunft und gesunder Menschenverstand bei Drogenabhängigen absolut nichts bewirken, und war zu natürlicher Emotionalität und weiblicher Intuition übergegangen.

Sie hatte einen Film gesehen über ein Paar, das unbeirrbar versuchte, für sich selbst und ihr langsam an Leukämie sterbendes Kind einen konstruktiven Lebensweg zu finden. Allein so einen Film zu sehen ist schon herzzerreißend, wie qualvoll muß dann erst die Realität sein.

Joyce fragte mich: »Glaubst du, du könntest mit so einer Situation fertig werden?« Ich muß gestehen, ich war zum damaligen Zeitpunkt so beschäftigt mit meinen eigenen unbedeutenden Problemen, daß ich keinen Blick für die Nöte anderer Menschen hatte. Sie redete weiter: »Es muß schrecklich sein für dieses Paar, aber immerhin haben sie den Trost, alles zu versuchen, was in ihrer Macht steht, und die Krankheit ist nicht selbstverschuldet. Wieviel schlimmer glaubst du wohl ist es, mit ansehen zu müssen, wie sich ein geliebter Mensch langsam selbst zerstört und dafür auch noch ein Vermögen ausgibt. Man sieht ja, daß Rauchen nun wirklich gar keinen Vorteil bietet. Machst du dir eigentlich Gedanken, welche Sorgen du mir und deinen Kindern bereitest? Merkst du nicht, wie selbstsüchtig du bist? Was würdest du sagen, wenn ich das gleiche meinem Körper antäte?«

»Sesam öffne dich.«

Gleich der Zauberformel zum Öffnen der Höhle Ali Babas hatte Joyce den Schlüssel gefunden, der mir zu einem noch weit größeren Schatz verhelfen sollte: der Befreiung von der lebenslänglichen Versklavung durch das Nikotin. Zu dem Zeitpunkt hätte keiner von uns beiden vermutet, daß damit eine Kettenreaktion einsetzen würde, die, davon bin ich überzeugt, den Lauf der Geschichte verändern wird. Und ich hoffe von ganzem Herzen, daß wir beide das noch erleben werden.

In meinem Gehirn existierte ein dunkle, verschlossene Kammer, ähnlich einer riesigen Venusmuschel, die sich nicht öffnen lassen wollte. Das Schlüsselwort war »selbstsüchtig«. Bis dahin hatte ich Rauchen als mein persönliches Problem betrachtet. Es würde mich umbringen, aber ich war bereit, ein kürzeres Leben in Kauf zu nehmen, wenn es, wie ich damals glaubte, dafür um so genußreicher war. Was hatte das mit meinen Mitmenschen zu tun?

Ich hatte mein Rauchen wie von einer Insel aus betrachtet. Wollte mich jemand von der Zigarette abbringen, gingen sämtliche Alarmglocken an. Je nach Art des Angriffs wurde ich manchmal sogar aggressiv. Doch nun empfand ich mich mit einem Schlag aus meinem eigenen Denken und Fühlen befreit und war in der Lage, mich mit den Augen eines Nichtrauchers zu betrachten. Was ich sah, erfüllte mich nicht gerade mit Stolz.

Ich stellte mir vor, Joyce wäre die Raucherin und ich der Nichtraucher – und ich habe ein sehr gutes Vorstellungsvermögen. Ich sah sie vor mir beim Kochen, keuchend und hustend, eine Kippe im Mund, von der gerade Asche in die Pfanne fiel. Ich konnte mir die Nikotinflecken an ihren Fingern, Zähnen und Lippen ausmalen, die leblosen Augen und den fahlen Teint, den fauligen Atem. Weil ich sie liebe, hätte ich das wohl alles in Kauf genommen, ebenso wie das ganze verschwendete Geld und die fadenscheinigen Argumente zur Verteidigung ihrer dummen Sucht. Ich hoffe, ich wäre ihr gegenüber genauso tolerant gewesen wie sie mir in all diesen Raucherjahren. Aber meine Frau in diesem Elend zu sehen, in dem ich mich befunden hatte, das hätte ich nicht ertragen.

Menschen mit schlimmen angeborenen Krankheiten, wie zum Beispiel dem Down Syndrom, kamen mir in den Sinn – und wie sie anscheinend an ihren Behinderungen wachsen. Welche Chancen auf einen ordentlichen Job würden Sie sich ausrechnen, wenn Sie ein Leben lang im Rollstuhl sitzen müßten? Franklin D. Roosevelt holte sich den höchsten Job im Staat.

Ein beeindruckendes Beispiel ist auch Christopher Nolan, ein irischer Junge, der die ersten fünfzehn Jahre seines Lebens nur vor sich hinvegetierte, da er aufgrund seiner körperlichen Behinderung keine Möglichkeit hatte, sich anderen mitzuteilen. Zunächst wollte man ihn als Schwachsinnigen behandeln, doch in seinem unbrauchbaren Körper steckte ein intelligenter Geist. So lernte er nach und nach, mit Hilfe eines an seiner Stirn befestigten Stockes, auf einer Schreibmaschine zu schreiben – und verfaßte einen Bestseller. Einige wohlwollende Kritiker bedachten ihn mit Kommentaren wie: »Ganz in Ordnung, er neigt allerdings zu einem leicht übertriebenen Gebrauch von Adjektiven.« Seine Mutter berichtete: »Wer gesehen hat, welche Anstrengung es ihn kostete, ein einziges Wort zu schreiben, weiß, daß jedes Wort wichtig ist. Wenn die Kritiker ihn nicht verstanden, war das ihr Problem, nicht Christophers.«

Schwer vorstellbar, wie es ist, als intelligenter Mensch fünfzehn Jahre vor sich hinzuvegetieren, ohne jegliche Möglichkeit der Kommunikation. Nun möchte man meinen, Christopher hätte, nachdem er sich endlich mitteilen konnte, als erstes den Wunsch geäußert: »Bitte laßt mich für immer einschlafen.« Aber nein, wie für alle Lebewesen auf unserem Planeten, mögen sie in den Augen anderer noch so unterprivilegiert, deformiert oder unansehnlich wirken, gilt als erste Regel der Natur: Überleben! Christopher wollte leben, denn ob es uns paßt oder nicht, das Leben ist wertvoll. Leider ist Christopher heute nicht mehr unter uns, doch ich hoffe, wo immer er jetzt auch sein mag, daß er den Wert seiner wunderbaren Botschaft und des Beispiels, das er uns gegeben hat, zu erkennen vermag.

Es ärgerte mich plötzlich, daß ich mich so dumm verhalten hatte. Da gab es Menschen wie Christopher Nolan, die mit schwersten Behinderungen auf die Welt kommen und es fertigbringen, diese auf ihre Art zu überwinden. Und da war ich, der ich nicht nur das Glück hatte, auf der Welt zu sein, sondern auch noch einen gesunden Körper und Geist besaß. Da war ich, der dem Schöpfer ins Gesicht schlug und ihm sagte: »Danke für meinen gesunden Körper. Aber warum hast du ihn nicht Christopher Nolan gegeben? Der hätte ihn sicher zu schätzen gewußt. Warum hast du ihn an einen wie mich verschwendet? *Einen, der den größten Teil seines Lebens damit verbringt, sich immer wieder neue Entschuldigungen auszudenken, warum er ein Vermögen für ein Gift ausgibt, das er sich auch noch selbst ausgesucht hat!*

Jahrelang hatte ich Joyces Bitte, Hilfe von außen zu suchen, zurückgewiesen. Nicht, weil ich zu stolz gewesen wäre, sondern weil ich wußte, wenn es mir möglich gewesen wäre aufzuhören, hätte ich es längst getan.

Nun bin ich mir darüber im klaren, daß viele Leser, vor allem jüngere Raucher oder Gelegenheitsraucher, sich angesichts meiner Schilderungen, wie weit ich gesunken war, mit dem Gedanken trösten: »Soweit würde ich es nie kommen lassen; und sollte es doch passieren, würde ich sofort aufhören.« Vielleicht entsteht auch der Eindruck, ich beschreibe in diesem Buch nur die schrecklichen Auswirkungen des Rauchens, und ich will Sie dadurch zum Aufhören bringen. Wenn ich der Meinung wäre, solche Schocktherapien könnten wirksam sein, hätte ich keine Scheu, sie anzuwenden. Aber mir haben sie nicht geholfen, und würden sie Ihnen helfen, wären Sie bereits Nichtraucher. Ich verspreche, ich habe hier nur Positives für Sie. Sie sollten allerdings wissen, warum Raucher ungeachtet ihres Wissens, daß die Sucht zum Tod führt, *trotzdem nicht aufhören!* Nur wenn Sie den wirklichen Grund verstehen, *dann können Sie aufhören.*

Möglicherweise glauben Sie nun, der Schlüssel, mit dem Joyce Zugang zu mir fand, war die plötzlichen Einsicht, ich würde meinen eigenen Körper zerstören. Aber dessen war ich mir vorher schon bewußt gewesen. Das war schon seit Jahren offensichtlich, nur hatte ich es nicht wahrhaben wollen.

Oder ich wäre zu der Erkenntnis gekommen, daß ich selbstsüchtig war, und wenn schon nicht für mich selbst, hätte ich das große Opfer doch für meine Frau und meine Kinder bringen können. Ich würde gern für mich in Anspruch nehmen, so rücksichtsvoll und opferbereit zu sein, doch die traurige Wahrheit sieht so aus, daß Raucher nicht aus egoistischen Beweggründen aufhören können – und schon gar nicht für andere. Ich will eines klarstellen: Das Schlüsselwort hat zu diesem Zeitpunkt absolut nichts dazu beigetragen, meine Anschauungen über das Rauchen zu ändern, es hat nur an mein Gewissen appelliert, was mich wiederum bewogen hat, Hilfe von außen zu suchen.

Ich wußte, der Hypnotiseur würde mir nicht helfen. Aber nach der Sitzung würde ich mit reinem Gewissen nach Hause kommen und sagen: »Ihr seht, es war nichts als Zeit- und Geldverschwendung. Akzeptiert doch bitte ein für allemal:

ICH WERDE NIEMALS MIT DEM RAUCHEN AUFHÖREN KÖNNEN!«

Joyce ist ein Ausbund an Optimismus und Freude. Aber ich glaube, auch sie erwartete ein negatives Ergebnis.

Immerhin hoffte ich, daß die Vorhaltungen damit ein Ende hätten, auch wenn sie über mein Scheitern gewiß nicht erfreut gewesen wäre.

Es klingt unwahrscheinlich, aber bereits vor dem Ausdrücken der letzten Zigarette war ich Nichtraucher und wußte genau, daß ich nie wieder das Verlangen nach einer Zigarette verspüren würde. Ich hätte allerdings nie gedacht, daß es so einfach wäre. Es war lächerlich einfach, und es war ein Genuß, von der letzten Zigarette an. Es bedurfte keiner großen Willenskraft, es kamen keine schlimmen Rückschläge und ich habe seit jenem Tag nicht ein einziges Mal Verlangen nach einer Zigarette verspürt. Außderdem habe ich nicht zugenommen, sondern innerhalb der ersten sechs Monate ohne Zigaretten sechsundzwanzig Pfund abgenommen.

Und das schier Unglaubliche daran: Meine Entdeckung ist für jeden Raucher effektiv, auch für *Sie*. Und sie ist übertragbar auf andere chemische Drogen wie Alkohol und Heroin.

Ich suchte den Hypnotiseur am 15. Juli 1983 auf. Aber bitte laufen Sie nun nicht gleich zum nächstbesten Hypnotiseur. Ich möchte den Mann, den ich damals aufsuchte, nicht schlechtmachen, schließlich wäre ich ohne ihn heute tot. Doch mein Erfolg stellte sich *trotz und nicht wegen dieses Besuchs* ein. Der Hypnotiseur lieferte nur noch den letzten Baustein, den ich brauchte, um mir absolut sicher zu sein, daß ich gefunden hatte, wonach jeder Raucher insgeheim sucht:

EINEN EINFACHEN WEG, UM MIT DEM RAUCHEN AUFZUHÖREN

Meine Erwartungen hatten sich nach einigen Monaten bestätigt, in denen ich die Methode bei Freunden und Verwandten erprobte. Das war der Anstoß, meinen Job als Wirtschaftsprüfer aufzugeben und Kurse durchzuführen, in denen ich anderen helfen konnte, vom Nikotin loszukommen.

Wir begannen mit einer kleinen Anzeige in einer Lokalzeitung. Unser erster zahlender Patient war der bekannte Diskjockey und Fernsehstar Peter Murray. Ich wäre nicht im entferntesten auf die Idee gekommen, es könnte sich dabei um *den* Pete Murray handeln. Als ich ihn die Einfahrt entlangkommen sah, zitterte ich wie Espenlaub. Es war wie ein Alptraum, meine Stimme versagte, und ich war unglaublich nervös. Ich möchte nicht wissen, was er von dieser ersten Sitzung hielt, ich hatte nie den Mut, ihn zu fragen. Normalerweise ist es meine Aufgabe, dem Raucher zuerst einmal zur Entspannung zu verhelfen; in diesem Fall war es genau umgekehrt. Damals sah ich es zwar nicht so, aber ich hatte Glück im Unglück. Wäre er nicht dieser nette Kerl, hätte ich niemals den Mut aufgebracht weiterzumachen. Ich weiß nicht, ob ich ihm geholfen habe, aber ein kleiner Trost für ihn, falls nicht: Ihm ist es zu verdanken, daß ich schließlich doch soweit kam, andere aus ihrem Teufelskreis zu befreien.

Nach diesem unrühmlichen Beginn wuchs mein Selbstvertrauen stetig und damit unsere Erfolgsquote. Bald mußten wir keine Anzeigen mehr schalten. Aus aller Herren Länder kamen Raucher nur aufgrund von Mundpropaganda.

Ich war der Trainer, Joyce übernahm Schreibarbeiten, Telefondienst, Empfang und all die anderen Arbeiten. Da wir nach zwei Jahren die Scharen von Rauchern, die unsere Hilfe suchten, nicht mehr alle persönlich empfangen konnten, beschrieb ich meine Methode in einem Buch, das sich seitdem ständig in den Bestsellerlisten findet: *Endlich Nichtraucher!*

Früher war ich immer der Meinung gewesen, ein guter Titel sei das Wichtigste bei einem Buch, doch ich kann mich nicht erinnern, jemals über den Titel dieses Buches nachgedacht zu haben, er lag einfach auf der Hand. Dagegen fand ich es überaus schwierig, den Inhalt zu verfassen, mit Ausnahme des inzwischen legendären Kapitels 21.

Alles, was ich mit dem Buch erreichen wollte, war, Rauchern aus der Nikotinfalle herauszuhelfen. Als jedoch Hunderte von Dankesbriefen ehemaliger Raucher und ihrer Familien eintrafen, war das doch eine schöne Überraschung. Zwar hatte ich versucht, das Buch so interessant und humorvoll wie möglich zu gestalten, aber letzten Endes ist es doch ein Handbuch, und die Verfasser von Handbüchern erhalten, glaube ich, in erster Linie Beschwerdebriefe. Ich ärgere mich oft über die schlechte Qualität bei den Übersetzungen von Handbüchern, aber *Endlich Nichtraucher!* wurde mittlerweile erfolgreich in über zwanzig Sprachen übersetzt. Unter meinen Zuschriften waren bisher nur wenige, die von gescheiterten Versuchen berichteten. Wenn ein Handbuch nicht funktioniert, bekommen wir in der Regel einen Wutanfall, doch wer macht sich schon die Mühe und schreibt einen Brief? Überraschenderweise waren selbst jene Briefe wohlwollend, die von gescheiterten Versuchen berichteten, und sie beschränkten sich in erster Linie auf Verbesserungsvorschläge für das Buch.

Der Umgang mit Personalcomputern ist auch so eine Sache. Meine Freunde und Verwandten, die vor mir einen besaßen, beteuerten immer wieder, wie einfach moderne Computer zu bedienen seien. Im Fachjargon heißt das »benutzerfreundlich«. Sie sind ungefähr so benutzerfreundlich wie ein Zwei-Kilo-Hammer, der auf dem großen Zeh landet!

Benutzerfreundlich! Schon das Handbuch war umfangreicher als das Gesamtwerk Shakespeares. In der Zeit, die ich brauchte, um mich in meinen Computer einzuarbeiten, hätte ich leicht das Buch per Hand schreiben können. Sie waren alle eine Spur zu enthusiastisch mit ihrem Computer. Natürlich, schließlich hatten sie ein hübsches Sümmchen dafür hingelegt, das nun nach Rechtfertigung verlangte. Genauso ist es bei jugendlichen Rauchern, die zuerst über den fauligen Geschmack im Mund hinwegkommen, dann bemerken, wie sie schon an der Angel zappeln und schließlich ihre nichtrauchenden Freunde überzeugen wollen, wie schön es doch ist, Raucher zu sein. Leider sind sie nur allzuoft erfolgreich damit!

Allmählich komme ich dem Computer auf die Schliche. Wenn man weiß, wie er funktioniert, ist alles ganz einfach. Ich kann mir schon gar nicht mehr vorstellen, wie ich ohne ihn ausgekommen bin. Schlaue kleine Maschinen sind das. Meinen habe ich schon dreimal aus dem Bürofenster geworfen, natürlich nur, um zu sehen, ob er es aushält – er funktioniert immer noch.

Die Zuschriften, die bisher eingegangen sind, haben den großen Einsatz für das Buch längst wettgemacht. Ich bin schon oft gefragt worden, warum ich keine weiteren Bücher schreibe. Diese Frage schien mir seltsam. Ich bin kein Autor. Ich habe das Buch geschrieben, um wichtige Erkenntnisse weiterzugeben. Die Aufgabe war erfüllt, ich sah keinen Grund, ein weiteres Buch zu verfassen.

Warum schreibe ich also jetzt? Nein, gewiß nicht wegen der großzügigen Tantiemen, die würde ich gern an jemanden weitergeben, wenn er das Buch für mich schreiben könnte. Es gibt einige andere Gründe, teils positive, teils negative. Fangen wir mit letzteren an:

Als ich zum erstenmal den, nennen wir ihn »magischen Knopf«, entdeckte, dachte ich, jeder halbwegs intelligente Raucher müßte in ungefähr fünf Minuten vom Rauchen abzubringen sein, wenn man ihm folgenden Zusammenhang erklärt: Mit dem Anstecken einer Zigarette will der Raucher jenen Zustand der Ruhe und Ausgeglichenheit erreichen, der für den Nichtraucher sein Leben lang selbstverständlich ist. Doch da jede Zigarette die Entzugserscheinungen vom Nikotin, die sie eigentlich lindern soll, immer wieder neu verursacht, ist das Erreichen dieses Zustands einfach illusorisch.

Ich veranschlagte zehn Jahre, um die Welt vom Rauchen zu befreien. Nun sind Sie sicher einer Meinung mit Joyce, man sollte mich für geistesgestört erklären. Aber überlegen Sie einen Moment. Angenommen, ich hätte eine Methode zur Heilung von Lungenkrebs entdeckt. Selbst wenn ich der weltweit führende Experte für Lungenkrebs wäre, würde man meine Methode genauesten und strengsten Prüfungen unterziehen.

Wieviel Zeit bräuchte ich erst, um zu beweisen, daß ich den magischen Knopf gefunden habe? Es stellte sich als schwierig heraus. Selbst bei meinen engsten Freunden und Verwandten galt ich als einer der leidenschaftlichsten Raucher auf Erden. Wie sollte ich sie überzeugen, daß sie es über Nacht mit dem führenden Experten im Nichtrauchen zu tun hatten? Stellen Sie sich vor, Sie hätten über dreißig Jahre im Gefängnis zugebracht, in einer ausbruchsicheren Zelle mit einem Zahlenschloß, dessen Kombination niemand kannte, weder die Gefängniswärter noch die Mitgefangenen. Sie haßten das Gefängnis mehr als alle anderen Gefangenen und hatten permanent versucht, die richtigen Zahlen herauszufinden. »Heureka!« Eines Tages gelingt es Ihnen, Sie sind frei! Und innerhalb weniger Sekunden sind Sie nicht nur der führende Experte auf diesem Gebiet, sondern auch der einzige! Genau das ist mit mir passiert.

Natürlich habe ich nicht erwartet, man würde mir sofort Vertrauen entgegenbringen, ich bin ja nicht einmal Arzt. Wie war das doch bei Kolumbus: »Hört zu, Leute. Ich habe in letzter Zeit viel darüber nachgedacht, und bin mir jetzt sicher, daß die Welt nicht, wie wir alle glauben, flach ist, sondern ein riesiger Ball. Seid doch bitte so nett und verbreitet diese Botschaft in der ganzen Welt und ändert alle Bücher entsprechend.«

Schließlich war mir nach Joyces erster Reaktion klar, daß ich nicht glaubwürdig war. Das war aber kein wirkliches Problem. Kolumbus bewies seine Theorie, indem er die Welt umsegelte. Ich würde meine beweisen, indem ich den Rauchern, die mich konsultierten, demonstrierte, wie einfach es ist, mit dem Rauchen aufzuhören. Sie würden es Freunden erzählen, die ebenfalls kämen, um sich meiner »Wunderkur« zu unterziehen.

Ich spreche immer wieder von einem »magischen Knopf« oder einer »Wunderkur«. Ich besitze beileibe keine mystischen Heilkräfte. Einem Steinzeitmenschen würde das Telefon magisch erscheinen. Wenn wir von Magie sprechen, meinen wir damit: Ich verstehe nicht, wie etwas funktioniert. Meine Methode beinhaltet nicht mehr »Magie« als das Öffnen eines Safes, vorausgesetzt man kennt die richtige Zahlenkombination.

Nach ungefähr vier Jahren wollte ich bewiesen haben, daß meine Methode jene Wunderkur ist, auf die viele Raucher sehnsüchtig gewartet hatten. Mit diesem Zeitplan war ich zu vorsichtig, das Ziel war bereits nach zwei Jahren erreicht. Dazwischen lagen ein, zwei Rückschläge, mit denen ich nicht gerechnet hatte. Als der Entschluß gefaßt war, mein Wissen in einem Buch zu verbreiten, wandte ich mich an einen bekannten Verlag, erklärte dort, ich hätte eine Methode entwickelt, wie man auf einfache Weise Nichtraucher werden kann, würde gern ein Buch darüber schreiben und hätte mir diesen Verlag dafür ausgesucht. Das ist nicht der exakte Wortlaut, aber Grundtenor des Gesprächs war, der Verlag könne sich glücklich schätzen, daß ich ausgerechnet ihn erwählt hatte.

Wider Erwarten sprang dort keiner über den Schreibtisch, man schickte mir auch nicht sofort den Verleger persönlich vorbei. Schließlich wollte man sich immerhin herablassen, das Manuskript zu lesen. Aber es gab noch keins. Ich erklärte, es würde auch keinen Sinn machen, wenn andere das Manuskript bewerten, da es sich nicht um einen Roman oder ein literarisches Werk handle, sondern um eine einfache bewährte Methode, mit dem Rauchen Schluß zu machen, und ich der weltweit führende Experte auf diesem Gebiet sei. Mein Wort müsse genügen. Hätte man Bernhard Langer genauso behandelt, wenn er angeboten hätte, seine Golfgeheimnisse preiszugeben?

Selbstverständlich bin ich auf diesem Weg nicht weitergekommen, aber ich habe etwas dazugelernt. Jeder weiß, daß Bernhard Langer ein begnadeter Golfer ist. Doch wer außer mir wußte schon, daß ich weltweit *der* Experte in Sachen Nichtrauchen war? Einige meiner geheilten Raucher ahnten es bestenfalls.

Aus meiner Erfahrung mit dem ersten Verlag war mir klar, daß es sinnlos wäre, weitere aufzusuchen. Ich hörte Geschichten von begabten Autoren, die erst nach jahrelangen vergeblichen Versuchen ihre Werke veröffentlichen konnten. Also ließ ich mein Buch selbst drucken. Das Problem war nur, daß meine Kurse bei weitem nicht so einträglich waren wie mein Beruf als Wirtschaftsprüfer. Wir hatten Mühe, den Gerichtsvollzieher draußen zu halten. Zum Glück habe ich einen erfolgreichen, wohlhabenden Bruder, Versicherungsmakler, der immer auf der Suche nach rentablen Anlagemöglichkeiten ist. Ich wollte zwei Fliegen mit einer Klappe schlagen und ihn dazu überreden, in mein Projekt zu investieren. Er kannte mich als vernünftige Person und wußte, das ich mit meinen Kursen erfolgreich war. Ich müßte fremden Investoren mein Angebot nicht lange erklären, und er könnte gute Gewinne erzielen.

Allerdings konnte ich meinen Bruder nicht von den Bestsellerqualitäten meines Buches überzeugen. Da war ich nun felsenfest davon überzeugt, das wichtigste Buch seit Darwins *Vom Ursprung der Arten* zu verfassen, und selbst mein eigener Bruder wollte kein Geld dafür investieren. Er beendete das Thema mit dem Vorschlag, ich solle mich doch wieder melden, wenn ich ausnahmsweise mal eine *gute* Idee hätte!

Ironie des Schicksals! Die ganze Situation erinnerte mich an jenen klassischen Monolog Bob Newharts – für mich das Amüsanteste, was jemals über das Rauchen geschrieben wurde – und rückt die Angelegenheit ins rechte Licht. Es geht um Sir Walter Raleigh. Nachdem er in der Neuen Welt den Tabak entdeckt hat, ruft er seinen Agenten in London an und will ihn überreden, schnell auf das neue Pferd zu setzten. Hier eine gekürzte Version:

> »Wie bitte Walt, du hast eine Schiffsladung Taa-baak gekauft? Was ist Taa-baak, Walt? Blätter? Du hast 80 Tonnen Blätter gekauft? Es mag dich überraschen, Walt, aber komm doch im Herbst hierher, und wir werden – Oh, eine besondere Art von Blättern? Was macht man damit, Walt? Man kann verschiedene Dinge damit anstellen? Welche Dinge, Walt? Du kannst etwas Taa-baak nehmen und ihn in der Nase hochziehen? Warum, Walt? Man muß dabei niesen? Ja, das kann ich mir vorstellen. Was kann man noch damit machen, Walt? Zerkleinern, in ein Stück Papier einrollen und hineinstecken – Nein! Erzähl mir nicht, wohin du es steckst, Walt! Ach, in den Mund? Aber warum, Walt? Dann kann man es anzünden? Und den Rauch in die Lunge einziehen? Aber das kann man doch auch über dem Kamin machen, oder? Walt, wir machen uns ein wenig Sorgen um dich, seit du dich in diesem Sumpf rumtreibst. Ich glaube nicht, daß Taa-baak hier einschlagen wird. Aber wenn du mal wieder eine gute Idee hast, laß es mich als ersten wissen! Nein, ich werde dich anrufen, Walt!«

Damals hielt man Walt für schwachsinnig, weil er glaubte, man könne die Leute zum Rauchen bringen, und nun ging es mir genauso, aber aus dem genau umgekehrten Grund.

Die Erfahrung mit dem Verleger versetzte meinem Ego nur einen leichten Schlag, wohingegen die Reaktion meines Bruders wirklich niederschmetternd war. Doch änderte sie nichts an dem Glauben in meine Methode. Zwei wichtige Faktoren machten mich so sicher:

1. Jeder Raucher will im Grunde aufhören, auch wenn es ihm oder der Gesellschaft gar nicht explizit bewußt ist.
2. Ich besaß den Schlüssel, um ihn von seiner Sucht zu befreien.

Aber niemand glaubte an mich. Wenn ich schon meinen Bruder nicht überzeugen konnte, wie sollte es mir erst bei Fremden gelingen? Ich fragte mich, ob ich überhaupt jemanden bitten sollte, sein Kapital zu riskieren. Ich gab die Idee mit dem Buch auf. Dann machte ich jene wunderbare Erfahrung, die meinen Glauben an die Menschheit mehr als wiederherstellte.

Wir hatten einen alten Freund zu Gast, Sid Sutton, der als Waise im Haus eines gewissen Dr. Barnados aufgewachsen war und sich nun als findiger und erfolgreicher Geschäftsmann einen Namen gemacht hatte. Er verdiente ein Vermögen, indem er qualitativ hochwertige Möbel nachbauen ließ und zu lächerlich günstigen Preisen verkaufte. Man verzeihe mir die Schleichwerbung, aber dieser Mann hat sie verdient. Wie wir auf das Buch zu sprechen kamen, habe ich vergessen, vermutlich waren wir bei unserem Lieblingsthema angelangt, den Kreditabteilungen der Banken und ihre Gepflogenheiten, Darlehen nur jenen zu gewähren, die nachweisen können, daß sie es eigentlich gar nicht nötig haben, Geld von der Bank zu leihen. Ähnlich wie Verleger, die einen nur an die Hand nehmen, wenn man schon so viele Bücher wie Barbara Cartland verkauft hat. Ich erinnere mich nur noch, wie Sid sagte: »Ich gebe dir das Geld für das Buch«, und ich ihn daraufhin fragte: »Sid, hast du irgendeine Vorstellung, was das kostet? Ich gehe davon aus, daß es ein Erfolg wird, aber ich kann nicht dafür garantieren.«

Er sagte *geben,* nicht *leihen.* Sollten Sie zu jenen Tausenden gehören, denen *Endlich Nichtraucher* geholfen hat, haben Sie das eigentlich Sid zu verdanken. Ich schätze mich glücklich, einen solchen Freund zu haben. Ich widmete das Buch unter anderem auch Sid. Das vorliegende Buch widme ich einer mir ebenfalls sehr nahestehenden Person, deren Glaube an mich genauso unerschütterlich war und ohne deren Hilfe ich nichts erreicht hätte. Es heißt, hinter jedem erfolgreichen Mann steht eine Frau. Ich behaupte, hinter jedem ziemlich mittelmäßigen Mann steht eine *wunderbare* Frau! Es fällt mir nicht schwer, mich in die zweite Gruppe einzureihen.

Hätte ich nun eine einfache und wirksame Heilmethode für Lungenkrebs entdeckt, die nach penibelsten Prüfungen als einzigartig anerkannt wäre, wie lange hätte es wohl gedauert, bis die Nachricht in unserer zivilisierten Welt die Runde gemacht hätte? Zehn Jahre? Wohl eher zehn Stunden! Rauchen ist die Todesursache Nummer eins in der westlichen Welt, zweieinhalb Millionen Menschen sterben jährlich aufgrund ihres Zigarettenkonsums.

Oft höre ich den Satz: »Ihre Arbeit muß unheimlich befriedigend sein.« Stimmt. Ich haßte die Arbeit als Wirtschaftsprüfer und bin glücklich, nun Menschen aus der Nikotinfalle befreien zu können. Es ist Beruf und Berufung, meine Leidenschaft. Ich handle aber nicht etwa aus philanthropischen Beweggründen. Immer wenn ich höre, daß ein Raucher seiner Sucht entkommen ist, empfinde ich dies als persönliche Befriedigung, auch wenn ich selbst gar nichts dazu beigetragen habe.

Mein »Unabhängigkeitstag« liegt jetzt fünfzehn Jahre zurück, die glücklichsten Jahre meines Lebens, für die ich zutiefst dankbar bin. Daher auch die Überschrift dieses Kapitels. Zunächst wollte ich dem ganzen Buch diesen Titel geben, doch in den letzten Jahren wurde ich leider immer wieder enttäuscht. Manchmal möchte ich deshalb in die Luft gehen. Im letzten Kapitel von *Endlich Nichtraucher!* schrieb ich: »In der Gesellschaft weht heute ein neuer Wind. Ein Schneeball ist ins Rollen gekommen, und ich hoffe, daß dieses Buch dazu beiträgt, eine Lawine daraus zu machen. Auch Sie können helfen, wenn Sie die Gedanken dieses Buches weitertragen.«

Aus persönlichen Gesprächen und aus Briefen weiß ich, daß Tausende von Ihnen genau das befolgt haben. Ich weiß Ihre Unterstützung sehr zu schätzen und bin dankbar dafür, doch im Gesamtkontext des Problems Rauchen sind unsere gemeinsamen Anstrengungen nur »ein Tropfen auf den heißen Stein«.

Meine Methode hatte sich doch nach zwei Jahren als effizient herausgestellt, warum hat sich die Nachricht davon nicht wie ein Lauffeuer überall auf der Welt verbreitet? Warum mußten zwanzig Millionen Raucher frühzeitig sterben, warum sind genauso viele Jugendliche an ihren Platz gerückt?

Weil Allen Carr ein verschrobener Wirrkopf ist und seine Methode nicht die angepriesene Wirkung zeigt? Aber warum wirkte sie dann bei einer ganzen Reihe von Fernsehleuten? Sie hätten ihn doch sicher längst als Betrüger entlarvt, wenn sie mit seiner Methode keinen Erfolg gehabt hätten. Doch warum geben sie andererseits ihre positiven Erfahrungen nicht an die Gesellschaft weiter? In einer Sendung wurde vor einiger Zeit ein sicher sehr kostenaufwendiger Bericht über die Vereinigung für Tabakforschung, die absichtlich Forschungsergebnisse über den Zusammenhang von Nikotinkonsum und Erkrankungen zurückgehalten hatte, gezeigt. Da wir von der Medizin schon hinreichend über die Gesundheitsrisiken aufgeklärt sind, war dieser Beitrag nicht sonderlich enthüllend. Die Redaktion hätte Zeit und Geld sinnvoller in ein anderes Projekt investiert – nämlich in eins, das die Zuschauer über einen einfachen und effektiven Weg zum Nichtrauchen informiert.

Allen Carr schaltet keine Anzeigen. Wie kommt es, daß Menschen aus der ganzen Welt bei ihm Hilfe suchen? Als Einzelperson verfügt er nicht über die gewaltigen Mittel der großen Anti-Raucher-Kampagnen. Er ist nicht einmal Arzt. Die einfache Antwort lautet:

SEINE METHODE FUNKTIONIERT!

Was ist dann schiefgelaufen? Als ich meine Schätzung von zehn Jahren festlegte, wäre ich nicht auf die Idee gekommen, daß ich die Raucher erst davon überzeugen müßte – ganz zu schweigen vom Rest der Gesellschaft –, daß man nicht auf eigenen Wunsch Raucher geworden ist, sondern in eine Falle getappt ist, aus der es so leicht kein Entkommen gibt. Und es dauert vemutlich sogar Jahre, bis man überhaupt bemerkt, daß man in einer Falle sitzt.

Ich war naiv genug zu glauben, daß jeder Raucher den Wunsch hätte, den »magischen Knopf«, falls es ihn gibt, zu drücken und am nächsten Morgen mit dem Gefühl aufzuwachen, noch nie geraucht zu haben. Doch schon bald bemerkte ich, daß vor allem Jugendliche und Gelegenheitsraucher davon überzeugt sind, sich kontrollieren zu können.

Später machte ich auch die Erfahrung, daß selbst Raucher, die sich ihrer Situation bewußt sind, nicht bereitwillig diesen Knopf betätigen wollen – wie Menschen, die ihr Leben lang bestimmten Zwängen unterliegen, diese zwar hassen, aber auch nicht mehr ohne sie sein können. Oder ein Gefangener, der seit Jahren ausbrechen will und von der Freiheit träumt, um sie schließlich als enttäuschend zu empfinden. Angeblich begehen viele Langzeitgefangene nach ihrer Entlassung erneut Verbrechen, aber nicht etwa aus Habgier oder ähnlichen Motiven, sondern weil sie wieder in die Sicherheit des Gefängnisses zurückkehren wollen.

Letzteres Beispiel ist gut geeignet, um Nichtrauchern, Jugendlichen und Gelegenheitsrauchern zu veranschaulichen, warum ein Raucher, der unter schweren Hustenanfällen leidet und für den Rauchen kein Vergnügen mehr sein kann, trotzdem nicht aufhört. Er empfindet weniger Angst vor dem Gefängnis als vor der Freiheit. Dieses Beispiel ist nicht zuletzt deshalb traurig, weil viele Menschen in der Obhut einer Institution tatsächlich besser aufgehoben sind. Lassen Sie mich eines klarstellen: *Jeder Raucher fühlt sich außerhalb der Nikotinfalle glücklicher und sicherer!*

Die Zahl der Raucher, die bei uns Hilfe suchten, überstieg zwar schnell unsere Kapazitäten, aber wie ein Lauffeuer hatte sich die Nachricht auch nicht verbreitet. Es fiel mir selbst und vielen Rauchern, denen ich geholfen hatte, schwer, das nachzuvollziehen. Oft erhielt ich Anrufe wie diesen: »Ich habe Sie an Hunderte von Kollegen und Verwandten weiterempfohlen, können Sie sich überhaupt noch retten vor Anmeldungen?« Doch in manchen Fällen hatten sich nur einige wenige dieser Hundertschaften an uns gewandt. Sicher gab es Empfehlungen, doch statt Hunderten waren es vielleicht nur Dutzende. Dennoch, warum waren es letzten Endes doch so wenige, die tatsächlich den Weg zu uns fanden?

Viele wollen zwar tatsächlich aufhören zu rauchen, doch eine typische

Aussage lautet: »Eigentlich will ich ja aufhören, irgendwann werde ich es auch tun, aber nicht heute, heute ist einfach nicht der richtige Zeitpunkt.« Das hätte ich früher erkennen sollen. Als wir das erste Büro in London eröffneten und zu viele Interessenten kamen, zogen wir unsere Anzeigen aus der Lokalzeitung zurück, woraufhin die Zahl der Anfragen aber weiter stieg. Bis schließlich die Zeitung anbot, die Anzeigen kostenlos zu drucken, weil ihre Telefone heißliefen, sobald wir damit aufhörten.

Heute kann ich dieses Phänomen erklären. Wenn unsere Anzeige jede Woche erschien, waren sich die Leser sicher, daß jederzeit Hilfe verfügbar war. Fehlte die Anzeige, machte sich Panikstimmung breit. Emma Freud beschrieb die Situation in ihrem Vorwort zu meinem Video sehr treffend: »Nachdem sieben Freunde von mir bei diesem Mann waren und von heute auf morgen aufgehört hatten zu rauchen, ohne großes Tamtam und ohne zuzunehmen, konnte ich ihn einfach nicht mehr ignorieren.«

In ihrer Einführung beschreibt sie auch, wie sehr sie sich als Raucherin haßte. Warum wollte sie mich aber dann ignorieren? Warum verschließen sich Raucher ein Leben lang allen Argumenten gegen das Rauchen und sind dankbar für jede fadenscheinige Entschuldigung, nur noch eine einzige Zigarette rauchen zu können? Sie haben *Angst*.

Wie jede andere Drogenabhängigkeit, ist auch das Rauchen ein ständiges Tauziehen von Ängsten. An einem Ende des Seils zieht ein starkes Team: »Es bringt mich um, es kostet mich ein Vermögen, es ist schmuddelig und abstoßend, es beherrscht mich.« Aber am anderen Ende versammelt sich eine noch stärkere Mannschaft, die mit anderen Ängsten arbeitet: »Wie kann ich ohne Zigarette das Leben genießen oder Streß bewältigen? Habe ich überhaupt den Willen und die Energie, um all die Belastungen zu ertragen, die mit dem Aufhören verbunden sind? Werde ich mich jemals ganz von dem Verlangen befreien können?«

Rauchern und erstaunlicherweise auch Nichtrauchern erscheinen erstere Argumente weitaus schlagkräftiger als letztere. Warum aber lassen sich Raucher schließlich doch von der zweiten Gruppe der Argumente beherrschen?

Die erste Gruppe wirkt nicht unmittelbar. Ich werde nicht sofort sterben. Bevor es soweit kommt, werde ich rechtzeitig aufhören. Ein Raucher gibt zeit seines Lebens vielleicht achtzigtausend Mark für seine Sucht aus, aber ich will ja gar nicht mein ganzes Leben lang rauchen, und das bereits ausgegebene Geld ist ohnehin schon weg. Das Rauchen beherrscht mich zwar, aber sobald ich aufhöre, ist dieses Problem beseitigt. Ich kann nur heute nicht aufhören, weil ich dann eine Einladung nicht richtig genießen, Streß nicht so gut bewältigen oder mich nicht ausreichend konzentrieren kann. Ich muß diese negative Phase erst hinter mich bringen. Es tut mir leid, eines Tages werde ich es in Angriff nehmen, doch *bitte nicht heute!*

Es ist ja auch kein Wunder, daß wir diesen schlimmen Tag so oft wie möglich verschieben. Genau wie den Zahnarztbesuch. Raucher erkennen nicht, daß beide Arten von Ängsten Folge des Rauchens sind. Und so liegt der größte Nutzen, der aus dem Aufhören resultiert, darin, daß die Ängste und Unsicherheiten, die bei jedem Süchtigen auftreten, sobald er über einen Verzicht auf seine Droge nachdenkt, mit einem Schlag wegfallen. Nichtraucher kennen diese Ängste nicht. Die Droge trägt nicht dazu bei, Ängste abzubauen, ohne sie wären diese Ängste überhaupt nicht vorhanden.

Das eigentliche Problem liegt in der Einstellung der Gesellschaft gegenüber dem Rauchen. Trotz der Gefahren für die Gesundheit betrachten wir das Rauchen als eine schlechte Angewohnheit, die möglicherweise dem Raucher schadet, doch jeder muß für sich selbst entscheiden, ob der Genuß die Risiken aufwiegt. Zugegeben, auch die meisten Raucher halten den Qualm inzwischen für störend, doch das ist schon das einzige, was sich an unserer Einstellung geändert hat.

Man betrachte nur einmal die folgende Statistik, veröffentlicht von Hansard am 22. Juli 1988. Sie bezieht sich nur auf England und Wales im Jahr 1987:

Todesursache	Todesfälle	Ausgaben der Regierung (Pfund Sterling)
Drogen	221	9 780 771
Alkohol	3 145	553 756
Rauchen	99 432	216 200

Keine Sorge, ich werde jetzt nicht wieder auf die gesundheitlichen Schäden durch das Rauchen zurückkommen. Ich möchte mit dieser Statistik nur die ambivalente Haltung der Gesellschaft gegenüber dem Rauchen verdeutlichen.

Was sagen diese Zahlen aus? Die englische Regierung gibt 44 000 Pfund aus, um das Leben eines Heroinabhängigen zu retten. Das Leben eines Alkoholikers ist 176 Pfund wert. Das eines Rauchers? 2,20 Pfund! Nicht mehr als eine Packung Zigaretten! Eine ziemlich interessante Statistik. Bedenkt man noch, daß ein Heroinabhängiger als kriminell gilt, die Raucher hingegen die Staatskasse jährlich um sieben Millionen Pfund bereichern, sind diese Zahlen schlichtweg ein *Skandal!!!*

Hätte ich ein Mittel gegen Krebs entdeckt, würde ich auf einen Schlag als Held gepriesen. Mein Name stünde in den Geschichtsbüchern neben Marie Curie, Lister, Fleming und Pasteur. Eigentlich habe ich ähnliches geleistet. Sie finden, daß ich übertreibe? Aber lassen Sie uns das Problem einmal näher betrachten.

Eine Unterhaltung zwischen einem Schüler und seinem Geschichtslehrer könnte in hundert Jahren, wenn die wenigen noch verbliebenen Raucher in etwa den Status haben wie heute die vereinzelten Freunde des Schnupftabaks, folgenden Wortlaut haben:

»Mein Onkel ist einer dieser heimlichen Raucher, von denen sie uns erzählt haben. Ich habe es gestern auch einmal probiert, es schmeckte abscheulich, und mir wurde übel. Ist es wirklich wahr, daß schon einmal sechzig Prozent aller Erwachsenen in der westlichen Welt nikotinabhängig waren?«

»Ja, das stimmt.«

»Und ist wirklich jeder vierte daran gestorben?«

»Ja.«

»Und es ist auch wahr, daß die Zahl der Menschen, die innerhalb von drei Generationen am Nikotin gestorben sind, größer ist als die Zahl der Opfer in sämtlichen Kriegen und dem Holocaust zusammen?«

»Genau.«

»Aber Sie sagten doch auch, daß die Leute sich auch noch anstrengen mußten, um diese Krankheit überhaupt zu bekommen, und sie keinerlei Nutzen daraus zogen?«

»Das ist wahr.«

»Und noch in den neunziger Jahren war der Genuß von Nikotin erlaubt?«

»Nicht nur erlaubt, sondern jährlich wurden auch noch eine Milliarde Pfund für die Zigarettenwerbung ausgegeben.«

»Aber erst gestern haben Sie uns erklärt, daß die gleichen Leute intelligent genug waren, um schon in den sechziger Jahren Menschen auf den Mond zu schießen.«

»Auch das ist richtig.«

»Wie ist es möglich, daß die gleichen Leute auf der einen Seite so intelligent, auf der anderen Seite so unglaublich ignorant waren? Haben sie dann wenigstens eine Weg gefunden, diese Krankheit zu heilen?«

»Ein Mann namens Allen Carr hat 1983 eine einfache, aber wirksame Methode gegen dieses Leiden entdeckt.«

»Warum war es dann in den neunziger Jahren noch immer nicht beseitigt?«

»Das ist nicht so einfach zu erklären. Es war zwar bekannt, daß Rauchen tödliche Folgen haben kann, doch wurde es nicht als Krankheit betrachtet. Den meisten Menschen war nicht bewußt, daß es sich um die Abhängigkeit von Nikotin handelte. Sogar die Mehrheit der Raucher selbst glaubte, aus eigenem Wunsch zu rauchen, weil es ihr in bestimmten Situationen half oder Vergnügen bereitete. Da ihre Gesundheit nicht unmittelbar beeinträchtigt wurde, hatten die Raucher auch keine Veranlassung aufzuhören. Sie bemerkten ihre Abhängigkeit erst, wenn sie ernsthaft versuchten, nicht mehr zu rauchen. Doch dann war es bereits zu spät. Die Warnungen ihrer Eltern noch in den Ohren, die sie einst in den Wind geschlagen hatten, versuchten sie, sich selbst und andere davon zu überzeugen, daß sie nur rauchten, weil es ihnen Genuß bereitete.«

»Aber wie konnten sie sich selbst etwas vormachen, ganz abgesehen davon, daß sie auch noch andere auf den Geschmack bringen wollten? Das müssen wirklich ziemliche Ignoranten gewesen sein.«

»Das dachten sie auch. Aber sie waren es nicht wirklich. Es handelte sich um eine ziemlich raffinierte Falle. Sie waren nur in einer Beziehung ziemlich dumm.«

»In welcher?«

»Sie taten das gleiche wie du. Sie haben eine Zigarette versucht. Mach bitte nicht den Fehler und versuch noch eine zweite!«

»Keine Sorge, *ich* werde mit Sicherheit nicht mehr rauchen. Allen Carr entdeckte also einen einfachen Weg, eine Krankheit zu heilen, die die meisten überhaupt nicht als solche erkannten.«

Darin liegt mein Problem. Entgegen jeder Statistik betrachtet unsere Gesellschaft das Rauchen als eine unschöne Gewohnheit, die das Leben eines Rauchers eventuell verkürzt, doch jeder muß dieses Risiko für sich selbst abwägen. Schließlich leben wir in einer Demokratie, in der sich jeder frei entscheiden kann.

Vielleicht zweifeln sie an der Richtigkeit einiger Aussagen. Die Tabakindustrie würde mich als Lügner anprangern und die Statistiken anzweifeln. Doch meine Quellen halten jeder Prüfung stand. Und sie neigen eher zur Unter- als zur Übertreibung. Doch selbst wenn nur ein Bruchteil der Zahlen stimmte, wäre es immer noch skandalös!

Möglicherweise stellen Sie die Richtigkeit folgender Aussagen in Frage:

1. Rauchen bietet keine Hilfestellung und keinen echten Genuß.
2. Ein Raucher hat keine Wahl.

Sie stimmen mir vielleicht auch nicht zu, Rauchen sei eine Krankheit, sondern sehen es nur als Ursache oder eine der Ursachen, die zu einer Erkrankung führen können. Falsch. Ich behaupte, das Rauchen selbst ist eine Krankheit – die Nikotinsucht. Es gibt auch kein Rauchen als Selbstzweck, für das man die Aufnahme von Nikotin in Kauf nimmt, nein, das Nikotin selbst ist der Auslöser des Rauchens. Ich behaupte, kein Raucher hat je echten Genuß oder einen anderen Vorteil aus dem Rauchen bezogen. Aber wurde Nikotin einmal vom Körper aufgenommen, ist die Chance, wieder davon loszukommen, ungefähr so groß wie die eines Fisches an der Angel.

Sie können diese Behauptungen gern in Zweifel ziehen. Am Ende des Buches werden Sie überzeugt sein, daß ich recht habe. Aber ich bitte Sie, meine Aussagen vorerst einfach als richtig hinzunehmen. Abgesehen von allen anderen Gesundheitsschäden, die es bedingt, ist das Rauchen selbst eine Krankheit und darüber hinaus die größte Plage, unter der die Menschheit bisher gelitten hat, schlimmer als alle Kriege, Hungersnöte und Seuchen. Der »schwarze Tod« versetzte die Menschen in Angst und Schrecken, aber in Todesfällen gerechnet ist das Rauchen weitaus gefährlicher.

Als man die Zahl der Aidstoten in Großbritannien bis zum Jahr 1990 auf dreitausend schätzte – nicht im Jahr, sondern bis dahin insgesamt –, glaubte man, die Menschheit sei in ihrer Existenz gefährdet. Dagegen sterben jede Woche, Jahr für Jahr, zweitausend britische Bürger an den Folgen des Rauchens. Während Eltern sich sorgen, ihre Kinder könnten heroinsüchtig werden, was in Großbritannien jährlich zu nicht ganz dreihundert Todesfällen führt, sind sie sich in keiner Weise dessen bewußt, daß sie selbst in der größten Falle sitzen.

Warum haben sich die großen Antiraucherkampagnen nicht mit mir auseinandergesetzt? Lieber geben sie Millionen Pfund aus, um den Rauchern zu erzählen, was sie ohnehin schon wissen: daß Rauchen tödlich ist. Warum haben die Medien Allen Carr bisher nicht eingeladen, seine Methoden auf nationaler Ebene im Fernsehen bekanntzumachen? Warum wird meine Entdeckung seit vielen Jahren wie ein streng gehütetes Geheimnis behandelt?

Das eigentlich Skandalöse an der vorher aufgezeigten Statistik sind nicht die Zahlen an sich, sondern ist die Tatsache, daß kaum jemand davon Notiz nimmt. Wir haben *Endlich Nichtraucher!* an eine Reihe einflußreicher Einzelpersonen und Organisationen verschickt, die ein Interesse an der Verbreitung der darin enthaltenen Informationen haben sollten. Darunter auch Edwina Currie, die damals an zweithöchster Stelle im Gesundheitsministerium saß. Ich halte es nicht für vermessen, von einer Staatsbediensteten, noch dazu im Gesundheitsministerium, zu erwarten, sie könne sich zumindest ansatzweise für ein Konzept interessieren, das jedes Jahr hunderttausend Menschenleben in Großbritannien retten könnte!

Am 23. Mai 1987 erhielten wir folgende Antwort:

»Im Auftrag von Mrs. Currie bedanke ich mich für die Zusendung von Allen Carrs Buch zum Thema Rauchen. Die Idee ist wirklich gut, Mrs. Currie möchte Ihnen dazu gratulieren und hofft, daß sie noch viele Menschen bekehren werden.«

Unterschrieben war der Brief von ihrer Privatsekretärin. Daß Mrs. Currie den Brief persönlich beantwortet, wäre wohl zuviel verlangt gewesen. Aber vielleicht hat sie am gleichen Tag noch zehn weitere Briefe erhalten mit einfachen Vorschlägen, wie man jedes Jahr hunderttausend Menschenleben retten kann. Ich war sehr enttäuscht, zumal ich diese Frau zu den wenigen Politikerinnen gezählt hatte, bei denen man das Gefühl hat, sie wollen wirklich etwas bewegen.

Aber wahrscheinlich bekommt sie jede Menge Briefe von Geistesgestörten und hielt mich auch für einen solchen. *Aber sind zweitausend Menschenleben jede Woche es nicht wert, mich einmal genauer unter die Lupe zu nehmen!*

Wer hat das Unterhaus über die vorhin erwähnte skandalöse Statistik informiert? Richtig, Edwina Currie! Und diese Zahlen bezogen sich auf das Jahr 1987!

Als ich sagte: »Ich werde die Welt vom Rauchen befreien«, meinte ich das nicht so umfassend. Schnupfen, nur eine andere Art der Nikotinaufnahme, war eines Tages nicht mehr gesellschaftsfähig und starb aus, heute gibt es nur noch einen kleinen harten Kern von Schnupftabakfreunden. Können Sie sich vorstellen, daß die letzte Bastion des Schnupfens das Unterhaus ist? Soweit ich weiß, steht selbst in unserem aufgeklärten Zeitalter für die Parlamentarier am Eingang zum Sitzungssaal kostenlos Schnupftabak bereit. Wer stellt ihn zur Verfügung? Wie kommt es, daß unsere Politiker dem Rest der Bevölkerung immer hundert Jahre hinterherhinken? Wahrscheinlich werden sie in hundert Jahren Zigaretten umsonst bekommen.

Können Sie nun allmählich meinen Frust verstehen? Ich habe eine billige, simple, schmerzlose und praktisch sofort wirksame Methode zur Heilung einer Krankheit entwickelt, und die Gesellschaft ignoriert sie einfach. Schlimm genug, aber noch viel frustrierender ist es, wenn man weiß, *daß diese Krankheit nicht nur existiert, sondern daß nicht weniger als ein Drittel der Weltbevölkerung daran leidet!*

Endlich Nichtraucher ist eine äußerst effiziente Waffe gegen das Rauchen. Aber die grundlegenden Probleme vermag das Buch nicht zu lösen. Und selbst unter Aufbietung all unserer Kräfte konnte ich zusammen mit meinen Trainern, geheilten Exrauchern und Freunden bisher nur ein wenig an der Oberfläche kratzen.

Mit diesem Buch will ich unter anderem der Gesellschaft die Augen öffnen für die ganze Problematik des Rauchens. Jeder Raucher soll begreifen, daß er an einer von ihm selbstverschuldeten Krankheit leidet – und daß es gegen diese Krankheit eine schmerzlose Therapie gibt.

Wie lange werde ich dazu brauchen? Ich gebe keine Schätzungen mehr ab. Nicht weil ich mir beim erstenmal die Finger verbrannt und meine Lehre daraus gezogen habe, sondern weil ich damals eine gewisse Grundlage hatte. Ich konnte die Wirksamkeit meiner Methode beweisen, und zwar innerhalb von zwei Jahren und nicht, wie erwartet, von vier. Deshalb kam ich auf die Idee, die Nachricht würde sich wie ein Lauffeuer auf dem Globus verbreiten!

Sie glauben, ich war reichlich naiv und unterschätzte die Macht der Tabakindustrie? Ich unterschätze weder ihre Macht noch ihre Skrupellosigkeit. Die ersten beiden Druckereien, zu denen ich ging, wollten meinen Auftrag nicht annehmen, weil sie negative Reaktionen befürchteten. Vielleicht hatten sie zu viele Spionagethriller gelesen. Aber es liegt auch auf der Hand, daß eine Industrie, die jährlich hundert Millionen Pfund für Werbung ausgibt, ihren Einfluß geltend machen wird, insbesondere wenn man sich vor Augen führt, daß sie jedes Jahr den Tod von zweieinhalb Millionen Menschen in Kauf nimmt. Nach der Erfahrung mit den Druckereien habe ich mich auf der Straße öfter einmal umgedreht, aber ich glaube, es wäre nicht nötig gewesen.

Die Tabakindustrie weiß genau, daß die Relation von Lungenkrebs und Rauchen keine negativen Folgen für sie hat, sondern ihr gemeines Gift nur noch attraktiver erscheinen läßt. Man ist dort so überzeugt davon, daß es für den normalen Raucher kein Entkommen aus der heimtückischen Nikotinfalle gibt, daß man sich eine äußerst arrogante Haltung zugelegt hat. Bei Benson & Hedges geht man sogar so weit, die Warnung der Regierung vor dem Rauchen für Werbezwecke einzusetzen. Und man führt dem Raucher regelrecht vor Augen, daß er im Netz zappelt. Wenn drohender Lungenkrebs und die Anstrengungen der Antiraucherkampagnen schon nichts bewirken, warum sollte die Industrie sich dann von einem Allen Carr bedroht fühlen? Ich war nichts weiter als ein unbedeutender Virus. Aber diese Arroganz wird sie in den Ruin treiben. Mit ihrem ekelhaften Produkt hat sie den Lungenkrebs in der ganzen Welt verbreitet. Doch wie die größte Kreatur auf Erden einem kleine Virus zum Opfer fallen kann, wenn dieser sich ausbreitet und wächst, so werden wir mit vereinten Kräften wie ein riesiges Krebsgeschwür über die Tabakindustrie herfallen und sie vernichten.

Doch die Tabakindustrie ist das kleinste Problem in meinem Feldzug gegen das Rauchen (nicht gegen die Raucher wohlgemerkt). Man sagt oft zu mir: »Sie gehen auf sehr kluge Art gegen das Rauchen vor.« Aber: *Warum muß ich klug sein?* Schließlich will ich ein geniales Produkt an den Mann bringen: *Das Leben eines Nichtrauchers!* Ich verkaufe Gesundheit, Kraft, Vermögen, Freiheit und Glück. Und ich habe nur einen Konkurrenten: die Tabakindustrie mit ihren Produkten Krankheit, Lethargie, Sklaverei, Armut, Elend und Tod! Mein Produkt kostet nichts, das der Konkurrenz ein kleines Vermögen. Eigentlich sollte es keine Frage sein, wer sich durchsetzt. Doch mein Konkurrent hat so immenses Kapital im Rücken, daß er das verzerrte Bild seines Produkts in der Öffentlichkeit weiterhin aufrechterhalten kann.

Nehmen wir an, ich hätte Sie bereits davon überzeugt, daß die Gesellschaft das Rauchen durch eine rosarote Brille betrachtet. Die Situation ist doch folgende: Man fängt damit an, weil die anderen es auch tun. Jeder Raucher wünscht sich eigentlich, er hätte nie damit angefangen, und warnt alle anderen davor, bloß nicht so dumm zu sein. Und doch probieren wir die erste Zigarette. Sie schmeckt abscheulich. Aber immer wieder hören wir von Rauchern, daß sie wegen des Genusses zur Zigarette greifen. Also glauben wir, daß wir nicht abhängig sind, solange der Tabak uns nicht schmeckt. Erst arbeiten wir hart daran, süchtig zu werden, dann stecken wir den Kopf in den Sand und wollen nicht wahrhaben, daß wir Raucher geworden sind. Zwischendurch unternehmen wir vielleicht den Versuch, davon loszukommen, und warnen unsere Kinder vor dieser Dummheit. Wer durchschnittlich zwanzig Zigaretten am Tag raucht, gibt im Lauf seines Lebens ungefähr achtzigtausend Mark dafür aus. Ein richtiges Vermögen! Sogar Raucher, die es sich eigentlich nicht leisten können, sagen: »Das Geld ist mir egal.« Warum macht uns das nichts aus? Warum laufen wir von Geschäft zu Geschäft, um beim Kauf wirklich nötiger Dinge Geld zu sparen, und verhalten uns bei den Zigaretten, als würden sie nichts kosten?

Wofür wir das Geld ausgeben, ist das Erschreckende. Wir riskieren damit schwere Erkrankungen, trösten uns aber mit der Hoffnung, daß es uns schon nicht erwischen wird oder daß wir noch früh genug aufhören können. Selbst wenn wir noch glimpflich davonkommen sollten, laufen wir unser Leben lang mit schlechtem Atem, verfärbten Zähnen und schlechtem Befinden herum. Warum wird uns die Sklaverei, in der wir gefangen sind, nie wirklich bewußt? Die meisten Zigaretten rauchen wir automatisch nebenbei. Bewußt wird es uns nur, wenn wir husten und spucken, wenn wir einem Nichtraucher den Qualm ins Gesicht blasen und uns dabei unhöflich und dämlich vorkommen, wenn uns die Zigaretten ausgehen und sich Panikstimmung ausbreitet oder wenn Rauchen nicht erlaubt ist und wir uns ohne Zigarette ganz verloren vorkommen.

Was für ein zweifelhaftes Vergnügen! Wenn es erlaubt ist, läuft es entweder unbewußt ab oder ist uns eigentlich zuwider. Erst wenn es verboten ist, erscheint es uns wertvoll.

Als Raucher wird man von den Mitmenschen sein Leben lang bemitleidet oder verachtet. Schlimmer aber ist, daß viele eigentlich intelligente, glückliche, gesunde, attraktive Personen sich permanent selbst verachten müssen: wenn die Haushaltsausgaben besprochen werden, wenn sich Angst vor Krebs breitmacht, wenn die Familie sie mit vorwurfsvollen Blicken bedenkt, wenn Rauchen verboten ist, wenn sie der einzige Raucher unter lauter Nichtrauchern sind und sich schmuddelig und dumm fühlen. Was wir für unser Sklavendasein, für den Verlust an Gesundheit, Geld und Selbstachtung im Gegenzug erhalten, ist nichts als Illusion. Das Rauchen bringt uns absolut keinen Vorteil!

Sicher werden Sie einige meiner Behauptungen in Frage stellen. Ich werde aber noch hinreichend beweisen, daß ich in allen Punkten recht habe. Am besten ist, Sie markieren die oberen vier Absätze deutlich, für den Fall, daß Sie irgendwann einmal einen Raucher beneiden oder an einer Zigarette ziehen wollen. Lesen Sie diese Zeilen noch einmal. Ich kann mir nicht vorstellen, daß sie dann weiterhin Lust aufs Rauchen verspüren. Ein großes Rätsel ist aber:

Wie gelingt es der Tabakindustrie, immer wieder neue Generationen von Rauchern heranzuziehen!

Ich werde das später noch genauer ausführen: *Es gelingt ihr nicht!*

Die Tabakindustrie ist eigentlich kein Problem. Mein großer Fehler war nicht, die Konzerne zu unterschätzen, mächtig und raffiniert wie sie sind. Nein, ich habe nicht mit der Unzuverlässigkeit, Inkompetenz, Apathie, Ignoranz, Unfähigkeit und Dummheit jener Institutionen gerechnet, die eigentlich meine engsten Verbündeten sein sollten: Die Antiraucherkampagnen, die Regierung, die staatlichen Behörden, die Medien mit ihren sogenannten Fachleuten, die alles andere tun, als den armen Rauchern helfen, von ihrer Sucht loszukommen. Sie halten den Mythos am Leben, Rauchen sei eine Gewohnheit, es sei angenehm und manchmal hilfreich, es erfolge auf freiwilliger Basis, es biete Genuß und vor allem: *es sei schwierig, damit aufzuhören!*

Aber das größte Hindernis sind die Raucher selbst. Ich weiß, daß alle Raucher sich für dumm halten, und ich war eine Zeitlang der dümmste von allen. Während wir uns und den anderen weismachen wollen, wir rauchen freiwillig, aus reinem Genuß, sind wir nur Melkkühe der Tabakindustrie, der Steuerbehörden und anderer Interessengruppen, die von unserem Elend profitieren. Wen wundert es, daß unsere Kinder in die gleiche Falle tappen, wenn wir immer wieder behaupten, *es sei ein Genuß?*

Nun einmal etwas Erfreuliches. Unser Büro in London hatte innerhalb von drei Jahren einen so guten Ruf erworben, daß uns eine Einzelbetreuung nicht mehr möglich war. Wir hielten Kurse in Gruppen ab. Bald realisierte ich, daß sich praktisch in jeder Gruppe auch ein oder mehrere ehemalige Alkoholiker befanden. Sie bezeichneten sich oft selbst als solche oder als Alkoholiker auf Entzug, obwohl einige von ihnen schon über zwanzig Jahre keinen Tropfen Alkohol mehr zu sich genommen hatten! Manche mochten es überhaupt nicht, wenn ich sie als ehemalige Alkoholiker einstufte. Nun läßt sich darüber streiten, ob jemand, der seit so langer Zeit keinen Alkohol mehr angerührt hat, ein Alkoholiker ist, ein Alkoholiker auf Entzug oder ein ehemaliger Alkoholiker. Dazu später mehr. Vorerst werde ich von ehemaligen Alkoholikern sprechen, und das soll in keiner Weise eine Wertung beinhalten.

Viele dieser ehemaligen Alkoholiker waren zudem auch heroinabhängig gewesen, manche hatten jede nur denkbare Art von Sucht hinter sich. Doch mit Ausnahme des Nikotins hatten sie es geschafft, von allen Drogen loszukommen.

Es fiel mir schwer, das zu verstehen. Bisher war ich der weit verbreiteten Meinung gewesen, Heroin wäre die hartnäckigste Droge überhaupt, und ein Entzug, bei dem man einen »Cold Turkey« in Kauf nimmt, wäre praktisch Selbstmord.

Ich fragte diese Leute: »Ihr habt mit dem Trinken aufgehört, mit dem Heroin und dem ganzen anderen Zeug, was ist so schwierig daran, mit dem Rauchen Schluß zu machen?« Keiner hatte dafür eine logische Erklärung. Ich hatte immer geglaubt, der körperliche Entzug vom Heroin wäre nur unter unerträglichen Schmerzen möglich, und wollte mir das genauer schildern lassen. Die Antworten liefen ungefähr auf folgendes hinaus: »Ach ja, es war schlimm, ungefähr wie eine Grippe!«

Nun will ich nicht behaupten, eine Grippe wäre etwas Angenehmes, es kann einem dabei wirklich hundeelend gehen. Aber die meisten von uns stehen sie durch ohne das Gefühl, sie müßten auf der Stelle sterben. Mir erscheint eine Grippe wie ein Honigschlecken, wenn man dafür von der Heroinabhängigkeit befreit wird. Könnte man einem Raucher anbieten: »Gegen fünf Tage Grippe könntest du Nichtraucher werden«, wäre er doch sofort mit dem Tausch einverstanden.

Die Symptome, die die Betroffenen beschrieben, erinnerten mich sehr daran, wie depressiv und reizbar ich war, als ich versuchte, unter Einsatz meiner Willenskraft mit dem Rauchen aufzuhören. Ihr Problem schien identisch mit dem eines Rauchers. Vermutlich wäre meine Methode ebenso einfach auf Alkoholiker und Heroinabhängige anzuwenden. Den Versuch war es mir wert. Nun die gute Nachricht: Sofern sie nicht vorher bei den Anonymen Alkoholikern oder einer Drogenberatung gewesen waren, funktionierte die Methode bei ihnen genauso einfach wie bei Rauchern!

Damit wäre eine weitere Behauptung zu beweisen: Meine Methode kann bei allen Formen der Drogenabhängigkeit angewandt werden; und die sogenannten Experten der etablierten Organisationen helfen den Süchtigen nicht aus ihrer Abhängigkeit, im Gegenteil, sie machen es ihnen nur noch schwerer. Sie glauben mir nicht? Sie denken: »Was ist das für ein Irrer? Will er uns wirklich weismachen, daß die Millionen von Therapiestunden bei hochqualifizierten Ärzten, Psychologen, Sozialarbeitern und Drogenexperten völlig umsonst waren, daß immense Summen zum Fenster hinausgeworfen wurden? Will er uns allen Ernstes glauben machen, er hätte über Nacht mehr erreicht als jahrelange aufwendige Forschungen?«

Nein, ich bin kein Irrer. Das habe ich bereits bewiesen. Denken Sie nur daran, daß viele ehemalige Heroinabhängige und Alkoholiker von ihrer Sucht losgekommen sind, die meisten von ihnen ohne Hilfe der bekannten Institutionen. Der Gründer der Anonymen Alkoholiker ist an den Folgen seines Zigarettenkonsums gestorben. Sigmund Freud, der Vater der modernen Psychoanalyse, brachte das Zigarrenrauchen ins Grab. Beide hatten sich jahrelang mit der Erforschung der Nikotinsucht beschäftigt. Hören sie gut zu, was ich Ihnen mitzuteilen habe. Ich weiß, daß meine Behauptungen nicht leicht zu glauben sind, aber auch nicht schwerer als jene von Kolumbus, daß die Welt rund sei, oder die Darwins, daß wir Menschen vom Affen abstammen. Beide stellten von heute auf morgen Theorien auf den Kopf, die jahrhundertelang Geltung hatten. In diesem Buch werde auch ich Ihnen beweisen, daß ich recht habe.

Natürlich entstehen solche Thesen nicht wirklich über Nacht. Kolumbus und Darwin haben sich gewiß jahrelang Gedanken über die zu dieser Zeit geltenden Lehren gemacht und sie in Frage gestellt, als sie im Widerspruch zu ihren eigenen Beobachtungen standen. Ebenso wie langwierige und schwierige Phasen der Vorbereitung eine Person über Nacht zum Star machen, gingen auch den meisten wichtigen Entdeckungen viele Jahre mühsamer Forschung voraus. Oder glauben Sie wirklich, ein Eskimo würde eines Morgens aufwachen und zu seiner Frau sagen: »Nanuk, meine Liebe, ich glaube, ich habe entdeckt, wie man ein Atom spaltet.« Ich habe mich die längste Zeit meines Lebens damit beschäftigt, einen Ausweg aus meinem Gefängnis zu finden.

Ganz besonders störte mich, daß ich mein Wissen von der Übertragbarkeit meiner Methode auf Alkoholiker und andere Drogenabhängige mehrere Jahre lang für mich behalten mußte. Es war schon schwer genug, die Gesellschaft davon zu überzeugen, daß ich eine einfache Antwort auf das Raucherproblem gefunden hatte. In den vergangenen Jahren bin ich vergeblich mit dem Kopf gegen die Wand gerannt. Doch damals glaubte ich mich an der Schwelle zum Erfolg. Zunächst wollte ich die Welt vom Nikotin befreien. Danach wäre die Gesellschaft überzeugt, daß ich es auch mit den anderen Drogen aufnehmen könnte.

Der einzige Alptraum in meiner Kindheit, an den ich mich noch genau erinnern kann, war folgender: Ich erwachte aus einem Alptraum – worum es darin ging, weiß ich nicht mehr – und lief die Treppe hinunter zu meinen Eltern, die im Wohnzimmer saßen und ins Feuer starrten. Ich schrie aus Angst, doch sie schienen mich nicht zu hören. Ich schrie weiter aus Leibeskräften. Langsam drehten sich ihre Köpfe nach hinten zu mir. Doch sie besaßen keine Gesichter, ich sah nur zwei leere Flächen. Warum war dieser Traum so schrecklich? Weil ich gedacht hatte, ich sei wach!

Damals befand ich mich in einer ähnlichen Situation. Ich hatte mich jahrelang in einer alptraumhaften Phantasiewelt befunden. Einer Welt der Abhängigkeit und Dunkelheit. Joyce half mir, den Weg ins »Wunderland« zu finden: eine reale Welt, in der es Freiheit, Sonnenschein und Glück gab. Nun fühlte ich mich aber langsam in einen Alptraum zurückgleiten, eine neue unreale Welt mit furchterregenden Gestalten, viel schlimmer noch als die erste, denn: *diese Gestalten sind echt!*

Ich brauche ungefähr sechs Stunden, um den Großteil der Raucher, die mich aufsuchen, zu überzeugen. Doch bei unserer gebildeten und intelligenten Oberschicht ist mir dies nach neun Jahren größter Mühen nicht gelungen. Diese Leute erinnern mich an die gesichtslosen Eltern in meinem Traum.

Ken Livingstone beschreibt dieses Phänomen ganz treffend so: »Sie kommen aus den besten Familien, sie waren auf den besten Schulen, sie sind eloquent, gepflegt gekleidet und sitzen auf den besten Posten. Das verführt uns zu der Annahme, sie seien intelligent, kreativ und verständnisvoll gegenüber ihren Mitmenschen.«

In Wirklichkeit sind die meisten von ihnen nichts weiter als Roboter, die immer nur jene Klischees und Platitüden wiederholen, die ihnen eingebleut wurden. Diese gesichtslosen Bürokraten haben ihre eigene, noch kompliziertere Sprache. Vielleicht sollte ich als nächstes ein Wörterbuch Englisch/Bürokratenenglisch verfassen. Ich habe bereits Vorarbeit dafür geleistet. Hier einige Beispiele:

»Sie haben hier einen sehr interessanten Aspekt angesprochen. Ich werde mich damit intensiver auseinandersetzen.«

Übersetzung: »Jetzt habe ich mir eine halbe Stunde lang ihren Mist angehört, aber jetzt fängt meine Mittagspause an.«

»Guten Tag, Frau X, wie nett, Sie zu sehen.«

Übersetzung: »Die habe ich schon einmal irgendwo getroffen, aber mir fällt beim besten Willen nicht ein, wo.«

Und nach dem fünften Besuch:

»Guten Tag, Frau X, wir sollten uns nicht so oft sehen, meine Frau vermutet bereits eine Affäre.«

Übersetzung: »Nicht die schon wieder.«

»Selbstverständlich habe ich Ihre Briefe alle gelesen und werde mich umgehend um die Angelegenheit kümmern.«

Übersetzung: »Mrs. Smith, mein Papierkorb ist schon wieder voll, sie müssen ihn mindestens sechsmal am Tag leeren.«

»Ich bin überzeugt, Sie haben eine einfache Lösung für das Problem.«

Übersetzung: »Muß ich mich denn dauernd von diesen Trotteln belästigen lassen?«

Sicher haben Sie schon ähnliche Erfahrungen gemacht. Neben Edwina Currie schrieb ich auch an den Herausgeber der *Times*. Als Antwort erhielt ich den Hinweis, daß die Zeitung erst vor kurzem einen ausführlichen Artikel zum Thema »Rauchen aufhören« veröffentlicht habe. Ich hatte den Artikel gelesen und wandte ein, daß er die gleichen nutzlosen und überflüssigen Informationen enthielte, wie sie in den Medien seit Jahren breitgetreten werden. Ich dagegen hätte eine Heilmethode entwickelt! Man war jedoch nicht interessiert.

Ich versuchte es weiter. Die gute alte BBC bringt keine Zigarettenwerbung, dort mußte man doch ein offenes Ohr für mein Anliegen haben. Ich schrieb an den Geschäftsführer. – »Ihr Brief wurde an die zuständige Abteilung weitergeleitet.« – Von der zuständigen Abteilung hörte ich natürlich nichts. Ebensowenig wie von allen anderen Stellen, an die ich mich gewandt hatte.

Nach einem Zwischenfall anläßlich des Nationalen Nichtrauchertags war ich endgültig davon überzeugt, daß ich nur meine Zeit verschwendete. Gemeinsam mit einigen anderen berühmten Mitstreitern im Kampf gegen das Rauchen wurde ich als Gast zu einer Fernsehrunde eingeladen. Ich hatte zwar schon vorher einige Auftritte im Fernsehen absolviert, doch dies war der erste, bei dem ich mit anderen bekannten Namen aus der Welt des Rauchens zusammentraf.

Vor Beginn der Sendung hatten wir Gelegenheit, uns zu unterhalten.

Ein junger Arzt erzählte mir, er arbeite im Auftrag der Weltgesundheitsorganisation (WHO) an einer Broschüre für die praktischen Ärzte in ganz Großbritannien, und ich glaube sogar weltweit, mit Hilfestellungen für Patienten, die mit dem Rauchen aufhören wollen. Natürlich enthielt diese Broschüre wieder die üblichen Formeln, die von Medizinern seit Bekanntwerden des Zusammenhangs von Rauchen und der Entstehung von Lungenkrebs zitiert werden.

Dieser junge Arzt erwähnte allerdings zwei Punkte, die mir schier unglaublich erschienen. Erstens würde er den Ärzten raten, die Patienten nicht darüber aufzuklären, daß es sich beim Rauchen um reine Abhängigkeit vom Nikotin handle. War er wirklich der Meinung, das würde es den Rauchern noch schwerer machen? Um aus einem Gefängnis ausbrechen zu wollen, muß man doch erst einmal realisieren, daß man in einem sitzt.

Noch mehr erschütterte mich die zweite Aussage: »Ich habe von Ihrem Buch gehört und wie wirkungsvoll es ist. Bevor ich die Broschüre schrieb, wollte ich mir ein Exemplar besorgen, aber überall war es ausverkauft.« Da erhält ein Arzt den Auftrag, ein Kompendium zu verfassen, das den Ärzten auf der ganzen Welt helfen soll, gegen Lungenkrebs vorzugehen, und er hält es nicht einmal für nötig, einem solchen Hinweis weiter nachzugehen!

Können Sie meine Frustration verstehen? Die ebenfalls anwesenden Vertreter von FOREST und der Zigarettenindustrie kümmerten mich nicht weiter. Aber jener Arzt, der im Auftrag der WHO hier saß und eigentlich mein Verbündeter sein sollte, war zu bequem oder wußte nicht, wie er es anstellen sollte, an mein Buch zu kommen. Wir kennen ja die Eigenheiten der Bürokratie in Brüssel, aber sind wirklich alle Institutionen gleich beschränkt?

Meine Erfahrung lehrt mich, daß sie es leider sind.

Was glauben Sie, wie viele große Errungenschaften oder Erfindungen wir öffentlichen Ausschüssen oder Institutionen zu verdanken haben? Mir fällt nur eine ein. Aber die ist in meinen Augen das Größte, was die Menschheit bisher geleistet hat. Es handelt sich dabei nicht um eine Erfindung, sondern um den Auftrag eines der größten Politiker unserer Geschichte. Ich hätte es nicht für möglich gehalten, daß dies zu meinen Lebzeiten realisiert wird. Es ist ein Beispiel für die Konzentration mannigfacher Kräfte auf ein Projekt, wie es seit dem Bau der Pyramiden nicht mehr in die Tat umgesetzt wurde, und macht deutlich, wozu Menschen fähig sind, wenn sie gemeinsam an einem Strang ziehen. Ich spreche davon, wie vor einem Vierteljahrhundert zum erstenmal ein Mensch den Mond betreten hat!

Ich habe dreißig Jahre gebraucht, um der Nikotinfalle zu entkommen, und dachte, ich hätte damit schon den schwierigsten Teil hinter mir. Nun müßte ich nur noch den Rest der Welt von meiner Methode überzeugen. Eine einfache Aufgabe. Ich müßte nur die Saat ausstreuen. Mit etwas Glück würde sie auf eine Person treffen, die genug Weitsicht und Einfluß besitzt, um sie weiter zu verbreiten.

Nach der eben erwähnten Fernsehsendung war mir klar, daß ich erst am Beginn meiner Bemühungen stand. Ich gebe ehrlich zu, es ist mir nicht gelungen, mein Ziel zu erreichen. Aber ich gebe nicht so leicht auf und zermartere mir weiter den Kopf, wie ich es schaffen könnte. Als erstes brauchte ich einen guten Kontakt zu den Medien. Wie kam Bob Geldof ins Europaparlament? Wer hat heute wirklich Einfluß? Brillante Wissenschaftler und Akademiker? Politiker? Nein, die Meinungsbildner heutzutage sind Popstars und Fernsehberühmtheiten. Leute wie die Beatles und Elvis Presley. Wahrscheinlich haben sie den Boden bestellt für den florierenden Drogenhandel.

»Den Sanftmütigen soll das Land gehören.« Ich hoffe es, denn sie haben es verdient. Meine Eltern lehrten mich, Autoritäten zu respektieren und die Regeln und Gesetze zu achten: »Sei immer höflich, dränge dich nie in den Vordergrund, respektiere jene, die älter oder besser sind. Leider habe ich erst nach der Hälfte meines Lebens erkannt, was für ein Unsinn das war! Hätten sie doch nur recht gehabt. Es wäre schön, wenn es so funktionieren würde, doch in Wirklichkeit ist es doch so, je höflicher und zuvorkommender man ist, desto mehr wird man ausgenutzt. Je mehr Unsinn man verbreitet, je umstrittener man ist, um so mehr wird man von anderen hofiert, und sei es nur um ruhiggestellt zu werden.

Bob Geldof hat sich Zugang zu den Bürokraten Europas verschafft, weil er sah, was jeder Mensch auf unserer Erde zu erkennen vermag, mit Ausnahme des Amtsschimmels, der blind geworden ist für die Realität. Was Bob von den anderen unterscheidet, ist sein Mut, mit dem er sich den Weg durch den Bürokratismus gebahnt hat. Er hat offen ausgesprochen, daß es keinen Sinn macht, Berge von Lebensmitteln verrotten zu lassen, während Menschen auf unserem Planeten verhungern. Viel Erfolg weiterhin! Wir brauchen mehr Leute von dieser Sorte, die wirklich etwas unternehmen, anstatt immer nur davon zu reden.

Meine Mission betrachte ich als ebenso wichtig. Und Geldof hat mich auf eine ähnliche Taktik gebracht. Etwa Popstar zu werden? Selbst das würde ich versuchen, doch ich habe weder die Zeit noch das Talent dazu. Ich kann mir kein Zeitlimit setzen, weil ich auf die Hilfe anderer angewiesen bin. Das soll keine Entschuldigung sein, aber es bleibt mir nichts anderes übrig, als zu betteln, nicht um Geld, *sondern um Hilfe! Ich brauche Ihre Hilfe! Ich brauche jede nur mögliche Hilfe!*

Ich habe meine Netze weit ausgeworfen, um einen dicken Fisch an Land zu ziehen. Ohne Erfolg. Alle Leute, die ich bisher angesprochen habe, waren zu sehr mit ihren eigenen Problemen beschäftigt. Hatte ich das Gefühl, endlich einen Beamten gefunden zu haben, der sich für mein Anliegen interessierte, wurde er innerhalb kurzer Zeit pensioniert, versetzt oder gefeuert. Ich schrieb an Margaret Thatcher, damals Premierministerin. Offensichtlich hinterließ ich großen Eindruck bei ihr. Sie hat sich vor einiger Zeit für fünfzigtausend Pfund von der Zigarettenindustrie als politische Beraterin anwerben lassen.

Ich habe zwar einem Heer von einflußreichen und intelligenten Persönlichkeiten geholfen, das Rauchen aus der richtigen Perspektive zu sehen, doch ist es mir bisher nicht gelungen, auch nur eine einzige mächtige Institution zu überzeugen – mit Ausnahme der Tabakkonzerne vielleicht. In den ersten Jahren hat mich das nicht sehr beschäftigt. Es macht mir erst Sorgen, seit ich realisiert habe, daß ich noch einmal *ganz von vorne anfangen muß.*

KAPITEL 2

Alles noch einmal von vorn

Die Welt vom Rauchen zu befreien, ist eine schier nicht zu bewältigende Aufgabe, doch ich war überzeugt, ich würde dieses Ziel innerhalb von zehn Jahren erreichen. Als Mathematiker ging ich dabei vom sogenannten Schneeball- oder Dominoeffekt aus, von Fachleuten auch als geometrische Folge bezeichnet. Sie kennen doch Geschichten wie diese:

> »Legen Sie ein Weizenkorn auf das erste Quadrat eines Schachbretts, zwei Körner auf das zweite Quadrat, vier Körner auf das dritte und so weiter. Alle Weizenkörner der Welt würden nicht reichen, um alle 64 Quadrate zu füllen. Probieren Sie es besser nicht aus. Sie bräuchten ein Schachbrett von der Größe der Vereinigten Staaten.«
>
> »Nehmen Sie zwei Mäuse, die sich ungehindert fortpflanzen können. Sorgen Sie dafür, daß sie und ihre Nachkommen nur an Altersschwäche sterben. Innerhalb eines Jahres gibt es mehr Mäuse auf der Erde als Menschen.« Bei diesem Versuch sollten Sie sich jedoch vorher vergewissern, daß es sich bei den ersten beiden Mäusen um ein Männchen und ein Weibchen handelt.

Nach drei Jahren waren unsere Kapazitäten in London erschöpft, obwohl wir nur noch Gruppenkurse anboten. Wir kurierten jedes Jahr über zweitausend Raucher mit Erfolg. Und aus Briefen wußten wir, daß auch das Buch zahlreichen Rauchern helfen konnte. Genaue Zahlen sind nur schwer zu ermitteln, doch kann man davon ausgehen, daß auf jeden Raucher, der sich die Mühe machte, uns zu schreiben, Dutzende kommen, die sich nicht melden.

Auch von den Audio- und Videokassetten, die wir aufnehmen ließen, liegen uns keine Erfolgsstatistiken vor, doch das Echo war ähnlich wie beim Buch. Im Produktionsteam für das Video waren zu Beginn der Arbeit etwa zwanzig Raucher, noch vor der Fertigstellung hatten alle aufgehört. Buch und Video wurden in andere Sprachen übersetzt. Zu meinem Erstaunen wurde ich so etwas wie eine Berühmtheit. Ständig sprachen mich ehemalige Raucher an, die mir ihren Dank ausdrücken wollten. Erst vor kurzem habe ich erfahren – und darauf bin ich wirklich stolz –, daß mein Video in inoffiziellen Nichtraucherseminaren an der Universität von Oxford verwendet wird.

Das bisher größte Kompliment machte mir Anthony Hopkins. Ohne daß ich davon wußte, hatte er jahrelang für meine Methode geworben. Ich konnte ihn dafür gewinnen, die einführenden Worte zu meiner Servicerufnummer/Helpline in England zu sprechen. Bei einem erfolgreichen Mann wie ihm überrascht es nicht weiter, daß er kein Honorar dafür verlangte. Angesichts der Tatsache, daß er damals gerade mitten in den Dreharbeiten zu *Das Schweigen der Lämmer* stand, ist es ihm hoch anzurechnen, daß er seine Zeit dafür opferte. Ich freute mich darauf, ihn bei den Aufnahmen kennenzulernen, er war immer schon einer meiner Lieblingsschauspieler gewesen. Doch als ich ins Studio kam, teilte mir der Produzent mit, daß Anthony seinen Part schon einen Tag früher erledigt hatte. »Tony war sehr enttäuscht, er hatte sich schon darauf gefreut, Sie kennenzulernen.« Insgeheim dachte ich: Das verhält sich doch genau umgekehrt.

So lief ich also glücklich und selbstgefällig durch die Gegend und war überzeugt davon, daß die kurierten Raucher ihrerseits versuchen würden, ihren Freunden und Verwandten zu helfen. Weitere Erfolge stellten sich nach Auftritten in Radio- und Fernsehsendungen und aufgrund von Zeitungsartikeln ein. Nimmt man die große Zahl der Raucher hinzu, die sich noch unter Einsatz ihres Willens mühten, vom Rauchen loszukommen, hatten ich allen Grund, daß der Schneeball bereits an Umfang zugenommen hatte und bald zur Lawine werden würde.

Als ich den magischen Knopf entdeckte, wußte ich, daß ich nie wieder Verlangen nach einer Zigarette verspüren würde. Ebenso überzeugt war ich davon, daß die Methode genauso auf andere Raucher anzuwenden ist. Meine Erwartungen wurden sogar übertroffen, als ich anfing, die Theorie in die Praxis umzusetzen. Bis zwei Vorfälle Zweifel in mir aufkommen ließen.

Der erste ereignete sich zu dem Zeitpunkt, als ich genug Vertrauen in mein Wissen entwickelt hatte, um *Endlich Nichtraucher!* zu schreiben. Ich beschäftigte mich intensiv mit den Folgen der Entzugserscheinungen auf Körper und Psyche. Hätten Sie mich nach einem gescheiterten Versuch unter Einsatz von Willenskraft dazu befragt, hätte meine Antwort wahrscheinlich gelautet, daß sie sich auf beide Bereiche in etwa gleich auswirkten. Ich sage wahrscheinlich, weil ich nach dieser Methode eine derartige Frage nie gestellt hätte. Damals wußte ich nur, daß ich versagt hatte. Was machte es da schon aus, ob die Gründe körperlicher oder psychischer Natur waren. Außerdem war ich viel zu sehr damit beschäftigt, Entschuldigungen für mein Scheitern zu finden.

Ich behaupte, jede andere Methode außer meiner basiert auf dem Einsatz von Willenskraft. Und selbst auf meine trifft das zu, wenn man nicht alle Instruktionen genau befolgt. Sobald Sie sich nicht exakt daran halten, handelt es sich aber auch nicht um die Methode von Allen Carr.

Die Frage nach dem Verhältnis zwischen Körper und Psyche stellte sich mir erst, nachdem ich den magischen Knopf gefunden hatte. Ich hatte keine Erklärung dafür, daß die unangenehmen körperlichen Entzugserscheinungen, die ich vorher immer durchgemacht hatte, nicht auftraten. Hätten Sie mich zu diesem Zeitpunkt gefragt, hätte ich gesagt, zu zwanzig Prozent reagiert der Körper und zu achtzig Prozent die Psyche.

Nach meinen Erfahrungen aus den Kursen hätte ich zum Zeitpunkt, als ich das Buch schrieb, das Verhältnis auf fünf Prozent Körper und fünfundneunzig Prozent Psyche korrigiert. Doch jeder einzelne empfand das anders. Die einen behaupteten, nicht die geringsten Entzugserscheinungen zu verspüren. Andere Aussagen lauteten: »Genau wie Sie sagten: Die ersten fünf Tage waren schlimm.« Wieder andere hatten die ersten drei Wochen Probleme. Ich habe noch nie jemanden gewarnt, die ersten fünf Tage oder drei Wochen seien schwierig. Vor allem jene, die es nicht schafften, klagten zum Teil, es sei absolut mörderisch. Doch auf meine Frage, wo sich die Schmerzen bemerkbar gemacht hatten, habe ich nie eine konkrete Antwort erhalten.

Bei meinen vergeblichen Versuchen unter Einsatz von Willenskraft sagte ich mir immer wieder, ich dürfe nie mehr zu einer Zigarette greifen. Als ich den Knopf gedrückt hatte, schwörte ich bereitwillig, daß ich niemals mehr auch nur einen Zug nehmen würde. Zwischen meinem »Unabhängigkeitstag« und der Eröffnung des Büros in London lagen sechs Monate. Ich stellte mein eigenes Erinnerungsvermögen in Zweifel, als Kursteilnehmer von deutlichen körperlichen Entzugserscheinungen berichteten.

War es wirklich so einfach gewesen, wie es sich in meiner Erinnerung darstellte? Oder betrachtete ich in meiner Freude über mein Nichtraucherdasein alles durch eine rosarote Brille? Bevor ich das Buch schrieb, wollte ich mir persönlich Gewißheit verschaffen, wie schlimm der körperliche Entzug wirklich ist. Ich fing wieder an zu rauchen.

Das brachte meine kleine Welt ins Wanken, hatte ich doch behauptet, ich wüßte mehr über das Rauchen als jeder andere auf unserem Planeten, und ein Zug würde schon genügen, um wieder süchtig zu werden. Aber es gelang mir nicht mehr. Nach einem Monat hatte ich mich auf zwanzig Zigaretten am Tag hochgearbeitet, verspürte aber weder Lust noch starkes Verlangen danach. Es ging mir wie zu Beginn einer Raucherkarriere, es schmeckt einem überhaupt nicht, aber man braucht es, um sich erwachsen zu fühlen oder zu einer bestimmten Gruppe zu gehören.

Abgesehen von meinen plötzlichen Zweifeln brachte mich noch ein weiterer Vorfall in Bedrängnis. Ich hatte mir einen bestimmten Zeitraum zum Verfassen des Buches freigehalten, der nun allmählich ablief. Joyce protestierte anhaltend und vehement gegen meine dummen Versuche, wieder zu rauchen. Einer ihrer harmloseren Kommentare war: »Du bezeichnest dich als intelligenten Menschen. Warum spielst du mit dem Feuer?« Joyce gegenüber konnte ich es natürlich nicht zugeben, aber die Befürchtung, ein zweites Mal nicht mehr loszukommen, hing tatsächlich wie ein Damoklesschwert über mir. Aber im Grunde war ich doch so überzeugt von meiner Methode, daß ich es, wenn ich tatsächlich wieder süchtig werden sollte, schon wieder schaffen würde.

Doch plötzlich ging mir ein Licht auf, warum es mir nicht mehr gelang, abhängig zu werden, und alle Zweifel waren mit einem Schlag verschwunden. Von nun an war das Vertrauen in mein System nicht mehr zu erschüttern. Die wunderbare Wahrheit lautete:

ICH KANN NIE MEHR SÜCHTIG WERDEN!

Weder ich noch irgendein anderer ehemaliger Raucher, der meine Methode versteht und genauestens befolgt!

Ich habe so großes Vertrauen in meine Methode, daß ich sogar Heroin nehmen würde, um das zu beweisen. Meine Frau windet sich jedesmal, wenn ich diese Behauptung aufstelle. Und sollten Sie schon seit einer Weile vermutet haben, daß es sich hier um die Hirngespinste eines Geistesgestörten handelt, so muß dieser Eindruck nun vollends bestätigt sein. Aber ich handle nicht leichtfertig.

Schon das Wort Heroin läßt mir Schauder über den Rücken laufen. Wie die meisten starken Raucher hatte ich immer größte Angst vor Drogenabhängigkeit. Ich kenne viele Leute, die irgendwann einmal Marihuana geraucht haben und es bis heute tun. Nicht einer von ihnen ist davon süchtig geworden. Einige glauben das zwar, doch in Wirklichkeit ist es der Nikotingehalt des Joints, der zur Abhängigkeit führt. Ich weiß, daß Marihuana kein Suchtmittel ist wie Nikotin oder Heroin. Aber ich habe nie auch nur einen Zug davon genommen. Meine Abhängigkeit vom Nikotin war schon so immens, daß ich Angst hatte, Marihuana, das ich damals noch für eine der harten Drogen hielt, würde mich innerhalb weniger Monate ins Grab bringen. Aber auf die Idee, daß ich bereits der schlimmsten Droge von allen verfallen war, kam ich nicht. Wenn es Ihnen immer noch schwerfällt, mir das zu glauben, sollten Sie endlich Ihren Kopf aus dem Sand ziehen. Nennen Sie mir eine andere Droge, die sechzig Prozent der erwachsenen Bevölkerung in ihren Fängen hat und jedem vierten von ihnen den Tod bringt! Höchstens der Alkohol kommt noch in die Nähe dessen, doch wie ich später noch erklären werde, verursacht der keine körperliche Abhängigkeit. Das Hauptproblem der meisten sogenannten Alkoholiker ist eigentlich ihr Nikotinkonsum.

Lassen Sie mich eines klarstellen: Ich will weder Heroin noch irgendein anderes Rauschgift konsumieren oder für sie eintreten, aber wenn es mir auf diese Weise gelingt, die Aufmerksamkeit der gesichtslosen Zombies, die unser Schicksal so fest in der Hand haben, auf uns zu lenken, soll mir auch dieses Mittel recht sein.

Eine Warnung ist an dieser Stelle angebracht. Was ich eben erwähnte, könnte nun manchen Jugendlichen, vor allem, wenn er bereits Raucher ist, zu der Einstellung verleiten: Wenn ich bereits die härteste Droge nehme, kann ich ja gleich zum Heroin wechseln. Bitte seid nicht so dumm! Als Raucher habt ihr schon genug Probleme. Andere Drogen würden es nur noch schlimmer machen. Sie ruinieren das wertvollste Geschenk, das ihr je erhalten habt – euer Leben! Was geändert werden muß, ist die verzerrte Sichtweise unserer Gesellschaft in bezug auf das Rauchen.

Das alles passiert im Kopf. Wie oft haben wir schon diesen Ausdruck benutzt. Wir sind überzeugt von seiner Richtigkeit und können trotzdem nichts an der Lage ändern. Wir konnten doch auch vor Beginn unserer Raucherkarriere ein Fest genießen oder Streß bewältigen, ohne eine Zigarette oder eine andere Krücke dafür zu benötigen. Aber einmal süchtig, gibt es diesen glücklichen Zustand nicht mehr. Wir kennen die Aussage von ehemaligen Rauchern: »Ich rauche seit zwanzig Jahren nicht mehr, aber die Zigarette nach dem Essen vermisse ich immer noch.« Das kann nur eine Sache des Kopfes sein, oder hat der Körper ein Leben lang das Verlangen nach Nikotin? Ganz sicher nicht. Ich werde in einem der folgenden Kapitel darlegen, daß der Körper zu keiner Zeit nach Nikotin verlangt, nicht einmal in der Phase der Abhängigkeit.

Nach meinem Versuch, wieder nikotinabhängig zu werden, weiß ich, daß die Entzugserscheinungen zu einem Prozent körperlicher und zu neunundneunzig Prozent psychischer Natur sind. Deshalb spreche ich in

Endlich Nichtrauer! von der kleinen Bestie im Körper und der großen im Kopf. Letzten Endes ist das Problem zu hundert Prozent psychischer Natur. Das körperliche Verlangen hält noch ein paar Tage nach der letzten Zigarette an und, das muß man sich immer wieder bewußt machen, will die große Bestie wieder zum Leben erwecken. Aber angenommen, die Gehirnwäsche wurde komplett ausgeschaltet, dann haben wir es nur noch mit der kleinen Bestie zu tun, die aber so unbedeutend ist, daß sie uns nicht mehr zu schaffen macht als zu unserer Zeit als Raucher.

Nun denken manche von Ihnen trotzdem: »Was Allen Carr sagt, ist mir egal. Ich weiß, daß mein Körper durch die Hölle gehen wird, wenn ich mit dem Rauchen Schluß mache.« Ich glaube Ihnen. Bei jedem Versuch, durch Willenskraft vom Rauchen loszukommen, war ich überzeugt, schlimmen körperlichen Entzug durchmachen zu müssen – bis an die Grenzen des Erträglichen. Doch heute weiß ich, daß das Problem nicht körperlicher, sondern psychischer Natur war. Ich litt unter Reizbarkeit, schlechter Laune, Depressionen, Verlustängsten, Ruhelosigkeit, Leere, Unsicherheit, Angst bis hin zur Panik. Der Körper reagierte auf diese Symptome mit kalten Schweißausbrüchen und Energielosigkeit, nicht aber mit richtigen Schmerzen. Doch mehr darüber später.

Vor einer weiteren Gefahr will ich noch warnen. Ich habe meinen vergeblichen Versuch, erneut abhängig zu werden, in *Endlich Nichtraucher!* beschrieben. Einige ehemalige Raucher, die meine Methode erfolgreich angewandt hatten, glaubten nun: Toll, selbst wenn ich wieder Raucher werden wollte, kann mir das gar nicht mehr gelingen. Dazu möchte ich klarstellen: Falls *Sie* versuchen sollten, wieder süchtig zu werden, wird Ihnen das mit Sicherheit gelingen, und was noch schlimmer ist, Sie werden nicht mehr davon loskommen!

Das mag auch zu der Annahme verleiten: Gut, ich werde nicht versuchen, wieder Raucher zu werden. Doch wenn ich nach Allen Carrs Methode vorgehe und es ihm nicht gelungen ist, zu seiner alten Sucht zurückzukehren, kann es mir doch nicht schaden, nur ab und zu eine Zigarette oder Zigarre zu rauchen.

Das Ergebnis wäre das gleiche. Ich spreche nicht gern über meinen Versuch, wieder abhängig zu werden, weil ich weiß, daß trotz meiner Warnungen ein Teil der geheilten Raucher wieder rückfällig geworden ist. Und dazu kommt noch die Zahl derer, die nicht darüber sprechen wollen. Aber warum erwähne ich diese Geschichte dann überhaupt? Weil nur der für den Rest seines Lebens glücklicher Nichtraucher bleibt, der meine Methode umfassend verstanden hat.

Ich wurde nicht wieder abhängig, weil ich im Grunde nicht das Verlangen verspürte zu rauchen. Ich wollte lediglich die körperlichen Auswirkungen des Entzugs vom Nikotin überprüfen. Sie sind in Ihren Gedanken schon einen Schritt weiter und finden es ungerecht, daß ich es versuchen durfte und Sie nicht. Warum aber wird es Ihnen nicht gelingen, ein zweites Mal davon loszukommen?

Ich hatte einen echten Grund, Sie haben nur eine Ausrede. Aus welchem Grund sollte man diese Erfahrung auch wiederholen wollen? Würden Sie Ihre Hand in kochendes Wasser stecken, nur um zu beweisen, daß es guttut, sie wieder herauszuziehen? Wenn Sie erfolgreich mit dem Rauchen aufgehört haben, aber noch gelegentlich Lust auf eine Zigarette verspüren, haben Sie meine Methode noch nicht richtig verstanden. In diesem Fall müssen Sie nur dieses Buch zu Ende lesen. Sich in dieser Phase eine Zigarette anzustecken ist ungefähr das gleiche, wie ohne Fallschirm aus einem Flugzeug zu springen. Zweifeln Sie daran? Dann fragen Sie sich einfach selbst, welchen Rat Sie einem ehemaligen Raucher geben würden, der zwar erfolgreich ausgestiegen ist, aber immer noch in Versuchung kommt, insbesondere wenn es sich dabei um Ihre Kinder, Ihre Eltern oder Ihren Partner handelt. Muß ich noch mehr dazu sagen?

Nun eine schlechte Nachricht. Ich kümmerte mich nicht mehr weiter um die Frage, warum ich nicht wieder abhängig wurde, und besaß mehr Selbstvertrauen denn je, als mich das Unheil traf. Einige meiner kurierten Raucher, starke Langzeitraucher, die es auf herkömmliche Weise nicht geschafft hatten aufzuhören, für die es aber mit meiner Methode ein leichtes gewesen war, die Monate, wenn nicht Jahre, als zufriedene Nichtraucher verbracht und mich an Dutzende von Freunden und Verwandten weiterempfohlen hatten, tauchten plötzlich wieder in meinen Kursen auf. Dabei handelte es sich keineswegs um schwache oder minder intelligente Personen. Ganz im Gegenteil.

Zunächst war ich erleichtert, daß diese Klienten ihren Rückfall nicht mit meiner Methode in Zusammenhang brachten. Doch einige Punkte beunruhigten mich. Zum einen ging es um jene Raucher, die den richtigen Zeitpunkt abwarteten, um mich aufzusuchen. Ich habe bereits erwähnt, daß bestimmte Klienten den sogenannten »Unglückstag« so lange wie möglich hinausschoben, gleichzeitig aber ein schlechtes Gewissen hatten, weil sie ja nun von der »Wunderkur« wußten. Nun mußten sie keine Ausflüchte mehr suchen, sie hatten die bestmögliche Entschuldigung: Die Methode funktioniert doch nicht! Wir machten die Erfahrung, daß die rückfälligen Personen die Methode nach wie vor vehement verteidigten, auf ihre Empfehlung hin aber immer weniger Raucher kamen. Sie selbst konnten das eigenartigerweise gar nicht verstehen. Aber würden Sie einem Glatzköpfigen ein Haarwuchsmittel abkaufen?

Außerdem war ich nach meinem vergeblichen Versuch, wieder in Abhängigkeit zu geraten, davon überzeugt, daß dies auch auf meine kurierten Kursteilnehmer übertragbar sei. Trotz der Fragen, die mich noch immer beschäftigten, war das Vertrauen in meine Methode bis dahin weiter gestiegen. Nun stellte ich zum erstenmal seit meinem »Unabhängigkeitstag« mein System selbst in Frage. Ich wußte von Anfang an, daß mitunter auch Mißerfolge oder Rückfälle eintreten würden, weil manche Raucher meine Methode nicht hundertprozentig verstanden oder meine Anweisungen nicht präzise befolgten. Dabei hatte ich vor allem an jüngere Gelegenheitsraucher gedacht. Aber nun tauchten Fälle auf, für die ich meine Hand ins Feuer gelegt hätte, daß sie niemals mehr rückfällig würden.

Ein Beispiel erschütterte mich ganz besonders. Ein Mann rief mich spätnachts an. Er war völlig außer sich und erzählte mir unter Tränen: »Mein Arzt sagt, ich werde meine Beine verlieren, wenn ich nicht mit dem Rauchen Schluß mache. Ich zahle Ihnen, was Sie wollen, wenn Sie mir helfen, eine Woche nicht mehr zu rauchen. Ich weiß, daß ich nach einer Woche über dem Berg bin.«

Der Mann war davon überzeugt, daß wir ihm nicht helfen würden, nahm trotzdem an einem Kurs teil und fand es einfach aufzuhören. Er sandte mir ein freundliches Dankesschreiben und empfahl mich einigen anderen Rauchern weiter. Kurierte Raucher verabschiede ich mit folgenden Worten aus meinem Kurs: »Denkt immer daran, ihr dürft euch nie mehr eine Zigarette anstecken.« Der genannte Kursteilnehmer sagte zu mir: »Keine Angst, Allen, wenn ich einmal aufgehört habe, fange ich niemals wieder damit an.«

Mir war klar, daß er meine Warnung nicht richtig verstanden hatte, und sagte zu ihm: »Das gilt für jetzt, aber in sechs Monaten werden Sie das alles vergessen haben.«

»Allen, ich werde nie wieder rauchen.«

Ungefähr nach einem Jahr erhielt ich wieder einen Anruf:

»Allen, ich habe an Weihnachten nur eine kleine Zigarre geraucht, und jetzt bin ich wieder bei vierzig Zigaretten am Tag.«

»Erinnern Sie sich noch an Ihren ersten Anruf? Damals ging es Ihnen so schlecht, daß Sie alles dafür gegeben hätten, wenn Sie es nur eine Woche ohne Rauchen aushalten würden.«

»Ich erinnere mich. Bin ich nicht furchtbar dumm?«

»Erinnern Sie sich auch noch an Ihren Brief, in dem Sie mir schrieben, wieviel gesünder Sie sich fühlten und was für ein tolles Gefühl es sei, frei zu sein?«

»Ich weiß, ich weiß.«

»Sie versprachen mir auch, niemals wieder eine Zigarette anzurühren.«

»Ich weiß, ich bin ein Idiot.«

Es ist, als würde man auf jemanden treffen, der bis zum Hals im Schlamm steckt und gleich darin versinken wird. Man zieht ihn heraus, er ist unendlich dankbar, und ein halbes Jahr später springt er wieder in den gleichen Sumpf.

Bei der nächsten Sitzung fragte mich dieser Mann: »Können Sie sich das vorstellen, ich bot meinem Sohn tausend Pfund an, wenn er bis zu seinem einundzwanzigsten Geburtstag nicht raucht. Ich zahlte wie vereinbart. Nun ist er zweiundzwanzig und raucht wie ein Schlot. Wie kann er nur so dumm sein, wo er doch weiß, wohin das Rauchen bei mir geführt hat?«

Ich antwortete: »Sie halten ihn für dumm? Immerhin ist er einundzwanzig Jahre lang nicht in die Falle getappt und wußte nicht, was er sich damit antut. Sie selbst haben vierzig Jahre lang geraucht. Sie wußten, was es bedeutet, Raucher zu sein, und Sie sind nur ein Jahr lang davon losgekommen.«

An dieser Stelle werden viele Leser denken: Der Mann war ja nicht wirklich vom Rauchen losgekommen. Einmal Raucher, immer Raucher. Er hat sich nur selbst etwas vorgemacht. Aber er war davon befreit gewesen. Ein Raucher, der mit purer Willenskraft aufhört zu rauchen, kommt nie wirklich los, dessen bin ich mir sicher. Er freut sich, Nichtraucher zu sein, verspürt aber immer wieder Lust auf eine Zigarette und bleibt damit angreifbar. Eines Tages wird er mit einer schwierigen Situation konfrontiert oder ist vielleicht betrunken und raucht nur eine einzige Zigarette oder Zigarre, die ihm überhaupt nicht schmeckt. Während er noch denkt, er würde nie wieder abhängig, ist er es schon.

Ich habe viel über dieses Phänomen nachgedacht und festgestellt, daß meine Methode fehlerlos ist. Eine meiner Instruktionen lautet: Niemals mehr eine Zigarette anzustecken. Wer dies nicht befolgt, weicht von meinen Anweisungen ab. So einfach ist das. Aber was ist das für eine Methode? Im Grunde ist diese Instruktion die einzig wichtige, um Nichtraucher zu werden. Aber wenn es so einfach wäre, könnte jeder Raucher zu jedem beliebigen Zeitpunkt aufhören. Wir brauchen andere Anweisungen, um das Befolgen dieser einen so einfach wie möglich zu machen. Bei anderen Methoden fühlt man sich überfordert und schlecht, man hat nach wie vor Lust aufs Rauchen, auch wenn es nur gelegentlich ist, und ist nicht völlig frei. Sie werden ein zufriedener Nichtraucher sein, sobald Sie Ihre letzte Zigarette ausdrücken. Und ich versichere Ihnen, Sie werden es für den Rest Ihres Lebens bleiben: *vorausgesetzt, Sie halten sich an alle Anweisungen!*

Nun mag man mir vorwerfen, mein System sei mangelhaft, weil es so schnell und einfach wirkt. Manch geheilter Raucher könnte zu leicht der Versuchung erliegen, wieder anzufangen, weil er ja jederzeit zu Allen Carr gehen kann. Das ist sicher richtig, aber ich betrachte es nicht als Mangel.

Ein Mann geht ins Bordell und holt sich eine Geschlechtskrankheit. Die Schulmedizin bietet ihm verschiedene Therapien an, allesamt langwierig, unzureichend und schmerzhaft. Er hört von einem alternativen Arzt, der behauptet, ihn unmittelbar, schmerzlos, vollständig und für immer zu heilen. Allerdings kann ihm der Arzt nicht garantieren, daß er sich beim nächstenmal nicht wieder ansteckt. Er warnt ihn, nicht wieder ein Bordell aufzusuchen. *Würden Sie dem Arzt die Schuld geben, wenn der Patient seinen Rat nicht befolgt?*

Egal, nach welcher Methode ein Raucher aufhört zu rauchen – mit fremder Hilfe, aus eigener Anstrengung oder einer Kombination aus beidem –, er ist für einen Rückfall immer selbst verantwortlich. Und das kommt nur allzu häufig vor!

Nehmen wir folgende Situation an: Ihre Kommunalverwaltung beschließt, aus Kostengründen auf die Abdeckungen von Gullys zu verzichten. Schließlich sind wir alle intelligente Menschen, und mit etwas Vorsicht würde keiner von uns in einen Schacht fallen. Tatsächlich? Nun halten wir uns alle hoffentlich relativ lange Zeit auf diesem Planeten auf. Es würde mich wirklich interessieren, wie viele, oder besser wie wenige von uns im Lauf ihres Lebens nicht in einen dieser Schächte fallen würden. Den meisten von uns würde es vermutlich sogar mehrmals passieren. Wie oft haben Sie schon frische Farbe an Ihre Kleidung gebracht, obwohl ausreichend Warnschilder vorhanden waren?

Nehmen wir einmal an, es erfordert immense Willenskraft, wieder aus dem Gully herauszukommen, wenn man erst einmal hineingefallen ist. Und jeder Schacht, an dem Sie vorbeikommen, wäre besetzt. Um das ganze noch schlimmer zu machen, würde die Stadt auch noch horrende Mieten für den Aufenthalt darin verlangen. Ihre Freunde würden sehen, wie kalt und ungemütlich Sie es dort haben und fragen: »Du bist nicht zufällig schon wieder in einen Straßenschacht gefallen?«

»Natürlich nicht! Ich sitze in diesem Loch, weil es mir so gut gefällt. Es ist unglaublich entspannend! Kein Streß, und immer ist etwas los!«

Zugegeben, ich übertreibe vielleicht ein bißchen. Wahrscheinlich würden die meisten zugeben, daß sie wirklich hineingefallen sind. Ebenso wie jeder Raucher zugeben würde, lieber Nichtraucher zu sein, wenn er mit seinen Kindern darüber spricht. Keiner gilt gern als dumm oder willensschwach. Denken Sie mal darüber nach! Was machen Sie als erstes, wenn Sie in der Öffentlichkeit hinfallen? Sie rappeln sich sofort wieder auf und hoffen, daß niemand Sie gesehen hat. Pech gehabt! Jeder im Umkreis von einem Kilometer eilt herbei, um Ihnen zu helfen. Sie sagen sofort, Ihnen sei nichts passiert. Vor lauter Peinlichkeit bemerken Sie nicht, daß Ihr rechtes Bein gebrochen ist. Sie sehen es nicht, weil das Blut, das aus der Platzwunde an Ihrer Stirn läuft, Ihre Sicht trübt.

Genauso verhält es sich mit den Gullys. Man käme sich darin noch dümmer vor, wenn man versehentlich wieder in den gleichen gefallen wäre, in dem man schon sechs Jahre vorher gesessen hat – besonders dann, wenn es schon das sechste Mal ist!

Ich war natürlich erleichtert, daß meine Methode der Prüfung standgehalten hatte. Trotzdem machte es mich unglücklich. Ich mußte noch einmal von vorn anfangen. Ich hatte noch nicht einmal ein Zehntel meines Ziels erreicht, und nun bröckelte mir der Anfang schon wieder unter den Fingern weg.

Raucher, die nach relativ langer Abstinenz wieder anfangen, sind eine ganz eigene Kategorie. Dieses Buch soll ihnen helfen, sich wieder zu befreien und auch frei zu bleiben. Außerdem ist es eine Gelegenheit, mein erstes Buch zu aktualisieren und die neuen Erkenntnisse, die ich seit seiner Veröffentlichung gewonnen habe, weiterzugeben. Wer es mit *Endlich Nichtraucher!* nicht geschafft hat, wird es mit diesem Buch schaffen, vorausgesetzt er befolgt alle Anweisungen!

> Der letzte Absatz enthält zwei wichtige Fragen:
>
> 1. Ist die Methode im vorliegenden Buch völlig anders?
>   Nein. Es handelt sich hier nur um eine detailliertere und umfassendere Beschreibung, mit der auch jene, die es mit *Endlich Nichtraucher!* nicht geschafft haben, zum Erfolg kommen.
> 2. Warum reicht es nicht, *Endlich Nichtraucher!* noch einmal zu lesen?
>   Oft genügt es auch. Warum es nicht bei allen wirkt, lesen Sie in Kapitel 4.

Ein weiterer Auslöser für dieses zweite Buch war folgender: In einer bestimmten Phase meines Kampfes gegen die gesichtslosen Zombies fühlte ich mich in dieser alptraumhaften Szenerie völlig allein. Aber je weiter ich vorankam, um so klarer erkannte ich, daß Dutzende anderer Menschen das gleiche Problem hatten. Sie liefen mit dem Kopf gegen die Wand, um auf eine Ungerechtigkeit aufmerksam zu machen, die zwar jedes fünfjährige Kind erkennt, nicht aber die Führungsriege unserer Gesellschaft. Dazu aber mehr im letzten Kapitel. Vorerst werden wir uns folgender Frage zuwenden:

WELCHE ART VON RAUCHERN SCHAFFT ES NICHT?

KAPITEL 3

Welche Art von Rauchern schafft es nicht?

Zum Glück gibt es davon nur eine: die sich nicht exakt an die Anweisungen hält. Grund dafür ist vielleicht Begriffsstutzigkeit, mangelndes Vertrauen oder Unverständnis. Ich zögere immer, das zu sagen, aber bereits zu Beginn meiner Kurserfahrungen war deutlich zu beobachten, daß die Erfolgsaussichten um so größer waren, je intelligenter der jeweilige Raucher war.

Nun mag ein Nichtraucher behaupten, so etwas wie einen intelligenten Raucher könne es überhaupt nicht geben, und viele Raucher oder ehemalige Raucher werden ihm zustimmen. Dabei übersehen sie jedoch die Tatsache, daß ein Raucher dies nicht aus freien Stücken geworden ist. Auch in den Gefängnissen sitzen viele intelligente Menschen. Daß es ihnen nicht gelingt, von dort auszubrechen, hat jedoch nichts mit ihren geistigen Fähigkeiten zu tun. Niemand wird bestreiten, daß sich unter den Rauchern viele hochintelligente Menschen befinden.

Warum zögere ich also bei der Behauptung, je intelligenter der Raucher, desto größer die Aussichten auf Erfolg? Das hat verschiedene Gründe. Erstens fühle ich mich dabei etwas herablassend und arrogant, beides Eigenschaften, die ich nicht schätze. Zweitens will ich auf keinen Fall am Selbstvertrauen eines Lesers rütteln, der sich selbst vielleicht nicht für besonders intelligent hält.

Und drittens könnten die Beweggründe, die mich zu dieser Aussage bringen, mißverstanden werden. Es könnte ja nur eine Masche sein, mit der ich Sie ködern möchte. Wer es schafft aufzuhören, stellt damit seine Intelligenz unter Beweis. Wenn ich von der Wirkung einer derartigen Taktik überzeugt wäre, würde ich sie auch anwenden. Tatsache ist, daß sich Raucher ohnehin permanent dumm fühlen. Und wenn schon der drohende Verlust von Gliedmaßen sie nicht von ihrer Sucht abbringt, welcher Trick sollte dann noch helfen?

Ich möchte, daß Sie verstehen, wie meine Methode funktioniert. Vor einiger Zeit kam eine Frau in einen meiner Kurse und erzählte mir folgende Geschichte: »Ich hoffe, Sie können mir ebenso helfen wie meiner Freundin. Sie rauchte vierzig Zigaretten am Tag, fühlte sich schlecht und litt unter dauerndem Raucherhusten. Nachdem sie bei Ihnen war, konnte sie wieder lachen und fröhlich sein. Sie sollten sie heute sehen, sie wirkt zehn Jahre jünger. Seit jenem Tag verspürt sie nicht das geringste Verlangen. Ich habe ihr ins Gesicht gequalmt, ihr Zigaretten angeboten, aber es scheint ihr absolut nichts auszumachen.«

Das Dumme daran war, diese Frau beneidete ihre Freundin. Jeder Raucher beneidet die Nichtraucher und wünscht sich, er hätte niemals angefangen. Dabei müßte er nichts weiter tun, als seine letzte Zigarette ausdrücken und sich selbst sagen: *Wunderbar! Jetzt bin ich Nichtraucher!*

Das ist eigentlich alles. Um einem Raucher das klarzumachen, brauche ich sechs Stunden. Leider hat es bei dieser Frau nicht geklappt. Während des ganzen Kurses erzählte sie mir und den anderen Kursteilnehmern praktisch nur, welches Wunder ich bei ihrer Freundin vollbracht hatte, und erwartete von mir, daß ich den Zauberstab schwinge. Sie verstand nicht, daß der Zauber in den Informationen lag, mit denen ich den Mechanismus der Nikotinfalle erklärte.

Auf das Beispiel mit dem Gefangenen übertragen, würde es keinen Unterschied machen, ob er intelligent ist oder nicht. Gäbe ich ihm den Schlüssel zu seiner Zellentür, würde er sie aufschließen. Es gehört zu den subtilen Eigenheiten der Nikotinfalle, daß man ein gewisses Vorstellungsvermögen braucht, um sie überhaupt zu erkennen. Intelligente Menschen stellen die Gehirnwäsche, der sie von Geburt an ausgesetzt waren, in Frage. Für sie besteht kein Zweifel, wer nun die Wahrheit sagt, Allen Carr oder all die anderen Experten? Sie setzen ihr Gehirn ein und erkennen von selbst den Wert meiner Aussagen.

DAS IST DER GANZE ZAUBER!
HIER HABEN WIR DEN SCHLÜSSEL ZUM ERFOLG!

Ich möchte Sie nun keineswegs in Zweifel stürzen, ob sie auch intelligent genug sind, um es zu schaffen. Das ist sehr relativ. Jedes menschliche Gehirn, das nicht geschädigt wurde, birgt unglaubliche geistige Fähigkeiten. Wenn Sie intelligent genug sind, dieses Buch zu lesen, sind sie auch intelligent genug, es zu verstehen. Doch Ihr Verstand nutzt Ihnen nur, wenn Sie ihn auch einsetzen. Das ist wichtig. Es spielt keine Rolle, ob Sie beim ersten Lesen alles verstehen oder mit allen meinen Äußerungen einverstanden sind. Es spielt auch keine Rolle, ob Sie mit anderen darüber diskutieren oder es zwölfmal hintereinander lesen müssen. Wichtig ist, daß Sie mir glauben, und zwar nicht, weil Sie mir blind vertrauen und von mir Hilfe erhoffen, sondern weil Sie alles verstehen und wissen, daß es die Wahrheit ist.

WACHEN SIE AUF!

Als ich zunächst behauptete, ich könne einen durchschnittlich intelligenten Raucher innerhalb von fünf Minuten bekehren, war mir noch nicht klar, daß die Nikotinabhängigkeit zwar den Raucher zum Raucher macht, aber nicht die dauerhafte Ursache für das Rauchen darstellt. Die körperliche Abhängigkeit ist im Grunde so gering, daß sie überhaupt nicht bemerkbar ist. Was den Raucher bei der Stange hält, ist der Glaube, die Zigarette sei ihm eine echte Hilfe oder ein Genußmittel. Er ist davon überzeugt, daß er ohne Rauchen keine Freude mehr am Leben haben wird, Streß nicht so gut verkraften kann und durch die Hölle gehen muß, sollte er wirklich einmal aufhören wollen.

Mit *Zigarette* meine ich grundsätzlich jede Art von Tabak, egal, in welcher Form er konsumiert wird, und jedes Produkt, das Nikotin enthält.

Die meisten sogenannten Fachleute unterscheiden verschiedene Kategorien von Rauchern:

- Gewohnheitsraucher
- starke Raucher
- Kettenraucher
- Genußraucher
- Gelegenheitsraucher
- Gesellschaftsraucher
- Streßraucher

Tatsächlich gibt es aber nur einen einzigen Rauchertyp – nämlich denjenigen, der glaubt, Rauchen verleihe ihm Selbstvertrauen. Was die Raucher voneinander unterscheidet, ist die Art und Weise, wie die Gehirnwäsche auf jeden einzelnen einwirkt.

In unseren Kursen haben wir nur wenige Mißerfolge zu verzeichnen. Meist sind dies Jugendliche, die von ihren Eltern gezwungen werden aufzuhören, oder verheiratete Kursteilnehmer, die das dauernde Nörgeln ihrer Partner satt haben. Ihnen fehlt die richtige Motivation, weil sie von vornherein überzeugt sind, daß sie es ohnehin nicht schaffen. Aber überraschenderweise ist meist das Gegenteil der Fall.

Ein klassischer Fall, der mir wirklich peinlich war, ist folgender: Ein rauchender Ehemann brachte seine Frau zu mir in den Kurs. Er selbst hatte keinerlei Absicht, mit dem Rauchen aufzuhören. Während er auf seine Frau wartete, las er aus purer Langeweile *Endlich Nichtraucher!* – und wurde es. Wie Sie schon richtig vermuten, schaffte seine Ehefrau es nicht. Sie war natürlich wütend, und es war nicht einfach, ihr zu erklären, warum sie, bei der es wirklich ums Weiterleben ging und die auch noch bezahlt hatte, um dem »Maestro« persönlich zu begegnen, scheiterte, ihr Ehemann hingegen, der gar nicht aufhören wollte und auch nichts dafür bezahlte, mit einem Schlag Nichtraucher war.

Wenn Sie die Nikotinfalle verstehen, liegt die Erklärung auf der Hand. Nehmen wir zwei Gefangene. Der Aufseher gibt jedem der beiden ein Puzzle. Zum ersten sagt er: »Versuch's mal, nur zum Zeitvertreib. Ich wette, du schaffst es nicht innerhalb von vierundzwanzig Stunden.« Dem zweiten überreicht er es mit den Worten: »Wenn du es nicht innerhalb von vierundzwanzig Stunden schaffst, wird dir der Kopf abgehackt.« Vermutlich gerät letzterer derart in Panik, daß er es tatsächlich nicht schafft. Schuld daran ist die Psyche.

Genau dieses Problem macht den Rauchern, und manchmal auch den Nichtrauchern, zu schaffen. Weil sie genau wissen, daß Rauchen zum Tod führt, sollten sie eigentlich in der Lage sein, damit Schluß zu machen. Aber über den starken Wunsch, aus ihrem Gefängnis auszubrechen, kommen sie nicht hinaus. Letzten Endes siegen die Illusion, Rauchen sei ein Genuß oder ein starkes Bedürfnis, und die Angst, man könnte es nicht schaffen. Also muß man diese Illusion loswerden.

Ein gutes Beispiel ist auch jene Frau, die als einzige bisher eine Sitzung vorzeitig verlassen hat. Das war noch zu der Zeit, als ich Einzelkurse durchführte. Sie war eine eindrucksvolle Erscheinung: hochgewachsen, elegant und gutaussehend. Die meisten Raucher leiden unter mehr oder weniger großen Ängsten, wenn sie meine Kurse besuchen. Diese Frau hatte alles versucht, um nicht mehr zu rauchen, von Hypnose, Akupunktur und Willenskraft bis hin zu Nikotinkaugummis. Wenn ein Raucher dies alles hinter sich hat, merkt man ihm das in der Regel auch an. Doch sie saß absolut ruhig und gefaßt auf ihrem Stuhl, ein Lächeln auf den Lippen. Das irritierte mich, weil es nicht dem gewohnten Muster entsprach. Ich hatte sie schon im Verdacht, für die Tabakindustrie zu spionieren.

Ungefähr nach der Hälfte unserer Sitzung wich das Lächeln plötzlich einem Ausdruck des Schreckens. Sie stand auf und sagte: »Es tut mir leid, aber ich muß gehen.« Ich verstand nicht, warum. Ich hatte weder über Lungenkrebs noch den Verlust von Gliedmaßen gesprochen. Ganz im Gegenteil, ich war gerade dabei, ihr klarzumachen, wie schön es wäre, nicht mehr Sklave dieses Glimmstengels zu sein. Zu Beginn meiner Arbeit als Kursleiter rief ich die Teilnehmer nach dem Kurs an, um herauszufinden, wie es ihnen ginge. Allerdings mußte ich bald die Erfahrung machen, daß der eine oder andere mich belog. Mir wurde eines klar: Obwohl ich die Leute ermutige, mich jederzeit anzurufen, wenn sie es für nötig erachten, darf ich mich auf keinen Fall bei ihnen melden. Denn damit wäre ich nicht mehr ihr Lebensretter, sondern ihr Kontrolleur.

Doch zurück zur eigentlichen Geschichte. Ich konnte die Frau also nicht anrufen, um zu erfahren, was in ihr vorgegangen war. Also nahm ich an, ihr war plötzlich eingefallen, daß sie das Gas nicht abgedreht hatte oder ein Kind abholen mußte.

Doch einige Tage später meldete sie sich bei mir und lieferte mir die Erklärung: »Es tut mir schrecklich leid. Alle zwei Monate schickt mich mein Mann zu irgendeinem Quacksalber, der mir helfen soll, mit dem Rauchen aufzuhören. Als ich zu Ihnen kam, hatte ich keinerlei Motivation und wußte, Sie würden mir nicht helfen können. Aber Sie haben den richtigen Nerv getroffen. Mir wurde mit einemmal klar, daß ich damit Schluß machen muß. Das machte mir angst, weil ich nicht darauf vorbereitet war.«

Ich sollte jedesmal eine Wette abschließen, wenn ein Raucher behauptet: »Ich werde schon aufhören, ich muß nur den richtigen Zeitpunkt abwarten.« Doch der kommt nie.

Die Frau kam noch einmal zu mir und fand es schließlich ganz einfach. So einfach, daß sie nun zu meinen größten Befürwortern gehört. Aber wie schon erwähnt, sind die Probleme, wenn man mit dem Rauchen Schluß macht, zu neunundneunzig Prozent psychischer Natur. Und all die schlagkräftigen Argumente führen zu einer gewissen Panik und lassen das Gefühl entstehen, man müßte ein Opfer bringen. Mit den körperlichen Auswirkungen verhält es sich genau entgegengesetzt. Das läßt sich gut anhand des folgenden Witzes veranschaulichen:

Ein Betrunkener will eine Abkürzung durch den Friedhof nehmen und fällt in ein offenes, aber leeres Grab. Nach einigen vergeblichen Versuchen, sich daraus zu befreien, ist er völlig erschöpft und bleibt wie erstarrt liegen. Kurz darauf kommt ein zweiter Betrunkener, dem das gleiche passiert, nur glaubt er, daß bereits ein Toter in dem Grab liegt. Natürlich sind seine Anstrengungen zu entkommen ungleich größer als die des ersten. Doch schließlich überkommt auch ihn völlige Erschöpfung, und er ist ebenfalls davon überzeugt, daß seine Kräfte nicht ausreichen, um nach oben zu gelangen. Da erwacht der erste Betrunkene und fragt: »Was machst du denn hier?« Daraufhin springt der zweite Betrunkene aus dem Grab, als wäre es eine der leichtesten Übungen.

Echte Mißerfolge treten bei uns sehr selten auf, aber wenn es passiert, bereitet mir das schlaflose Nächte, weil ich davon überzeugt bin, daß jeder Raucher ohne Schwierigkeiten aufhören könnte. Man ist geneigt, dies in Zweifel zu ziehen, aber glauben Sie mir, es stimmt.

Überlegen Sie doch, warum es angeblich schwierig ist, mit dem Rauchen aufzuhören. Keiner zwingt uns zu rauchen. Im Grunde geht es nur darum, die nächste Zigarette einfach nicht mehr anzuzünden. Aber was ist mit den furchtbaren körperlichen Entzugserscheinungen? Lassen Sie uns dieses Märchen ein für allemal vergessen!

Der körperliche Entzug ist so gering, daß er praktisch nicht wahrnehmbar ist. Erinnern Sie sich doch an Ihre früheren Versuche, mit dem Rauchen aufzuhören. Ich bezweifle nicht, daß Sie sich elend und leicht reizbar fühlten, aber wo lag der eigentliche Schmerz? Welcher Körperteil war davon betroffen? Hätte ich Ihnen im Alter von fünf Jahren mit einem Hammer gegen den Ellbogen geschlagen, würden Sie sich noch auf dem Sterbebett daran erinnern. Schlimme körperliche Entzugserscheinungen sind nichts weiter als eine Entschuldigung für einen Fehlschlag.

Aber gehen wir einmal davon aus, daß es diese Symptome doch gibt. Wir haben die Fähigkeit, Schmerzen zu ertragen. Ein Rugbyspieler muß während eines einzigen Spiels mehr Schmerzen aushalten, als wenn er sein Leben lang unter Nikotinentzug litte. Auch die Schmerzen und Ängste einer Frau während einer einzigen Schwangerschaft übertreffen die lebenslangen Entzugserscheinungen vom Nikotin bestimmt tausendfach. Und doch nehmen viele Frauen dies freiwillig mehrere Male hintereinander in Kauf, ohne sich zu beklagen.

Wie ist es möglich, daß ein- und dieselbe Frau wiederholt die Belastungen einer Schwangerschaft und Geburt auf sich nimmt, gleichzeitig aber zu einem labilen, weinerlichen Wesen wird, wenn sie sich ein Leben ohne Zigaretten vorstellen soll? Nun, für die Frau ist eine Schwangerschaft ein natürlicher Zustand, wohingegen sie von der ersten Zigarette an weiß, daß dem Rauchen etwas Unwiderstehliches, Unnatürliches anhaftet, was sie beim Rauchen eben dieser ersten Zigarette auch bestätigt findet. Bei einer normalen Schwangerschaft steht am Ende eine Belohnung für neun Monate des Bangens und der Beschwerlichkeiten. Beim Rauchen hingegen sinken wir allmählich immer tiefer in einen Schacht ohne Boden. Doch der wahre Unterschied ist folgender: Eine schwangere Frau kann sicher sein, daß ihre Beschwerden nicht länger als neun Monate dauern werden, wie immer es auch enden mag. Die Qual, die Raucher, Heroinabhängige, Alkoholiker und andere Drogensüchtige erleiden, das Schlimmste, was uns jemals widerfahren kann, ist – *Angst.* Angst, daß man ohne diese kleine Krücke das Leben nicht mehr meistern oder mit Streß nicht fertig werden kann. Angst, daß die Phase der Befreiung qualvoll sein wird, und, die schlimmste von allen, Angst, niemals wieder ganz frei zu sein. Angst, daß ein körperlicher oder psychischer Defekt entstanden ist oder die Droge etwas Magisches hat, das man fortan zum Überleben braucht.

Nach gescheiterten Versuchen wird die daraus resultierende Verlegenheit oft folgendermaßen überspielt: »Wissen Sie, mir war überhaupt nicht bewußt, daß ich eine Zigarette rauchte. Ich habe sie ganz automatisch angezündet.«

»Aber woher kam diese Zigarette so plötzlich?«

Hier folgt gewöhnlich eine kurze Pause. Der Raucher blickt zur Decke und ist entweder clever genug, das Thema nun zu beenden, oder verstrickt sich weiter in einem Netz der Täuschung. Das geht dann in etwa folgendermaßen: »Ich habe zuviel getrunken, jemand hat mir eine angeboten, und ich habe sie ohne nachzudenken genommen.« Ich antworte: »Das ist verständlich. Mir passiert es auch manchmal, daß ich unbewußt meine Hände in kochendes Wasser stecke. Aber sobald ich es merke, ziehe ich sie wieder heraus. Warum haben Sie nicht aufgehört zu rauchen, als es Ihnen bewußt wurde?« Die Antwort lautet normalerweise, es hat mich schon wieder erwischt oder, wenn der Raucher aufrichtig ist, ich weiß es nicht.

Obwohl nur wenige Raucher mit meiner Methode nicht erfolgreich sind, beschäftigt mich doch jeder dieser Fälle, und zwar aus verschiedenen Gründen. Zum einen ist mir klar, daß Raucher, bevor sie mich aufsuchen, nach dem Motto vorgehen: »Was ich nicht weiß, macht mich nicht heiß.« Sie sind sich zwar bewußt, daß es ihnen als Nichtraucher viel besserginge, doch glauben sie fest daran, daß Rauchen ihnen Hilfe oder Genuß vermittelt. Meine Methode räumt mit diesen Illusionen auf. Das ist gut, wenn sie mit dem Rauchen aufhören. Schaffen sie es aber nicht, haben sie selbst diese Illusionen nicht mehr und fühlen sich noch armseliger als vorher.

Was mich an diesen Mißerfolgen jedoch am meisten frustriert, ist die Tatsache, daß sie es leicht schaffen könnten. Und schuld an ihrem Versagen bin eigentlich ich. Es gelingt mir nicht, sie davon zu überzeugen, wie leicht es ist aufzuhören und wie schön, Nichtraucher zu sein. Sicher sind manche Raucher nicht so einfach herumzukriegen. Vielleicht weil sie von Panik ergriffen wurden und dieser Zustand die Kommunikation nicht gerade erleichtert. Vielleicht sind sie auch nicht die allerhellsten Köpfe. Ironischerweise trifft aber oft das Gegenteil zu. Gerade sehr intelligente Menschen stehen so sehr unter dem Eindruck der lebenslangen Gehirnwäsche, daß sie glauben, ich sei es, der die Gehirnwäsche betreibt, indem ich ihnen eine gerissene Philosophie anbiete, eine Art Hilfestellung, eine andere Sichtweise des Rauchens, mit der sie, wenn sie alle Anweisungen befolgen, aus der Nikotinfalle entkommen. Immerhin verlange ich von ihnen, bestimmte Fakten in einem völlig anderen Licht zu betrachten, als sie es jahrelang gewohnt waren. Haben sich Millionen Raucher wirklich die ganze Zeit so leicht an der Nase herumführen lassen? Ich will hier nur einige der Fakten nennen, die Sie akzeptieren müssen:

1. Sie sind nicht aus eigenem Wunsch Raucher geworden!
2. Sie finden keinen Genuß am Rauchen!
3. Rauchen dient nicht zur Bewältigung von Streß oder Langeweile und ist keine Hilfe zur Entspannung oder besseren Konzentration.
4. Rauchen ist keine Gewohnheit!
5. Sie rauchen nur aus Angst weiter!
6. Es erfordert keinerlei Willenskraft, damit Schluß zu machen!
7. Körperliche Entzugserscheinungen sind praktisch nicht vorhanden!
8. Rauchen hilft nicht beim Abnehmen, es verursacht vielmehr Gewichtsprobleme!
9. Folgende Faktoren erschweren das Aufhören:
   a) Medien, Ärzte, die Regierung, Antiraucherkampagnen
   b) Angst vor gesundheitlichen Problemen und die Verteufelung des Rauchens in der Öffentlichkeit
   c) Rauchverbote in öffentlichen Einrichtungen und anderen Orten
   d) Verbot von Zigarettenwerbung
   e) Ersatzdrogen – vor allem jene, die Nikotin enthalten
   f) Nationale Nichtrauchertage
10. Rauchen ist die Hauptursache von Alkoholismus und der Abhängigkeit von Heroin und anderen Drogen!
11. Jüngere Gelegenheitsraucher sind in stärkerem Maß abhängig als starke Langzeitraucher!
12. Sprüche wie »Einmal Raucher, immer Raucher« oder »Das Verlangen hört niemals auf« sind kompletter Unsinn!
13. Es ist für jeden Raucher lächerlich einfach, damit aufzuhören!
14. Jeder Raucher will aufhören!
15. Jeder Raucher will weiterrauchen!

Die letzten beiden Punkte stellen einen Widerspruch dar. Richtig! Doch Tatsache ist, daß im Gehirn eines jeden Rauchers ein Widerspruch existiert. Außerdem glaube ich nicht, daß, abgesehen von den Rauchern, die mit meiner Methode erfolgreich aufgehört haben, irgend jemand auf diesem Planeten alle oben genannten Punkte akzeptiert. Kann es wirklich sein, daß alle diese Leute sich irren, auch sämtliche Experten, und nur Allen Carr Recht hat? Und dennoch, *ich habe recht!* Doch bis ich Sie überzeugen kann und Sie wiederum andere von diesen Punkten überzeugen können, wird sich die Abhängigkeit von Zigaretten, Alkohol und anderen Drogen weiter ausbreiten.

Unser größtes Problem sind nicht die Interessen der Mächtigen, sondern es ist die Ignoranz der Gesellschaft gegenüber diesen Punkten. Wir müssen eines bekämpfen: *Das Denken mit Scheuklappen!* Selbst überdurchschnittlich intelligenten Menschen fällt es oft nicht leicht, mit wachem Geist durch die Welt zu gehen, und Dinge, die sie ihr Leben lang akzeptiert haben, plötzlich in Frage zu stellen.

Das größte Übel und die Ursache all unserer Probleme ist unsere Scheuklappenmentalität, unsere festgefahrene Sichtweise, die Unfähigkeit, eine Situation von mehreren verschiedenen Standpunkten aus zu betrachten. Ich habe in meinem Leben viele Fehler gemacht, aber wie sagt doch ein Sprichwort: »Wo gehobelt wird, da fallen Späne.« Ich bereue diese Fehler nicht. Im Gegenteil, die meisten von ihnen haben mir letzten Endes sogar geholfen. Ich mache mir nicht einmal Vorwürfe, daß ich mir jene erste Zigarette angesteckt habe. Das ist ja das Geniale an der Falle, früher oder später mußte ich einfach hineintappen.

Nur einen Fehler verzeihe ich mir nicht. Ich war absolut überzeugt davon, daß mir einzig und allein meine eigene Willenskraft helfen könnte, mit dem Rauchen aufzuhören, und wollte deshalb um keinen Preis fremde Hilfe in Anspruch nehmen, auch wenn Joyce mich immer wieder anflehte, es zu tun. Wenn ich an die schöne Zeit vor und nach meiner Karriere als Raucher denke und mir dann in Erinnerung rufe, wie angsterfüllt, schlecht und dumm ich mich während meiner Raucherjahre fühlte, denke ich unweigerlich: »Ich Idiot! Warum habe ich bloß niemanden um Hilfe gebeten?«

Ich bin wirklich der Meinung, daß ich mehr als dreißig Jahre, die die schönste und schaffensreichste Periode meines Lebens hätten sein können, einfach zunichte gemacht habe. Alles nur wegen dieser dummen Illusion: »Du bist ein Mann, du mußt hart sein und auf eigenen Beinen stehen!«

Viele Raucher, vor allem die Männer, sind voreingenommen gegen Hilfe von außen. Wenn auch Sie dieses Problem haben, denken Sie an zwei Dinge: Ihr Erfolgserlebnis wird nicht geringer sein, wenn Sie Hilfe in Anspruch genommen haben. Im Gegenteil, Sie werden noch größere Befriedigung verspüren. Geteiltes Leid ist halbes Leid, und geteilte Freude ist doppelte Freude. Jeder Sportler wird bestätigen, daß ein Sieg im Team weitaus mehr Spaß macht als ein Einzelsieg.

»Möge jener, der ohne Schuld ist, den ersten Stein werfen.« Ich habe mich der Scheuklappenmentalität schuldig gemacht, doch ich habe aus meinem Fehler gelernt. Wenn nun alle anderen Drogensüchtigen daraus profitieren, bin ich endgültig entlastet. Aber ich entschuldige mich nicht dafür, den ersten Stein geworfen zu haben, und schon gar nicht für all die Steine, die ich ins Rollen gebracht habe und noch bringen werde. Unsere Gesellschaft und insbesondere ihre Institutionen müssen endlich aufwachen.

Es ist schon schwer, jemanden von seiner festgefahrenen Meinung abzubringen, wenn es dabei nicht um seine persönlichen Interessen geht. Aber einen Experten? Man muß schon an einen äußerst anständigen und mutigen Menschen geraten, will man ihn zu dem Eingeständnis bringen, daß er sein Leben lang völlig falsche Ratschläge erteilt hat. Das ist schwierig genug bei einer Einzelperson, doch bei einem ganzen Berufsstand? In bezug auf Alkohol und Drogen haben die Antidrogenkampagnen genau diesen Fehler begangen, obwohl sie auf entsprechende Fakten seit beinahe acht Jahren Zugriff haben.

Seit Eröffnung des Büros in London vor vierzehn Jahren und der Veröffentlichung von *Endlich Nichtraucher!* vor zwölf Jahren liegen mir eine Vielzahl von Reaktionen vor. Mein Verlag bat mich vor kurzem, das Buch neu zu überarbeiten und, falls nötig, zu aktualisieren. Das bereitete mir einiges Kopfzerbrechen, denn nachdem ich ein Jahr lang meine Kurse abgehalten hatte, glaubte ich, daß ich alles über das Rauchen wissen würde. Aber selbst nach vierzehn Jahren lerne ich praktisch täglich etwas Neues dazu. Nur zu gern wollte ich meine neuen Erkenntnisse weitergeben. Andererseits hätte ich damit aber mein erstes Buch als veraltet erklärt und wäre in die peinliche Situation geraten, Ratschläge, die ich als absolut vernünftig und richtig betrachtet hatte, abändern zu müssen.

Als ich das Original überarbeitete, war ich erleichtert, keine Kehrtwendungen machen zu müssen. Ich war vielmehr überrascht, wie schlüssig das Buch aufgebaut war. Das einzige Kapitel, das ich ernsthaft in Frage stellte, war jenes über den richtigen Zeitpunkt des Aufhörens. Darüber bin ich mir bis heute nicht im klaren, doch mehr dazu später. Die zusätzlichen Erkenntnisse stellten die Grundprinzipien meiner Methode nicht in Frage und waren nicht unbedingt notwendig, Rauchern beim Aufhören zu helfen. Doch manche dieser neuen Erfahrungen ermöglichten es mir, eine größere Bandbreite von Rauchern zu erfassen.

An meinem Buch wurden vor allem drei Punkte kritisiert. Für einen möchte ich mich an dieser Stelle entschuldigen. Mein Sohn Richard überarbeitete das Original. Er kritisierte manches und machte verschiedene Verbesserungsvorschläge. Doch seine Hauptkritik war folgende: »Dein Schreibstil ist unglaublich männlich-chauvinistisch.« Ich schäme mich für die Richtigkeit seiner Aussage. Und ich versuche, es in diesem Buch anders zu machen. Doch an manchen Stellen ist es schlichtweg unsinnig. Wenn es zum Beispiel um unseren Schöpfer geht, soll ich dann von »ihm«, »ihr« oder »ihnen« sprechen? Ich weiß keine Lösung und verwende in diesem Fall das gewohnte »er«.

Raucher, die mein Buch lasen, kritisierten vor allem folgende Punkte:

1. Sie wiederholen sich häufig.
2. Ihre Methode hat bei mir nicht funktioniert.

Kurioserweise kamen von einer Person immer beide Kritiken gleichzeitig. Das ist für mich der springende Punkt. Während eigentlich jeder Raucher leicht aufhören kann, ist es unglaublich schwierig, dies manchen zu vermitteln. Meine ersten Sitzungen dauerten ungefähr vierzig Minuten. Bei jedem Mißerfolg wollte ich herausfinden, was daran schuld war und welcher andere Weg helfen könnte.

Die Behandlungen dehnten sich allmählich auf eine und schließlich auf zwei Stunden aus. Heute sind es vier bis sechs Stunden. Immer wenn sich die Verlängerungen bemerkbar machten, sagte meine Frau: »Du kannst die Leute nicht so lange aufhalten, du langweilst sie doch nur.« Das bereitete mir Sorgen. Wenn ein Kursteilnehmer sich langweilt, läßt seine Konzentration nach, und ein Mißerfolg ist vorprogrammiert. Wir geben uns allergrößte Mühe, die Kurse so unterhaltsam und interessant wie möglich zu gestalten.

Eine ständige Wiederholung ist jedoch nötig, um der lebenslangen Gehirnwäsche der Tabakindustrie etwas entgegenzusetzen, deren Slogans in ungefähr folgendem Wortlaut auf uns niederprasseln:

»Ich rauche gern«
»Warum denn gleich aufhören?«
»Mutter Erde raucht doch auch.«

Die effektivste Gehirnwäsche erfolgt allerdings durch die Opfer selbst:

»Was wäre das Leben ohne ein kleines Laster?«
»Es ist der einzige Genuß, der einem noch bleibt.«
»Zu einem schönen Essen oder einem Drink gehört eine Zigarette.«
Und um die schlechten Seiten zu überspielen:
»Von irgendwas muß man ja sterben. Heutzutage verursacht doch sowieso alles Krebs.«
»Wenn ich nicht rauchen würde, hätte ich vielleicht ein Magengeschwür.«

»Mein Arzt raucht mehr als ich. Wenn an diesem Gerede über die gesundheitlichen Auswirkungen etwas Wahres dran wäre, würde er das doch nicht machen.«

»Ich würde mich furchtbar ärgern, wenn ich mit dem Rauchen aufhören und dann von einem Bus überfahren würde.«

»Es ist teuer, aber ich kann es mir leisten, und der Genuß ist es mir wert. Außerdem hält es mich davon ab, mein Geld für andere Dinge zu verschwenden.«

Essen und Kleidung für die Kinder zum Beispiel. Wen wundert es, daß Raucher, die eine Pechsträhne haben, wieder rückfällig werden? Vor allem, wenn sie von sechs weiteren Rauchern umgeben sind, die den obenstehenden Aussagen bereitwillig zustimmen.

Ich vermeide es, meine Wiederholungen zu offensichtlich zu machen, indem ich die gleiche Behauptung in verschiedene Formulierungen verpacke. Manche Raucher brauchen die Wiederholungen gar nicht – sei es, daß sie besonders intelligent sind, eine gute Vorstellungskraft besitzen oder, wie ich, bereits so weit am Boden sind, daß sie sich sowieso nicht mehr vormachen, Raucher seien glückliche, positive Menschen. In einzelnen Fällen sagt ein Kursteilnehmer bereits vor dem Unterbewußtseinsteil: »Sie müssen gar nicht mehr weitersprechen, Sie haben mir schon alles so verdeutlicht, daß ich mir mit Sicherheit nie mehr eine Zigarette anstecken werde.« Wenn Ihnen die Wiederholungen langweilig erscheinen, haben Sie bitte Geduld, dadurch werden Leben gerettet, vielleicht auch Ihres!

Daneben gibt es Aussagen wie diese: »Ihre Methode hat bei mir nicht gewirkt.« Ich antworte: »Das stimmt nicht. Meine Methode wirkt bei jedem Raucher. Sie haben sie nur nicht richtig angewandt«. »Doch, doch, ich habe alles verstanden. Aber das wußte ich doch schon vorher.« Das führt meist zu einem Frage- und Antwortspiel, das in etwa folgendermaßen abläuft:

Frage: Wie ging es Ihnen nach Verlassen des Kurses?

Antwort: Ein paar Tage fühlte ich mich großartig, bis ich Streit mit meiner Freundin hatte und wieder eine Zigarette rauchte.

Frage: Hat das den Streit beendet?

Antwort: Nein, es ging mir nur noch schlechter, und nach dem Streit konnte ich an nichts anderes mehr denken als ans Rauchen.

Frage: Ich habe Ihnen ja erklärt, daß das größte Problem, wenn man mit Einsatz von Willenskraft aufhören will zu rauchen, darin besteht, daß man sich vornimmt, nicht daran zu denken. Aber davon abgesehen, wenn Ihnen die Zigarette nicht geschmeckt hat, warum haben Sie dann überhaupt weitergeraucht?

Antwort: Ich fühlte mich so schlecht, ich brauchte einfach eine.
Frage: Wissen Sie, warum Sie so dringend eine brauchten?
Antwort: Es ist einfach eine Gewohnheit! (Oder es hilft mir, oder ich genieße sie, je nachdem, was als Grund für den Rückfall herhalten muß.) Aber um Sie zu beruhigen, ich rauche nur noch fünf Zigaretten am Tag. Dafür habe ich zugenommen, ich kann nicht mehr aufhören zu essen.

In Wahrheit hat der Raucher nun keine genauere Vorstellung, warum er überhaupt raucht, als vor dem Kurs. Er hat meinen Erläuterungen zwar genau zugehört, sie aber gewiß nicht verstanden. Im ersten Kurs behaupte ich mindestens in drei verschiedenen Zusammenhängen, daß Raucher ihre Zigaretten überhaupt nicht genießen, daß sie keine Erleichterung bei Streß oder Langeweile bringen und keine Hilfe zur Entspannung oder besseren Konzentration sind. Verstärkt wird diese Behauptung durch eingängige Formulierungen wie:

RAUCHEN BIETET IHNEN KEINERLEI VORTEILE!

Ich werde auch ausführlich erklären, warum ein Reduzieren der Zigarettenmenge oder jede andere Art, die Nikotinaufnahme zu beschränken, mit Sicherheit zum Scheitern führt, und warum Ersatzdrogen das Aufhören nur noch schwieriger machen. Die Raucher, auf die das zutrifft, verstehen meine Ausführungen nicht richtig oder befolgen sie nicht genau. Im Grunde handeln sie genau entgegengesetzt. Kein Wunder, daß sie in der Falle bleiben.

Wenn sich ein Raucher zu einem unserer Kurse anmeldet, sagen wir ihm: »Von jetzt ab, bis zu Ihrem Termin bei uns, sollten Sie sich immer dann, wenn Sie gerade eine Zigarette rauchen – nicht in den Phasen dazwischen –, die Frage stellen, was Sie an ihr so genießen, vor allem bei jenen ganz besonderen, wie der nach dem Essen.« Wenn Sie dann zum Kurs kommen, sagen diese Raucher oft: »Ich habe Ihren Rat befolgt. Und wissen Sie was, nicht eine Zigarette hat mir mehr geschmeckt.« Das überrascht mich nicht!

Andere Raucher hingegen äußern noch nach drei Kursen: »Immer wieder behaupten Sie, wir würden das Rauchen nicht genießen, aber auf mich trifft das nicht zu!« Meine Antwort darauf: »Ich habe Sie mindestens ein Dutzendmal darauf hingewiesen. Zu Beginn jeder Sitzung sage ich es – wenn Sie nicht einer Meinung mit mir sind, müssen Sie mir das mitteilen. Wie sollen Sie ein zufriedener Nichtraucher werden, wenn Sie immer das Gefühl haben, Sie werden um einen Genuß gebracht? Lassen

Sie uns etwas anderes versuchen. Stecken Sie sich jetzt eine Zigarette an, nehmen Sie sechs tiefe Züge, und konzentrieren Sie sich darauf, wie der Rauch in ihre Lungen wandert. Und nun schildern Sie mir das großartige Gefühl, das Sie dabei verspüren. Beschreiben Sie, welch grandiose Erfahrung mir entgeht. Beschreiben Sie mir, was ich versäume.«

Im Normalfall zündet sich der Raucher keine Zigarette an, mit einer Erklärung wie dieser: »Jetzt würde ich sie nicht genießen, aber nach dem Essen.«

»Aber ich spreche nicht vom Anlaß, sondern vom Geschmack. Warum sollte eine Zigarette nach dem Essen anders schmecken?«

Ich werde später noch erklären, warum die Zigarette nach dem Essen besonders gut zu schmecken scheint. Kann ich mein unglückliches Opfer aber doch überreden, eine Zigarette anzustecken, ist es der betreffenden Person schnell peinlich, was noch verstärkt wird durch die schadenfrohen Blicke der anderen Teilnehmer. Es geht mir bestimmt nicht darum, meine Kursteilnehmer bloßzustellen. Im Gegenteil, ich finde es bedauerlich, daß die Gesellschaft Raucher wie Idioten behandelt. Doch um erfolgreich Nichtraucher zu werden, ist es unabdingbar, die Illusion aufzugeben, Rauchen sei ein Genuß. Im Normalfall sind es nur die leichten oder Gelegenheitsraucher, die ihre Zigaretten angeblich wirklich genießen. Unser Opfer wird sich nach sechs Zügen nicht nur idiotisch vorkommen, sondern darüber hinaus unter Übelkeit und Schwindelgefühlen leiden.

Allmählich wurde mir klar, daß man einen Sachverhalt auf noch so viele Arten erklären, ihn noch so einfach darlegen kann, es wird immer Leute geben, die nicht verstehen, worauf man hinauswill. Und zwar nicht aufgrund mangelnder geistiger Fähigkeiten, sondern weil sie, aus welchen Gründen auch immer, nicht offen sind.

Inzwischen erkenne ich diese Personen schon bei der ersten Sitzung innerhalb weniger Minuten. Sie lassen ihren Blick im Raum umherschweifen oder sehen sich die anderen Raucher an. Sie beginnen ein Gespräch mit einem anderen Mitglied der Gruppe, während ich einen für sie absolut wichtigen Punkt erkläre. Ihr Problem ist, daß sie eigentlich nicht gekommen sind, um mit dem Rauchen aufzuhören, sondern weil ein Bekannnter oder Verwandter sie dazu überredet hat. Da wir eine Geld-zurück-Garantie geben, haben sie nichts zu verlieren.

Ihnen fehlt der richtige Anlaß, der Auslöser, zum Beispiel ein gesundheitliches Problem, eine ablehnende Reaktion aus ihrem Umfeld, Geldknappheit, Schwangerschaft oder Rauchverbot am Arbeitsplatz. Auslösende Faktoren sind nicht zu verwechseln mit Gründen für das Aufhören. Die aufgezählten Auslöser können jedoch auch Gründe sein. Die meisten Raucher geben als *Grund* für ihre Teilnahme gesundheitliche Probleme an. Der häufigste *Auslöser*, zu uns zu kommen, sind jedoch Freunde, Kollegen oder Verwandte, die bei uns auf einfachem Weg Nichtraucher geworden sind. Daraus resultiert die Annahme: »Wenn die es geschafft haben, wird es auch bei mir funktionieren.« Jeder Raucher hat vor, irgendwann in der Zukunft aufzuhören, der Auslöser ist ein Vorfall oder sind mehrere Vorfälle gleichzeitig, die zu dem Vorsatz führen, es zu versuchen.

Doch wenn ein Raucher seinen Auslöser noch nicht gefunden hat, fehlt ihm die richtige Motivation.

Eine Zeitlang dachte ich daran, solche Raucher erst gar nicht aufzunehmen oder sie hinauszubitten, sobald ihr mangelndes Interesse offenkundig wird, weil sie die restliche Gruppe stören oder deren Vertrauen untergraben. Als ich am Anfang die Kurse hielt, haben diese Raucher meine Erfolgsquote ganz schön gedrückt. Doch diese Erfolgsquote zeigt andererseits, daß wir es gar nicht nötig haben, jemanden auszuschließen, denn häufig ist der erste Kurs dann der Auslöser.

Bei vielen Rauchern kommt der Umschwung mit ihrer Anmeldung bei uns, doch bis der vereinbarte Termin da ist, haben sie ihre Meinung bereits wieder geändert. Bei ihnen muß man erneut den richtigen Auslöser finden und diesen so stärken, daß er niemals mehr der massiven Gehirnwäsche, die in unserer Gesellschaft immer noch stattfindet, unterliegt. Ein klassisches Beispiel dafür hatten wir vor einiger Zeit. Eine Frau kam gemeinsam mit ihrer Freundin. Diese hatte offensichtlich keinerlei Absicht, mit dem Rauchen Schluß zu machen, und hörte überhaupt nicht zu, was ich sagte. Ungefähr nach der Hälfte der Sitzung kam ich darauf zu sprechen, daß ich während der Arbeit an *Endlich Nichtraucher!* versuchte, wieder abhängig zu werden, dies mir aber nicht gelang. Sie fragte: »Soll das heißen, daß Sie auch nur drei Zigaretten am Tag rauchen konnten, wenn Sie es wollten?«

»Natürlich nicht. Wenn ich das Bedürfnis hätte, eine Zigarette am Tag zu rauchen, hätte ich das Bedürfnis, hundert Zigaretten am Tag zu rauchen. Doch mein Bedürfnis, diese ekligen Dinger in den Mund zu stecken und anzuzünden, ist nicht größer, als mir einen Schuß Heroin zu setzen.«

Von da an hörte die Frau zu und, überflüssig zu sagen, hörte erfolgreich auf.

Es freut mich, daß, obwohl viele Raucher ohne den richtigen Auslöser und/oder mit Skepsis zu uns kommen, unsere Erfolgsquote in London im Jahr 1990 bei sechsundneunzig Prozent lag, bei gleichzeitiger Geld-zurück-Garantie. Wir erwarten nicht, daß wir diese Quote noch verbessern können. Trotzdem arbeiten wir daran, weil wir überzeugt davon sind, daß jeder Raucher auf einfache Weise aufhören kann. Was uns angeht, gibt es keinen Mißerfolg. Es gibt nur Raucher, die es noch nicht geschafft haben.

Ich wurde auch dafür kritisiert, zu viele Vergleiche zu verwenden. Zugegeben, ich mag es bei Politikern und Marketingleuten auch nicht, wenn sie die Dinge nicht konkret beim Namen nennen. Doch fand ich den Gebrauch von Vergleichen und Anekdoten unverzichtbar, um Raucher von ihrer Sucht zu befreien.

Wenn Sie nicht verstehen, worauf ein bestimmter Vergleich oder eine Anekdote hinaus will, heißt es Achtung! Vielleicht befolgen Sie eine meiner wichtigsten Anweisungen nicht richtig: *Wachen Sie auf!* Denken Sie noch mal darüber nach. Gerade dieser Punkt könnte entscheidend sein.

Wenn Sie zu einem Raucher sagen: »Die Gesundheitsrisiken machen es einem Raucher im Grunde noch schwerer aufzuhören«, dann weiß ich, dieser Raucher sitzt da und denkt: Warum, glaubt er, habe ich das Geld für diesen Kurs bezahlt? Wenn er bereits unter einem konkreten Gesundheitsproblem leidet, sagt er das vielleicht sogar laut und mit einigen zusätzlichen Kommentaren. Fragen Sie ihn dann aber: »Und das hat Sie nicht zum Aufhören veranlaßt?« wird er Ihnen mit einer Gegenfrage antworten: »Wird das Essen während einer Diät unwichtig, oder erscheint es noch wichtiger?« Doch obwohl die meisten Teilnehmer diesen Zusammenhang durchschauen, können sie nicht aufhören. Aber es bringt sie immerhin dazu, ihre Sensoren zu aktivieren und kritisch über das Rauchen nachzudenken.

Erzählen Sie doch einmal einem Raucher, der davon überzeugt ist, den Geschmack und Geruch eine Zigarette zu genießen: »Zigaretten sind schmutzige, eklige Dinger, die scheußlich schmecken und riechen.« Alles, was Sie damit erreichen, ist, daß er seine Scheuklappen anlegt und Sie als einen jener hochnäsigen Nichtraucher oder Exraucher abstempelt, die sich in seinen Augen wie der liebe Gott aufführen. Sagen sie statt dessen aber: »Ach, ich wußte gar nicht, daß Sie die Zigaretten essen. Wie schmecken sie denn?« Oder: »Ich liebe den Geruch von Rosen, doch es wäre dumm, eine Rose zu rauchen.« Oder: »Wenn Sie diese besondere Zigarette nach dem Essen rauchen, dann nehmen Sie doch nur Ihre Lieblingsmarke, und wenn die nicht zu bekommen ist, sondern nur eine, die Sie abscheulich finden, verzichten Sie dann auf das Rauchen?« »Das ist nicht Ihr Ernst. Ein Raucher dreht sich lieber eine Zigarette aus Kamelmist, als überhaupt nicht zu rauchen!« Aber mit solchen Vergleichen bringt man Raucher dazu, sich allmählich Gedanken zu machen.

KAPITEL 4

Warum hat es beim zweitenmal nicht mehr funktioniert?

Stellen Sie sich vor, Sie gewinnen ein Jahr Urlaub auf einer paradiesischen Insel. Für alles ist gesorgt. Während Ihres Aufenthalts dort gewinnen Sie den gleichen Urlaub noch ein zweites und dann ein drittes Mal. Allmählich dämmert es Ihnen, daß es den anderen Inselbewohnern genauso geht. Manche leben schon seit vierzig Jahren auf der Insel und beklagen sich dauernd über die Zustände dort. Sie fragen sich, warum diese Leute trotzdem auf der Insel bleiben. Der Gedanke beschäftigt Sie aber nicht übermäßig, schließlich können Sie jederzeit von dort weg, wenn Ihnen danach zumute ist.

Im Lauf der Zeit herrschen immer strengere Regeln auf der Insel. Als Sie dort ankamen, konnten Sie so lange wie Sie wollten an den schönen Sandstränden liegen. Mittlerweile ist Vorschrift, daß Sie täglich sechs Stunden in der Sonne liegen müssen. Allmählich werden daraus sieben, schließlich acht Stunden. Sie gewinnen immer mehr den Eindruck, daß Sie sich nicht auf einer Ferieninsel, sondern in einer Sträflingskolonie befinden. Aber wozu sich aufregen? Das Leben dort ist immer noch angenehm, und zwischen der Insel und dem Festland liegen nicht mehr als eineinhalb Kilometer Wasser. Sie sind jung und kräftig und könnten sich jederzeit aus dem Staub machen. Irgendwann werden Sie schließlich ein weiser alter Mann sein, der den Neuankömmlingen dringend ans Herz legt abzuhauen, solange sie noch dazu in der Lage sind. Aber warum sollten diese auf einen alten Narren wie Sie hören?

Stark rauchende Eltern können nicht verstehen, warum ihre Kinder ebenfalls mit dem Rauchen anfangen und nicht schnell wieder aufhören. Warum sollten sie? Sie genießen ihre Zigaretten, oder glauben es zumindest, und sehen keinen Grund, damit Schluß zu machen. Versuchen Sie, das Rauchen mit dem Leben auf jener Insel zu vergleichen. Es liegt in der Natur der Sache, daß selbst Jugendliche, die ihre Abhängigkeit bereits realisiert haben, den entscheidenden Tag so lange wie möglich hinausschieben. Die Distanz zum Festland erscheint plötzlich fünfmal so weit, der Unterschied zwischen Ebbe und Flut ist gewaltig, das Wasser kalt. Und was wird sie auf der anderen Seite erwarten?

Die landläufige Meinung, es müßte einem jugendlichen oder gelegentlichen Raucher leichterfallen aufzuhören als einem starken Gewohnheitsraucher, ist falsch. Genau das Gegenteil trifft zu, denn erstere haben weniger Veranlassung dazu oder – anders ausgedrückt – können ihre Augen besser davor verschließen. Die meisten von ihnen finden nicht so leicht den richtigen Auslöser. Starke Langzeitraucher können sich dagegen nicht mehr so einfach vormachen, sie würden das Rauchen genießen. Ihnen ist völlig klar, daß sie sich in einer Sträflingskolonie befinden, und sie suchen verzweifelt nach einem Ausweg.

Meine Methode ist der Schlüssel zum Öffnen der Gefängnistür, oder, um beim Beispiel von der Insel zu bleiben, die sichere vier- bis sechsstündige Schiffspassage zum Festland. Aber warum sollten Sie auf das Schiff gehen, solange Sie der Meinung sind, sich auf einer Ferieninsel zu befinden? Und selbst wenn ich Sie überreden könnte, mit auf das Festland zu kommen, würden Sie doch das nächste Schiff zurück nehmen.

Bei vielen Rauchern, die zu uns kommen, haben sich jahrelang im Körper Schmutzablagerungen angesammelt. Ihre Haut ist fahl, sie keuchen und husten, sind kurzatmig und fühlen sich schlecht und kraftlos. In der Regel haben sie schon jede andere Methode, vom Rauchen wegzukommen, versucht. Auch mit Einsatz von Willenskraft haben sie es nicht geschafft. Viele befinden sich bereits im Anfangsstadium einer Krankheit, die in absehbarer Zeit zum Tod führen wird, sofern sie nicht vom Nikotin lassen. Sie sind nervös, leiden unter Angstzuständen und sind davon überzeugt, daß auch ich ihnen nicht helfen kann.

Ein Sechzigjähriger, der bereits mehrere Bypassoperationen hinter sich hat, hält einem Zwanzigjährigen Vorträge, der gerade versucht, möglichst gleichmäßige Ringe in die Luft zu blasen. Der junge Mann sagt zwar nichts, an seinem Gesicht kann man jedoch ablesen, was er denkt: »Du dummer alter Narr, du willst mir etwas sagen? Ich sollte dir etwas erzählen. Wie kann man es nur soweit kommen lassen?« Das ist eine der vielen Ungereimtheiten beim Rauchen. Einer meiner Freunde leidet unter einem Emphysem, seine Frau hat einen Knoten in der Lunge, ein Bekannter des Paares hustet ununterbrochen auf nicht besonders appetitliche Art. Jeder von ihnen kann nicht verstehen, warum die beiden anderen immer noch rauchen, und scheint sich in keiner Weise seiner eigenen Situation bewußt zu sein. Woher kommt es, daß jeder Raucher allen anderen Rauchern triftige Gründe zu nennen vermag, warum sie aufhören sollten, nur nicht sich selbst? Wir werden diese Frage später beantworten.

Starke Langzeitraucher wünschen sich nichts sehnlicher als den Schlüssel, der sie aus ihrem Gefängnis befreit. Sie sind aufmerksame Zuhörer und befolgen alle Anweisungen. Innerhalb kurzer Zeit ist ihr Körper von den negativen Substanzen befreit, sie verspüren bald mehr Energie und bemerken, daß das Unmögliche möglich geworden ist: *Sie sind frei! Und es war einfach!* Sie erleben etwas Großartiges: *den Moment der Freiheit!*

Vor einiger Zeit verfolgte ich in den Medien, wie John McCarthy nach neun Jahren Geiselhaft freikam. Wann wurde ihm bewußt, daß er sich wieder in Freiheit befand? Als man ihm seine bevorstehende Freilassung mitteilte? Das bezweifle ich. Als er ihm wohlgesonnenen Beamten übergeben wurde? Auch das glaube ich nicht. Als er das Flugzeug bestieg? Selbst dann war es ihm höchstwahrscheinlich noch nicht bewußt. War er mitten in einem Traum? Wollte man ihm einen grausamen Streich spielen? Und angenommen, seine Freilassung war echt, würde nicht das Flugzeug abstürzen? Vermutlich konnte er es sogar zu Hause, im Kreis seiner Familie und Freunde, noch immer nicht ganz glauben.

Der Moment, in dem einem voll und ganz bewußt wird, daß man sich aus seinem Gefängnis befreit hat, ist einfach wunderbar. Ich durfte in meinem Leben schon oft Augenblicke erleben, an die ich mich gerne erinnere, und betrachte das als großes Glück. Als ich die Abschlußprüfung für meinen Beruf als Wirtschaftsprüfer bestanden hatte, tanzte ich im Zimmer umher und sagte mir: Gott sei Dank, jetzt muß ich mir mit diesem langweiligen Zeug nicht mehr die Nächte um die Ohren schlagen.

Als mein erster Sohn auf die Welt kam, war meine Frau bereits drei Wochen über dem errechneten Termin. Jeden Tag rief ich aufgeregt und voller Vorfreude im Krankenhaus an. Doch je länger es dauerte, um so mehr machte sich in mir die schmerzliche Gewißheit breit, das Baby würde tot geboren. Bis zu jenem Tag, als ich nach der üblichen Frage: »Hier ist Carr, gibt es etwas Neues von meiner Frau?« schon im Begriff war, den Hörer aufzulegen und gerade noch jemanden sagen hörte: »Sie haben einen hübschen kleinen Sohn!«

»Haben Sie mich richtig verstanden? Mein Name ist Carr.«

»Ja, ich habe Ihren Namen verstanden. Sie haben einen reizenden Sohn.«

»Was ist nicht in Ordnung mit ihm?«

»Nichts, es geht im bestens.«
»Und meiner Frau?«
»Sie ist müde, aber es geht ihr gut. Sie können sie jederzeit besuchen. Die beiden erwarten Sie schon.«

Ich hatte aus einer Telefonzelle in der Stadt angerufen, an der Hunderte von Menschen vorbeiliefen. Plötzlich hatten sich die Sorgen und Anspannungen der letzten Monate in nichts aufgelöst. Ich fühlte mich wie ein Riese. Am liebsten hätte ich jemanden angehalten, ihn umarmt und ihm erzählt: »Ich bin Vater!« Aber dazu war ich zu britisch. Gefühle zu zeigen, wäre einer Sünde gleichgekommen, einen Fremden auf der Straße anzusprechen, der größte Faux pas, den man begehen kann.

Ich erinnere mich noch deutlich, wie aufgeregt ich an diesem Tag war. Genauso geht es mir mit anderen Höhepunkten in meinem Leben. Doch sosehr ich diese Ereignisse noch in einzelnen Details vor Augen habe, fehlt mir dabei dieses Gefühl der Freiheit. Und obwohl der entscheidende Moment schon fünfzehn Jahre zurückliegt, erfüllt er mich noch immer mit Stolz. Wenn ich einen schlechten Tag habe, denke ich heute nicht mehr an Menschen, denen es noch schlechter geht, sondern rufe mir jene schrecklichen Tage in Erinnerung, als ich Sklave des Nikotins war, und denke: Heute fühlst du dich vielleicht nicht so besonders gut, aber Junge, du hast es gut. Du gehörst nicht mehr zu diesen bemitleidenswerten Kreaturen, die sich selbst vergiften müssen. Aus dieser Erfahrung schöpfe ich immer wieder große Kraft und Inspiration.

Ich erlebte meinen Moment der Freiheit, noch ehe ich meine letzte Zigarette zu Ende geraucht hatte. Im vorhergegangenen Kapitel habe ich beschrieben, wie es den meisten Rauchern in unseren Kursen dabei ergeht. Der Großteil der Raucher, die mit meiner Methode aufhören, erfährt diesen Moment, wenn nicht sofort, dann spätestens innerhalb weniger Tage. Manche ehemalige Raucher erleben dieses Gefühl nie, vor allem jene, die es mit Willenskraft versuchen. Sie schätzen sich zwar glücklich, nun zu den Nichtrauchern zu gehören, sind aber immer noch anfällig und kämpfen ihr Leben lang gegen das gelegentliche Verlangen. Viele unter ihnen werden nach Jahren der Abstinenz wieder schwach. In unsere Kurse kommen oft auch ehemalige Raucher, die schon seit zehn Jahren ohne Zigaretten auskommen, um sich endlich vom Gefühl der Anfälligkeit zu befreien.

Aber was ist am Moment der Freiheit so einzigartig? Und was ist so besonderes daran, Nichtraucher zu sein? Eigentlich nichts. Ebensowenig wie unser Schöpfer wollte, daß wir jede Stunde einmal unseren Kopf gegen eine Wand schlagen, wollte er, daß wir rauchen. Es ist in keiner Weise erheiternd, den Kopf gegen die Wand zu schlagen. Nichtraucher (nicht zu verwechseln mit Exrauchern) fragen sich mit Recht, wie man überhaupt auf die Idee kommen kann zu rauchen. Zweifellos sind sie froh darüber, daß sie nicht rauchen, aber im Grunde ist es kein wichtiges Thema für sie.

Warum also die große Freude, frei zu sein? Die Freude ist echt. Sie ist vergleichbar mit dem Gefühl einer Geisel bei ihrer Freilassung. Merken Sie sich für den Rest Ihres Lebens:

SIE WAREN NICHT GLÜCKLICH ALS RAUCHER
UND WERDEN ES NIE SEIN.

Das Schöne am Moment der Freiheit ist nicht die Freude, nun endlich Nichtraucher zu sein, sondern *kein bedauernswerter Raucher mehr zu sein.*

Ist ein Raucher erst einmal weg vom Glimmstengel, denkt er: »Gut, dieses Problem wäre gelöst, was mache ich als nächstes?« Das Leben geht wieder seinen normalen Gang. Er ist Tag für Tag der massiven Gehirnwäsche durch die Tabakindustrie, aber auch durch Raucher aus seinem Umfeld ausgesetzt. Er ist froh darüber, selbst nicht mehr zu rauchen. Doch dann tritt eine Änderung in seinem Leben ein, sei es eine neue Liebe, ein anderer Job oder nur die Gesellschaft von Rauchern im Urlaub. Die Raucher geben sich fröhlich und gutgelaunt, der Exraucher denkt: »Hier stimmt etwas nicht, eigentlich sollte ich doch in dieser Stimmung sein, nicht die anderen.« Er übersieht dabei, daß sie sich nicht so gut fühlen, weil sie rauchen, sondern daß sie einfach in Urlaubslaune sind.

Würden Sie einen Blinden beneiden? Zunächst nicht. Aber seien Sie nicht zu voreilig, er könnte Ihnen in mancher Beziehung überlegen sein. Er müßte zum Beispiel nicht jeden Tag im Büro schuften. Aber natürlich wäre es lächerlich, ein solches Opfer zu bringen, um ein paar vergleichsweise geringe Vorteile daraus zu ziehen. Aber gehen wir einmal davon aus, Sie wären einfältig genug, sich diese paar Vorteile mit Ihrem Augenlicht zu erkaufen. Sie wären nicht zu beneiden, denn solange Sie noch sehen können, wären Sie unzufrieden, weil Ihr Wunsch nicht in Erfüllung ging. Sollten Sie dann jedoch das Pech haben, daß er doch in Erfüllung geht, wären Sie noch unzufriedener, weil Ihnen klar wird, daß Sie viel besser dran waren, als Sie noch sehen konnten.

Ein Sehender mag einen Blinden durchaus um gewisse Fähigkeiten beneiden, doch sicher nicht um seine Blindheit. Ähnlich verhält es sich mit dem Exraucher, der den Raucher beneidet oder sich wegen einer stinkenden Zigarette das Leben schwermacht. Jeder Raucher wünscht sich, er hätte niemals damit angefangen. Jeder Raucher beneidet einen Nichtraucher. Als ehemaliger Raucher vergißt man das leicht. Man denkt nicht mehr daran, daß man nun selbst von Rauchern beneidet wird. Warum ist dieses Problem mit dem Beispiel der Blindheit so leicht nachzuvollziehen und mit dem des Rauchens so schwer? Ganz einfach, im Falle des Augenlichts wäre der Preis einfach zu hoch. In anderen Worten, die paar Vorteile wiegen die Nachteile in keiner Weise auf. Anders ist es mit dem Rauchen. Man kann sich die besondere Zigarette zu bestimmten Gelegenheiten gönnen. Man kann von Fall zu Fall entscheiden, Vorteile und Nachteile abwägen, richtiger gesagt:

RAUCHER GLAUBEN, SIE SIND DAZU IN DER LAGE.

Mit dieser Annahme, daß es möglich ist, sich nur bei bestimmten Anlässen eine Zigarette schmecken zu lassen, ohne gleich wieder abhängig zu werden, fällt der Raucher zurück in die Falle. Warum das so ist, werde ich später erklären. Nun befindet er sich in einer unmöglichen Situation. Er ist niedergeschlagen, weil er einem Mythos hinterherläuft. Es geht ihm schlecht, weil er keine Zigarette rauchen darf, und noch schlechter, wenn er trotzdem eine raucht. Er fühlt sich um einen Genuß betrogen. Wie ein tropfender Wasserhahn nagt dieses Gefühl an seiner Widerstandskraft. Schließlich erlaubt er sich eine einzige Zigarette. Sie schmeckt scheußlich. Doch er hat seinem Körper Nikotin zugeführt. Sobald er die Zigarette ausmacht, wird das Nikotin abgebaut. Eine leise Stimme meldet sich: »Sie hat scheußlich geschmeckt, aber ich will noch eine.« Eine andere leise Stimme antwortet: »Du darfst keine mehr rauchen, sonst wirst du wieder abhängig.« Der Raucher wartet eine gewisse Zeit, um sicherzugehen. Nach dieser Phase fühlt er sich bestätigt: »Beim letztenmal bin ich nicht wieder süchtig geworden, also kann ich ohne Bedenken wieder eine Zigarette rauchen.«

Schon sitzt er wieder in der gleichen Falle wie als Jugendlicher. Er wird entweder Schritt für Schritt wieder abhängig oder fällt kopfüber auf den Grund des Gullys.

Normalerweise dauert es nicht sehr lange, bis er sich seiner Dummheit bewußt wird. Das Problem liegt aber eigentlich nicht darin, daß der Raucher zu einfältig ist, sondern daß die Falle weitaus subtiler und cleverer angelegt ist als die Gullys, denen die Abdeckung fehlt. Mir ist es eigentlich ein Rätsel, daß nicht jeder einmal im Lauf seines Lebens in diese Falle tritt. Nach einigen halbherzigen Versuchen, aus eigener Kraft wieder aufzuhören, und vorausgesetzt, es ist ihnen nicht zu peinlich, kommen die rückfällig gewordenen Raucher schließlich erneut in unsere Kurse.

Dann hat sich aber in ihrem Körper nicht der Unrat vieler Jahre angesammelt. Sie leiden auch nicht unter der Angst, sie könnten es nicht schaffen, wieder aufzuhören. Allen kann ja seinen Zauberstab schwingen, und mit einem Schlag sind sie wieder Nichtraucher. Natürlich kann ich meinen Zauberstab hervorholen, die Frage ist nur, ob sie das überhaupt wollen. Sie befinden sich jetzt genau in der Situation wie der Neuankömmling auf der Ferieninsel. Das Boot steht bereit, aber wollen sie wirklich einsteigen? Genau das ist der Grund, warum die Methode beim zweitenmal nicht mehr so einfach zu funktionieren scheint.

Viele der sogenannten Suchtexperten behaupten, es wäre völlig zwecklos, einen Abhängigen zu einem Entzug überreden zu wollen, wenn er noch nicht ganz unten angelangt ist. Sosehr ich diesen Standpunkt nachvollziehen kann und ihrer Argumentation beipflichte, für so unvernünftig, ja sogar gefährlich halte ich sie auch. Vergessen Sie für einen Augenblick meine Methode. Wen hält die Allgemeinheit für weniger abhängig, den Langzeit-Kettenraucher oder den jungen Gelegenheitsraucher? Starke Raucher sagen zu den Jugendlichen: »Du Trottel! Willst du genauso enden wie ich? Hör auf, solange du es noch kannst!«

»Du bist es, der aufhören muß. Siehst du nicht, daß es dich umbringt? Bevor es mit mir so weit kommt, habe ich längst aufgehört.«

Sie sind beide der Meinung, der Kettenraucher wäre in stärkerem Maß abhängig. Wenn das der Wahrheit entspricht, warum behaupten dann die sogenannten Experten, daß man erst ganz am Boden sein muß, um davon loskommen zu wollen? Worin liegt der wirkliche Unterschied zwischen dem Kettenraucher und dem jugendlichen Raucher? Ersterer weiß, daß er sich in einem Gefängnis befindet, aus dem es seiner Meinung nach keinen Ausweg gibt. Letzterer realisiert nicht, daß er im gleichen Gefängnis sitzt. Welcher von beiden ist nun stärker abhängig? Oder stellen wir die Frage anders: Welcher von beiden hat die größere Chance, aus dem Gefängnis freizukommen? Wenn Sie wissen, Sie sitzen im Gefängnis und wollen ausbrechen, könnte es Ihnen möglicherweise gelingen. Wenn Sie sich aber Ihrer Gefangenschaft gar nicht bewußt sind oder erst zu einem späteren Zeitpunkt ausbrechen wollen, sind Ihre Chancen, heute die Freiheit zu erlangen, praktisch gleich Null.

Ein guter Vergleich sind fleischfressende Pflanzen. Insekten werden vom Geruch der klebrigen Substanz angezogen, die sich am Rand und an der Innenfläche der Pflanze befindet. Die Härchen der Pflanze sind alle in eine Richtung ausgerichtet – nach unten. Das und die Gesetze der Schwerkraft sorgen dafür, daß eine Fliege allmählich immer weiter nach unten transportiert wird. Die Fliege kümmert sich zunächst nicht weiter darum, sie kann ja jederzeit wieder wegfliegen. Aber warum sollte sie, wo doch der Nektar der Pflanze so köstlich schmeckt. Erst wenn sie bemerkt, daß sie von den Säften am Grund der Blüte allmählich aufgelöst wird, hat sie einen Grund, vom Nektar abzulassen. Doch jetzt ist es zu spät! Zu diesem Zeitpunkt hat sie schon soviel von der klebrigen Substanz aufgenommen, daß sie sich nicht mehr bewegen, geschweige denn fliegen kann.

Doch unabhängig davon, ob es sich um junge, alte, Gelegenheits- oder Kettenraucher handelt, oberstes Ziel sollte es sein, sie davor zu bewahren, überhaupt in die Falle zu treten. Doch in diesem Punkt versagt unsere Gesellschaft völlig. Und sind die Raucher einmal in der Falle, dürfen wir, angesichts der Tatsache, daß jedes Jahr zweieinhalb Millionen Menschen an den Folgen des Rauchens sterben, einfach abwarten, bis sie ganz unten angekommen sind und sich der Boden unter ihnen öffnet? Müssen jene, die noch einmal davonkommen, dreißig Jahre im gleichen Elend verbringen wie ich?

Mit meiner Methode kann jeder noch lebende Raucher aus seinem Gefängnis ausbrechen. Um Jugendliche vom Rauchen abzuhalten, stellt unsere Gesellschaft immense Summen für Aufklärungskampagnen bereit. Geraten sie dann doch in die Sucht, bezichtigen wir sie der Dummheit. Doch im Grunde sind wir die Dummen. Warum sollten mögliche Gesundheitsschäden sie davon abhalten, einmal eine Zigarette zu rauchen? Eine Zigarette wird sie nicht umbringen. Auch zwei nicht. Aber mit der zweiten Zigarette sitzen sie bereits in der Falle!

Unsere Kinder sind nicht minder intelligent als wir. Wenn wir ihnen erklären, wo die Falle lauert, tappen sie nicht hinein. Zugegeben, die Nikotinfalle ist subtil aufgebaut, aber zumindest den Versuch, sie darüber aufzuklären, sollten wir unternehmen. Falls es dazu bereits zu spät ist, müssen wir jede Gelegenheit nutzen, unseren Kindern zu erklären, daß mit wachsender Abhängigkeit von einer Droge auch die Illusion zunimmt, diese zu benötigen. Sollten wir ihnen nicht deutlich vor Augen führen, daß jene Kettenraucher, die sie heute noch verachten, einmal in der gleichen Situation waren und es einfach nicht geschafft haben, rechtzeitig aufzuhören? Sollten wir uns nicht bemühen, ihnen klarzumachen, daß die Droge nach und nach Körper und Psyche zerstört, und je stärker man dies ignoriert, um so verzweifelter sucht man nach fadenscheinigen Ausreden für: *Nur noch eine Zigarette!*

Wenn ich bei Radiointerviews Hörerfragen beantworte, meldet sich immer mindestens ein Anrufer mit dem Einwand: »Warum sollte ich mit dem Rauchen Schluß machen? Ich genieße es! Ich kenne das Risiko, das ich eingehe, und wenn ich bereit bin, es einzugehen, ist das ganz allein meine Sache.« Die Antwort: »Kein Mensch will Sie zum Aufhören zwingen. Allen hilft nur Rauchern, die selbst den Wunsch haben aufzuhören.« Das ist aber nicht richtig. Ich weiß, daß jeder Raucher den Wunsch hat aufzuhören. In der Anfangsphase meiner Kurse fragten wir die Raucher: »Wollen Sie aufhören?« Doch bald war mir klar, daß die Frage dumm war. Gäbe es einen magischen Knopf, den man nur drücken müßte, um am nächsten Morgen mit dem Gefühl aufzuwachen, man hätte niemals im Leben jene erste Zigarette geraucht, wären die einzigen, die morgen früh noch rauchten, jene Jugendlichen, die gerade erst angefangen haben und davon überzeugt sind, nicht abhängig zu werden – wie Sie und ich es einmal waren. Aus diesem Grund hassen alle Eltern den Gedanken, daß ihre Kinder rauchen, und alle Kinder den Gedanken, daß ihre Eltern rauchen. Aus diesem Grund fühlen sich alle Raucher geistig unfähig. Wenn Sie irgendwann in Ihrem Leben an jenen Punkt gelangen, an dem Sie den Kopf aus dem Sand heben und Vor- und Nachteile des Rauchens gegeneinander aufwiegen, kann dabei nur herauskommen: *Rauchen ist dumm!*

Trotzdem will kein Raucher auf seine Zigaretten verzichten. Niemand zwingt ihn zum Rauchen. Die Tatsache, daß er selbst nicht versteht, warum er raucht, oder den Wunsch hat, nicht rauchen zu müssen, macht keinen Unterschied. Alle Raucher sind schizophren.

Wie bereits erwähnt, will jeder Raucher aufhören, allerdings nicht sofort, lieber erst morgen. Das ist einer der wichtigsten Mechanismen der Falle. Wir hören erst auf, wenn wir einen triftigen Grund haben. Manchmal ergibt sich eine Situation, die als Auslöser wirkt. Doch meist ist dieser Auslöser eine Krankheit, Rauchverbot im Büro, Ablehnung im persönlichen Umfeld oder Geldknappheit. Diese Faktoren verursachen aber gleichzeitig ein Gefühl von Unsicherheit und machen depressiv und verletzlich. Gerade in diesen Situationen bräuchten wir unsere kleine Krücke am notwendigsten und haben die schlechtesten Aussichten auf Erfolg. Die Lage bleibt schizophren. Je größer der Wunsch wird, mit dem Rauchen Schluß zu machen, um so größer wird auch das Bedürfnis, den entscheidenden Tag immer wieder hinauszuschieben.

Als ich noch Einzelkurse durchführte, erschien ein Mann mit folgenden Worten: »Lassen Sie mich gleich eines klarstellen, es widerspricht mir eigentlich, Ihre Hilfe in Anspruch zu nehmen. Ich habe einen starken Willen. Ich bin selbständiger Geschäftsmann und habe auch alles andere in meinem Leben unter Kontrolle. Aber warum schaffen es alle anderen, mit dem Rauchen aufzuhören, nur ich nicht?« Er fuhr fort: »Ich glaube, ich könnte es schaffen, wenn ich während des Aufhörens noch rauchen darf.«

Das klingt wie ein Widerspruch in sich, doch ich wußte, worauf er hinauswollte. Das Aufhören erscheint uns schrecklich schwierig. Worauf verlassen wir uns in schwierigen Situationen? Auf unsere Zigarette. Ich hatte bis dahin nicht realisiert, daß darin einer der Vorzüge meiner Methode lag. Man kann noch weiterrauchen, während man schon dabei ist aufzuhören. Man entledigt sich aller Ängste und Zweifel und raucht dabei noch die letzte Zigarette. Wenn man diese letzte Zigarette dann ausdrückt, ist man bereits Nichtraucher und genießt diesen Zustand das ganze weitere Leben,

VORAUSGESETZT, SIE BEFOLGEN DIE EINFACHEN ANWEISUNGEN.

Ich betone, es ist einzig und allein die Angst, die einen Raucher bei der Stange hält. Ein Raucher kann sich ebensowenig zum Aufhören zwingen, wie Sie jemanden, der unter Platzangst leidet, in einen engen Raum sperren können. Beide sind davon überzeugt, sie werden umkommen. Natürlich würden sie das nicht, aber allein die Vorstellung, daß es so sein könnte, reicht schon aus. Eher würde ein solcher Mensch Sie töten, als sich von Ihnen in diese Situation bringen zu lassen. Sie können also einen Raucher nicht zwingen, mit seiner Sucht Schluß zu machen. Sie müssen den richtigen Auslöser finden, der in ihm den Wunsch aufzuhören weckt. Das gelingt Ihnen jedoch nicht, wenn Sie ihm sagen, Rauchen führe zum Tod, koste ein Vermögen, sei eine schmuddelige, abstoßende Gewohnheit, die sein Leben dominiert. Das weiß er bereits. Damit erreichen Sie nur, daß er den Kopf in den Sand steckt. Helfen können Sie ihm, wenn Sie ihm seine Ängste nehmen und die Überzeugung, das Leben ohne Zigaretten nicht mehr genießen oder mit Streß nicht mehr fertig werden zu können. Ich werde nun erklären,

WARUM ICH NIE MEHR SÜCHTIG WERDEN KANN!

KAPITEL 5

Warum ich nie wieder süchtig werden kann

Jeder Fallensteller oder Angler weiß, daß er zwei Voraussetzungen erfüllen muß, um Beute zu machen. Die eine ist, eine gute Falle auszulegen. Dazu ist man aber nur in der Lage, wenn man zweitens alle Eigenheiten des Tiers kennt, das man fangen will.

Ein guter Hochstapler geht davon aus, daß es vor allem intelligente, willensstarke Menschen zu Wohlstand bringen, und legt seine Betrügereien entsprechend an. Er benutzt die Intelligenz seines Opfers, um es in die Falle zu locken. Dabei spielt noch eine weitere Eigenschaft eine Rolle, die auf seine potentiellen Opfer meist zutrifft: Habgier.

Die Nikotinfalle ist die bei weitem wirksamste Falle, die auf den Menschen und seine Wesensart abgestimmt ist. Die Falle selbst, bei diesem Beispiel das Nikotin, ist denkbar einfach. Was sie so wirksam macht, ist das Wesen der Opfer, insbesondere ihr unglaublich komplexes Denken.

In *Endlich Nichtraucher!* wird erklärt, auf welche Weise das Nikotin die Illusion aufbaut, Zigaretten würden echten Genuß verschaffen oder Hilfe bieten.

Jeder Raucher, der bereit ist aufzuhören, wird das ohne Schwierigkeiten schaffen, wenn er alle Anweisungen genauestens befolgt. Das gilt auch für Jugendliche oder Gelegenheitsraucher. Sie könnten aufgrund vorheriger Kommentare den Eindruck gewinnen, daß es für sie schwieriger sei. Das ist nicht richtig! Der Schlüssel, der die Gefängnistür öffnet, ist für jeden Raucher gleich. Der springende Punkt bei jungen Rauchern und Gelegenheitsrauchern ist nur, ob sie ihn auch wirklich benutzen wollen.

Ich wollte herausfinden, warum ich nicht mehr süchtig werden konnte, wohingegen einige Raucher, die meine Methode anscheinend voll und ganz verstanden hatten, rückfällig wurden. Es lag daran, daß ich nicht nur die Nikotinfalle selbst durchschaut hatte, sondern auch das Wesen und die Psyche des Rauchers. In *Endlich Nichtraucher!* wird dieser Punkt nicht ausreichend behandelt. Das werden wir hiermit nachholen. Will man eine Falle stellen, muß man die Ausrüstung und das Opfer kennen. Beim Rauchen verhält es sich genauso, will man *auf Dauer* frei bleiben!

Ich wußte, ohne es ausprobiert zu haben, von meinem »Unabhängigkeitstag« an, daß meine Methode auch bei anderen Rauchern funktionieren würde, denn ich hatte das Wesen der Falle voll und ganz erkannt. Aber wie hätte ich ahnen sollen, daß ich nicht rückfällig werden konnte? Offensichtlich wußte ich es ja nicht. Warum hätte ich es sonst überhaupt versucht? Es wurde mir erst klar, als es nicht gelang. Wir haben es hier mit zwei verschiedenen, voneinander unabhängigen Problemen zu tun:

1. Wie kann man auf einfache Weise aufhören?
2. Wie schafft man es, nicht rückfällig zu werden?

Das erste Problem ist bereits gelöst, warum sich also wegen des zweiten sorgen? Warum reicht es nicht, die Lösung des ersten wiederholt anzuwenden? Diesen Teil der Falle habe ich bereits erklärt. Wird man rückfällig, dauert es eine gewisse Zeit, bis der Wunsch aufzuhören wieder auftritt. Ich möchte aber auch jenen helfen, die wieder angefangen haben, und ich möchte verhindern, daß Jugendliche oder Erwachsene überhaupt in die Falle tappen.

Das ist nicht ganz einfach. Die Nikotinfalle funktioniert bei allen gleich, doch kein einziger Raucher hat die gleiche Gehirnwäsche durchgemacht, und genau das ist es, was einen Raucher an der Angel zappeln läßt. Um sicherzugehen, daß sie auch »sauber« bleiben, ist es nicht nur nötig, meine Philosophie zu verstehen, sondern sie zu verinnerlichen.

Einen der wichtigsten Anhaltspunkte, warum hochintelligente, willensstarke Menschen, die meine Methode umfassend zu verstehen schienen, rückfällig wurden, lieferte mir jene Kursteilnehmerin, die tränenüberströmt zu mir kam. Ich erinnere mich so gut an sie, weil sie den Kurs zwei Jahre vorher auch in Tränen aufgelöst verlassen hatte. Damals waren es Tränen der Erleichterung und Freude. Das ist bei unseren Kursteilnehmern, die bereits während des Kurses bemerken, daß sie frei sind, nichts Ungewöhnliches. Ich muß zugeben, daß es mir manchmal schwerfällt, nicht selbst mitzuheulen.

Bei jener Kursteilnehmerin handelte es sich um eine intelligente Frau, die genau wie ich die Phase des Aufhörens von der letzten Zigarette an genoß. Ihr Scheitern war ihr sehr peinlich. Von Scheitern hatte übrigens sie selbst gesprochen, nicht ich. Wer genauer auf meine Worte achtet, hat sicher schon bemerkt, daß ich in diesen Fällen nicht von gescheiterten Kursteilnehmern spreche, sondern von rückfälligen, das entspricht eher der Natur der Sache. Auch sollte ich erläutern, daß ich Erfolg oder Scheitern nicht am Zeitraum messe, in dem eine Person nicht geraucht hat. Ein Raucher kann gut und gerne dreißig Jahre keine Zigarette mehr angefaßt und immer noch das Gefühl haben, auf etwas verzichten zu müssen oder ab und zu rauchen zu wollen. Sosehr ich deren Willenskraft auch bewundere, betrachte ich sie doch als gescheiterte Fälle.

Um erfolgreich zu sein, muß ein ehemaliger Raucher folgende Voraussetzungen erfüllen:

1. Das Wesen der Nikotinfalle verstehen.
2. Erkennen, daß Rauchen keinerlei Vorteile bietet!
3. Erkennen, daß damit keine Leere gefüllt, sondern eine geschaffen wird.
4. Sicher sein, daß unabhängig davon, welche Höhen und Tiefen ihm das Leben beschert, nie wieder das Verlangen nach einer Zigarette auftritt und er für den Rest seines Lebens als Nichtraucher glücklich sein wird.

Vielleicht sind Sie nun der Meinung, ich habe einen wichtigen Faktor vergessen, nämlich nicht mehr zu rauchen. Nein, das habe ich nicht, doch leider passiert das vielen ehemaligen Rauchern, die sonst alle oben genannten Voraussetzungen erfüllen. Sie betrachte ich nicht als gescheitert, sondern als rückfällig. Aber wahrscheinlich haben sie außer acht gelassen, daß sie für den Rest ihres Lebens als Nichtraucher glücklich sein werden. Sonst hätten sie nicht wieder angefangen. Als Jugendlicher sah ich meinen Vater husten und spucken und war mir sicher, ich würde niemals Raucher werden. Geholfen hat mir diese Erfahrung nichts. Wenn einer aus dem Gefängnis ausbricht, heißt das noch lange nicht, daß er nicht wieder eingefangen wird. *Genau darum geht es in diesem Buch!*

Zurück zu jener Frau. Ich fragte sie, was passiert war. Sie berichtete, daß sie unter tragischen Umständen ihren Ehemann verloren hatte. Ich fragte weiter, ob die Zigaretten ihren Kummer gelindert hätten. »Natürlich nicht. Und das Dumme dabei war, daß ich das vorher bereits wußte. Sie haben ja auch vor solchen Situationen gewarnt. Sie sagten, ich würde mich nur noch schlechter fühlen. Und so war es auch. Es war mir schon im voraus klar.« Ich erwiderte: »Ich nehme an, ein hilfreicher Raucher hat ihnen eine Zigarette angeboten?« Ihre Antwort: »Allen, ich habe um eine gebettelt, obwohl ich wußte, daß sie mir überhaupt nicht helfen würde. Ich glaube, ich wollte sie einfach als Placebo benutzen. *Ich brauchte irgend etwas!*

Das war der Schlüssel. Ich erinnere mich, daß sich bei mir die gleichen Ängste einstellten, nachdem ich es geschafft hatte. Ich wußte, ich würde nie wieder Lust auf eine Zigarette haben, doch war ich mir nicht sicher, was passieren würde, wenn durch einen schweren Schicksalsschlag mein Leben erschüttert würde. Würde ich zu einer Zigarette greifen?

Es geschah ungefähr sechs Monate, nachdem ich mit dem Rauchen aufgehört hatte. Als Raucher litt ich an Übergewicht, war aber unfähig, etwas dagegen zu unternehmen. Das Eigenartige dabei aber war, daß ich praktisch den ganzen Tag nichts aß. Bereits nach wenigen Tagen ohne den Glimmstengel fühlte ich mich voller Energie und wollte wieder fit und gesund werden. Meine Frau kaufte mir einen Jogginganzug, und ich begann, jeden Morgen eine Runde zu laufen. Wenn ich heute daran denke, frage ich mich, wie ich den Mut dazu aufgebracht habe. Ich ging in diesem nagelneuen Jogginganzug aus dem Haus, lief ungefähr zehn Schritte und bekam einen Hustenanfall. Was die Nachbarn von mir dachten, will ich heute noch nicht wissen. Aber ich war fest entschlossen durchzuhalten. Als ich zum erstenmal die Runde um den Block geschafft hatte, fühlte ich mich wie ein Goldmedaillengewinner. Vor zwei Jahren habe ich innerhalb einer Woche zweimal die halbe Marathonstrecke geschafft. Ich mag das Laufen gar nicht so besonders, im Grunde ist es mir zu langweilig. Aber ich liebe dieses Gefühl, wenn sich das Adrenalin bemerkbar zu machen beginnt und man bereit ist für den Tag – das ist ein echtes Hochgefühl!

Nach ungefähr sechs Monaten hatte ich einige Kilo verloren, spürte jedoch einen Knoten in der Brust. Typisch, dachte ich. Da habe ich mein Leben lang versucht, mit dem Rauchen aufzuhören, nun habe ich es endlich geschafft, doch leider zu spät. Ich hatte meinen Vater an Lungenkrebs sterben sehen und wollte, wenn mich jemals dasselbe Schicksal träfe, unter keinen Umständen in eines der üblichen Krankenhäuser. Solange ich keine Schmerzen hätte, würde ich das Leben genießen und, falls es schlimmer käme, selbst einen Schlußstrich ziehen.

Doch es traten keine Schmerzen auf und ich fühlte mich wieder wie ein kleiner Junge. Aber meine Frau bemerkte, daß mich etwas beunruhigte, und fragte mich danach.

»Ich habe einen Knoten in der Brust.«

»Du mußt zu einem Arzt.«

»Wenn du darauf bestehst, werde ich das tun. Aber wenn ich erfahre, daß ich Lungenkrebs habe, ist es vorbei mit mir. Dann werde ich nur noch meinen Tod planen. Wenn es etwas anderes ist, um so besser.

»Nun gut, wenn du deinen Kopf in den Sand stecken willst, ist das deine Sache.«

Ohne mein Wissen erzählte sie es meinem Bruder, der wiederum mit einem befreundeten Arzt darüber sprach und ihm die Symptome aus dritter Hand schilderte. Man ließ mich wissen, der Arzt glaube nicht, daß es sich um Lungenkrebs handle, würde mich aber gerne untersuchen. Ich befand mich nun in jener Situation, in der man in der dritten Person über mich sprach, etwa nach dem Motto »Nimmt er Zucker?« Immer wenn das Telefon klingelte, wurden die Türen geschlossen und die Gespräche in ehrfurchtsvollem Flüsterton geführt.

Schließlich wurde mir klar, daß ich den Dingen ins Auge sehen mußte.

Das war eine Woche vor meinem Termin beim Arzt. In dieser ganzen Zeit verschwendete ich nicht einen Gedanken ans Rauchen, so wenig beschäftigte mich dieses Thema. Schließlich machten Joyce und ich uns auf den Weg zur Arztpraxis. Wir waren eine Stunde zu früh dort. Ich weiß noch genau, daß ich diese ganze Stunde lang davon überzeugt war, Lungenkrebs zu haben. Ich hatte große Angst, doch nicht das geringste Verlangen nach einer Zigarette. Im Gegenteil, ich dachte: »Dem Himmel sei Dank, daß ich mit dem Rauchen aufgehört habe. Ich fühle mich stark genug, mit der Situation klarzukommen.« Damit meinte ich nicht stark im körperlichen Sinn, sondern in bezug auf meine Psyche.

Wenn es noch eines letzten Beweises bedurfte, daß Zigaretten nicht dazu beitragen, Mut oder Selbstvertrauen zu stärken, war er damit erbracht. Auch die Erfahrungen in unseren Büros haben dies tausendfach bestätigt.

Falls es Sie noch interessiert, zu meiner großen Erleichterung hatte ich keinen Lungenkrebs, nicht einmal – und das war mir geradezu peinlich – eine richtige Erkrankung. Nun werden Sie einwenden: »Also war es auch keine traumatische Erfahrung.« Glauben Sie mir, vielleicht bin ich feige, aber ich hatte große Angst. Man sagt ja oft, Ungewißheit sei schlimmer als Gewißheit. Ich hatte Glück, daß sich kein Lungenkrebs oder eine ähnliche Erkrankung entwickelt hatte, aber allein die Ungewißheit darüber war schon schlimm genug. Ich weiß nicht, wie es gewesen wäre, mit der Gewißheit zu leben.

Zurück zu jener Frau, die dringend »etwas brauchte«. Ohne Zigaretten haben Raucher meist das Gefühl, in ihrem Leben sei eine Leere entstanden. In schwierigen Situationen, in denen der ehemalige Raucher dringend etwas sucht, woran er sich festhalten kann, scheint die Zigarette das kleinste Übel zu sein. Vermutlich würden Sie, wie manche Experten, ein Ersatzmittel vorschlagen. Ich werde später erklären, warum das die Situation nur noch verschlimmern würde.

Selbst kenne ich dieses Gefühl der Leere nicht. Es ist wie mit dem angeblichen Genuß – beides ist eine Illusion. Wie kann ich dann mit den

Belastungen im Leben fertig werden? Zum Glück bin ich inzwischen in der Lage, die meisten Situationen, die ich früher als große Katastrophen empfunden habe, mühelos zu bewältigen. Mehr darüber in den folgenden Kapiteln. Sie werden es besser verstehen können, wenn Sie meine Ausführungen gelesen haben über

DIE UNGLAUBLICHE MASCHINE MENSCH

KAPITEL 6

Die unglaubliche Maschine Mensch

Viele jener Raucher, die vor mir bereits andere Kurse besucht haben, beklagen sich darüber, daß sie dort über ihre frühe Kindheit befragt wurden. Sie empfanden das als ziemlich störend, zumal die Bedeutung dieser Fragen nicht nachvollziehbar für sie war. Damit haben sie völlig recht. Um die Nikotinfalle umfassend zu verstehen, muß man schon etwas weiter zurückgehen – ungefähr drei Milliarden Jahre, als das Leben auf unserem Planeten entstand. Der Mensch ist das Produkt einer drei Milliarden Jahre währenden Versuchsreihe und das am höchsten entwickelte Lebewesen auf Erden.

Auf unserem Planeten existieren verschiedene Arten von Lebewesen, doch unsere Fähigkeit, Wissen zu erwerben und weiterzugeben, und zwar nicht nur von einer Generation zur nächsten, sondern auch über Rassen- und Kulturgrenzen hinweg, hat uns Menschen weit über diese anderen Kreaturen erhoben. Das verleitet manchen *Homo sapiens* zu der Annahme, Tiere hätten im Gegensatz zu uns keine Seele. So betrachten wir ein Menschenleben als das höchste Gut und lassen es gleichzeitig zu, daß niedrigere Geschöpfe mißhandelt, verstümmelt und vernichtet werden, und zwar nicht, weil wir sie als Nahrung brauchen, sondern für die Herstellung zum Beispiel von Kosmetika.

Früher betrachtete sich immer das älteste Mitglied eines Stammes als »Gott«, und nicht etwa weil es das intelligenteste oder stärkste war. Heute sind viele Menschen der Ansicht, die Erde sei ein Selbstbedienungsladen und könne ohne Rücksicht auf die Bedürfnisse und Rechte untergeordneter Lebewesen mißbraucht, ausgebeutet, verschmutzt und zerstört werden.

Eine Art muß die ranghöchste sein, und der Zufall wollte es, daß wir es sind. Doch würden wir uns wirklich auf einer anderen Stufe als manche Tiere befinden, hätten wir sicher keine Krallen mehr an Händen und

Füßen, hätten keine Bomben gebaut, die die Erde viele tausendmal vernichten können, und würden nicht systematisch die Erde zerstören, von der unser aller Existenz abhängt. Evolutionsgeschichtlich betrachtet sind wir noch nicht einmal eine Mikrosekunde lang dem Dschungel entwachsen!

Den Hauptgrund dafür, daß ich nicht wieder abhängig wurde, sehe ich darin, daß ich diese unglaublich starke Maschine entdeckte, *den menschlichen Körper* – und insbesondere *den menschlichen Verstand!*

Ich bin davon überzeugt, daß diese Maschine über alle Bauteile verfügt, die nötig sind, um jede beliebige Situation ohne die Hilfe von Drogen oder ähnlichem zu meistern. Auch Sie sind im Besitz einer solchen Maschine. Jeder menschliche Körper verfügt über enorme körperliche und geistige Kräfte.

Zunächst hatte ich nicht die Maschine als solche entdeckt. Sie war zwar schon immer vorhanden, doch dabei ging es mir wie mit den meisten wirklich wichtigen Dingen im Leben – wie etwa der Luft, Nahrung, Freiheit, Sicherheit, Gesundheit, Arbeit, Liebe und Freundschaft –, solange sie vorhanden sind, betrachten wir sie als selbstverständlich oder sind unzufrieden damit. Erst wenn sie uns abhanden kommen, lernen wir sie zu schätzen. Als Jugendlicher war ich mir der Kraft und Energie meines Körpers bewußt, doch im Alter von fast fünfzig Jahren fühlte ich mich sowohl körperlich als auch geistig schwach und anfällig. Mir war klar, daß das Rauchen meinem Körper nicht unbedingt gut bekam, betrachtete das aber nur als Begleiterscheinung, hatte mich die Gesellschaft doch glauben gemacht, das Älterwerden sei eine Art unheilbare Krankheit.

Die eigentliche Entdeckung war, daß wir über unglaublich große körperliche und geistige Fähigkeiten verfügen. Und diese Entdeckung resultierte nicht nur aus meiner wiedergewonnenen Gesundheit und Vitalität als Folge des Nichtrauchens, sondern mehr noch daraus, daß ich mich geistig geöffnet hatte. Es liegt mir fern, in irgendwelche religiösen Diskussionen einzusteigen. Vielmehr nehme ich hier Bezug auf den alten Diskurs zwischen Religion und Wissenschaft. Genauer gesagt geht es mir um die Frage, sind wir nun das Produkt eines Schöpfers oder nur einer zufälligen kosmischen und chemischen Reaktion und der darauf folgenden natürlichen Auslese?

Ich glaube, auch die vernünftigsten Menschen sehen heute keine Ausschließlichkeit mehr in beiden Möglichkeiten. Sollten Sie es dennoch tun, denken Sie doch bitte einmal über jene Konversation nach, die zwei Ameisen führten, als sie voller Ehrfurcht den Tadsch Mahal betrachteten:

»Die Menschen schaffen doch wahre Wunderwerke, nicht wahr, Fred?«

»Du glaubst doch nicht wirklich an dieses ganze Gerede über die Menschen, Bill? Wenn es sie wirklich gäbe, würden sie doch nicht so etwas Unheilvolles für die Natur wie Insektenvernichtungsmittel zulassen, oder?«

Nun kann man wirklich nicht behaupten, der Tadsch Mahal wäre ein Zufallsprodukt, er ist mit absoluter Sicherheit das Resultat angewandter Intelligenz. Das Universum ist um Milliarden komplexer als der Tadsch Mahal. Die These, es wäre durch Zufall entstanden und nicht ein Produkt menschlicher Intelligenz, wäre also um ein Vielfaches abstruser.

Ebenso lächerlich wäre die Behauptung, eine natürliche Auslese existiere nicht. Zum Glück hat unser Schöpfer uns Augen, Ohren und einen Verstand gegeben, um die Wunder seines Werks wahrnehmen zu können. Eines dieser Wunder ist der unglaublich wirkungsvolle Prozeß der natürlichen Auslese. Daran gibt es keinen Zweifel. Die natürliche Auslese ist aber nur eines der Systeme, die er einsetzt, um ans Ziel zu gelangen.

Unser Schöpfer existiert ganz offensichtlich, oder hat einmal existiert, wie sonst könnte es uns geben? Die genaue Form seiner Existenz ist eine Frage des persönlichen Glaubens. Ist er männlich oder weiblich? Untersucht man seine Methoden genauer, könnte man auch zu dem Resultat kommen, es handle sich um mehrere Wesen. Der Einfachheit halber bleibe ich hier bei der männlichen Singularform. Hat er menschliche Gestalt? Wenn ja, wo lebt er? Und wer hat ihn geschaffen? Um sich selbst zu erschaffen, hätte er ja bereits existieren müssen.

Ich halte es für sinnlos, über die Gestalt oder die Motive einer Intelligenz zu spekulieren, die millionenfach größer ist als unsere. Das wäre genauso, als würden unsere Ameisen diskutieren, warum die Menschen die Wasserstoffbombe erfunden haben. Wir können seine Schöpfung sehen, analysieren, zerlegen und genau untersuchen. Aber verstehen wir letzten Endes, warum eine Eichel einfach auf den Boden fällt und daraus ohne weitere Einwirkung eine herrliche Eiche entsteht?

In den letzten hundert Jahren hat das Wissen über unseren Körper in einem ungeheuren Ausmaß zugenommen. Wir können Organe transplantieren und mit Hilfe der Genforschung unglaubliche Resultate erzielen. Doch selbst die namhaftesten Experten auf diesen Gebieten stimmen darin überein, daß ihnen mit wachsender Erkenntnis über unseren Körper immer wieder klar wird, wie wenig wir die Funktionsweise dieser unglaublichen Maschinerie tatsächlich verstehen. Wir haben stetig die Erfahrung gemacht, daß unser begrenztes Wissen mehr Probleme verursacht, als es zu lösen vermag.

Im Laufe dieses Schöpfungsaktes, sei er nun das Werk einer höheren Intelligenz oder Resultat der natürlichen Auslese oder eine Kombination aus beidem, haben sich bestimmte Triebkräfte in uns entwickelt. Die stärkste davon lautet *Überleben*. Das bezieht sich in der Regel auf das Überleben des einzelnen. Manchmal ist jedoch das Überleben der Art vorrangig. Ameisen und Bienen opfern instinktiv ihr eigenes Leben, wenn ihr Volk bedroht ist. Bei einigen Spinnenarten läßt sich das Männchen trotz der Tatsache, daß es vom Objekt seiner Begierde am Ende verschlungen wird, nicht von der Paarung mit einem Weibchen abhalten. Beim Menschen wie auch bei ihm untergeordneten Arten kommt es immer wieder vor, daß Eltern ihr Leben für Kinder opfern.

Naturfilmer geben uns oft Beispiele dafür, wie es manche Lebewesen anstellen, daß sie und nicht ihre Rivalen ihre Erbinformationen weitergeben. Das hört sich manchmal an, als würde das betreffende Tier tatsächlich über die Situation reflektieren: Wenn ich hier nicht vorsichtig bin, wird Fred seine Gene vererben und nicht ich. Wir Menschen sind weit besser ausgestattet, um uns Gedanken über unser Dasein zu machen. Doch wenn wir Sex haben, geht es uns entweder darum, einem Verlangen in uns nachzugeben oder ein Kind zu zeugen. Oder glauben Sie, daß je ein Mensch sich überlegt hat: Ich will meine Gene weitergeben? Wir wissen erst seit wenigen Generationen, daß wir überhaupt Gene besitzen, die wir vererben können.

Der Naturfilmer erklärt uns auch nie, warum wir es für nötig halten, unsere Erbinformationen weiterzugeben. Was nutzt es uns? Was ist so besonders an unseren eigenen Genen? Man sieht auf den ersten Blick, daß Fred größer, stärker, schöner, intelligenter und netter ist als ich. Wäre die Welt nicht viel besser dran, wenn ich beiseite treten und Fred seine Gene weitervererben lassen würde? Ich hätte damit zweifellos keine Probleme, aber auf die Art und Weise funktioniert es nicht. Unser Schöpfer hat alle gesunden Lebewesen mit jenem Sexualtrieb ausgestattet, der dafür sorgt, daß sie sich fortpflanzen, egal, ob gewollt oder ungewollt. Den Grund dafür kann ich nicht nennen, ich weiß nur, daß untergeordnete Arten diesen natürlichen Trieb ohne Reue genießen, während wir *intelligenten* Menschen eine Menge Schwierigkeiten damit haben.

Aber egal, wie stark oder schwach ein Mensch ist, wir alle erleben einmal schwierige Zeiten. Was ist die natürliche Reaktion darauf? Trost zu suchen in Alkohol oder Nikotin. Ich sagte *natürliche* Reaktion. Aber *natürlich* ist daran rein gar nichts. Wir werden nur von Geburt an jener Gehirnwäsche ausgesetzt, die uns das glauben macht. Bei vielen Idolen, vor allem Weltklassesportlern, die gescheitert sind, ist deutlich zu beobachten, daß die Abhängigkeit von Drogen ihnen nicht geholfen hat, ihre Probleme zu bewältigen – ganz im Gegenteil, meist hat sie den Abstieg sogar verursacht.

Die einzig richtige Antwort auf Streß ist, die Ursachen zu beseitigen. Es hat keinen Sinn, Streß zu leugnen. Egal, ob er nun wirklich vorhanden ist oder nur in der Einbildung existiert, in beiden Fällen machen Drogen alles noch schlimmer. Ein weiterer neuralgischer Punkt ist der, daß uns bei der Gehirnwäsche auch vermittelt wird, das Leben wäre immer mit Streß verbunden. In Wahrheit hat die sogenannte zivilisierte Rasse die Ursachen echten Streßes bereits mit Erfolg aus der Welt geschafft. Wir müssen uns nicht mehr, wenn wir das Haus verlassen, vor wilden Tieren in acht nehmen, und die meisten von uns brauchen sich keine Gedanken darüber zu machen, woher die nächste Mahlzeit kommt oder ob wir ein Dach über dem Kopf haben.

Ein Hase zum Beispiel kommt deshalb so gut mit den täglichen Herausforderungen, die einen Menschen an die Grenzen seiner Leistungsfähigkeit bringen würden, zurecht, weil er mit Adrenalin und anderen natürlichen Drogen ausgestattet ist. Sein Schöpfer hat ihn mit Augen, Ohren, Geruchs- und Tastsinn sowie Instinkt ausgestattet, also allem, war er zum Überleben braucht. Hasen besitzen erstaunliche Überlebensmechanismen. *Genau wie Menschen.*

Zum Glück hat unser Schöpfer uns nicht schlechter bedacht. Ganz im Gegenteil, der menschliche Körper verfügt über die am besten ausgestatteten Überlebensmechanismen auf Erden. Wir haben eine Stufe der Evolution erreicht, auf der wir sogar die einzelnen Abläufe steuern können. Wenn wir es richtig anstellen, sind wir auch in der Lage, mit den Folgen von Dürre, Überschwemmungen und Erdbeben umzugehen. Es gibt nur einen Feind, mit dem wir es aufnehmen müssen: *unsere eigene Ignoranz.*

Wir legen Normen fest, die wir erfüllen möchten. Einige wenige schaffen das auch. Die Richard Burtons, die Elizabeth Taylors dieser Welt scheinen alles Glück auf ihrer Seite zu haben, sind körperlich und geistig starke Persönlichkeiten. Was macht solche Menschen kaputt? Ihr Beruf? Das Älterwerden? Die normalen Belastungen des Alltags? Nichts von alldem. Sie gehen zugrunde an ihren angeblichen Rettungsringen: Nikotin, Alkohol und ähnlichen Giften.

Kleinen Buben bringen wir bei, nicht zu weinen. Damit wollen wir die Symptome zum Verschwinden bringen, nicht aber den wahren Grund ihrer Traurigkeit. Weinen ist die natürliche Art, Spannung abzubauen. Niemand kann mir weismachen, er fühle sich nicht besser, nachdem er seinen Tränen freien Lauf gelassen hat. Der kleine Junge versucht verzweifelt, seine Tränen zurückzuhalten. Vielleicht gelingt es ihm auch, doch seine aufeinandergepreßten Lippen zeigen, daß damit sein Problem nicht gelöst, sondern nur noch größer geworden ist.

Wir Briten lernen, unsere Gefühle nicht zu zeigen: Immer die Oberlippe schön steifhalten. Also stauen sich unsere Emotionen an. Sie gären in uns, bis sie aus uns herausbrechen wie ein Vulkan, obwohl doch ursprünglich nur ein kleines Feuer vorhanden war. Wir sollten unsere Gefühle zeigen. Sie sind ein notwendiges Mittel der Kommunikation, wenn andere Arten der Mitteilung nicht funktionieren. Was wirkt stärker auf Sie? Die klaren Worte eines sprachlich routinierten Redners, der seine Dankbarkeit ausdrücken will, die angeblich so groß ist, daß er sie nicht in Worten fassen kann, oder eine Person, die aus Dankbarkeit einfach sprachlos ist?

In unseren Kursen fragen wir die Raucher: »Leiden Sie unter Raucherhusten?« Häufig lautet die Antwort: »Wenn es so schlimm wäre, würde ich sofort aufhören.« Ein Husten ist keine Krankheit. Er ist vielmehr ein Überlebensmechanismus der Natur und soll störende Substanzen aus der Lunge befördern, genauso wie Erbrechen giftige Stoffe aus dem Magen entfernt. Jahrelang hatte ich befürchtet, daß mein Raucherhusten mich eines Tages umbringen würde. Heute weiß ich, daß er mir das Leben gerettet hat. Die Gifte wirken in der Lunge. Wir Raucher aber betrachten den Husten als Krankheit und gewöhnen uns an, flacher zu atmen und körperliche Anstrengungen zu vermeiden, um den Husten zu unterdrücken. An Lungenkrebs erkranken vor allem jene Raucher, die nicht husten!

Der menschliche Körper ist das Produkt einer bereits drei Milliarden Jahre andauernden Versuchsreihe, die auf einen Schöpfer zurückgeht, der um ein Vielfaches intelligenter ist als wir. Wir existieren als wirklich unglaubliche Maschine, die in jeder Beziehung darauf ausgerichtet ist zu überleben. Wenn wir die natürliche Funktionsweise dieser Maschine mit Drogen oder Giftstoffen manipulieren, ohne deren Kurz- und Langzeitwirkungen genau zu kennen, wäre das genau so, als würden wir einem Gorilla erlauben, an unserem hochkomplizierten Computer zu hantieren. Das käme der Behauptung gleich, ein Gorilla wäre intelligenter als wir Menschen. Immer wenn wir in die von der Natur vorgegebene Funktionsweise unseres Körpers eingreifen, ohne die langfristigen Folgen zu kennen, nehmen wir für uns in Anspruch, es besser zu wissen als der Schöpfer, der mich erschaffen hat. Damit spielen wir Gott.

Würden wir wirklich einen Gorilla an unseren Computer heranlassen, wäre dieser binnen einer halben Stunde ruiniert. Warum haben wir es aber noch nicht geschafft, uns selbst zu zerstören? Das ist nicht unser Verdienst. Wie ich im folgenden Kapitel erklären werde, sind wir eigentlich darauf aus, uns selbst zu zerstören. Ein von Menschen gebauter Computer ist natürlich eine hochkomplizierte Maschine, die ein Gorilla schon in wenigen Sekunden zu Schrott machen kann. Wie stark und perfekt muß hingegen der menschliche Körper sein, wenn es selbst einer solchen Person wie mir, der ich ein kleines Vermögen dafür ausgab, ihn über einen Zeitraum von dreißig Jahren hinweg systematisch zu vergiften, nicht gelungen ist, ihn zugrunde zu richten, *obwohl ich alles versucht habe.*

Nehmen Sie nur das Beispiel vom Rauchen: Die ersten Zigaretten schmecken scheußlich. Damit spricht der Körper seine Warnung aus: »Vorsicht! Gift!« Weniger intelligente Wesen würden diese Warnung befolgen, doch bei uns Menschen wirkt die Gehirnwäsche stärker und läßt uns die Warnung ignorieren. Und was macht unser Körper, überläßt er uns nun unserem Schicksal? Keineswegs! Andere Alarmsignale werden ausgelöst, wir beginnen zu husten, leiden unter Übelkeit und anderen Störungen.

Wenn wir auch diese Signale ignorieren und weiterrauchen, reagiert der Körper mit Abwehrmechanismen auf das Gift in uns. Rasputin überlebte eine Arsengabe, die zwanzigmal höher als die normalerweise tödliche Dosis war, weil er eine Immunität gegen dieses Gift aufgebaut hatte. Ratten und Mäuse sind schon nach drei Generationen gegen bestimmte Gifte resistent.

Unser Körpersystem funktioniert so gut, daß wir schließlich nicht einmal mehr den unangenehmen Geruch und Geschmack der Zigaretten wahrnehmen, wenn wir trotz aller Warnsignale keine Wahl mehr haben und einfach weiterrauchen müssen. Es geht uns wie dem Arbeiter in einem Schweinestall – nach einer gewissen Zeit sind Körper und Psyche immun gegen den Gestank. Oder stellen Sie sich eine schöne Frau vor, die Zeit und Geld darauf verwendet, sich zu pflegen und perfekt zu kleiden und sich dann, als Krönung ihrer Mühen, am ganzen Körper mit einem Wässerchen aus Pferdejauche besprengt? Genauso empfinden Nichtraucher einen Raucher.

Falls und sobald die systematische Vergiftung ein Ende hat, reagiert die unglaubliche Maschine Körper innerhalb weniger Tage darauf und transportiert die vorhandenen Giftstoffe aus dem Körper des ehemaligen Rauchers – *wenn es noch nicht zu spät ist!*

Aber es gibt heute noch genügend Raucher, die trotz stichhaltiger gegenteiliger Beweise immer noch glauben, die Zigaretten würden ihre Gesundheit nicht schädigen. Mir ist es ein Rätsel, wie mein Körper die jahrelange Tortur ausgehalten hat.

Manche Menschen glauben an einen allmächtigen Gott, der jeden von uns erschaffen und ihm seinen Platz zugewiesen hat. Wenn ich auf mein Leben zurückschaue, scheint sich das zu bestätigen. Im nachhinein betrachtet lief jeder einzelne Abschnitt meines Lebens auf das eine Ziel hinaus: das Raucherproblem zu lösen. Abraham Lincoln sagte einmal, daß es nicht möglich sei, alle Leute permanent an der Nase herumzuführen. Was das Rauchen angeht, ist genau das eingetreten, als ich mich endlich befreite und den Mechanismus der Nikotinfalle durchschaute. Nur zu gern würde ich behaupten, daß mir dies aufgrund meiner intellektuellen Fähigkeiten gelang, doch in Wahrheit habe ich es einer Reihe von Umständen zu verdanken, die ich größtenteils nicht selbst beeinflußt habe; zumindest scheint es so. Zum Funktionieren der natürlichen Auslese trägt ganz gewiß die Tatsache bei, daß die Natur Abermillionen von Samen produziert, in der Hoffnung, daß wenigstens einige von ihnen auf fruchtbaren Boden fallen. Ich glaube, ich war zufällig jener Same, der genügend Lebenserfahrung besaß, um das Geheimnis der Raucherfalle zu lüften.

Ich behaupte nicht, die Motive des Schöpfers für die Erschaffung des Menschen zu kennen. Doch bin ich überzeugt, daß er jeden von uns mit den nötigen Fähigkeiten, Werkzeugen und Hilfsmitteln ausgestattet hat, um nicht nur zu überleben, sondern das Leben auch zu genießen.

Ob wir diese Ausstattung voll nutzen, liegt an uns selbst. Einer der Gründe, warum ich nicht wieder abhängig wurde, ist das Wissen, daß mir nichts fehlt und ich nicht das Gefühl habe, auf etwas verzichten zu müssen, wie es mir die Gehirnwäsche unserer modernen Gesellschaft und meine Nikotinabhängigkeit, die mir die Zigarette als Stütze und Hilfe vorgaukelte, weismachen wollten.

Rückblickend ist es für mich nur schwer nachvollziehbar, wie ich mich so lange hatte täuschen lassen. Doch so unglaublich genial sie auch ist:

DIE MASCHINE HAT EINE SCHWACHSTELLE.

KAPITEL 7

Die Schwachstelle in der Maschine

Wir Menschen haben uns so weit über andere Arten hinausentwickelt, weil wir in der Lage sind, Wissen anzusammeln und weiterzugeben. Andere Lebewesen verlassen sich nur auf ihren Instinkt. Ein Teil unseres Denkens erfolgt ebenfalls instinktiv, doch verfügen wir zusätzlich über die Fähigkeit, Wissen abzuleiten. Wir können auf Erfahrungen aus der Vergangenheit aufbauen und mit Hilfe unseres Erinnerungsvermögens, unserer Vorstellungskraft und von Versuchen neue Probleme lösen.

Dieser sogenannte »intelligente« Teil unseres Gehirns verschafft uns entscheidende Vorteile gegenüber anderen Arten und bescherte uns in den letzten zweihundert Jahren unglaubliche technische Errungenschaften. Ironischerweise ist aber gerade dieser Teil die Schwachstelle der Maschine. Diese Intelligenz hat es uns ermöglicht, Bomben zu bauen, die in der Lage sind, uns und alles andere Leben auf unserem Planeten mit einem Schlag auszulöschen. Macht es da etwas aus, daß wir für so geringfügige Probleme wie Arbeitslosigkeit, Umweltverschmutzung, Krankheiten, Hungersnot und Krieg keine Lösung finden? Wir sind intelligent genug, Bomben zu bauen, offensichtlich aber nicht, sie unter Kontrolle zu halten oder wieder loszuwerden. Wir sind intelligent genug, um das wertvollste Geschenk, das wir besitzen – nämlich unser Leben und die drei Milliarden Jahre Entwicklungsgeschichte – innerhalb weniger Sekunden zu vernichten!

IST DAS INTELLIGENZ?

Ich habe mich immer mehr auf Logik und Vernunft als auf Glauben verlassen, und wenn ich mich zwischen beiden Alternativen entscheiden muß, dann tendiere ich immer noch zur ersteren. Wenn ich früher in einen Konflikt zwischen logischer und instinktiver Vorgehensweise geriet, verließ ich mich immer auf die Logik. Heute gehe ich nach dem Instinkt. Warum? Weil ich inzwischen gemerkt habe, daß mein Instinkt viel mehr weiß als mein Intellekt. Das scheint zunächst widersprüchlich, entspricht jedoch der Wahrheit.

Instinkt beruht nicht auf dem Zufallsprinzip, sondern ist das Ergebnis von drei Milliarden Jahren Erfahrung, nicht theoretischer, sondern praktischer Erfahrung. Er befähigt Vögel zum Bau komplizierter Nester und Spinnen zum Weben exotischer Netze. Wußten Sie, daß Menschen noch nichts erfunden haben, das einem Spinnenfaden an Festigkeit gleichkommt, wenn man vom Verhältnis Durchmesser – Belastbarkeit ausgeht? Instinkt leitet alle Lebewesen, sich fortzupflanzen, zu ernähren und den Unterschied zwischen Futter und Giften zu erkennen. Wild lebende Tiere bekommen ihren Nachwuchs, im Gegensatz zu uns, ohne viel Aufhebens und ohne die Hilfe von Ärzten. Die Tatsache, daß sie nicht lesen und schreiben können und über keine akademische Bildung verfügen, macht nicht den geringsten Unterschied.

Ein anschauliches Beispiel ist unsere Katze. Als ihre Vorgängerin von einem Lastwagen überfahren wurde, waren wir so betrübt, daß wir uns schworen, uns nie wieder eine zuzulegen. Die neue Katze war eines Tages plötzlich da, keiner weiß, woher sie kam. Wie die meisten Katzen hat sie vermutlich zwei oder drei Besitzer, von denen jeder glaubt, sie sei nur ihm treu. Damals aber waren wir der Meinung, wir würden eine Streunerin aufnehmen. Doch im nachhinein ist klar, daß wir mit ihrer Entscheidung überhaupt nichts zu tun hatten. Sie hatte beschlossen, daß unser Haus für ihre Zwecke geeignet war.

Wir bauten eine Katzentüre ein, durch die sie ungehindert das Haus betreten und verlassen konnte. Abends sitzt sie bei Joyce auf dem Schoß. Ich muß das Fernsehprogramm umschalten, weil die Katze gerade so bequem liegt und man sie nicht stören kann. Ich will mich ja nicht beschweren, aber wem ist es nun eher zuzumuten, sich zu erheben, der Katze oder mir? Muß sie den ganzen Tag arbeiten, um mir Futter kaufen zu können? Sie macht, was sie will. An kalten Wintermorgen, wenn es im Bett so gemütlich ist, kann mich nur eins zum Aufstehen bewegen: das Jammern der Katze vor der Eingangstür, obwohl sie ja eigentlich die Katzentüre auf der Rückseite des Hauses benutzen könnte. Aber das Jammern ist so unerträglich, daß ich die Treppe hinunterlaufe, die Tür öffne und zitternd vor Kälte dastehe. Läuft sie nun voller Dankbarkeit ganz schnell ins Haus? Nein, sie geht gemächlich, mit hocherhobenem Schwanz und in ihrem eigenen Tempo an mir vorüber, als wäre ich nur dazu da, ihr jeden Wunsch von den Augen abzulesen. Ich schließe die Tür, eile zurück in mein warmes Bett, um festzustellen, daß sie sich bereits dort breitgemacht hat. Und natürlich drückt ihr Schnurren eine solche Zufriedenheit aus, daß ich es nicht übers Herz bringe, sie hinauszuwerfen. Ich frage Sie, wer ist nun intelligenter, die Katze oder ich?

Im Lauf der drei Milliarden Jahre Evolutionsgeschichte haben wir unglaubliche Fortschritte erzielt. Beobachten Sie einmal ein Kind, das gerade lernt, einen Ball zu werfen. Die ersten Versuche sind völlig unbeholfen. Noch schwieriger ist es, den Ball fangen zu lernen. Und dann sehen Sie bei einem Basketballspiel zu: Ein Spieler dribbelt mit dem Ball über das Feld, läßt ihn dabei auf- und abspringen, gibt ihn an den nächsten Spieler weiter, dieser läuft ebenfalls dribbelnd und den Ball bewegend in Richtung Korb und befördert ihn hinein. Dieser Vorgang wiederholt sich immer wieder, ohne daß die Spieler sich übermäßig darauf konzentrieren müssen.

Nun stellen Sie sich vor, Sie müßten einen Roboter entwickeln, der diesen einfachen Bewegungsablauf simuliert. Sie glauben, der wurde bereits entwickelt? Es gibt Maschinen, die einen Basketball mit exakt vorgegebener Geschwindigkeit zu einem exakt vorgegebenen Punkt befördern oder auf die gleiche Art und Weise einen Tennisball servieren, und zwar gleichmäßiger und ausdauernder als jeder Mensch es könnte. Aber sie können es nicht allein, sie brauchen jemanden, der sie richtig aufstellt und programmiert. Doch selbst dann ist die Bandbreite ihrer Fähigkeiten äußerst begrenzt.

Unser Roboter müßte in der Lage sein, sich eigenständig von einem Punkt zum anderen zu bewegen. Er müßte sehen können. Ein Wunderwerk. Und er müßte nicht nur sehen, sondern das Gesehene auch an jene Stellen im Körper weitergeben können, die darauf reagieren sollen. Er müßte Größe, Gewicht, Form und Beschaffenheit des Balles erkennen sowie den Einfluß der Schwerkraft auf die Fallgeschwindigkeit. Er müßte feststellen, wie weit er den Wurfarm zurücknehmen muß, mit welcher Geschwindigkeit und Beschleunigungsrate er den Ball nach vorn befördern, welchen Winkel und welche Richtung er dabei einhalten muß, welche Muskeln dazu benötigt werden, wann und in welcher Reihenfolge sich die Finger vom Ball lösen müssen, welche Rolle Wind und Luftdruck spielen und mit welcher Geschwindigkeit und in welche Richtung sich der Mitspieler bewegt.

Dieser einfache Vorgang erfordert das Sammeln, Weitergeben und Koordinieren von Informationen, die wiederum aus Tausenden individueller Botschaften bestehen. Und doch wird dieser Ablauf viele Male von den Spielern unbewußt nachvollzogen. Gleichzeitig kann diese Maschine auch noch automatisch atmen, Blut, Sauerstoff und andere chemische Substanzen durch den Körper transportieren, Nahrung verdauen, Gift-

und Abfallstoffe ausscheiden, die Temperatur konstant halten und unzählige andere Funktionen ausführen.

Nun mögen Sie einwenden, das Werfen eines Basketballs erfordere keine großen Überlegungen. Übung macht den Meister, und wer schon als Kind damit anfängt, bringt es zu einer gewissen Fertigkeit. Stimmt, aber auch das Kind muß beim Üben keine bewußten Entscheidungen treffen, sein Gehirn sagt ihm lediglich: »Ball werfen.« Der Rest erfolgt von selbst. Es übt lediglich die Anwendung der besonderen Fähigkeiten, mit denen es ausgestattet ist.

Wir Menschen haben erstaunliche Maschinen und Roboter entwickelt, doch funktionieren sie nicht selbständig. Sie alle müssen von Menschen programmiert oder bedient werden. Der Computer, mit dem ich dieses Buch schreibe, ist ein unglaubliches Gerät. Ich kann damit tausendmal schneller rechnen und bin besser in der Rechtschreibung. Schön und gut. Das Rad und die Verbrennungsmaschine machten das Reisen schneller, sind aber reine Hilfsmittel. Genauso ist es mit dem Computer. Er arbeitet nicht ohne meine Hilfe. Und selbst mit meiner Hilfe macht er überraschend dumme Fehler.

Das ganze Wissen, das wir in den drei Milliarden Jahren erworben haben, hat nur einen Zweck: *Überleben.* Durch den Einsatz von Instinkt und Intelligenz ist es den Menschen in den letzten Jahrhunderten gelungen, das Überleben zu einer Selbstverständlichkeit zu machen. Sie hatten nun Zeit, ihre Aufmerksamkeit und Fähigkeiten auf andere Dinge als den täglichen Überlebenskampf zu konzentrieren, zum Beispiel auf Freizeit, Kunst, Musik, Geschäfte und andere Ersatzhandlungen wie Sport, Wissenschaften und – in immensem Ausmaß – auf Kriege.

Während dieser Prozeß immer noch andauert und niedere Arten nach wie vor um ihr Überleben kämpfen und ihren Nachkommen vermitteln müssen, wie man mit den Gefahren des Lebens zurechtkommt, versuchen wir Menschen, unsere Kinder vor der harten Realität des Lebens abzuschirmen. Wir gaukeln ihnen eine Traumwelt mit Weihnachtsmännern, Kobolden, Elfen und Wunderlampen vor. Wir erzählen ihnen, daß da oben jemand ist, der Tag und Nacht auf sie aufpaßt, der sie beschützt und für alles Nötige sorgt. Sie müssen nur zu ihm beten. Selbst ihre Sünden wird Gott ihnen vergeben.

Solange wir noch ganz klein sind, glauben wir diese Geschichten. Bald lernen wir aber, daß es viele verschiedenen Religionen gibt und ihre Anhänger in gleicher Weise von ihnen überzeugt sind. Zunächst halten wir an dem Glauben fest, daß die Lehren unserer Religion die richtigen sind. Dann erfahren wir von Greueltaten, die bis zum heutigen Tag im Namen des Glaubens begangen werden. Zur gleichen Zeit wird uns klar, daß es so etwas wie Kobolde und Wunderlampen überhaupt nicht gibt. Nach all diesen falschen Geschichten und der daraus resultierenden Verwirrung verlieren viele von uns den Glauben an die etablierten Religionen.

Der Verlust dieses Glaubens läßt ein Vakuum entstehen. Wir suchen nach jemand oder etwas anderem, der oder das uns beschützt und für uns sorgt – so schaffen wir uns Figuren wie Superman, Batman und Spiderman. Bald wird uns klar, daß auch sie nur Phantome sind, doch inzwischen sind wir schon völlig darauf programmiert, daß wir nicht ohne fremde Hilfe überleben können. Das Vakuum existiert bereits. Bis zu diesem Punkt waren die Eltern unser stärkster Halt. Sie haben uns Nahrung, Wärme, Liebe, Schutz und alles, was wir darüber hinaus brauchten, gegeben.

Doch wenn wir langsam auf das Erwachsenenalter zugehen und dabei hoffentlich die nötige Reife erlangen, beginnt uns allmählich klarzuwerden, daß unsere Eltern nicht jene unerschütterlichen Pfeiler sind, für die wir sie immer gehalten haben. Wir realisieren, daß unser Vater nicht stärker ist als jeder beliebige Mann auf der Straße. Wir betrachten unsere Eltern kritischer und entdecken Sprünge in der Fassade. Im Grunde sind sie nur erwachsene Kinder, mit den gleichen Ängsten und Schwächen wie wir. Oft erscheinen sie uns sogar noch neurotischer und unsicherer, als wir es selbst sind.

Wir richten unsere Bewunderung nun auf die Helden und Heldinnen in der richtigen Welt. Wir verehren Popstars, Filmhelden, Fernsehberühmtheiten und bekannte Sportler. Nun schaffen wir uns unsere eigenen Phantasiewelten. Wir stilisieren diese Leute zu Göttern und dichten ihnen Attribute und Fähigkeiten an, die über ihre wahren Qualitäten weit hinausgehen. Diese Jahre sollten wir eigentlich nutzen, um unsere eigenen Fähigkeiten und Talente weiterzuentwickeln. Doch anstatt jene Menschen als Vorbilder zu nehmen, die uns zeigen, in welche Höhen man aufzusteigen vermag, driften wir ab. Wir versuchen, uns im Glanz ihres Ruhms zu sonnen. Anstatt zu einer starken, selbstsicheren und individuellen Persönlichkeit heranzureifen, die ihren eigenen Platz im Leben beansprucht, werden wir zu Mitläufern, Fans, *Fanatikern.*

All dies geschieht in der schwierigsten Phase unseres Lebens, in der Zeitspanne von Geburt und Kindheit bis zum Erwachsenwerden. Während die Nachkommen niederer Arten von ihren Eltern auf die Probleme des wirklichen Lebens draußen vorbereitet werden, übertragen die Menschen die Verantwortung dafür bereits zu einem sehr frühen Zeitpunkt den Schulen.

Was ist daran falsch? Theoretisch gar nichts. Eigentlich scheint das zunächst eine absolut logische Vorgehensweise zu sein. Wenn Sie möchten, daß Ihr Sohn ein guter Tennisspieler wird, werden Sie ihm auch nicht ihre eigenen schlechten Tennisgewohnheiten beibringen, sondern ihn zu einem Profi schicken. Das Problem ist nur, daß unsere Schulen die Kinder nicht auf das Leben draußen vorbereiten. Sie sind im Grunde nur Relikte aus der klösterlichen Vergangenheit. Die meisten der Lehrer, denen wir unsere Kinder anvertrauen, haben die Welt noch nicht erlebt. Sie verbringen ihr ganzes Leben in der Schule. Warum aber sollten Sie Ihren Sohn zu einem Profi schicken, der noch nie im Leben Tennis *gespielt* hat?

Ich habe die Schule immer als Spiel oder Wettbewerb empfunden. Die Regeln sind klar. Auf der einen Seite stehen die armen Lehrer, die unseren Köpfen bestimmte Kenntnisse eintrichtern sollen. Auf der anderen Seite befinden sich die Schüler, deren einziges Bestreben es ist, dieses leidige Anfüllen ihrer Köpfe mit allen nur erdenklichen Mitteln zu verhindern.

Manche Schüler üben sich in der Kunst des Tagträumens und erwecken gleichzeitig den Eindruck, als wären sie absolut hingerissen von der Abschaffung der Getreidegesetze. Die mutigeren unter ihnen schwänzen lieber die Schule oder spielen im Unterricht Schiffeversenken. Ließ man sich zu meiner Zeit dabei erwischen, drohte der Rohrstock. Das war jedesmal eine blödsinnige Demonstration, bei der der Lehrer angestrengt, und manchmal auch ohne rechten Erfolg, versuchte, das Lächeln aus seinem Gesicht zu verbannen und eine ernste Miene aufzusetzen, die zum Ausdruck bringen sollte: Das tut mir mehr weh als dir. Der Schüler hingegen versuchte ebenso angestrengt, seinen Gesichtsausdruck: Du machst Scherze, mußt du dir wirklich selbst so weh tun? in ein Lächeln zu verwandeln. Beim Boxen hätte der Ringrichter schon in der ersten Runde den Kampf wegen ungleicher Voraussetzungen abgebrochen. Die armen Lehrer hatten keine Chance. Zum einen waren sie hoffnungslos in der Minderheit, zum anderen, das lehrt mich die Erfahrung aus meinen Kursen, ist es unmöglich, jemandem Wissen und Verständnis einzutrichtern, wenn er nicht von sich aus dazu bereit ist.

Doch inzwischen haben »Fachleute« für mehr Ausgewogenheit gesorgt. Sie haben herausgefunden, daß Gewalt immer noch mehr Gewalt provoziert, also dürfen Lehrer ihre Schüler nicht mehr mit dem Rohrstock züchtigen. Dafür kommt es heute zuweilen vor, daß Schüler ihre Lehrer schlagen. Diese Gesellschaft soll also frei von Gewalt sein und über ein erstaunlich hohes Bildungsniveau verfügen?

Zu meiner Schulzeit hielt es niemand für nötig, mir zu erklären, warum ich in die Schule gehen sollte. Ich war davon überzeugt, Schule sei eine Art Buße, die nachtragende Eltern ihren Kindern auferlegten. Wenn sie selbst schon den ganzen Tag arbeiten mußten, warum sollten dann die

Kinder den ganzen Tag nur spielen dürfen? Erst im vierten Jahr auf der höheren Schule dämmerte mir allmählich, daß ich damit auf mein späteres Leben vorbereitet werden sollte.

Einige meiner Mitschüler hatten es da besser, weil sie über mehr Wissensdurst verfügten als ich. Doch wenn ich im nachhinein an die Lehrpläne denke, frage ich mich, ob sie ihre Zeit nicht noch mehr verschwendet haben als ich. Die einzige Rechtfertigung für das stundenlange Pauken von Algebra liegt darin, daß man dabei seinen Verstand trainiert. Sind unsere Lehrer wirklich so einfach strukturiert, daß es ihnen in Hunderten von Jahren nicht gelungen ist, ein Unterrichtsfach zu entwickeln, in dem sowohl das Verständnis geschult als auch praktisches Wissen vermittelt wird? Wir werden in einer Sprache unterrichtet, die seit über tausend Jahren tot ist. Warum? Weil Ärzte Latein brauchen? Wäre es nicht einfacher, die Ärzte begeben sich ins 20. Jahrhundert und lernen, auf deutsch zu schreiben, oder haben sie dann keine Entschuldigung mehr für ihre unleserliche Handschrift?

Als ich von der Schule abging, wußte ich nicht, wie man einen Stecker verdrahtet oder eine Sicherung auswechselt, dafür konnte ich das Ohmsche Gesetz und unzählige andere Fakten aufsagen, die keinerlei anderen Nutzen für mich hatten, als daß sie mir halfen, eine Prüfung zu bestehen. Während anderen Lebewesen vermittelt wurde, welche Bedeutung Überlebensstrategien und die Fähigkeit, sich an Dingen zu erfreuen, für ihre Existenz haben, verschwendete ich zehn wertvolle Jahre meines Lebens auf genau das Gegenteil.

In der Schule werden wir nicht nur fehlgeleitet, sondern auch in gewisser Weise von den harten Realitäten des Lebens abgeschirmt. Schließlich geht die Schulzeit zu Ende. Damit setzt ein Verwandlungsprozeß ein, vielleicht nicht so spektakulär wie bei einem Schmetterling, der aus seiner Puppe schlüpft, doch mit ähnlichem Effekt. Über Nacht wird der junge Mensch aus seiner schützenden Hülle entlassen und soll nun unabhängig werden und in ein paar Jahren selbst die Rolle des Beschützers übernehmen.

Hier entsteht die Leere, und in dieser Situation besinnen sich viele auf etwas, auf das wir intelligente Menschen unsere Kinder von Geburt an vorprogammieren. Wenn sie eines Tages groß und erwachsen sind und etwas brauchen, woran sie sich festhalten können, helfen Alkohol oder Nikotin. Vielleicht haben Sie Ihren Kindern erklärt, daß dieser Weg dumm ist und Sie selbst besser gar nicht damit angefangen hätten, doch trotzdem geben Sie und Millionen von Rauchern diesen Mythos weiter: *Warum?*

Ist es wirklich so erstaunlich, daß junge Menschen immer wieder versuchen, diese Leere zu füllen? Schließlich haben Sie es selbst genauso gemacht. Warum sollten Ihre Kinder anders handeln? Unsere Gesellschaft verleitet die nachfolgenden Generationen zur Drogenabhängigkeit.

Wir müssen die Leere beseitigen. Ehemalige Alkoholiker erzählen immer wieder: »Ich habe zwanzig Jahre gebraucht, um so tief zu sinken. Da kann ich nicht erwarten, mich innerhalb weniger Monate frei zu fühlen.« Das ist Unsinn. Bei mir hat es dreißig Jahre gedauert, bis ich ganz unten war, und eine Sekunde, um davon loszukommen, nicht länger, als man braucht, um einen Schlüssel umzudrehen. Sie benötigen vielleicht ein klein wenig mehr Zeit, doch höchstens soviel, um dieses Buch zu lesen und seinen Inhalt richtig zu verstehen. Ich werde Ihnen zeigen, wie Sie den Schlüssel finden können. Er liegt irgendwo in Ihrem Gehirn verborgen. Mit meiner Hilfe wird Ihnen die Suche geradezu Spaß machen. Haben Sie bereits eine Vorstellung, wie viel aufregender das Leben für Sie sein wird, oder macht Ihnen noch die schlimmste aller Abhängigkeiten zu schaffen: *Angst?*

Stellen Sie sich vor, Sie würden das Drachenfliegen ausprobieren. Sie sind zwar eine intelligente Person, wissen aber darüber gar nichts. Weil Sie aber intelligent sind und auch über die finanziellen Mittel verfügen, fragen sie vernünftigerweise einen Experten um Rat, einen Mann, der sich seit dreißig Jahren intensiv mit dieser Materie beschäftigt. Werden Sie dann seine Ratschläge, für die Sie Geld bezahlt haben und von denen Ihr Leben abhängen könnte, einfach ignorieren? Natürlich nicht, es sei denn, Sie haben wirklich triftige Gründe dafür.

Nun denken Sie bestimmt, ich komme schon wieder mit dem Hinweis: *Sie müssen alle Anweisungen befolgen!* Keine Sorge. Doch sollten Sie zögern, einen Ratschlag anzunehmen, der auf dreißigjähriger Erfahrung basiert und von einer Person stammt, die weitaus weniger intelligent ist als Sie, so wäre es jedoch wirklich dumm, den Rat eines Fachmanns zu ignorieren, der um ein Vielfaches intelligenter ist als Sie. Mit der Fähigkeit, Wissen über alle möglichen Themen zu vermitteln, müssen wir nicht mehr aus unseren eigenen Fehlern lernen, wir müssen nicht mehr selbst unsere Häuser oder Autos bauen. Jeder einzelne Mensch kann sich auf einfache Weise Zugang zu allen Informationen verschaffen, die im Lauf der Geschichte angesammelt wurden. Das muß man sich wirklich einmal vor Augen halten. Dadurch haben wir immense Vorteile, *wenn die Informationen, die wir weitergeben, korrekt sind.*

Hier liegt die Schwachstelle. Oft sind die Informationen, die wir erhalten, nicht nur verwirrend, sondern stellen genau das Gegenteil der korrekten Version dar. Wir bewegen uns zu schnell weiter. Wir ändern unsere Lebensweise grundlegend, ohne uns über die langfristigen Auswirkungen genügend Gedanken zu machen. Wenn sich die falschen Informationen auf Bereiche wie Musik, Malerei oder den Abschlag beim Golf beziehen, ist das alles nicht so schlimm, doch wenn es um Fragen des Überlebens geht, kann nur ein Desaster die Folge sein. Dabei verfügen wir über das zum Überleben relevante Wissen, wenn auch auf unbewußter, instinktiver Ebene. Es wurde von Generation zu Generation und im Lauf der natürlichen Selektion von Art zu Art weitergegeben, und zwar nicht nur ein paar tausend Jahre lang, sondern über einen Zeitraum von Jahrmillionen hinweg. Mancher ist sich vielleicht dieser Weitervererbung von Wissen bewußt, aber das ist gar nicht so wichtig. In diesem Fall ist nämlich Halbwissen schlimmer als gar kein Wissen. Niedere Arten verfügen nicht über die Intelligenz oder Vorstellungskraft, um ihre Instinkte in Frage zu stellen. Sie haben es einfacher, denn sie müssen ihnen nur folgen. Wir hingegen haben die Wahl.

Ich habe unsere Intelligenz als Schwachpunkt in der Maschine bezeichnet. Damit möchte ich in keiner Weise den Schöpfer dieser Maschine kritisieren. Genaugenommen liegt der Schwachpunkt in unserer Unfähigkeit, die Maschine richtig zu bedienen. Man könnte diese Situation mit einem Akkordarbeiter vergleichen, der eine Schutzvorrichtung entfernt, um damit seine Stückzahlen zu erhöhen. Und am Ende hat er seinen Arm verloren.

Es gibt keinen Grund, daß Intellekt und Instinkt sich bekämpfen, eigentlich sollten sie sich harmonisch ergänzen. Wenn dies jedoch nicht eintritt, müssen Sie sich selbst bewußt machen, wofür Sie sich entscheiden. Es wäre nämlich nicht besonders intelligent, sich ausschließlich von seinem Intellekt leiten zu lassen und drei Milliarden Jahre Erfahrung einfach zu ignorieren!

Das gleiche intelligente Denken, das uns Menschen in so relativ kurzer Zeit aus den Urwäldern in die Städte gebracht hat, beschert uns nun Alpträume, die bei weitem schlimmer sind als alles, was unsere Vorfahren in jenen unwirtlichen Gebieten erlebten. Schließlich waren sie auch entsprechend ausgerüstet, um das Leben dort zu meistern. Die Warnsignale haben viele Generationen lang funktioniert. Warum muß der Mensch als einziges Säugetier das Schwimmen erst erlernen? Alle anderen können es instinktiv. Sogar Schlangen sind in der Lage zu schwimmen, obwohl sie keine Gliedmaßen besitzen. Warum kann ein Fuchs täglich aus meinem Fischteich trinken, ohne eine Magenverstimmung zu bekommen, während ich in manchen Ländern nicht einmal Eis in meinem Getränk vertrage? Warum können die Babys anderer Großsäugetiere schon wenige Stunden nach der Geburt laufen, unsere Kinder aber erst nach vielen Monaten? Ist es wirklich intelligent, Bomben zu entwickeln, die unseren Planeten und alles Leben darauf mehr als tausendmal vernichten können? Die einzige Rechtfertigung dafür war, Kriege zu verhindern. Hätten wir unsere Intelligenz nicht für vernünftigere Lösungen einsetzen können? Erst geben wir ein Vermögen für die Entwicklung und den Bau dieser Bomben aus und dann ebensolche Summen, um sie wieder loszuwerden. Was aber ist mit dem Wissen, wie man die Bomben baut? Müssen nun alle nachfolgenden Generationen in der ständigen Angst leben, irgendein Verrückter könnte sie damit erpressen oder auslöschen? Wie intelligent ist es, in wenigen Jahrzehnten Regenwälder zu vernichten, deren unglaubliche Vielfalt an Fauna und Flora sich in vielen Millionen Jahren entwickelt hat. Kann man es als vernünftig bezeichnen, wenn wir fossile Brennstoffe, Mineralien, Metalle, chemische Substanzen und Nährstoffe innerhalb einer Mikrosekunde, gemessen an dem Zeitraum, der zu ihrer Entstehung nötig war, verschwenden?

John Wayne sagte: »Ein Gewehr ist nur ein Werkzeug, man kann es im Guten oder im Bösen verwenden, es ist immer nur so gut oder so schlecht, wie der Mann, dem es gehört.« Nun mag man bezweifeln, ob ein Gewehr überhaupt im guten Sinn verwendet werden kann, aber das Beispiel ist mit Sicherheit auf unseren Intellekt anwendbar. Es liegt an uns, ihn weise einzusetzen. Es wäre jedoch nicht weise, Gott spielen zu wollen. Im Gegenteil, es zeugt von großer Dummheit, sich für klüger als unseren Schöpfer zu halten. Ich habe bereits dargelegt, was ich davon halte, daß unsere moderne Medizin lieber die Symptome als die Ursachen einer Krankheit behandelt. Ähnlich verhält es sich, wenn ein Autofahrer mit nur einer Hand am Lenkrad mit hundert Stundenkilometern in verkehrter Richtung eine Einbahnstraße entlangfährt und gleichzeitig versucht, mit der zweiten Hand etwas völlig anderes zu tun. Das mag ein bißchen übertrieben klingen, aber wir müssen der Frage, warum wir so gerne die magische Droge hätten, die all unsere Probleme löst, auf den Grund gehen. Ich halte es schon für sehr zweifelhaft, daß ein von außen zugeführtes Medikament in der Lage sein soll, ein als rein körperlich eingestuftes Problem zu lösen, aber es kann unter keinen Umständen richtig sein, Drogen einzusetzen, die die Funktionen im menschlichen Körper völlig durcheinanderbringen und damit zur Beseitigung mentaler Probleme beitragen sollen.

Es gibt kein nur körperliches Problem. Alle unsere Emotionen, sei es Schmerz oder Freude, werden über das Gehirn gesteuert. Ich war einmal zu einer Fernsehsendung eingeladen, in der auch ein Arzt anwesend war, der von sich behauptete, Experte in Sachen Nikotinabhängigkeit zu sein. Er befürwortete den Einsatz nikotinhaltiger Medikamente, um Raucher beim Aufhören zu unterstützen. Unter anderem erläuterte er in der Sendung, was für ein angenehmer Wirkstoff Nikotin sei. Seine Ausführungen mußten auf die jugendlichen Zuschauer beeindruckend wirken, um so mehr, als sie auch noch von einem Arzt stammten. Ich warf ihm vor, sich als Fürsprecher für ein mächtiges Gift starkzumachen. Er sah mich an, als hätte er es mit einem Verrückten zu tun, und erwiderte: »Sagen Sie bloß, Sie nehmen nie Kopfschmerztabletten?« Zum Glück hatte ich noch nie mit Kopfschmerzen zu tun und konnte die Frage guten Gewissens verneinen. Würde ich jedoch unter Kopfschmerzen leiden, wäre ich vielleicht schon in Versuchung geraten, ein Medikament zu nehmen, da es mir als Schmerzmittel unter Umständen helfen würde. Ich fragte mich, wie viele Menschen, die regelmäßig zu Medikamenten wie Kopfschmerztabletten greifen, sich dessen bewußt sind, daß sie es dabei mit Giften zu tun haben. Lebensmittelhersteller sind verpflichtet, die Inhaltsstoffe ihrer Produkte genau zu deklarieren. In einer idealen Welt würde das überhaupt nicht notwendig sein. Warum sollten sie uns etwas Schädliches verkaufen wollen? Bei Ärzten ist das etwas anderes, sie verfolgen ja keine wirtschaftlichen Interessen, sie wollen den Menschen helfen, nicht sie umbringen. Warum glauben Sie, steht auf dem Beipackzettel eines Medikaments, das Ihnen verschrieben wird, beispielsweise die Warnung: »Überschreiten Sie nicht die vorgeschriebene Dosierung« oder »Stellen Sie das Medikament nicht in die Reichweite von Kindern, weil es sich um giftige Substanzen handelt«!

Zugegeben, in manchen Fällen müssen wir unserem Körper Gift zuführen, um einen Virus abzutöten, aber sollten wir nicht trotzdem darüber informiert werden? Schließlich stellen doch Medikamente und Gifte etwas Gegensätzliches dar. Die einen heilen, die andern führen zum Tod. Wem ist schon klar, daß er jedesmal, wenn er Aspirin nimmt, eigentlich Gift schluckt? Wir haben ein Recht auf Information!

Was hat das nun alles mit dem Rauchen zu tun? Sehr viel. Ich rate Ihnen, sich auf den eigenen Instinkt zu verlassen. Aber ist es nicht eine instinktive Reaktion, bei Kopfschmerzen Aspirin zu nehmen? Prinzessin Diana hat als erste die Tradition gebrochen, königlichen Nachwuchs zu Hause auf die Welt zu bringen. Wie viele Mütter sind nun instinktiv auch der Meinung, es wäre besser, zur Entbindung ins Krankenhaus zu gehen? Sobald wir unsere Instinkte mit falschen Informationen verbilden, werden wir umprogrammiert. Erst haben wir nicht das Bedürfnis zu rauchen, dann tappen wir in die Nikotinfalle und sind für den Rest unseres Lebens kontaminiert. Noch Jahre, nachdem wir aufgehört haben zu rauchen, kann manchmal der Wunsch nach einer Zigarette auftauchen. Uns ist völlig klar, daß es keinen vernünftigen Grund gibt, jetzt eine Zigarette haben zu wollen, der Wunsch ist ganz instinktiv entstanden.

Wie können wir unterscheiden, wann es sich um positive Impulse handelt, jene, die auf drei Milliarden Jahren Erfahrung basieren, oder um falsche, die aus der Kontamination unseres intelligenten Teils des Gehirns entstehen? Mit anderen Worten: Wie können wir uns in jenes gesegnete Stadium zurückversetzen, in dem wir keine Zigarette wollten oder brauchten? Wie finden wir aus dem Labyrinth heraus? Es ist einfach, wenn wir uns an den Weg dorthin erinnern können. Dazu müssen wir zwischen Instinkt (Unterbewußtsein) und Intellekt (Bewußtsein) unterscheiden können. Wenn beide Komponenten sich in gleichem Maß durchsetzen wollen, müssen wir erkennen, welche die falsche ist.

Das ist nicht immer einfach. Meine Logik sagt mir, es gibt keinen rationalen Grund, sich vor Spinnen zu fürchten. Und trotzdem tue ich es. Dem liegt ein Prozeß des Denkens und der Analyse zugrunde, der schließlich zur Weiterleitung von Informationen vom Unterbewußtsein zum Bewußtsein führt. Ich verstehe bis heute nicht, warum mir Spinnen so unangenehm sind. Wahrscheinlich geht das auf meine Vorfahren zurück. Vielleicht kann auch jemand Außenstehender diese Angst besser erklären. Freud vertrat die Theorie, daß Spinnen den Schamhaaren einer Frau ähnlich sehen. Ich bewundere seine Phantasie, kann mit seiner Folgerung aber nichts anfangen. Warum sollte die Schambehaarung einer Frau Ängste bei einem Mann hervorrufen? Und selbst wenn das so wäre, warum haben Frauen in der Regel mehr Angst vor Spinnen als Männer? Ich glaube, Freud hat zuviel an Sex gedacht.

Bis zum heutigen Tag ist mir also verborgen geblieben, warum ich Spinnen nicht mag. Ich habe aber aufgehört, mir darüber Gedanken zu machen, ich akzeptiere es einfach. Viele Menschen geben zu, Spinnen zu hassen, und ich habe lange vermutet, daß jene, die diese Abneigung nicht teilen, es nur nicht zugeben. Warum sonst sollten sie es nötig haben, ein großes haariges Monster in der Hand zu halten. Ich habe keine Angst vor Zuckerstücken, halte es aber auch nicht für nötig, dies zu beweisen, indem ich mehrere Sekunden lang eines in der Hand halte. Sehe ich eine Spinne an der Decke, gehe ich nicht unmittelbar darunter hinweg. Sitzt eine auf dem Boden, trete ich ohne schlechtes Gewissen darauf. Man hat nur die Probleme, die man sich selbst macht. Haben Sie echte Gründe, sich wegen der negativen Folgen des Rauchens Sorge zu machen, müssen Sie an der Situation etwas ändern. Wenn Sie dazu nicht in der Lage sind, machen Sie alles noch schlimmer, weil Sie sich dann noch mehr sorgen.

Kein Zweifel, dieser Rat kommt Ihnen gelegen. Damit können Sie sich selbst einreden, daß Sie, wenn Sie schon nicht mit dem Rauchen aufhören können, sich besser keine Gedanken mehr darüber machen und einfach weiterrauchen sollten. Nein, das werden Sie nicht. Ich kenne keine Antwort auf die Spinnenphobie, aber ich kenne die Antwort auf das Raucherproblem, weil ich meine eigenen Erfahrungen damit gemacht habe. Ich kann mich an jene Zeit erinnern, in der ich weder das Bedürfnis noch den Wunsch hatte zu rauchen. Genau wie ich können auch Sie diesen glücklichen Zustand wieder erreichen. Obwohl die Natur viele gut getarnte Fallen bereithält, ist es möglich, zwischen positiven und negativen Impulsen zu unterscheiden. Diese Fallen sind Teil der natürlichen Selektion und des Überlebenskampfes – Insekten zum Beispiel, die wie Blumen aussehen, und umgekehrt. Die subtilste aller Fallen ist die Abhängigkeit vom Nikotin. Abhängigkeit existiert jedoch nur im Unterbewußtsein. Sobald Sie sie in Ihr Bewußtsein holen und ihre Funktionsweise verstehen, verliert sie ihre Macht über Sie – und verschwindet schließlich ganz, wie die magischen Kräfte eines Zauberers dahinschwinden, sobald Sie seinen Trick durchschauen.

Sie müssen aufwachen. Und selbst wenn Sie das geschafft haben, ist es manchmal schwierig zu erkennen:

HANDELT ES SICH UM REALITÄT ODER ILLUSION?

KAPITEL 8

Realität oder Illusion?

Es gibt einen grundlegenden Unterschied zwischen den Begriffen Wissen, Verständnis und Glauben. Wir alle wissen, daß die Welt rund ist. In einer früheren Epoche glaubte man jedoch, sie sei flach. Und noch scheint es uns nicht einleuchtender, daß sie rund ist, als unseren Vorfahren, daß sie flach sei. Wir akzeptieren es einfach, weil man es uns so beigebracht hat. Nun wollen Sie vielleicht einwenden: »Aber ich bin schon rund um die Welt gesegelt/geflogen.« Doch woher wollen Sie das wissen? Sie könnten doch genausogut an einem bestimmten Punkt gewendet und zum Ausgangspunkt zurückgekehrt sein. Es ist erwiesen, daß ein Mensch, der sich ohne Navigationshilfe in der Wüste bewegt, einen großen Kreis beschreibt. Schließen Sie aus der Tatsache, daß Sie wieder an Ihren Ausgangspunkt zurückkommen, Sie hätten die Welt umrundet?

Obwohl wir wissen, das die Welt rund ist, sehen wir sie in unserer eigenen Vorstellung als flach. Sie glauben mir nicht? Vielleicht waren Sie schon einmal in den USA oder in Spanien. Wenn Sie an die Menschen dort denken, stehen die in Ihrer Erinnerung seitlich? Haben Sie die Freiheitsstatue aufrecht in Erinnerung oder so geneigt wie den Schiefen Turm von Pisa? Oder denken Sie an ein Fußballspiel in Australien, laufen die Spieler dort mit dem Kopf nach unten über das Feld? Doch wenn Sie sich in England befinden, ist genau das der Fall. Wenn ich das jemandem verdeutlichen will, erhalte ich folgende Antwort: »Aber Sie lassen die Gesetze der Schwerkraft außer acht.« Nein, ich lasse sie nicht außer acht. Eben wegen der Schwerkraft stehen sie seitlich. Stellen Sie sich vor, die Erde wäre nicht größer als Ihr Haus. Würden Sie sagen, die Spanier stehen aufrecht?

Sie sind immer noch nicht überzeugt? Dann versuchen Sie doch, das Problem aus einer anderen Perspektive zu betrachten. Wenn ich von London nach Schottland fahre – vernachlässigen wir einmal die Kurven und Windungen, die Steigungen und das Gefälle der Strecke –, habe ich die Vorstellung, daß ich mich allmählich bergauf bewege. Wenn ich dagegen nach Wales unterwegs bin, habe ich das Gefühl, mich wie im Flachland fortzubewegen. Entsteht dieser Eindruck, weil in Schottland die Highlands sind, oder rührt er daher, daß wir unsere geographischen Kenntnisse vor allem aus Karten und Atlanten beziehen. Norden ist auf einer Karte immer oben. Sprechen wir deshalb auch davon, daß wir in den Norden hinauf- beziehungsweise in den Süden hinunterfahren? Auf dem Weg von London nach Schottland beschreiben wir im Grunde einen leichten Bogen um die Erdoberfläche, aber so betrachtet es niemand.

Lassen Sie mich ein zweites Beispiel nennen. Wir stehen auf dem Dach des Empire State Building. Ich bin Ihr Vater, zu dem Sie uneingeschränktes Vertrauen haben. Ich bitte Sie, vom Rand aus auf die Straßen hinunterzuschauen. Was ich als nächstes von Ihnen verlange, wird Ihnen sehr schwerfallen, doch ich verspreche Ihnen, daß Ihnen dabei nichts passieren wird. Ich fordere Sie nämlich auf, vom Dach zu springen, und versichere Ihnen, Sie werden in der Luft schweben. Würden Sie springen? Natürlich nicht. Und aus welchem Grund nicht? Weil Sie mir nicht vertrauen? Das spielt bestimmt auch eine Rolle, vielleicht sind Sie aber auch feige und haben Angst zu springen. Oder Sie sind nicht einfältig genug. Sie haben kaum etwas zu gewinnen, aber Ihr Leben zu verlieren.

Selbst wenn Sie beobachten könnten, wie zwanzig andere Leute springen und in der Luft schweben, müßten Sie größtes Vertrauen zu Ihrem Vater haben, oder den Mut oder die Dummheit, den Sprung zu riskieren. Unter den beschriebenen Umständen würde nicht einer unter Millionen wirklich springen.

Aber wie können Sie herausfinden, welcher Faktor Sie tatsächlich vom Springen abgehalten hat? Vermutlich würden Sie behaupten: »Ich bin doch kein Narr, ich habe nichts zu gewinnen, aber alles zu verlieren.« Besäßen Sie jedoch absolutes Vertrauen in Ihren Vater, hätten Sie nichts zu verlieren, aber die Chance, eine unvergleichliche Erfahrung zu machen. Mit Hilfe Ihres logischen Denkens werden Sie nicht herausfinden, aus welchem Grund Sie nun nicht gesprungen sind: aus mangelndem Vertrauen, Angst oder weil Sie nicht dumm genug waren, es einfach zu tun. Vermutlich handelt es sich um eine Kombination aller Faktoren. Ihr Gehirn vermag aber auch nicht zu bewerten, in welchem Ausmaß jeder einzelne Faktor zu dieser Entscheidung beigetragen hat, weil Sie nicht durch einen logischen Denkprozeß zustande gekommen ist. Der Auslöser, warum Sie nicht gesprungen sind, heißt »Instinkt«. Ihre Vorfahren haben bereits vor Millionen Jahren die richtige Entscheidung für Sie getroffen.

Was sagen Ihnen die nachstehenden Buchstaben? Lassen Sie Ihrer Phantasie einfach freien Lauf, und finden Sie heraus, was Sie bedeuten könnten:

X	AB	AB		AB
X	AB		X	SOS
AB	SOS SOS	STOP	ILLUSIONX	AB
AB	ILLUSION	STOP	ILLUSIONX	SOS
AB	HEUTE	AB	AB	SOS
AB	HEUTE	X HEUTE	AB	SOS
AB	ILLUSION	AB AB AB	ILLUSIONX	SOS
AB	ILLUSION	SOS SOS	ILLUSIONX	AB
X	ZEITPUNKT	STOP AB	X	SOS
X	ZEITPUNKT	HEUTE X		AB

Wenn Sie den Wald vor lauter Bäumen nicht sehen, legen Sie am besten das Buch vor sich auf den Tisch und bewegen sich langsam davon weg. Plötzlich wird Ihnen das Wort FREI ins Auge springen. Wenn Sie sich nun wieder langsam auf das Buch zubewegen, bleibt es genauso deutlich stehen. Warum haben Sie es vorher nicht erkannt? Handelte es sich um eine optische Täuschung? In gewisser Weise ja, aber nicht Ihre Augen haben sich täuschen lassen, sondern Ihr Gehirn, weil es versuchte, einen Sinn in den Buchstaben zu erkennen, anstatt in den Leerzeichen. Sie sahen ein schwarzes Bild auf weißem Hintergrund, hätten aber auf genau das Gegenteil achten sollen. Ihre Augen sind nur eines der Werkzeuge Ihres Gehirns. Wir sehen nur das, was unser Gehirn uns zu sehen befiehlt.

Dabei handelt es sich um eine weitere geniale Eigenschaft unserer unglaublichen Maschine. Sie können eine weite Landschaft betrachten und gleichzeitig den Blick auf einen kleinen Vogel darin werfen. Während des kurzen Augenblicks, in dem Sie sich auf den Vogel konzentrieren, löschen Sie alles andere aus Ihrem Blickfeld. Auch unsere Ohren verfügen über diese erstaunliche Fähigkeit. In einer Vielzahl von Geräuschen können wir uns auf ein einziges konzentrieren und den Rest ignorieren. Doch auch wenn es sich bei Augen und Ohren um unglaublich komplexe und raffinierte Werkzeuge handelt, werden sie immer vom Gehirn gesteuert. Und Ihr Gehirn kann Sie in die Irre führen.

Als Teenager hielt ich die meisten Mädchen für ziemlich häßlich, heute sehe ich in allen Frauen Schönheiten. Ach ja, eine typische Alterserscheinung. Vielleicht, aber da spielt noch etwas anderes mit. Hollywoodfilme verführten mich dazu, Frauen nach ihrem Äußeren zu beurteilen. Ich achtete bei den Mädchen als erstes auf ihre Unzulänglichkeiten, heute sehe ich zuerst die positiven Eigenschaften. Meine Einstellung hat sich einfach geändert. Das Leben ist so viel erfreulicher, wenn man von schönen Frauen umgeben ist.

Was für den einen schön ist, ist für den anderen häßlich, aber keiner von beiden hat wirklich recht. Jeder von uns macht wenigstens einmal im Leben die Erfahrung, so von einer Person eingenommen zu sein, daß er völlig darüber hinwegsieht, ob diese Person nun in der äußeren Erscheinung oder in ihrem Charakter tatsächlich seinen Vorstellungen entspricht. Einige Zeit später fragt man sich verwundert, was man an diesem Menschen einmal so faszinierend fand.

In Kapitel 13 erwähne ich eine Filmszene, in der alle Geschworenen beim Betreten des Besprechungszimmer davon überzeugt sind, daß der Angeklagte schuldig ist. Zwei Stunden später, als sie den Raum wieder verlassen, sind sie ebenso einstimmig der Meinung, der Angeklagte sei unschuldig. Unser kompliziertes Gehirn macht es uns möglich, eine Flasche als halb voll oder halb leer zu betrachten. Wir können sogar der Illusion erliegen, eine volle Flasche sei leer oder umgekehrt.

Ist das nicht wunderbar, die Welt so sehen zu können, wie sie uns am besten gefällt, etwa nach dem Motto von Bob Hope: »Man muß nicht wirklich Millionär sein, Hauptsache, man lebt wie einer.« Spielt es eine Rolle, ob wir vom Rauchen tatsächlich etwas haben, solange wir nur der Meinung sind, es hilft uns beim Entspannen, verleiht uns Mut, fördert die Konzentration und mindert Streß oder Langeweile?

Das finden Sie kompliziert? Ich muß Ihnen recht geben. Aber unser Denken ist unglaublich komplex, und es handelt sich um ein verwirrendes Thema. Haben wir es tatsächlich so gut? Können wir die Dinge so sehen, wie wir sie sehen wollen? Um das herauszufinden, müssen wir alles Verwirrende beseitigen. Dazu ist es notwendig, zwischen persönlicher Wahrnehmung und Täuschung zu unterscheiden. Das wird am besten anhand einiger Beispiele deutlich.

Im Umgang mit Frauen, Freunden, Verwandten oder Kollegen kann ich mir aussuchen, ob ich ihre guten Seiten in den Vordergrund rücke oder ihre Schwächen. Ich habe mich für die guten Seiten entschieden, weil so das Leben mehr Spaß macht. Es ist nur eine Frage der persönlichen Wahrnehmung. Was aber ist mit der romantischen Liebesbeziehung, die am Ende schiefgeht? Solche Dinge sind schon schmerzlich genug, wenn es sich nur um ein kurzes Verliebtsein handelt, um so mehr tut es weh, wenn davon eine langjährige Ehe, ein Heim, Kinder und das Glück und die Stabilität einer ganzen Reihe von Menschen betroffen sind. Warum steuern wir in einem solchen Fall nicht unsere persönliche Wahrnehmung und stellen bei der einst so geliebten Person nicht weiterhin die guten Eigenschaften in den Vordergrund, sondern nur noch ihre Fehler?

Manchmal hört man als Erklärung: »Die Person hat sich verändert«

oder »Ich bin reifer geworden und habe mich weiterentwickelt, mein Partner aber nicht.« Letzeres bedeutet in der Tat, daß Sie sich verändert haben. Aber es ist schon eigenartig, wie unsere Wahrnehmung darauf ausgerichtet ist, andere in ein schlechtes Licht zu rücken und nicht uns selbst, oder warum sonst sind immer wir es, die reifer werden und sich weiterentwickeln, und nicht die anderen?

Zuweilen hört man auch die Meinung: »Je besser man jemanden kennenlernt, um so mehr Gründe gibt es, den Respekt vor ihm zu verlieren.« Aber man kennt auch den umgekehrten Fall: Man findet einen Menschen auf den ersten Blick äußerlich abstoßend, uninteressant oder sogar widerwärtig, doch je besser man ihn kennenlernt, um so attraktiver und interessanter wird er.

Zunächst steuern wir unsere Wahrnehmung so, daß uns eine Person perfekt erscheint, weil es uns gerade gelegen kommt. Bei näherem Kontakt entwickeln wir ein realistischeres Bild, und schließlich paßt es uns besser ins Konzept, nur noch die schlechten Eigenschaften zu sehen.

Fünfhundert Jahre lang wurden wir dahingehend manipuliert, die Welt als rund zu betrachten. Diese Annahme wird untermauert durch die Vermittlung von Kenntnissen über die Gesetze der Schwerkraft, das Sonnensystem und astronomische Zusammenhänge. Und doch betrachten wir im Alltag die Welt der Einfachheit halber lieber als flach? Damit wollen wir uns nicht wirklich selbst etwas vormachen. Aber wenn wir unsere Größe in Relation zur Erde sehen und das Wissen zugrunde legen, daß wir nicht über den Rand kippen können, haben wir keinen praktischen Nutzen daraus, die Erde als rund zu betrachten – im Gegenteil, es wäre alles nur noch komplizierter.

Warum haben alle Geschworenen ihre Meinung geändert, obwohl die Beweislage in allen Punkten gleich geblieben ist? Waren Sie unsicher und leicht zu beeinflussen? Nein, es handelte sich um zwölf gewissenhafte Personen, von denen keine eigennützige Zwecke verfolgte und jeder einzelne bemüht war, die aufgrund der Beweisführung richtige Entscheidung zu treffen. Doch je vertrauter sie sich mit den Fakten und Details machten, desto besser konnten sie die Situation von der richtigen Perspektive aus betrachten. Genau darum geht es auch, wenn man einer Täuschung unterliegt. Hat man ihren Mechanismus einmal durchschaut, wird es unmöglich, auf sie hereinzufallen, selbst wenn man es wollte.

Aber wie kann man feststellen, wann man es mit einer Täuschung zu tun hat. Welches Bild ist richtig: das Bild, das Tabakindustrie und Gesellschaft vom Rauchen zeichnen, oder das Bild von Allen Carr? Manche Raucher betrachten sich selbst als bemitleidenswerte Junkies, andere geben sich das Image von Humphrey Bogart oder Marlene Dietrich. Die meisten bewegen sich jedoch heute irgendwo in der Mitte zwischen diesen beiden Polen. Es ist eine Frage des persönlichen Geschmacks, ob man jemanden attraktiv findet oder nicht, doch es gibt einen Unterschied zwischen Realität und Illusion.

Was ist falsch an der Annahme, Rauchen sei genußvoll und entspannend, es vertreibe Streß und Langeweile und fördere die Konzentrationsfähigkeit? Folgendes:

NICHTS DAVON IST ZUTREFFEND. ALLES IST NUR ILLUSION. RAUCHEN BEWIRKT GENAU DAS GEGENTEIL!

Aber was macht das? Genügt nicht die Annahme, daß Rauchen all dies biete, um die entsprechende Wirkung zu erzielen? Nein! Wenn ich unattraktiv bin und Sie mir einreden, ich sei gutaussehend, werden meine Verehrerinnen zwar nicht zahlreicher, doch macht mich die Vorstellung immerhin glücklicher. Wenn Sie mich aber davon überzeugen wollen, ich sei attraktiv, doch ich fühle mich immer noch häßlich, funktioniert nicht einmal dieser psychologische Trick.

Genauso verhält es sich mit dem Rauchen. Es ist wie mit der leeren Flasche, die Sie als voll betrachten. Solange Sie keinen Durst haben, ist alles in Ordnung. Haben Sie aber Durst, platzt die Illusion wie eine Seifenblase. Solange Sie nicht rauchen, haben Sie die Illusion, Rauchen erweise sich als hilfreich. Also haben Sie zwangsläufig das Gefühl, auf etwas verzichten zu müssen.

Sobald Sie sich wirklich eine Zigarette anstecken, löst sich die Illusion in nichts auf. Die Realität holt Sie ein mit abstoßendem Geruch und Geschmack, Keuchen und Husten, Gefäßverengung, Leistungsminderung, Niedergeschlagenheit, Unfreiheit und Selbstverachtung. Deshalb erfolgen neunundneunzig Prozent unseres Zigarettenkonsums unbewußt. Es ist nämlich nicht besonders angenehm, sich lethargisch und schlecht zu fühlen, unnötig Geld zu verschwenden, Krebs zu bekommen oder ein Bein zu verlieren. Raucher geben sich der Illusion hin, die Flasche sei voller Energie und Genuß. Die Wahrheit aber lautet, die Flasche ist *voller Gift! Das ist die Realität!*

Die Täuschung ist in diesem Fall schlecht, weil der Abhängige die Kontrolle darüber verloren hat. Die Seifenblase kann jederzeit platzen und heraus kommt der negativste Aspekt des Rauchens: *die Unfreiheit.* Raucher haben keine Wahl, sonst würden sie nicht rauchen.

Das wäre alles nicht so schlimm, wenn die Vorstellung, daß Rauchen Hilfe oder Genuß bietet, den Raucher zu einem glücklicheren Menschen machen würde. Aber das ist nicht der Fall. Trotz der Täuschung fühlen sich Raucher elend, sind leicht reizbar, verachten sich selbst und neigen zu Angstzuständen. So sieht die Realität aus. Deshalb hassen sie auch den Gedanken, ihre Kinder könnten in die Falle tappen.

Einige der ersten Kursteilnehmer, bei denen ich keinen Erfolg hatte, sagten: »Ich habe alle Anweisungen befolgt, alles verstanden. Ich habe mir immer wieder vorgesagt, daß Rauchen mir in keiner Weise hilft, daß ich eine Zigarette weder brauche noch will. Warum habe ich es trotzdem nicht geschafft?«

Ja, warum? Angeblich haben sie meine Anweisungen befolgt. Doch sie haben sie nicht richtig verstanden, haben den feinen Unterschied zwischen Wissen, Verstehen und Glauben nicht erkannt. Warum mußten sie sich immer wieder vorsagen, daß Zigaretten ihnen nicht helfen, daß sie keine wollten und auch keine brauchten? Ich weiß auch, daß Heroin mir nicht helfen kann und daß ich es nicht brauche und nicht will, ohne mir es ständig einreden zu müssen. Sie mußten es dauernd wiederholen, weil sie nicht richtig davon überzeugt waren und nicht daran glaubten. Sie könnten sich genausogut bis ans Lebensende immer wieder sagen, rot sei schwarz, aber würden sie es irgendwann glauben?

Nein, denn rot ist einfach nicht schwarz, und um sie vom Gegenteil zu überzeugen, bedarf es anderer Methoden, als sich selbst einer Gehirnwäsche zu unterziehen. Dazu braucht es schon eine Art Trick oder Illusion. Es ist wichtig zu wissen und zu verstehen, daß Rauchen keinerlei Vorteile bietet, daß Sie es nicht vermissen werden, daß Sie ohne Zigaretten mehr Freude am Leben haben und besser mit Streß zurechtkommen, daß es einfach ist aufzuhören. Doch ebenso wichtig ist es, *daran zu glauben.*

Sie werden das besser verstehen, wenn wir folgende Frage beantwortet haben:

WO GING ES SCHIEF?

KAPITEL 9

Wo ging es schief?

Die Bienenkönigin will sich paaren. Warum fliegt sie dann weg, und die Drohnen müssen ihr hinterherjagen? Weil der Schöpfer es so eingerichtet hat, um sicherzustellen, daß sie sich nur mit dem stärksten Männchen paart.

Eine Million männlicher Samen veranstalten einen Wettlauf um das Ei. Der stärkste kommt als erster dort an – ein neues Menschenleben entsteht. Die Zellen beginnen, sich zu teilen und zu verändern. Sie bilden Haut, Muskeln, Knochen und empfindliche Organe, jedes davon ein Wunder in sich. Die Menschen erbringen auf medizinischem Gebiet erstaunliche Leistungen, aber im Grunde handelt es sich dabei nur um Experimente mit bereits existierenden Organen. Die einfachste lebende Zelle ist viel komplizierter als alles, was Menschen bisher geschaffen haben.

Nach neun Monaten ist das Wunder vollendet, und ein neuer Erdenbürger wird geboren. Bis zu diesem Zeitpunkt hat der Mensch nichts weiter beigesteuert als den Akt der Zeugung. Doch nun beginnt die menschliche Intelligenz auf die Natur einzuwirken.

Wie ist es möglich, daß die Frauen der Aborigines bei Beginn der Geburt hinter ihren Stammesmitgliedern zurückbleiben, ihr Kind zur Welt bringen und innerhalb von zwanzig Minuten wieder zu den anderen aufschließen? Weil sie primitive Wilde sind und es nicht besser wissen? Und ob sie es besser wissen! Sie handeln ganz einfach, wie es die Schöpfung ihnen eingegeben hat. Sind Sie nicht auch der Meinung, daß ihre Methode wesentlich einfacher ist als die, die die westliche Welt entwickelt hat? Halten Sie es nicht auch für unglaublich, daß vor allem die Männer bestimmen, auf welche Weise die Frauen ihre Kinder gebären sollen? Es gehört schon eine Menge Arroganz dazu, sich als Experte für etwas zu bezeichnen, das man nie selbst erfahren hat und nie erfahren wird.

Doch wenden wir uns zunächst einmal von diesem Thema ab, immerhin können die Frauen heute selbst entscheiden, welche Art der Geburt sie bevorzugen. Aber das Kind hat keine Wahl. Unser Schöpfer wollte nicht, daß eine Geburt wie eine Krankheit behandelt wird, ich bezweifle sogar, daß er Schmerzen dabei vorgesehen hat. Zugegeben, wenn man in Dokumentarfilmen Tiere in freier Wildbahn beobachtet, wie sie ihre Jungen zur Welt bringen, wirken die Muttertiere manchmal erschöpft. Doch Erschöpfung an sich ist nicht schmerzhaft, sondern zuweilen sogar angenehm, weil danach das so wohltuende Gefühl der Entspannung eintritt.

Eine natürliche Geburt erfordert von Mutter und Kind unglaublich komplizierte und streng koordinierte körperliche und mentale Abläufe. Sobald Menschen in den von unserem Schöpfer kreierten natürlichen Prozeß eingreifen, muß zwangsläufig etwas schiefgehen. Also werden Drogen eingesetzt, um die Situation zu korrigieren. Die Drogen wiederum beeinflussen die natürlichen chemischen Reaktionen, und alles läuft noch mehr aus dem Ruder.

Sicher sind Sie schon einmal aus einem völlig abgedunkelten Raum in gleißendes Sonnenlicht getreten. Sie können sich vorstellen, welchen Schreck das arme kleine Wesen, das bisher geborgen im Leib der Mutter lag, umgeben von einer warmen Flüssigkeit und beruhigt vom gleichmäßigen Schlagen des Herzens, das es mit Sauerstoff und Nahrung versorgt hat, bei der Geburt erleidet.

Es gehen plötzlich alle Warnsignale an, die Flüssigkeit verschwindet, die Herzschläge werden schneller, und das Kind wird aus der Wärme und Sicherheit gerissen. Es spürt instinktiv, daß es nun hinaus muß, und kämpft sich unter Einsatz aller Kräfte den engen Tunnel entlang in die Welt – eine Welt voller blendender Neonlampen. Was muß das für ein Schock sein! Um so schlimmer, wenn Mutter und Kind dieses Trauma nicht auf ihre eigene Art und Weise bewältigen können. Auch eine natürliche Geburt ist für das Neugeborene eine Tortur, aber stellen wir uns die zusätzliche Belastung vor, wenn es mit Hilfe von Zangen in die Helligkeit eines Kreißsaals gezerrt wird.

Und was passiert als nächstes? Die Sauerstoffversorgung wird unterbrochen. Solange es noch durch die Nabelschnur mit der Mutter verbunden ist, muß es nicht atmen. Wenn es im Wasser auf die Welt käme, würde es nicht ertrinken. Halten Sie eine Minute lang den Atem an. Schwierig, oder? Aber wir können notfalls ja wieder früher anfangen zu atmen. Nun stellen Sie sich vor, jemand hält Ihnen den Mund zu, so daß Sie keine Luft bekommen und auch nicht sagen können, daß Sie wieder atmen wollen. Wie bringen wir ein Baby zum Luftholen? Indem wir es mit dem Kopf nach unten halten und ihm einen Klaps auf den Po geben. Fängt es daraufhin an zu schreien, heißt es auch noch ganz lapidar: »Der hat aber kräftige Lungen.«

Hat das Neugeborene all das überstanden, will es nichts weiter als an die Brust der Mutter, die Wärme ihres Körpers spüren und ihren beruhigenden Herzschlag hören. Das Baby braucht eine Übergangsphase, um den Schock der Geburt zu verarbeiten. In primitiven Völkern tragen die Frauen ihre Kinder mehrere Monate lang immer bei sich, haben sie sogar während des Arbeitens an den Körper gebunden. Was macht der intelligente moderne Mensch? Er nimmt sie von der Mutter weg, um sie zu waschen, zu wiegen, zu untersuchen, ihnen eine Injektion zu verabreichen und ein Namensetikett zu verpassen. All das, weil die Mutter Ruhe braucht. Auch wenn das Baby vom Krankenhaus nach Hause kommt, darf es häufig nicht einmal im gleichen Raum wie die Mutter schlafen, ganz zu schweigen vom gleichen Bett. Schreit das arme Wesen dann die ganze Nacht durch, heißt es: »Da darfst du auf keinen Fall nachgeben, zeig ihm, wer stärker ist. Wenn du einmal nachgibst, mußt du immer nachgeben.« Ich frage mich, wer dabei mehr leidet, das verängstigte kleine Bündel, das nach Trost verlangt, oder die arme Mutter, deren natürlicher Instinkt ihr eigentlich sagt, das Baby in die Arme zu nehmen, statt dessen aber das Weinen ertragen muß. Und das alles, weil irgendein Psychologe, der vermutlich selbst nicht einmal Vater ist, glaubt, klüger zu sein als Gott.

Menschen weinen nicht einfach nur so, egal, ob es sich um Babys, Kinder oder Erwachsene handelt. Sie weinen, weil sie unter etwas leiden, weil sie vielleicht Zuwendung brauchen. Also sollten wir ihnen diese Zuwendung geben.

Nun fragen Sie sich vermutlich, was das alles mit Rauchen und Drogenabhängigkeit zu tun hat. Sehr viel! Ich habe schon erklärt, daß Nikotinabhängigkeit nicht dazu taugt, eine Leere zu füllen, im Gegenteil, sie läßt die Leere erst entstehen. Das Rauchen kann eine existierende Leere nur vergrößern. Ich meine damit jenes Gefühl der Leere und Unsicherheit, das wir aus unserer Kindheit und Jugend kennen und das durch den Druck unserer modernen Gesellschaft beträchtlich zugenommen hat.

Denken Sie an die Kopfschmerztablette, die angeblich Kopfschmerzen lindert, sie in Wirklichkeit aber auslöst. Übertragen Sie die Situation auf das Rauchen. Es gibt drei Möglichkeiten, dieses Problem zu lösen:

1. Sie versuchen, all jene Menschen, die durch die Produktion der Tabletten Multimillionäre geworden sind, in Zukunft davon abzuhalten, weitere Drogen herzustellen. Doch das hat sich, wie die Prohibition und die gescheiterten Versuche der Behörden, den Absatz harter Drogen zumindest unter Kontrolle zu halten, zeigen, als völlig wirkungslos erwiesen.

2. Sie schaffen die Kopfschmerzen generell aus der Welt, damit gibt es auch keinen Grund mehr, die Tabletten zu nehmen.
3. Sie führen eine Aufklärungskampagne in der Bevölkerung durch, in der Sie aufdecken, daß die Tabletten die Kopfschmerzen verursachen, anstatt sie zu beseitigen.

Lösung 3 ist die einzige Möglichkeit, das Problem aus der Welt zu schaffen. Auf die gleiche Weise versuche ich seit zehn Jahren, dem Zigarettenproblem zu Leibe zu rücken. Und genau darum geht es im größten Teil dieses Buches.

Leider haben wir noch nicht entdeckt, wie wir zu einer kopfschmerzlosen Gesellschaft werden könnten, folglich ist Lösung 2 nicht durchführbar. Dies wäre jedoch die Ideallösung. Damit würden wir nicht nur das Problem mit den Tabletten lösen, sondern gleichzeitig auch die leidigen Kopfschmerzen beseitigen. Auf das Rauchen übertragen hieße das, wir müßten die Belastungen und Ängste für Kinder und Jugendliche und den enormen gesellschaftlichen Druck, der auf uns lastet, aus der Welt schaffen. Das wäre zumindest theoretisch möglich, doch hieße das, mit Kanonen auf Spatzen schießen. Sie glauben, es gibt keine reelle Lösung des Problems? *Doch, die gibt es!*

Und wir brauchen dazu keine unglaublich komplizierten technischen Errungenschaften, wie sie erforderlich sind, um einen Menschen auf den Mond zu schicken. Tausende von Jahren haben unterschiedliche Kulturen in Frieden und Harmonie gelebt. Warum müssen Kindheit und Jugend heute so großen Streß mit sich bringen? Die meisten Probleme, mit denen wir zu kämpfen haben, sind selbstgemacht. Und wir kennen bereits die Lösungen dafür. Sie sind lächerlich einfach. Es ist nur eine Frage der Organisation. Und abgesehen von der Absicht, jene Leere zu beseitigen, die Jugendliche dazu bringt zu rauchen oder sich anderen Drogen zuzuwenden, sind sie einfach auch ein sinnvoller Zeitvertreib. Selbst wenn es uns nicht gelingen sollte, all unsere Ängste zu bewältigen, ist es schon der Mühe wert, wenn wir nur eine von ihnen loswerden. Auch darum geht es in diesem Buch.

Sie wollen nicht, daß in Ihrem Garten Unkraut wächst, und rotten es aus, wo immer Sie es finden. Aber Sie werden nie damit fertig. Die einzig realistische Lösung besteht darin, die Erde entsprechend zu bearbeiten oder andere Pflanzen zu kultivieren, so daß die Unkrautsamen sich nicht entwickeln können. Das gleiche gilt für Zigaretten und alle anderen Arten von Drogen. Damit werden Sie unempfindlich gegen die Versuchungen der Tabakindustrie, der anderen Raucher oder der Gesellschaft im allgemeinen. Aber wir können auch die Leere beseitigen. Dazu ist es nicht nötig, zuerst alle anderen Probleme aus der Welt zu schaffen, für den Fall, daß dieser Eindruck entstanden ist. Sie müssen sich lediglich der körperlichen und geistigen Kraft bewußt sein, über die Sie verfügen. Dann werden Sie sich, ungeachtet der Tatsache, daß jene anderen Probleme noch vorhanden sind, genauso fühlen wie ich, und jene Samen fallen nicht etwa nur auf den Wegrand, auf steinigen Boden oder vielleicht auf Beton, nein, sie fallen auf *blanken, glänzenden, rostfreien Stahl!*

Sind Sie einmal aus dem Schacht befreit, ist es gar nicht unbedingt notwendig, die neugewonnene Freude anderen nachvollziehbar zu machen, sie werden es sowieso spüren und nur zu gerne Ihrem Beispiel folgen.

Ich habe bereits darüber gesprochen, daß wir unseren Kindern nicht helfen, die Leere zu füllen, wenn wir sie zu sehr beschützen – im Gegenteil, wir machen es ihnen damit nur unnötig schwer. Ebensowenig sollten wir sie dazu verführen, regelmäßig Süßigkeiten zu essen. Ganz abgesehen davon, daß sie ihre Zähne dreißig Jahre zu früh verlieren, würden wir sie an den Gedanken gewöhnen, daß man sich den Tag mit kleinen Belohnungen versüßen sollte. Ein netter Gedanke, doch das Leben hält genügend echte Belohnungen bereit, wenn man sich körperlich und geistig im Gleichgewicht befindet, warum also zu ohnehin nur unzulänglichen Ersatzbefriedigungen greifen?

Das Erwachsenwerden war schon immer ein schwieriger Prozeß. Bis dahin hat man uns glauben machen wollen, die wichtigsten Dinge im Leben seien schulische Leistungen, Prüfungen, Sport, Musik und was immer unsere Eltern sonst noch für wichtig hielten. Doch plötzlich wird die Meßlatte verschoben. Nun geht es nicht mehr darum, der König auf dem Fußballplatz zu sein, nun zählt die Frage: Wie packst du es am besten mit den Mädchen an? Findet das andere Geschlecht dich attraktiv? Und du mußt dich mit Dingen auseinandersetzen, die du immer als ziemlich albernen Zeitvertreib betrachtet hast, wie etwa Tanzen lernen. Und schon kurze Zeit später drängt man dir die Frage auf, ob du auch ein guter Nestbauer und Brotverdiener werden willst.

Heute sind Jugendliche noch vielen zusätzlichen Streßfaktoren ausgesetzt, es lauern Bedrohungen wie massive Umweltverschmutzung, das Loch in der Ozonschicht, globale Erwärmung der Erdoberfläche, das Schmelzen der Gletscher, Überbevölkerung, Überfischung der Meere, landwirtschaftliche Überproduktion, Ausbeutung der natürlichen Rohstoffressourcen, Aids und Arbeitslosigkeit, um nur einige Beispiele zu nennen. Auf der anderen Seite beginnen die festen Grundmauern, jene Stabilität und Sicherheit, die eine Religion oder dauerhafte soziale Bindungen wie eine Ehe gewährleistet hatten, zu bröckeln. Was bieten wir als Ersatz an? Das Streben und die Gier nach materiellen Gütern: schnelle Autos, Häuser, arbeitserleichternde Geräte, Automatisierung. Was ist daran verkehrt? Nichts, solange man nicht einer der vielen Millionen Menschen ist, die wegrationalisiert werden und sich diese zweifelhaften Vergnügungen nun nicht mehr leisten können. Dann flüchtet man in jenes andere Übel, das noch zur Auswahl steht – *Gewalt*.

Sie müssen zugeben, daß wir unseren folgenden Generationen nicht gerade ein Paradies hinterlassen. Vielleicht werden sie sich nicht täglich dieses Vermächtnisses bewußt sein, aber es wird wie eine immer größer werdende radioaktive Glocke über ihren Köpfen hängen. Das Wunder dabei ist, daß sich viele junge Menschen zu positiven, begeisterungsfähigen, ausgeglichenen Persönlichkeiten entwickeln. Und zwar trotz und nicht wegen unseres Einflusses. Vor dem oben beschriebenen Hintergrund werden sie täglich auch noch massiv jener Gehirnwäsche unterzogen, die ihnen vermitteln will, Zigaretten seien entspannend, bauen Streß ab, geben Selbstvertrauen und fördern die Konzentrationsfähigkeit. Wir haben ihnen damit ein weiteres Erbe hinterlassen: *Drogenabhängigkeit*.

Für die meisten Jugendlichen kommt irgendwann der Zeitpunkt, sich eine Zigarette anzuzünden. Das Nikotin wird vom Körper ausgeschieden und von der zweiten Zigarette ersetzt. Darauf folgt ein Gefühl des Wohlbefindens und der Befriedigung, dessen sich der Teenager in diesem Stadium nicht einmal bewußt ist. Doch in seinem Unterbewußtsein wird es gespeichert. Es sagt ihm: Das schmeckt scheußlich, aber es ist entspannend. Damit ist das Unterbewußtsein schon der Täuschung unterlegen, und es wird nicht lange dauern, bis das Bewußtsein nachzieht.

UND WIEDER IST EIN OPFER IN DIE NIKOTINFALLE GETAPPT.

KAPITEL 10

Im Innern der fleischfressenden Pflanze

Ein Fisch weiß in dem Moment, in dem der Angler an der Schnur zieht, daß er festhängt. Ein Raucher hängt nach der zweiten Zigarette genauso fest an der Angel, doch die Nikotinfalle ist viel zu subtil, als daß ein Jugendlicher es bereits in dieser Phase realisieren würde.

Die zweite Zigarette ist der Beginn lebenslanger Täuschungsmanöver und Lügen, sowohl anderen gegenüber als auch sich selbst. Wir haben bereits den ersten Schwur gebrochen, den Schwur, den jeder junge Mensch, sei es bewußt oder unbewußt, leistet: *Ich werde niemals einer von diesen Idioten sein, die sich von Zigaretten abhängig machen lassen.*

Und schon kurze Zeit später brechen wir den zweiten Schwur: *Gelegentlich lasse ich mir von einem Freund eine anbieten, um nicht ungesellig zu sein, aber ich werde nie mein gutes Geld dafür ausgeben!*

Ein Jugendlicher ist der Meinung, daß er noch nicht abhängig ist, solange er Geschmack und Geruch einer Zigarette noch nicht richtig genießt. Wie beim Heroin werden ihm die ersten Zigaretten von Freunden aufgedrängt. Zu diesem Zeitpunkt stellt sich noch kein schlechtes Gewissen ein, weil er ja selbst gar nicht darum gebeten hat und eigentlich dem Freund nur einen Gefallen tut, damit dieser sich nicht unwohl fühlt, wenn er alleine raucht. Doch bald ist jener Punkt erreicht, an dem er immer wieder um eine Zigarette bittet. Verständlicherweise wird es dem Freund schließlich zuviel: »Nun wird es aber Zeit, daß du dir selbst eine Packung kaufst.«

Schüchtern besorgt er sich seine erste Packung. Aber wirklich aus dem angegebenen Grund?

»Ich habe die Packung nicht für mich gekauft, sondern um mich für die geliehenen Zigaretten zu revanchieren.«

Oder hat er nun doch selbst eine gebraucht und keine andere Möglichkeit gesehen, als sein gutes Geld dafür auszugeben? Wie läßt sich das herausfinden? Indem man hartnäckig fragt: Warum hat ihn das Gewissen nicht schon geplagt, als ihm sein Freund noch bereitwillig Zigaretten gab? Hätte er auch wiederholt Geld, Essen oder Getränke angenommen, ohne das Gefühl, sich revanchieren zu müssen? Wenn er die Zigaretten wirklich nicht für sich brauchte, warum hat er dann nicht eine Packung für seinen Freund gekauft und dann aufgehört zu rauchen?

Das beste Beispiel, das die Natur für die Nikotinfalle bereithält, ist jenes mit der Fliege, die von einer fleischfressenden Pflanze angelockt wird. Zunächst nippt die Fliege vom Nektar. Warum sollte sie vor der Pflanze Angst haben? Die Fliege hat Flügel und kann jederzeit wegfliegen. Doch aus welchem Grund sollte sie das tun? Der Nektar schmeckt köstlich. Erst als ihr langsam klar wird, daß sie im Begriff ist, von der Pflanze aufgefressen zu werden, und nicht umgekehrt, hat sie den Wunsch wegzufliegen. Doch nun ist es zu spät.

Die Nikotinfalle funktioniert viel subtiler. Ohne süße Verlockungen. Die ersten Zigaretten schmecken abscheulich, damit werden latente Ängste vor einer möglichen Abhängigkeit sofort wieder eliminiert. Die Fliege weiß beim ersten Versuch, der Pflanze zu entkommen, daß sie gefangen ist. Das Opfer in der Nikotinfalle hingegen weiß selbst nach einem erfolglosen Versuch zu entkommen nicht, daß es wirklich festsitzt. Es ist durchaus denkbar, daß viele Raucher leben und sterben, ohne sich je ihrer Abhängigkeit bewußt zu sein. Sie glauben, das Rauchen unter Kontrolle zu haben, weil sie es genießen.

Ich sagte, es sei denkbar, daß viele Raucher sich ihrer Abhängigkeit nicht bewußt sind. Doch in Wirklichkeit stelle ich dies ernsthaft in Frage. Im Lauf meiner Bemühungen, das Rauchen von Grund auf zu verstehen, fand ich es immer wieder frustrierend, daß ich rückblickend nicht mehr feststellen kann, welche Gefühle ich in puncto Rauchen zu welchem Zeitpunkt hatte. Erschwerend kommt noch hinzu, daß man, abgesehen von einer guten Gedächtnisleistung, auch noch berücksichtigen muß, daß die eigenen Ansichten in der betreffenden Zeit etwas vernebelt waren. Doch wie kann man das Ausmaß der Vernebelung feststellen? Mein eigener Fall ist besonders verwirrend. Ich war Kettenraucher und mußte als solcher davon überzeugt sein, daß mir das Rauchen größeren Genuß und mehr Hilfe bot als einem Gelegenheitsraucher. Andererseits kann ich mich aber nicht daran erinnern, das Rauchen einer Zigarette bewußt genossen zu haben.

Hätten Sie mich wenige Tage, nachdem ich zu rauchen aufgehört hatte, gefragt, wann mir meine Abhängigkeit bewußt geworden war, hätte ich vermutlich geantwortet, mit Ende Zwanzig, Anfang Dreißig, als ich sowohl meiner jungen Familie als auch meinem verantwortungsvollen

Beruf gerecht werden mußte. Rufe ich mir jedoch einzelne gesicherte Fakten ins Gedächtnis, saß ich bereits zu einem viel früheren Zeitpunkt in der Falle.

Ich erinnere mich zum Beispiel an einen Kinobesuch mit zwei anderen, ebenfalls jugendlichen Angestellten aus meiner Firma. Wir sahen einen Film über den Boxer Rocky Graziano, in dem es vor allem darum ging, wie dieser nach einer Morphiumbehandlung im Krankenhaus drogenabhängig wurde. Die schrecklichen Entzugserscheinungen waren à la Hollywood dargestellt. In gedrückter Stimmung verließen wir das Kino, jeder hing seinen eigenen Gedanken nach. Schließlich wurde das Schweigen durch eine Bemerkung unterbrochen: »Ich höre auf zu rauchen!« Keiner der beiden anderen wollte etwas dagegen einwenden, jeder nickte nur zustimmend. Ich war der Älteste von uns dreien. Mit siebzehn hatte ich noch nicht ganz zwei Jahre regelmäßigen Rauchens hinter mir. Was brachte jeden von uns dazu, die im Film völlig überzeichneten Entzugserscheinungen auf das Rauchen zu übertragen? Damals herrschte noch nicht die Angst vor Krebs, und keiner von uns hatte wirklich realisiert, daß es etwas wie Nikotinabhängigkeit gab. Es kann nur eine Antwort auf diese Frage geben: *Wir wußten bereits, daß wir abhängig waren!* Ich kann heute nicht mehr beurteilen, ob es uns richtig bewußt oder nur in unserem Unterbewußtsein verankert war.

Bei einem noch weiter zurückliegenden Zwischenfall war ich erst fünfzehn. Mein bester Freund, Desmond Jones, litt unter einem Phänomen, das ich zunächst als besonders schweren Fall von Niedergeschlagenheit betrachtete. Eine Weile zeigte er nicht das geringste Interesse an Sport oder am Pokerspielen. Dies wurde so schlimm, daß ich ihn eines Tages daraufhin ansprechen mußte. Ich ahnte, daß er einen aufregenden neuen Zeitvertreib entdeckt hatte, und war überzeugt davon, daß ich es war, der etwas versäumte. Sie haben es bereits erraten, es ging um Mädchen. Nachdem er schon auf zweimonatige Erfahrungen zurückblicken konnte, fühlte er sich verpflichtet, mich an seinem beachtlichen Wissensschatz teilhaben zu lassen. Schnell wußte ich, was wichtig war. Das war keine besondere Leistung, denn es waren nur zwei Dinge. Beide sollten uns älter und abgeklärter erscheinen lassen, als wir tatsächlich waren. Das Problem war nur, man brauchte dafür Geld, und das hatten wir damals beide nicht. Das eine war ein Filzhut, das andere eine lose aus dem Mundwinkel hängende Zigarette. Humphrey Bogart stand Pate.

Die Ausgabe für den Filzhut ärgerte mich zutiefst. Ich wollte eine alte Pfadfindermütze umtrimmen, doch damit fühlte ich mich eher wie Baden Powell als wie Humphrey Bogart, und die Mädchen sahen es genauso. Das Zigarettenproblem lösten wir, indem wir abwechselnd jeden Samstagabend eine Fünferpackung Players Weights kauften. Während der abendlichen Ausgehrunden rauchte jeder von uns zwei Stück, nicht in einem durch, sondern irgendwie schafften wir es, daß sie den ganzen Abend reichten. Ich wohnte in Putney, Desmond in Fulham, auf der anderen Seite des Flusses. Wir machten es uns zur festen Gewohnheit, daß derjenige, der die Packung gekauft hatte, die fünfte Zigarette in der Mitte auseinanderbrach und jeder die Hälfte davon rauchte, während wir auf den Fluß blickten und über unsere Eroberungen oder, um bei der Wahrheit zu bleiben, unsere verpaßten Chancen diskutierten.

In jenem bestimmten Fall hatte Desmond die Packung erworben. Doch anstatt die fünfte Zigarette zu teilen, steckte er sie sich an und sagte, da er sie gekauft hätte, sehe er auch keine Verpflichtung, sie mit mir zu teilen, und warf die leere Packung weg. Ich sah sofort rot, holte mit meinem Fuß aus und zielte auf die Packung. Desmond schrie entsetzt auf. Zu spät! Mein Fuß war schon zu nahe an dem Päckchen, um ihn noch zurückzuziehen, und schon landete es in der Themse.

Da war klar, daß noch eine ganze Zigarette in der Packung gewesen war. Ich hatte immer etwas für schwarzen Humor übrig, aber es gibt Dinge, mit denen man sich einfach keinen Spaß erlauben sollte. Die Packung trieb also auf der Wasseroberfläche dahin. Wir warfen vergeblich mehrere Gegenstände ins Wasser, um sie in unsere Richtung zu lenken. An der nächsten Brücke mußten wir unsere Versuche schließlich einstellen. Bedrückt und mit nassen Füßen standen wir da.

Diese Geschichte hat eine Moral. Sollten Sie irgendwann einmal in Versuchung geraten, jemandem einen Streich spielen zu wollen, dürfen Sie dabei niemals außer acht lassen, welche Katastrophe er zur Folge haben könnte, egal, wie harmlos dieser Streich auch scheinen mag. *Katastrophe?* Darum geht es in dieser Geschichte eigentlich. Wir waren damals erst fünfzehn und hätten die Zeit bis zum nächsten Wochenende relativ glücklich hinter uns gebracht, ohne auch nur an Rauchen zu denken. Worin bestand die große Katastrophe? Warum waren ein Paar kaputte Hosen, Socken oder Schuhe nicht der Rede wert? Warum aber war es für uns so wichtig, die Zigaretten wieder zurückzuholen?

Raucher, die Ihnen sagen, sie würden nur um des Genusses willen rauchen, können sehr überzeugend sein. Oft handelt es sich um intelligente, willensstarke, dominante Personen, die nur wenige Zigaretten am Tag rauchen. Angeblich halten sie es tagelang ohne Rauchen aus, wenn sie sich das vornehmen. Warum haben sie aber das Bedürfnis, andere zu beeindrucken? Hätten sie darüber gesprochen, wie sehr sie das Golfspielen genießen, wäre es auch nicht nötig gewesen, die Unterhaltung mit der Bemerkung abzuschließen: »Wenn ich es mir vornehme, kann ich es tagelang ohne Golfspielen aushalten.« Sind sich diese Personen nun darüber im klaren, daß sie abhängig sind, und wollen nur einen anderen Eindruck erwecken, oder täuschen sie sich selbst über diese Tatsache hinweg? Ich bin mir absolut sicher, daß ich vor oder nach dem Zwischenfall mit der Zigarettenpackung nicht die geringste Ahnung hatte, daß ich bereits abhängig war – und doch war ich es. Als ich den Film über Rocky Graziano sah, mußte ich schon von meiner Abhängigkeit gewußt haben, doch wie genau kann ich nicht sagen. In meinem Unterbewußtsein war dieses Wissen offenbar immer vorhanden, vielleicht hat ja der Film die Information vom Unterbewußtsein ins Bewußtsein befördert.

Es gibt bestimmte Mechanismen, um herauszufinden, ob diese Raucher wirklich alles so »unter Kontrolle« haben, wie sie vorgeben. Eigenartigerweise wollen sie nie in meiner Anwesenheit rauchen. Vielleicht denken sie, der Grund dafür liege auf der Hand. Wirklich? Ich habe nichts dagegen, wenn andere Personen in meiner Gegenwart rauchen. Im Gegenteil, ich bin den ganzen Tag von Rauchern umgeben, und es stört mich nicht im geringsten. Wenn wir beim Essen sitzen, betone ich immer wieder, daß es mir nichts ausmacht, wenn zwischen oder sogar während der einzelnen Gänge geraucht wird. Selbst dann geht die Tendenz eher zum Nichtrauchen. Doch die Hände der Teilnehmer beginnen nervös zu werden, was wiederum mich zunehmend aus der Ruhe bringt. Ich weiß, sie würden jetzt alles für eine Zigarette geben. Verzweifelt mache ich folgende Bemerkung: »Es gibt nur eins, was mich bei Rauchern stört, nämlich, wenn sie es vermeiden wollen, in meiner Gegenwart zu rauchen. Es bringt mich völlig aus der Ruhe, wenn sie nicht rauchen.« Aber oft hilft auch das nicht, es wird immer noch nicht geraucht. Warum? Ich habe es mit freundlichen, vernünftigen, rücksichtsvollen Menschen zu tun. Eben haben sie mir erzählt, wie sehr sie die Zigarette nach dem Essen genießen. Ich sage, daß es mich kränkt, wenn sie nicht rauchen, und noch immer stecken sie sich keine an. Warum sollte ein ansonsten freundlicher, rücksichtsvoller Mensch mich absichtlich kränken und sich damit auch noch um seinen Genuß bringen wollen? Warum springen diese Raucher über ihren Schatten, um mir oder sich selbst zu beweisen, daß sie sich unter Kontrolle haben? Sie beweisen damit genau das Gegenteil. Sobald ich nämlich außer Sichtweite bin, zünden sie sich eine Zigarette an – und wie sie dabei entspannen! Es ist, als würde man aus einem zu engen Schuh schlüpfen, den man zu lange tragen mußte.

Doch um wirklich sicherzugehen, sollten Sie jenen Rauchern folgende Fragen stellen:

»Sie sagen mir, Sie rauchen um des Genusses willen. Ermutigen Sie denn Ihre Kinder zu rauchen?«

»Ich habe keine Kinder.«

»Und wenn Sie welche hätten, würden Sie diese ermutigen?«

Ich habe diese Frage schon tausendmal gestellt. Nicht ein einziges Mal wurde sie mit Ja beantwortet. Entweder lautet die Antwort nein, oder sie ist ausweichend, wie etwa:

»Ich bin der Meinung, sie sollten das selbst entscheiden.«

»Natürlich, aber würden Sie bitte die Frage beantworten, die ich Ihnen gestellt habe: Würden Sie Ihre Kinder ermutigen oder nicht?«

Zunächst wird noch um den Brei herumgeredet und früher oder später eine neutrale Antwort formuliert:

»Ich würde sie weder in die eine noch in die andere Richtung ermutigen, ich würde ihnen lediglich die Vorteile und die Gefahren des Rauchens aufzeigen und ihnen selbst die Entscheidung überlassen.«

»Dann nehmen wir einmal an, Ihre Kinder haben sich entschieden, mitten auf der Straße zu spielen oder sich einen Schuß Heroin zu setzen. Würden Sie ihnen wirklich die Vor- und Nachteile erläutern, oder würden Sie auf sie einreden, doch nicht so dumm zu sein?«

Auf diese Frage folgen meist wieder Ausflüchte. Tatsache aber ist, daß alle Eltern nicht nur die Pflicht, sondern auch den Wunsch verspüren, ihre Nachkommen zu erziehen und sie auf die Gefahren des Lebens vorzubereiten. Die Eltern, die ihre Kinder zum Rauchen überreden, gibt es nicht. Der einzige Grund, warum es manchen schwerfällt, die genannte Frage zu beantworten, liegt darin, daß sie selbst immer noch rauchen. Falls sie wirklich davon überzeugt sind, daß Rauchen Genuß und Hilfe bietet, um die damit verbundenen Gefahren aufzuwiegen, dürften sie ihren Kindern nicht davon abraten. Vielleicht sind doch die Gefahren der Grund? Autofahren ist auch gefährlich, und trotzdem wollen wir unsere Kinder davon nicht abhalten. Glauben Sie mir, es gibt nur einen triftigen Grund, warum Eltern ihre Kinder nicht zum Rauchen ermutigen: Jedem Raucher sagen sowohl Logik als auch Instinkt, daß er nicht aus freien Stücken raucht, sondern in der Falle sitzt. Natürlich will kein Raucher, daß seine Kinder in die gleiche Falle tappen. Aber warum hört er selbst nicht auf? Nur aus dem einen Grund, weil er nicht die Kontrolle besitzt, die er vorgibt: *Er ist tatsächlich abhängig!*

Manche Eltern erklären diesen Widerspruch folgendermaßen: »Natürlich will ich nicht, daß meine Kinder rauchen. Es ist schmuddelig, ungesund und teuer, und was man nicht kennt, vermißt man auch nicht. Bei mir ist es anders, ich weiß, was mir fehlen würde.« Als erstes stimme ich nicht damit überein, daß man Dinge, die man nicht kennt, auch nicht vermißt. Ich hatte jahrelang unglaubliche Lust, Golf zu spielen, bis ich endlich dazu kam. Mit der Behauptung, etwas, das man nicht kennt, kann man nicht vermissen, leugnet man die Existenz von Phänomenen wie Ehrgeiz, Vorstellungskraft oder Sexualtrieb. Manchmal übertreffen die Erwartungen sogar die Realität. Das größere Problem aber liegt in der zweiten Behauptung: »Ich weiß, was mir fehlen würde.« Damit stimme ich zunächst überein. Das Leben geht zwar weiter, wenn man plötzlich auf ein bestimmtes Vergnügen verzichten muß, doch wird man das Gefühl des Verzichts nie ganz los.

Die wahre Rafinesse und Stärke der Nikotinfalle besteht darin, daß ihre Opfer zugleich ihre Befürworter sind. Sie macht den Raucher glauben, er sei nicht abhängig und, egal, wie schlimm es in Wirklichkeit schon um ihn steht, er rauche aus freien Stücken. Er schafft sich seine persönliche fleischfressende Pflanze, und je tiefer er in den Abgrund rutscht, um so mehr wünscht er sich, in der Falle zu bleiben.

Schon bevor die Falle zuschnappt, sind wir uns darüber im klaren, daß es stichhaltige Gründe gegen das Rauchen gibt. Trotzdem versucht praktisch jeder einmal eine Zigarette. Ich gehe jede Wette ein, daß es unter einer Million Menschen nicht einen einzigen gibt, der noch nie eine Zigarette probiert hat. Auch unter den vielen Millionen, die nicht in Abhängigkeit geraten sind, gibt es kaum einen, der nicht zumindest einen Versuch gewagt hat.

Ich sagte bereits, wenn man auf eine Annehmlichkeit plötzlich verzichten muß, wird man nie mehr das Gefühl los, etwas zu versäumen. Ebenso habe ich darauf hingewiesen, daß die Nikotinfalle subtiler und raffinierter funktioniert als das Prinzip der fleischfressenden Pflanze, mit einem Unterschied: Für die Fliege gibt es kein Entrinnen mehr, wenn sie erkannt hat, daß sie in der Falle sitzt. Wie kann sich ein Raucher für immer aus der Nikotinfalle befreien? Und angenommen, er schafft es: *Kann es einen einfachen Weg geben?*

Ich verspreche Ihnen, es gibt ihn. Die Fliege kann sich nicht mehr aus der fleischfressenden Pflanze befreien, weil sie nicht die körperliche Kraft besitzt, sich von dem klebrigen Nektar zu lösen. Beim Raucher ist es nicht eine Frage der physischen Stärke. Das Gefängnis existiert nur im Kopf. Raucher werden unversehens ihre eigenen Gefangenen. Einige wenige schaffen dank ihres starken Willens, ihrer Erfindungsgabe und der nötigen Hilfe die Flucht aus einer Festung, wie aber soll man aus einem Gefängnis ausbrechen, das nicht sichtbar ist, einem Gefängnis, in dem man sein eigener Häftling ist, einem Gefängnis, in dem der Wunsch auszubrechen immer wieder überlagert wird vom Wunsch, drin zu bleiben.

Die Stärke der Nikotinfalle ist gleichzeitig auch ihre Schwäche, weil man sein eigener Gefangener ist und die Gründe, warum es dazu kam, trügerisch sind. Sobald die Illusion zerstört ist, die sie zunächst Raucher bleiben läßt, sind sie praktisch schon befreit. Ehemalige Raucher werden sich niemals ganz frei fühlen, solange sie glauben, auf einen Genuß oder eine Hilfe verzichten zu müssen. Aber die wunderbare Wahrheit ist:

RAUCHEN BIETET WEDER GENUSS NOCH HILFE!

Wenn Sie diese Wahrheit einmal verstanden und akzeptiert haben, *werden Sie niemals wieder das Gefühl haben, auf etwas verzichten zu müssen!*

Es fällt Ihnen schwer, das zu glauben? Würde es Ihnen schwerfallen, sich nicht mit einem Hammer auf den Daumen schlagen zu dürfen? Oder machen Sie sich übermäßige Gedanken darüber, daß Sie sich keinen Schuß Heroin verabreichen dürfen? Natürlich nicht. Warum aber glauben Sie, haben Heroinabhängige dieses große Verlangen? Beneiden Sie diese Personen? Natürlich nicht. Im Gegenteil, Sie empfinden Mitleid für sie. Warum werden Heroinabhängige von Außenstehenden aus einem so unterschiedlichen Blickwinkel betrachtet, als sie sich selbst sehen. Wurde die eine Perspektive vielleicht durch den Einfluß einer Droge massiv verändert? Nichtraucher sehen Raucher von einer völlig anderen Warte aus als Raucher sich selbst. Warum? Versuchen Sie folgendes: *Betrachten Sie sich mit den Augen eines Nichtrauchers!*

Sowohl Raucher als auch Exraucher sagen oft: »Ich kann mir nicht vorstellen, daß Sie wirklich noch kein einziges Mal Lust auf eine gelegentliche Zigarette hatten.« Der einfache Grund dafür ist, ich erinnere mich genau an das Rauchen und sehe es nicht durch die rosarote Brille, die die Gesellschaft mir einmal aufgesetzt hatte, sondern wie es tatsächlich war.

Ich weiß noch, wie anstrengend ich es empfand, morgens aus dem Bett zu kommen, und wie niedergeschlagen und lethargisch ich mich fühlte. Ich erinnere mich an den grünbraunen Belag auf meiner Zunge, der sie in ein Reibeisen verwandelte. Ich erinnere mich an die erstickende Wirkung der ersten Zigarette des Tages und das darauffolgende Keuchen, Husten und Schneuzen. Ich sagte immer: »Ich bin nie erkältet. Weil ich soviel rauche, können sich keine Bakterien in meiner Lunge halten.« Die Wahrheit ist, ich hustete jeden Morgen soviel Schleim heraus, daß ich nie genau sagen konnte, ob ich erkältet war oder nicht. Ich war der Meinung, im Winter würde jedermann Schleim husten und eine triefende Nase haben. Erst als ich aufhörte zu rauchen, wurde mir klar, daß das nicht stimmt. Noch heute trage ich immer mehrere Taschentücher bei mir, benutze sie aber nur, wenn ich wirklich erkältet bin. Ich kenne jetzt den Unterschied zwischen gesund und krank und hasse es, eine Erkältung zu haben. Wenn ich doch eine bekomme, kann ich mich nur wundern, wie ich mir die damit einhergehende Niedergeschlagenheit und das typische Druckgefühl permanent selbst auferlegen und auch noch als normal empfinden konnte.

Ich erinnere mich an die bräunliche Verfärbung, die ich jeden Morgen auf meiner Oberlippe vorfand und die durch meine vehementen Versuche, sie wegzureiben, rötlich wurde. Nach einer langen Kartenspielnacht fragte mich einmal ein Freund, ob ich mir einen Schnauzbart wachsen lasse. Es war ihm außerordentlich peinlich, als er bei näherem Hinsehen bemerkte, daß es sich um eine Nikotinverfärbung handelte. Überflüssig zu sagen, daß einer der Anwesenden noch peinlicher berührt war, aber auch das brachte mich nicht zum Aufhören.

Jahrelang lächelte oder lachte ich nur noch mit geschlossenen Lippen, weil ich mich der Ablagerungen auf meinen Zähnen schämte. Ich haßte Zahnarztbesuche. Damals dachte ich, ich sei feige und fürchte mich vor den Schmerzen. Doch heute weiß ich, daß mir die Nikotinflecken auf meinen Zähnen und der unausweichliche Vortrag meines Zahnarztes peinlich waren.

Ich erinnere mich an die gequälten Blicke meiner Frau und meiner Kinder, wenn ich wieder einmal einen jener besonders schlimmen Hustenanfälle hatte, an die Seelenqualen, die sie beim Anblick dieser traurigen Figur, die sich systematisch selbst vernichtete, erleiden mußten. Ganz zu schweigen von den Vorwürfen, die ich mir selbst machte, wenn ich bemerkte, wie sehr sie sich um mich sorgten. Und doch war ich nicht in der Lage, etwas daran zu ändern.

Wenn mich meine Familie an Weihnachten und an meinem Geburtstag fragte, was ich mir wünsche, war meine Antwort: »Ich habe keinen Wunsch, ich habe alles, was ich brauche.« Im stillen dachte ich: Ich gebe soviel Geld für Zigaretten aus, Geld, das ich für nötige Anschaffungen oder Luxus verwenden könnte, daß ich kein Recht auf ein Geschenk habe. Erst Jahre, nachdem ich mit dem Rauchen aufgehört hatte, fiel mir auf, daß meine letzte persönliche Anschaffung ein glänzendes neues Fahrrad gewesen war, das ich im Alter von fünfzehn Jahren von meinem Zeitungsaustragegeld gekauft hatte. Heute genieße ich es, mir persönlich etwas zu leisten, der Kauflust zu frönen, ohne dabei ein schlechtes Gewissen zu haben. Erst nachdem ich lange Zeit Nichtraucher war, fiel mir auf, daß mir solcher Luxus über dreißig Jahre lang versagt geblieben war, nicht nur, weil das Rauchen soviel Geld verschlang, sondern weil, unabhängig von meiner finanziellen Situation, mein Schuldkomplex es gar nicht zugelassen hätte.

Ich fühlte mich unwohl, sobald eine andere Person, selbst wenn es ein Familienmitglied war, näher als drei Schritte an mich herankam. Ich hielt es für eine Kontaktphobie. Und das war es auch, nur war mir nicht klar, daß ihre Ursache in meiner Befangenheit lag, der andere könne das Nikotin in meinem Atem riechen. Selbst als junger Erwachsener dachte ich beim Küssen immer daran, ob die Frau meinen Raucheratem roch.

Woran ich mich jedoch am deutlichsten erinnere, ist die Selbstverachtung, unter der ich litt, weil ich von etwas abhängig war, das ich im Grunde verabscheute. Alles andere in meinem Leben hatte ich unter Kontrolle. Ich haßte mein Sklavendasein und die Vorstellung, daß andere ebenfalls davon wußten. Ich haßte die Sorge, ob ich noch genügend Zigaretten hätte, ob das Flugzeug besonders lange auf der Rollbahn warten müsse, ob die nächste Person, die ich treffe, Raucher oder Nichtraucher sei. Ob ich jemals Verlangen nach einer Gelegenheitszigarette verspüre? Warum sollte ich, oder warum sollte überhaupt irgend jemand?

Warum ich dieses Verlangen nicht kenne? Aus genau demselben Grund, wie ich nie Lust darauf verspüre, zu enge Schuhe zu tragen, meinen Kopf gegen die Wand zu schlagen, meine Hand in kochendes Wasser zu halten oder mir einen Schuß Heroin zu verpassen. All das sind ziemlich unangenehme Dinge. Sicher sind Sie einer Meinung mit mir, daß es Unsinn wäre, sich mit dem Wunsch nach etwas herumzuschlagen, das man nie bekommen wird. Um so dümmer wäre es, sich nach etwas Widerlichem zu sehnen, das man nicht einmal braucht. Diskussionspunkt könnte an dieser Stelle nur die Frage sein, ob das Rauchen Genuß oder Hilfe bringt oder nicht. Ihr Verstand sagt vermutlich bereits nein. Doch um wirklich frei zu sein, müssen wir auch die letzten Zweifel aus unserem Unterbewußtsein ausräumen. Sie wissen ja, wenn ein Teil Ihres Gehirns sagt: »Ich will oder ich brauche eine Zigarette«, spielt es keine Rolle, ob sie verstehen, warum oder ob der Wunsch Ihnen unlogisch erscheint. Wenn Sie eine Zigarette wollen und sie nicht bekommen, fühlen Sie sich schlecht.

Ich vermute, daß ich Ihre Geduld allmählich auf die Probe stelle. Warum höre ich nicht damit auf, was wir tun sollten, und schreite einfach zur Tat? Die aufmerksameren Leser unter Ihnen haben sicher bereits bemerkt, daß ich schon mitten drin bin. Flugschüler können es nicht erwarten, bis sie endlich selbst fliegen dürfen. Doch ohne ausreichende Kenntnisse in Mathematik, Navigation, Aeronautik, Funkwesen, Mechanik und anderen Fächern, die auf den ersten Blick vielleicht unwichtig erscheinen, würden sie nicht lange in der Luft bleiben. Ihre Geduld zahlt sich letzten Endes aus, ebenso wird es auch Ihnen ergehen. Aber in Wirklichkeit kann ich es noch weniger erwarten als Sie, zur Sache zu kommen. Wir haben die nötigen Grundlagen geschaffen, um nun die nächsten Schritte in Angriff nehmen zu können, nämlich:

SO WIRD MAN FÜR DEN REST SEINES LEBENS GLÜCKLICHER NICHTRAUCHER

KAPITEL 11

So wird man für den Rest seines Lebens glücklicher Nichtraucher

Raucher, die mit Erfolg Allen Carrs Easyway angewandt haben, sei es in Kursen, per Video, Buch oder Kassette, und wieder rückfällig werden, können nicht verstehen, warum die »Wunderkur« beim zweiten Versuch weniger effektiv erscheint. Aber nun ist das Problem völlig anders gelagert. Am einfachsten läßt sich dies anhand des Beispiels mit dem Gully erklären:

Sitzt ein Mensch schon seit mehreren Tagen in einem Gully fest, können er und ich es durch gemeinsame Anstrengung schaffen, ihn daraus zu befreien. Er hat den starken Willen, aus der Falle zu entkommen, ich stelle das nötige Hilfsmittel zur Verfügung. Er muß lediglich die korrekten Anweisungen, wie das Hilfsmittel zu verwenden ist, befolgen. Ist er schließlich befreit, ergibt sich ein ganz anderes Problem: Wie können wir verhindern, daß er wieder hineinfällt? Das ist eine gewaltige Aufgabe. Wie könnte ich ihm anders helfen, außer ihn den Rest seines Lebens auf Schritt und Tritt zu begleiten?

Ich könnte dafür sorgen, daß alle Gullys mit Deckeln versehen werden; auf das Rauchen übertragen hieße das, alle nikotinhaltigen Produkte vom Markt zu nehmen, was praktisch undurchführbar ist. Wie also sollte Allen Carr auch nur einem einzigen Menschen helfen können, nie wieder eine Zigarette anzufassen, ganz zu schweigen von neunundneunzig Prozent der Weltbevölkerung?

Es gibt einen Weg: Sie erinnern sich, der Gully ist eine sichtbare Falle, Nikotinabhängigkeit existiert nur im Kopf, ist also eine Illusion. Wie bei jedem Täuschungsmanöver gilt auch hier: Haben Sie den Trick einmal durchschaut, werden Sie nie wieder auf ihn hereinfallen. Halten Sie sich auch vor Augen, daß es Millionen von Menschen geschafft haben, nicht in die Nikotinfalle zu tappen, obwohl auch sie der massiven Gehirnwäsche ausgesetzt sind und sich nicht der Funktionsweise der Falle und der wahren Fakten über das Rauchen bewußt sind.

Was wollen wir erreichen? Ganz einfach: *Nichtraucher werden.* Damit ist Ihr Problem bereits gelöst, und Sie müssen nichts weiter tun, als sich niemals mehr eine Zigarette anzustecken. Aber so leicht kann es doch auch wieder nicht sein. Was ist mit den Entzugserscheinungen, der Niedergeschlagenheit und den Depressionen? Genau, es gehört noch mehr dazu.

Was unterscheidet einen Raucher von einem Nichtraucher? Der eine raucht, der andere nicht. Aber warum raucht der eine und der andere nicht? Wer zwingt den Raucher, zur nächsten Zigarette zu greifen? Der Raucher selbst. Der Umstand, daß ein Teil seines Bewußtseins wünscht, er müsse nicht rauchen, oder er nicht versteht, warum er raucht, ändert nichts an der Situation. Der wahre Unterschied zwischen Rauchern und Nichtrauchern besteht darin, daß letztere nie den Wunsch haben zu rauchen.

Dennoch kennen wir alle den einen oder anderen Nichtraucher und ganz bestimmt eine Reihe von Exrauchern, die gelegentlich Lust auf eine Zigarette haben. Alles andere wäre auch überraschend, denn schließlich sind auch sie von Geburt an der Gehirnwäsche ausgesetzt. Raucher sehen gern darüber hinweg, daß Nichtraucher exakt denselben Zwiespalt erleben wie sie selbst. Der Unterschied zwischen beiden ist nur, daß beim Nichtraucher die Gründe gegen das Rauchen entschieden mehr Gewicht haben. Seine Versuchung ist so gering, daß sie praktisch nicht existiert.

Werden wir also Nichtraucher, indem wir die Versuchung so klein halten, daß sie kein Problem mehr darstellt? Nein! Solange noch der geringste Wunsch oder die kleinste Versuchung zu rauchen in Ihrem Bewußtsein vorhanden ist, werden Sie immer das Gefühl haben, auf etwas verzichten zu müssen. Sie wären Ihr Leben lang dazu verdammt, mit Willenskraft und Disziplin dagegen anzukämpfen. Darüber hinaus bestünde nur allzuleicht die Gefahr, daß Sie irgendwann wieder in die Falle geraten. Ich bin mir dessen bewußt, daß für einen Nichtraucher die Gründe gegen das Rauchen sosehr überwiegen, daß so gut wie kein Risiko besteht, abhängig zu werden. In diesem Zusammenhang möchte ich daran erinnern, daß ungefähr sechzig Prozent der Bevölkerung genauso denken, *bis sie in die Falle tappen!*

Aber egal, ob es sich um Nichtraucher, Raucher oder ehemalige Raucher handelt, die wichtigste Voraussetzung ist, daß keiner mit dem Gefühl durchs Leben geht, auf etwas verzichten zu müssen, verletzbarer zu sein oder einer Versuchung widerstehen zu müssen, auch wenn dieses Gefühl noch so geringfügig ist. Der Rest des Lebens ist eine zu lange Zeit, um sie in Verteidigunsposition zu verbringen. Wir wollen erreichen, daß keiner mehr auch nur eine einzige Zigarette raucht und auch sein restliches Leben niemals unter dem Wunsch oder dem Verlangen nach einer Zigarette leiden muß. Mit anderen Worten, wir wollen es jedem einzelnen ermöglichen,

GLÜCKLICH DARÜBER ZU SEIN, DASS ER FÜR DEN REST
SEINES LEBENS NICHTRAUCHER IST.

Wer meine Ausführungen aufmerksam verfolgt hat, dem ist nicht entgangen, daß ich mich nicht nur an Raucher und ehemalige Raucher wende, sondern auch an Nichtraucher. Will ich damit sagen, daß auch Nichtraucher dieses Buch lesen sollten? Ja, genau das will ich. Überrascht Sie das? Würden Sie erst auf die Idee kommen, Ihrem Kind das Schwimmen beizubringen, wenn es schon am Ertrinken ist?

Wie kann ich nun unterstellen, daß Raucher unter den gleichen Problemen leiden wie ehemalige Raucher, ganz zu schweigen von Nichtrauchern? Ich kann es nicht! Raucher haben das Problem, bereits in der Falle zu sitzen. Ehemalige Raucher und Nichtraucher haben das Problem, vielleicht irgendwann einmal in die Falle zu tappen. Ihre Probleme sind verschieden, die Lösung aber ist für alle gleich: einfach nicht den Wunsch oder das Bedürfnis nach einer Zigarette zu haben, nicht heute, nicht morgen und nicht nächstes Jahr, sondern *bis ans Ende ihres Lebens!*

Wir müssen sicherstellen, daß niemand mehr in die Situation kommt, eine Zigarette zu brauchen oder zu wollen. Vielleicht halten Sie das für unmöglich. Das liegt aber nur daran, wie verquer unsere Einstellung in bezug auf das Rauchen ist.

Es ist meine Aufgabe, dafür zu sorgen, daß niemand mehr den Wunsch hat. Ihre Aufgabe ist es, dafür Sorge zu tragen, daß sie selbst niemals mehr das Gefühl haben, eine Zigarette zu wollen oder zu brauchen. Ich verspreche Ihnen, es ist einfach!

EINFACH! UNGEFÄHR SO EINFACH,
WIE DEN EVEREST ZU BESTEIGEN!

KAPITEL 12

Die Besteigung des Everest

Angenommen, Sie würden eines Morgens aufwachen und auf die Idee kommen, es wäre eine tolle Leistung, den Everest zu besteigen. Würden Sie eine Daunenjacke, Thermounterwäsche und ein paar guter Wanderschuhe einpacken und den nächsten Flug in den Himalaja buchen? Welche Erfolgsaussichten hätten sie wohl mit dieser Methode?

Der Everest ist vielleicht ein schlechtes Beispiel, denn bisher habe ich immer behauptet, es wäre lächerlich einfach, mit dem Rauchen aufzuhören, aber jeder weiß, wie schwierig es ist. Und nun vergleiche ich es auch noch mit der Besteigung des Everest, einem wirklich gefährlichen Unterfangen. Um irgendeine Aussicht auf Erfolg zu haben, bedarf es beachtlicher körperlicher und mentaler Vorbereitung sowie ausreichender finanzieller Mittel und optimaler Ausrüstung, Unterstützung und Planung und – nicht zu vergessen – einer guten Portion Glück. Selbst bei bester Vorbereitung und Planung ist es immer noch ein schwieriges Vorhaben, bei dem die Kletterer physische und psychische Qualen leiden. Aber glauben Sie, sie würden sich dabei niedergeschlagen fühlen? Auf keinen Fall! Solche Erfahrungen geben zunächst immer Auftrieb. Niedergeschlagenheit stellt sich erst ein, wenn Katastrophen oder Rückschläge eintreten.

Richard Branson schilderte seinen Versuch, den Schnellbootrekord über den Atlantik aufzustellen. Ich kann mir keine ungemütlichere Unternehmung vorstellen. Er ist beinahe in der Irischen See ertrunken. Doch schon wenige Monate später versuchte er das gleiche in einem Heißluftballon. Der Ballon hatte in Irland eine Bruchlandung, der Pilot konnte gerade noch rechtzeitig abspringen. England überquerte er unbeschadet und landete schließlich sicher in Frankreich. Beides muß ein ziemliches Abenteuer gewesen sein, doch aus seinen Beschreibungen geht deutlich hervor, daß er es trotzdem genossen hat.

Zum Glück ist es einfacher, mit dem Rauchen aufzuhören. Die körperliche Belastung ist so gering, daß man sie vernachlässigen kann. Das

Problem ist der Kopf. Vorausgesetzt Sie besitzen die richtige Zahlenkombination, sind Sie in der Lage, einen Safe in wenigen Sekunden zu knacken. Sie können sofort ein glücklicher Nichtraucher werden, wenn Sie sich in der richtigen psychischen Verfassung befinden und diese bis ans Ende Ihres Lebens beibehalten. Die allermeisten Versuche, mit dem Rauchen aufzuhören, scheitern, weil sie von einer vorübergehenden, unangenehmen Situation ausgelöst wurden, wie zum Beispiel zu viele Zigaretten an den Weihnachtsfeiertagen, eine Erkältung oder Geldknappheit. Das Problem dabei ist, daß eine Erkältung oder die Geldknappheit aufhören, sobald das Rauchen eingestellt wird. Die anfänglichen Gründe, die zum Aufhören führten, sind nicht mehr existent, aber der Wunsch zu rauchen ist weiter vorhanden. Die vorübergehende Abstinenz läßt die Zigarette nun noch erstrebenswerter erscheinen, und früher oder später findet sich eine plausible Ausrede, sich wieder eine anzustecken.

NICHT MEHR ZU RAUCHEN IST NUR EINFACH, WENN MAN SICH VORHER MENTAL DARAUF VORBEREITET.

Falls Sie das nicht machen, sind Ihre Aussichten auf Erfolg nicht größer als bei der Besteigung des Mount Everest. Sie glauben wieder, ich übertreibe. Immerhin haben es die Hälfte der erwachsenen Raucher schon geschafft. Aber fanden sie es einfach? Verspüren sie noch manchmal das Verlangen nach einer Zigarette? Wie viele von ihnen sind wieder in die Falle getappt? Wollen Sie, daß es Ihnen genauso ergeht? Oder möchten Sie lieber für den Rest Ihres Lebens ein glücklicher Nichtraucher sein?

Hier eine Warnung. Ohne Frage werden sie Ratschläge von sogenannten Experten oder wohlmeinenden Zeitgenossen erhalten, die natürlich nur die besten Absichten verfolgen. Diese mögen durchaus logisch erscheinen, doch sollten sie im Widerspruch zu meinen Anweisungen stehen, dann *ignorieren Sie sie*. Manchmal sind es meine vehementesten Befürworter, Raucher wie ich, für die es lächerlich einfach war aufzuhören und die nun in ihrem Eifer, Freunden zu helfen, eigentlich Schuld an deren Scheitern tragen, weil sie einige meiner Äußerungen falsch interpretiert oder nicht ganz verstanden haben oder ihnen einen falschen Stellenwert zuordnen. Ein klassisches Beispiel dafür ist folgende Aussage: »Er erzählte mir, daß Raucher im Grunde ihre Zigaretten überhaupt nicht genießen, nicht einmal jene nach dem Essen. Ich achtete darauf, und erstaunlicherweise hatte er absolut recht!«

Wenn Sie einem Freund, der davon überzeugt ist, seine Zigarette nach dem Essen zu genießen, das erzählen, wird er es höchstwahrscheinlich nicht einmal mehr der Mühe wert finden, weiter über ein Aufhören nachzudenken. Er wird lediglich von der Annahme ausgehen: »Es hat keinen Sinn für mich, einen Kurs bei Allen Carr mitzumachen, da ich die Zigarette nach dem Essen definitiv genieße.« Sogar jene Raucher, die sich dessen bewußt sind, daß sie die Zigarette nach dem Essen nicht genießen, würden sich davon abhalten lassen. Ihre Einstellung ist folgende: »Na und? Ich brauche keinen Allen Carr, um zu erfahren, was ich ohnehin längst weiß.«

Hier noch ein klassisches Beispiel: »Seit der Kurs beendet ist, habe ich überhaupt nicht ans Rauchen gedacht.«

Eine meiner wirklich wichtigen Anweisungen lautet: »Schon der Versuch, *nicht* an das Rauchen zu denken, ist fatal.« In Wirklichkeit hat dieser Raucher vermutlich mehrere Tage lang an nichts anderes gedacht als an das Rauchen, wie angenehm es sei, sich keine Zigarette mehr anstecken zu wollen oder zu müssen. Was er wirklich sagen wollte, ist: »Seit dem Tag, als der Kurs beendet war, kam es mir nicht einmal in den Sinn, mir eine Zigarette anzustecken.« Als der Freund den Kurs verläßt, kann er an nichts anderes mehr denken, als an das Rauchen. Wie sollte es auch anders sein? Stundenlang haben wir uns über das Rauchen unterhalten. Er sollte sich das Thema durch den Kopf gehen lassen, die Informationen in sich aufnehmen und über die Freude, Nichtraucher zu sein, nachdenken. Dann fällt ihm ein: »Halt, Frank hat mir erzählt, er habe seit dem Kurs nicht einmal mehr ans Rauchen gedacht. Da muß etwas schiefgelaufen sein.«

Wir haben hier zwei Beispiele von unachtsam geäußerten Fehlinterpretationen. Es kommt auch vor, daß ein ehemaliger Raucher seinem Freund rät, eine oder mehrere Anweisungen zu ignorieren. »Er sagt zwar, du sollst das nicht, aber ich habe eine Packung behalten.« Der Freund befolgt den Rat und kann nicht verstehen, warum er scheitert.

Obwohl ich sage, es sei absolut wichtig, *alle* Anweisungen zu beachten, gibt es immer wieder Personen, die sich nur zur Hälfte nach ihnen richten und es trotzdem einfach finden aufzuhören. Das läßt sich wieder gut vergleichen mit der Everestbesteigung. Sie haben vielleicht einen Punkt der Vorbereitung ausgelassen, kommen aber trotzdem zum Gipfel, weil sie einfach Glück haben. Ein anderer Grund ist der, daß jeder Raucher sich in einem ganz individuellen Stadium der Gehirnwäsche befindet.

Stellen Sie sich einen drei Meter hohen Zaun vor, über den sie klettern müssen. Es gibt keine Hilfsmittel oder Hilfestellung von Dritten. Die einzige Möglichkeit ist darüberzuspringen. Das würden Sie aber nicht schaffen. Nun gehen wir davon aus, der Zaun bestehe aus zehn Bretterreihen. Die unterste Reihe bilden solide Mahagonibretter. Die anderen neun

Reihen existieren nicht wirklich, sondern sind nur vorgetäuscht. Genau dieses Problem versuche ich, mit jedem Raucher zu lösen. Das größte Hindernis, um mit dem Rauchen aufzuhören, sind die Illusionen. Jede Anweisung, die ich gebe, soll eine Reihe von Trugbildern beseitigen. Und mit jeder Reihe weniger, fällt es leichter aufzuhören. Die unterste Reihe, die aus Mahagoni, steht für die wenigen Tage, in denen Ihr Körper eine leichte Verschlechterung verspürt, weil er auf das Nikotin verzichten muß. Wie kann ich Ihnen darüber hinweghelfen? Brauchen Sie wirklich meine Hilfe, um über ein dreißig Zentimeter hohes Brett zu steigen? *Es ist ganz einfach!*

Stellen Sie sich bei jeder meiner Anweisungen vor, Sie beseitigen eines dieser imaginären Bretter, so daß Ihnen das Aufhören Schritt für Schritt leichterfällt. Selbst wenn ich nur sechs Bretter entferne, könnte ein normal gebauter, gesunder Erwachsener relativ leicht über diesen Zaun steigen.

Endlich Nichtraucher! vermittelt alle nötigen Anweisungen und gibt ausführliche Erklärungen dazu. Muß man wirklich nichts weiter tun, als diese zu befolgen? Und falls Sie schon sehr lange Raucher sind und den festen Wunsch haben aufzuhören, werden Sie diese auch befolgen und es somit schaffen. Falls Sie aber Nichtraucher sind oder erst vor kurzem wieder angefangen haben, verspüren Sie nicht einmal den Wunsch oder das Bedürfnis, die Anweisungen zu lesen, und schon gar nicht, sie zu befolgen. Doch Sie sind weiterhin täglich der massiven Gehirnwäsche ausgesetzt, die Sie immer wieder dazu verführen will:

NUR NOCH EINE ZIGARETTE!

KAPITEL 13

Die zwölf Geschworenen

Kennen Sie den Film *Die zwölf Geschworenen*? Vergleicht man die Produktionskosten mit der Qualität des Films, muß das in dieser Hinsicht der beste Film sein, der je gedreht worden ist. Damit meine ich nicht, daß Abstriche bei der Besetzung gemacht wurden. Alle zwölf Schauspieler zeigen Bestleistung. Die Handlung ist absolut mitreißend, man kann sich kaum vorstellen, daß fast der ganze Film in nur einem einzigen Raum spielt. Ein Jugendlicher ist wegen Mordes an seinem Vater angeklagt. Der Fall ist klar. Er hat die Tat angedroht, er wurde bei der Tat beobachtet, er hatte kein stichhaltiges Alibi und wurde mit der Tatwaffe in der Hand gestellt.

Beinahe der gesamte Film besteht aus den Diskussionen der Geschworenen und einer Reihe von Abstimmungen. Bei der ersten Abstimmung plädieren elf Geschworene für schuldig, einer enthält sich der Stimme. Letzterer, dargestellt von Henry Fonda, kann seine Entscheidung nicht logisch begründen, ist sogar der Meinung, daß alle Indizien für schuldig sprechen. Aber da ist irgend etwas, was ihm nicht stimmig erscheint. Es handelt sich um eine jener typischen Situationen, in denen Logik und Instinkt auseinanderdriften. Daraufhin fällt einem anderen Geschworenen eine kleine Ungereimtheit in der Beweisführung auf, die bei ihm Zweifel weckt. Es ist eigentlich eine Kleinigkeit, doch löst sie weitere Diskussionen aus. So kostengünstig der Film in der Herstellung gewesen sein mag, ist er doch eine der faszinierendsten Leinwandproduktionen, die ich je gesehen habe. Die Geschworenen übernehmen praktisch die detektivische Arbeit, und im Lauf der Abstimmungen plädieren immer weniger Teilnehmer für schuldig, bis sie schließlich den Beweis erbringen, daß der Junge nicht schuldig ist und unmöglich den Mord begangen haben kann.

Viele Kursteilnehmer sagen: »Ich war vor, während und nach dem Kurs skeptisch, doch seit ich bei Ihnen war, hatte ich nicht die geringste Lust auf eine Zigarette, und es fiel mir unglaublich leicht. Das meiste, was Sie sagten, wußte ich bereits vorher. Warum fand ich es bei meinen früheren Versuchen dann so schwierig, ja unmöglich?« Bei Interviews werde ich oft gefragt: »Was sagen Sie den Rauchern, daß es ihnen so leichtfällt aufzuhören?«

Sowohl der ehemalige Raucher als auch der Journalist erwarten als Antwort eine knappe, originelle, griffige Erklärung. Wenn ich damit nicht dienen kann, unterstellt der ehemalige Raucher, daß ich mein »magisches« Geheimnis nicht preisgeben will, und der Journalist, daß ich gar keins besitze. Aber es wäre so, als würde man die zwölf Geschworenen fragen: »Was genau hat Sie davon überzeugt, daß der Junge unschuldig ist?« Ein Geschworener war vielleicht in der Lage, den entscheidenden Punkt, der ihn dazu gebracht hat, sein Urteil von schuldig in nicht schuldig zu revidieren, zu erläutern, doch auch erst, nachdem der ganze Prozeß der Diskussion und Meinungsbildung abgeschlossen war. Nicht jeder Geschworene kam zur selben Zeit zum gleichen Urteil. Jeder handelte individuell, gab jedem Beweis seine eigene, vielleicht von den anderen abweichende Gewichtung.

Was genau ist im Abstimmungsraum passiert? Alle zwölf Geschworenen betraten den Raum mit einem Bild des Jungen vor Augen, das ihnen sagte: Mörder! Schuldig! Alle zwölf waren beim Verlassen des Raums von seiner Unschuld überzeugt. Das gleiche machen wir in unseren Kursen. Raucher kommen mit unterschiedlich gelagerten Ängsten zu uns. Einige sind nervös. Andere wirken sicher und überlegen, doch unter der Oberfläche herrscht Aufruhr!

Die Nervosität ist oft auch von einer unglaublichen Verwirrung begleitet: »Ich wäre so gerne frei, doch ich genieße das Rauchen. Es bringt mich um, ich würde es so gerne ohne schaffen, denken Sie nur an das viele Geld, das ich sparen würde. Aber was ist mit diesen schrecklichen Entzugserscheinungen? Meine Familie wäre so froh und ich so stolz, aber habe ich genug Willenskraft, werde ich jemals wieder ein Essen genießen können? Ist es wirklich möglich, sich völlig frei davon zu machen, und ist nun wirklich der richtige Zeitpunkt?«

Es wundert mich nicht, daß die meisten Raucher nervliche Wracks sind. Sie leiden unter permanenter Schizophrenie. Wenn sie den Abstimmungsraum – ich meine den Kurs – verlassen, haben sich alle diese Zweifel und Ängste verflüchtigt. Voller Angst und Verwirrung kommen viele Kursteilnehmer bei uns an und verlassen uns mit der Überzeugung: *Es ist phantastisch, Nichtraucher zu sein!* Und das ist nicht nur ein Spruch, den sie sich selbst einreden, sondern exakt die Einstellung, die sie gewonnen haben. Genau das wollen wir vermitteln:

DIE RICHTIGE EINSTELLUNG

KAPITEL 14

Die richtige Einstellung

Ich ziehe immer wieder den Vergleich zwischen Nikotin und Heroin und stelle dabei folgende Frage: »Haben Sie das Bedürfnis, sich einen Schuß Heroin zu setzen?« Sie unterstellen vielleicht, das sei ein Trick, mit dem ich Sie dazu bringen will, sich als Raucher nicht mehr wohl zu fühlen. Schön, wenn es funktioniert. Doch der eigentliche Grund ist, Sie zum Nachdenken zu bewegen und sich zu fragen, warum Sie die Vorstellung, eines Ihrer Kinder könnte heroinabhängig werden, mit Entsetzen erfüllt, während Sie Ihre eigene Nikotinabhängigkeit im Vergleich dazu für unbedeutend halten. Warum hat man bei dem Wort »Droge« eher den Eindruck, es handle sich um Heroin und nicht um Nikotin? Weil die Gehirnwäsche unser Urteilsvermögen beeinträchtigt hat. Nicht in bezug auf Heroin, sondern in bezug auf das Rauchen. Hier müssen wir wieder die richtige Perspektive finden.

Wie bereits erwähnt, ist nicht das Aufhören das Problem. Der Unterschied zwischen einem Raucher und einem Nichtraucher ist der, daß der Raucher den Wunsch oder das Bedürfnis hat zu rauchen und der Nichtraucher eben nicht, aber warum? Weil Nichtraucher das Rauchen von einer anderen Warte aus betrachten. Das Spektrum, wie sie einen Raucher beurteilen, reicht von: »Du tragisches Opfer, verschwendest ein Vermögen, um dir selbst die Luft zum Atmen zu nehmen und dich mit diesem Gift umzubringen« bis: »Es ist mir einfach unverständlich, warum er immerzu diese stinkenden, unappetitlichen Dinger im Mund haben muß.«

Viele Raucher sehen es zwar auch aus diesem Blickwinkel, doch darüber hinaus haben sie einfach das Gefühl: Ich brauche oder will eine Zigarette. Denken Sie an den Heroinabhängigen oder den ehemaligen Junkie, der immer noch das Verlangen nach Heroin hat. Welche Rolle wäre Ihnen lieber, seine oder Ihre eigene? Wer, glauben Sie, hat die richtige Vorstellung von der Heroinabhängigkeit, der Junkie oder Sie? Halten Sie ihn für einen Menschen, der sich selbst unter Kontrolle hat, der den Drogenrausch voll genießt, oder betrachten Sie ihn als tragische Figur, die immer tiefer in den Schacht fällt, aus dem es für sie kein Entrinnen gibt?

Vorausgesetzt Sie sind nicht und waren noch nie heroinabhängig, haben Sie einen entscheidenden Vorteil, denn Ihr Verstand ist nicht von der Droge vernebelt, Sie sind imstande, die Heroinabhängigkeit im richtigen Licht zu sehen. Nun übertragen Sie das auf Ihre eigene Situation. Auf einen Nichtraucher wirken Sie genauso, wie ein Heroinabhängiger auf Sie wirkt. Er beurteilt Ihre Lage genauso, wie Sie die Lage eines Heroinabhängigen beurteilen. Akzeptieren Sie die Tatsache, daß Sie bereits im Schacht nach unten rutschen. Sie haben das Glück, entkommen zu können, aber erst einmal müssen Sie erkennen, daß Sie sich darin befinden.

Wir arbeiten also daran, Ihren Blickwinkel so zu verändern, daß Sie das Rauchen sehen, wie es tatsächlich ist, und nicht den leisesten Wunsch oder das Verlangen nach einer Zigarette verspüren. Und, gehen wir noch einen Schritt weiter, daß Sie, genau wie ich, immer wenn Ihnen diese Freiheit bewußt wird, jenen ganz besonderen Kick spüren. Aber wie sieht Ihr Blickwinkel im Moment aus? Betrachten Sie das Rauchen als eine schmuddelige, abstoßende, tödliche Sucht, die Sie ein Vermögen kostet und zum Sklaven macht, oder haben Sie immer noch das Humphrey-Bogart-/Marlene-Dietrich-Image vor Augen? Darin liegt auch das große Problem. Wenn Sie an Heroin denken, drängen sich ganz bestimmte Assoziationen auf: *Abhängigkeit! Versklavung! Verarmung! Elend! Entwürdigung! Tod!* Und sofern Sie nicht heroinabhängig sind und es auch nie waren, bleiben diese Assoziationen bestehen und verändern sich nicht mit Ihrer Stimmung, der Umgebung oder Ihrem Wohlbefinden. Das gleiche Bild wird auch in den Medien und in der Gesellschaft verbreitet, es werden uns nicht ständig Aufnahmen glücklicher, lachender Heroinabhängiger präsentiert.

Wenn es ums Rauchen geht, ändert sich das Bild ständig, an einem Tag sehen wir die Zigarette als gesellschaftliche Stütze, am nächsten als Ursache tödlicher Krankheiten. Oder es existieren beide Bilder nebeneinander. Raucher verfügen über einen immensen Schatz an Erinnerungen, guten wie schlechten, die eng mit einer Zigarette verknüpft sind. Sie leiden an chronischer Schizophrenie. Aber Nichtrauchern ergeht es ebenso. Auch sie wurden von Kindesbeinen an mit dem ambivalenten Image des Rauchens konfrontiert. Nur leiden sie nicht darunter, solange sie nicht auch der Sucht verfallen.

Glücklicherweise ist die eine Seite der Medaille pure Illusion. Sie führt uns den Raucher vor, der lacht und happy ist, *weil er raucht.* Völlig falsch! Es hätte ihm zwar auch schlechtgehen können, obwohl er nicht raucht, aber das ist etwas anderes. Nichtraucher kennen dieses Problem nicht. Wir müssen diese Illusionen aus unserem Gehirn verbannen, jenen Teil, der das Rauchen als eine Form von Hilfestellung oder Genuß betrachtet, so daß wir, ähnlich wie beim Heroin, immer das gleiche Bild vor Augen haben. Wir müssen genau jenen Blickwinkel finden, der uns bei jedem Gedanken an das Rauchen zeigt: *Hurra! Ich will und brauche keine Zigarette!*

Aber diese Sicht müssen Sie bis ans Ende Ihres Lebens beibehalten. Das mag Ihnen als nicht zu bewältigende Aufgabe erscheinen. Aber Sie müssen lediglich im voraus mental so gewappnet sein, daß Sie, egal, welche Situation eintritt, niemals in Versuchung geraten, sich eine Zigarette anzustecken.

Im Grunde sind nur zwei Punkte zu beachten. Mit dem einen haben wir uns schon beschäftigt, nämlich, das uns von der modernen Gesellschaft auferlegte Gefühl der Schwäche und Unsicherheit abzuschütteln und auf das wirklich unglaubliche Potential sowie die Stärke unseres Körpers zu vertrauen. Mit anderen Worten, wir müssen als erstes die Leere füllen, die uns Trugbildern nachjagen läßt. Im Moment können Sie sich vielleicht nicht vorstellen, in welchem Ausmaß Sie davon profitieren werden. Doch sobald sich Ihr Gesundheitszustand verbessert und Sie nicht mehr unter dem Gefühl der Unsicherheit leiden, das der Nikotinentzug verursacht – denn genau das ist es, was Rauchern am meisten zu schaffen macht, solange sie rauchen, *nicht wenn sie aufhören* –, werden Sie verstehen, was ich meine.

Sie müssen sich darüber klarwerden, daß Sie keine chemische Krücke benötigen, um die Leere zu füllen. Und Sie müssen erkennen, daß Nikotin, Alkohol, Heroin und ähnliche Drogen nicht in der Lage sind, diese Leere zu beseitigen, sondern sie immer wieder neu schaffen.

Erinnern wir uns an jene Frau in Kapitel 5, die so dringend *etwas brauchte*. Warum griff sie zur Zigarette? Wie sie selbst bemerkte, war ihr völlig klar, wie dumm sie handelte. Aber nicht so dumm, wie sie glaubte. Ihr Verstand sagte ihr, es sei dumm. Das weiß aber jeder Raucher. Warum raucht er dann sein Leben lang? Weil die wahren Ursachen des Rauchens im Unterbewußten zu suchen sind.

Die meisten Raucher geben zu, daß sie von allen Zigaretten, die sie im Laufe eines Tages rauchen, nur ungefähr zwei richtig genießen. Auf die Frage, warum sie ihre Gesundheit schädigen und ihren Geldbeutel strapazieren, indem sie all die anderen Glimmstengel rauchen, ohne sie richtig zu genießen, wird die Antwort lauten: »Es ist einfach *Gewohnheit*.« Fragen Sie diese Raucher doch, warum sie sich angewöhnt haben, Zigaretten zu rauchen, die sie gar nicht genießen, und wenn sie sie schon nicht genießen, warum sie von dieser Gewohnheit nicht wieder ablassen und nur noch jene Zigaretten rauchen, die ein echter Genuß sind. Eigentlich dürfte es ihnen ja nichts ausmachen, auf die anderen zu verzichten. Manche erklären das folgendermaßen: »Mir ist aber überhaupt nicht bewußt, daß ich sie anstecke.«

Nun kann ich mir vorstellen, daß man sich unbewußt an einem Mückenstich kratzt, doch um sich eine Zigarette anzuzünden, muß man die Packung und die Streichhölzer aus der Tasche ziehen, eine Zigarette aus der Packung nehmen, in den Mund stecken und anzünden. Ich lasse auch noch gelten, daß man das zwanzigmal am Tag unabsichtlich wiederholt, aber sollte es einem intelligenten Menschen nicht möglich sein, dieses Problem auf einfache Art zu lösen, etwa indem man die Zigaretten ins Auto legt oder in eine verschlossene Schublade, so daß man jene Zigaretten, die man nicht bewußt genießen würde, überhaupt nicht rauchen kann?

Vielleicht glauben Sie, das wäre die ideale Lösung Ihres Problems. Doch bevor Sie dies in die Tat umsetzen, möchte ich Sie auch wissen lassen, daß Millionen von Rauchern diese oder eine ähnliche Methode bereits versucht haben. Wahrscheinlich zählen auch Sie bereits dazu. Es funktioniert nicht. Warum funktioniert es nicht? Weil Sie diese Zigaretten nicht aus Gewohnheit rauchten. Es gibt im Unterbewußtsein Gründe dafür, warum Sie jede einzelne dieser Zigaretten konsumiert haben. Auch zu den beiden Zigaretten, die wirklich ein Genuß waren, hat Sie Ihr Unterbewußtsein animiert. Die logische Erklärung, die Sie dafür gefunden haben, war nichts als eine Entschuldigung, egal, wie vernünftig sie Ihnen erschien. Die Gründe im Unterbewußten sind Trugbilder. Doch wie können wir sie beseitigen, wenn wir uns ihrer nicht einmal bewußt sind? Wir müssen sie uns als erstes ins Bewußtsein rufen.

Ein Raucher steckt sich einzig und allein dann eine Zigarette an, wenn sein Gehirn die Botschaft aussendet: *Ich will eine Zigarette!*

Dabei gibt es im Leben eines ehemaligen Rauchers unzählige Faktoren, die dieses Gefühl »Ich will oder ich brauche eine Zigarette« auslösen können, sei es ein paar Stunden oder Tage nach der letzten Zigarette oder nach zehn Jahren, wenn er sich überhaupt nicht mehr vorstellen kann, jemals von Zigaretten abhängig gewesen zu sein. Wir müssen jeden einzelnen dieser Auslöser beseitigen. Manche Personen beachten nur einen Teil der Anweisungen und finden es dennoch einfach aufzuhören. Daraus ließe sich der Schluß ziehen, daß Sie beruhigt den einen oder anderen Hinweis außer acht lassen können. Tun Sie das lieber nicht! Denn genau jene Personen werden wieder rückfällig.

Sie dürfen keine einzige Anweisung ignorieren. Nehmen wir noch einmal das Beispiel vom Everest. Der eine Kletterer bereitet sich auf jede nur denkbare Eventualität vor, nur an eine einzige denkt er nicht. Wenn er nun Pech hat, ist es genau die, die nicht nur über Erfolg und Niederlage entscheidet, sondern über Leben und Tod. Ein anderer Kletterer hat sich vielleicht nur halb so gut vorbereitet, doch das Glück ist auf seiner Seite, und er schafft es. Vielleicht ist es Ihnen nicht bewußt, aber Sie gehen ein ebenso großes Risiko ein. Ich habe jahrelang daran gearbeitet, meine Methode so zu perfektionieren, daß Ihr Leben nicht von einem glücklichen Zufall abhängt. Mit diesem Buch ist es garantiert einfach, mit dem Rauchen aufzuhören und sogar Spaß dabei zu haben. Und Sie werden Ihr Leben lang zu den glücklichen Nichtrauchern gehören, vorausgesetzt Sie befolgen *alle Anweisungen*.

Endlich Nichtraucher! erläutert umfassend die logischen Gründe gegen das Rauchen. In den folgenden Kapiteln werde ich darlegen, warum Trugbilder aus dem Unterbewußtsein einen größeren Einfluß ausüben als das logische Denken. Wenn wir am gleichen Strang ziehen, wird sich auch der Erfolg einstellen. Sie sind der Raucher – es sind Ihre Denkstrukturen, die wir verändern müssen, obwohl ein Teil davon sich dagegen sträuben wird. Um ans Ziel zu gelangen, müssen wir uns beide einerseits kritisch, andererseits aufgeschlossen verhalten. Der Vogel Strauß steckt seinen Kopf in den Sand, wenn er sich bedroht fühlt, der Raucher zündet sich eine Zigarette an. Doch keiner von beiden löst damit sein Problem, im Gegenteil, es wird dadurch nur noch schlimmer. Um alle anderen Illusionen zu verstehen, müssen wir als erstes den wichtigsten Faktor der Abhängigkeit ergründen:

DAS TAUZIEHEN DER ÄNGSTE

KAPITEL 15

Das Tauziehen der Ängste

Ich bin überzeugt davon, daß die meisten ehemaligen Raucher ein großes Erfolgserlebnis mit mir teilen. Es gab noch andere Momente in meinem Leben, in denen ich stolz auf mich sein konnte, doch keiner ist nur im geringsten mit meinem Entkommen aus der Nikotinfalle vergleichbar. Der Graf von Monte Christo muß sich ähnlich gefühlt haben, oder die Bezwinger des Everest, oder die Goldmedaillengewinner bei den Olympischen Spielen. Doch bevor sich der Erfolg einstellte, spielte sicher auch die Angst vor dem Versagen eine Rolle. Aber gibt es auch eine Angst vor dem Erfolg?

Zu den sonderbaren Eigenheiten des Rauchens gehört auch, daß es normale Verhaltensmuster ins Gegenteil verkehrt. Normalerweise ist die Angst vor dem Versagen der Motor für den Erfolg. Beim Rauchen ist es oft die Angst vor dem Erfolg, die zum Scheitern führt. Viele unserer Kursteilnehmer sagen: »Ich habe es bisher nicht versucht, weil ich Angst hatte, es nicht zu schaffen.« Ich bin der Meinung, der wahre Grund war die Angst, es zu schaffen. Aber lassen Sie uns diese Ängste einmal näher betrachten. Beginnen wir mit dem einfacheren Fall: der Angst vor dem Scheitern.

Vermutlich verursachen alle anderen Ängste, die in Verbindung mit dem Rauchen auftreten und die wir in späteren Kapiteln ausräumen werden, die Angst vor einem Mißerfolg. Doch gehen wir zunächst einmal von der naheliegenden Betrachtung aus: »Ich bin die Sorte Mensch, die ihre Vorsätze auch ausführt. Wenn ich es nicht schaffe, mit dem Rauchen aufzuhören, fühle ich mich willensschwach.«

Das erinnert mich ein bißchen an diesen berühmten jüdischen Witz, in dem ein Rabbi sich jedes Jahr beim Herrn beklagt, daß er nie in der Lotterie gewinnt. Eines Tages ruft der Herr zu ihm hinunter: »Würdest du mir wenigstens auf halbem Weg entgegenkommen und dir ein Los kaufen?« Die Angst vor dem Versagen ist die unlogischste aller Ängste. Damit zögert man eigentlich die Möglichkeit einer Misere hinaus, die schon eingetreten ist: *Sie haben bereits versagt!* Sie reden sich vielleicht selbst ein, daß Sie nur wegen des Genusses immer noch rauchen, es aber völlig unter Kontrolle haben. Aber machen Sie sich bloß nicht vor, Sie könnten andere damit täuschen. Heutzutage weiß jeder, daß ein Raucher die Zigaretten nicht braucht, weil er sie genießt, sondern weil er von ihnen abhängig ist und entweder vergeblich versucht hat aufzuhören oder sich nicht traut, es zu versuchen.

Das ist der zweite, völlig unlogische Aspekt in diesem Zusammenhang, die Angst davor, es überhaupt zu versuchen. Unter dieser Angst leidet man so lange, bis man dazu bereit ist, wenigstens den Versuch zu unternehmen. Die einzige Möglichkeit, die Angst aus der Welt zu schaffen ist, *es zu versuchen.*

SIE HABEN NICHTS ZU VERLIEREN!

Im schlimmsten Fall schaffen Sie es nicht. Dann sind Sie aber um kein bißchen schlechter dran als vorher. Aber denken Sie nur an all die wunderbaren Erfahrungen, die sich daraus ergeben können. Noch ein Vorteil dabei ist, daß Ihre Familie, Freunde und Kollegen Ihnen nicht zutrauen, aufhören zu können. Auch sie wurden erfolgreich manipuliert und glauben, es sei genauso unmöglich, mit dem Rauchen aufzuhören, wie den Everest zu besteigen. Stellen Sie sich nur einmal vor, wie stolz Sie auf sich selbst sein können und, noch wichtiger, wie wunderbar Sie sich fühlen werden, wenn Sie tatsächlich Erfolg haben!

Vielleicht resultiert Ihre Angst daraus, daß Sie es schon so viele Male und mit so vielen verschiedenen Methoden versucht haben und aufgrund dieser Erfahrungen überzeugt sind, es sowieso nicht zu schaffen. Aber mir ging es nicht anders. Und meinen guten Ruf habe ich mit Rauchern wie Ihnen erworben. Oder vielleicht sorgen Sie sich, daß Sie, wenn dieser Versuch wieder scheitert, eine Angst weniger haben: nämlich die Angst vor dem Risiko zu scheitern. An ihre Stelle könnte eine noch größere Angst treten: die Angst vor der Gewißheit über das eigene Versagen. Denken Sie einen Augenblick nicht an sich selbst. Wen würden Sie mehr verachten, die Person, die sich nicht einmal traut, es zu versuchen, oder die, die gescheitert ist, es aber wenigstens versucht hat. Ich vermute, Sie würden erstere verachten und vor letzterer Respekt haben. Man muß wirklich nicht lange darüber nachdenken. Wenn Sie es versuchen, riskieren Sie einen Mißerfolg. Wenn Sie es nicht versuchen, *steht der Mißerfolg schon fest!*

Nun kommen wir zu jener Angst, die Raucher auch davon abhält, es wenigstens zu versuchen: *die Angst vor dem Erfolg!*

Als ich zum erstenmal das Licht am Ende des Tunnels sah, wollte ich um alles in der Welt meine Familie und Freunde davon überzeugen, wie einfach und schön es ist, Nichtraucher zu werden. Joyce bremste mich: »Allen, siehst du nicht, daß sie überhaupt nicht aufhören wollen? Du fällst ihnen damit nur auf die Nerven.« Das Problem ist, daß in meinen Augen jeder Raucher das Gefühl hat, ein Schlammbad zu nehmen, während er in Wirklichkeit immer tiefer in einem Sumpf versinkt. Ich selbst habe schon bis zum Hals in diesem Sumpf gesteckt und war im Begriff, ganz unterzugehen, als es mir durch glückliche Umstände gelang, mich gerade noch rechtzeitig daraus zu befreien.

Joyce hatte natürlich wie immer recht. Meine Versuche wurden mit der Vogel-Strauß-Methode abgetan, und ich glaube, ich habe wegen dieser erfolglosen Bemühungen Freunde verloren. Inzwischen bin ich schlauer geworden und habe aufgehört, sie beeinflussen zu wollen, nicht etwa, weil ich mich damit unbeliebt mache, sondern weil ich festgestellt habe, daß sie sich wie Schnecken in ihr Haus zurückziehen, wenn ich dieses Thema anspreche. Doch es kostet mich sehr viel Selbstdisziplin, dazu zu schweigen. Noch frustrierender ist es, diese Personen nach längerer Zeit wiederzusehen und festzustellen, daß das Rauchen sie negativ verändert hat. Wie würden Sie handeln? Angenommen, Sie sehen einen von Ihnen geschätzten Menschen bis zum Hals im Sumpf stecken und weiter versinken, würden Sie zusehen, wie diese Person umkommt, oder würden Sie versuchen, ihr zu helfen, auch wenn Sie wissen, daß Sie sie als Freund verlieren? Egal, auf welche Art man einen Freund verliert, Logik spielt in so einem Fall keine Rolle. Aber nehmen Sie mich beim Wort: Sie können einfach nicht anders, als genau so zu handeln wie ich.

Ich dachte *Endlich Nichtraucher!* würde mein Problem lösen. Ich schenkte jedem meiner Freunde und Verwandten ein Exemplar und ging von der Theorie aus, daß, wenn einer meiner Freunde ein Buch schriebe, ich es in jedem Fall lesen würde, und sei es das schlechteste Buch, das jemals gedruckt wurde. Einige lasen das Buch und hörten mit dem Rauchen auf, andere leider nicht. Später fand ich heraus, daß sie das Buch nicht einmal angeschaut hatten. Ich muß zugeben, ich war sogar ziemlich konsterniert, als ich erfuhr, daß mein bester Freund sein handsigniertes Exemplar einfach weiterverschenkt hatte!

Es dauerte nicht lange, bis mir klarwurde, daß es nichts über unsere Freundschaft aussagte, wenn manche das Buch nicht lesen wollten. Ich hatte nicht an die Angst gedacht, die Raucher schon beim Gedanken ans Aufhören befällt. Meine Mutter hatte einmal zu Joyce gesagt: »Warum drohst du ihm nicht damit, ihn zu verlassen, wenn er nicht aufhört?« Die prompte Antwort: »Weil er mich gehen lassen würde.« Ich gebe es nicht gern zu, doch sosehr ich sie auch liebe, ich glaube, daß sie recht hatte. Soweit hatten »meine kleinen Freunde« mich gebracht.

Als nach und nach die Reaktionen auf mein Buch einsetzten, kritisierten mich einige Leser: »Sie sollten den Rauchern nicht raten, einfach weiterzurauchen, bis sie das Buch zu Ende gelesen haben. Es verleitet dazu, jeden Tag nur eine Zeile zu lesen.« Doch wenn ich diesen Lesern gesagt hätte, die letzte Zigarette zu rauchen, bevor sie das Buch lesen, hätten sie es beiseite gelegt.

Im ersten Kapitel habe ich von jener Frau erzählt, die in Panik meinen Kurs verlassen hat. Das gleiche gilt für das Buch. Viele Leser kommen an einen Punkt, an dem sie in Panik geraten, weil sie denken: Muß ich mit dem Rauchen aufhören, wenn ich weiterlese? Zweifellos hätten auch viele Raucher gern meine Kurse verlassen und haben es nur aus Höflichkeit nicht getan. Manche geben es auch zu und sind heute heilfroh, daß sie geblieben sind. Wieviel einfacher ist es doch, ein Buch zuzuschlagen.

Früher habe ich oft dazu geraten, *Endlich Nichtraucher!* als Weihnachts- oder Geburtstagsgeschenk für rauchende Freunde zu erstehen. Ich konnte mir kein passenderes Geschenk für einen Raucher vorstellen. Wie naiv von mir! Man muß das mit einem Golfspieler vergleichen, der Größe und Gewicht seines Geschenkpakets abschätzt und zwölf nagelneue Golfbälle erwartet. Aber statt dessen kommt ein Ratgeber zum Vorschein, wie man das Golfen am einfachsten aufgeben kann.

Ein Raucher muß erkennen, daß die Angst, die ihn davon abhält, das Buch zu Ende zu lesen, vom Nikotin ausgelöst und nicht gemindert wird, daß er sich gleichzeitig mit dem Rauchen auch jener Angstzustände entledigt und daß die Ängste schon verschwunden sind, sobald er mit dem Buch fertig ist.

Wie nehmen wir also die Hürde: Ich habe ihm das Buch geschenkt. Wie bringe ich ihn nun dazu, es zu lesen? Kaufen Sie das Buch nicht als Geschenk für einen rauchenden Freund oder Verwandten, sondern machen Sie es genau anders herum. Sagen Sie zu der betreffenden Person an Weihnachten oder an Ihrem eigenen Geburtstag: »Ich wünsche mir von dir ein ganz besonderes Geschenk, ein Geschenk, das mir mehr Freude machen würde als alles andere. Ich möchte gern, daß du dieses Buch liest. Ich bitte dich nicht, mit dem Rauchen aufzuhören, sondern lediglich, dieses Buch zu lesen. Wenn du danach immer noch rauchen willst, werde ich deine Entscheidung respektieren.«

Gäbe es doch nur die Möglichkeit, einen Raucher unmittelbar in einen Nichtraucher zu verwandeln, so daß er den direkten Vergleich hat! Der Raucher fragt sich: Wird es mir danach wirklich so gutgehen? Das meine ich nicht nur in bezug auf Gesundheit und Energie, sondern auch auf

Mut und Selbstvertauen. Doch eigentlich lautet die Frage: »Bin ich wirklich schon *so* tief gesunken?«

Aber es gibt einen Weg: *Befreien Sie sich.* Im ersten Augenblick können Sie sich vielleicht ein Leben ohne Zigaretten nicht vorstellen. Da geht es allen Rauchern gleich. Doch Sie haben auch keine Zigaretten gebraucht, bevor Sie abhängig wurden. Gut, vielleicht haben Sie zwischendurch ein paar Wochen, Monate oder sogar Jahre nicht geraucht und dabei immer die Zigaretten vermißt. Doch ich verspreche Ihnen, diesmal ist es anders. Sie müssen mir nur vertrauen. Was einen Raucher bei den Zigaretten hält, ist die Angst, er könne ohne sie das Leben nicht mehr genießen oder Streß nur noch schlecht bewältigen, außerdem die Angst, er müsse ein schreckliches Martyrium erleiden, bis er es endlich geschafft hat. Ich verspreche Ihnen, wenn Sie das Buch zu Ende lesen und meine simplen Anweisungen befolgen, werden Sie wieder mehr Freude am Leben haben, mit Streß leichter zurechtkommen und sogar den Prozeß des Aufhörens genießen. Am Ende des Buches müssen Sie mir nicht einmal mehr vertrauen.

Falls Ihnen dieses Buch eine Ihnen nahestehende Person geschenkt hat, sind Sie geradezu verpflichtet, es zu lesen. Haben Sie es selbst gekauft, gilt dasselbe: Sie sind es sich selbst schuldig. Ein gutes Geschenk soll dem, der es verschenkt, genausoviel Freude machen wie dem Beschenkten. Ihr Erfolg wird also doppelte Freude auslösen. Sie haben soviel zu gewinnen! Was haben Sie zu verlieren? *Absolut nichts!*

Nun wollen wir diese Ängste, Zweifel und Unsicherheiten aus dem Weg räumen. Die erste Anweisung lautet: Befolgen Sie *alle* Anweisungen. In welchem Gemütszustand befinden Sie sich gegenwärtig? Schwermut und Trübsinn? Panik? Angst? Das sind die besten Voraussetzungen für ein Scheitern. Also lautet die nächste Anweisung: Ändern Sie diesen Zustand *jetzt.* Denken Sie immer daran, Sie haben nichts zu verlieren. Ob Sie es schaffen oder nicht, Sie werden auf alle Fälle eine positive Erfahrung machen. Doch hören wir nun auf, vom Scheitern zu sprechen. Sie sind im Begriff, einen großen Schritt zu tun, um den Sie jeder Raucher beneiden wird. Etwas Aufregendes geschieht. Wir wollen die Planung und Vorbereitung genießen, denn

NICHTS KANN SIE VON IHREM VORHABEN ABHALTEN.

KAPITEL 16

Aber ich genieße die Zigarette

Bei unseren Kursen scheinen die meisten Raucher schnell zu verstehen, daß der Genuß einer Zigarette nur darin liegt, das Verlangen nach Nikotin zu befriedigen. Und daß dieser Genuß rein illusorisch ist, denn anstatt das Verlangen zu befriedigen, löst sie es erneut aus. Doch die gleichen Raucher sind offensichtlich nicht in der Lage, diesen Zusammenhang auf ihr tägliches Rauchverhalten zu übertragen. Sie sind nach wie vor davon überzeugt, bestimmte Zigaretten zu genießen.

Es ist absolut wichtig zu verstehen, daß kein Raucher jemals die Aufnahme von Nikotin genießen kann, sei es in Form von Rauchen, Schnupfen, Kauen oder durch die Haut.

Das ist eine ziemlich radikale Behauptung. Ich kann sie mit logischen Argumenten belegen, doch Sie können sich von ihrer Richtigkeit nur überzeugen, solange Sie selbst rauchen. Das ist nicht mehr möglich, wenn Sie einmal aufgehört haben. Falls Sie aufhören und trotzdem noch davon überzeugt sind, gewisse Zigaretten wirklich genossen zu haben, werden Sie das Gefühl nicht los, auf etwas verzichten zu müssen. Wenn wir etwas nicht haben können, begehren wir es um so mehr. Sie werden bis an Ihr Lebensende anfällig bleiben oder, schlimmer noch, wieder in den Schacht fallen.

Wie ist es überhaupt möglich, daß sich eine Illusion so festsetzen kann? Nicht eine von jenen Milliarden Zigaretten, Zigarren und Pfeifen, die über Generationen hinweg schon geraucht wurden, soll ein Genuß gewesen sein? Das klingt unglaubwürdig! Aber dennoch ist es wahr. Machen wir den Test.

Fragen Sie verschiedene Raucher, was genau sie am Rauchen genießen, und zwar genau in dem Moment, wenn sie gerade eine Zigarette bis zur Hälfte geraucht haben. Es gibt einen ganzen Katalog von Standardantworten, doch die häufigste ist:

»Ich mag den Geschmack und Geruch.«

»Mir ist gar nicht aufgefallen, daß Sie sie verspeist haben.«

»Natürlich habe ich das nicht.«

»Wie können Sie dann den Geschmack beurteilen?«

»Nun, Sie spüren etwas von dem Tabakgeschmack im Mund.«

»Wenn das der Grund ist, wäre es dann nicht klüger, auf das Inhalieren zu verzichten?«

»Aber wenn Sie nicht inhalieren, ist der Geschmack nicht der gleiche.«

»Wie ist das möglich, Ihre Lunge hat doch keine Geschmacksnerven. Außerdem hätte die Industrie schon längst etwas erfunden, das den Geschmack liefert, ohne daß man diese schrecklichen Krankheiten dabei in Kauf nehmen muß.«

So etwas gibt es bereits. Es nennt sich Nikotinkaugummi und schmeckt genauso scheußlich wie die ersten Zigaretten. Doch je länger Sie ihn kauen, desto mehr werden Sie ihn genießen. Gehören Sie zu jenen Rauchern, die der Meinung sind, sie inhalieren nicht, muß ich Sie enttäuschen: Sie machen sich selbst etwas vor. Sie nehmen bestenfalls keine so tiefen Züge wie andere Raucher. Die Behauptung: »Ich inhaliere nicht«, ist gleichbedeutend mit der Aussage: »Ich atme nicht.« Wir atmen nur selten bewußt, trotzdem erfolgt es regelmäßig. Ich redete mir jahrelang ein, mir könne nichts passieren, weil ich nicht inhaliere. Woher kam dann mein trockener Raucherhusten? Diese Frage stellte ich mir nicht. Raucher hören nur das, was sie hören wollen.

Warum haben wir die Illusion, der Geschmack von Tabak sei ein Genuß? Weil wir von Kindesbeinen an entsprechend manipuliert wurden. Nun könnte man meinen, die ersten gerauchten Zigaretten würden diese Vorstellung zunichte machen. In Wahrheit sind wir auch, bewußt oder unbewußt, erleichtert, daß die ersten Zigaretten scheußlich schmecken. Uns kann es nicht passieren, daß wir genauso abhängig werden wie all diese Idioten, die ein Vermögen dafür ausgeben, sich selbst kaputtzumachen. Warum rauchen wir dann die zweite und dritte Zigarette? Gewiß nicht wegen des Geschmacks. Manche Personen geben zu, daß sie wirklich daran arbeiten mußten, Gefallen am Rauchen zu finden. In diesem Fall kann man davon ausgehen, daß ein Abhängiger schon vor der ersten Zigarette, vor dem ersten Schuß Heroin, vor dem ersten Schluck Alkohol den Plan gefaßt hat: *Ich will abhängig werden!*

Glauben Sie das wirklich? Es klingt nicht sehr logisch. Doch im Fall von Drogen lernt man nicht erst den Geschmack schätzen und wird dann abhängig. Der Ablauf ist genau umgekehrt: Man wird erst abhängig und lernt dann, den Geschmack zu schätzen oder, richtiger, den Geschmack zu ignorieren. Das Tückische dabei ist, daß man seine Abhängigkeit zunächst nicht erkennt. Selbst wenn Sie der Meinung wären, Sie bräuchten dringend eine Droge, würde das Wissen um diese Tatsache schon ausreichen, daß Sie sie nicht nehmen. Sie hätten Angst, abhängig zu werden und nicht mehr davon loszukommen. Nur wenige Personen besitzen genügend Scharfsinn, um niemals jenen ersten Zug zu versuchen.

Der Geschmackssinn ist eng verbunden mit dem Geruchssinn. Und da es möglich ist, den Geruch von Tabak zu genießen, lassen wir uns zu der Annahme verleiten, das gleiche gelte auch für den Geschmack. Aha! Ich höre Sie aufatmen, es gibt also doch einen positiven Aspekt beim Rauchen! Man kann den Geruch des Tabaks als angenehm empfinden. Ja, das ist möglich, doch wenn Sie einmal genauer darauf achten, werden Sie feststellen, daß Sie den Geruch nur genießen, solange Sie nicht rauchen. Ein Pfeifenraucher freut sich auf den ersten Zug, wenn er an seinem Tabaksbeutel riecht. Doch dieses Gefühl ist verschwunden, sobald er die Pfeife angezündet hat. Sie werden bemerken, daß auch Sie den betörenden Duft von Tabak nur wahrnehmen, wenn jemand anders raucht, nicht aber, wenn Sie selbst rauchen.

Da ich den ganzen Tag in einem Raum voller rauchender Menschen verbringe, empfinde ich den vorbeiziehenden Rauch einer Zigarette gelegentlich als sehr angenehm, vor allem im Freien. Das veranlaßt manche Personen zu der Frage: »Verleitet Sie das nicht zum Rauchen?« Keineswegs! Ich liebe den Geruch einer Rose, habe aber nicht das geringste Bedürfnis, sie zu rauchen. Ich bin nur zu froh, daß ich diesen Geruch genießen kann, ohne meine arme Lunge oder meinen Geldbeutel damit zu belasten. Mein Genuß daran wird lediglich durch das Mitleid für den Raucher abgeschwächt. Manchmal riechen auch Nichtraucher gern Tabak. Warum das so ist, werde ich in einem der späteren Kapitel erklären.

Die Annahme, daß wir den Tabakgeschmack genießen, beruht darauf, daß wir in den ersten Jahren, in denen wir rauchen, nichts von unserer Abhängigkeit wissen. Wir kennen zwar bereits das Gefühl, sich ohne Zigarette nicht entspannen oder konzentrieren zu können oder mit Streß fertig zu werden, doch haben wir es noch nicht richtig akzeptiert. Also müssen wir den Geschmack mögen, denn aus welchem Grund sonst sollten wir rauchen? Schließlich weiß jeder, daß die Zigaretten nach der Gewöhnungsphase gut schmecken. Warum sollte man das in Frage stellen? Nun, in diesem Fall entspricht das, was angeblich jeder weiß, einfach nicht der Wahrheit.

Auch aus dem Eindruck heraus, daß bestimmte Zigaretten besser schmecken als andere, kommen wir zu der Überzeugung, sie bereiten uns echten Genuß. Mit bestimmten Zigaretten meine ich nicht bestimmte

Marken, sondern bestimmte Situationen, in denen wir rauchen. Jeder Raucher wird zugeben, daß die erste Zigarette an einem kalten Wintermorgen wirklich nicht angenehm ist, dennoch muß er sie rauchen. Übrigens erfolgt der Hustenanfall nach der ersten Zigarette am Morgen zum einen deshalb, weil Sie die ganze Nacht nicht geraucht haben, zum anderen, weil die Immunität gegen das Gift zum Teil abgebaut wurde. Erst nachdem Sie eine oder zwei Zigaretten geraucht haben, stellt sich diese wieder ein.

Es gibt Raucher, die behaupten, sie würden nicht rauchen, wenn sie ihre gewohnte Marke nicht bekommen könnten. Warum haben sie sich dann überhaupt die Mühe gemacht, sich an den Geschmack dieser Marke zu gewöhnen? Ob diese Raucher wirklich selbst davon überzeugt sind oder ob es nur Teil des Selbstbetrugs ist, dem alle Drogenabhängigen aufsitzen, um nicht ganz die Achtung vor sich selbst zu verlieren, steht in Frage. Doch eines ist sicher: Andere Raucher kann man damit nicht täuschen. Jeder Raucher würde sich eher eine Zigarette aus Kamelmist drehen, als ganz auf das Rauchen zu verzichten!

Aber wie entsteht der Eindruck, Ihre eigene Marke würde zu bestimmten Gelegenheiten soviel besser schmecken als eine andere? Stellen Sie sich folgende Situation vor: Sie haben Ihre allererste Zigarette ausgedrückt, das aufgenommene Nikotin wird wieder aus dem Körper ausgeschieden. Es entsteht ein Hungergefühl, nicht nach Essen, sondern nach einem ganz bestimmten Gift – *Nikotin.* Obwohl mit diesem Hungergefühl keine Schmerzen verbunden sind, ist es doch ein körperliches Verlangen. Allerdings ist es kaum spürbar, so daß die meisten Raucher sich zeit ihres Lebens dessen gar nicht bewußt sind. Es entspricht einem Gefühl der Leere, Ruhelosigkeit, Unsicherheit, das nur ein Raucher kennt, dessen Sensoren melden: Ich will oder ich brauche eine Zigarette.

Sobald er sich eine Zigarette ansteckt, wird das fehlende Nikotin ersetzt, das Gefühl der Leere und Unsicherheit verschwindet, der Raucher fühlt sich wie neu geboren. Dieses Gefühl wird als entspannend und beruhigend beschrieben. Eine Zigarette oder etwas anderes kann aber nur entspannend, beruhigend oder befriedigend wirken, wenn Sie sich vorher verspannt, beunruhigt oder unzufrieden gefühlt haben. Woher kommt es dann, daß eine der wichtigsten Zigaretten die nach einem Essen im Restaurant ist? Ein Raucher sollte doch zu diesem Zeitpunkt bereits entspannt und zufrieden sein. Nichtraucher sind es.

Daraus kann man ganz einfach schließen, daß Rauchen nicht zufrieden macht, sondern Unzufriedenheit hervorruft. Die Situation ist nur etwas verwirrend, weil das gleiche Gefühl der Leere und Unsicherheit auch bei Hunger, Angst oder Streß entsteht. Der Nikotinentzug, ich werde ihn ab jetzt als »Juckreiz« bezeichnen, wirkt dabei verstärkend. Die meisten Menschen fangen mit dem Rauchen zu einer Zeit an, in der sie bereits unter Ängsten leiden – sei es in der Pubertät, zu Beginn des Studiums oder der Berufsausbildung – und diesen Zustand als normal empfinden. Sie verspüren den »Juckreiz«, solange sie nicht rauchen, und fühlen sich teilweise erleichtert, wenn sie sich eine Zigarette anstecken. Verständlicherweise betrachten sie die Zigarette als Krücke oder Freund und nicht als Feind.

Ein weiteres Problem ist, daß viele Raucher zunächst Gelegenheitsraucher sind. Aus diesem Grund leiden sie den längsten Teil ihres Lebens unter dem »Juckreiz«, anstatt ihn zu lindern. Die damit einhergehende Spannung ist kaum wahrnehmbar, so daß die meisten Raucher diesen Zustand als normal empfinden, als Teil des modernen Alltagslebens.

Schlimmer jedoch ist, daß unser Körper gegen die giftige Droge Nikotin Immunität aufbaut. Dadurch steigern wir unbewußt allmählich die Dosis. Dies erfolgt auf eine oder mehrere Arten: tieferes oder häufigeres Inhalieren einer Zigarette, Verringern der zeitlichen Abstände zwischen den einzelnen Zigaretten, Umsteigen auf längere oder stärkere Zigaretten und Rauchen bei immer mehr Gelegenheiten. Der Prozeß schreitet unweigerlich voran. Je mehr Nikotin man aufnimmt, desto resistenter wird der Körper. Bald ist ein Stadium erreicht, in dem selbst durch Rauchen der »Juckreiz« nur noch zum Teil abgestellt wird!

Setzen wir das obere Limit bei hundert Pluspunkten, das untere bei hundert Minuspunkten. Nehmen wir an, Sie sind im Schacht so weit nach unten gesunken, daß der »Juckreiz« bei zehn Minuspunkten beginnt. Sie sind sich aber dessen nicht bewußt, weil der Zustand für Sie normal ist. Wenn Sie sich eine Zigarette anzünden, machen Sie fünf Punkte nach oben gut. Das gibt Ihnen leichten Auftrieb. Die meisten Raucher werden sich niemals dieser Wirkung bewußt, doch existiert sie tatsächlich und beeinflußt unseren Körper. Unser Unterbewußtsein weiß das und veranlaßt uns dazu, eine Zigarette zu rauchen. Ich habe das Wort Auftrieb verwendet, das einen positiven Aspekt impliziert. An anderer Stelle werde ich noch darauf eingehen, daß selbst dieser Auftrieb nichts als Illusion ist.

Sie haben »einen dieser Tage«. Es ist Montagmorgen. Der Gruß des Briefträgers war eine Spur zu freundlich. Vermutlich weil er Ihnen doppelt so viele Rechnungen, die Sie nicht bezahlen können, gebracht hat wie sonst. Sie sind schon spät dran zur Arbeit, und es hat zum erstenmal in diesem Jahr Frost. Es dauert eine halbe Stunde, bis Sie das Auto aufbekommen, eine weitere halbe Stunde, bis die Scheiben frei sind. Dann ist auch noch die Batterie leer.

Gehen wir davon aus, daß die Summe dieser Ereignisse einen Nichtraucher auf vierzig Minuspunkte bringen würde. Bei Ihnen sind es fünfzig. Als natürliche Reaktion stecken Sie sich eine Zigarette an, damit geht es fünf Punkte nach oben. Aber sind Sie glücklich und zufrieden? Finden Sie ganz besonderen Genuß an dieser Zigarette? Hilft Sie Ihnen, den Wagen in Gang zu bringen oder die Rechnungen zu bezahlen? In Zeiten extremer Angstzustände ist die Zigarette für einen Raucher lebenswichtig, auch wenn sie vielleicht scheußlich schmeckt. Sie müssen sich das so vorstellen, als würden Sie unter einer langen schweren Krankheit leiden. In diesem Zustand ist jede noch so kleine Erleichterung eine Freude, auch wenn die Schmerzen nach wie vor peinigend sind.

Ich habe von einem Auftrieb um fünf Punkte gesprochen. Tatsächlich liegen Sie aber immer noch fünf Punkte unter dem Niveau eines Nichtrauchers. Na und, sagen Sie? Selbst wenn es sich dabei um eine Illusion handelt, würde mir die Fünf-Punkte-Verbesserung doch helfen, oder? Vergleichen wir es noch einmal mit den Schmerzen. Angenommen, Ihre körperlichen Schmerzen drücken sie auf den Stand von vierzig Minuspunkten. Würden Sie die Situation um weitere zehn Punkte verschlimmern wollen, nur um sie dann um fünf Punkte verbessern zu können? Und warum sollten Sie bei fünfzig Punkten aufhören? Der Auftrieb um fünf Punkte würde noch mehr bringen, wenn Sie das Niveau auf hundert Punkte absenken und danach auf fünfundneunzig verbessern würden. Genauso verfahren Drogenabhängige, aber nur, weil sie diesen Prozeß nicht durchschauen.

Diese zehn Minuspunkte haben aber nichts mit den Auswirkungen des Rauchens auf Ihre Gesundheit und Unabhängigkeit, auf Ihren Geldbeutel und Ihre Selbstachtung zu tun. Sie beziehen sich lediglich auf das Gefühl der Leere und Unsicherheit, das mit dem »Juckreiz« aufkommt. Nimmt man all die anderen Faktoren hinzu, würden wir einen Raucher auf einem weit niedrigeren Niveau in dieser Punkteskala antreffen. Der Abstieg erfolgt jedoch so gleichmäßig, daß der Raucher ihn nicht bewußt wahrnimmt. Ebenso wie der »Juckreiz« erscheint ihm das Absinken auf das unterste Niveau als normal.

Bereits ohne die tragischen Ereignisse, die es im Leben von Rauchern und Nichtrauchern zeitweise gibt, haben solche Raucher ein Stadium erreicht, in dem sie dauerhaft unter Streß leiden, der einzig vom Rauchen ausgelöst wird. Allein der Gedanke, daß die Zigaretten bald ausgehen könnten, führt schon zu Panikzuständen, ganz zu schweigen davon, daß dieser Fall tatsächlich eintritt. Nun befinden sich diese Personen nicht fünf Punkte unter dem Niveau eines Nichtrauchers, sondern weitaus tiefer. Das ist das Teuflische an den Drogen. Früher oder später bringen sie ihre Konsumenten so weit, daß sie »solche Tage« gar nicht mehr brauchen. Unter den Auswirkungen des Drogenkonsums besteht ihr ganzes Leben nur noch aus »solchen Tagen«. Und je streßiger sich ihr Leben gestaltet, um so dringender brauchen sie diesen Auftrieb um fünf Punkte.

Gehen Sie davon aus, Erkrankungen und andere Nebenwirkungen des Rauchens drücken diese Personen um weitere dreißig Punkte nach unten. Selbst mit Zigaretten halten sie sich dann bei minus fünfunddreißig Punkten auf, denn keine dieser Beschwerden wird durch eine Zigarette abgeschwächt. Im Gegenteil, alles wird dadurch nur noch schlimmer. Zum Glück läßt sich das alles wiedergutmachen, vorausgesetzt natürlich, *sie haben es nicht zu weit kommen lassen!*

In streßigen Phasen spielt der Geschmack einer Zigarette keine Rolle. Selbst wenn sie gut schmecken sollte, würde es Ihnen dennoch schlechtgehen, und Sie würden nicht mehr Auftrieb erhalten als diese fünf Punkte. Sehen wir uns nun den anderen Teil unseres Experiments an: die Zigaretten, die den Rauchern angeblich so gut schmecken. Sind es nicht meist die Zigaretten nach einer Mahlzeit? Zu einem Drink? Zum Kaffee? Nach dem Einkaufen? Nach dem Sport? Nach dem Sex?

Raucher haben verschiedene Vorlieben. Doch die Gelegenheiten, zu denen Zigaretten besonders gut zu schmecken scheinen, beinhalten zwei Dinge: eine Phase der Abstinenz und eine Phase, in der wir uns gern entspannen und es uns gutgehen lassen. Nehmen wir als Beispiel die Zigarette nach dem Essen, vor allem nach dem Abendessen, wenn wir die Arbeit hinter uns haben. Oder ein Essen in den Ferien, bei dem wir überhaupt nicht mehr an solche Dinge wie Arbeit denken. Besitzt das Restaurant ein schönes Ambiente oder einen traumhaften Blick aufs Meer, um so besser. Sind Sie noch dazu in angenehmer Gesellschaft, was kann man sich mehr wünschen? Sogar der Kellner ist überschwenglich. Er umarmt Sie und küßt Ihre Frau auf beide Wangen. Er hat Sie noch nie gesehen, führt sich aber auf, als wäre eben Frank Sinatra eingetroffen. Den nächsten Gast behandelt er genauso. Aber was soll's? Sie haben selten so gut gegessen, und es gibt raffinierte Drinks. Sie sind schön gebräunt, gut gekleidet, und weil der Urlaub gerade erst begonnen hat, ist Ihr Geldbeutel noch prall gefüllt. Die Hintergrundmusik wird lauter, Sie beginnen zu singen. Einheimische stimmen mit ein. Später stellt sich heraus, daß diese Einheimischen ebenfalls schüchterne gehemmte Landsleute sind. Zu Ihrer eigenen Überraschung singen Sie besser als Frank Sinatra, der sich sicher auch nie besser gefühlt hat als Sie in diesem Augenblick. Sie befinden sich auf einem hundertprozentigen Hoch! (Eigentlich sind es nur neunzig Prozent, aber Sie würden den Unterschied nicht merken.)

Sie greifen nach einer Zigarette: Was, die Packung ist schon leer? Das kann nicht sein, ich habe sie doch erst vor ein paar Minuten angebrochen. Nun gut, ich habe sie ein bißchen zu großzügig angeboten. Kein Grund zur Panik, ich hab' noch zwei volle Packungen in meiner Jackentasche.

Systematisch durchsuchen Sie die Taschen Ihrer Jacke. Alles leer. Dann fällt es Ihnen ein: dieses idiotische Weib, das Sie Ihre Frau nennen – dieselbe Frau, mit der Sie noch vor wenigen Minuten getanzt haben, der Sie tief in die Augen geschaut haben, während Sie ihr Ihre eigene Version von »Lady in Red«, in Melodie und Text zweifellos besser als bei Chris de Burgh, entgegenschmetterten, der Sie ins Ohr geflüstert haben, dieses Lied kann nur für sie geschrieben worden sein – diese dumme, besserwisserische Wichtigtuerin hat Sie doch im letzten Moment noch dazu gebracht, eine andere Jacke anzuziehen. Aber immer mit der Ruhe. Sie können ja eine einheimische Marke kaufen, die schmecken zwar alle nach abgestandenen Teeblättern, aber das spielt zu so später Stunde keine Rolle mehr. Doch Giuseppe, der freundliche Kellner, klärt Sie auf, daß es im Restaurant keine Zigaretten oder Zigarren zu kaufen gibt.

Nun beginnt sich echte Panik auszubreiten. Aber halt, da sind ja noch die anderen Landsleute! Die kann man fragen. Sie würden denen schließlich genauso aus der Klemme helfen. Immerhin haben die ja auch den ganzen Abend Ihre Zigaretten geraucht. Aber, o Wunder, alle behaupten, sie seien Nichtraucher. Von den beiden einzigen Rauchern hat der eine ebenfalls keine Zigaretten mehr und der andere nur noch so viele, daß sie gerade für ihn selbst reichen. Egoist!

Die Panikstimmung nimmt zu. Sie versuchen es noch mal mit Giuseppe, immerhin ist er den ganzen Abend um Sie herumscharwenzelt und erwartet ein ordentliches Trinkgeld; das soll er sich aber erst verdienen. Einer der Kellner wird doch rauchen? Aber: »Es tut mir leid.« Sie wissen, daß der Koch raucht, denn Sie hatten sich noch Sorgen gemacht, die Asche könne in die »Spezialität des Hauses« fallen. »Tut mir leid, kann nicht helfen.« Sie bemerken die Nikotinverfärbungen an Giuseppes Fingern und werden wütend. Plötzlich behauptet Giuseppe, der vorher noch von seinen sechzehn Jahren in Ihrem Land erzählt hatte, er verstünde die Sprache nicht.

Die Panikstimmung nimmt Titanic-Ausmaße an. Wie konnte man nur dieses dämliche Restaurant auf eine Klippe bauen, auf der einen Seite meilenweit nichts als stinkendes Meerwasser, auf der anderen öde Wüste. Weit und breit keine andere Möglichkeit, zu einer Packung Zigaretten zu kommen, als Giuseppe auf den Kopf zu stellen und ordentlich durchzuschütteln. Sie spielen mit dieser Idee, verwerfen Sie aber wieder, als Sie hinter dem ewigen Lächeln einen ziemlich muskulösen Kerl erkennen.

Während dieser ganzen Zeit tobt im Hintergrund dieser schreckliche, undefinierbare Lärm. Sie hatten schon Pech genug, die Anwesenheit einer Horde stumpfsinniger grölender Biertrinker ertragen zu müssen. Man sollte ihre Pässe einziehen! Warum ist soviel Knoblauch im Essen, und was ist das überhaupt für ein Zeug, das ich gerade trinke? Hat man schon einmal von einem roten Drink gehört? Und wenn ich Früchte gewollt hätte, hätte ich einen Fruchtsalat bestellt und keinen Cocktail! Geradezu lächerlich! Auch noch mit einem kleinen Schirm obendrauf. Haben die etwa Angst, es könne hineinregnen? Und warum hört dieser blöde, grinsende Idiot namens Giuseppe nicht auf, mich dauernd zu fragen, ob alles in Ordnung sei? Er ist doch selbst Raucher, sieht er nicht, daß ich in den letzten Zügen liege? Warum sind wir überhaupt in dieses gottverdammte Land gereist?

Diese Schilderung ist vielleicht etwas übertrieben, aber sicher können Sie die Situation nachvollziehen. Raucher, die nach dem Essen nicht rauchen dürfen, fühlen sich alles andere als gut. Es geht ihnen miserabel, und sie leiden unter dem Verzicht. Sie werden depressiv. Haben sie das Niveau von fünfzig Minuspunkten erreicht, macht der Unterschied zwischen einer Zigarette und keiner nicht nur fünf Punkte aus, sondern hundertfünfzig. Aus genau diesem Grund schmecken manche Zigaretten besser als andere, obwohl in Wirklichkeit alle Zigaretten einer Packung das gleiche Aroma besitzen. Nicht die Zigarette ist anders, sondern die Art und Weise, wie der Raucher sie empfindet.

Die meisten Raucher geben also zu, daß sie nur eine begrenzte Zahl der Zigaretten, die sie täglich rauchen, wirklich genießen. Die Wahrheit ist, sie genießen überhaupt keine. Wenn sie unbewußt rauchen, nehmen sie die Zigarette nicht wahr und können sie folglich auch nicht genießen. Rauchen sie bewußt, schmeckt die Zigarette scheußlich, weil sie einfach nicht anders schmecken kann! Aus diesem Grund erfolgt der Großteil des Rauchens unbewußt. Und aus diesem Grund gehen wir als Raucher, der alle negativen Argumente zu ignorieren versucht und sich an jede fadenscheinige Entschuldigung klammert, um sich immer wieder eine Zigarette zu genehmigen, durchs Leben. Wenn Sie jedesmal, wenn Sie sich eine Zigarette anstecken, ganz bewußt an den schalen Geschmack denken müßten, an die achtzigtausend Mark, die Sie jedes Jahr verschwenden, an Ihre Abhängigkeit und daran, daß genau die Zigarette, die Sie im Moment rauchen, den Lungenkrebs auslösen könnte, würde Ihnen doch sofort die Lust darauf vergehen, oder nicht? Ziehen Sie Ihren Kopf aus dem Sand! Genau die, die Sie gerade rauchen, wird schuld sein am Lungenkrebs, denn wenn Sie mit dieser fertig sind, folgt die nächste und wieder die nächste. Es gibt nur zwei Möglichkeiten: Entweder Sie rauchen, oder *Sie rauchen nicht!*

Die meisten Raucher können sich noch gut erinnern, wie scheußlich die ersten Zigaretten geschmeckt haben. In meiner Jugend war man nur ein ganzer Kerl, wenn man die Zigarette auf Humphrey-Bogart-Art lässig im Mundwinkel baumeln lassen konnte. Das war nicht einfach. Ich übte es stundenlang und mußte einiges an Schmerzen dabei aushalten. Immer wieder stieg mir der Rauch in die Augen, mit dem gleichen Effekt wie Tränengas. Manchmal blieb an der Zigarette ein abgelöstes Stück Haut von meiner Lippe kleben. Am peinlichsten aber war es, wenn das Mundstück an meinen Lippen haftenblieb, während der Rest der Zigarette in einzelne Stücke zerfiel. Manche Raucher sind fest davon überzeugt, daß ihnen die ersten Zigaretten geschmeckt haben. Aber in der Erinnerung verklärt sich einiges. Es ist gut möglich, daß sie eine Art indirekten Genuß daraus gewonnen haben, etwa die Befriedigung ihrer Neugier, das Gefühl des Erwachsenseins oder der Auflehnung. Doch der Vorgang des Rauchens selbst kann wohl nicht als Genuß beschrieben werden, und mit Sicherheit hat es nicht gut geschmeckt. Jeder Nichtraucher, egal welchen Alters, muß beim Inhalieren husten, und spätestens nach der dritten Zigarette hintereinander ist ihm übel.

Das kann nichts mit gutem Geschmack zu tun haben. Wir empfinden den Geschmack bestenfalls, wenn er so scheußlich ist, daß wir ihn unmöglich ignorieren können. Doch selbst dann rauchen wir weiter. Aber warum haben wir ausgerechnet nach jenen durchfeierten Nächten, in denen die Zigaretten angeblich so besonders gut sind, einen so schlechten Geschmack im Mund, daß wir uns danach regelmäßig vornehmen, mit dem Rauchen aufzuhören. Die meisten Raucher rechtfertigen ihre Sucht mit der Ausrede, sie würden es genießen und es würde ihnen schmecken, denn damit geben sie vor, die Kontrolle zu haben und aus freien Stücken zu rauchen. Würden sie hingegen zugeben, daß sie sich nur mit Zigaretten konzentrieren oder Streß bewältigen können, käme das der Aussage gleich: »Ich bin unsicher! Ich bin schwach! Ich komme nicht ohne meine Krücke aus«! Als nächstes müßte das Eingeständnis folgen, abhängig zu sein. Doch fragen Sie diese Raucher, in welcher Weise ihnen das Einatmen eines pflanzlichen Giftstoffes hilft, sich besser zu konzentrieren oder Streß zu bewältigen; bringen Sie sie in Verlegenheit.

Konzentration und Streß waren auch meine Hauptentschuldigungen. Auf die Konzentration gehen wir in einem eigenen Kapitel ein. Und woher sollte dieser ganze Streß kommen, den ich als junger Angestellter angeblich hatte? Ich verfügte über eine gute Ausbildung, verdiente gut, war hoch qualifiziert, kompetent und voller Selbstvertrauen. Die Arbeit selbst war ein Glückstreffer. Der einzige echte Streß, unter dem ich litt, kam von meiner heftigen Raucherei. Das, was mir damals als Streß erschien, war in Wirklichkeit eine schlaue Erfindung meines abhängigen Gehirns, um mein Rauchen zu rechtfertigen – soviel ist mir heute klar.

Als der Zweite Weltkrieg ausbrach, war ich gerade fünf Jahre alt. Ich wurde aufs Land geschickt und mußte zwei Jahre bei einem Paar leben, das mich ziemlich schlecht behandelte. Das war eine wirklich stressige Periode in meinem Leben. Von den Einheimischen wurde ich als Bombenflüchtling abgestempelt. Täglich mußte ich drei Kilometer zur Schule gehen. Ich erinnere mich gut daran, daß ich ständig einen anderen Weg nahm, um nicht von den einheimischen Raufbolden verprügelt zu werden. Die Trennung von meinen Eltern in diesem zarten Alter und die harten Lebensumstände machten mir sehr zu schaffen. Doch dabei ging es mir wie dem Hasen – ich überstand es auch ohne Zigaretten. Ich glaube nicht einmal, daß ich irreparable Schäden davongetragen habe. Eher hat es mich stärker gemacht.

Eine ebenso häufig gebrauchte Ausrede ist: »Ich rauche aus purer Langeweile.« Dieser Satz ist typisch für ein Übergangsstadium. Sie merken, daß Sie die Zigaretten nicht genießen, können aber noch nicht zugeben, daß Sie bereits im Netz zappeln. Damit schmeicheln Sie nicht gerade Ihrer eigenen Intelligenz. Wollen Sie mir wirklich weismachen, daß Sie ein Vermögen ausgeben und das Risiko einer gefährlichen Krankheit in Kauf nehmen, um nicht etwa Vergnügen oder Hilfe durch das Rauchen zu haben, sondern weil Ihnen ganz einfach nichts Besseres gegen die Langeweile einfällt, als giftigen Rauch in Ihre Lunge einzuatmen? Außerdem hatte ich gedacht, Sie könnten diese Tätigkeit ausführen, ohne groß darüber nachdenken zu müssen. Falls Sie der Typ Mensch sind, der oft unter Langeweile leidet, wäre es doch naheliegend, daß Ihnen auch das Rauchen bald langweilig wird, schließlich ist das Qualmen einer Zigarette nicht unbedingt eine Tätigkeit, die den Einsatz großer Intelligenz erfordert. Nach den ersten hunderttausend Zigaretten müßten Sie doch eigentlich in der Lage sein, dies unbewußt zu tun!

So ist es natürlich auch. Sogar das Ritual des Anzündens erfolgt meist automatisch. Wie also sollte das Rauchen Langeweile vertreiben können? In Wirklichkeit verursacht es Langeweile, weil sich der Raucher oft durch das Rauchen davon abhalten läßt, sich eine befriedigende Beschäftigung zu suchen. Selbst wenn er das will, hat er oft nicht die körperliche und geistige Energie, eine Alternative zu finden. Raucher greifen bei Langeweile zur Zigarette, weil sie sonst nichts haben, um sich von dem »Juckreiz« abzulenken.

Eine andere häufige Ausrede ist: »Ich finde es entspannend.« Wenn Sie nachfragen, wie das genau funktioniert, ernten Sie eigentlich nur verständnislose Blicke.

Vor einigen Jahren drohten die Adoptionsbehörden, keine Raucher mehr als Bewerber zuzulassen. Die Gründe sind verständlich, doch warum muß man die armen Raucher noch mehr bestrafen? Sie haben es ohnehin schon schwer genug. Ein Mann protestierte heftig gegen dieses Vorhaben und argumentierte: »Das ist völlig falsch. Als ich ein Kind war und mit meiner Mutter eine wichtige Angelegenheit besprechen wollte, wartete ich immer, bis sie sich eine Zigarette angesteckt hatte. Ich wußte, dann war sie viel entspannter.« Dieser Mann fragte sich allerdings nicht, warum er nicht mit seiner Mutter sprechen konnte, solange sie nicht rauchte. Warum sind Raucher so *verspannt*, wenn sie nicht rauchen, selbst nach einem Essen, wenn sie eigentlich völlig entspannt sein könnten? Wenn Sie im Supermarkt einer jungen Mutter über den Weg laufen, die ihr Kind wegen einer kleinen Ungezogenheit völlig übertrieben anbrüllt, sollten Sie die Frau noch eine Weile beobachten. Sobald sie den Supermarkt verlassen hat, wird sie sich eine Zigarette anzünden.

Es gibt Raucher, die ganz klar für sich feststellen, daß das Rauchen ihnen keinen Genuß und keine Hilfe bietet, aber sie brauchen das Ritual: glänzende Päckchen, goldene Feuerzeuge und Etuis, das Öffnen der Packung, einem Freund eine Zigarette anbieten, das Halten der Zigarette, das Anzünden, der großartige Moment, wenn der erste Zug in die Lunge gesogen wird.

Argumente wie diese sind schwer zu entkräften. Doch wenn wir sie genauer unter die Lupe nehmen, merken wir schnell, wie dumm sie sind. Wir neigen dazu, viele Dinge im Leben zu ritualisieren: das Werben um einen Partner, Hochzeit, Liebesakt, Begräbnis. Doch jedes dieser Rituale erfüllt auch einen Zweck. Oder können Sie mir außer dem Rauchen ein Ritual nennen, das wir nur um seiner selbst willen ausführen? Und wenn es um das Ritual als solches geht, könnten wir es doch leicht abändern, indem wir die Zigarette nicht anstecken. Damit würden wir zwar das Ritual beibehalten, aber auf den unangenehmen Teil verzichten, den wir so gern übersehen: das Schmuddelige, die Armseligkeit, die Lethargie, die Versklavung, die Herabwürdigung. Aber hätte das Ritual dann noch die gleiche Bedeutung? Warum nicht?

Am besten veranschaulichen läßt sich dies anhand jenes Rituals, das dem Rauchen am ähnlichsten ist: dem Ritual des Essens. Für besondere Essen oder Bankette holen wir unsere besten Kleider aus dem Schrank. Wir verwenden das gute Silber, das teure Porzellan, die geschliffenen Gläser und die Kandelaber. Das alles soll die Freude am Essen noch steigern.

Doch würden Sie auch nur einen Teil dieses Rituals genießen, wenn Sie wüßten, Sie dürften nichts von den Speisen nehmen?

Aber neunundneunzig von hundert Zigaretten werden ohne dieses Ritual geraucht. Jener »großartige Moment« hat überhaupt nichts mit dem Ritual zu tun. Es ist nur der Versuch, eine paar Augenblicke lang zu erfahren, wie Sie sich Ihr ganzes Leben lang fühlen könnten, wenn Sie aufhörten zu rauchen. Gold, Silber, geschliffenes Glas oder die glänzenden Utensilien, die zum Ritual des Rauchens gehören, sollen Sie und andere nur darüber hinwegtäuschen, daß es sich um nichts anderes handelt als eine abstoßende, ungesellige, teure und hochgradig gefährliche Form der Abhängigkeit.

Im Lauf der Jahre habe ich Tausende verschiedener Ausreden für das Rauchen gehört. Ich gehe hier nur auf die häufigsten ein. Einige davon müßten in einem eigenen Kapitel behandelt werden:

»Ich rauche nur, um nicht ungesellig zu sein.« Ich kann mir keinen ungeselligeren Zeitvertreib als das Rauchen vorstellen.

»Ich mache es nur, um nicht zuzunehmen.« Seltsam, haben Sie auch einmal daran gedacht, weniger zu essen? Ich nehme an, sobald Sie weniger rauchen, fangen Sie an zu essen! Es ist zwar unlogisch, doch trifft es auf die meisten Raucher zu.

»Die Zigarette ist mein bester Freund.« Nun begeben wir uns ins Reich der Phantasie, aber die meisten Raucher glauben daran; auch mir ging es über dreißig Jahre lang so.

Angenommen, ich wollte Ihnen einen Zaubertrank verkaufen, mit dem Sie sich besser konzentrieren können und der eine halbe Stunde später Ihre Langeweile vertreibt – zwei völlig gegensätzliche Dinge. Er hilft Ihnen in Zeiten der Anspannung und der Entspannung, noch zwei Gegensätze, er schmeckt und riecht wunderbar, reduziert Ihr Gewicht und begleitet Sie in Gesellschaft. So etwas könnte ich als Ihren besten Freund akzeptieren. *Aber würden Sie mir das alles glauben?* Natürlich nicht! Sie würden mich hinter Schloß und Riegel bringen. Doch sowohl Tabakkonzerne als auch die Raucher selbst behaupten das vom Rauchen.

Vielleicht denken Sie noch an drei weitere klassische Ausreden, auf die Raucher gerne zurückgreifen, um sich zu rechtfertigen:

»Ich kann einfach nicht aufhören.« Die sind mir am sympathischsten, weil sie sich selbst gegenüber ehrlich sind, und das bedeutet, sie beenden dieses Buch als Nichtraucher.

»Ich will aufhören, aber jetzt ist nicht der richtige Zeitpunkt.« Darauf gehe ich später noch ein.

Aber die unsinnigste aller Ausreden ist: *»Es ist nur eine Gewohnheit!«* Damit vermeidet es der Raucher, weitere Erklärungen abgeben zu müssen. So, als wäre es nicht sein Problem: Es ist nur eine Gewohnheit, von der ich nicht lassen kann. Was soll ich machen?

Ähnlich wirkt das Argument: »Ich genieße die Zigarette *wirklich*.« Der Glaube, Rauchen sei eine Gewohnheit, ist die Illusion, die selbst für Raucher, die alle meine Aussagen verstanden haben, am schwierigsten zu zerstören ist. Auch wenn sie davon überzeugt sind, daß Abhängigkeit mit eine Rolle spielt, betrachten sie es doch als Gewohnheit.

Um für immer frei zu sein, müssen Sie das Rauchen als Ganzes verstehen. Und um es ganz zu verstehen, müssen Sie erkennen:

RAUCHEN IST KEINE GEWOHNHEIT!

Ich habe vom »Juckreiz« gesprochen. Sie werden den Unterschied zwischen Gewohnheit und Abhängigkeit besser verstehen, wenn wir uns vorher mit folgender Frage beschäftigen:

WARUM KRATZEN WIR UNS BEI JUCKREIZ?

KAPITEL 17

Warum kratzen wir uns bei Juckreiz?

»Weil es ihn lindert.«

»Auf welche Art verschafft es Linderung?«

»Indem es einen noch größeren Schmerz verursacht, der dich vom Juckreiz ablenkt.«

»Warum um alles in der Welt solltest du dir größere Schmerzen zufügen wollen. Damit beseitigst du ja nicht das Jucken, sondern lenkst dich nur davon ab. Sobald die Schmerzen nachlassen, spürst du auch den Juckreiz wieder. Wozu soll also das Kratzen gut sein?

»Ich weiß es nicht.«

Das Kratzen ist ein stetiger Zankapfel zwischen Joyce und mir. Wenn ich einen Insektenstich habe, muß ich kratzen. Joyce sagt dann:

»Kratzen macht es nur noch schlimmer.«

»Das kannst du nur beweisen, wenn du zwei identische Stiche hast, von denen du an einem kratzt, am anderen nicht.«

Vermutlich hat sie recht. Sie hat meistens recht. Ich habe verschiedene Theorien, warum Kratzen bei Juckreiz hilft, aber den wahren Grund kenne ich nicht. Ich brauche ihn auch gar nicht zu kennen. Ich weiß auch nicht, warum das Licht angeht, wenn ich den Schalter drücke. Ich kann sogar einen Schalter anschließen, verstehe den Vorgang aber trotzdem nicht. Das Entscheidende dabei ist, ich muß es nicht verstehen. An einem Insektenstich zu kratzen, verschlimmert das Jucken vermutlich, aber das ist mir egal. Vorausgesetzt, ich darf daran kratzen, stört mich der Stich nicht weiter, auch wenn ich dadurch den Heilungsprozeß hinauszögere. Ich komme mit dieser Situation klar. Aber nicht kratzen zu dürfen, wäre mir unerträglich! Wenn Sie sich jetzt ertappen, sich zu kratzen, wundern Sie sich nicht, mir geht es genauso. Kratzen ist noch ansteckender als Gähnen.

Aber was hat das mit dem Rauchen zu tun? Es dient lediglich als Beispiel für die Funktionsweise unseres Unterbewußtseins oder Instinkts. Meine Frau kann logische Gründe gegen das Kratzen anführen. Manchmal erbringe ich selbst den Beweis für deren Richtigkeit, indem ich so lange an einem Stich kratze, bis er blutet. Doch mein Instinkt treibt mich dazu, und ich folge ihm. Da geht es mir genau wie jener Frau, die eine Zigarette *brauchte*. Sie wußte, wie unlogisch es war, und steckte sich trotzdem eine an. Wenn ich dagegen eine Herpesinfektion habe, irritiert mich das zwar auch und ich will als erste Reaktion daran kratzen, doch aus Erfahrung weiß ich, daß man besser die Finger davon läßt, sonst breiten die Bläschen sich immer mehr aus. Heute sagen mir sowohl Instinkt als auch Intellekt bei Herpes: »Nicht kratzen!« Und ich halte mich daran.

Dreißig schlimme Jahre lang sagte mir mein Verstand: »Rauche keine Zigaretten!« Doch der kleine »Juckreiz« in meinem Innern hielt immer wieder dagegen: »Rauche eine Zigarette.« Und ich kratzte mich. Ich weiß immer noch nicht genau, warum ich mich bei einem Insektenstich kratze, bei Herpes aber zurückhalte. Doch heute weiß ich, warum ich auf den kleinen Nikotinreiz dreißig Jahre lang reagiert habe und warum er jetzt verschwunden ist, für immer und ewig! Eine Herpesinfektion wird nicht durch das Kratzen verursacht, sondern nur verschlimmert. Die erste Zigarette verursacht den Nikotinreiz, und jede folgende Zigarette läßt ihn größer werden, unendlich groß, bis:

ER SIE KÖRPERLICH UND MENTAL ZERSTÖRT!

KAPITEL 18

Gewohnheit oder Abhängigkeit?

Vielleicht ist es auch eine Kombination aus beidem. Wie auch immer, wir alle wissen, wie schwierig es ist aufzuhören. Es ist nur möglich, wenn wir das Wesen der Falle und des Opfers, das hineintappt, voll und ganz erfassen. Dazu müssen wir auch den Unterschied zwischen Gewohnheit und Abhängigkeit erkennen. Im Wörterbuch nachzuschlagen, wird uns hier allerdings nicht weiterhelfen. Leider werden beide Wörter im modernen Sprachgebrauch oft als Synonyme verwendet, was die Unterscheidung noch zusätzlich erschwert.

Ich bezeichnete mich früher selbst als nikotinabhängig. Ich hielt mich aber nicht wirklich für einen Drogenabhängigen, sondern für jemanden, der sich einfach an das Rauchen gewöhnt hatte. Die Situation war also folgende: Ich bezeichnete mich selbst als abhängig, glaubte aber, daß es sich um eine reine Gewohnheit handelte, war in Wirklichkeit jedoch abhängig. Kein Wunder, wenn wir uns auf einmal selbst nicht mehr auskennen. Wenn mir meine Lehrer irgendwann einmal den Unterschied zwischen Gewohnheit und Abhängigkeit erklärt hätten, anstatt mich davon überzeugen zu wollen, wie ungesund, unappetitlich und teuer das Rauchen ist, wäre ich nie in die Falle geraten, davon bin ich überzeugt.

Jahrelang habe ich mich auch als Golfjunkie bezeichnet. Ich liebte das Golfspiel und nutzte jede nur mögliche Gelegenheit, um auf den Platz zu gehen. Ich verbrachte den Großteil meiner Arbeitszeit damit, die nächste Runde vorauszuplanen. Ich war wirklich davon überzeugt, vom Golfen abhängig zu sein. Dabei handelte es sich hier um eine Gewohnheit oder, besser, um ein echtes Vergnügen, das ich mir sooft wie möglich gönnte. Ich aber hielt es für echte Abhängigkeit.

Warum ist der Unterschied so wichtig? Nun, die Annahme, Rauchen sei ganz oder teilweise Gewohnheit, würde zu folgenden Schlußfolgerungen führen:

1. Rauchen biete echten Genuß oder Hilfe. Warum sonst sollte es sich jemand zur Gewohnheit machen? Dabei spielt es keine Rolle, ob die Vernunft uns sagt, daß es keine Argumente dafür gibt. Es reicht, wenn das Unterbewußtsein welche findet. Das führt zum zweiten Problem.
2. Selbst wenn ein Raucher aufgehört hat, würde sein Unterbewußtsein immer noch Argumente dafür finden zu rauchen. Der Raucher hätte das Gefühl, auf etwas verzichten zu müssen, und würde sein Leben lang gegen die Versuchung ankämpfen.
3. Der Raucher würde annehmen, daß er, solange er es sich nicht zur dauernden Gewohnheit macht, gelegentlich eine Zigarette oder Zigarre rauchen könne, ohne wieder im Netz zu zappeln. Aus vorhergegangenen Erfahrungen wird seine Vernunft ihm zwar anderes melden, doch der Einfluß des Unterbewußtseins ist in diesem Fall stärker.

Wenn ich Raucher befrage, die es entweder nicht geschafft haben aufzuhören oder rückfällig geworden sind, endet es immer in folgendem Frage- und Antwortspiel: »Warum haben Sie sich die Zigarette angesteckt?«

»ICH WEISS ES NICHT.«

Wenn Sie nicht zwischen Gewohnheit und Abhängigkeit unterscheiden können, sind Sie nicht in der Lage zu verstehen, was das Wesen des Opfers oder das der Falle ausmacht, und werden dadurch immer labil bleiben.

Wie also kann man den Unterschied zwischen Gewohnheit und Abhängigkeit auf den Punkt bringen? Wir können dabei auf zwei Hilfen zurückgreifen. Ist Ihnen schon einmal aufgefallen, wie sehr starke Raucher einen Gelegenheitsraucher beneiden, den Typ Raucher also, der nur fünf Zigaretten am Tag raucht oder nur bei gesellschaftlichen Anlässen? Können Sie sich auch vorstellen, daß ein fanatischer Golfer, der fünfmal pro Woche spielt, einen anderen beneidet, der nur einmal im Monat auf dem Platz steht? Hilfe Nummer eins ist also: Einer Gewohnheit folgen Sie gerne, einer Abhängigkeit nur, weil Sie nicht anders können. Aber warum behaupten dann so viele Raucher, sie würden es genießen? Weil die jahrelange Gehirnwäsche hier ihre Wirkung zeigt! Wenn ein Raucher einen Gelegenheitsraucher schon so sehr beneidet, müßte er doch eigentlich einen Nichtraucher noch mehr beneiden? Warum ist das aber nicht der Fall? Weil man bei einem Gelegenheitsraucher fälschlicherweise davon ausgeht, daß er das Rauchen unter Kontrolle hat und die Vorteile beider Seiten genießen kann. In Wirklichkeit bekommt er nur die Nachteile beider Seiten ab!

Bei den wenigen Gelegenheiten, die ich noch zum Golfen gehe, wandere ich eigenartigerweise auf dem Platz herum und denke darüber nach, wie ich meine Nichtraucherkurse verbessern kann. Als ich das Interesse am Golf verloren hatte, hörte ich einfach auf zu spielen. Ich mußte nicht jahrelang daran arbeiten, es mir abzugewöhnen. Und ich mußte dafür keinen Fachmann zu Rate ziehen. »Der Mensch ist ein Gewohnheitstier.« Wenn sechzig Prozent eines Volkes nikotinabhängig sind, alle es aber für eine Gewohnheit halten und nicht davon loskommen, verfestigt sich natürlich der Glaube, der Mensch müsse mit seinen Gewohnheiten leben.

Vielleicht haben Sie schon von Rauchern gehört, die Zigaretten plötzlich langweilig fanden, sich entschlossen, damit aufzuhören, und es auch ohne jede Schwierigkeit schafften. Ich war einer von ihnen, aber vergessen Sie nicht, daß es mir erst nach dreißig Jahren langweilig wurde. Wenn Sie einmal genauer nachforschen, werden Sie herausfinden, daß es bei den anderen ähnlich verlief. Falls Sie also warten wollen, bis das Rauchen Ihnen langweilig wird, um dann einfach so aufzuhören, machen Sie sich selbst etwas vor.

Hier haben wir Hilfe Nummer zwei: Typisch bei jeder Abhängigkeit ist: Je mehr Sie sich einreden, eine Droge zu verachten, um so größer wird die Illusion Ihrer Abhängigkeit und die Dosis, die Sie brauchen.

DIE DROGE HAT SIE UNTER KONTROLLE!

Gewohnheiten können Sie unter Kontrolle halten. In den Augen der anderen, oder vielleicht sogar in Ihren eigenen, sind diese Gewohnheiten vielleicht abstoßend, dennoch bleiben Sie ihnen freiwillig treu. Wollen wir eine Gewohnheit ablegen, gelingt uns das auch leicht.

Nun können Sie einwenden, Nägelkauen sei auch eine Gewohnheit, und dennoch schaffen es viele Menschen trotz größter Anstrengung nicht aufzuhören. Ich bin mir sicher, auch für das Nägelkauen gibt es einen plausiblen Grund. Vor noch nicht allzulanger Zeit waren unsere Nägel noch Klauen, die regelmäßig geschärft werden mußten. Nur aufgrund der Tatsache, daß Sie oder ich den Grund nicht kennen, warum einige von uns noch heute kauen, können wir nicht davon ausgehen, daß es keinen echten Grund dafür gibt. Es muß einen geben, warum sonst sollte es sich jemand zur *Gewohnheit* machen? Nägelkauen ist mehr als eine Gewohnheit.

»Es ist eine Gewohnheit« liefert keine Erklärung für ein gewohnheitsmäßiges Verhalten, sei es das Rauchen oder etwas anderes. Es ist zu

»einer Gewohnheit« geworden, weil es mit schöner Regelmäßigkeit wiederholt wurde. »Es ist eine Gewohnheit« ist keine gültige Erklärung. Wichtig ist der Grund, warum ein bestimmtes Verhalten gewohnheitsmäßig ist. In den meisten Fällen ist dieser Grund ein bestimmter Vorteil, der mit diesem Verhalten einhergeht. Wenn das der Fall ist, gibt es eigentlich keinen Anlaß, die Gewohnheit abzulegen. Es ist äußerst unwahrscheinlich, daß sich jemand freiwillig angewöhnt, immer wieder eine Tätigkeit auszuführen, die für ihn mit keinerlei Vorteilen verbunden ist, außer, man hat ihm Teufelswerk als etwas Vorteilhaftes verkauft: *wie im Fall der Drogenabhängigkeit.*

Einige sogenannte Experten in Sachen Rauchen behaupten, man kann nur aufhören, wenn man es selbst wirklich will. Das ist naheliegend. Wer solche Erklärungen abgibt, gesteht damit ein, daß er kein Rezept gegen das Rauchen kennt. Genausogut könnte man sagen: »Wenn Sie einen Bus besteigen wollen, müssen Sie erst einen Bus besteigen wollen.« Brillant! Warum sollte jemand beschließen, mit dem Rauchen aufzuhören, wenn er es eigentlich gar nicht will? Die gleichen Experten argumentieren aber auch folgendermaßen: »Es ist ziemlich einfach, mit dem Rauchen aufzuhören, wenn Sie es wirklich wollen.« Blödsinn! Was ist mit den Tausenden von Rauchern, denen es genauso geht wie mir damals? Sie hassen es und versuchen jahrelang, davon loszukommen. Ich schaffte es nicht einmal, als es um mein Leben ging.

Viele Raucher glauben, sie haben sich entschieden zu rauchen, weil sie es genießen. Doch sollten sie einmal in ihrem Raucherleben den Kopf aus dem Sand ziehen und all die Vor- und Nachteile des Rauchens auflisten und mit Punkten auf einer Skala bis zehn bewerten, wäre das einzig mögliche Resultat: »Du bist ein Idiot. Hör auf damit.« Aus diesem Grund empfinden sich Raucher, ebenso wie Alkoholiker und andere Drogenabhängige, instinktiv als dumm. Doch sie sind es nicht wirklich. Es gibt nur einen Machtfaktor, der auf sie einwirkt, die *Abhängigkeit.*

Doch der Begriff Abhängigkeit sagt nichts aus über unsere mißliche Lage. Er bedeutet lediglich: Eine unbekannte Macht zwingt mich, wider besseres Wissen damit weiterzumachen. Daß meine Situation nun einen Namen hat, hilft mir aber kein bißchen weiter! Im Gegenteil, es wird dadurch noch schlimmer, denn Abhängigkeit als Selbstzweck gibt es nicht. Es handelt sich dabei um nichts anderes als ein Mißverständnis. Sobald man dieses Mißverständnis aus dem Weg geräumt hat, ist auch die Abhängigkeit beseitigt. Dadurch, daß man den Zustand benennt, verstärkt sich nur die Überzeugung des Abhängigen, er habe ein körperliches Leiden. Genauso ist es mit dem Alkohol. Viele Alkoholiker sind der Meinung, daß sie einfach anders veranlagt sind als Nichtalkoholiker. Damit setzen sie sich selbst in ein Gefängnis, das es überhaupt nicht gibt. Mit viel Glück und Erfindungsgabe gelänge ihnen vielleicht die Flucht, aber wie sollen sie aus einem Gefängnis ausbrechen, das überhaupt nicht existiert?

Deshalb ist es so wichtig zu verstehen, daß es sich beim Rauchen nicht um eine Gewohnheit handelt, sondern um die Abhängigkeit von einer Droge. Solange Sie glauben, es sei Gewohnheit, denken Sie: »Ich verstehe nicht, warum ich rauche. Ich glaube nicht, daß es mir echten Genuß bereitet. Es ist nichts weiter als eine Gewohnheit. Wenn ich es lange genug ohne eine Zigarette aushalte, wird die Zeit das Problem lösen, dann wird meine Lust auf Tabak einfach von selbst verschwinden.« Damit machen Sie sich aber nur etwas vor. Sie haben nicht aus Gewohnheit geraucht. Es gab einen ganz bestimmten Grund, warum Sie sich in besonders guten oder schlechten Phasen eine Zigarette angesteckt haben. Wenn Sie selbst den Grund nicht kennen, heißt das nicht, daß es ihn nicht gibt. Und daß es sich dabei um eine raffinierte Illusion handelte, ändert nichts an der Situation, solange Sie dieser Illusion erliegen. Selbst wenn Sie über Jahre hinweg dem »Kraut« entsagt haben, ist in Ihrem Gehirn noch die Information gespeichert, die Zigarette könnte aus irgendwelchen unbekannten Gründen helfen, und Sie geraten immer wieder in Versuchung. Wenn Sie die Zusammenhänge jedoch von Grund auf verstehen, wird diese Versuchung nie mehr auftreten. Ich meine nicht, daß Sie der Versuchung widerstehen werden, nein, der Wunsch oder das Verlangen nach einer Zigarette wird sich einfach nicht mehr einstellen.

Diese mysteriöse Macht, die Drogensüchtige in die Selbstzerstörung und ein Leben in Elend treibt, diese unbekannte, dunkle Macht, die wir Abhängigkeit nennen, ist jedoch nichts Ungewöhnliches. Im Gegenteil, sie begegnet uns häufig und ist eine der schlimmsten Erfahrungen, die wir machen können. Ihr Name ist *Angst!* Und sie packt uns von hinten. Wenn Sie gerade nicht rauchen und das Nikotin dabei ist, von Ihrem Körper ausgeschieden zu werden, stellt sich dieses Gefühl der Leere und Unsicherheit ein. Zünden Sie sich eine Zigarette an, empfinden Sie zum Teil Erleichterung, was Sie zu der Annahme verleitet, die Zigarette sei ein Freund oder eine Hilfe. Je weiter sie Sie nach unten zieht, desto größer wird Ihre Abhängigkeit von ihr.

Auch intelligente Menschen fallen auf geschickte Tricks herein. Doch haben Sie einen Trick einmal durchschaut, müssen Sie schon ausgesprochen einfältig sein, um sich weiterhin täuschen zu lassen. Zum Glück – und das beweist unsere Erfolgsquote – sind die meisten Raucher keine Dummköpfe, auch wenn sie sich selbst oft dafür halten. Haben Sie einmal die Funktionsweise der Nikotinfalle erkannt, wird der Wunsch nach einer Zigarette nicht größer sein als der Wunsch, mit dem Kopf gegen die Wand zu rennen, nur um danach die Erleichterung zu verspüren, daß es vorbei ist.

Ich kann es nur wiederholen: Jeder Raucher kann ohne Schwierigkeiten aufhören, sobald er die beiden »Ungeheuer« versteht: die Nikotinfalle und den Raucher selbst. Zum Funktionieren der Nikotinfalle tragen zwei Kräfte bei, mit denen uns die Natur ausgestattet hat, um unser Überleben zu sichern. Die Angst haben wir bereits angesprochen. Die zweite Kraft ist der *Hunger.*

Hunger und Durst sind zwei geniale Mechanismen, die in uns wirken, um unser Überleben zu sichern, ob wir das wollen oder nicht. Wir nehmen sie als selbstverständlich hin, doch überlegen Sie einmal, was für eine raffinierte Einrichtung der Hunger ist. Wir sind intelligente Menschen. Wir wissen, wenn wir nicht ausreichend essen, werden wir sterben. Auch andere Lebewesen nehmen aus dem gleichen Grund wie wir Nahrung zu sich: aus Hunger! Oder glauben Sie, ein Wurm weiß, daß er ohne Essen sterben würde? Jedes Lebewesen ist mit diesem unglaublich starken und ausgeklügelten Mechanismus ausgestattet.

Und haben wir es nicht ausgesprochen gut, daß wir nicht immer bewußt daran denken müssen zu atmen? Wir würden nur ein paar Stunden durchhalten, wenn es von der Natur nicht so eingerichtet wäre. Kein Lebewesen muß bewußt daran denken, Nahrung aufzunehmen. Die Organe senden automatisch entsprechende Signale ans Gehirn aus. Darüber hinaus sind wir mit Geschmacks- und Geruchssinn ausgestattet, um zwischen Nahrung und Giften unterscheiden und feststellen zu können, welche Art von Nahrung am besten für uns geeignet ist. Wenn Sie ein neues Auto kaufen, müssen Sie nicht lange herumexperimentieren, womit Sie es auftanken können. Der Verkäufer sagt Ihnen, ob es Benzin oder Diesel braucht und in welcher Qualität.

Vielleicht wundern Sie sich, warum sich die Ernährungsexperten nicht auf eine Linie einigen können und die Trends sich im Lauf der Jahre immer wieder ändern. Die Antwort lautet, sie wollen Gott spielen. Wildlebende Tiere brauchen keine Ernährungsexperten. Sie wurden von ihrem Schöpfer mit dem nötigen Instinkt ausgestattet. Genau wie wir.

Das wirklich Geniale am Hunger ist, daß er keine großen körperlichen Schmerzen verursacht. Wir können es einen ganzen Tag lang ohne Essen aushalten, ohne dabei größere Schmerzen zu haben. Unser Magen fängt vielleicht an zu knurren, aber das ist kein körperlicher Schmerz. Menschen, die in Hungerstreik treten, halten es sogar Wochen ohne Nahrung aus, nur um ihren Prinzipien treu zu bleiben. In meiner Kindheit war es üblich, daß an Sonntagen zwei Stunden später zu Mittag gegessen wurde als sonst, aber mein Magen wußte das nicht. Es war jedesmal eine Tortur, den köstlichen Bratenduft zu riechen und noch nichts essen zu dürfen. Aber es war kein echter körperlicher Schmerz.

Ich habe heute noch fast die gleichen Eßgewohnheiten wie zu meiner Zeit als Raucher. Inzwischen frühstücke ich zwar, esse aber dann nichts mehr bis sieben Uhr abends. Ich halte es also zwölf Stunden ohne Essen aus, bin mir dessen aber gar nicht bewußt. Abgesehen davon, daß es mir keine Probleme bereitet, würde ich mich sogar ärgern, einen Kurs unterbrechen zu müssen, nur um etwas zu essen. Doch wenn ich später als üblich nach Hause komme und mir schon der Duft von Joyces kulinarischen Genüssen in die Nase steigt, verspüre ich mit einem Schlag Hunger. Aber nicht der Essensduft an sich verursacht das Hungergefühl, er signalisiert lediglich meinem Gehirn, mich auf die chemische Reaktion aufmerksam zu machen, die während der letzten zwölf Stunden in meinem Körper abgelaufen ist.

Nun will ich nicht behaupten, Hunger sei etwas Angenehmes. Gewiß nicht. Er gibt uns das Gefühl der Leere und Unsicherheit, das uns unweigerlich in Depressionen, Reizbarkeit und Panikzustände führt, wenn wir nichts dagegen unternehmen!

Kommen Ihnen diese Symptome bekannt vor? Ging es Ihnen nicht ebenso, wenn Sie unter Einsatz Ihres Willens versucht haben, mit dem Rauchen aufzuhören? Hier haben wir es wieder mit einer raffinierten Eigenheit der Nikotinfalle zu tun. Die körperlichen Entzugserscheinungen beim Nikotin sind identisch mit dem Gefühl von Hunger und Durst.

In unserer westlichen Gesellschaft nimmt das Essen einen rituellen Status ein, als hätte die Nahrungsaufnahme als solche schon etwas mit Genuß zu tun. Aber der einzige Genuß, den uns das Essen bereitet, ist ein Ende jener Beeinträchtigung, die wir Hunger nennen. Tiere in freier Wildbahn haben nicht das Problem, zuviel Nahrung aufzunehmen. Sie essen, wenn der Hunger sie dazu treibt. Sind sie satt, hören sie auf zu essen. Traurig nur, daß wir unser gestörtes Eßverhalten auf unsere Haustiere übertragen, mit dem Ergebnis, daß manche von ihnen unter denselben Gewichtsproblemen leiden wie wir.

Manchen Menschen können die Tatsache, daß der einzige Genuß an einer Mahlzeit das Ende des Hungergefühls ist, nur schwer akzeptieren. Aber betrachten Sie das Problem einmal vom Standpunkt unseres Schöpfers aus. Er schuf diese unglaubliche Vielfalt an Leben. Wie hat er es eingerichtet, daß all diese Kreaturen sich nicht selbst vergiften? Menschen haben damit kein Problem. Unsere Eltern nehmen eine Menge Anstrengungen auf sich, um uns davon abzuhalten, giftige Dinge zu essen. Sie bewahren sie außerhalb unserer Reichweite auf und versehen die Flaschen mit Sicherheitsverschlüssen. Aber was ist mit all den anderen Lebewesen, wie stellen sie es an, sich nicht zu vergiften?

Es gibt eine einfache, aber wirkungsvolle Methode: Sorgen Sie dafür, daß giftige Substanzen scheußlich riechen und schmecken, Nahrungsmittel dagegen angenehm. Genau das hat auch unser Schöpfer gemacht. Nun fällt Ihnen vielleicht auf, daß es sich bei all den Nahrungsmitteln und Getränken, von denen uns Ärzte und Ernährungsexperten heute abraten, weil sie angeblich Suchtmittel und Gifte sind, genau um jene handelt, die wir als Kinder zunächst widerlich fanden, im Lauf der Zeit aber schätzen lernten, wie zum Beispiel Nikotin, Alkohol oder Kaffee. »Und was ist mit Schokolade?« Ich höre Sie antworten: »Die schmeckt lecker.« Aber das stimmt nicht. Versuchen Sie doch einmal Kakao pur. Es sind nur die Zuckerzusätze, die Schokolade gut schmecken lassen. Spätestens jetzt werden Sie sich fragen: »Warum sind ausgerechnet immer die guten Dinge im Leben schädlich? Gibt es denn nichts, was rundum verträglich ist?« Aber genau hier liegt das Problem. Wir glauben nur, diese Dinge seien gut, weil wir einer entsprechenden Gehirnwäsche unterliegen. Der größte Genuß im Leben ist die Freude über die eigene Existenz! Dafür gibt es keinen und dafür brauchen wir auch keinen Ersatz.

Um unseren Hunger zu stillen, greifen wir zu manchen Lebensmitteln lieber als zu anderen, ebenso wie wir eine bestimmte Zigarettenmarke bevorzugen. Unser System funktioniert so hervorragend, daß es sogar über eine Sicherheitsvorrichtung gegen übermäßige Nahrungsaufnahme verfügt. Selbst unsere Lieblingsspeisen schmecken und riechen nur gut, solange wir hungrig sind. Sobald wir zuviel zu uns genommen haben, reagiert unser Körper mit Übelkeit und Erbrechen.

Ich liebe zum Beispiel Currygerichte. Wenn ich großen Hunger habe, im Restaurant aber lange auf das Essen warten muß, ist es eine Qual für mich, dauern den guten Duft in der Nase zu haben. Tritt jedoch der Fall ein, daß ich zuviel gegessen habe, vielleicht noch die Reste auf dem Tisch stehen und ich zu allem Überfluß in der Nähe der Küchentür sitze, so daß ich von den Currygerüchen um mich herum eingehüllt werde, ekelt mich derselbe Duft plötzlich an. Einmal habe ich ein chinesisches Gericht mit nach Hause genommen und die Hälfte davon im Bett verspeist. Eingehüllt vom Geruch der Restmahlzeit wachte ich später wieder auf. Daraufhin habe ich drei Jahre lang nicht mehr chinesisch gegessen.

Das Körpersystem verfügt noch über zwei weitere geniale Sicherheitsvorrichtungen. Wenn unbehandelte Lebensmittel verderben, riechen und schmecken sie abstoßend, egal, wie groß unser Hunger ist. Ein Raucher dagegen würde lieber eine alte vertrocknete Zigarette rauchen als gar keine. Er hat sich Gleichgültigkeit gegenüber dieser ohnehin giftigen Substanz antrainiert. Aber hatten Sie schon einmal so großen Hunger, daß Sie ein faules Ei gegessen hätten, wenn kein frisches dagewesen wäre? Die zweite Sicherheitsvorrichtung ist die, daß Sie auch eine Ratte als Delikatesse betrachten würden, wenn Sie vorher lange genug nichts gegessen hätten. Das alles soll sicherstellen, daß Sie in jedem Fall überleben können, ob Sie wollen oder nicht.

Weil sich Hunger und Nikotinentzugserscheinungen sehr ähnlich sind, ist unsere Gesellschaft nicht in der Lage, das Rauchen von einer realistischen Warte aus zu betrachten. Daraus ergeben sich die nachfolgend beschriebenen Hauptprobleme. Ich möchte im voraus klarstellen, daß ich dabei nicht von jenen Unannehmlichkeiten spreche, mit denen sich Raucher herumschlagen müssen, die versuchen aufzuhören. Ich spreche von den Entzugserscheinungen, unter denen sie ihr ganzes Raucherleben lang leiden, jenes Gefühl der Leere, das ihnen suggeriert: Ich will eine Zigarette.

1. Wir halten das Essen für eine Gewohnheit und lassen uns dadurch verleiten, auch das Rauchen als Gewohnheit zu betrachten.
2. Wir wissen, daß Essen uns guttut, und wenn wir die Wahl haben, greifen wir vorzugsweise zu unseren Lieblingsspeisen. Unser Verstand schließt daraus, wir würden nur nach etwas Verlangen verspüren, wenn ein echter Genuß damit verbunden ist. Das wiederum bestärkt uns in der Illusion, daß Zigaretten einen bestimmten Genußfaktor besitzen *müssen*, denn warum sonst sollten wir danach verlangen?

Um verstehen zu können, warum wir rauchen, müssen wir uns als erstes mit dem Essen auseinandersetzen. Manche Menschen halten Essen also für eine Gewohnheit. Ich frage Sie: »Was würde passieren, wenn Sie diese Gewohnheit abstellen?« Darüber muß niemand lange nachdenken; selbstverständlich würde man sterben. Essen ist keine Gewohnheit, es ist lebensnotwendig. Die Menschen haben nur die Gewohnheit, ihren Hunger zu verschiedenen Zeiten, mit verschiedenen Nahrungsmitteln und unter Einhaltung verschiedener Rituale zu stillen. Ärzte fragen ihre Patienten oft, ob sie auch regelmäßig Stuhlgang haben, doch niemand käme auf die Idee, daß die Entleerung des Darms eine Gewohnheit sei. Die Aufnahme von Nahrung ist ebensowenig Gewohnheit wie regelmäßiger Stuhlgang.

Abhängigkeit ist auch eine Art von Hunger, jedoch nicht nach Essen, sondern nach einem Gift. Sie schafft die Illusion eines Verlangens. Ich habe vorhin behauptet: Der einzige *echte* Genuß am Essen liegt darin, daß es jenes Gefühl, das wir Hunger nennen, beseitigt. Das legt den Schluß nahe, einem Raucher müsse es echten Genuß bereiten, das Verlangen nach Nikotin zu stillen. Aber das ist nicht der Fall. Ein Verlangen an sich, sei es nach schönen, wohltuenden Dingen wie Essen, oder nach abstoßenden, schädlichen wie Nikotin, ist zweifellos etwas Unangenehmes. Es ruft ein Gefühl der Unzufriedenheit und Unvollständigkeit hervor. Und je länger das Verlangen andauert, um so elender und unsicherer fühlt man sich!

Den Hunger nach Essen zu stillen, ist ein wunderbares Gefühl, ein *echter* Genuß. Denn – vorausgesetzt man verfügt über gutes Essen und ist wirklich hungrig – man hat zum einen den guten Geschmack, zum anderen verschwindet das Gefühl der Leere und Unzufriedenheit. Dieser Zustand dauert zwar nicht endlos an, doch das ist im Grunde nur gut. Auf diese Weise können wir die Annehmlichkeiten des Essens unser ganzes Leben hindurch genießen. Deshalb bin ich auch der Meinung, unser Schöpfer wollte ganz bewußt, daß wir Freude am Leben haben, warum sonst hätte er sich ein so geniales System ausgedacht? Hunger ist kein lebensbedrohlicher Zustand, doch ihn zu beenden, bereitet einfach großes Vergnügen. Wenn ich von Hunger spreche, meine ich jedoch nicht Hungersnot, das ist ein ganz anderes Thema.

Um das Verlangen nach Nikotin zu stillen, müssen Sie Ihrem Körper Gift zuführen und sich praktisch selbst die Luft zum Atmen nehmen. Das ist kein Vergnügen! Aber ist es nicht ein *echtes* Vergnügen, dieses Verlangen zu befriedigen? Ja, wenn es wirklich helfen würde. Aber genau das Gegenteil geschieht! Mit den ersten Zigaretten fängt es an, alle weiteren halten den Mechanismus am Laufen. Anstatt das Verlangen zu stillen, *schafft jede Zigarette das Gefühl der Leere von neuem! Nichtraucher kennen dieses Gefühl nicht!*

Deshalb sind Raucher und andere Drogensüchtige nie auf der Seite der Sieger. Immer wenn sie rauchen, wünschen sie, es nicht tun zu müssen. Und wenn sie gerade nicht rauchen können, erscheint die Zigarette unendlich kostbar. Sie laufen permanent hinter einer Illusion her. Zigaretten sind real existent, aber die Vorstellung, Rauchen biete Hilfe oder Genuß, ist nichts als ein Trugbild. Das Gefühl, die Kirschen in Nachbars Garten schmecken süßer, stellt sich nicht nur vorübergehend ein, solange man mit dem Aufhören beschäftigt ist. Es hält ein Leben lang an, wenn wir nicht alle Spuren der Gehirnwäsche auslöschen.

In diesem Dilemma befinden sich alle Drogenabhängigen. Die Droge erscheint nur dann kostbar, wenn sie nicht verfügbar ist. Verlassen Sie sich nicht auf meine Worte. Wenn Sie nicht ohnehin gerade eine Zigarette rauchen, stecken Sie sich bitte eine an, inhalieren Sie sechs Züge des krebserregenden Zeugs und versuchen Sie herauszufinden, was daran so kostbar ist!

Wir müssen aber noch mehr dieser Blockaden aus dem Weg räumen, die einen Raucher davon abhalten, es mit dem Aufhören zu versuchen oder – wenn er schon genügend Mut aufgebracht hat für einen Versuch – die ihm einfach unüberwindbar erscheinen. Eine klassische Blockade ist:

ICH HABE NICHT GENUG WILLENSKRAFT.

KAPITEL 19

Ich habe nicht genug Willenskraft

Unsinn! Das glauben Sie nur, weil Sie es bisher nicht geschafft haben. Die Angst, nicht genug Willenskraft zu besitzen, ist eigentlich die Angst vor dem Scheitern. Dieses Thema erfordert ein eigenes Kapitel.

Es erscheint zunächst als Widerspruch in sich, doch wahrscheinlich sind Sie immer noch Raucher, weil Sie so große Willenskraft besitzen. Sie halten das vielleicht für Unsinn, doch sehen Sie sich erst einmal die Fakten an, bevor ich Ihnen meine Behauptung erkläre. Denken Sie an Ihre Zeit als Teenager zurück. Welche Ihrer Freunde fingen als erste an zu rauchen? Waren es nicht die Jungen, die als besonders durchsetzungsfreudig galten und die Gruppe anführten, und die ausgesprochen frühreifen Mädchen? Wer sind die auffallend starken Raucher in Ihrem Bekanntenkreis? Sind es nicht meist Manager, leitende Angestellte, Geschäftsführer, Vorarbeiter, Selbständige? Welchen Idolen wollten wir früher nacheifern? Waren es nicht Figuren wie Humphrey Bogart und John Wayne, Bette Davies und Marlene Dietrich? Und natürlich haben diese ihre modernen Nachfolger gefunden. Überdurchschnittlich viele starke Raucher finden sich traditionell bei Polizisten, Lehrern, Schauspielern und Journalisten, im Profisport und kurioserweise bei der Feuerwehr und im Bergbau. Mitglieder der beiden zuletzt erwähnten Berufsgruppen müssen während ihrer Arbeit dauernd darauf achten, nicht zuviel Staub und Rauch in die Lungen zu bekommen, und was machen Sie nach Feierabend? Sie geben das Geld, das sie durch ihre gefährliche Arbeit redlich verdient haben, aus, um sich selbst damit die Luft abzudrehen. Auf die Frage: »Warum?« bekommen wir zur Antwort: »Ein Vergnügen muß man ja im Leben haben.« Warum aber für das Vergnügen Geld ausgeben? Warum machen sie nicht einfach Überstunden und lassen sich dafür entlohnen?

Eigenartig ist auch, daß in unseren Kursen Ärzte und Krankenschwestern die am häufigsten vertretenen Berufe sind. Um die Ausbildung und den Konkurrenzkampf in solchen Berufen durchzustehen, braucht man einen starken Willen. Die Zusammensetzung unserer Kurse spiegelt die gesamte Bandbreite der Bevölkerung wider. Zu neunzig Prozent handelt es sich dabei um durchsetzungsstarke, intelligente Menschen.

Einen klassischen Fall – ein gutes Beispiel übrigens für die verschiedensten Aspekte zum Thema Rauchen – hatte ich vor einigen Jahren. Der Mann war Geschäftsführer einer großen Firmengruppe. Er erzählte folgendes: »Ich wollte nie Raucher werden. In der Schule war ich ein guter Sportler, aber wie früher so üblich, galt man nur als ganzer Kerl, wenn man rauchte. Ich habe eine Menge Geld dafür verschwendet und meine Gesundheit ruiniert, und nun macht die Gesellschaft plötzlich eine Kehrtwende und behandelt mich wie einen Aussätzigen. Ich habe sämtlichen Versuchen meiner Familie, Freunde und Kollegen, mich durch Abschreckung oder Erniedrigung vom Rauchen abzubringen, widerstanden. Meine Einstellung zum Rauchen ist die: Ich rede mir nicht ein, es hätte auch nur den geringsten Vorteil. Ich weiß, daß mir nichts gefehlt hat, bevor ich angefangen habe, und ich erinnere mich noch gut, wie mühsam es war, es mir anzugewöhnen. Ich sehe Rauchen als Krankheit, mit der mich die Gesellschaft in meiner Jugend angesteckt hat. Und nun hat mich diese Gesellschaft am Hals. Ich rauche, wann und wo ich will, selbst im Theater oder bei einem Nichtraucher zu Hause.«

Er machte eine Pause und erzählte dann weiter: »Aber vor kurzem war ich im Urlaub am Mittelmeer. Ich lernte einen Geschäftsmann kennen, der an der Spitze einer ähnlich großen Firma steht wie ich. Er lud mich zum Hochseefischen ein. Um sieben Uhr morgens fuhren wir los, nur wir beide an Bord. Wir waren ungefähr eine Stunde unterwegs, und ich fühlte mich großartig. Die Sonne ging gerade auf, ich stand da in Shorts und sog den Geruch des Meeres in mich auf. Ich wollte nach einer Zigarette greifen, hatte sie jedoch vergessen. Panikartig wandte ich mich zu meinem Begleiter um, aber zu meinem Entsetzen mußte ich feststellen, daß er Nichtraucher war, noch dazu einer von jener herablassenden Sorte, die aus ihrer Meinung kein Hehl machen. Ich dachte: Damit wird der ganze Ausflug eine einzige Qual. Eine halbe Stunde später ertappte ich mich dabei, wie ich mir einzelne Haare auszupfte. Ich sagte mir: Das ist einfach lächerlich. Ich sollte doch eigentlich Spaß an der Sache haben, und erklärte die Situation meinem Gastgeber: ›Hören Sie, ich habe meine Zigaretten vergessen. Wenn Sie keine an Bord haben, müssen wir umkehren.‹«

Machen Sie sich nur einmal diese Äußerung bewußt: »Wenn Sie keine an Bord haben«, als wäre der andere schuld an der Misere. Warum sollte er welche haben. Er war Nichtraucher. Er setzte das Gespräch fort:

»›Nun mal ehrlich, Sie nehmen mich doch auf den Arm, Sie wollen doch hier draußen nicht rauchen?‹

›Ich meine es ernst.‹

›Atmen Sie doch einfach die gute Luft ein. Halten Sie es wirklich nicht einmal ein paar Stunden ohne Zigaretten aus?‹

›Wenn mir dieser Ausflug Spaß machen soll, dann brauche ich Zigaretten.‹

›Ich verstehe es zwar nicht, aber Sie sind mein Gast. Wenn es Ihnen wirklich ernst ist, kehren wir um.‹

Die Fahrt zurück dauerte eineinhalb Stunden. Es war mir unendlich peinlich. Ich konnte meinem Gastgeber nicht mehr ins Gesicht sehen. Ich starrte ununterbrochen auf das Meer. Doch aus den Augenwinkeln bemerkte ich, wie er mich immer wieder betrachtete und sich fragte, ob ich völlig verrückt sei. Ich bin über einsneunzig groß, der andere war nur ungefähr einsfünfundsiebzig. Aber ich fühlte mich immer kleiner und kleiner werden, mir war absolut elend zumute. Plötzlich kam mir die Erkenntnis: Hier sitze ich als Geschäftsführer eines Konzerns, keiner hat mir Vorschriften zu machen. Hier bin ich, der allen Versuchen seiner Familie und Freunde, ihn vom Rauchen abzubringen, widerstanden hat, und stehe vor diesem Fremden wie ein Vollidiot. Allmählich wurde mir klar, daß die Zigaretten die Kontrolle über mein Leben übernommen hatten. Es kam mir vor, als hätte ich mein Leben lang wie ein Besessener versucht, einen rostigen Wasserhahn aufzudrehen, um schließlich festzustellen, daß er ein Linksgewinde besaß. Ich hörte von Ihrem guten Ruf und entschloß mich noch auf dem Boot, gleich nach dem Urlaub einen Termin bei Ihnen zu vereinbaren. Der Clou an der Geschichte kommt aber noch. Wir fuhren also eineinhalb Stunden zurück. Ich kaufte die Zigaretten, vier Packungen auf einmal. Dann fuhren wir wieder eineinhalb Stunden hinaus. Ich war so zufrieden mit meiner Situation, daß ich während des ganzen Ausflugs keine einzige Zigarette rauchte. Ich dachte nicht einmal mehr daran. Am Ende bedankte ich mich bei meinem Gastgeber, doch er weigerte sich, mir die Hand zu schütteln. Ich fragte ihn: ›Sind Sie verärgert, weil wir zurückfahren mußten?‹

›Nicht die Spur. Sie haben mir erzählt, wie dringend Sie die Zigaretten brauchen, also sind wir drei Stunden durch die Gegend gefahren, um welche zu besorgen, und dann haben Sie keine einzige geraucht!‹«

Ja, wie soll man das einem Nichtraucher erklären? Jeder Raucher kann die Panik nachvollziehen, die den Mann erfaßte, als er plötzlich bemerkte, daß er sich ohne Zigaretten auf hoher See befand. Und jeder Raucher kann ebensogut nachvollziehen, wie stolz er war, daß er keine einzige mehr brauchte, sobald er genug davon besaß. Sicher haben Sie auch erraten, daß er sich, nachdem der Nichtraucher weg war, als erstes eine Zigarette ansteckte!

Diese Geschichte von dem Mann auf der Jacht veranschaulicht gleich mehrere wichtige Aspekte, die ich später noch genau erklären werde. Im Augenblick kommt es mir darauf an, Ihnen klarzumachen, daß es sich bei diesem Raucher keineswegs um eine willensschwache Person handelte. Im Gegenteil, ich fühle mich geehrt und es freut mich, daß mich im Lauf der Jahre so auffallend viele körperlich guttrainierte und willensstarke Personen konsultiert haben. Auch der Mann auf der Jacht gehörte zu dieser Kategorie.

Ich möchte Ihnen noch ein anderes typisches Beispiel nennen. Dabei geht es um einen Mann, der im Süden Englands lebte, einer Gegend, die von Zeit zu Zeit von schweren Schneestürmen heimgesucht wird. Er riskierte an einem solchen Abend Leib und Leben, um von der Arbeit nach Hause zu gelangen. Doch schließlich konnte er es sich neben seiner Frau am knisternden Kaminfeuer gemütlich machen. Er schaltete den Fernseher ein, in dem gerade Bilder von Schneepflügen und liegengebliebenen Autos gezeigt wurden. Am Ende des Berichts sagte der Sprecher in typischer BBC-Manier: »Wir raten allen Autofahrern dringend, den Wagen nur in Notfällen zu benutzen.« Der Mann wandte sich zu seiner Frau: »Hör dir nur diesen Idioten an. Wer sollte bei diesem Wetter schon freiwillig ins Auto steigen?«

Dann zündete er sich eine Zigarette an und stellte dabei fest, daß sich nur noch drei Stück in der Packung befanden. In dem Chaos auf der Heimfahrt hatte er vergessen, noch welche zu besorgen. Und was tat er? Genau das, was auch ich getan hätte, als ich noch Sklave dieses Krauts war. Er riskierte erneut sein Leben und fuhr die drei Kilometer zum nächsten Pub, um sich etwas zu besorgen, was ihn auch umbringen würde, nur langsamer. Undenkbar, daß ihn irgend etwas anderes, ein fehlendes Lebensmittel zum Beispiel, dazu hätte bewegen können, an diesem Abend noch einmal das Haus zu verlassen. Oft sind Zwischenfälle wie dieser der Auslöser für einen Versuch, mit dem Rauchen aufzuhören. Das Gefühl der Panik führt Rauchern manchmal vor Augen, wie weit ihre Abhängigkeit vom Nikotin schon fortgeschritten ist.

Nachdem ich selbst unzählige Male versucht habe, durch Willenskraft vom Rauchen loszukommen, konnte ich mir kaum vorstellen, daß viele der starken Raucher, die unsere Kurse besuchten, noch nie einen Versuch gestartet hatten. Ich hätte nie gedacht, daß solche Zwischenfälle zwar den Wunsch aufkommen lassen, mit dem Rauchen aufzuhören, doch gleichzeitig auch so große Panik auslösen, daß sie Angst haben, es überhaupt zu versuchen. Der Denkprozeß dabei ist folgender: Wenn ich bereit bin, schwere Verletzungen oder sogar den Tod in Kauf zu nehmen, weil ich den Gedanken nicht ertragen kann, auch nur einen Abend lang mit nur drei Zigaretten auskommen zu müssen, kann ich doch nicht erwarten, daß es mir gelingt, den Rest meines Lebens ohne Rauchen durchzuhalten.

Schon allein der Gedanke ans Aufhören kann so große Panik auslösen, daß Raucher, die es eigentlich einmal versuchen wollten, schneller zur nächsten Zigarette greifen, als sie es sonst tun. Es gibt Raucher, die sich allabendlich im Bett schwören, nie wieder zu rauchen. Sie hoffen und beten, daß sie am nächsten Morgen entweder nicht mehr den Wunsch nach Rauchen verspüren oder genügend Willenskraft besitzen, um dem Wunsch zu widerstehen. Ich gehörte viele Jahre lang selbst zu dieser Gruppe, und es ging mir wie allen anderen auch: Spätestens zehn Minuten nach dem Aufwachen rauchte ich die erste Zigarette.

Ich stelle Rauchern, die sich selbst für willensschwach halten, gern die Frage, wie weit sie für eine Packung Zigaretten gehen würden, wenn sie spät nachts keine mehr hätten: einen Kilometer, zwei? Ein Raucher würde für eine Packung Zigaretten durch den Ärmelkanal schwimmen. An den nationalen Nichtrauchertagen hören wir regelmäßig in den Medien: »Heute ist der Tag, an dem viele Raucher den Vorsatz fassen aufzuhören.« In Wirklichkeit aber ist es für die meisten Raucher der Tag des Jahres, an dem sie ganz bestimmt nicht aufhören wollen. Viele rauchen demonstrativ eher doppelt soviel wie sonst. Willensstarke Menschen, wie der Mann auf der Jacht, wollen nicht von anderen hören, was sie zu tun oder zu lassen haben, und schon gar nicht von Leuten, die überhaupt nichts vom Rauchen verstehen.

Ich versichere Ihnen, nicht mangelnde Willenskraft hält einen Raucher vom Aufhören ab. Ganz im Gegenteil, nur dank seines ausgeprägten Willens kann er überhaupt weiterrauchen. Nun mögen Sie der Meinung sein, daß nur unglaublich ignorante Menschen sich jenen Argumenten verschließen, die Millionen anderer Raucher dazu gebracht haben, von ihrer Sucht loszukommen: schwerwiegende Gesundheitsrisiken, Geldverschwendung, Versklavung sowie immenser Druck von seiten der Gesellschaft. Vergessen Sie dabei jedoch nicht, daß es auch beachtliche Charakterstärke erfordert, trotzdem weiterzurauchen und dem großen Druck von außen standzuhalten.

Überprüfen Sie einmal, ob Sie auch in anderer Hinsicht zu willensschwach sind. Oder schätzen Sie sich nur so ein, weil Sie es nicht schaffen, mit dem Rauchen aufzuhören? Vielleicht sind Sie auch beim Essen und Trinken zu maßlos? Ich werde später noch genauer darauf eingehen, warum auch das beim Rauchen eine Rolle spielt.

Ob Sie den Grund dafür kennen oder nicht, es sind immer Sie selbst, der oder die sich eine Zigarette ansteckt. Dabei handelt es sich nicht um mangelnde Willenskraft, sondern um einen inneren Konflikt. Im ersten Kapitel habe ich beschrieben, wie ich es sechs Monate lang mit der Methode Willenskraft ausgehalten habe und wie ich nach dieser Zeit wie ein Kleinkind geheult habe, weil ich wieder gescheitert war. Ich konnte dieses Wechselbad der Gefühle nicht einordnen. Jetzt verstehe ich es nur zu gut. Ich hatte sechs Monate tiefster Niedergeschlagenheit durchgemacht. Und je länger man in diesen Depressionen steckt, um so größer wird ihr Stellenwert. Die Situation ist ähnlich wie die eines Marathonläufers, der sich über eine Strecke von zweiundvierzig Kilometern gequält hat. Er würde lieber sterben, als auf dem letzten Kilometer aufgeben. Hätte er aber schon auf den ersten Kilometern Krämpfe bekommen, wäre das etwas anderes gewesen.

Jeden Tag sagte ich mir selbst vor: »Es wäre dumm, jetzt aufzugeben, halt durch, irgendwann muß das Verlangen doch aufhören.« Doch die dauernde Niedergeschlagenheit wirkte auf mein Durchhaltevermögen wie ein tropfender Wasserhahn, jeden Tag wurde es mürber, bis ich eines Tages einfach aufgeben mußte und absolut enttäuscht von mir war, weil alle Anstrengungen umsonst gewesen waren. Ich war wieder einmal gescheitert. Wenn ich nur noch ein bißchen durchgehalten hätte, hätte ich es vielleicht geschafft. Das war der Grund für meine Tränen.

Heute weiß ich, daß es mir nur dank meines starken Willens möglich gewesen war, überhaupt diese sechs Monate durchzuhalten. Und selbst wenn ich noch mehr Energie aufgebracht hätte, wäre es nur darauf hinausgelaufen, die Depression und Niedergeschlagenheit noch zu verlängern. Der Marathonläufer weiß, daß seine Mühe irgendwann ein Ende haben wird. Ein Drogensüchtiger, der durch Einsatz von Willenskraft aufhören will, hat damit zu kämpfen, daß er nicht weiß, wie lange sein Martyrium dauern wird. Da er während dieser Zeit permanent das Verlangen nach einer Zigarette verspürt, die er sich aber versagt, lautet die Antwort: Nie. Der ehemalige Raucher beginnt das zu ahnen, und unabhängig davon, wie stark sein Wille auch ist – früher oder später wird er seinem Verlangen wieder nachgeben.

Im Grunde habe ich eine absolut rationale Entscheidung getroffen. Ich hätte meine Depression und mein Elend mit ins Grab genommen. Da ist es doch weit besser, daß kurze, aber süße Leben eines Drogensüchtigen zu führen, als das längere, dafür aber von Niedergeschlagenheit und Entbehrung gezeichnete eines Exsüchtigen. Das kann ich akzeptieren. Ich würde diese Haltung sogar unterstützen, wenn sie nur wahr wäre. Ich wäre noch heute Raucher, wenn das stimmen würde. Halt! Ich wäre heute tot, aber ich wäre als Raucher gestorben. Die wunderbare Wahrheit aber lautet: Es stimmt nicht. Doch solange Sie selbst daran glauben, ist es für Sie die Wahrheit.

Bei Radiointerviews werde ich verfolgt von einem Anrufer, den ich hier Onkel Fred nenne. Onkel Fred ist Ende Siebzig oder Anfang Achtzig und beschreibt bis ins kleinste Detail, wie er während des Krieges zu rauchen angefangen hat. Wie es ihm während der furchtbaren Jahre in den Schützengräben ein Rettungsanker war und daß er sich mit seiner kleinen Rente kein anderes Vergnügen gönnen konnte. Weiter schildert er den schrecklichen Tag, als die Regierung beschloß, den Zigarettenpreis um einige Pfennige pro Päckchen zu erhöhen. Da hatte er keine Lust mehr, sich von der Regierung weiterhin erpressen zu lassen. Er beschloß, das Rauchen aufzugeben.

Onkel Fred stellte das letzte Päckchen Zigaretten auf den Kaminsims und setzte sich gegenüber in seinen Lehnstuhl. Sechs Monate lang starrten Fred und das Päckchen sich gegenseitig an, das Päckchen entschlossen, ihn zu verführen, er entschlossen, sich nicht verführen zu lassen. Zum Glück hat die Geschichte ein Happy-End. Fred erklärt mit Recht voller Stolz, daß nach sechs Monaten sein Wille gesiegt und er es tatsächlich geschafft hatte.

Bei diesem Radiointerview, bei dem Freds Anruf einging, sollten die Zuhörer Ratschläge erhalten, wie sie aufhören können. Na und, werden Sie denken, Freds Geschichte handelt eben vom Sieg des Guten über das Böse, sie zeigt anderen Rauchern, daß es möglich ist aufzuhören. Richtig, aber Sie sollten auch wissen, daß ich die Hälfte der zur Verfügung stehenden Zeit damit verbracht habe, die Raucher zu überzeugen, daß es eben keiner immensen Willenskraft bedarf, um vom Rauchen loszukommen. Und Fred beendet seine Ausführungen immer mit dem Satz: »Versuchen Sie nicht, mir weiszumachen, daß man keinen starken Willen braucht. Ich weiß es nur zu gut, wie stark dieser Wille sein muß.«

Welche Botschaft übermittelte Fred den anderen Rauchern? Etwa, daß Zigaretten ihnen im Ernstfall sogar das Leben retten können, daß sie das einzige Vergnügen im Leben sind oder daß er nur aufgehört hat, weil er es sich nicht mehr leisten konnte? Warum muß man sich eigentlich über einige Pfennige mehr pro Packung so aufregen? Manch andere Raucher würden diese Preiserhöhung nur als kleinen Strafaufschub betrachten. Fred hat im Lauf seines Lebens ein Ansteigen des Zigarettenpreises von zwanzig Pfennigen auf über vier Mark pro Päckchen mitgemacht. Warum hat er sich nicht schon früher ausgeklinkt?

Freds schlechteste Botschaft aber lautete, daß man es ohne immense Willensanstrengung nicht schaffen kann. Und leider nahm er die gesamte zweite Hälfte der Zeit für sich in Anspruch, so daß ich nur noch wenige Sekunden zur Verfügung hatte, um folgendes loszuwerden: »Fred, warum haben Sie fünfzig Jahre gebraucht, um diesen Willen aufzubringen?«

Raucher, die unter Einsatz ihrer Willenskraft aufhören wollen, kommen oft zu der Überzeugung, sie seien dafür zu schwach. Sie zwingen sich zu einem selbstauferlegten Martyrium. Es geht ihnen wie einem Kind, das keine Schokolade bekommt. Bleiben wir bei diesem Vergleich: Welches Kind wird es länger aushalten, eines mit schwachem Willen oder eines mit starkem? Auch Rauchern mit schwachem Willen fällt es leichter, mit Willenskraft aufzuhören, da sie die neue Situation eher akzeptieren und nicht so lange darunter leiden. Raucher mit starkem Willen ziehen ihre Leidensphase immer weiter hinaus.

»Ich habe nicht genügend Willenskraft« ist eine Ausrede, die ich nie verwenden konnte. Aus anderen Situationen in meinem Leben wußte ich, daß ich einen sehr starken Willen besitze. Ich kenne eine ganze Reihe von Rauchern, die nicht verstehen, warum sie in anderen Bereichen so durchsetzungsstark sind, aber zusehen müssen, wie schwächere Zeitgenossen ohne große Anstrengung aufhören können, während es ihnen selbst unmöglich erscheint. Willenskraft ist nur erforderlich, wenn sich in einem Teil Ihres Gehirns noch der Wunsch nach einer Zigarette regt. Diese Schizophrenie veranlaßt verschiedene Teile Ihres Gehirns, gegeneinander anzukämpfen. Doch sobald wir jeglichen Wunsch und jegliches Verlangen nach einer Zigarette aus unserem gesamten Denken verbannt haben, sei es im bewußten oder unterbewußten Bereich, ist der Kampf zu Ende, und Sie werden keine Willenskraft mehr brauchen. Egal, ob Sie der Raucher mit dem schwächsten oder mit dem stärksten Willen auf Erden sind:

MEINE METHODE WIRD IMMER AUF IHRER SEITE SEIN!

Damit kommen wir zu einem weiteren Faktor, der den Versuch aufzuhören entweder vorantreiben oder zunichte machen kann:

EHEMALIGE RAUCHER

KAPITEL 20

Ehemalige Raucher

Wir unterscheiden zwei Gruppen ehemaliger Raucher. Die eine ist völlig vom Rauchen losgekommen, die andere – die weitaus größere Gruppe – muß bei bestimmten Gelegenheiten immer wieder gegen die Versuchung ankämpfen. Die zweite Gruppe kann man wiederum unterteilen in die »Moralapostel« und die, die den Zigaretten nachtrauern. Es ist schwierig zu sagen, welche nun stärker dazu beiträgt, die Raucher in ihrem Gefängnis zu halten. Ich muß zugeben, daß beide ihr Scherflein dazu beigetragen haben, daß ich mich dreißig Jahre lang nicht aus dieser Gefangenschaft befreien konnte. Nehmen wir uns als erstes die »Moralapostel« vor.

Das sind jene Raucher, die, kaum daß sie ihre letzte Zigarette – oder was sie dafür halten – ausgedrückt haben, »Bitte-nicht-rauchen«-Schilder an ihren Wohnungen, Autos, Büros und allen möglichen sonstigen Stellen anbringen. Sie laden Raucher zu sich nach Hause ein, aber nicht etwa, weil sie sich deren Gesellschaft wünschen, sondern nur, um ihnen das Rauchen verbieten und damit über sie triumphieren zu können. Ist ein Raucher wirklich dumm genug, einer solchen Einladung zu folgen und dann auch noch um einen Aschenbecher zu bitten, wird ein Moralapostel entrüstet reagieren und vielleicht folgenden Kommentar abgeben: »Wenn du schon rauchen mußt, dann geh doch bitte in den Garten (oder auf den Balkon).« Und er kennt auch keine Gnade, wenn draußen ein Schneesturm tobt.

Moralapostel erinnern Sie regelmäßig daran, daß Rauchen Ihrer Gesundheit und Ihrem Geldbeutel schadet, und finden es unverständlich, daß eine intelligente Person wie Sie es nötig hat, diese furchtbaren Dinger in den Mund zu stecken und anzuzünden. Dabei scheinen diese Menschen völlig vergessen zu haben, daß sie selbst dreißig Jahre lang genau das gleiche getan und erst vor zwei Tagen, vier Stunden und zwanzig Minuten aufgehört haben.

Ich weiß gar nicht, warum ich Ihnen das alles erzähle. Ich habe seit zehn Jahren nicht mehr unter diesen Zeitgenossen zu leiden. Vermutlich wissen Sie besser darüber Bescheid als ich. Und sicher haben Sie auch schon bemerkt, daß die meisten ehemaligen Raucher viel intoleranter gegenüber Rauchern sind als echte Nichtraucher. Im Restaurant wird ein Nichtraucher Sie erst dann höflich bitten aufzuhören, wenn Sie ihm den Rauch wirklich mitten ins Gesicht blasen. Aber schon ein Griff in die Tasche reicht aus, um den in Ihrer Nähe sitzenden Moralapostel zu der Äußerung zu provozieren: »Ich hoffe doch sehr, daß Sie hier nicht rauchen!« Für solche Fälle sind Sie gut gewappnet, wenn Sie in der gleichen Tasche, in der sich Ihre Zigaretten befinden, eine Tröte parat halten, die sich beim Hineinblasen ausrollt und ein quakendes Geräusch von sich gibt. Einmal angewandt, ist dies schneller und effektiver als jede Diskussion, die sich in einer solchen Situation entwickelt.

Allerdings würde man von einem ehemaligen Raucher in solchen Situationen eigentlich mehr Toleranz erwarten als von einem Nichtraucher. Seltsamerweise sind sogar Raucher selbst empfindlich, wenn einer aus ihrer Mitte plötzlich auf jene indischen Zigaretten umsteigt, die halb aus Tabak und halb aus Kräutern bestehen. Sie weisen diesen Rauchern, ohne ein Blatt vor den Mund zu nehmen, darauf hin, welchen Gestank er verursacht. Dabei fällt den Rauchern gar nicht auf, daß sie genau das gleiche den Nichtrauchern antun. Sie werden häufig sogar ungehalten, wenn es jemand wagt, sich zu beklagen. Vor kurzem schnappte ich folgendes Gespräch auf:

»Ich fragte das Mädchen am Nebentisch, ob es etwas dagegen hätte, wenn ich rauche. Ich konnte es nicht glauben, aber obwohl sie schon mit dem Essen fertig war, sagte sie doch glatt, es wäre ihr lieber, wenn ich nicht rauchen würde.«

Natürlich glauben viele Raucher, daß sich Nichtraucher nur beklagen, weil sie penetrant sein wollen. Da Raucher selbst immun gegen den widerlichen Geruch sind, können sie nicht einschätzen, welche Wirkung er auf Nichtraucher hat. Stellen Sie sich vor, ein Arbeiter aus einem Klärwerk oder einer Schweinemast, der die typischen Gerüche selbst nicht mehr wahrnimmt, betritt in Arbeitskleidung ein schickes Restaurant. Wie würden sowohl Raucher als auch Nichtraucher darauf reagieren?

Manche Raucher besitzen genügend Höflichkeit und Rücksicht, um sich, wenn Nichtraucher mit am Tisch sitzen, mit dem Rauchen zurückzuhalten, bis alle mit dem Essen fertig sind. Doch dieses Opfer ist umsonst, denn Nichtraucher empfinden den Geruch von Tabak immer gleich unangenehm, sei es während des Essens oder danach. Der letzte beim Essen ist immer ein Nichtraucher, der schon zwanzig Minuten lang mit dem letzten Stück Crêpe Suzette auf der Gabel eine lustige Anekdote nach der anderen erzählen muß. Der Raucher lacht immer dann, wenn die anderen lachen, nimmt aber nicht ein Wort wahr, sosehr wartet er darauf, daß dieses letzte Stück Crêpe im Mund des Erzählers verschwindet. Schließlich wird ihm klar, daß der Langweiler ein Moralapostel ist, der das Ganze absichtlich inszeniert. Der Raucher verschwindet auf die Toilette, um dort zu rauchen, denn er weiß, daß sich das Theater noch eine Weile hinziehen kann. Kommt er dann an den Tisch zurück, muß er feststellen, daß der Moralapostel angeblich noch nie so gute Crêpes Suzettes gegessen hat und sich deshalb noch eine zweite Portion bestellen mußte. Und alle anderen Nichtraucher am Tisch haben sich von ihm auch noch dazu überreden lassen.

Wissen Sie, warum ehemalige Raucher in ihren Angriffen gegen Raucher viel rigoroser sind als Personen, die noch nie geraucht haben? Der Grund ist folgender: Das Schlimmste, was Raucher einem Exraucher antun können, ist nicht, die gute Luft zu verpesten, sondern Nikotin freizusetzen. Ein Raucher, der unter Einsatz seiner Willenskraft aufgehört hat, ist zwar glücklich über seinen Erfolg, glaubt aber immer noch, ein echtes Opfer gebracht zu haben. Und die meisten Exraucher sind davon überzeugt, daß sie die in Gesellschaft gerauchten Zigaretten wirklich genossen haben. Nun steckt sich der Raucher eine Zigarette an. Oft stört es einen ehemaligen Raucher gar nicht, wenn während des Essens geraucht wird. Doch wenn es sich um ein offizielles Ereignis handelt und nach dem Essen der abschließende Trinkspruch aus irgendwelchen Gründen hinausgezögert wird, fühlen sich die ehemaligen Raucher im Vorteil. Ihnen macht es nichts aus, doch sie wissen, daß die Raucher zu diesem Zeitpunkt schon die Wände hochgehen könnten.

Die Exraucher gratulieren sich im stillen selbst, daß sie vernünftig genug waren aufzugeben. Schließlich kommt der erlösende Satz: »Meine Damen und Herren, Sie dürfen jetzt rauchen.« Daß in letzter Zeit oft die Bemerkung »... wenn Sie es für nötig halten« angehängt wird, ändert nichts an der Situation. Ein erleichtertes Aufatmen geht durch den Raum. Alle Raucher sind glücklich und zufrieden. Dem ehemaligen Raucher aber ist nicht bewußt, daß der Genuß nicht in der Zigarette oder Zigarre liegt, sondern daran, daß die Qual nun beendet ist. Es ist fast, als ob es nach dem Dessert noch einen Gang gäbe, sozusagen die Krönung des Abends. Doch Nichtraucher dürfen an diesem Erlebnis nicht teilhaben. Das ist so, als würden Sie bei »Damenwahl« als einziger Mann nicht zum Tanz aufgefordert. Die Raucher führen aktiv etwas aus. Die Nichtraucher sind in der passiven Rolle des Zuschauers, sie müssen bei diesem »Vergnügen« außen vor bleiben. Daß sich manche Nichtraucher bei solchen Gelegenheiten den Genuß einer Zigarre gönnen, macht die

Situation nicht leichter. Die armen Exraucher dürfen dieses Risiko einfach nicht eingehen.

Wie kann er sich aus dieser Situation befreien? Er hat zwei Möglichkeiten. Die erste ist, sich eine Zigarette anzuzünden. Doch vielleicht befand er sich schon einmal in dieser Situation und ist nun klug genug, nicht wieder in den Schacht zu fallen. Er hat aber nach wie vor das Gefühl, auf etwas verzichten zu müssen und gegenüber den Rauchern im Nachteil zu sein. Also bleibt als einziger Ausweg, die Raucher bloßzustellen.

Ich spreche von den Moralaposteln, als wären sie ganz besonders abscheuliche Zeitgenossen. Jeder Raucher, der schon einmal versucht hat aufzuhören, hat in mehr oder weniger starker Ausprägung dieser Gruppe angehört, auch Sie und ich. Nicht wir als Individuen sind so unangenehm, wir unterliegen nur dem Einfluß dieses heimtückischen Krauts. Moralapostel fühlen sich unsicher und angreifbar, ihre Abwehrmechanismen funktionieren immer weniger. Ihre Attacken sind das Resultat von Angst. Im Grunde sind sie auch gar nicht scheinheilig, es handelt sich bei diesem Verhalten lediglich um einen Abwehrmechanismus. Sie wollen auch nicht absichtlich Raucher an den Pranger stellen. Es ist eine instinktive Reaktion, eine Schutzvorrichtung, um nicht wieder in den Schacht zu fallen. Und es geht ihnen nicht sosehr darum, die Raucher davon zu überzeugen, daß ehemalige Raucher in der besseren Position sind, sondern in erster Linie darum, sich selbst immer wieder zu bestätigen. Aber dazu besteht wirklich keine Notwendigkeit. Die Raucher wissen es bereits! Sie wissen, daß Nichtraucher nicht hinten, sondern um einiges vorn liegen. Auch Exraucher wußten das, als sie noch Raucher waren. Darum haben sie aufgehört. Doch im Lauf der Zeit und durch den aktuellen Anlaß wird ihre Sichtweise getrübt.

Die regelmäßige Belastung der Luft mit Nikotin trägt nicht nur maßgeblich dazu bei, daß ehemalige Raucher wieder rückfällig werden, sondern leistet auch einen wesentlichen Beitrag, um Nichtraucher in die Sucht zu treiben. Häufig erzählen Raucher, die erst relativ spät angefangen haben, in unseren Kursen, daß sie in stark verrauchten Räumen arbeiteten, ihre rauchenden Kollegen immer mitleidig betrachteten, nicht die geringste Lust auf Zigaretten verspürten, aber schließlich doch Raucher wurden. Diese Personen waren schon bis zu einem gewissen Grad abhängig, bevor sie überhaupt ihre erste Zigarette rauchten. Mit größter Wahrscheinlichkeit gerät jeder Raucher durch Mitrauchen in die Abhängigkeit. Deshalb mögen auch Nichtraucher gelegentlich den Geruch von Tabak. Wenn sie in rauchiger Luft arbeiten oder leben, sind sie selbst zu einem Teil nikotinabhängig. Ich habe schon einige Male gehört, daß nichtrauchende Ehefrauen manchmal das Bedürfnis haben, an den Kleidern ihrer Ehemänner zu schnuppern, wenn diese mehrere Tage hintereinander abwesend sind, um den vertrauten Geruch des Tabaks aufzunehmen. Nichtraucher hingegen, die nicht regelmäßig mitrauchen müssen, finden den Geruch immer abstoßend!

Moralapostel üben auf zweierlei Weise Einfluß auf Raucher aus und machen es diesen fast unmöglich aufzuhören. Zum einen kann ein Moralapostel mit seinen Bemerkungen noch so gute Absichten verfolgen, er bringt den Raucher immer gegen sich auf. Dieser ist dann so sehr darauf konzentriert, alle Einflüsse, die ihn zum Aufhören zwingen wollen, abzuwehren, daß er den wahren Feind völlig aus den Augen verliert. Das ist auch gut an der Geschichte von dem Mann auf der Jacht zu erkennen.

Doch den größten Schaden richtet diese Gruppe damit an, den Rauchern einzureden: *»Einmal Raucher, immer Raucher. Vielleicht hörst du ja mit dem Rauchen auf, aber ganz frei wirst du nie sein!«* Der Raucher vermutet daraufhin, vielleicht auch nur unbewußt, daß diese Moralapostel nur deshalb so feindselig sind, weil sie immer noch heimlich das Verlangen nach einer Zigarette verspüren. Das wäre noch nicht so schlimm, wenn es nur bei dieser Vermutung bliebe. Doch immer zur Stelle, um einen Raucher in seinen Zweifeln zu bestätigen, sind jene, *die den Zigaretten nachtrauern.*

Das ist die Gruppe von Exrauchern, die Sie am Silvesterabend, nachdem die Feuerwerke abgebrannt und die Wünsche zum neuen Jahr ausgetauscht sind, dabei beobachten, wie Sie mit dem Gefühl, nun endlich einen bösen Geist aus Ihrem Körper zu vertreiben, die letzte Packung Zigaretten ins Feuer werfen. Sie kommen auf Sie zu, schütteln Ihnen die Hand und wünschen Ihnen viel Erfolg. Dann erzählen sie Ihnen, was Sie Ihrer Gesundheit und Ihrem Geldbeutel damit Gutes tun, sie bestärken Sie in Ihrer Entscheidung und versichern Ihnen, diese bestimmt nie zu bereuen. Und schließlich berichten sie, wie das war, als sie selbst vor dreißig Jahren ihre letzte Zigarette ausgedrückt haben, und daß sie das Rauchen bei Gelegenheiten wie dieser immer noch schrecklich vermissen – mit sofortiger niederschmetternder Wirkung. Sie werden sich die Finger verbrennen, nur um die Packung schnell wieder aus dem Feuer zu holen. Und während Ihre Freunde sich immer noch eifrig küssen und umarmen, rennen Sie zum nächsten Zigarettenautomaten, nicht ohne vorher Ihre Familie noch darüber aufgeklärt zu haben, daß Sie ja erst am nächsten Morgen aufhören wollten.

Mir ist das einmal passiert, und zwar bei einem meiner vehementesten Versuche, mit Willensanstrengung aufzuhören. Ich hatte eine Phase erreicht, in der mir bewußt wurde, daß mein größtes Problem darin bestand, mich ohne Zigarette offensichtlich nicht konzentrieren zu können. Mit meiner schlechten Laune und der erhöhten Reizbarkeit konnte ich mich abfinden. Ich dachte, was ich brauche, ist ein Sprungbrett, eine gewisse Zeit, in der ich mich nicht konzentrieren muß, und faßte den Entschluß, meine drei Wochen Jahresurlaub zu benutzen, um mit dem Rauchen aufzuhören. Den ganzen Tag saß ich zutiefst deprimiert in meinem Armsessel. Bei meinem heutigen Wissensstand erscheint mir das einfach absurd, doch damals hielt ich es für völlig logisch. Ich dachte, ich müßte nur lange genug so sitzen, irgendwann würde mein Verlangen dann aufhören – und ich würde frei sein.

Dieses Experiment erwies sich als völliger Mißerfolg. Anstatt besser zu werden, verschlimmerte sich meine Depression von Tag zu Tag. Doch gegen Ende des Urlaubs geschah etwas Erstaunliches. Ich wachte am Morgen auf und fühlte mich ganz euphorisch. Ich dachte: »Ich habe es geschafft, ich bin frei!« Es handelte sich um das Phänomen, das ich heute als »Drei-Wochen-Syndrom« bezeichne. Zum erstenmal fühlte ich mich dem Leben wieder gewachsen. Ich beschloß, unser Wohnzimmer umzugestalten. An den beiden darauffolgenden Tagen ging es mir ähnlich. Ich schwebte auf Wolke sieben und verspürte nicht den Hauch eines Zweifels oder das geringste Verlangen. Am dritten Tag lief im Radio ein Hörspiel über einen Handlungsreisenden, der mit dem Rauchen aufhören wollte. Er machte die Hölle durch. Auf kuriose Weise half mir das. Ich dachte: Gott sei Dank mußte ich so etwas nicht durchmachen. Ich bin frei!

Der Handlungsreisende wandte sich schließlich an seinen Arzt, einen jener typischen, barschen Schotten:

»Was haben Sie für ein Problem?«

»Ich will mit dem Rauchen aufhören.«

»Dann setzen Sie Ihren Willen ein.«

»So einfach ist das nicht. Sie als Arzt sollten das doch wissen, oder?«

»Und ob ich das weiß, schließlich habe ich selbst einmal sechzig Zigaretten am Tag geraucht!«

»Wirklich? Und wann haben Sie aufgehört?«

»Vor zwanzig Jahren, als man nachgewiesen hatte, daß Rauchen Lungenkrebs verursacht.«

»Aber ich dachte, das sei immer noch nicht erwiesen?«

»Das glauben nur noch die Tabakkonzerne und einige Raucher, die es einfach nicht wahrhaben wollen.«

»Wahrscheinlich haben Sie recht. Aber nach zwanzig Jahren haben Sie sicher schon vergessen, wie das war. Woher sollten Sie wissen, was ich gerade durchmache?«

»Nun hören Sie mir mal gut zu: Es vergeht nicht ein Tag, an dem ich nicht rauchen möchte.«

Ich weiß nicht mehr, wie der Handlungsreisende darauf reagierte, doch ich fühlte mich, als hätte man mir in den Magen getreten. Auf einen Schlag war ich wieder zutiefst deprimiert. Das Hörspiel war rein fiktiv, doch das kümmerte mich nicht im geringsten. Ich ging sofort los und kaufte mir ein Päckchen Zigaretten. Und es dauerte zwei Jahre, bis ich wieder genug Mut gefaßt hatte, um einen neuen Versuch zu starten.

Ein weiteres typisches Beispiel erlebte ich vor einigen Jahren. Ich war zu einem Abendessen eingeladen. Unter den Gästen befand sich auch eine junge Frau, die ich schon bei anderer Gelegenheit kennengelernt hatte. Sie hatte Hemmungen, in meiner Anwesenheit zu rauchen. Die meisten Leute wissen, womit ich mein Geld verdiene, und erwarten, daß ich der schlimmste Moralapostel von allen bin. Sie war an diesem Abend zufällig die einzige Raucherin in der Runde, doch selbst nach dem Essen griff sie nicht zur Zigarette. Ich glaube, daß sie sich als einzige Raucherin unsicher fühlte. Aber sie litt unter der typischen Rauchernervosität.

Während sich alle anderen unterhielten, saß sie nur da und spielte mit der Zigarettenpackung und dem Feuerzeug. Raucher in dieser Situation kann ich einfach nicht ertragen, also sagte ich zu ihr: »Margaret, das Essen ist vorbei, niemand wird sich aufregen, also steck dir eine Zigarette an, wenn du eine brauchst.« Daraufhin antwortete sie: »Ich brauche keine, ich möchte eine.« Ich hätte es dabei bewenden lassen sollen, aber diese Antwort war wie ein rotes Tuch für mich, ich konnte einfach nicht anders: »Wenn du keine brauchst, dann laß es einfach bleiben. Es macht keinen Sinn, sich die Lungen zu ruinieren, wenn man es nicht nötig hat.« Sie war gerade im Begriff, das Feuerzeug zu entzünden, legte es aber wieder weg und sagte statt dessen: »Gut, dann rauche ich nicht.« Ich unterhielt mich mit meiner Tischnachbarin, doch meine Aufmerksamkeit galt immer noch Margaret. Natürlich wurde ihre Unruhe allmählich unerträglich, bis sie schließlich aufstand und zur Toilette ging. Sie nahm Zigaretten und Feuerzeug, warf mir noch kurz einen Blick zu und setzte sich sofort wieder hin. Ich kann nur vermuten, daß sie dachte, ich hätte eine spöttische Bemerkung gemacht. Ich überlegte, wie ich die Lage retten könnte, als die Frau, mit der ich mich gerade unterhalten hatte, plötzlich sagte: »Ich könnte geradezu sterben für eine Zigarette.«

Ich war wirklich erschüttert, weil ich wußte, daß sie Nichtraucherin war. Das heißt, ich war davon überzeugt, daß sie niemals Raucherin gewesen war. Sie wirkte wie eine dieser zarten Porzellanfiguren und hatte einen wunderschönen Teint. Doch was mich noch mehr irritierte, war die Tatsache, daß sie mit einem Pfarrer verheiratet war. Warum die Frau eines Pfarrers allerdings nicht rauchen sollte, kann ich selbst nicht begründen.

Ich sagte zu der jungen Frau: »Es tut mir leid, aber ich habe überhaupt nicht bemerkt, daß Sie Raucherin sind. Wenn Sie nur aus Rücksicht auf mich nicht rauchen, dann fühle ich mich verletzt. Ich war selbst wirklich der schlimmste Raucher, den man sich vorstellen kann.« Sie antwortete: »Wo denken Sie hin! Ich rauche schon seit acht Jahren nicht mehr und werde auch nicht wieder damit anfangen. Aber ich habe die Zigaretten nach dem Essen einfach geliebt, und gerade jetzt könnte eine mir gut schmecken.« Inzwischen hatte sich Margaret, die mich in die Unterhaltung mit meiner anderen Tischnachbarin vertieft glaubte, eine Zigarette angesteckt und zog heftig daran.

Dieses Beispiel veranschaulicht genau, warum Rauchen einfach sinnlos ist. Da war einerseits Margaret, die verstohlen an ihrer Zigarette zog, in der Hoffnung, niemand würde es bemerken, und sich wünschte, genau so frei zu sein, wie alle anderen Anwesenden. Und andererseits gab es die Frau, die bereits seit acht Jahren nicht mehr rauchte und sich nach etwas sehnte, das sie sich selbst aber für immer verwehren wollte!

Die Situation war geradezu lächerlich, aber typisch für das Rauchen. Es ist ja schon dumm genug, einen Nachbarn zu beneiden, weil die Kirschen in seinem Garten süßer scheinen, aber unerreichbar sind. Doch hier hatten wir die Situation, daß beide Frauen sich gegenseitig beneideten, obwohl sie ja selbst entscheiden konnten, ob sie nun rauchen wollten oder nicht. Ich ärgerte mich nur, daß ich mich vor dem Essen eine halbe Stunde mit Margaret darüber unterhalten hatte – nicht als Moralapostel, versteht sich –, um sie vorsichtig davon zu überzeugen, wie schön es sei, einfach frei zu sein, und daß auch sie es schaffen würde. Ich hatte bereits das Seil um sie gelegt und war fast schon dabei, sie aus dem Schacht zu ziehen. Können Sie sich vorstellen, welche Wirkung es auf sie hatte, als die andere Frau erzählte, daß sie nach acht Jahren immer noch dieses Verlangen spürte?

Eine große Tageszeitung berichtete neulich in einem ganzseitigen Artikel über eine Frau, die nach acht Jahren Abstinenz wieder angefangen hatte zu rauchen. Sie beschrieb detailliert, wie depressiv sie in all den Jahren gewesen war und wie sie immer mehr an Gewicht zunahm und wie gut es ihr mit einem Schlag ging, als sie sich entschlossen hatte, wieder zu rauchen. In den höchsten Tönen schwärmte sie vom Geschmack der ersten Zigarette.

Nun kann ich die Gefühle dieser Frau gut nachvollziehen. Ich habe auch schon von den Depressionen gesprochen, unter denen ich gelitten habe, als ich mit Willenskraft vom Rauchen loskommen wollte. Und ich weiß auch, daß ich die Situation übertrieben darstelle. Ich zweifle nicht daran, daß sie als Raucherin glücklich war, doch betrachten wir ihre Äußerungen einmal näher. Warum hat sie überhaupt aufgehört zu rauchen, wenn sie es so gut fand? Und warum hat sie nicht längst wieder angefangen, wenn diese acht Jahre so schwierig waren? Das spricht für die Annahme, daß sie es haßte, Raucherin zu sein. Wenn es stimmt, daß sie in den acht Jahren tatsächlich so gelitten hat, verstehe ich jedoch nicht, daß es ein so positives Erlebnis für sie war, sich eingestehen zu müssen, daß die acht Jahre des Verzichts nichts als Zeitverschwendung waren!

Ich selbst kann mich noch an die große Erleichterung erinnern, die ich jedesmal empfand, wenn ich mir bei den fehlgeschlagenen Versuchen aufzuhören, endlich eingestand, daß ich es wieder nicht geschafft hatte. Doch nicht ein einziges Mal dachte ich dabei: »Toll, jetzt bist du wieder Raucher. Und diese Zigarette schmeckt einfach himmlisch!« Im Gegenteil, mit dem Gefühl der Erleichterung ging immer auch das Gefühl des Scheiterns und böser Vorahnungen einher. Außerdem schmeckten die ersten paar Zigaretten immer eigenartig. Die meisten Menschen hassen es, Durchfall zu haben, doch wenn jemand acht Jahre unter Verstopfung gelitten hat, kann Durchfall eine wahre Erlösung sein. Ich zweifle nicht daran, daß nach acht Jahren des Verzichts auf eine Zigarette die Erleichterung überwältigend ist, nicht jedoch der Geschmack! Wie schon gesagt: Alle Drogensüchtigen sind Lügner. Sie können nicht anders. Können Sie sich vorstellen, wie der erwähnte Zeitungsartikel auf jemanden wirkt, der erst vor kurzem aufgehört hat und dem die schmerzlichen Erfahrungen mit der »Methode Willenskraft« noch präsent sind? Und können Sie sich vorstellen, wie ein Raucher, der sich eigentlich vorgenommen hat, mit dem Rauchen Schluß zu machen, darauf reagiert?

Für die Frau habe ich Verständnis, ich kann ihr Verhalten sogar entschuldigen. Alle Drogenabhängigen, die es nicht schaffen, aus ihrem Gefängnis auszubrechen, wollen wenigstens Gesellschaft dort haben. Kein Verständnis habe ich allerdings für die völlige Verantwortungslosigkeit jener Zeitung, die den Artikel abgedruckt hat. Schließlich kann man die Geschichte kaum als Nachricht bezeichnen. Warum druckt man nicht einen Artikel von mir, mit einer wirklich weltbewegenden Nachricht: *Wie einfach und schön ist es, Nichtraucher zu werden!*

Sie werden in Kürze Nichtraucher sein. Vielleicht irritiert Sie der Gedanke, Sie könnten auch einer jener Moralapostel oder Lamentierer werden und genau wie diese nie richtig frei sein. Doch ich verspreche Ihnen, diese Befürchtungen sind unbegründet.

Sehen wir uns noch eine andere Gruppe an: ehemalige Raucher, die sich absolut frei fühlen. Von der Existenz dieser Gruppe erfuhr ich erst, als ich selbst kurz davorstand, das Licht am Ende des Tunnels zu erblicken. Bis dahin war ich davon überzeugt, daß alle Exraucher manchmal Lust auf eine Zigarette verspüren. Erst als ich selbst aufgehört hatte, bemerkte ich, daß ich noch nie einen ehemaligen Raucher gefragt hatte, ob er die Zigaretten manchmal vermisse. Ich wollte die Antwort gar nicht wissen. Wenn sie sie immer noch vermißten, bedeutete das, man würde nie völlig frei sein. Wenn sie sie nicht mehr vermißten, hieß es, man könnte wirklich frei sein und ich müßte all die Monate und Jahre quälender Entzugserscheinungen erneut auf mich nehmen. Das ist genau jene Befürchtung, die viele Raucher abschreckt.

Der erste Vertreter dieser Gruppe, den ich kennenlernte, war Patrick, ein Hüne von einem Mann, mit positiver Lebenseinstellung und, wie der Name schon sagt, Ire. Ich bin ihm wirklich zu Dankbarkeit verpflichtet. Der Zwischenfall, den ich gleich schildern werde, war der erste von einigen kurz aufeinanderfolgenden, und trug maßgeblich dazu bei, mich aus meinem Gefängnis zu befreien. Wir hatten uns über gemeinsame Freunde kennengelernt und liefen uns jedes Jahr einmal beim Pferderennen über den Weg. Ich hatte gerade einen besonders schweren Hustenanfall überstanden, und Patrick warf mir einen jener Blicke zu, mit dem Nichtraucher bei solchen Gelegenheiten die Frage zum Ausdruck bringen: »Was findet er bloß an dem Zeug?« Um die Peinlichkeit zu überspielen, sagte ich: »Patrick, du weißt gar nicht, wie gut du es hast, daß du nie Raucher warst.« Er antwortete daraufhin: »Was redest du da, ich habe vierzig Zigaretten am Tag geraucht!«

Ich starrte ihn ungläubig an. Wir kannten uns nun fünf Jahre, und ich war immer überzeugt davon gewesen, daß er niemals im Leben geraucht hatte. Was mich zu dieser Annahme brachte, kann ich nicht sagen, manchmal spürt man das einfach. Im nachhinein glaube ich, es war die Tatsache, daß er weder zu den Moralaposteln gehörte, noch dauernd den Zigaretten nachtrauerte. Jedenfalls war er der erste Exraucher, den ich fragte, ob er es manchmal vermißte. Seine Antwort war eine Offenbarung: *Ob ich es vermisse! Machst du Witze?!*

Ich begann, bei anderen Nichtrauchern herumzufragen, die ich schon jahrelang kannte, und war wirklich überrascht, wie viele von ihnen ehemalige Raucher waren. Daraufhin erkundigte ich mich bei Leuten, von denen ich wußte, daß sie früher einmal geraucht hatten. Erleichtert stellte ich fest, daß Patrick kein Einzelfall war. Es gibt Tausende von Patricks!

Eigentlich war Patrick nicht der erste aus dieser Gruppe, den ich kennenlernte, aber der erste, bei dem es mir bewußt wurde. Ich habe auch behauptet, die Moralapostel und Lamentierer bildeten eine weitaus größere Gruppe als die Patricks. Aber da bin ich mir nicht mehr so sicher.

Es ist schwer einzuschätzen, da wir immer nur die Vorwürfe und das Lamentieren wahrnehmen. Leute wie Patrick hingegen sprechen nicht bei jeder Gelegenheit davon, wie schön es ist, frei zu sein. Aber das sollten sie!

Auch Sie werden bald zu dieser Gruppe gehören. Während der ersten Tage wird es Ihnen helfen, sich immer wieder vor Augen zu führen, wie schön die Freiheit ist. Haben Sie einmal den Moment der Freiheit erlebt, ist dies nicht mehr nötig. Die größte Angst, die Raucher haben, ist die, niemals wirklich frei zu sein. Sie können anderen helfen, diese Angst zu überwinden. Ich werde darauf noch in einem späteren Kapitel eingehen. Doch erst beseitigen wir eine andere Blockade, die Annahme:

ICH NEIGE ZUR SUCHT.

KAPITEL 21

Ich neige zur Sucht

Oder: »In dieser Welt gibt es Nichtraucher, Leute, die ein bißchen Raucher spielen, und Leute wie mich – den echten, bekennenden Raucher, das Original.« Ich kann gut verstehen, warum Sie so von sich denken. Ich glaube, bei mir war das der entscheidende Faktor, warum ich nicht aufhören konnte. Die Zigaretten schmeckten mir nicht, ich wußte, sie würden mich umbringen. Zwar dachte ich, sie stärkten mein Selbstvertrauen und meine Konzentrationsfähigkeit, doch konnte ich nicht sagen, warum oder auf welche Weise. Auch die meisten meiner Angehörigen waren Kettenraucher, obwohl sie wie vernünftige, intelligente Menschen wirkten. Die einzig logische Erklärung konnte nur sein, daß das Rauchen tatsächlich so etwas wie Hilfe oder Genuß biete oder daß es in unserem Stoffwechsel, in unserer Charakter- und Persönlichkeitsstruktur oder sogar in unserer Erbmasse eine Anlage dafür gebe.

Hier haben wir es mit einer erweiterten Form der Angst vor dem Scheitern zu tun, ähnlich dem Mangel an Willenskraft. Am Anfang glauben Sie, sich etwas Unrealisierbares vorzunehmen. Ihre vorangegangenen gescheiterten Versuche bestärken Sie in dieser Annahme, ebenso wie die Information, daß Alkoholiker und Heroinabhängige in der Regel auch starke Raucher sind. Die Tatsache, daß Ärzte in dieser Beziehung oft labiler sind als andere Bevölkerungsgruppen, trägt noch zusätzlich zur allgemeinen Verwirrung bei. Jene Gruppe, die ich im vorangegangenen Kapitel als Lamentierer bezeichnet habe, die den Zigaretten nachtrauern, stützen auch gern die Theorie, daß die kombinierte Abhängigkeit von Nikotin und Alkohol oder eine »suchtgefährdete Persönlichkeitsstruktur« vorgegeben sind. Denn wenn jemand schon seit über dreißig Jahren nicht mehr raucht und immer noch Verlangen nach einer Zigarette verspürt, muß er doch weit über das Stadium des körperlichen Entzugs hinaus sein. Also kann die einzig mögliche Erklärung für dieses Phänomen nur ein Fehler in der Erbmasse sein.

Der Satz: »Ich neige zur Sucht« ist nichts als eine weitere Ausrede.

Mein Lieblingsautor ist Conan Doyle, meine Lieblingsfigur in seinen Büchern Sherlock Holmes. Es gibt ein Zitat, das mir ganz besonders gut gefällt: »Wenn alle anderen Lösungsmöglichkeiten wegfallen, muß die eine, die noch übrig ist, die richtige sein, egal, wie unwahrscheinlich sie erscheint.« Ich weiß nicht mehr, um welchen Fall es dabei ging, und ich entschuldige mich schon im voraus bei den Mitgliedern der Sherlock-Holmes-Gesellschaft, die es sicher besser wissen, für meine bestimmt nicht ganz originalgetreue Wiedergabe, aber der Sinn ist der richtige.

Unsere Ausdrucksweise ist in mancher Hinsicht ziemlich arrogant. Beim Arbeiter, der sich jedes Wochenende einen Kasten Bier hinter die Binde kippt, handelt es sich in unseren Augen um nichts weiter als einen saufenden Dummkopf, der es nicht besser weiß. Der erfolgreiche Geschäftsmann, der jeden Tag eine Flasche Whiskey leert, ist dagegen Alkoholiker. Aber er kann eigentlich nichts dafür, er wäre intelligent genug zu erkennen, daß es ihm schadet. Doch er hat keine andere Wahl, mit vernünftigen Argumenten ist er nicht davon abzubringen, also bleibt als einzig mögliche Erklärung eine erbliche Veranlagung, die er nicht beeinflussen kann. Er ist einfach Alkoholiker.

Die Erklärung: »Ich habe eine Anlage zur Sucht«, ist das Äquivalent des Geschäftsmannes für: »Ich rauche aus Langeweile«. Ein beruflich erfolgreicher Mann kann letzteres nicht als Ausrede verwenden, also muß er eine andere für sich finden. Seine Vernunft liefert ihm keine Erklärung, warum er der dummen Sucht nach Zigaretten verfallen ist. Würde er es als »Gewohnheit« betrachten, hieße das, er ist nicht stark genug, um diese Gewohnheit abzustellen. Also gibt es nur noch den einen Ausweg: »Ich kann nichts dafür! Ich bin einfach so veranlagt.«

Ich möchte jedoch nicht den Anschein erwecken, daß dieser Argumentation ein fundierter Denkprozeß zugrunde liegt, in dessen Verlauf sich der Raucher entsprechende Ausflüchte zurechtlegt, um sich selbst und seiner Familie etwas vorzumachen. Es handelt sich hier vielmehr um das verwirrende Zusammenspiel widersprüchlicher Fakten, falscher Informationen, irrationaler Verhaltensmuster und weitgehender Ignoranz, mit dem sich Raucher zeit ihres Lebens herumschlagen. Damit will ich das Verhalten der Raucher nicht bagatellisieren. Und ich habe noch keinen Raucher getroffen, der so tief unten war wie ich oder sich noch größere Lügengeschichten ausgedacht hat, um über diesen Zustand hinwegzutäuschen.

Was mich an den Kursen so außerordentlich fasziniert, ist die unglaubliche Vielfalt an Entschuldigungen, mit denen Raucher zu erklären versuchen, warum sie nicht aufhören können. Eine der ausgefallensten stammt von einer Anwältin:

»Ich kam mit einem Silberlöffel im Mund zur Welt. In der Schule war ich in den meisten Fächern Spitze und auch im Sport immer Beste meines Jahrgangs. Heute bin ich in meinem beruflichen Fachgebiet ebenfalls die Nummer eins.«

Wenn Sie das lesen, haben Sie vielleicht den Eindruck, diese Frau bräuchte vor allem jemanden, der sie in gewisse Schranken weist. Ich hoffe, Sie finden es nicht indiskret, daß ich immer wieder Anekdoten von einzelnen Kursteilnehmern erzähle. Doch ich schildere nur meine Erfahrungen, sei es aus meinen eigenen dunklen Zeiten oder der Periode danach, und ich versuche dabei, so ehrlich und genau wie möglich zu sein, um auch Sie zu befreien. Sie haben gewiß schon meinen Hang zur Übertreibung bemerkt, aber dafür möchte ich mich nicht einmal entschuldigen, ich habe das einfach von der Tabakindustrie übernommen. Außerdem ist sofort klar, wann ich übertreibe, weil entsprechende Passagen immer mit »Stellen Sie sich vor ...« oder einer ähnlichen Bemerkung beginnen. Alle anderen Beispiele entsprechen wahren Begebenheiten, aber meist nenne ich keine Namen, um die Betroffenen nicht bloßzustellen. Die oben erwähnte Anwältin wirkte keineswegs herablassend, sie hoffte verzweifelt, daß ich ihr helfen könnte, und war aufrichtig in ihren Äußerungen. Sie erzählte weiter:

»Die anderen Mädchen haßten mich. Ich war bekannt als Fräulein Neunmalklug. Das hat Spuren hinterlassen. Ich ließ es mir zwar nicht anmerken, fühlte mich aber einsam. Ich betrachtete mich selbst als perfekt, merkte aber, daß die anderen mich nicht akzeptierten. Ich hatte schon viele verschiedene Ausreden für das Rauchen gehört und sie alle – hochmütig – für ziemlich fadenscheinig gehalten. Doch ich brauchte einen Makel in meiner Persönlichkeit. Ich glaube, ich fing nur an zu rauchen, um mir selbst diesen Makel zu verpassen.«

Der IQ dieser Frau war deutlich höher als meiner, und sie hatte völlig richtig erkannt, daß die Gründe der anderen Raucher für ihren fortwährenden Zigarettenkonsum nichts als Ausreden waren. Sie hatte mit Hilfe ihres Intellekts ihren persönlichen Grund für das Rauchen gefunden, doch damit ließ sich nicht erklären, warum Millionen anderer Raucher nicht aufhören konnten – und auch sie selbst nicht. Sie hatte aus genau demselben Grund wie unzählige andere Raucher angefangen: Sie wollte dazugehören. Doch gehen wir einmal davon aus, daß der Grund, den sie nannte, zutreffend ist. Warum konnte sie dann nicht einfach aus eigenem Antrieb wieder aufhören, als sie es wollte, sondern brauchte meine Hilfe? *Weil sie genauso abhängig war wie alle anderen!*

Vor kurzem kam eine einundneunzigjährige Frau mit ihrem fünfundsechzig Jahre alten Sohn in einen Kurs. Sie wollte aufhören, um ihrem Sohn ein gutes Beispiel zu geben. Aber warum kam sie erst nach so langer Zeit auf die Idee?

Es ist absolut wichtig, sich klarzumachen, daß es so etwas wie eine Neigung zur Sucht nicht gibt, und daß es nicht vorherbestimmt ist, ob jemand Raucher wird oder nicht. Wenn Sie diesem Irrglauben anhängen, bleiben Sie Ihr ganzes Leben lang gefährdet. Ich verspreche Ihnen:

SIE BRAUCHEN WEDER NIKOTIN NOCH ALKOHOL ODER ANDERE DROGEN, UM SICH VOLLSTÄNDIG ZU FÜHLEN.

Das bringt mich auf die Frage mit dem Huhn und dem Ei. Wurden Sie abhängig, weil Sie dazu veranlagt sind, oder glauben Sie, so veranlagt zu sein, weil Sie abhängig wurden? Lassen Sie uns beide Theorien genauer betrachten. Es gibt Argumente, die für die Theorie von der Veranlagung sprechen:

1. Starke Raucher sind oft ähnlich strukturiert. Es handelt sich um körperlich und geistig starke Persönlichkeiten, die hart arbeiten, immer ganzen Einsatz bringen und das Leben in vollen Zügen genießen. Richtig, aber muß man nicht sogar eine gute körperliche Konstitution mitbringen, um starkes Rauchen durchzuhalten, und mental gefestigt sein, um sich nicht von den furchtbaren Risiken des Rauchens abschrecken zu lassen?
2. Die meisten Alkoholiker, oder solche auf Entzug, sind auch starke Raucher. Und beinahe alle Heroinabhängigen waren oder sind gleichzeitig Raucher und Trinker. Das könnte ebenfalls zu der Annahme führen, daß eine gewisse Veranlagung zur Sucht besteht.

Doch diese Art der Beweisführung ist ziemlich willkürlich. Ein Spieler, der regelmäßig sein Geld bei Pferde- oder Hunderennen, Kartenspiel oder Roulette verliert, könnte dann ebenso behaupten, er sei zum »Spieler veranlagt«. Aber es gibt für sein Verhalten eine viel simplere Erklärung: Er hat im Mathematikunterricht nicht aufgepaßt und weiß nicht, daß die Gesetze der Wahrscheinlichkeit einfach gegen ihn arbeiten. Für das Phänomen, daß die meisten Heroin- und Alkoholabhängigen gleichzeitig Raucher sind, gibt es ebenfalls eine einleuchtende Erklärung. Ich bin davon überzeugt, daß die meisten von ihnen in logischer Abfolge über die Nikotinfalle zu Alkohol und Heroin gelangten. Doch diese Theorie werde ich später noch genauer erläutern.

Der Umkehrschluß trifft jedoch nicht unbedingt zu. So gut wie alle Heroinabhängigen und Alkoholiker sind Raucher, aber nicht alle Raucher landen bei Alkohol oder Heroin. Doch wenn es wirklich eine Veranlagung zur Sucht gäbe, wäre das der normale Weg.

Wer behauptet, jemand wird süchtig, weil er dazu veranlagt ist, könnte genausogut die These aufstellen, ein Skifahrer bricht sich leichter das Bein, weil er eine Veranlagung dazu besitzt. Doch der bricht sich sein Bein nur, weil beim Skifahren ein erhöhtes Risiko dafür besteht. Drogenabhängige werden nur aus dem einen Grund süchtig, weil sie diese verdammten Drogen nehmen.

Was mich vor allem glauben ließ, ich würde diese Veranlagung besitzen, war meine Beobachtung, daß Raucher völlig andere Menschen zu sein schienen als Nichtraucher.

Die Welt wird eingeteilt in schwarz und weiß, in Ost und West, in reich und arm, katholisch und protestantisch, Oberschicht und Arbeiterklasse. Ich kümmerte mich um diese Klassifizierungen ebensowenig wie darum, ob jemand sein Ei an der flachen oder der spitzen Seite köpft. Mich interessierte nur die Frage: Sind Sie Raucher? Wenn sie es waren, spielte es keine Rolle, ob mir nun Mutter Theresa, Hitler oder ein Eskimo gegenüberstand – wir hatten eines gemeinsam!

Raucher erschienen mir immer als interessante Menschen, Nichtraucher dagegen als hochnäsige Spielverderber. Oder fühlte ich mich in Gesellschaft von Rauchern einfach wohler? Ich konnte ohne schlechtes Gewissen die Luft verpesten. Ich konnte husten und Asche verstreuen, so viel ich wollte, ohne mich dabei als Idiot fühlen zu müssen. Aber warum wurde mir erst, nachdem ich mit dem Rauchen aufgehört hatte, allmählich klar, daß die meisten meiner Freunde nicht oder nicht mehr rauchten. Meine Frau ist Nichtraucherin!

Die Vorstellung, daß Raucher, Alkoholiker und so weiter eine andere Sorte Mensch sind und zur Abhängigkeit neigen, beruht auf der Beobachtung, daß sie tatsächlich bestimmte körperliche Eigenschaften besitzen, die sie von Nichtrauchern und Abstinenzlern unterscheiden. Doch jemand besitzt eine gewissen Neigung zur Sucht, weil er durch eine Droge in die Abhängigkeit geraten ist und nicht durch einen Fehler in seiner Erbmasse. Das fahle Äußere eines starken Rauchers oder der offensichtliche Bluthochdruck eines Alkoholikers sind die unmittelbare Folge einer systematischen Vergiftung des Körpers. Daß ich Patrick falsch eingeschätzt hatte, lag nicht daran, daß ich ihn nie hatte rauchen sehen, sondern daß ihm das sonst für nikotinabhängige Menschen typische, kränkliche Hautbild, das kraftlose Auftreten oder der unruhige Blick fehlten. Zum Glück erholt man sich nach dem Aufhören schnell wieder, sowohl in körperlicher als auch in mentaler Hinsicht.

Sechzig Prozent der erwachsenen Bevölkerung waren einmal nikotinabhängig. Eine gewaltige Zahl von Menschen mit erblich bedingter Suchtgefährdung! Die restlichen vierzig Prozent waren nur deshalb nicht abhängig, weil ihr Körper das Gift nicht vertrug. Damals waren die Zigaretten meist ohne Filter und sehr stark, der Gewöhnungsprozeß war nicht einfach, und vielen von ihnen fehlte der Wille oder das Verlangen, über diesen Prozeß hinauszukommen. Und manche konnten sich eine Veranlagung zur Sucht auch aus finanziellen Gründen nicht leisten!

Gut, mögen Sie einwenden, über neunzig Prozent aller Erwachsenen trinken Alkohol, und die meisten von ihnen könnten morgen damit aufhören, dennoch gibt es eine ganz bestimmte Sorte von Trinkern: jene, die aufgrund ihrer Erbanlagen oder ihrer Persönlichkeitsstruktur ihre Trinkgewohnheiten nicht selbst steuern können. Sie würden die letzten Pfennige zusammenkratzen, Kredite aufnehmen, betteln oder stehlen, um genügend Geld zu beschaffen. Genauso ist es mit den eingeschworenen starken Rauchern, die ihren Zigarettenkonsum nicht unter Kontrolle haben.

Aber da irren Sie sich. Betrachten Sie doch nur die Fliegen in der fleischfressenden Pflanze. Einige tummeln sich noch unbeschwert am oberen Teil der Pflanze, andere sind schon halb verdaut in ihren Tiefen verschwunden, der Rest befindet sich irgendwo in der Mitte, doch alle bewegen sich in die gleiche Richtung: *nach unten!*

Mit der ersten Zigarette treiben Sie sich noch irgendwo am Rand der fleischfressenden Pflanze herum. Mit der zweiten haben Sie bereits einen glitschigen Abhang erreicht, der nur noch eine Bewegungsrichtung zuläßt. Doch das Gefälle ist so gering, daß sie sich über lange Zeit überhaupt nicht bemerkbar macht. Manche Menschen halten sich ihr ganzes Leben lang in diesem Gelände auf, ohne je zu bemerken, daß sie in einer Falle sitzen. Anderen geht es wie mir, sie rollen kopfüber diesen Abhang hinunter und werden praktisch über Nacht Kettenraucher. Die Fallgeschwindigkeit wird dabei von unzähligen verschiedenen Faktoren beeinflußt. Einer diese Faktoren könnte Ihre Persönlichkeitsstruktur sein, aber nicht eine vorher bereits feststehende Suchtgefährdung in ihrem persönlichen Charakterbild.

Die Aussage: »Ich neige zur Sucht« ist gleichbedeutend mit dem Bekenntnis: »Ich bin die Sorte Mensch, die gerne auf Betrüger hereinfällt.« Aber wer würde freiwillig auf einen Betrüger hereinfallen? Es gibt wohl Personen, die wiederholt einem Betrüger auf den Leim gehen, aber nicht *freiwillig*!

Manche Menschen scheinen in stärkerem Maß abhängig zu sein als andere. Ich konnte fast über Nacht zum Kettenraucher werden, weil meine Lunge kräftig genug war, mit den Giftstoffen fertig zu werden, weil ich es mir finanziell leisten konnte und mein berufliches Umfeld es erlaubte. Dies sind drei der wichtigsten Faktoren, die einen Einfluß auf die Fallgeschwindigkeit haben. Ich hätte nicht im Traum daran gedacht, daß manche Raucher ihren Konsum auf zehn Zigaretten am Tag beschränken, weil ihr Körper nicht mehr verkraftet oder weil sie ihre Versklavung so sehr hassen, daß sie ihr ganzes Leben lang die Menge in bestimmten Grenzen halten wollen. Ein ebenfalls wichtiger Faktor sind die Rauchgewohnheiten unter Freunden und Kollegen.

Genauso verhält es sich mit dem Alkohol. Nikotin und Alkohol unterscheiden sich wie die verschiedenen Arten von fleischfressenden Pflanzen, doch sie funktionieren immer nach dem gleichen Prinzip.

Man ist nicht dem Nikotin, Alkohol oder einer anderen Droge verfallen, weil man eine gewisse Neigung dazu hat. Sie glauben nur, diese Neigung zu besitzen, weil Sie angefangen haben, eine Droge zu nehmen, die Sie abhängig macht. Das ist der schreckliche Einfluß, den Drogen ausüben. Sie geben Ihnen das Gefühl, abhängig zu sein und in Ihrem Erbgut dafür eine Schwachstelle zu haben. Das dachte ich selbst über dreißig Jahre lang, doch nun bin ich Ihnen gegenüber im Vorteil. Ich kenne heute den Unterschied zwischen beiden Situationen. Und auch Sie haben einen Vorteil auf Ihrer Seite: Sie sind intelligent und verfügen über die nötige Vorstellungskraft, um meinen Äußerungen Glauben zu schenken.

Versuchen Sie, das Leben außerhalb des dunklen Schachts zu genießen. Was haben Sie schon zu verlieren? Wenn sich meine Behauptungen nicht bewahrheiten, können Sie jederzeit wieder hineinspringen. Aber ich verspreche Ihnen, das werden Sie nicht wollen.

Wir glauben, eine Neigung zur Sucht zu besitzen, weil wir, wie Sherlock Holmes, alle anderen möglichen Erklärungen für unser Rauchen bereits verworfen haben. Deshalb erkennen wir den wahren Grund für unser Rauchen nicht. Wie Dr. Miller, dessen Fall ich im nächsten Kapitel beschreiben werde, suchen wir nach schrecklich komplizierten Antworten, während die einfachste zum Greifen nah ist. Dabei handelt es sich um die unglaubliche Verwirrung, die jener kaum wahrnehmbare Juckreiz auslöst, und die daraufhin einsetzende Anfälligkeit für die massive Gehirnwäsche.

Glauben Sie wirklich, unser Schöpfer hätte uns eine Neigung zur Sucht mitgegeben? Und wenn es so wäre, warum wurde das Rauchen dann erst in den letzten paar Generationen, seit man Zigaretten als Massenware herstellen kann und über die entsprechenden Mittel verfügt, um die ganze Welt einer Gehirnwäsche zu unterziehen, zu einem so dominanten Thema in unserem Leben? Glauben Sie wirklich, wir könnten ohne Zigaretten nicht überleben oder glücklich sein? Wenn Sie diese Meinung vertreten und darüber hinaus auch noch davon überzeugt sind, eine Veranlagung zur Sucht zu besitzen, können Sie mir vielleicht folgende Frage beantworten:

WARUM HABEN SIE DIE DROGE NICHT SCHON GEBRAUCHT, *BEVOR* SIE DAMIT ANGEFANGEN HABEN?

Können Sie sich vorstellen, ein Pflaster auf einen Finger zu kleben, der überhaupt nicht verletzt ist, nur um sich nach Entfernen dieses Pflasters einreden zu können, die Verletzung sei wie durch ein Wunder verschwunden? Dann bräuchten Sie das nächste Pflaster und so weiter und so fort. So würde es bis ans Ende Ihres Lebens weitergehen. Kann ein intelligenter Mensch die Meinung vertreten, daß ihn eine persönliche Veranlagung dazu treibt, sich das erste Pflaster um den Finger zu kleben, obwohl gar keine Verletzung vorliegt? Oder würde er eher denken: War es nicht idiotisch, sich völlig ohne Grund ein Pflaster aufzukleben? Wie nach dem ersten Pflaster der Eindruck einer Verletzung entstehen konnte, kann ich beim besten Willen nicht sagen. Doch ich weiß, daß ich ohne das Pflaster diesen Eindruck nie gewonnen hätte. Und eines ist gewiß, egal, ob das Pflaster die Verletzung nun verursacht hat, es hat mit Sicherheit nicht geholfen!

Ich habe bereits erklärt, auf welche Weise der Nikotinentzug nach der ersten Zigarette den Wunsch nach einer zweiten weckt: *Hat Ihre zweite Zigarette geholfen?*

Nicht Ihre Persönlichkeitsstruktur oder Ihr Erbgut führt Sie in die Sucht, sondern: *die Droge!!!*

Als nächstes wollen wir mit einem weiteren Mythos aufräumen, der den Rauchern vermitteln soll, sie seien ein eigener Menschentypus:

ICH WÄRE SO GERNE NICHTRAUCHER.

KAPITEL 22

Ich wäre so gerne Nichtraucher

Was ist ein Nichtraucher? Wenn ein Raucher eine Zigarette ausdrückt, wird er mit diesem Akt Nichtraucher – bis er sich die nächste ansteckt. Doch niemand würde ihn als etwas anderes als einen Raucher bezeichnen. »Ich bin Nichtraucher« hat für verschiedene Menschen verschiedene Bedeutungen. Nehmen wir als Beispiel meinen Freund Ron Stokes, bei dem ich jahrelang nicht den richtigen Auslöser fand. Wir liefen uns wieder einmal bei einer großen Hochzeit in der Familie Stokes über den Weg. Ich hatte vorsichtig das Thema Rauchen angeschnitten, und Ron zeigte sich nicht abweisend. Ich schilderte ihm, wie schön das Leben als Nichtraucher sei. Er knabberte schon am Köder, aber würde er wirklich anbeißen? Doch plötzlich breitete sich in seinem Gesicht Panik aus. Er sagte: »Bitte verlange nicht von mir, sofort aufzuhören. Warte noch bis nach der Hochzeit.« Damit waren die Schotten wieder dicht. Mit der Hochzeit endete auch Rons Wunsch aufzuhören.

Irgendwann las er *Endlich Nichtraucher!*, warf daraufhin Zigaretten und Feuerzeug in die Mülltonne und verkündete allen: »Ich bin Nichtraucher.« Er stand zu seinem Wort. Seitdem habe ich ihn immer wieder Freunden und Verwandten raten hören: »Wirf einfach die Zigaretten in den Müll und sage: ›Ich bin Nichtraucher!‹« Natürlich hat es bei keinem anderen funktioniert. Egal, wie häufig Sie es auch wiederholen, Sie werden nicht einfach Nichtraucher, indem Sie sich oft genug als solchen bezeichnen. Er wird Ihnen nicht gelingen, Nichtraucher zu werden, indem Sie *sagen:* »Ich fühle mich als Nichtraucher.« Sie können sich auch nicht in einen Elefanten verwandeln, indem Sie sich das oft genug einreden. Aber Sie können Nichtraucher werden, indem Sie sich *tatsächlich* wie einer fühlen. Als Ron mit dem Buch fertig war, *fühlte* er sich als Nichtraucher und *wußte*, daß er es bereits war. Um Mißverständnisse zu vermeiden, sollten wir uns auf folgende Definitionen einigen:

Nichtraucher: Personen, die noch nie geraucht haben. Dazu zählen auch Personen, die einige Zigaretten probiert haben, danach aber nie mehr rauchten. Nicht dazu gehören Gelegenheitsraucher, unabhängig davon, wie selten sie rauchen. Viele Gelegenheitsraucher betrachten sich selbst nicht als abhängig. Vor kurzem erst lernte ich einen Mann kennen, der zehn Zigarillos am Tag rauchte, sich selbst aber als Nichtraucher bezeichnete. Auf Zigaretten umgerechnet rauchte er dreißig Stück täglich.

Ehemalige Raucher: Ein Raucher, der ganz aufgehört hat. Selbst wenn er nur gelegentlich nach dem Essen eine Zigarre raucht, ist er immer noch Raucher und wird höchstwahrscheinlich in Kürze starker Raucher sein.

Raucher: Alle Personen, die nicht zu den beiden ersten Gruppen zählen.

Nach dieser Definition habe ich die Bezeichnung Nichtraucher bisher fälschlicherweise oft auch auf ehemalige Raucher angewandt. Ich habe das getan, weil viele Raucher glauben, daß man, sobald man einmal abhängig ist, niemals mehr den seligen Zustand eines Nichtrauchers erlangen könne und der Ausdruck »ehemaliger Raucher« diesen Eindruck noch verstärken würde. Nehmen wir noch mal Ron als Beispiel: »Ich bin ein ehemaliger Raucher« hätte bei weitem nicht die Wirkung hinterlassen wie: »Ich bin Nichtraucher.« Sicher verstehen Sie, warum ich dies weiter so handhaben werde, ohne daß es zu Mißverständnissen führen wird.

Raucher und ehemalige Raucher beneiden alle Nichtraucher. Dabei leitet sie die Vorstellung: »Was man nicht kennt, vermißt man auch nicht.« Falsch. Ich weiß, daß es mir heute besser geht als jedem Nichtraucher und ich weniger gefährdet bin, wieder in die Abhängigkeit zu geraten. Sie glauben das nicht? Es stimmt aber. Ich bin mir absolut sicher, daß ich nie wieder süchtig werde. Ich will hier keine Zweifel aufkommen lassen: Ich behaupte nicht, daß ich froh bin, einmal geraucht zu haben. Im Gegenteil, genau wie alle anderen Raucher beneide ich alle Menschen, die nie in die Nikotinfalle geraten sind. Ich will nur folgendes zum Ausdruck bringen: Ich fühle, im Gegensatz zu vielen Nichtrauchern, nicht den geringsten Wunsch oder die Versuchung zu rauchen.

Vielleicht fällt es Ihnen schwer, das zu glauben, doch denken Sie darüber nach. Warum steckten wir uns die erste Zigarette an? Zu diesem Zeitpunkt sind wir noch nicht süchtig. Also muß etwas anderes uns dazu veranlaßt haben. Auch Nichtraucher sind dem passiven Rauchen und der massiven Gehirnwäsche ausgesetzt. Auch sie glauben, Zigaretten wirken entspannend. Doch aus welchem Grund auch immer es ihnen gelingt, nicht in die Falle zu tappen, so steht das leise Gefühl, vielleicht doch etwas zu versäumen, in absolut keiner Relation zu den Nachteilen des Raucherdaseins. Dennoch glauben viele, ihnen entgehe etwas. Allerdings werden die wenigsten das zugeben, genau wie kaum ein Raucher zugibt, eigentlich lieber Nichtraucher zu sein.

An dieser Stelle sollte ich mit einem weiteren Irrglauben aufräumen. Wenn ich immer wieder erkläre, Raucher würden sich Argumenten gegen das Rauchen, wie Gesundheit, Geld, Versklavung und so weiter, nur aus dem einen Grund verschließen, weil sie das Nikotin im Körper wieder »auffüllen« müssen, veranlaßt das viele Raucher zu der Annahme, Nikotin sei eine mächtige Droge und bedeute für den Körper ein gewisses Vergnügen oder gebe ihm Halt. Nein, das Verlangen nach Nikotin ist weder ein Vergnügen, noch verschafft es andere positive Erlebnisse. Der einzige Genuß einer Zigarette liegt darin, daß sie das Verlangen nach Nikotin beseitigt. Doch hier erliegen wir einer Illusion. Keine einzige Zigarette kann dieses Verlangen wirklich beseitigen, sie läßt es nur immer wieder von neuem entstehen.

Sehen wir uns ein paar dieser glücklichen Nichtraucher einmal näher an. Ein klassisches Beispiel sind Dr. Miller und seine Frau. Sie sind mir aus zwei Gründen im Gedächtnis geblieben. Erstens weil er zu den wenigen Personen zählt, die zu mir kamen und – wie ich glaube – aus Gründen zu großer Intelligenz gescheitert sind. Er konnte einfach nicht akzeptieren, daß ein Wirtschaftsprüfer eine einfache Lösung für ein Problem gefunden hatte, mit dem sich Mediziner schon seit Jahren erfolglos herumschlugen. Ich glaube, er kam zu mir, weil mich einige seiner Patienten empfohlen hatten. Sie hatten ihm erzählt, ich würde auch mit dem Unterbewußtsein arbeiten. Ich schätze es, wenn meine Klienten kritisch sind, doch bei ihm gelang es mir einfach nicht, ihn zum Zuhören zu bewegen, weil er immer wieder wissen wollte, welche magischen Kräfte ich besäße. Selbst nachdem ich ihm erklärt hatte, daß ich mir selbst keinerlei derartige Kräfte zuschreibe, sondern nur einschlägige Erkenntnisse anwende, beschäftigte ihn die Frage des Unterbewußtseins noch immer.

Dr. Miller hatte sich ganz offensichtlich ausgiebig Gedanken über das Rauchen gemacht. Wie viele andere hochintelligente Raucher, die trotz des drohenden Todes nicht von der Zigarette lassen können, war er nicht in der Lage, den Grund dafür zu erkennen. Für ihn war es die elegante Verpackung. Da hatte ich es nun mit einem gescheiten, wissenschaftlich gebildeten Menschen zu tun, der so davon überzeugt war, ich sei ein Scharlatan, daß er auf meine Ausführungen nicht im geringsten einging. Andererseits hielt dieser Mann sich für dumm genug, einer Substanz zu erliegen, deren Schädlichkeit ihm voll und ganz *bewußt* war, nur weil sie so elegant verpackt war. Nebenbei bemerkt, falls Sie auch der Meinung sind, es sei die schöne Verpackung, der Sie auf den Leim gehen, dann wechseln Sie doch zu Selbstgedrehten – da spielt die Verpackung keine Rolle. Doch die Selbstdreher sind genauso nikotinsüchtig wie alle anderen Raucher. Ich weiß es aus Erfahrung, denn nachdem ich auf Selbstgedrehte umgestiegen war, rauchte ich bald mehr als fünfzig Gramm Tabak täglich.

Doch an Dr. Miller erinnere ich mich vor allem so gut, weil er zusammen mit seiner Frau kam. Er hatte bereits einen Herzinfarkt hinter sich, rauchte aber unbeirrt sechzig Zigaretten am Tag. Seine Frau hatte große Angst, daß er bald sterben würde, falls er nicht aufhörte. Ich vermute, daß er nur aufgrund Ihres Drängens gekommen war. Wie alle Nichtraucher hatte sie keine Vorstellung, was es bedeutet zu rauchen. Übrigens trifft das gleiche auch auf die Raucher zu. Doch sie machte sich so große Sorgen um ihren Ehemann, daß sie zu allen meinen Ausführungen heftig nickte und mich von Zeit zu Zeit auch verbal unterstützte. Am Ende der Therapiesitzung fragte ich sie, ob sie selbst jemals geraucht hätte. Sie antwortete: »Nein, ich versuche es immer wieder, es gelingt mir aber nicht, die Zigaretten zu genießen!«

Ich konnte mir ein lautes Auflachen gerade noch verkneifen, doch das Absurde an dieser Situation beschäftigte mich sehr. Sie hatte größte Angst, die Zigaretten würden ihren Mann ins Grab bringen, beklagte sich aber gleichzeitig, daß sie ihr nicht schmeckten! Doch welches Recht hatte ich, über Mrs. Miller zu lachen? Ich selbst mußte mitansehen, was das Rauchen aus meinem Vater gemacht hatte, und doch war ich abhängig geworden. Eigentlich bin ich dieser Frau dankbar. Durch sie ist mir zum erstenmal bewußt geworden, daß nicht nur ehemalige Raucher das Gefühl haben, etwas zu versäumen, sondern offensichtlich auch viele Nichtraucher.

Die meisten Eltern glauben, wenn sie ihre Kinder während der Pubertät davon abhalten können, in die Raucherfalle zu tappen, werden sie in ihrem späteren Leben nicht mehr gefährdet sein. Und genau wie Mrs. Miller sind alle Nichtraucher, egal welchen Alters, davon überzeugt, niemals süchtig werden zu können:

DAS HAT JEDER RAUCHER VON SICH GEDACHT –
BIS ER IN DIE FALLE GERATEN IST!

Solange es Gullys ohne Abdeckungen gibt, kann jeder von uns hineinfallen. Die unterhaltsamsten, aber auch tragischsten Geschichten liefern Raucher, die erst relativ spät in die Falle getappt sind, wie jene Nichtraucherin, die im Alter von dreißig Jahren zum erstenmal ins Ausland reiste. Sie entdeckte, daß spanische Zigaretten nur ein Viertel dessen kosteten, was man für englische bezahlen mußte, und konnte der Versuchung einfach nicht widerstehen. Dieses »Schnäppchen« kostete sie am Ende über dreißigtausend Mark!

Ein unglaublich trauriges Beispiel ist jener Militärbedienstete, der bis eine Woche vor seiner Entlassung der Falle entgehen konnte. Das war nicht einfach für ihn gewesen. Zum einen war er ständig der Versuchung ausgesetzt, Zigaretten »zollfrei« oder extrem billig kaufen zu können, zum anderen hieß es regelmäßig: »Machen wir erst eine Zigarettenpause.« Nichtraucher fühlen sich dabei überflüssig, nur so daneben zu stehen, und früher oder später werden auch sie schwach.

Der Mann, um den es hier geht, hatte ein anderes Laster. Er war ein leidenschaftlicher Pokerspieler, aber bedauerlicherweise kein besonders guter, oder, wie er es ausdrückte: »Es gibt keinen Kartenspieler, der mehr vom Pech verfolgt ist als ich.« Doch während seiner letzten Woche erlebte er eine dieser Nächte, von der jeder Kartenspieler träumt. Sein Verhängnis war nur, daß zu dieser Zeit innerhalb des Militärs Zigaretten als Zahlungsmittel anerkannt waren, und so gewann er nicht nur eine Menge Geld, sondern auch eine Menge Zigaretten. Was sonst sollte er damit anstellen, als sie zu rauchen? Er sprach von der glücklichsten Nacht seines Lebens. Ich brachte es nicht übers Herz, ihm zu sagen, daß diese Nacht ihn mehr als neunzigtausend Mark gekostet hatte.

Der dramatischste mir bekannte Fall ist eine Frau, die ihren Vater während seines qualvollen Sterbens an Lungenkrebs pflegte. Seine letzte Bitte an sie war, ihm zu versprechen, daß sie niemals anfangen würde zu rauchen. Nachdem er die Augen für immer geschlossen hatte, steckte sie sich die erste Zigarette ihres Lebens an. Sie war damals fünfunddreißig, wurde süchtig und kam fünfzehn Jahre später zu mir. Obwohl ich der Meinung bin, daß es niemanden gibt, der das ausgeklügelte System der Nikotinfalle besser versteht als ich, konnte ich nur mit Mühe ihr Verhalten verstehen. Ich fragte sie: »Ist es auf den Einfluß Ihres Vaters zurückzuführen, daß Sie nicht schon vor seinem Tod angefangen haben, oder wollten Sie, nachdem Sie ihm das Versprechen gegeben hatten, einfach gegen ihn aufbegehren?« Sie antwortete: »Keins von beiden. Mir war das Rauchen immer verhaßt, ich hatte nie die geringste Lust darauf. Aber nachdem er trotz all des Elends, das ihm das Rauchen eingebracht hatte, bis zu seinem Tod weiterrauchte, obwohl er schon fast keine Luft mehr bekam, war ich einfach der Meinung, diese Zigaretten müßten ihm unglaublichen Trost spenden. Als er endlich starb, fühlte ich mich seltsam erleichtert, zum einen, weil sein Leiden nun ein Ende hatte, zum anderen, weil meine Verpflichtung, ihn zu pflegen und ihn so leiden zu sehen, nun beendet war. Diesem Gefühl der Erleichterung folgte aber große Verzweiflung, nämlich dann, als mir plötzlich klarwurde, daß ich meinen Vater nie mehr wiedersehen würde, daß ich nun völlig allein auf der Welt war und plötzlich keine Aufgabe mehr hatte. Ich brauchte dringend Halt, egal, welchen! Da lagen die Zigaretten meines Vaters. Er brauchte sie nicht mehr. Aber ich. Ich hatte nicht vor, mehr als eine zu rauchen, und seitdem hasse ich es, Raucherin zu sein.«

Die Frau hatte während des Erzählens Tränen in den Augen, am Ende der Geschichte waren auch wir Zuhörer zutiefst bewegt. Kurz vor Ende des Kurses sagte sie noch etwas, was mich sehr betroffen machte:

»Ich habe vor zwei Jahren Ihr Buch gelesen und bis heute gebraucht, um den Mut aufzubringen, mich bei Ihnen anzumelden. Ich weiß, daß ich nie mehr rauchen werde, doch eins macht mir Sorge. Im Buch sprachen Sie von der Nikotinbestie im Körper eines jeden Rauchers. Ich weiß, daß nicht wirklich ein lebendiges Wesen in meinem Körper existiert, sondern daß Sie uns damit nur helfen wollen, unsere Abneigung auf ein bestimmtes Ziel zu konzentrieren. Doch wenn ich mich an meinen Vater erinnerte, wie er hustete und spuckte und trotzdem weiterrauchte, konnte ich das einfach nicht verstehen. Es war, als hätte ein böser Dämon von seinem Körper Besitz ergriffen. Auf dem Totenbett sah er so ruhig und zufrieden aus. Es kam mir vor, als hätte sich der Dämon einen anderen Körper gesucht und in mir gefunden. Ich habe inzwischen selbst Kinder und mache mir große Sorgen, daß dieses Monster eines meiner Kinder heimsucht, wenn ich es aus meinem Körper verbanne.«

Ich kann diese Frau verstehen. Ihre Angst mag Ihnen irrational erscheinen, doch nur, weil wir ihre Erfahrung nicht teilen. Es gab Zeiten, da hatte auch ich das Gefühl, das Monster existiere wirklich. Die Tatsache, daß die Falle nur in unseren Köpfen existiert, macht sie nicht weniger gefährlich. Die Krankheit Nikotinsucht wird aufgrund ihrer psychischen Natur erst recht ansteckend.

Vor einigen Jahren spielte eine bekannte Schauspielerin die Rolle einer starken Raucherin. Als echter Profi hatte sie beobachtet, daß Nichtraucher, die zu rauchen versuchen, nie ganz echt wirken. Also brachte sie sich bei, richtig zu rauchen. Ein Journalist fragte sie: »Haben Sie denn keine Angst, süchtig zu werden?« Sie antwortete: »Nein, sie schmecken einfach widerlich. Ich könnte nie süchtig davon werden.« Wahrscheinlich hat jeder Raucher unter den Zuschauern gedacht: »Das glaube ich nicht. Warum sind alle anderen dann abhängig geworden?«

Ein junger Mann, dem ich geholfen hatte aufzuhören, fing wieder an zu rauchen, nachdem seine Arbeitsstelle wegrationalisiert worden war. Er kam erneut zu mir. Ich fragte ihn:

»Hat das Rauchen Ihnen zu einer neuen Arbeit verholfen? Hat es Ihre finanzielle Situation verbessert?«

»Darum ging es mir gar nicht. Ich wollte auch nicht wieder anfangen. Doch ich fühlte mich so schlecht, und meine Mutter sagte: ›Du hast nichts Angenehmes in deinem Leben.‹ Also kaufte sie mir eine Packung Zigaretten.«

»Ich wußte nicht, daß Ihre Mutter raucht.«

»Sie raucht auch nicht.«

Sogar Nichtraucher glauben, daß Zigaretten für den Raucher einen gewissen Genuß darstellen. Warum auch nicht? Die Raucher beteuern schließlich immer wieder, daß es so wäre. Aber genau das ist mein Vorteil gegenüber einem Nichtraucher. Der weiß zwar, daß es ihm im großen und ganzen besser geht als einem Raucher, doch auch er war der Gehirnwäsche ausgesetzt. Wie die meisten ehemaligen Raucher ist er ebenfalls der Meinung, etwas zu versäumen. Und schlimmer noch, er ist immer anfällig. Ich dagegen weiß:

ICH VERSÄUME NICHTS!
ICH KANN NIE WIEDER SÜCHTIG WERDEN!

Nun zu einer weiteren Gruppe, die unseren dauerhaften Erfolg gravierend beeinträchtigen kann:

DIE ANDEREN RAUCHER

KAPITEL 23

Die anderen Raucher

Die meisten Behörden und sogenannten Experten gehen immer noch davon aus, daß die meisten Jugendlichen in unserem aufgeklärten Zeitalter durch die massive Zigarettenwerbung geködert werden. Die Tabakkonzerne widersprechen dieser Behauptung, und – so ungern ich dies auch zugebe – ich schließe mich ihnen an.

Wenn Sie einzelne Fälle untersuchen, darunter Ihren eigenen, werden neunundneunzig Prozent der Raucher unter dem Einfluß von rauchenden Freunden, Kollegen und Verwandten süchtig – in dieser Reihenfolge. Sollten Sie es schaffen, aus dem Schacht zu entkommen, um dann wieder hineinzufallen, ist das ebenfalls auf diesen Faktor zurückzuführen oder darauf, daß bei ernsten Krisen immer ein Raucher zur Stelle ist, der einen nur zu bereitwillig verführt. Es gibt nicht einen Autounfall in der Geschichte, bei dem nicht als erster ein Raucher am Unfallort war, um dem unter Schock stehenden Opfer eine Zigarette anzubieten. Auf jeden Helfer, der verzweifelt versucht, Sie aus dem brennenden Wrack zu befreien, kommen mindestens drei weitere, die Ihnen Zigaretten in den Mund stecken wollen.

Wenn wir allmählich erwachsen werden, halten uns die Eltern Vorträge über die Gefahren von Sex, Trinken und Rauchen. Grundsätzlich hören sich ihre Ratschläge ganz vernünftig an, werden allerdings durch die Tatsache ad absurdum geführt, daß diese drei Dinge selbst den größten Stellenwert in ihrem Leben einnehmen. Warum wundert es uns, wenn unsere Kinder sich benehmen wie ein Hund an der Leine, der sich losreißen will?

In jedem Raucher steckt sowohl ein Dr. Jekyll als auch ein Mr. Hyde. Dr. Jekyll ist der Kollege und Freund, mit dem man zusammenarbeitet. Seit drei Monaten beklagt er sich, daß er sich bei dem Geräusch in der Brust überhaupt nicht mehr konzentrieren kann. In den wenigen Momenten, in denen er sich nicht beklagt, rechnet er Ihnen genau vor, wieviel Geld Sie jedes Jahr für Zigaretten ausgeben, und kann nicht glauben, daß Ihnen nicht auffällt, um was für eine widerliche, abstoßende Angewohnheit es sich beim Rauchen handelt. Nein, er ist kein Moralapostel, er ist Raucher. Und nicht nur das, er raucht auch noch doppelt so viele wie Sie. Und er war es auch, der Sie auf der letzen Weihnachtsfeier in Ihrer Firma davon überzeugt hat, daß es nicht schaden könne, mal wieder eine Zigarette zu versuchen. Mit diesem hilfreichen Rat endeten fünf Jahre Freiheit von dem »Kraut«.

Sie gehen davon aus, daß Dr. Jekyll deswegen ein schlechtes Gewissen hat und das nun wiedergutmachen will? Falsch geraten. Er hält Ihnen all das vor, weil er eigentlich selbst aufhören möchte, es sich aber nicht zutraut, solange Sie den ganzen Tag neben ihm rauchen. Allmählich kriegt er Sie herum. Sie waren das ganze Wochenende auf Partys, und Ihr Mund fühlt sich an wie eine Jauchegrube. Da fassen Sie den Entschluß: Jetzt reicht's.

Sie gehen zur Arbeit und können es nicht erwarten, Dr. Jekyll die gute Nachricht zu übermitteln. Doch er ist nicht mehr da. An seiner Stelle sitzt nun ein Mann namens Hyde. Seine Ähnlichkeit mit Jekyll ist unheimlich. Er raucht fast genauso viel wie sein Vorgänger. Aber es kann sich nicht um Jekyll handeln, der hatte seine Zigaretten nur Nichtrauchern angeboten. Sie hätten auf die Knie fallen und ihn anflehen können und trotzdem keine bekommen. Doch Hyde läßt seine offene Packung in Ihrer Reichweite liegen und sagt, es läge ihm natürlich fern, Sie verführen zu wollen, doch falls die Entzugserscheinungen zu schlimm werden, könnten Sie sich jederzeit bedienen. Hyde ist anscheinend ein wesentlich freundlicherer Mensch als Jekyll, doch wünschen Sie sich, er würde nicht immer in Ihre Richtung qualmen. Auch wäre es Ihnen lieber, er würde nicht dauernd darüber philosophieren, welche Vergnügungen einem noch bleiben im Leben und was so erstrebenswert daran sei, gesünder zu sein und mehr Geld zu haben, wenn es einem dabei einfach elend geht. Und immer wieder redet er davon, daß nun der Zusammenhang von Rauchen und Lungenkrebs nachgewiesen sei, aber ihn das nicht kümmere, denn schließlich müsse jeder einmal sterben, er könne auch morgen von einem Bus überfahren werden. Ja, da besteht kein Zweifel, er ist ein deutlich netterer Mensch als Jekyll. Und trotzdem wünschen Sie sich Jekyll zurück.

Hier liegt die Schizophrenie. Es macht keinen Unterschied, ob der Raucher Ihr bester Freund oder Ihr ärgster Feind ist, ein Teil seines Bewußtseins will Sie scheitern sehen. Da immer mehr Raucher das sinkende Schiff verlassen, befürchtet er nämlich, in seinem Freundeskreis eines Tages allein als Raucher dazustehen. Ein anderer Teil seines Bewußtseins wünscht sich aber, daß Sie Erfolg haben, denn wenn Sie es schaffen, könnte es vielleicht auch ihm gelingen. Leider ist sein Einfluß praktisch die Garantie dafür, daß Sie scheitern.

Hatte ich es einmal geschafft, mehrere Jahre nicht zu rauchen, waren es immer dramatische Momente, wenn ein guter Freund mir bei gesellschaftlichen Anlässen Zigaretten anbot. Er konnte sich einfach nicht vorstellen, daß ich nicht rauchen wollte oder mußte, egal, ob in Gesellschaft oder allein. Wenn man sich nun daran erinnert, daß ich aufgrund meines Rauchens schon beinahe gestorben wäre, könnte man mit Recht behaupten, daß es sich dabei um keine sehr freundliche Geste handelte. Macht man sich darüber hinaus bewußt, daß es mein Beruf, ja meine Lebensaufgabe ist, andere Raucher aus ihrem Gefängnis zu befreien, und welchen Eindruck es auf sie machen würde, wenn ich wieder zu rauchen anfinge, müßte ich sogar glauben, daß dieser Mann alles andere ist als ein Freund, und ihm böse Absichten unterstellen. Aber das ist falsch. Er ist wirklich einer der nettesten Menschen, die ich kenne. Er war einfach nicht Herr seiner selbst, sondern stand unter der Einwirkung dieses heimtückischen Krauts, das ansonsten völlig integre, ehrliche Menschen ihre Prinzipien vergessen läßt.

Dieser Freund gehörte zu jener Gruppe, die niemals vor dem Mittagessen raucht. Als man zum erstenmal eine Verbindung zwischen Lungenkrebs und Rauchen nachweisen konnte, waren die Gesundheitsbehörden der Meinung, daß die Zigaretten am frühen Morgen den größten Schaden anrichteten. Also beschlossen viele Raucher, sich die erste Zigarette erst nach dem Frühstück oder dem Mittagessen zu genehmigen. Es ist schon erstaunlich, wie wir bereitwillig alles glauben, was die Ärzte uns sagen. Eine Zigarette ist und bleibt eine Zigarette, warum sollte sie am frühen Morgen schädlicher sein als zu einer anderen Tageszeit? Ich vermute, diese Meinung entstand, weil die Hustenanfälle meist nach den Morgenzigaretten einsetzen. Doch genau das schwächt ihre Wirkung eigentlich ab. Schließlich erfolgt das Husten nicht aufgrund der frühen Tageszeit, sondern weil der Körper nach acht Stunden ohne Nikotin einen Teil seiner Immunität gegen das Gift abgebaut hat.

Wie dem auch sei, dieser Freund beschloß, die erste Zigarette des Tages erst nach dem Mittagessen zu rauchen. Es gelang mir nicht, ihm plausibel zu machen, daß nach einer ganzen Nacht ohne Zigaretten, also acht Stunden ohne Nikotin, diese erste Zigarette ganz besonders kostbar erscheint, auch wenn sie Hustenanfälle auslöst. Wenn man mit der ersten Zigarette bis nach dem Mittagessen wartet, also vierzehn Stunden ohne Nikotin zugebracht hat, ist die Illusion des Genusses noch größer. Allerdings fiel mir auf, daß er im Urlaub die erste Zigarette bereits nach dem Frühstück rauchte, und ich fragte ihn:

»Ich dachte, du rauchst die erste Zigarette erst nach dem Mittagessen?«

»Normalerweise frühstücke ich nicht, das hier ist also praktisch mein Mittagessen.«

Das ist die Logik eines Drogensüchtigen! Was diesem Raucher ebenfalls nicht aufzufallen schien, war die Tatsache, daß das Mittagessen normalerweise um dreizehn Uhr eingenommen wird, er es aber im Lauf der Jahre auf elf Uhr vormittags verlegt hatte. Gleichzeitig war er auch alkoholgefährdet, weil er zusammen mit der ersten Zigarette um elf auch sein erstes alkoholisches Getränk zu sich nahm.

Seine Frau bezeichnete sich selbst als Gelegenheitsraucherin. Sie rauchte angeblich nur, um bei Einladungen ihrem Mann Gesellschaft zu leisten, wie sie es ausdrückte. Als sie sich eine durch das Rauchen bedingte Krankheit zugezogen hatte, beschloß sie, damit Schluß zu machen. Natürlich bot ich meine Hilfe an. Da klärte sie mich auf, daß sie ja sowieso nur Gelegenheitsraucherin sei und meine Hilfe gar nicht benötige. Ich litt mit ihr, als ich ihre Versuche, mit Hilfe von Willenskraft aufzuhören, mitansehen mußte. Es ist, als müßte man zusehen, wie jemand ertrinkt, obwohl man nur den Arm auszustrecken brauchte, um ihn aus dem Wasser zu ziehen. Doch der Ertrinkende will sich nicht helfen lassen.

Nach drei Monaten hatte sie es mehr oder weniger geschafft. Nur die eine Zigarette nach dem Essen bereitete ihr noch Probleme. Der Mann zündete sich eine an, ihr Kommentar dazu lautete mit schöner Regelmäßigkeit: »Jetzt könnte ich für eine Zigarette zur Mörderin werden.« Woraufhin er erwiderte, sie solle nur nicht so dumm sein und wieder anfangen. Ich dachte bei mir: Du könntest ihr am meisten helfen, wenn du auch auf diese Zigarette verzichten würdest. Aber ich weiß, wie das für einen Raucher ist, besonders nach dem Essen. Nach ungefähr sechs Monaten sagte seine Frau, wenn er sich diese Zigarette ansteckte: »Ich bin jetzt völlig drüber weg. Ich habe nicht mehr die geringste Lust zu rauchen. Und du siehst im Grunde absolut lächerlich aus mit diesem Ding im Mund.« Joyce und ich waren beeindruckt. Ich sagte: »Du hast es zwar von der falschen Seite angepackt, aber alle Achtung, das Wichtigste ist, daß du es geschafft hast. Du bist frei!« Ich war überrascht, daß ihr Ehemann dazu schwieg. Ich wußte, daß sie sich beide große Sorgen machten, die Krankheit, unter der sie gelitten hatte, könnte wieder auftreten.

In alten Schwarzweißfilmen kommt es gelegentlich vor, daß der Held zwei Zigaretten gleichzeitig anzündet und eine an seine Partnerin weiterreicht. Es gibt eine ganz berühmte Szene mit Paul Henried. Als Teenager machte ich das auch gern. Es sieht einfacher aus, als es ist. Als es mir zum erstenmal gelang, ohne dabei wie ein Angeber zu wirken, reichte ich die Zigarette an eine Freundin weiter – doch sie wollte keine! Als Raucher kann man sich manchmal ganz schön lächerlich machen. Das erbärmlichste Wesen auf Erden ist ein Raucher, der in beiden Händen eine brennende Zigarette hält und mit keiner weiß, wohin. Ich habe schon viele kuriose Geschichten gehört, wie Leute zum Rauchen gekommen sind. Einmal fragte ich einen Fernsehmoderator, warum er noch nie geraucht habe. Nachdem ich die Frage ausgesprochen hatte, hätte ich mir am liebsten auf die Zunge gebissen. Doch sie war mir berechtigt erschienen, denn er war sowohl in körperlicher als auch mentaler Hinsicht ein starker Typ und übte einen Beruf aus, bei dem man ständig mit Rauchern konfrontiert ist. Man kann sich nur schwer vorstellen, daß eine Person in dieser Situation noch nie abhängig war. Doch plötzlich erschien es mir unglaublich dumm, einem Nichtraucher diese Frage zu stellen. Genausogut hätte ich ihn fragen können, warum er noch nie heroinsüchtig gewesen ist. Aber anstatt scherzhaft etwas darauf zu erwidern, erzählte er folgende Geschichte: »Ich war als Teenager auf einer Tanzveranstaltung und sah dort ein Mädchen, das mir ganz besonders gut gefiel. Sie rauchte, also kaufte ich eine Packung Zigaretten und ging zu ihr hinüber, um ihr eine anzubieten. Dabei fielen alle Zigaretten auf den Boden. Meine Freunde lachten sich krumm, und ich kam mir so dämlich vor, daß ich es nie wieder versucht habe.« Das nenne ich Glück!

Doch zurück zu meinem Freund im Restaurant. Er verblüffte mich völlig, als er einige Minuten später Paul Henried spielte und eine Zigarette an seine Frau weiterreichte. Ich wollte meinen Augen nicht trauen. Bei Paul Henried wirkt es schon abgedroschen, doch was soll man von einem fünzigjährigen Mann halten, der seiner Frau, die es gerade unter größten Mühen geschafft hatte, vom Rauchen loszukommen, eine brennende Zigarette anbietet? Ich fragte ihn:

»Was machst du da?«

»Sie war so tapfer, sie hat eine Belohnung verdient.«

Spätestens jetzt müssen Sie endgültig davon überzeugt sein, daß dieser Mensch entweder bösartig, selbstsüchtig oder einfach nur dumm ist. Aber glauben Sie mir, er ist nichts von alldem. Er steht lediglich unter dem Einfluß dieser scheußlichen Droge. Sehen Sie es einmal von der Warte des Psychologen aus. Während seine Frau den Zigaretten nachtrauerte, konnte er einfach weiterrauchen. Er mußte auf nichts verzichten. Doch plötzlich änderte sich die Situation. Drei Personen am Tisch haben nicht das Verlangen oder den Wunsch zu rauchen. Sie betrachten es, wie es wirklich ist: als lächerlich und dumm. Der einsame Raucher beginnt, sich ebenso zu fühlen. Was macht er also? Genau das, was alle Drogenabhängigen tun: Er fühlt sich bloßgestellt, und aus seiner verzerrten Sichtweise heraus will er eine andere arme Seele wieder in den Schacht hinunterziehen. Angst und Panik, die von dieser heimtückischen Droge ausgehen, führen dazu, daß er seinen Verstand ausschaltet und überhaupt nicht bemerkt, daß die Person, die er verführen will, ein geliebter Mensch ist und sein Handeln diesen Menschen am Ende sogar umbringen kann.

In Kapitel 10 habe ich geschildert, wie Jugendliche geködert werden, indem sie erst Zigaretten von Freunden annehmen und sich schließlich verpflichtet fühlen, auch selbst welche zu kaufen. Was mich im Zusammenhang mit dem Rauchen am meisten abstößt, ist, mitansehen zu müssen, wie ein Erwachsener, der eine Reihe von Jahren ohne Zigaretten glücklich war, den ganzen Prozeß wieder von neuem beginnt. Ein Freund warnt ihn noch:

»Du wirst wieder süchtig.«

»Auf keinen Fall! Ich würde mir nie mehr welche kaufen.«

Doch das heimtückische »Kraut« hat seinen Verstand schon wieder so vernebelt, daß er kein Empfinden mehr für Anstand und richtiges Verhalten besitzt. Würden wir von unserem Freund auch Essen, Kleidung oder Geld ausleihen und dabei erklären, daß wir nicht die geringste Absicht haben, es jemals zurückzugeben? Sind wir so unhöflich, weil wir spüren, daß der Freund unser schlechtes Benehmen nicht übelnimmt, sondern es insgeheim genießt, daß wir *eine Zigarette brauchen?*

Ich hasse es, Zeuge solcher Vorfälle zu sein. Auf der einen Seite haben wir es mit dem ehemaligen Abhängigen zu tun, der nicht bemerkt, daß er wieder in der Falle sitzt und wie ein Hund darauf wartet, daß ihm ein Brocken zugeworfen wird. Mich stört das falsche gönnerhafte Getue dieses *Freundes*: »Ich habe aber ein schlechtes Gefühl dabei. Es ging dir doch so gut.« Er muß sich das Grinsen verkneifen, während er die Macht über sein Opfer auskostet, das sich in seinen Fängen windet. Und dabei denkt er: Du warst nie richtig frei. Du hast dich nur ein paar Jahre unnötig gequält. Willkommen im Gully! Für einen Augenblick vergißt er sogar, daß er ja selbst Gefangener dieses »Krauts« ist!

Schließlich dreht der Freund den Hahn zu. Er macht klar, daß er ab sofort keine Zigaretten mehr zur Verfügung stellen wird, nicht weil es ihm zu teuer wäre, sondern weil er befürchtet, der andere könne wieder abhängig werden. Kurz darauf folgt jener Moment, den ich so sehr hasse: Eine Person, die noch vor wenigen Tagen frei war, die geschworen hat, niemals mehr eine Packung Zigaretten anzurühren, steht nun vor der Wahl, es weiter ohne auszuhalten oder eine Packung zu kaufen und sich damit selbst vor Familie und Freunden bloßzustellen. In diesem Stadium kann es nur einen Sieger geben, und der heißt: *Nikotin!*

Sie kennen den Verlauf: Zunächst versuchen Sie, diese Bloßstellung abzuschwächen, indem Sie behaupten, sich mit dieser Packung nur für die geliehenen Zigaretten zu revanchieren. Aber damit überzeugen Sie nicht einmal sich selbst, geschweige denn die anderen. Dann kommen Sie an jenen schrecklichen Punkt, weswegen Sie den Kauf dieser ersten Packung so lange wie möglich hinauszögern wollten. Gierig stecken Sie die erste Zigarette an, sie schmeckt scheußlich, und plötzlich erkennen sie voller Schrecken und Reue: *Ich sitze wieder im Gully!*

Sie werfen die Zigarette weg und zertreten sie, als wäre sie eine giftige Schlange. Sie werfen die Packung in die Toilette und spülen sie hinunter. Wenige Stunden später wiederholt sich das Ganze. So geht es noch einige Male, bis sie endlich akzeptieren, daß dieses »Kraut« sie wieder in seinen Fängen hat.

Und da fragen mich Raucher mit Blicken, die alles von Überraschung bis Ungläubigkeit ausdrücken: »Vermissen Sie das Rauchen wirklich nicht? Haben Sie tatsächlich nie Lust auf eine Zigarette?« Ob ich es vermisse? Ich kann es noch immer nicht fassen, daß ich endlich frei bin!

Aber noch einmal zurück zu meinem Freund, der Paul Henried spielte. Seine Frau sagte überhaupt nichts dazu, aber ihr Blick sprach Bände. Da wurde ihm klar, daß er sich idiotisch benommen hatte, und er versuchte, uns das Ganze als Spaß zu verkaufen. Aber jeder von uns wußte, das es ursprünglich nicht so gedacht war. Der Vorfall selbst war schon peinlich genug, doch zu allem Überfluß verfolgt mich noch immer der dumme Gesichtsausdruck meines Freundes. Wie muß das erst seine Frau empfunden haben? Aber am schlimmsten ist es sicher für meinen Freund selbst. Er muß mit dem Gedanken leben, daß er seine Frau, die sich sechs Monate lang herumgequält hatte, sich das Rauchen abzugewöhnen, und es dann endlich geschafft hatte, wieder in die Falle locken wollte. Und das alles hat er nur dem Tabak zu verdanken.

Ein typisches Beispiel, wie demoralisierend Raucher auf Leute einwirken können, die versuchen wollen aufzuhören, ist jene Mutter, die als eine der ersten in unser Büro in Birmingham kam. Sie war in Tränen aufgelöst und so deprimiert, wie es nur ein Raucher sein kann, als sie zu uns kam. Als sie uns wieder verließ, hatte sie ebenfalls Tränen in den Augen, nun aber aus Freude. Sie steckte uns alle an, mich eingeschlossen. Bevor sie völlig euphorisch das Büro verließ – als glückliche Nichtraucherin, versteht sich –, gab sie mir noch einen Kuß. Noch am selben Abend besuchte sie ihre Tochter und ihren Schwiegersohn, um ihnen die Neuigkeit mitzuteilen. Ihr Schwiegersohn hatte sich zum gleichen Zeitpunkt wie sie entschlossen aufzuhören, aber natürlich versuchte er es mit Willenskraft. Die offensichtliche Freude seiner Schwiegermutter verstärkte in ihm das Gefühl, ein Opfer zu bringen. Er sagte zu ihr: »Der erste Tag ohne Rauchen ist noch nicht einmal vorbei, und du bist schon so enthusiastisch!« Die Wirkung dieses Satzes war katastrophal. Die sechs Stunden, die ich gebraucht hatte, um die Frau aus ihrem Schacht zu befreien, waren innerhalb von zwei Sekunden zunichte gemacht. Sie rauchte nicht, solange sie mit ihrer Tochter und ihrem Schwiegersohn zusammen war, doch die Saat des Zweifels war gesät. Sie begann aufzugehen und wurde allmählich größer. Zum Glück kam die Frau wieder zu mir und ließ sich erklären, wie man die anderen Raucher ignorieren kann.

In Kapitel 19 erwähnte ich Onkel Fred, der sich bei jedem Radiointerview zu Wort meldet. Im Grunde gibt es zwei Ausführungen von Onkel Fred. Die eine, die irgendwann einmal aufhört, habe ich bereits beschrieben. Die andere, die man sich aber keinesfalls als Beispiel nehmen sollte, ist jene, die seit dem fünfzehnten Lebensjahr täglich vierzig Zigaretten raucht, und zwar von der stärksten Sorte und ohne Filter, jede davon genossen hat und nicht den geringsten Anlaß sieht, jemals aufzuhören. Diese Onkel Freds werden achtzig Jahre alt und waren nicht einen Tag in ihrem Leben ernsthaft krank. Jeder Raucher hat einen solchen Onkel Fred, und falls nicht, erfindet er einen.

Jeder Raucher braucht diesen Onkel Fred. Wir brauchen ihn, um die schlimmen Statistiken abzuschwächen, mit denen uns die Gesellschaft immer wieder auf die Nerven fällt, ob wir sie hören wollen oder nicht. Genauso treuherzig klammern wir uns an seine Frau, Tante Jane, die in ihrem ganzen Leben keine einzige Zigarette geraucht hat und dennoch mit vierzig Jahren an Lungenkrebs gestorben ist. Ist es nicht unglaublich, wie ansonsten logisch denkende, akademisch gebildete, intelligente Menschen völlig kritiklos eine Fallgeschichte akzeptieren, die auf der Erfahrung einer Person beruht, hingegen Statistiken, denen die Daten von Tausenden Personen zugrunde liegen, ignorieren? Das kann doch nur mit dem verzerrten Blick eines Drogensüchtigen gelingen.

Jener Onkel Fred, der während des letzten Radiointerviews, an dem ich selbst teilnahm, anrief, war von der ganz gehässigen Sorte. Allerdings muß ich ihm zugute halten, daß er uns gleich darüber aufklärte, er sei in der Tabakindustrie tätig gewesen. Er erzählte, daß er über siebzig Jahre alt sei, seit über fünfzig Jahren mehr als vierzig Zigaretten am Tag rauche und nicht einen Tag krank war. Hier möchte ich einhaken. Warum waren alle Onkel Freds nie einen Tag krank? Warum nehmen wir diese Behauptungen für bare Münze, ohne sie weiter zu hinterfragen? Glauben Sie wirklich, daß es einen Menschen auf unserem Planeten gibt, egal, ob

Raucher oder Nichtraucher, der noch keinen Tag krank war? Das heißt, er hat noch nie unter Erkältungen, Grippe, Durchfall, Masern oder Windpocken gelitten und auch nicht unter Kopfschmerzen. Wir können aber mit Sicherheit davon ausgehen, daß jemand, der von sich behauptet, noch nie in seinem Leben krank gewesen zu sein, mit der Wahrheit etwas großzügig umgeht.

Dieser Onkel Fred hatte einmal versucht, das Rauchen aufzugeben. Schon nach kurzer Zeit fühlte er sich unwohl (was schon bestätigt, daß er nicht ganz bei der Wahrheit geblieben war). Der Arzt konnte nichts feststellen. Daraufhin hat er angeblich drei verschiedene Spezialisten (urteilen Sie selbst, ob Sie das glauben wollen) aufgesucht, ebenfalls ohne Ergebnis. Der dritte Arzt fragte ihn, ob er vor kurzem etwas an seinen Lebensgewohnheiten verändert hätte. Als Onkel Fred ihm erzählte, daß er das Rauchen aufgegeben hatte, meinte dieser, daß das der einzige Grund für seine Beschwerden sei. Ich muß es eigentlich gar nicht mehr weiter ausführen, Onkel Fred rauchte wieder und lebte von da an glücklich und zufrieden weiter.

Ich frage Sie, kann man wirklich so naiv sein und diese Geschichte glauben? Ich bezweifle nicht, daß er sich zunächst elend fühlte, nachdem er aufgehört hatte. Bei jedem Versuch, mit Willenskraft aufzuhören, ging es mir genauso. Doch ich brauchte weder meinen Hausarzt noch drei namhafte Fachärzte, um den Grund dafür herauszufinden. Aber bestätigte er nicht meine Theorie? Sie konnten nichts finden, weil ihm überhaupt nichts fehlte, außer daß er glaubte, er habe ohne Zigaretten sein Leben nicht mehr im Griff oder könne es nicht mehr genießen.

Ich will gar nicht bestreiten, daß es die Onkel Freds tatsächlich gibt, aber ihr Leben verläuft ganz sicher nicht in solcher Glückseligkeit, wie sie selbst und wir es gerne glauben. Sie sind starke Persönlichkeiten, und müssen es auch sein, um genügend Immunität gegen das Gift zu entwickeln. Aus diesem Grund sind passive Raucher auch anfälliger, denn sie sind nicht so resistent gegen das »Kraut«. Tante Jane ist wahrscheinlich deshalb an Lungenkrebs gestorben, weil Onkel Fred sie dreißig Jahre lang zugequalmt hat.

Es gibt noch einen weiteren Aspekt, der am Mythos von Onkel Fred kratzt: Verbinden Sie tausend Menschen die Augen und fordern Sie sie auf, einen ganzen Tag lang immer wieder eine stark befahrene Straße zu überqueren. Am Ende des Tages ist vielleicht noch einer übrig. Dieser eine Überlebende wäre sicher sehr erleichtert, es unbeschadet überstanden zu haben, und würde sich daraufhin für unverwüstlich halten. Sollte er aus irgendeinem Grund wieder andere dazu überreden wollen, ebenfalls die Straße mit verbundenen Augen zu überqueren, würde er folgendermaßen argumentieren: »Ich habe es bereits bewiesen: Es ist wirklich nicht gefährlich, die Straße blind zu überqueren.« Doch leider kann man die anderen neunhundertneunundneunzig nicht mehr dazu befragen.

Onkel Fred existiert tatsächlich, aber, und daran müssen Sie immer denken, er hatte Glück. Er besitzt eine gute Konstitution, ohne die er es nicht geschafft hätte. Er muß sich seine Zeit damit vertreiben, bei Radiointerviews anzurufen, weil er keine Freunde mehr hat. Die sind alle schon frühzeitig gestorben, weil sie geraucht haben. Das ist sehr traurig für Onkel Fred. Noch trauriger ist es für die anderen. Hätten sie noch anrufen und ihre Geschichte erzählen können, müßten wir uns nicht immer von diesen Onkel Freds hinters Licht führen lassen!

Mein Vater hatte eine gute Konstitution, auch meine Schwester. Sie starben beide mit Anfang Fünfzig an den Folgen des Rauchens. Ich bin überzeugt, sie würden beide noch leben, wenn sie nie geraucht hätten. Auch ich besaß Kraft und Ausdauer, doch ich weiß, ich hätte meinen fünfzigsten Geburtstag nicht erlebt, wenn ich noch länger geraucht hätte. Ich habe es nur Gott zu verdanken, daß ich noch am Leben bin und meine Erfahrungen weitergeben kann.

Nicht die Zigarettenwerbung ködert neue Raucher und zieht ehemalige wieder in den Schacht, sondern es ist der Einfluß anderer Raucher, den die Tabakindustrie geschickt zu nutzen weiß. Wir dürfen nicht unterschätzen, wie sehr wir von Gruppenzwängen geleitet werden. Leider handelt es sich bei den Rauchern meist um dominante Personen, nicht weil sie rauchen, sondern weil die Falle so ausgelegt ist, daß vor allem dieser Typ Mensch hineintappt. Hinzu kommt ein negativer Aspekt des Nichtrauchens: Wenn man raucht, führt man aktiv eine Tätigkeit aus. Dadurch entsteht die Illusion, man würde einen echten Genuß davon haben. Im Gegensatz dazu können Sie nicht einfach dasitzen und denken: »Ach, wie ich doch das Nichtrauchen genieße.«

DOCH, SIE KÖNNEN!
ICH MACHE DAS JEDEN TAG MEINES LEBENS!

Wichtig ist dabei nur, das Rauchen im richtigen Licht zu sehen. Wir wurden von klein auf einer Gehirnwäsche unterzogen, die uns das Rauchen durch eine rosarote Brille betrachten läßt, und genauso geht es uns mit den Rauchern. Wir glauben, sie hätten es unter Kontrolle und würden es wirklich genießen. Waffen können für gute oder schlechte Zwecke eingesetzt werden. Und so können Raucher einerseits dazu beitragen, uns in die Falle zu locken und dort gefangenzuhalten, uns andererseits aber in noch stärkerem Maß dabei behilflich sein, uns wieder aus der Falle zu befreien, und – was noch wichtiger ist – dafür sorgen, daß wir frei bleiben.

Das Problem ist nur, daß alle Raucher lügen, sich selbst und andere belügen. Sie können nicht anders! Sie kommen sich ohnehin wie Versager vor, auch wenn sie versuchen, das Unappetitliche, das Gift, das Spucken und Husten, die Versklavung, die Geldverschwendung, die Idiotie des Ganzen zu ignorieren. Müßten sie diesen Tatsachen auch noch ins Auge sehen, wäre das Leben unerträglich für sie. Schließlich glauben sie nicht nur ihre eigenen Lügen, sondern auch die der anderen Raucher. Wenn sie versuchen aufzuhören, sehnen sie sich nur nach Zigaretten, weil sie das Gefühl haben, etwas zu versäumen, auf etwas verzichten zu müssen.

Nun möchte man meinen, ein Raucher ändert seine Einstellung, wenn ihn eine der tödlichen Krankheiten ereilt, die durch Rauchen verursacht werden. Doch in der Regel tritt genau das Gegenteil ein. Vor einigen Jahren erkrankte ein bekannter Radiomoderator an Lungenkrebs. Er beklagte sich nicht, sondern konstatierte: »Ich habe jede dieser kostbaren Zigaretten genossen!« Doch denkt man einmal genauer darüber nach, ist ein solches Statement die naheliegendste Reaktion. Wenn wir uns schon selbst belügen müssen, weil wir so dumm sind, das Risiko schrecklicher Erkrankungen einzugehen, ist es um so notwendiger, dieses Lügengebäude aufrechtzuerhalten, wenn *es zu spät ist, noch etwas daran zu ändern!*

Haben Sie von einem Raucher, der noch nicht an Lungenkrebs leidet, jemals den Ausspruch gehört: »Ich habe jede dieser kostbaren Zigaretten genossen«? Wenn Sie sich schon dumm vorkommen, weil Sie rauchen, dann überlegen Sie einmal, wie Sie sich erst fühlen würden, wenn es irgendwann zu spät ist. Sie müssen dann die Vorzüge des Rauchens noch übertriebener darstellen, um vor sich selbst bestehen zu können.

Vielleicht glauben Sie, Rauchern ergehe es wie Rennfahrern: Sie bewerten die Siege sehr hoch und sind bereit, die Risiken dafür in Kauf zu nehmen. Aber glauben Sie, ein Fahrer würde an den Start gehen, wenn er im voraus wüßte, daß das nächste Rennen für ihn tödlich ausginge? Machen Sie sich nichts vor. Würden Sie die nächste Zigarette rauchen, wenn Sie wüßten, daß genau diese Zigarette Lungenkrebs auslöst? Die meisten Menschen, die diese Risiken eingehen, akzeptieren sie nicht bewußt, sie denken nur: Mir wird schon nichts passieren.

Glauben Sie allen Ernstes, es gibt einen Raucher auf der Welt, der vor seiner ersten Zigarette darüber nachgedacht hat, daß das Risiko, an den Folgen zu sterben, bei eins zu vier liegt, und sich bewußt dafür entschieden hat, dieses Risiko in Kauf zu nehmen? Aber warum gehen Millionen Raucher nun angeblich ganz bewußt dieses Risiko ein? Es gibt nur eine einleuchtende Antwort auf diese Frage: Sie gehen es nicht bewußt ein, sie denken überhaupt nicht darüber nach. Sie rauchen nicht aus freien Stücken, sondern weil sie, wie die Fliege in der fleischfressenden Pflanze, glauben, nicht mehr entkommen zu können.

Leider wirkt das Bekenntnis des Radiomoderators auf Nochraucher und Jugendliche, die kurz davor stehen, ihre erste Zigarette zu rauchen, sehr positiv. Seine Botschaft lautet: »Auch wenn du daran zugrunde gehst, ist es den Genuß wert.« Ich bin mir sicher, daß er nicht bewußt diese Botschaft verbreiten, sondern sich nur so abgeklärt wie möglich mit dem Tod auseinandersetzen wollte. Ich bewundere diese Haltung, doch im Grunde ist dieser Mann nur wieder ein extremes Beispiel dafür, wie tief das teuflische Kraut seine Opfer hinunterzieht.

Doch mehr noch bewundere ich jene Menschen unter den Rauchern, die ihre Krankheit, deren Ursache nachweislich das Rauchen war, bis zum Tod mit Würde ertrugen und auch zugaben, daß sie sich die meiste Zeit ihres Lebens ziemlich dumm verhalten haben. Das erfodert wirklich Courage, vor allem, wenn man weiß, daß man diese Dummheit mit dem Leben bezahlen muß. Yul Brynner war einer von ihnen. Ich habe gehört, daß auch der »Marlboro«-Cowboy an Lungenkrebs erkrankt ist und sich in Antiraucherkampagnen engagiert hat – alle Achtung! Wenn nur alle Raucher schon so weit wären und endlich aufhörten, ihre Ignoranz zu rechtfertigen, indem sie sich selbst und anderen vormachen, Rauchen sei ein Genuß oder gebe ihnen Selbstvertrauen. Sie würden alle schnell davon überzeugt sein, daß sie nichts vermissen, wenn sie aufhören.

Sie können das nicht glauben? Dann sollten Sie vielleicht etwas Marktforschung betreiben:

1. Wie viele Nichtraucher auf der Welt wären Ihrer Meinung nach lieber Raucher?
2. Wie viele ehemalige Raucher auf der Welt, glauben Sie, wären lieber wieder Raucher? Sicher kennen Sie einige Exraucher, die manchmal Lust auf eine Zigarette haben, aber warum rauchen sie diese dann nicht? Weil sie Angst haben, wieder ins Lager der Raucher überzuwechseln? Immerhin haben sie die Wahl: Wenn sie wollten, könnten sie sofort wieder Raucher werden.
3. Wie viele Raucher aus Ihrem Bekanntenkreis würden sich, wenn sie die Uhr zurückdrehen könnten, tatsächlich noch einmal die erste Zigarette ihres Lebens anzünden?

Wenn Sie ehrlich sind, wird ihre Meinungsumfrage folgendes ergeben: *Zahl derer, die lieber Nichtraucher wären: die gesamte Weltbevölkerung!* *Zahl derer, die lieber Raucher wären: null!*

Wenn wir eine Entscheidung treffen müssen, wägen wir Vor- und Nachteile gegeneinander ab. Doch manchmal ist es sehr schwierig, die richtige Wahl zu treffen, zum Beispiel beim Kauf eines Kühlschranks oder einer Waschmaschine. Sollen wir jedoch entscheiden, ob wir lieber Raucher oder Nichtraucher wären, heißt die eindeutige Antwort immer wieder: *Nichtraucher!!*

Den Raucher, der aus freien Stücken und aus purer Lust raucht, gibt es nicht. Wir rauchen nur aus einem einzigen Grund: aus *Angst!*

Wir ahnen, daß Nichtraucher diese Angst nicht kennen und die Zigarette sie nicht beseitigen kann, sie läßt sie immer wieder neu aufleben. Diese Angst ist so groß, daß wir die anderen Ängste, die ebenfalls durch dieses Kraut verursacht werden, gar nicht mehr wahrnehmen: die Angst vor einem vorzeitigen Tod und angeschlagener Gesundheit, die Angst vor der Abhängigkeit, die Angst, Geld zu verschwenden.

Haben Sie schon einmal von FOREST gehört? Dabei handelt es sich um eine Organisation, die die Interessen von Rauchern vertritt. Gegründet wurde sie von überzeugten Rauchern, um dem immensen Druck, dem die armen Raucher seit einigen Jahren ausgesetzt sind, gegenzusteuern. Als ich selbst noch überzeugter Raucher war, war mir diese Gruppierung äußerst sympathisch, und das wäre sie mir heute noch, wenn ich mir sicher wäre, daß es sich bei ihren Vertretern tatsächlich um ebenso überzeugte Raucher handelte.

Ich wollte den Mitgliedern von FOREST ein Angebot unterbreiten: »Geben Sie mir im voraus das Zigarettengeld für ein Jahr, und ich werde Sie dafür bis an Ihr Lebensende umsonst mit Zigaretten versorgen.« Wenn sie wirklich die glückliche Vereinigung von Rauchern waren, für die sie sich ausgaben, müßten sie diese Gelegenheit doch beim Schopf packen.

Doch obwohl bei praktisch jeder Veranstaltung zum Thema Rauchen auch ein Vertreter von FOREST anwesend ist, konnte ich keinen von ihnen ausfindig machen. Auch keiner meiner Bekannten hatte je einen getroffen, und meine Nachforschungen im Telefonbuch waren ebenfalls erfolglos. Da half mir der Zufall. Es war an einem Nationalen Nichtrauchertag vor etwa sieben Jahren – ich war Gast in einer landesweit ausgestrahlten Fernsehsendung. Alle, die auf irgendeine Weise etwas mit dem Rauchen zu tun hatten, waren ebenfalls eingeladen. Vor der Sendung wurde ich mit dem Geschäftsführer von FOREST bekanntgemacht. Ich dachte: Wollen wir doch mal sehen, wie ernst es ihm ist, und machte ihm mein Angebot.

Er nahm mir sofort den Wind aus den Segeln, indem er antwortete: »Nur zu gern würde ich Ihr Angebot annehmen, aber ich bin Nichtraucher!« Das war wirklich clever – ein Nichtraucher an der Spitze dieser Organisation, eine unparteiische Person, die allein an der Wahrung der Rechte des einzelnen interessiert ist.

Am Nationalen Nichtrauchertag im Jahr 1992 wurde ich für eine Fernsehsendung interviewt. Der vorhergehende Gesprächspartner war der damalige Geschäftsführer von FOREST. Obwohl ich über seine Argumente entsetzt war, muß ich doch einräumen, daß ich von seiner Art, die Fakten zu drehen und zu wenden, wie es ihm paßte, beeindruckt war. In dieser Hinsicht habe ich inzwischen einiges dazugelernt, und wenn ich meine Argumente gegen das Rauchen ebenso gewandt vorbringen könnte, wie diese Leute es schaffen, das Ruder in einem eigentlich verlorenen Fall immer wieder herumzureißen, hätte ich sicher mein Ziel längst erreicht. Der Mann war ein brillanter Redner und begann seine Argumentation damit, daß schon Hitler versucht habe, das Rauchen zu verbieten. Sehen Sie die negative Assoziation? Damit unterstellt er: Heute wollen verschiedene Antiraucherkampagnen das Recht zu rauchen abschaffen; wenn wir sie gewähren lassen, werden sie morgen Millionen unschuldiger Menschenleben auslöschen.

Ich bin dem damaligen Moderator noch heute dankbar, daß ich diesem Gast einige Fragen stellen durfte. Das Eigenartige dabei war, daß wir im Grunde völlig einer Meinung waren. Auch ich bin der Überzeugung, daß jeder für sich selbst entscheiden muß, vorausgesetzt er beeinträchtigt damit nicht die Lebensqualität seiner Mitmenschen. Ich bin gegen den gegenwärtigen Trend, die Raucher zu verfolgen, zum einen aus Prinzip und zum anderen, weil man ihnen damit das Aufhören noch schwerer macht. Der einzige Punkt, in dem ich mit dem Vertreter von FOREST nicht übereinstimme, ist seine Argumentation, jeder solle sich selbst entscheiden können. Er übersieht dabei nämlich folgende Punkte – sei es unbewußt oder mit Absicht:

1. Raucher haben sowieso keine Wahl. Sie wollten nicht bewußt süchtig werden, sie haben sich ködern lassen, wie ein Fisch, der an der Angel zappelt. Und würde im Ernst jemand darauf kommen, eine Organisation zu gründen, die sich für das Recht eines Fisches einsetzt, an der Angel zappeln zu dürfen?
2. Raucher genießen den Tabak nicht. Sie geben sich lediglich dieser Illusion hin, weil sie sich schlecht fühlen, wenn sie nicht rauchen dürfen.
3. Alles, was Hitler und das Rauchen gemeinsam haben, ist, daß das Rauchen am frühzeitigen Tod von jährlich zweieinhalb Millionen Menschen weltweit schuld ist. Mit Recht gilt der Holocaust in der Geschichte als das größte Verbrechen gegen die Menschlichkeit. Doch

so weit wie möglich wurden die Verantwortlichen vor Gericht gebracht und bestraft. Die Tabakkonzerne sind heute am Tod von noch viel mehr Menschen schuldig, sie haben auf diesem Planeten bereits mehr Leben auf dem Gewissen als alle Kriege und der Holocaust zusammen, und das nur innerhalb einiger weniger Generationen, seit es die Massenproduktion von Zigaretten eben gibt. Dies gilt nicht als Verbrechen, sondern geschieht völlig legal und darf auch noch in der Werbung verbreitet werden!

4. Mit welchem Recht macht der Geschäftsführer von FOREST, der noch nie in seinem Leben geraucht hat, Werbung für den größten Killer in der westlichen Gesellschaft? Meine Frage, ob er auch beabsichtige, Heroin zu legalisieren, wollte er nicht beantworten. Warum war sein Ideal von der Freiheit des einzelnen so leicht zu erschüttern? Heroin fügt schließlich suchtfreien Mitmenschen keinen Schaden zu. Und was ist mit dem Recht der Nichtraucher auf Atemluft, die nicht mit den Schadstoffen des Tabaks belastet ist?
5. Und die wichtigste Frage: Warum wollte dieser Mann nur das Recht der Raucher, ihr Leben zu verkürzen, vertreten? Es gibt doch unzählige andere Gruppen, die es viel mehr verdient hätten, sich für sie einzusetzen. Schließlich ist er nicht einmal selbst Raucher.

ARMSELIGE, BEMITLEIDENSWERTE, ANGSTERFÜLLTE DROGENABHÄNGIGE!

Nun zu einer ganz speziellen Gruppe von Rauchern. Raucher, die entscheidend dazu beitragen, uns zu ködern und in der Falle zu halten, sei es bewußt oder unbewußt:

UNSERE VORBILDER

KAPITEL 24

Unsere Vorbilder

Ich kann mir nicht vorstellen, daß auch nur ein einziger Jugendlicher in Versuchung gerät, sich seine erste Zigarette anzustecken, nachdem er einen Penner beim Aufheben einer Kippe aus dem Rinnstein beobachtet, den Hustenanfall eines alten Kettenrauchers miterlebt oder eine dieser heruntergekommenen Lumpenköniginnen beim Sammeln von Stummeln aus den Mülltonnen gesehen hat. Sie alle sind Raucher am Grunde des Schachts. Warum also sollte ein Teenager ausgerechnet sie vor Augen haben, wenn er von anderer Seite mit völlig gegensätzlichen Bildern überflutet wird: gesunde, gebildete, wohlhabende, erfolgreiche und attraktive junge Raucher? Ich spreche nicht von der Zigarettenwerbung. Ich spreche von real existierenden intelligenten Menschen: Film- und Fernsehstars, Popstars und berühmten Sportlern. Sie sind es, von denen sich junge Menschen beeinflussen lassen, ohne zu bemerken, daß ihnen eine Scheinwelt vorgegaukelt wird. *Alles nur Illusion!*

Sehen Sie sich doch nur diese Bilder von schönen, eleganten, kultivierten Frauen oder wohlgefällig grinsenden, erfolgreichen Machos mit Zigarette in der Hand an. Decken Sie die Zigarette mit dem Finger ab. Sieht die Frau nun weniger kultiviert aus? Wirkt der Mann nicht mehr so machohaft? Nicht die Zigarette vermittelte Kultiviertheit, sondern eine kultivierte Frau will Ihnen mitteilen: *Kauf dir Gift!*

Der hustende alte Mann und die Kippensammlerin aber sind die *Realität*, das Produkt der Zigarette.

Welchen Sinn soll es haben, Zigarettenwerbung, die ohnehin keiner beachtet, aus dem Fernsehen zu verbannen, wenn es gleichzeitig in den Filmen nur so vor Rauchern wimmelt? Es wäre ja noch nicht einmal so schlimm, wenn nur alte Filme wie die mit Humphrey Bogart liefen. Doch wenn eine bei den Zuschauern beliebte, intelligente und äußerst attraktive Moderatorin oder Schauspielerin im Fernsehen raucht, richtet eine einzige Kameraeinstellung größeren Schaden an als tausend Werbespots.

Wer bestimmt eigentlich, daß Zigaretten in verschiedenen Szenen wichtig sind? Der Autor, der Produzent, der Regisseur? Oder die Schauspieler selbst, die so süchtig sind, daß sie ohne Zigaretten nicht mehr agieren können? Vielleicht machen auch die Tabakkonzerne ihren Einfluß geltend. Je mehr ihre ohnehin nicht besonders wirkungsvolle Werbung eingeschränkt wird, um so mehr Geld haben sie zur Verfügung, um ihre Produkte auf raffiniertere und effektivere Weise an den Mann oder die Frau zu bringen. Wenn Sie glauben, die Tabakindustrie würde sich nicht in solche Niederungen begeben, kann ich nur sagen: Wie naiv!

Ganz sicher leistet Hollywood einen großen Beitrag zum Raucherimage, nicht nur, um Millionen von Menschen zu ködern, sondern auch, wenn es darum geht, ein nachhaltig falsches Bild vom Rauchen zu vermitteln. Ich bin mir sicher, daß die Filmindustrie nicht nur mich in die Falle gelockt hat, sondern auch nicht wenige meiner Freunde. Viele Frauen haben in unseren Kursen zugegeben, stundenlang vor dem Spiegel geübt zu haben, die Zigarette wie Marlene Dietrich oder Lauren Bacall zu halten.

Zweifellos hat das Bogart-Image dazu beigetragen, mich zum Rauchen zu verleiten. Doch relativ schnell entwachsen wir dem Einfluß dieser frühen Helden. Schon nach kurzer Zeit verachtete ich jene Raucher, die permanent eine Zigarette im Mundwinkel hängen hatten, was mich allerdings nicht davon abhielt, es ihnen gleichzutun. Und, egal in welchem Stadium der Reife wir uns befinden, es gibt immer eine große Auswahl geeigneter Vorbilder.

Schließlich hatte ich alle nur erdenklichen Entschuldigungen für mein Rauchen durchexerziert. Da nahm ich mir Bertrand Russell als Ausrede. Bevor Sie mich für intellektueller halten, als ich wirklich bin, möchte ich anmerken, daß ich nie eine Zeile von ihm gelesen habe, ich weiß nicht einmal, welchen Beruf er eigentlich ausübte. Aber zwei Dinge sind mir bekannt: Er war ein Genie, und er hatte permanent eine Kippe im Mund. Damit lieferte er mir genau die Ausrede, die ich brauchte: »Ich verstehe nicht, warum ich rauche, doch dieser Mann ist ein Genie, also muß es einen triftigen Grund dafür geben, sonst würde er nicht rauchen.«

Genie oder nicht, heute weiß ich, daß er aus demselben Grund geraucht hat wie alle anderen auch: *Er hatte sich reinlegen lassen!* Auch mein Held Sherlock Holmes übte großen Einfluß auf mich aus. Obwohl Conan Doyle, sein Erfinder, selbst Arzt war, brachte ich ihn nie mit dem Dr. Watson aus den Büchern in Zusammenhang, sondern schrieb ihm in meiner Vorstellung die Kombinationsgabe von Sherlock Holmes zu. Daß er den Ausdruck »Ein Problem für drei Pfeifen« prägte, bestätigte mich in der Annahme, Rauchen fördere die Konzentration.

Und noch ein Kuriosum: Ich bin davon überzeugt, Kettenraucher geworden zu sein, weil ich meinen Beruf als Wirtschaftsprüfer haßte. Sollte ich damit erreichen, daß Sie jeglichen Respekt vor diesem Berufsstand verlieren, ist das wirklich nicht meine Absicht. Ich kann mir keine Ausbildung vorstellen, bei der ein junger Mensch ein realistischeres Bild davon gewinnen könnte, worum es im Geschäftsleben und im Leben generell eigentlich geht. Man lernt, auf den Rat von älteren und qualifizierteren Personen zu hören. Man lernt, alles mit Skepsis zu betrachten. Und man erkennt schnell die eigentliche Wahrheit hinter den Sprüchen. Sagt jemand: »Ich bin mir fast hundertprozentig sicher«, heißt das, er ist sich zu neunundneunzig Prozent sicher. Damit sagt er nichts anderes als: »Ich hätte mir darüber Sicherheit verschaffen sollen, doch ich möchte nicht den Eindruck erwecken, das versäumt zu haben.« Er hat also das Wort »sicher« verwendet, um seine Unsicherheit auszudrücken. Man lernt außerdem, daß die Leute mit dem, was sie verschweigen, mehr aussagen, als mit dem, was sie sagen. Sherlock Holmes hat zwar einerseits nicht unerheblich dazu beigetragen, mich im Schacht zu halten, doch ohne den Einfluß seiner faszinierenden Fälle, kombiniert mit meiner Ausbildung als Wirtschaftsprüfer, hätte ich andererseits nie das Rätsel des größten Taschenspielertricks auf Erden gelöst. Alle Schüler sollten sich anstelle von Algebra mit den Geschichten von Sherlock Holmes auseinandersetzen müssen. Das wäre nicht nur wesentlich interessanter, sondern würde Ihren Verstand schärfen und sie auf das echte Leben vorbereiten.

Ich bin mir nicht sicher, ob ich mir des Einflusses von Humphrey Bogart, Bertrand Russel, Sherlock Holmes oder unzähligen anderen prominenten Persönlichkeiten auf mein Leben bewußt war. Aber genau das ist auch der entscheidende Punkt: Es ist nicht nötig, sich dessen bewußt zu sein, das Unterbewußtsein erledigt für uns alles und läßt uns in dem Glauben: Es kann gar nicht so dumm sein, wenn alle anderen es auch tun und dabei so erfolgreich sind. Rauchen muß ihnen irgendwie helfen. Und ganz sicher schadet es ihnen nicht, sonst würden sie es doch lassen.

Ich habe behauptet, daß Jugendliche nicht durch die Tabakwerbung süchtig werden. Ich glaube, die Werbung richtet den größten Schaden damit an, die Einflüsse, die Jugendliche vom Rauchen abhalten könnten, auszuschalten. Wie viele Leben werden jedes Jahr durch die Anschnallpflicht beim Autofahren gerettet? Die genaue Zahl spielt keine Rolle. Unsere Politiker sorgen für uns. Sie kümmern sich darum, daß wir uns nicht selbst zu Tode bringen, egal, wie wir dazu stehen. Wenn fünf Personen an Salmonellenvergiftung sterben, wird – wie schon geschehen – die gesamte Eierproduktion eingestellt. Folglich können die Statistiken, mit denen die Ärzteschaft die Raucher überschüttet, unmöglich wahr sein, sonst hätte doch unsere fürsorgliche Regierung schon längst Werbung und Verkauf von Tabakprodukten verboten, oder?

Wir müssen uns klarmachen, welchen Einfluß Vorbilder nicht nur auf unsere Kinder und Enkel ausüben, sondern auch auf uns selbst. Oder wollen wir etwa von einem Kind erwarten, die Gefahren des Rauchens richtig einzuschätzen, wenn eine Comicfigur wie Popeye permanent mit einer Pfeife im Mund durch die Gegend läuft. Diese Pfeife dient keinem anderen Zweck, als den Mythos zu pflegen, Rauchen sei etwas völlig Normales und Natürliches.

Immer wieder hören wir, daß die ständige Berieselung mit Sex, Gewalt und Drogen im Fernsehen junge Menschen nicht in ihrem Verhalten beeinflusse. Das Programm sei ein Spiegelbild unserer modernen Gesellschaft. Wenn wir das glauben, müssen wir auch davon überzeugt sein, daß jede Form der Kommunikation völlig uneffektiv ist, daß sämtliche Anzeigen nur Geldverschwendung des Werbetreibenden sind und daß in den sechziger Jahren Tausende von Teenagern rein zufällig den gleichen Haarschnitt wie die Beatles trugen. Aber so zu denken, wäre einfach lächerlich. Es hieße doch, daß unsere Umgebung und unsere Erziehung uns in keiner Weise beeinflussen und unser gesamtes Wissen, unsere Sichtweise und unser Handeln rein instinktiver Natur sind. Es hieße außerdem, daß ein in England geborenes Baby mit englischen Eltern, das von einem in Rußland lebenden russischen Paar adoptiert wird, sein ganzes Leben lang nur englisch sprechen und kein Wort Russisch verstehen würde. Bei solchen Gedankenspielen wird mir schwindlig. Es würde doch auch bedeuten, die gesamte Schulzeit sei nichts als Zeitverschwendung. Und es hieße, wir könnten allein mit Hilfe unseres Instinkts einen Rolls-Royce zusammenbauen oder eine Rakete auf den Mond schießen.

Doch in Wirklichkeit resultiert der Großteil unseres Wissens, unserer Ansichten und unseres Handelns, egal, ob richtig oder falsch, gut oder böse, aus der Summe der Informationen, die von Geburt an auf uns einwirken. Dabei spielt es zunächst keine Rolle, in welcher Form wir diese Informationen erhalten. Glauben Sie wirklich, Rauchen sei etwas Natürliches und unser Schöpfer wollte, daß wir rauchen? Natürlich nicht! Sie rauchen nur, weil Sie falschen Informationen aufgesessen sind.

In *Endlich Nichtraucher!* beschreibe ich kurz, warum Rauchen die Konzentration nicht fördert, sondern beeinträchtigt. Dennoch finden es vor allem intelligente ehemalige Raucher, die meine Methode richtig verstanden und angewendet haben, schwierig, sich ohne Zigarette zu konzentrieren. Diesem Thema sollten wir uns ausführlicher widmen:

WIE KANN ICH MICH OHNE ZIGARETTE KONZENTRIEREN?

KAPITEL 25

Wie kann ich mich ohne Zigarette konzentrieren?

Auf meinem Weg den Abgrund hinunter hatte ich jenes Stadium erreicht, in dem ich zutiefst davon überzeugt war, mit dem Rauchen nicht aufhören zu können, weil ich ohne Zigarette nicht in der Lage wäre, mich zu konzentrieren. Schlechte Laune und Niedergeschlagenheit konnte ich wegstecken. Die Rolle des Märtyrers bereitete mir sogar ein gewisses masochistisches Vergnügen. Das Nichtrauchen in Gesellschaft kümmerte mich nicht im geringsten. Im Gegenteil, es erfüllte mich, der ich einmal so völlig abhängig gewesen war, mit großem Stolz, bei Einladungen völlig »nackt« dazustehen – natürlich nicht im wörtlichen Sinn – und mich in der ungläubigen Bewunderung zu sonnen, die Familie und Freunde mir entgegenbrachten, wenn ich ihnen bewies, daß ich nicht der feige Schwächling war, für den sie mich immer gehalten hatten.

Die Bewunderung währte nicht lange, und die Ungläubigkeit erwies sich als berechtigt. Nie dauerte es lange, bis ich wieder Kettenraucher war. Mein Beruf wurde mir dabei immer wieder zum Verhängnis. Ich wurde relativ gut dafür bezahlt, meinen Verstand einzusetzen, doch ohne Zigaretten war dieser Verstand keinen Pfifferling wert. Ich habe bereits geschildert, daß ich einmal meinen Urlaub als Sprungbrett zum Aufhören genutzt habe. Bei einer anderen Gelegenheit spielte ich mit dem Gedanken, meinen Chef zu bitten, mich für die Dauer eines Monats von allen Arbeiten, die besondere Konzentration erforderten, freizustellen. Doch da er Nichtraucher war, würde er mein Anliegen vermutlich nicht verstehen, also beschloß ich, es selbst so zu organisieren.

Es gab nur eine Aufgabe, die ich nicht delegieren konnte – die Vorbereitung der monatlichen Gehaltsabrechnung, was maximal zehn Minuten in Anspruch nahm. Den ganzen Monat lang quälte ich mich damit. Immer wieder nahm ich einen Anlauf, doch jedesmal schweiften meine Gedanken ab, und ich verschob diese Arbeit auf den nächsten Tag. Doch schließlich konnte ich sie nicht mehr verschieben. Am Tag der Wahrheit starrte ich zwei Stunden lang auf die Abrechnungsunterlagen; der kalte Schweiß stand mir auf der Stirn. Es war einfach lächerlich. Ich schlich mich aus dem Büro, kaufte mir zehn Zigaretten, setzte mich wieder an den Schreibtisch und war sogar zwei Minuten früher als sonst mit der Abrechnung fertig! Damit war bewiesen, daß ich mich ohne Zigaretten nicht konzentrieren konnte. Allerdings wußte ich nicht, warum das so war, genauso wie ich nicht sagen kann, warum ich mich bei Juckreiz kratzen muß.

Doch eine Erklärung gab es, allerdings wollte mein süchtiges und erfinderisches Unterbewußtsein nichts davon wissen. Vielleicht hatte es sich die Entschuldigung zurechtgelegt, daß ich, nachdem ich es einen Monat lang ohne Rauchen ausgehalten hatte, bis ich diese Abrechnung erledigen mußte, mir und meiner Familie reinen Gewissens sagen konnte: »Pech, alter Junge. Es ist nicht deine Schuld. Du funktionierst einfach nicht ohne Zigaretten.«

Ich hatte jedoch den Versuch nicht mit dieser Einstellung begonnen. Wie alle Raucher, die ernsthaft unter Einsatz von Willenskraft versuchen aufzuhören, hoffte ich, die Zeit würde für mich arbeiten. Aber da hatte ich mich getäuscht. Das Verlangen wurde mit jedem Tag größer. Die Gehaltsabrechnung war mein Rettungsanker. Hätte ich diese Hürde genommen, hätte ich keine akzeptable Ausrede mehr gehabt.

Ich kann nicht mehr genau beurteilen, ob ich zu dieser Zeit wirklich unfähig war, mich ohne Zigaretten zu konzentrieren. Aber es ist im Grunde nicht wichtig. Entscheidend ist, daß ich mich ohne Rauchen miserabel fühlte und glaubte, dieser Zustand würde für immer anhalten. Aus dieser falschen Annahme heraus ging ich die Zigaretten kaufen, doch mangelnde Konzentrationsfähigkeit war einfach die bessere Ausrede.

Aber wie kann man nachprüfen, ob Rauchen die Konzentration fördert oder nicht? Diese Frage ist entscheidend, denn solange Sie noch den geringsten Zweifel daran haben, werden Sie sich ohne Rauchen tatsächlich nicht konzentrieren können.

Es gibt einige Schlüsselsituationen, die zur Klärung dieser Frage beitragen können. Ich haßte meinen Beruf und hatte ihn nur ergriffen, weil ein Lehrer, der uns bei der Berufswahl beraten sollte, mich aber während der ganzen fünf Jahre an der Schule nicht einmal unterrichtet hatte, in einem zehnminütigen Gespräch festgestellt hatte: »Nun, Carr, du scheinst gut in Mathematik zu sein, ich schlage vor, du wirst Wirtschaftsprüfer.«

Nachdem ich mich fünf Jahre lang mehr oder weniger angestrengt hatte, entschied eine Person, die mich weder kannte noch die geringste Vorstellung vom Beruf eines Wirtschaftsprüfers hatte, über mein ganzes späteres Leben. Ein Wirtschaftsprüfer braucht Kenntnisse in Mathematik bestenfalls, wenn er von Freunden aufgefordert wird, die Punkte beim Dart aufzuschreiben. Ansonsten muß er detaillierte Kenntnisse auf einer Vielzahl unglaublich langweiliger Gebiete besitzen, die niemand auf dieser Erde auch nur im geringsten interessieren dürften.

Erst nach drei Jahren praktischer Tätigkeit in einer Firma wurde mir klar, was ein Wirtschaftsprüfer eigentlich macht. Ich hatte diesen Beruf nur meinen Eltern zuliebe ergriffen. Sie waren so stolz auf mich, daß ich es nicht übers Herz brachte, ihnen zu sagen, daß ich viel lieber Straßenkehrer geworden wäre.

Nach drei Jahren Ausbildung stand die Zwischenprüfung an. Meine Arbeitgeber gaben mir großzügig sechs Wochen zur Vorbereitung frei. Nach drei Wochen erfuhr ich, daß man während der Prüfung nicht rauchen durfte. Ich geriet schier in Panik. Ich war bereits damals Kettenraucher, und wenn ich mich konzentrieren mußte, waren Zigaretten lebensnotwendig. Ich würde diese Prüfung unmöglich ohne Rauchen schaffen. Eben war mir klargeworden, daß ich mich drei Jahre lang mit Fächern beschäftigt hatte, die mir absolut verhaßt waren, und nun sollte ich auch noch bei der Prüfung durchfallen. Und das alles, weil mir vor Beginn der Ausbildung niemand gesagt hatte, daß man während der Prüfung nicht rauchen dürfe.

Ich begann, einen Berufswechsel in Erwägung zu ziehen. Allerdings bin ich nicht der Typ, der so schnell aufgibt. Vielleicht war es ja doch möglich, drei Stunden ohne Zigaretten durchzustehen? Ich besorgte mir die Prüfungsaufgaben des vorangegangenen Jahres, stellte einen Wecker und versuchte, mir die Nervosität bei der Prüfung zu vergegenwärtigen. Das gelang mir so gut, daß ich nicht einmal richtig schreiben konnte, weil meine Hand so zitterte, ganz zu schweigen vom Denken! Ist das nicht Beweis genug, daß man sich ohne Zigaretten nicht konzentrieren kann?

Seit diesem Erlebnis sind über dreißig Jahre vergangen, doch es wird mir für immer im Gedächtnis bleiben. Erstaunlicherweise aber kann ich mich nicht mehr an ein Ereignis erinnern, das kurz danach eintrat und den Beweis dafür lieferte, daß meine Annahme falsch war. Ein Ereignis, an das mir jegliche Erinnerung fehlt, das aber mit Sicherheit stattgefunden hat. Ein Ereignis, das mir erst richtig bewußt wurde, nachdem ich aus meinem Gefängnis entkommen war: Ich habe diese Prüfung bestanden, und, man glaubt es kaum, ich habe während der ganzen Zeit nicht einmal ans Rauchen gedacht. In diesen drei Stunden mußte ich vielleicht die angespanntesten und stressigsten Momente meines Lebens durchmachen und mich außerordentlich konzentrieren. Und obwohl ich körperlich vom Nikotin abhängig war, spürte ich, als es wirklich darauf ankam: *Ich brauche die Zigaretten nicht! Es ist nur eine Frage der Psyche!*

Aber noch einmal zurück zu der Gehaltsabrechnung, die ich ohne Zigarette nicht erledigen konnte. Die Aufgabe war überhaupt nicht kompliziert, es handelte sich um eine reine Routinetätigkeit. Ich konnte sie nur nicht delegieren, weil es sich um vertrauliche Daten handelte. Nun will ich nicht bestreiten, daß ich mich zur damaligen Zeit ohne Zigaretten wirklich nicht konzentrieren konnte. Doch der eigentliche Grund lag darin, daß ich fest davon *überzeugt* war, und unter dieser Voraussetzung ist es einfach nicht möglich, sich ohne Rauchen zu konzentrieren.

Vergessen wir kurz das Rauchen, und beschäftigen wir uns mit der Konzentration. Um sich zu konzentrieren, muß man zunächst jegliche Ablenkung ausschalten. Die Kinder sind laut, also können Sie sich nicht konzentrieren. Sie haben nun zwei Möglichkeiten: Entweder Sie gehen in einen anderen Raum, oder Sie rufen: »Seid bitte leiser, ich muß mich konzentrieren!« Es steht in Ihrer Macht, die Störfaktoren auszuschalten. Gelingt Ihnen das nicht, werden Sie nervös und leicht reizbar. Ein anderes Beispiel: Sie haben eine Erkältung. Sie müssen sich dauernd die Nase putzen und sind dadurch in Ihrer Konzentration beeinträchtigt. Haben Sie aber dabei jemals gedacht: Wann wird diese Erkältung endlich vorbei sein, so daß ich mich wieder richtig konzentrieren kann?

Der Unterschied ist folgender: Wenn es sich um einen Störfaktor handelt, den man beseitigen kann, wird er einen so lange stören, bis man ihn tatsächlich beseitigt hat. Hat man aber keine Möglichkeit, die Störung zu beseitigen, akzeptiert man sie und kommt damit klar. Ein Konzertpianist läßt sich schon durch das Fallen einer Stecknadel ablenken, Börsenhändler dagegen können selbst im lautesten Chaos konzentriert arbeiten. Noch nie hat einer von ihnen laut losgeschrien: »Seid bitte mal alle still! Ich muß mich konzentrieren!«

Woher kommt dieser Unterschied? Ein Konzertpianist erwartet absolute Stille, jedes noch so kleine Geräusch würde ihn ablenken. Der Börsenhändler erwartet Chaos und hat auch gar keine andere Wahl, als es zu akzeptieren. Der Nichtraucher rechnet mit Denkblockaden und akzeptiert diese auch. Was macht er in einem solchen Fall? Er legt Dave Brubeck ein und hofft, daß eine Pause Abhilfe schafft. Falls nicht, kommt er wohl oder übel auch so zurecht. Was macht ein Raucher bei einer Denkblockade? Er steckt sich eine Zigarette an. Doch höchstwahrscheinlich rauchte er schon, bevor die Blockade einsetzte. Gerade Menschen mit Berufen, die große Konzentration oder Kreativität erfordern, tendieren in solchen Phasen zum Kettenrauchen. Viele Raucher halten es für unmöglich, sich ohne Zigarette zu konzentrieren. Doch das kommt daher, daß sie permanent diesen »Juckreiz« verspüren, und die Tatsache, sich nicht kratzen zu können, lenkt sie vom Problem der Denkblockade ab. Aber das Problem wird dadurch nur verdrängt. Falls Sie als Raucher diese Denkblockaden kennen, können Sie wirklich allen Ernstes behaupten, daß diese sich mit dem Anzünden einer Zigarette auf wunderbare Weise in Luft auflösen? Das hieße praktisch, Raucher haben *niemals Blockaden*. Jeder weiß aber, daß das nicht stimmt!

Wie lösen Sie also das Problem der Denkblockaden? Auf die gleiche Weise wie Nichtraucher: *Sie kommen einfach damit zurecht!*

Folgendes ist sicher: Als ich meine letzte Zigarette ausdrückte, hatte ich weder das Gefühl, mich nun nicht mehr konzentrieren zu können, noch bemerkte ich irgendein anderes unerwünschtes Symptom, wie ich es aus meinen vorangegangenen Versuchen kannte. Die Frage ist nur, warum leiden andere Raucher, obwohl man sie davon überzeugt, daß Zigaretten die Konzentration nicht fördern, sondern noch mehr beeinträchtigen, trotzdem unter Konzentrationsstörungen, wenn sie aufhören zu rauchen?

Manche führen es auf die körperlichen Entzugserscheinungen des Nikotins zurück. Doch diese sind so gering, daß wir sie kaum wahrnehmen. Das Problem liegt vielmehr darin, daß der Raucher in seiner Denkweise so eingefahren ist und nach wie vor glaubt, für eine Denkblockade gäbe es eine simple Lösung. Unbestritten ärgert einen die kleine Bestie noch ein paar Tage nach der letzten Zigarette. Und selbst wenn man es körperlich nicht mehr spürt, wird in unserem Kopf in kniffligen Situationen automatisch ein Hebel umgelegt und die Information weitergeleitet: Nimm dir eine Zigarette. Hier liegt der Knackpunkt. Sie werden einfach überrascht. Und der Gedanke drängt sich auf: In solchen Augenblicken habe ich mir sonst eine Zigarette angesteckt. Doch was bleibt mir nun? Ja, Sie hätten sich eine angesteckt, aber sie hätte Ihnen nicht im geringsten geholfen. Ihr Problem ist nun jedoch, daß Sie nicht versuchen, die Denkblockade zu beseitigen, sondern nur noch mit dem Gedanken ans Rauchen beschäftigt sind und damit jegliche Konzentration tatsächlich unmöglich ist. Das wiederum veranlaßt Sie zu der Frage, ob das Rauchen wirklich die Konzentration fördere. Zweifel schleichen sich ein, Sie haben allmählich das Gefühl, auf etwas verzichten zu müssen, und denken schließlich: Vielleicht sollte ich doch eine Zigarette versuchen, nur um es auszuprobieren? Wenn Sie sich dann eine anstecken, beenden Sie damit das Hin und Her, soll ich oder soll ich nicht. Nun bleibt nur noch das Problem der Denkblockade. Da Sie sich nun nicht mehr mit dem Für und Wider des Rauchens auseinandersetzen müssen und damit auch nicht mehr von ihrem gedanklichen Problem abgelenkt werden, stoßen Sie in der Regel auch schnell auf eine Lösung. Damit findet die Illusion, Rauchen fördere die Konzentration, neuen Nährboden. Hätten Sie diese Zigarette jedoch nicht angezündet, wären Sie weiterhin von Zweifeln geplagt und mit Sicherheit *nicht in der Lage, sich zu konzentrieren!*

Warum scheint die Zigarette immer zu siegen, egal, von welchem Blickwinkel aus wir es betrachten? Weil wir es mit einer unglaublich raffinierten Falle zu tun haben. Doch wenn Sie das richtige Verständnis dafür entwickeln, ist es wirklich einfach, mit dem Rauchen aufzuhören. Wie können wir aber die Fußangeln umgehen, und zwar nicht nur einige Tage nach der letzten Zigarette, sondern ein Leben lang? Wir können sie nicht umgehen. Schon der Versuch, sie zu umgehen, führt ins Verderben. Denken Sie daran, in diesem ganzen Buch geht es nur darum, die richtige Einstellung zu finden. Während des Probelaufs für meine Prüfung konnte ich nicht einmal schreiben, ganz zu schweigen von der Konzentration. Und als es ernst wurde, dachte ich nicht einmal ans Rauchen, obwohl ich davon überzeugt war, vollkommen abhängig von Zigaretten zu sein. Das war nur möglich, weil die Frage überhaupt nicht aufkam, ich *wußte,* ich konnte nicht rauchen.

Ich sagte, daß ich während der ganzen Prüfung nicht einmal an das Rauchen dachte. Vielleicht habe ich aber sogar einige Male daran gedacht und erinnere mich nur nicht daran. Falls es so ist, erinnere ich mich nicht daran, weil ich einfach keine Zeit verschwendete, um darüber nachzudenken. Ich wußte, ich kann nicht rauchen, also kam ich auch damit zurecht. Nun könnten Sie argumentieren: »Schön und gut, aber Sie waren einfach dazu gezwungen, Sie mußten nicht einmal Ihre Willenskraft einsetzen. Doch was ist mit all den armen Exrauchern, die niemanden haben, der sie zum Aufhören zwingt?«

Der Zwang war aber nicht ausschlaggebend, wir haben bereits festgestellt, daß ein Raucher sich um so mehr wehrt, je mehr Druck man auf ihn ausübt. Nein, es lag an der *Sicherheit! Das war der Schlüssel! Es gab einfach keinen Zweifel!* Dieses Buch will Sie darauf vorbereiten, in Ihrem Denken so gefestigt zu sein, daß Sie, wenn es darauf ankommt, *niemals in einen Zwiespalt geraten!*

Es ist nur eine Frage der richtigen Vorbereitung. Eine der wichtigsten Lektionen, die man beim Golfen lernt, ist, so laut als möglich »Fore!« zu rufen, wenn Sie einen Ball geschlagen haben, der vielleicht einen anderen Golfer treffen könnte. Nur leider wird einem nicht gesagt, was zu tun ist, wenn man den Ausruf hört. Man neigt eigentlich dazu, den Kopf in die Richtung des Rufenden zu drehen, um die Flugbahn des Balls zu verfolgen. Die Aussicht auf Erfolg ist dabei allerdings kaum größer als bei einer

Gewehrkugel. Aber endlich sehen Sie den Ball. Es wäre auch schwierig, ihn nicht zu sehen, denn er steckt genau da, wo sich bis vor kurzem Ihre vorderen Schneidezähne befanden. Doch Sie wurden nicht nur vom Golfball getroffen, Sie haben auch etwas dabei gelernt: Wenn Sie den Ausruf »Fore!« hören, sollten Sie den Kopf in die entgegengesetzte Richtung wenden, so viele empfindliche Körperteile wie möglich schützen und sich ganz klein machen. Glauben Sie mir, auch wenn es etwas lächerlich aussieht, ist es die bessere Alternative.

In vielen Situationen unseres Lebens müssen wir unser Gehirn so trainieren, daß wir gegen den natürlichen Instinkt handeln. Wird man selbst geschoben, ist man zunächst versucht, selbst in die andere Richtung zu schieben. Wir haben es mit zwei gleich starken Kräften zu tun, die sich gegenseitig aufheben. Wenn Sie aber Judo trainieren, werden Sie instinktiv ziehen, sobald Sie geschoben werden. Nun nutzen Sie das doppelte Gewicht, nämlich Ihr eigenes und das Ihres Kontrahenten.

Nachdem Sie die letzte Zigarette ausgedrückt haben, wird Ihr Gehirn Ihnen bei einer Denkblockade noch ab und zu signalisieren: »Steck dir einen Glimmstengel an!« Aber das dürfte kein Problem sein. Sie haben zwei Möglichkeiten. Zum einen können Sie über die Situation nachdenken und den oben beschriebenen Prozeß durchlaufen. Doch Sie werden in jedem Fall, egal, ob Sie zur Zigarette greifen oder nicht, abgelenkt und unzufrieden sein und *sich garantiert nicht konzentrieren können!*

Die Alternative ist in solchen Situationen, sich daran zu erinnern, daß Rauchen die Konzentration beeinträchtigt und Ihnen in absolut keiner Weise hilft, daß Sie ganz *sicher* die richtige Entscheidung getroffen haben und es keinen Sinn macht, weiter darüber nachzugrübeln. Sie werden damit vielleicht nicht Ihre Denkblockade beseitigen, doch Sie werden sich auf das aktuelle Problem besser konzentrieren können, anstatt über eine Lösung nachzudenken, die es gar nicht gibt. Damit haben Sie eine reelle Chance, die Blockade aus dem Weg zu räumen. Vielleicht können Sie Ihre Gedanken nicht vom Rauchen ablenken, doch selbst das ist kein Problem. Seien Sie einfach stolz auf sich, und gratulieren Sie sich zu Ihrer Entscheidung. Dann werden Sie in jedem Fall, egal, ob die Blockade verschwunden ist oder nicht, glücklich und zufrieden mit sich sein.

Ein Exraucher vermißt nicht die Zigarette an sich. Aber die Leere, die sie zu hinterlassen scheint, und das Fehlen eines geeigneten Ersatzes ist ein Problem, mit dem viele ehemalige Raucher zu kämpfen haben. Deshalb werden wir uns als nächstes damit befassen. Doch zuvor müssen Sie sich klarmachen, daß Rauchen Sie niemals in Ihrer Konzentration gestärkt, sondern sie erschwert hat. Es konnte die Leere nicht beseitigen, im Gegenteil:

DIE LEERE IST MIT DEM RAUCHEN ENTSTANDEN!

Doch wenn Sie dieses Phänomen bis an Ihr Lebensende beklagen oder dauernd darüber nachdenken, ob Sie vielleicht schon wieder eine Denkblockade haben,

SCHAFFEN SIE DAMIT EINE LEERE!

KAPITEL 26

Wenn es nur einen geeigneten Ersatz gäbe ...

Folgende Frage habe ich schon oft gehört: »Würden Sie wieder rauchen, wenn es saubere, völlig harmlose Zigaretten gäbe, die nichts kosten würden?« Das kann ich, ohne dabei zu erröten, mit einem klaren Nein beantworten!

Fragen Sie mich jedoch, ob ich aufgehört hätte, wenn es eine solche Zigarette gegeben hätte, würde ich ebenso ehrlich antworten: bestimmt nicht! Warum reagiere ich zweimal völlig unterschiedlich auf ein und dieselbe Sache: eine saubere, kostenlose Zigarette?

Für die Entwicklung eines sauberen Tabakersatzes sind schon Millionen ausgegeben worden. Mit sauberer Zigarette meine ich nicht eine, die nicht abstoßend riecht oder schmeckt, sondern eine, die keine tödlichen Folgen hat. Die Älteren unter Ihnen erinnern sich vielleicht, daß vor einigen Jahren sogar eine Reihe von Zigarettenkonzernen einen Tabakersatz auf den Markt gebracht haben. Sie gaben ein Vermögen für Forschung und Werbung aus, um das Produkt aber letztendlich wieder lautlos in der Versenkung verschwinden zu lassen. Warum hatten sie damit keinen Erfolg?

Stellen Sie sich vor, welchen Profit Sie mit einer sauberen Zigarette machen könnten. Wenn die Tabakindustrie mit dem größten Gesundheitskiller der westlichen Welt Milliardengewinne erzielt, müßten sich Raucher doch eine Zigarette, die nicht irgendwann zum Tod führt, ungleich mehr kosten lassen. Darüber hinaus würden auch noch unzählige Nichtraucher und ehemalige Raucher zur Zigarette greifen.

Ich habe eine gute Nachricht für Sie. Die saubere Zigarette gibt es bereits. Doch bevor Sie losstürzen, um sich eine Packung zu kaufen, sollte ich Sie darauf hinweisen, daß Sie sie höchstwahrscheinlich schon versucht haben. Es handelt sich um die sogenannten Kräuterzigaretten. »Was! Diese scheußlichen, stinkenden, völlig unbefriedigenden Dinger?«

Vergessen Sie nicht, daß auch Ihre Tabakmarke einmal scheußlich geschmeckt hat. Nikotinkaugummi schmeckt ebenfalls abscheulich, stellt aber den Konsumenten zufrieden. Rauchen Sie weiter Ihre oder eine andere Marke oder irgend etwas Nikotinhaltiges, werden Sie früher oder später lernen, ein Gefühl der Befriedigung zu empfinden. Doch wenn Sie bis an Ihr Lebensende Kräuterzigaretten rauchen, *werden Sie niemals das Gefühl haben, sich einem Genuß hinzugeben.*

Lassen Sie sich gerne eine Spritze geben? Oder geht es Ihnen wie mir, und Sie hassen Spritzen? Können Sie sich vorstellen, daß es überhaupt jemanden gibt, der eine Spritze genießt? Dann denken Sie an Heroinabhängige. Vielleicht sind Sie der gleichen Meinung wie ich, daß diese sich die Injektion verabreichen, um jenes absolute Hochgefühl zu erlangen, von dem Drogensüchtige immer sprechen. Versuchen Sie, sich einen Heroinabhängigen vorzustellen, der sich keinen Schuß setzen kann. Glauben Sie, er braucht das Heroin, um high zu sein, oder vielmehr, um seine Panikzustände und seine Niedergeschlagenheit abzustellen? Menschen, die nicht heroinabhängig sind, kennen dieses Gefühl der Panik nicht. Raucher wie jener Mann auf der Yacht zum Beispiel können nachvollziehen, wie sich ein Junkie fühlt, der die Droge nicht zur Verfügung hat. Sie kennen die Panik, die sich einstellt, wenn die Zigaretten allmählich zu Ende gehen, oder, noch schlimmer, die Packung ganz leer ist. Heroinsüchtige genießen den Akt der Injektion nicht wirklich. Es handelt sich dabei lediglich um das Ritual, mit dem sie ihre Panikstimmung beenden. Und Rauchen ist das Ritual, mit dem Nikotinsüchtige den gleichen Zweck verfolgen.

Vielleicht finden Sie es etwas übertrieben, eine Zigarette mit einem Schuß Heroin zu vergleichen. Wenn das so ist, sprechen Sie einmal mit einem Nichtraucher darüber – er wird beides nicht verstehen. Hier haben wir den Grund, warum die Problematik des Rauchens so viel subtiler ist als die der Heroinabhängigkeit. Ein Junkie weiß genau, daß er sich den Schuß nur wegen des Heroins setzt, ein Raucher dagegen glaubt, daß er nicht wegen des Nikotins zur Zigarette greift, sondern weil er das Rauchen genießt.

Angenommen Sie kennen einen Heroinsüchtigen, der von seiner Droge loskommen möchte. Könnten Sie sich vorstellen, ihn zu fragen: »Kannst du das Heroin nicht einfach aus der Spritze weglassen, wenn dir die Injektion soviel bedeutet?« Diese Frage wäre wirklich lächerlich. Und ebenso lächerlich ist es, zu einem Raucher zu sagen: »Wenn dir das Rauchen solches Vergnügen bereitet, könntest du doch auch eine Zigarette nehmen, die kein Nikotin enthält.« Der einzige Grund, aus dem sich ein Heroinabhängiger einen Schuß setzt, ist das Heroin. Und der einzige

Grund, aus dem ein Raucher raucht, ist das Nikotin! Der Umstand, daß Raucher dies nicht wahrhaben wollen, verzerrt die Situation vielleicht etwas, ändert aber im Grunde nichts daran!

Deshalb ist auch der Wechsel zu einer weniger teerhaltigen Marke nicht befriedigend. Sie müssen doppelt so stark ziehen wie gewöhnlich und rauchen am Ende doppelt so viele Zigaretten. Was aber bedeutet der Satz: »Es wirkt befriedigend auf mich«? Befriedigung zu erfahren setzt voraus, daß man zunächst unzufrieden ist. Warum brauchen Nichtraucher keine Zigaretten, um zufrieden zu sein? Darauf kann es nur eine Antwort geben: Sie sind nie unzufrieden. Also folgt daraus, daß Rauchen nicht befriedigend wirkt, sondern unzufrieden macht. Die Experten haben herausgefunden, daß der Nikotingehalt des Tabaks für das Gefühl der Unzufriedenheit verantwortlich ist. Aber welchen Sinn macht es dann, Nikotin in Form von Kaugummis oder Pflaster auf der Haut aufzunehmen?

Ich will, daß Sie folgendes verstehen: Wir glauben, Rauchen biete echten Genuß, und zwar nur um des Rauchens willen. Den Dreck, die Gefahren für die Gesundheit, die Kosten und die Abhängigkeit betrachten wir als unschöne Nebeneffekte, die das Vergnügen beeinträchtigen. Wir wünschen uns einen unschädlichen Rauchersatz, der uns Genuß ohne Risiken bietet. Das Rauchen als solches ist kein Genuß. Es ist äußerst unangenehm, giftigen Qualm in unsere Lungen einzuatmen. Wir glauben nur deshalb, das Rauchen zu genießen, weil wir damit das Verlangen unseres Körpers nach Nikotin befriedigen.

Hätte ich dieses Buch vor zweihundert Jahren geschrieben, stünde hier zu lesen: »Glauben Sie mir, es ist wirklich kein Genuß, Staub in der Nase hochzuziehen. Es handelt sich dabei um nichts anderes als Tabak, der Nikotin enthält. Das Schnupfen ist lediglich eine Methode, um an das Nikotin zu kommen. Nicht das Schnupfen ist Ihr Problem, sondern das Nikotin.«

Es gibt bereits Tausende ehemaliger Raucher, die von Nikotinkaugummis abhängig sind, viele von ihnen rauchen parallel dazu immer noch Zigaretten. Wir haben in unseren Kursen mitunter auch Exraucher, die vom Kaugummi loskommen wollen. Erst vor kurzem wurde in der Öffentlichkeit ausgiebig über Nikotinpflaster diskutiert. In unserem Büro in London hatten wir eine Kursteilnehmerin, die uns berichtete: »Ich ziehe mein Pflaster dreimal täglich ab, rauche mit meinem Mann eine Zigarette und klebe es dann wieder mit Klebefilm auf.« Sind wir dann in ein paar Jahren so weit, daß wir unsere Kursteilnehmer fragen müssen: »Nun mal ganz ehrlich, bei wie vielen Pflastern täglich sind Sie inzwischen?« Oder werden Nikotinsüchtige in zwanzig Jahren prahlen:

»Ich bin schon auf zwei Pflaster am Tag herunter« oder »Ich trage es nur zum Ausgehen« oder »Ich brauche es nicht, ich genieße es, was könnte entspannender sein, als sich nach dem Essen ein nettes Pflaster aufzukleben?«

Wenn Sie solche Beispiele für Hirngespinste halten, sollten Sie das Beispiel anhand von Schnupftabak durchexerzieren. Denn genau mit diesen Bemerkungen haben früher Schnupfer ihre dumme Angewohnheit erklärt. Warum sollte es mit den Pflasterträgern anders sein?

Die Tabakkonzerne nahmen ihre Produkte aus Tabakersatz kommentarlos wieder vom Markt, weil ihnen schnell klarwurde, daß die Nikotinabhängigkeit nicht eine der Gefahren beim Rauchen ist, sondern *der einzige Grund* zu rauchen. Aus dem gleichen Grund, warum ich mir keine brennende Kippe ins Ohr stecken würde, würde ich auch keine saubere Zigarette rauchen, egal, ob sie etwas kostet oder nicht: *Ich käme mir absolut dumm vor, und es würde mich in keiner Weise befriedigen.*

Ich sagte eben, der *einzige* Grund zu rauchen, ist das Nikotin. Hier lauert eine große Gefahr, insbesondere deshalb, weil namhafte Vertreter der Ärzteschaft die Entwicklung neuer Methoden, dem Körper Nikotin zuzuführen, immer wieder rechtfertigen. Nachdem die Pflastermethode ausgereift ist, arbeitet man nun an Nasensprays. Als nächstes kommt wahrscheinlich ein Puder zum Schnupfen, so schließt sich irgendwann der Kreis. Wozu sollen diese Nasensprays gut sein? Heißt das, die Pflaster funktionieren nicht richtig? Sicher haben Sie auch schon Raucher getroffen, die folgendes berichten: »Sie sind gut für die körperlichen Entzugserscheinungen, aber der Psyche scheinen sie nicht zu helfen.« Es ist diesen Rauchern nicht klar, daß der Körper überhaupt keine Probleme mit dem Entzug hat, sondern sich alles nur im Kopf abspielt. Pflaster würden bestenfalls helfen, wenn wir beide Augen damit zuklebten und hofften, daß wir die Zigarettenpackung nicht mehr finden.

Nach Meinung der sogenannten Experten vermeidet man bei einer Abhängigkeit von Ersatzstoffen immerhin alle anderen schädlichen Einflüsse, die mit dem Rauchen von Tabak verbunden sind. Doch das ist reine Augenwischerei. Wer weniger raucht, um die Gefahren damit einzuschränken, lebt eigentlich noch gefährlicher, weil er nach wie vor abhängig ist und irgendwann doch wieder mehr rauchen wird. Und wer zu Nikotinersatz greift, bleibt ebenfalls abhängig und wird früher oder später auch wieder zur Zigarette greifen.

Nikotin ist und bleibt ein gefährliches Gift. Es hat Jahre gedauert, bis die Medizin die schädlichen Auswirkungen des Rauchens von Tabak erkannt hatte. Und jeden Monat wird eine neue Krankheit mit dem Rauchen in Zusammenhang gebracht. Kein Mensch fände es angenehm, ein

Insektizid einzuatmen. Viele Raucher reagieren schon allergisch, wenn ihre Haut mit einem Pflaster in Kontakt kommt, das nur Spuren von Nikotin aufweist. Um so mehr sollten sie sich überlegen, ob sie diese Substanz ihrem Magen oder irgendeinem anderen Körperteil zumuten wollen. Und doch sind Nikotinkaugummis, unterstützt von massivem Werbeeinsatz, seit über einem Vierteljahrhundert auf dem Markt. Wenn sie wirklich die angepriesene Wirkung hätten, müßten inzwischen alle Raucher geheilt sein. Und warum sollte das Pflaster helfen, wenn der Kaugummi nichts bewirkt?

In der Praxis fangen ehemalige Raucher, die von einem Nikotinersatz abhängig geworden sind, früher oder später auch wieder an zu rauchen. Nikotinkaugummis bieten wenig Genuß, Pflaster überhaupt keinen. Wer von diesen Mitteln abhängig ist, muß sich irgendwann selbst eingestehen, welche Figur er wirklich abgibt: die tragische Figur eines Nikotinsüchtigen! Da ist es doch wesentlich einfacher, wieder zur Zigarette zu greifen. Man kann dann wenigstens von der Illusion zehren, wegen des Genusses zu rauchen, und hat wieder das Gefühl, einer Gruppe anzugehören. Es ist einfach nicht dasselbe, wenn man eine Runde Kaugummis oder Pflaster ausgibt, auch wenn es früher einmal üblich war, die Schnupftabakdose herumgehen zu lassen.

Es gibt zwei vernunftmäßige Gründe, zu Ersatzmitteln zu greifen:

1. Man hat damit ein anderes Hilfs- oder Genußmittel, um ganz oder zum Teil die Leere zu füllen, die durch den Verzicht auf das Rauchen entstanden ist.
2. Sie können helfen, dem ehemaligen Raucher die Übergangsperiode zu erleichtern, wenn schwere körperliche Entzugserscheinungen auftreten.

Speziell im zweiten Fall wäre ein anderes nikotinhaltiges Produkt ein idealer Ersatz. Das Problem ist nur die Art und Weise, in der diese Produkte beworben werden. Wenn ein Arzt in der Werbung behauptet, Nikotin sei eine sehr angenehme Droge, werden ehemalige Raucher natürlich dazu verleitet, diese Produkte als dauerhaften Ersatz zu betrachten. Ein ebenfalls nahmhafter Mediziner sagte vor kurzem in einer landesweit ausgestrahlten Fernsehsendung, daß manche starken Raucher seiner Meinung nach ihr Leben lang nicht ohne Nikotinersatz auskommen würden.

Noch vor wenigen Jahren war die landläufige Meinung: Rauchen wäre völlig in Ordnung, wenn es nicht der Gesundheit schaden und manche Raucher in die Nikotinsucht treiben würde. Diese Sichtweise scheint sich in der Zwischenzeit gewandelt zu haben: Die Nikotinsucht ist eigentlich ganz in Ordnung, wenn man nur nicht raucht. Doch an der Nikotinsucht ist überhaupt nichts in Ordnung, ganz egal, in welcher Form man die Substanz aufnimmt. Sie müssen mir gar nicht glauben, nehmen Sie einfach die Fakten. In der Auflage von 1971 des Collins New National Dictionary ist über Nikotin zu lesen: »In der Tabakpflanze enthaltenes Alkaloid, farblos und in reinem Zustand hochgiftig, findet in der Herstellung von Insektiziden für Obstbäume Verwendung.« Unsere Tabakpflanze gehört also derselben Gattung an wie die Tollkirsche! Doch eigenartigerweise wurde der Eintrag in der 1988er Ausgabe des Lexikons leicht abgeändert: »Farblose, ölige, ätzende und toxische Flüssigkeit, die sich in der Luft und bei Licht gelblichbraun verfärbt: Hauptalkaloid des Tabaks.«

Die Änderung mag auf den ersten Blick geringfügig und unbedeutend erscheinen. Vielleicht unterstellen Sie mir auch eine lebhafte Phantasie, doch die Vorgehensweise der Tabakindustrie ist mir inzwischen sehr vertraut, und ich erkenne hier nur zu gut ihren Einfluß. »Hochgiftig« wurde durch »toxisch« ersetzt. Was ist der Unterschied? Nun, wann würden Sie sich größere Sorgen machen, wenn Sie eine hochgiftige oder eine toxische Substanz zu sich nehmen? Außerdem wurde das Wort Flüssigkeit neu aufgenommen. Warum? Wegen der größeren Genauigkeit, oder um bei Rauchern den Eindruck zu erwecken, es sei harmlos, solange man es nicht trinkt? Warum wurde die Verbindung zwischen Nikotin und Tabak erst am Ende und nicht schon zu Beginn der Erklärung hergestellt? Und warum wird nicht mehr auf die Verwendung als Insektizid verwiesen? Könnte es sein, daß man sonst den Eindruck gewinnen würde, Nikotin wirke tödlich auf Lebewesen?

Die Mediziner vertreten vielleicht den Standpunkt, daß es in bestimmten Fällen angebracht sei, mit giftigen Substanzen gegen eine Erkrankung vorzugehen. Doch wenn ein hochwirksames Gift verordnet wird, um damit eine Krankheit zu heilen, die der Patient durch die Einnahme des gleichen Gifts selbst verursacht hat – eine Krankheit, die *einzig und allein dadurch* geheilt werden kann, daß man das Gift nicht mehr zu sich nimmt –, handelt es sich nicht nur um Dummheit höchsten Grades, sondern um *völlige geistige Umnachtung!*

Warum bezieht die Britische Ärztevereinigung nicht eindeutig Stellung? Warum spricht man dort immer nur von den Gefahren des Teergehalts und überspielt das eigentliche Problem: *Nikotin?* Erhält die Vereinigung vielleicht größere finanzielle Unterstützung von der Tabakindustrie?

Die beiden Argumente, die für die Einnahme von Ersatzmitteln sprechen, erscheinen nur dann logisch, wenn man nicht versteht, wie die Raucherfalle funktioniert. Wie bei allem, was mit dem Rauchen zusammenhängt, muß man nur überlegen, was eigentlich logisch wäre, und dann genau entgegengesetzt handeln – damit liegt man automatisch immer richtig. Es ist wichtig, nicht auf einen Ersatz umzusteigen. Und es ist fast ebenso wichtig zu wissen, daß das Aufhören bei gleichzeitiger Anwendung von Ersatzmitteln noch schwieriger ist und daß man nie auf Dauer freikommen wird.

Nehmen wir noch mal das Beispiel vom Zaun aus Kapitel 12. Ich habe Ihnen eine Information über die Zaunbretter vorenthalten. Man kann sie nicht unabhängig voneinander entfernen. Wenn Sie also zum Beispiel die Anweisung ignorieren, niemals auch nur eine Zigarette zu rauchen, nutzt es nichts, die übrigen zehn Instruktionen genauestens zu befolgen. Sie werden nicht über den Zaun kommen. Wenn Sie die Anweisung *»Greifen Sie niemals zu Ersatzmitteln«* nicht beachten, scheitern Sie nicht nur beim Entfernen eines Brettes, sondern Sie können automatisch auch die anderen nicht beseitigen. Sie werden immer glauben, ein Opfer zu bringen. Sie werden glauben, eine Leere sei in Ihrem Leben entstanden. Sie werden permanent darauf warten, daß irgend etwas in Ihrem Leben passiert, und Sie werden höchstwahrscheinlich zunehmen. Früher oder später wird dies alles zu einer massiven Depression führen, und Sie werden letztendlich *scheitern!*

Betrachten wir die »logischen« Argumente für Ersatzmittel einmal isoliert, und beginnen wir dabei mit der Suche nach dauerhaftem Ersatz. Wenn wir für etwas Ersatz suchen, bemühen wir uns in der Regel, etwas zu finden, das dem Original so nahe wie möglich kommt. Also wollen wir als erstes definieren, wonach wir überhaupt suchen. Wir suchen etwas, das wir nicht gebraucht und uns nicht gewünscht haben, bevor wir damit anfingen, doch nachdem wir es einmal versucht haben, konnten wir ohne dieses Etwas unser Leben nicht mehr genießen. Idealerweise sollte es unappetitlich und abstoßend sein, uns körperlich und mental schädigen, ein Vermögen kosten und uns für den Rest unseres Lebens zum Sklaven machen. Solange wir es uns nicht zuführen, müßte es uns äußerst kostbar erscheinen, gleichzeitig aber ruft es erhöhte Reizbarkeit und Unsicherheit hervor. Wenn wir es uns zuführen, sollte es unsere Lunge verschmutzen und vergiften, uns gleichzeitig aber auch das Gefühl vermitteln, daß wir uns dabei entspannen.

Warum um alles in der Welt sollte sich jemand dafür einen Ersatz wünschen? Aber lassen wir das beiseite. Die Nikotinersatzprodukte erfüllen alle oben genannten Anforderungen mit Ausnahme der Verschmutzung und Vergiftung der Lunge, warum sich also damit begnügen. Sie brauchen überhaupt keinen Ersatz, warum nehmen Sie nicht einfach das Original?

Als Raucher wünschen Sie sich das Ersatzmittel nicht, weil Sie das Original nicht mehr bekommen können, sondern weil Sie das Original zwar mögen, aber einige seiner Eigenschaften nicht schätzen. Sie wünschen sich einen Ersatz, der alle Vorteile, aber keinen einzigen Nachteil besitzt. Es liegt auf der Hand, daß niemand Wert auf die Zerstörung seiner Gesundheit, sei es körperlich oder mental, auf die Kosten, die Abhängigkeit, den Dreck oder die gesellschaftliche Ächtung legt. Sie wünschen sich also ein Mittel, das in Ihnen ein Gefühl der Unsicherheit und Nervosität auslöst, solange Sie es nicht nehmen, das dieses Gefühl vorübergehend abschwächt und schließlich wieder von neuem hervorruft.

Wie, das wollen Sie auch nicht? Aber was wollen Sie dann? Sie wünschen sich etwas, das Sie nur hin und wieder brauchen, das Sie nicht essen, mit dessen Hilfe aber das Essen besser schmeckt, das Sie nicht trinken, aber dem Getränk einen besseren Geschmack verleiht, das Ihnen sowohl in Phasen der Entspannung wie auch der Anspannung hilft, das die Langeweile vertreibt und gleichzeitig die Konzentration fördert. Und es darf nicht viel kosten. Ich kann gut verstehen, daß Sie sich ein solches Mittel wünschen, und sollten Sie es jemals finden, dann geben Sie mir bitte Bescheid! Die schöne Wahrheit lautet: Es gibt dieses Produkt, und es ist sogar umsonst! Aber es ist kein Ersatz. Im Grunde ist es genau das, was Sie schon hatten, bevor Sie mit dem Rauchen begonnen haben. Und Sie werden es wieder besitzen, wenn Sie aufhören. Ich spreche von einem gesunden Körper und einem gesunden Geist, die Ihnen beide die oben genannten Vorteile bieten, aber nicht einen der Nachteile! Sie haben mich in die falsche Richtung gelotst. Sie haben behauptet, Sie bräuchten einen Ersatz, doch das Produkt, das Sie beschrieben haben, *ist genau das Gegenteil von dem, was Sie bisher benutzt haben!*

Und warum um alles in der Welt brauchen Sie Ersatz für etwas, *das Ihnen absolut keinen Vorteil bietet?*

Darin liegt die große Gefahr bei Ersatzmitteln. Sie suchen nach etwas, das im Grunde nicht existieren kann, und fühlen sich schlecht, weil der Ersatz, den Sie benutzen, nicht richtig funktioniert und Sie keinen besseren finden. Doch schon allein durch die Suche nähren Sie den Mythos, daß Sie ein Opfer bringen. Mit anderen Worten ausgedrückt heißt das: Sie schaffen eine Leere, die in Wirklichkeit gar nicht existiert.

Suchen Sie nach einer ähnlichen Krankheit als Ersatz, wenn Sie gerade eine Grippe hinter sich haben? Natürlich nicht! Im Gegenteil, Sie freuen sich, Sie los zu sein. Sie brauchen keinen Ersatz für die Grippe. Und: *Sie brauchen keinen Ersatz für Nikotin. Es gibt nichts, was einen gesunden Körper und einden gesunden Geist ersetzen könnte.*

Die wunderbare Wahrheit lautet: *Auch dafür brauchen Sie keinen Ersatz!*

Ich hoffe, ich konnte Sie überzeugen, daß Sie kein Ersatzmittel brauchen. Sollten Sie trotzdem unbedingt eines benutzen wollen, habe ich eine Pille für Sie, die so nah wie nur möglich an das Original heranreicht. Zugegeben, sie schmeckt abscheulich, aber machen Sie sich deshalb keine Sorgen. Sie kauen diese Pille etwa zehn Minuten lang. Ungefähr eine halbe Stunde später werden Sie sich allmählich rastlos und nervös fühlen. Kein Problem, dann nehmen Sie einfach die nächste. Auch sie wird scheußlich schmecken, aber sie wird das Gefühl der Leere sofort beseitigen. Eine halbe Stunde später wird sich das Gefühl der Leere erneut einstellen, doch die nächste Pille wird sofort wieder Abhilfe schaffen. Zwar wird auch diese Pille nicht gut schmecken, doch Sie werden damit kein Problem haben.

Nach einer Weile werden Sie den schalen Geschmack überhaupt nicht mehr wahrnehmen und ihn wie die meisten Leute immer mehr genießen – und Sie müssen nie mehr darauf verzichten. Ich garantiere Ihnen, Sie werden diese Pille immer kaufen können. Sehen Sie nur diese hübsche Flasche an. Sie enthält ungefähr zwanzig Stück davon. Sie müssen sich nicht allein auf mein Wort verlassen, die Hälfte aller Erwachsenen nimmt sie regelmäßig ein. Würden so viele Menschen das tun, wenn nicht enorme Vorteile damit verbunden wären? Gut, sie sind teuer, Sie müssen ungefähr neunzigtausend Mark dafür aufwenden. Aber auf den Tag umgelegt macht das nicht mehr als sechs Mark aus, ein Betrag, der wirklich nicht ins Gewicht fällt. Es gibt zwar Gerüchte über Nebenwirkungen; die Ärzte behaupten, daß einer von vier Konsumenten dieser Pillen daran stirbt, doch schließlich weiß jeder, wie sehr die Mediziner zu Übertreibungen neigen.

Aber machen Sie sich keine Sorgen, niemand kann Sie zwingen, diese Pillen zu nehmen, es ist absolut freiwillig. *Warum versuchen Sie nicht gleich eine?*

Woran erinnert Sie meine Pille? Wollen Sie eine versuchen? Falls Sie sie bereits nehmen: *Möchten Sie damit weitermachen?*

Es gibt keinen offensichtlichen Grund, nach dauerhaftem Ersatz für Nikotin zu suchen. Aber dann, meinen Sie, ist doch sicher das zweite Argument für ein Ersatzmittel zutreffend? Nikotinersatz muß doch helfen, die körperliche Abhängigkeit während der Phase des Entzugs nach und nach zu verringern? Das könnte man zunächst annehmen. Die sogenannten Fachleute glauben, daß das Aufhören durch das Zusammenwirken zweier sehr starker Faktoren erschwert wird. Zum einen gehe es darum, eine Gewohnheit abzulegen, zum anderen, die fürchterlichen

Schmerzen des Entzugs auszuhalten. Warum aber sollte man es mit zwei starken Gegnern gleichzeitig aufnehmen? Es wäre doch wesentlich einfacher, sie nacheinander zu besiegen. Während Sie versuchen, von der Gewohnheit loszukommen, könnten Sie den Körper noch mit Nikotin versorgen. Haben Sie die Gewohnheit abgelegt, können Sie die kleine Bestie langsam aushungern, indem sie die Menge des Nikotinersatzes immer weiter reduzieren.

Das klingt alles sehr logisch, doch leider basiert diese Theorie auf völlig falschen Grundlagen:

BEIM RAUCHEN HANDELT ES SICH NICHT UM EINE GEWOHNHEIT, SONDERN UM DIE ABHÄNGIGKEIT VON EINER DROGE.

DIE KÖRPERLICHEN ENTZUGSERSCHEINUNGEN SIND SO GUT WIE ÜBERHAUPT NICHT WAHRNEHMBAR.

Will man erfolgreich mit dem Rauchen aufhören, muß man zwei Bestien besiegen. Einerseits die kleine Nikotinbestie im Körper, die aber so unbedeutend ist, daß eine Entwöhnung gar nicht notwendig ist. Ihr kommt nur deshalb Bedeutung zu, weil sie der Auslöser für das eigentliche Problem ist, die große Bestie in unserem Kopf, die die Informationen der kleinen Bestie so interpretiert: »Ich brauche oder ich will eine Zigarette.« Dadurch wird Ihre Niedergeschlagenheit und das Gefühl, auf etwas verzichten zu müssen, immer heftiger. Doch durch die weitere Aufnahme von Nikotin halten Sie beide Bestien nur länger am Leben.

Und falls eine langsame Entwöhnung wirklich funktionieren sollte, braucht man dazu kein Ersatzmittel. Warum kann man sein Ziel, nämlich die *Gewohnheit* abzulegen und die *schrecklichen* Entzugserscheinungen abzuschwächen, nicht erreichen, indem man einfach die Zahl der Zigaretten reduziert? Jeder Raucher weiß aus eigener Erfahrung, daß das nicht funktioniert. In Kapitel 31 werde ich erklären, warum es nicht funktionieren kann und warum jeder Versuch, die Nikotinaufnahme unter Kontrolle zu halten, sei es durch Rauchen oder durch Ersatzmittel, Zigaretten nur noch kostbarer erscheinen läßt. Den größten Schaden richten Ersatzmittel dadurch an, daß sie das grundlegende Problem, nämlich den Glauben, ein Opfer zu bringen, nicht beseitigen, sondern fortbestehen und damit das große Monster auf unbestimmte Zeit weiterleben lassen.

Die schlimmsten Ersatzmittel sind jene, die Nikotin enthalten. Abgesehen davon, daß sie die gleichen Nachteile mit sich bringen wie die ohne

Nikotin, bewirken sie auch noch, daß der Konsument körperlich und mental abhängig bleibt. Rät man einem Raucher, der aufhören will, auf Nikotinersatz umzusteigen, wäre das genauso, als würde man einem Junkie, der vom Heroin loskommen will, raten: »Rauche es nicht! Rauchen ist gefährlich! Spritze es dir direkt in die Vene!« Schon der erste Versuch, das mit Nikotin zu machen *ist tödlich!*

Aber es kann doch sicher nicht schaden, während der Übergangsphase vom Ausdrücken der letzten Zigarette bis zum Stadium des glücklichen Nichtrauchers, Kaugummi zu kauen oder Pfefferminzbonbons zu lutschen? Doch, es schadet ganz gewaltig. Ich will das im nächsten Kapitel genauer erklären, wenn es um folgendes Thema geht:

DAS MÄRCHEN VOM GEWICHT

KAPITEL 27

Das Märchen vom Gewicht

Die Vorstellung, Rauchen helfe beim Abnehmen oder verhindere ein Zunehmen, ist ein weitverbreiteter Irrglaube. Das ist eine gewagte Behauptung, wo doch jeder Raucher weiß, daß man so gut wie sicher zunimmt, sobald man das Rauchen aufgibt. Und in der Regel bleiben einem diese Pfunde für immer erhalten. Sicher kennen auch Sie einige Beispiele. Und mit großer Wahrscheinlichkeit haben auch Sie diese Erfahrung schon gemacht. Ich übrigens auch. Bei jedem Versuch schlug die Waage rapide nach oben aus – mit einer Ausnahme: Als ich endgültig aufhörte, nahm ich nach dem Ausdrücken der letzten Zigarette innerhalb eines halben Jahres zwölf Kilogramm ab.

Ich will nicht bestreiten, daß die meisten Raucher, die versuchen aufzuhören, vorübergehend oder auf Dauer an Gewicht zulegen. Dennoch bleibe ich bei meiner These, daß Rauchen nicht hilft, Pfunde zu verlieren, sondern eher zum Zunehmen animiert. In *Endlich Nichtraucher!* habe ich bereits erklärt, warum ein Kettenraucher, wie ich es früher war, der nur einmal am Tag eine Mahlzeit zu sich nimmt, trotzdem beachtliches Übergewicht auf die Waage bringt oder, wie ich es gerne ausdrückte: »Ich bin nicht zu schwer, sondern nur fünfzehn Zentimeter zu klein.«

Wenn wir morgens aufwachen, müssen wir, egal, ob Raucher oder Nichtraucher, einige Grundbedürfnisse unseres Körpers befriedigen. Wir entleeren die Blase und löschen den Durst. Nichtraucher stillen außerdem ihren Hunger. Raucher hingegen werden sich eher eine Zigarette anstecken. Das Gefühl der Leere, verursacht durch das Verlangen nach Nikotin, ist kaum zu unterscheiden von jenem, das durch Hunger entsteht. Deshalb besteht ein enger Zusammenhang zwischen Rauchen und Essen. Doch obwohl der Mangel an beidem gleich empfunden wird, kann Essen nicht den Hunger nach Nikotin und Nikotin nicht den Hunger nach Essen stillen.

Das Problem ist noch weit ausgeprägter, wenn der Raucher ein Stadium erreicht hat, in dem der Körper schon teilweise immun gegen

Nikotin ist und das Rauchen einer Zigarette die Entzugserscheinungen nicht mehr ganz mindern kann. Diese Raucher empfinden permanent ein Hungergefühl und müssen deshalb auch ständig essen oder rauchen. Die Anzahl der Zigaretten, die sie täglich konsumieren, variiert je nach Typ und hängt unter anderem vom Geldbeutel, von der Belastbarkeit der Lunge und der Willenskraft jedes einzelnen ab. (Das ist kein Widerspruch – man braucht keine Willenskraft zum Aufhören, aber jede Menge, um das Rauchen unter Kontrolle zu halten.) In der restlichen Zeit haben sie das Bedürfnis zu essen. Aus diesem Grund sind starke Raucher nicht schlank, wie sie es eigentlich sein müßten, wenn Rauchen tatsächlich schlank machen würde, sondern oft *stark übergewichtig*.

Und warum scheinen Raucher zuzunehmen, sobald sie mit dem Rauchen aufhören? Weil während der ersten Tage nach dem Ausdrücken der letzten Zigarette, wenn das Verlangen nach Nikotin noch im Körper vorhanden ist, immer die Versuchung besteht, das Gefühl der Leere mit Kaugummis oder Pfefferminzbonbons auszugleichen. Was ist daran so schlimm? Nur das eine: *Man kann die Leere damit nicht füllen.*

Alles, was man damit erreicht, ist folgendes:

1. Man ist leicht reizbar und frustriert, weil das Gefühl der Leere nicht verschwindet.
2. Die ersten Pfefferminzbonbons schmecken noch ganz gut, doch bald wird man ihrer überdrüssig. Wenn Sie Kaugummi kauen, geht es Ihnen sicher auch so, daß es die ersten paar Minuten ganz angenehm ist, doch nach einer Weile beginnt der Kiefer zu schmerzen, und man spuckt den Kaugummi gern wieder aus. Ich will nicht bestreiten, daß angespannte Menschen das Bedürfnis zu kauen verspüren. Allerdings bin ich nicht der Meinung, daß Kauen entspannend wirkt. Beobachten Sie es doch einmal. Meistens wirken diese Personen trotz des Kauens immer noch angespannt und verkrampft! Das Kauen hilft nicht, ein Problem zu lösen, sondern schiebt es nur vor sich her. Und sowohl Kaugummis als auch Bonbons ruinieren die Zähne. Außerdem verderben sie den Appetit und die Lust am Essen. Essen ist ein wunderbares Vergnügen, übermäßiges Essen dagegen eine frustrierende Krankheit.
3. Am schlimmsten ist jedoch, daß man Körper und Kopf angewöhnt, kleine Belohnungen zu erwarten. In diesem Stadium haben Körper und Kopf die Kaugummis, Bonbons oder andere Ersatzbefriedigungen satt. Immer wenn man nun zu einem dieser Mittel greift, erinnert man sich daran, daß man jetzt eigentlich eine Zigarette will. Alles andere dient nur als Ersatz, um die Leere zu füllen. Doch sämtliche Er-

satzbefriedigungen vergrößern die Leere und das Gefühl, ein Opfer zu bringen.

Ich will damit sagen, daß Ersatzmittel das Aufhören nicht erleichtern, sondern erschweren. Sie müssen mir nicht glauben, aber vermutlich haben Sie selbst schon versucht, sich mit Kaugummis oder Bonbons über das Aufhören hinwegzutrösten. Und haben sie Ihnen etwas genutzt? Oder haben Sie sich nur dick und miserabel gefühlt und eine gute Ausrede dafür gefunden, wieder mit dem Rauchen anzufangen? Tatsache ist: *Ersatzbefriedigungen helfen nicht.*

Der Irrglaube, Rauchen mache schlank, entstand nur, weil Raucher dazu neigen, Nikotin mit Essen zu ersetzen, wenn sie mit dem Rauchen aufhören. Sie meinen, das passiert nur, weil sie aufhören? Falsch! Dieses Problem entsteht, genau wie alle anderen Probleme, die mit dem Rauchen zusammenhängen, nur, *weil sie mit dem Rauchen angefangen haben!*

Sicher haben Sie auch schon von Leuten gehört, die zu rauchen angefangen haben, um abzunehmen. Sie hatten also bereits Probleme mit ihrem Gewicht, *bevor* sie Raucher wurden. Ich habe dies schon oft als Grund, mit dem Rauchen anzufangen, gehört – wie auch eine ganze Reihe anderer triftiger Gründe –, doch unter den Tausenden von Rauchern, denen ich helfen konnte, von ihrer Sucht loszukommen, war nicht einer, der sich bewußt dafür entschieden hatte, sein Leben lang Raucher sein zu wollen. Sie alle hatten nur eine Zigarette versucht und saßen sofort in der Falle. Die vernunftmäßige Begründung dafür legten sie sich erst später zurecht, die Ausrede, warum sie so dumm waren, in die Falle zu tappen. Dabei wird ihnen nicht bewußt, daß sie noch viel dümmer wirken, wenn sie diese fadenscheinigen Entschuldigungen vorbringen:

»Ich habe zu rauchen angefangen, weil ich abnehmen wollte.«

»Wollen Sie damit sagen, Sie haben sich absichtlich in die Abhängigkeit der schlimmsten Killerdroge begeben, die wir kennen? Ist das nicht das gleiche, als würden Sie sich die Finger abhacken, um nicht mehr an den Nägeln zu kauen? Das müssen Sie sich schon wirklich gut überlegt haben.«

»Ja, das habe ich.«

»Ich verstehe, Sie kamen zu dem Entschluß, Sie seien übergewichtig, weil Sie nicht rauchen. Und auf die Idee, daß es damit zu tun haben könnte, daß Sie zuviel gegessen oder getrunken haben, sind Sie nicht gekommen?

»Doch, schon, aber ich habe das einfach nicht in den Griff bekommen, und da hörte ich, Rauchen helfe beim Abnehmen.«

»Nein, Sie haben wahrscheinlich gehört, daß Raucher zunehmen, wenn sie versuchen aufzuhören. Das ist aber nicht das gleiche. Hieße das nicht sogar, Rauchen führe zum Zunehmen?«

»Damit könnten Sie recht haben, aber den Versuch war es mir wert. Ich hätte nie gedacht, daß ich süchtig werden könnte.«

»Das kann ich nicht glauben. Wenn Sie gehört haben, Rauchen fördere das Abnehmen, müssen Sie doch auch erfahren haben, daß man dabei süchtig wird und es den meisten Rauchern fast unmöglich ist, wieder aufzuhören. Sie sagen, Sie haben es sich reiflich überlegt, aber wie dachten Sie, könnten Sie die Kontrolle über eine so hochgradig in die Abhängigkeit führende Droge wie Nikotin behalten, wenn Ihnen das schon mit dem Essen nicht gelang? Oder wollen Sie mir ernsthaft weismachen, Sie hätten bewußt die Gesundheitsrisiken, die Kosten, die Abhängigkeit und so weiter bis ans Ende Ihres Lebens in Kauf genommen? Und nehmen wir an, Sie wären davon überzeugt gewesen, jederzeit aufhören zu können, hätten Sie dann nicht wieder zugenommen?«

Manche Raucher verlieren durch die Zigaretten tatsächlich an Gewicht, *denn sie verlieren ihre Gliedmaßen!* Man kann es noch für vernünftig halten, *absichtlich* ein Zunehmen in Kauf zu nehmen, wenn man dafür mit dem Rauchen aufhört, doch mit dem Rauchen anzufangen, um leichter abzunehmen – das ist schlichtweg Irrsinn! Es gibt viele dumme Menschen auf unserem Planeten, aber es kann doch keiner so dumm sein, *absichtlich* in die Nikotinfalle zu gehen.

Manche Experten behaupten, man würde zunehmen, wenn man mit dem Rauchen aufhört, weil sich der Stoffwechsel verändert. Warum hat sich aber mein Stoffwechsel nicht verändert, als ich endlich aufgehört hatte, und warum habe ich zwölf Kilo abgenommen, anstatt sie zuzunehmen? Warum suchen die sogenannten Fachleute immer nach unglaublich komplizierten Erklärungen, wenn es eine Lösung gibt, die einem förmlich ins Gesicht springt?

Es ist lächerlich einfach, mit dem Rauchen aufzuhören. Alle Raucher wünschen sich, die erste Zigarette niemals geraucht zu haben. Um in Zukunft glücklicher Nichtraucher zu sein, müssen Sie nichts weiter tun, als sich vom Ausdrücken der nächsten Zigarette an immer dann, wenn Sie ans Rauchen denken – sei es unter Streß oder in Gesellschaft –, vor Augen zu halten: »Es geht mir gut, ich bin Nichtraucher!«

Aber warum machen wir es uns viel schwerer? Weil es bei diesem Thema so viele Mythen und Mißverständnisse gibt. Ziel dieses und meines ersten Buches ist es, mit diesen Mythen und Trugbildern, die das Rauchen so mystifizieren, aufzuräumen.

Falls Sie Rauchen und übermäßiges Essen als Probleme betrachten, die schwer in den Griff zu bekommen sind, dürfen Sie beides nicht in einen

Topf werfen, denn dadurch wird die Situation noch konfuser und komplexer. Mit dem richtigen Verständnis sind beide Probleme jedoch einfach zu lösen. Und es besteht ein Zusammenhang zwischen ihnen. Ob dieser körperlicher oder psychischer Natur ist oder ob es sich um reine Einbildung handelt, ist dabei völlig unwichtig. Fest steht nur, daß die eine Sache nicht dazu beitragen kann, die andere in den Griff zu bekommen, sondern verstärkend wirkt. Doch um sie richtig zu verstehen, muß man beide Probleme separat betrachten.

Nehmen wir für einen kurzen Augenblick an, Ihr Stoffwechsel würde sich verlangsamen, wenn Sie mit dem Rauchen aufhören, doch weil Sie genausoviel essen wie vorher, nehmen Sie zu. Sie machen sich Sorgen wegen Ihres Gewichts. Sie sind nun ein Nichtraucher, der Angst hat, übergewichtig zu werden, und möchten etwas dagegen tun. Sie sind davon überzeugt, daß Ihr Übergewicht daher kommt, daß Sie nicht mehr rauchen, und überlegen, ob es nicht besser wäre, wieder anzufangen. Damit befinden Sie sich in exakt der gleichen Situation wie ein Nichtraucher, der zu rauchen anfängt, weil er abnehmen will. Doch die Ursache Ihres Übergewichts ist unwesentlich. Es würde für Sie in jedem Fall genauso wenig Sinn ergeben, wieder mit dem Rauchen zu beginnen, wie für jemanden, der noch niemals Raucher war!

Sie haben, ebenso wie der bisherige Nichtraucher, zwei Alternativen: Entweder Sie betrachten die zusätzlichen Pfunde als das kleinere Übel, oder Sie machen sich die Einstellung zu eigen: Gut, ich rauche nicht mehr, und mein Stoffwechsel hat sich reduziert. Um so besser, ich spare von nun ab nicht nur Geld an Zigaretten, sondern auch am Essen, weil ich nicht mehr so viel brauche.

Rauchen ist meiner Meinung nach die Hauptursache von Fettleibigkeit. Es verursacht nicht nur ein permanentes Hungergefühl, sondern verführt Raucher auch dazu, Jahre zu früh jeglichen Sport aufzugeben, weil es ihnen die nötige Energie raubt. Und je abhängiger sie von der Droge werden, um so mehr neigen sie unbewußt dazu, jede Aktivität, bei der sie nicht rauchen können, zu vermeiden. Raucher geben als erstes Sportarten wie Tennis oder Schwimmen auf. Ich frage mich, ob meine Leidenschaft für Golf nicht daher rührte, daß ich dabei eine Zigarette nach der anderen paffen konnte.

Wenn Sie aufhören, nehmen Sie nicht zu, weil Sie das Rauchen vorher schlank gehalten hat, sondern weil Sie nun Nikotin durch Essen ersetzen. Ehrlich gesagt weiß ich nicht einmal genau, ob sich der Stoffwechsel ohne die Stimulation durch das Rauchen nun verlangsamt oder nicht. Wie schon erwähnt, ist das auch unerheblich und lenkt nur von den eigentlichen Problemen ab. Gerade wird mir auch klar, daß ich selbst ein neues Argument ins Spiel gebracht habe. Mancher unter Ihnen wird sich gleich darauf stürzen: Ach ja, Nikotin stimuliert! Deshalb kann ich mich damit auch besser konzentrieren. Selbst wenn es ein Stimulans wäre, brauchen Sie es nicht! Sie sind bereits mit einer ausreichenden Menge an körperlichen Reizstoffen ausgestattet, die Ihr Gehirn automatisch und in der richtigen Menge an den Körper weitergibt, und zwar genau zu dem Zeitpunkt, zu dem Sie sie brauchen.

Sollte Nikotin tatsächlich eine stimulierende Wirkung besitzen, wird diese jedoch durch die Lethargie, die sich mit zunehmender Vergiftung des Körpers einstellt, mehr als aufgehoben. Aber sobald Sie Ihre letzte Zigarette ausdrücken, erholen Sie sich ziemlich schnell von diesen negativen Einflüssen. Sollte sich der Stoffwechsel danach wirklich verlangsamen, ist dies meiner Meinung nach nicht darauf zurückzuführen, daß der Exraucher nun auf Nikotin verzichten muß, sondern daß man bei der Methode mit Einsatz von Willenskraft einfach dazu neigt, sich hängenzulassen und darüber zu lamentieren, daß man nicht mehr rauchen darf. Man fühlt sich schlecht, ist leicht reizbar und orientierungslos, wie ein Wesen aus einer anderen Welt. Man ist ruhe- und antriebslos in einem. Am liebsten würde man einige Wochen in einen Tiefschlaf fallen und danach als von der Sucht freie Person aufwachen.

Ich habe nicht zugenommen, nachdem ich meine letzte Zigarette ausgedrückt habe. Ich hatte nie das Gefühl, auf etwas verzichten zu müssen, und ich fühlte mich nicht niedergeschagen. Im Gegenteil, ich war in absoluter Hochstimmung! Ein dunkler Schatten, der über meinem ganzen Dasein lastete, hatte sich plötzlich in nichts aufgelöst. Es war das gleiche Gefühl wie damals, als der Arzt mir mitteilte, ich hätte keinen Lungenkrebs. Ich empfand wieder Achtung vor mir selbst und war nicht mehr jene tragische Figur, die dem Nikotin ausgeliefert war. *Ich war frei!!!*

Denken Sie nicht weiter über Veränderungen in Ihrem Stoffwechsel nach, das würde Sie nur vom Wesentlichen ablenken. Jede Ihrer Reaktionen, sei sie körperlicher oder mentaler Art, wird von Ihrem Gehirn gesteuert. Vielleicht wirkt Nikotin stimulierend, aber das kann kein Grund sein, es regelmäßig zu sich zu nehmen. Sie schlucken ja auch nicht freiwillig Zyankali, nur weil es so gut nach Mandeln schmeckt! An anderer Stelle werde ich noch erklären, warum Sie Ihre Lebensweise nicht ändern dürfen, wenn Sie mit dem Rauchen aufhören. Für diese Regel gilt eine Ausnahme: Falls Sie jemals das Gefühl haben, Sie müßten sich stimulieren, dann gibt es nur eins: *Bewegung!* Fangen Sie sofort an, sich sportlich zu betätigen, und zwar nicht, weil Sie nun mit dem Rauchen aufgehört haben, sondern weil dadurch die Ausschüttung von Adrenalin gefördert wird, was wiederum ein Hochgefühl hervorruft. Das ist echter Genuß: die Freude am Leben!

Es gehört zu den negativen Begleiterscheinungen des Rauchens, daß man automatisch weniger Sport betreibt. Aber Sie brauchen schon allein deshalb Bewegung, um das Leben mehr genießen zu können. Ein gesunder Körper fördert einen gesunden Geist. Wenn Sie völlig untrainiert sind, sollten Sie langsam beginnen. Überanstrengen Sie sich nicht. Fangen sie klein an. Je mehr Kraft und Kondition zunehmen, um so mehr werden Sie Ihre Aktivitäten steigern und damit Ihre Lebensqualität verbessern. Sollten Sie sich nicht sicher sein, welche Art der Betätigung für Sie geeignet ist und in welchem Umfang, lassen Sie sich von Ihrem Arzt beraten.

Manche Kursteilnehmer behaupten, sie hätten zugenommen, obwohl sie keine Ersatzmittel benutzt und nicht mehr als sonst gegessen haben. Ich glaube ihnen das. Jeder Diätexperte wird bestätigen, daß so mancher Diätwillige sein Leben darauf verwetten würde, daß er sich streng an einen Ernährungsplan halte und trotzdem zunehme. Komisch ist nur, daß die gleichen Leute bei der gleichen Diät plötzlich abnehmen, wenn sie sie unter Kontrolle ausführen.

Die neue Energie und Lebensfreude, die sich nach dem Aufhören einstellen, fördern auch den Appetit, und man neigt dazu, bei den Mahlzeiten mehr zu essen. Das ist kein Problem, sondern eine der vielen Freuden, die man ohne Rauchen erlebt. Befolgen Sie nur meine Anweisungen, und Sie werden, wenn überhaupt, nur vorübergehend etwas zunehmen.

Sobald Sie den »Moment der Freiheit« erleben, werden Sie sich so unglaublich wohl fühlen und soviel Selbstvertrauen gewinnen, daß Sie jedes mentale Problem, egal, ob Gewicht oder etwas anderes, in den Griff bekommen. Sie werden Freude daran haben, Ihr Wunschgewicht zu erreichen. Sie dürfen nur nicht zwischen den festen Mahlzeiten essen, in diesem Fall würden Sie zunehmen und auch niemals den »Moment der Freiheit« erleben.

Mit dem Rauchen Schluß machen und abnehmen sind zwei sehr ähnliche Vorhaben und ohne Schwierigkeiten in die Tat umzusetzen, wenn man das richtige Verständnis dafür aufbringt. Sollten Sie immer noch Probleme mit dem Gewicht haben, nachdem Sie das Rauchen mit Erfolg aufgegeben haben, empfehle ich Ihnen Allen Carrs *Endlich Wunschgewicht*.

Jahrelang habe ich geglaubt, Rauchen würde mir helfen, mein Gewicht zu kontrollieren. Ich schätze mich glücklich, eine ganze Reihe von Freunden zu haben, die ich schon seit meiner Schulzeit kenne. Jene, die nie geraucht haben, besitzen auch heute noch mehr oder weniger die gleiche Figur wie damals, haben also keinen Bauch. Von den Rauchern oder Exrauchern weisen auch nicht alle einen Bauch auf, aber die meisten, darunter auch ich, waren oder sind stark übergewichtig.

Ich will hier nicht die Behauptung aufstellen, daß alle Exraucher und Raucher übergewichtig seien und Nichtraucher nicht. Ich will nur Ihr Bewußtsein wecken. Machen Sie sich Ihr eigenes Bild. Teilen Sie Ihre Bekannten in Nichtraucher, Raucher oder ehemalige Raucher ein, und beurteilen Sie selbst, wer eher übergewichtig ist.

Wichtig ist folgendes: Raucher nehmen nur zu, weil sie das Aufhören falsch anpacken. Aber wie übersteht man die Phase vom Ausdrücken der letzten Zigarette bis zu dem Punkt, an dem der Körper kein Verlangen mehr nach Nikotin verspürt, wenn Ersatzbefriedigungen nicht helfen? Beschäftigen wir uns doch einmal näher mit

DIESEN »FÜRCHTERLICHEN« ENTZUGSERSCHEINUNGEN.

KAPITEL 28

Diese »fürchterlichen« Entzugserscheinungen

Wie kann ich behaupten, der einzige Grund für einen Raucher, sich eine Zigarette anzustecken, seien die körperlichen Entzugserscheinungen, und andererseits die These vertreten, die Entzugserscheinungen seien so gering, daß man sie kaum wahrnehme? Zugegeben, auf den ersten Blick scheint es sich hier um einen Widerspruch zu handeln, doch beides ist – wie so vieles im Zusammenhang mit dem Rauchen – zutreffend.

Nehmen wir als Beispiel wieder den Mann auf der Yacht. Jeder Raucher war schon mindestens einmal im Leben in einer ähnlichen Situation – sie ist der Alptraum eines jeden Drogenabhängigen. Der Mann war von Panik ergriffen, als er bemerkte, daß er keine Zigaretten mehr hatte. Doch sobald ihm welche zur Verfügung standen, war nicht nur die Panik verschwunden, sondern er hatte weder den Wunsch noch das Bedürfnis zu rauchen, solange er auf dem Boot war oder, besser gesagt, solange sich der Nichtraucher in seiner Nähe befand. Was noch befremdlicher ist, er hatte sogar Freude daran, nicht zu rauchen. Offensichtlich handelte es sich um ein rein mentales Problem.

Beim Probelauf für meine Prüfung war ich einige Sekunden, nachdem ich die Zigarette ausgemacht hatte, ein zitterndes Wrack, doch bei der richtigen Prüfung konnte ich drei Stunden sitzen, ohne ein einziges Mal an das Rauchen zu denken. Warum können Raucher acht Stunden lang durchschlafen, ohne mit Schreikrämpfen nach einer Zigarette aufzuwachen? Weil sie sich im Schlaf dessen nicht bewußt sind? Vielleicht, doch wenn die körperlichen Entzugserscheinungen wirklich so schlimm wären, würde ein Raucher auch mitten in der Nacht aufwachen. Viele Raucher wachen auch regelmäßig nachts auf und stecken sich eine Zigarette an, wenn sie schon wach sind, um den »Juckreiz« zu lindern. Es würde mich nicht wundern, wenn tatsächlich der Entzug die Ursache für ihre Ruhelosigkeit wäre, selbst wenn kein körperlicher *Schmerz* vorhanden ist!

Aber die meisten Raucher stehen morgens erst auf, bevor sie sich die erste Zigarette anstecken. Viele rauchen im Schlafzimmer überhaupt nicht. Wieder andere erledigen zunächst ihre Morgentoilette, frühstücken, verlassen das Haus und rauchen ihre Morgenzigarette erst an ihrem Arbeitsplatz. Während dieser ganzen Zeit haben sie keine körperlichen Schmerzen, sie fühlen sich in keiner Weise beeinträchtigt – *weder körperlich noch mental!*

Aber natürlich freut sich der Raucher schon die ganze Zeit auf diese erste Zigarette, ebenso wie er sich auf die erste Tasse Tee oder Kaffee freut, wenn er nicht gleich nach dem Aufstehen eine getrunken hat. Er würde Ihnen den Arm brechen, wenn Sie verhindern wollten, daß er sich nun endlich diese erste Zigarette ansteckt.

Das Gefühl der Panik ist nicht körperlicher Natur. Es fängt bereits an, ehe der Vorrat an Zigaretten tatsächlich zu Ende geht. Sicher waren Sie auch schon häufig in der Situation, daß Sie spät nachts noch rechneten: Voraussichtlich bin ich noch vier Stunden wach, doch meine Zigaretten reichen nur noch für eine Stunde! Damit ist der Grundstein für eine Panikattacke gelegt. Relativ einfach ist es, wenn man eingeladen ist. Dann kann man Kopfschmerzen vortäuschen und früher gehen. Sind Sie jedoch selbst der Gastgeber, sitzen Sie in der Falle. Die Panik erreicht ihren Höhepunkt in dem Moment, in dem Sie sich die allerletzte Zigarette anstecken, oder, was noch schlimmer ist, wenn Sie die letzen paar Zigaretten peinlich genau rationieren.

Schließlich verstehen Ihre Gäste die Signale, die sie schon seit zwei Stunden aussenden. In der Packung sind noch zwei Zigaretten. Eine ist für kurz vor dem Zubettgehen, die andere ist diese ganz wichtige, die darüber entscheidet, ob sie eine schlaflose Nacht verbringen oder zwei Stunden lang herumfahren, um eine Tankstelle zu finden, die nachts geöffnet hat. Unter Ihren Gästen befindet sich noch ein Raucher, dessen einziger Beitrag zur Unterhaltung jedoch darin besteht, daß er alle anderen Anwesenden immer wieder darauf aufmerksam macht, wie viele Zigaretten Sie rauchen, und Sie wiederholt fragt, warum Sie sich nicht wie er auf ein paar Zigaretten täglich beschränken.

Die anderen nicken und schweigen bedeutungsvoll, mit Ausnahme Ihrer nichtrauchenden Ehefrau, die es für nötig hält, in regelmäßigen Abständen beizupflichten: »Genau, das sage ich auch schon seit Jahren!« Dabei scheinen alle völlig übersehen zu haben, daß Ihnen der sogenannte Gelegenheitsraucher bei jeder Zigarette eifrig Feuer gereicht hat und, was noch frustrierender ist, daß er zwar zwei Flaschen Wein, dafür aber keine Zigaretten mitgebracht, sich aber schon seit dem Nachtisch ununterbrochen aus Ihrer Packung bedient hat – nicht zuletzt deshalb sind nur noch zwei übrig, was wiederum die Panikstimmung bei Ihnen verursacht. Schließlich setzt er dem Ganzen noch die Krone auf, indem er sagt: »Macht es dir etwas aus, wenn ich mich noch einmal bediene?«

»Und ob es mir etwas ausmacht? Du kannst mir einen Liter Blut abzapfen, du kannst eine Niere von mir haben, aber auf gar keinen Fall eine dieser beiden Zigaretten!« Das denken wir im stillen, doch wie reagieren wir wirklich? Kleinlaut reichen wir ihm eine der kostbaren Zigaretten: »Natürlich kannst du eine haben.« Dabei hoffen wir verzweifelt, daß der Tonfall nicht unsere wahren Gefühle verrät. Für den Fall, daß ich nun dazu beitrage, dieses Gefühl der Panik beim nächstenmal noch zu verstärken, möchte ich Sie daran erinnern, daß Sie es nur der Droge zu verdanken haben, einem Nichtraucher ist es unbekannt.

Die meisten Raucher geraten in Panik, wenn sie nur noch ein paar Zigaretten in der Packung haben. Mich befiel sie schon, wenn ich nur noch ein paar Packungen besaß! Ich konnte erst beruhigt eine Runde Golf spielen, wenn ich mindestens fünf Packungen in meiner Tasche hatte, obwohl ich selbst an den windigsten Tagen nicht mehr als vierzig Zigaretten während einer Runde schaffte. Warum zum Teufel brauchte ich fünf Packungen? Weil es mir einmal passiert war, daß ich nur zwei Packungen dabei hatte und eine an einem besonders feuchten Tag völlig naß wurde. Ich bin ein Mensch, der aus seinen Fehlern lernt. Von diesem Tag an nahm ich immer drei Packungen mit.

Einige Zeit danach kam ein Bekannter mitten auf dem Platz auf mich zu und fragte mich, ob ich ihm aushelfen könne, da ihm seine Zigaretten ausgegangen wären. Ich antwortete spontan: »Es tut mir leid, aber ich habe selbst nur drei Packungen.« Sie können sich die Antwort sicher vorstellen. Ab da nahm ich fünf Packungen mit. Warum fünf? Der Bekannte wäre doch sicher auch mit einer Packung zufrieden gewesen? Aber wie ich schon sagte, lerne ich aus meinen Fehlern. In dreißig Jahren war ich zweimal in eine solche Situation geraten, ich mußte einfach noch mit weiteren Eventualitäten dieser Art rechnen.

Die älteren Raucher unter Ihnen erinnern sich vielleicht noch an die Zigarettenmarke Kensitas mit dem kleinen Zusatzfach, das »Vier für Ihre Freunde« enthielt. Ich fand das immer lächerlich. Stellen Sie sich vor, Sie halten einem Freund die Packung hin, um ihm eine Zigarette anzubieten. Dabei stellen Sie fest, daß das kleine Fach schon leer ist, während in dem großen für Sie noch genügend Zigaretten sind. Sie sagen zu Ihrem Freund: »Tut mir leid, alter Junge, es ist mir wirklich unangenehm, aber das sind meine.« Oder eine noch abstrusere Situation: Sie wachen am Morgen auf und stellen fest, daß das große Fach leer ist, in der Abteilung für die Freunde aber noch eine Zigarette steckt. Nein, sosehr ich jetzt eine brauche, kann ich doch nicht einfach meine Freunde beklauen. Aber sicher hätten sie nichts dagegen, wenn ich mir eine ausleihe.

Eine Zigarette ist eine Zigarette. Wenn Sie einem Freund eine anbieten wollen, können Sie ihm doch genausogut eine von Ihren geben. Aber war die Idee wirklich so dumm? Oder waren die Marketingexperten damals schon raffiniert genug, um zu erkennen, daß ein Raucher es haßt, seinen eigenen wertvollen Vorrat mit anderen zu teilen, es sei denn, er kann jemand anderen in die Falle locken?

Wenn ich in Gruppensitzungen von »diesem Gefühl der Panik« spreche, nicken die meisten Teilnehmer zustimmend. Doch gelegentlich kommt von einem starken Raucher der Einwand: »Es tut mir leid, aber ich weiß nicht, wovon Sie sprechen.« Woraufhin die anderen Teilnehmer ihn mit hochgezogenen Augenbrauen mustern. Wenn ich dann zu einem späteren Zeitpunkt noch erwähne, daß ein Raucher lieber Kamelmist rauchen würde, als ganz aufs Rauchen zu verzichten, erwidert derselbe Teilnehmer: »Da kann ich Ihnen nicht recht geben. Wenn ich meine Marke nicht bekomme, rauche ich lieber gar nicht.« Nun werden die vorher zweifelnden Blicke eindeutig feindselig.

Zunächst verunsicherte mich diese Situation. Ich wußte, daß Drogensüchtige sich selbst belügen. Doch diese Selbsttäuschung dient in erster Linie dazu, sich einzureden, man habe es nicht nötig aufzuhören. Haben sie sich jedoch entschlossen, meine Hilfe in Anspruch zu nehmen, ist diese Täuschung nicht mehr notwendig. Den meisten macht es ganz offensichtlich sogar Spaß, ihr Gewissen zu erleichtern und festzustellen, daß andere Kursteilnehmer den gleichen Trugbildern erlegen sind.

Ich wußte auch bereits, daß viele jüngere Raucher und Gelegenheitsraucher diese Panikstimmung nicht unbedingt kennen oder, falls doch, zu stolz sind, es zuzugeben. Doch bei diesen Rauchern spielt es meist auch keine allzu große Rolle, welche Marke sie rauchen, denn im Grunde schmeckt ihnen keine richtig. In der Regel legen sich nur starke und überzeugte Raucher auf eine spezielle Marke fest.

Außerdem hatte ich auch schon die Erfahrung gemacht, daß viele dieser eingeschworenen Raucher überhaupt nicht vorhaben aufzuhören, wenn sie in einen Kurs kommen. Bei uns wirken diese Kandidaten wie ein Bischof im Bordell; die anderen Raucher scheinen hingegen ernsthaft aufhören zu wollen und sind in der Regel bereit, offen über alles zu sprechen. Jene Teilnehmer, die nicht in Panik verfallen, wenn die Zigaretten zur Neige gehen, und die, wenn sie ihre Marke nicht bekommen können, lieber gar nicht rauchen, betrachten die anderen Gruppenmitglieder zwar skeptisch, aber auch mit gewissem Respekt.

Auch auf mich machte das Eindruck, gleichzeitig gab es mir aber auch zu denken. Ich möchte die Nikotinfalle wirklich umfassend verstehen, und diese Raucher paßten nicht ins übliche Raster. Doch schließlich fiel der Groschen. Ich weiß nicht, warum es so lange gedauert hat, denn jahrelang war ich auch einer von diesen Rauchern gewesen. Sie werden nicht von dieser Panikstimmung erfaßt, weil sie viel zu viel Angst davor haben. Genau wie ich es mir angewohnt hatte, sorgen sie dafür, daß ihnen die Zigaretten nie ausgehen. Sie können leicht behaupten, sie würden lieber gar nicht rauchen, als auf eine andere Marke auszuweichen. Aber sie lassen es nie darauf ankommen, so große Angst haben sie davor, die eigene Marke könnte nicht verfügbar sein.

Was die Entzugserscheinungen des Nikotins betrifft, müssen Sie zwei grundlegende Fakten fest in Ihrem Denken verankern. Erstens:

SIE VERURSACHEN KEINE KÖRPERLICHEN SCHMERZEN.

In Kapitel 3 habe ich einen Rugbyspieler als Beispiel genommen, dem während eines Spiels ziemlich große Schmerzen zugefügt werden, was aber nichts daran ändert, daß er trotzdem Spaß daran hat. Und ich habe davon gesprochen, wie gut viele Frauen die Belastungen einer Schwangerschaft verkraften. Eine Anmerkung für die Damen in meiner Leserschaft: Bitte legen Sie es mir nicht als Leichtfertigkeit oder Arroganz aus, wenn ich achtzig Minuten Rugby mit neun Monaten Schwangerschaft vergleiche. Man hört immer wieder folgenden Satz: »Wenn die Frau das erste Kind bekäme und der Mann das zweite, gäbe es nie ein drittes.« Passender wäre allerdings zu sagen: »Wenn der Mann das erste Kind bekommen müßte, würde es überhaupt keine Babys mehr geben!« Ich kann mir keine größere Belastungsprobe vorstellen. Lange Zeit habe ich mir das Gehirn nach einem für Männer adäquaten Beispiel zermartert, aber außer Hämorrhoiden in Verbindung mit dauerhafter Verstopfung, das zu erwähnen mir allerdings die Höflichkeit verbietet, ist mir nur noch ein Boxkampf oder ein Rugbyspiel eingefallen.

Man könnte endlos Beispiele nennen. Bei einem Knochenbruch müssen Sie große Schmerzen ertragen. Dazu kommt noch die Angst. Sie ahnen bereits im voraus, welche Schmerzen noch auftreten werden. Doch sobald die Ärzte sich um Sie kümmern und der Gips angelegt ist, verschwindet die meiste Angst. Sie haben zwar noch immer Schmerzen, wissen auch, daß noch einiges auf Sie zukommen wird, doch nun können Sie mit der Situation umgehen. Sie fangen an, mit den Krankenschwestern zu scherzen, und lassen Ihre Freunde sich auf dem Gips verewigen.

Wenn die Entwöhnung von Nikotin mit Schmerzen verbunden wäre, könnten wir auch damit umgehen. Versuchen Sie es selbst. Kneifen Sie sich in den Oberschenkel, und graben Sie Ihre Nägel immer tiefer hinein. Sie sind in der Lage, eine ganze Menge Schmerz und Unannehmlichkeiten auszuhalten, ohne gleich in Angst oder Panik zu geraten, denn Sie können es selbst kontrollieren. Sie kennen die Ursache des Schmerzes und sind in der Lage, ihn abzustellen, wann immer Sie wollen. Wiederholen Sie das Experiment noch einmal. Wenn der Schmerz unerträglich wird, versuchen Sie, sich vorzustellen, daß nicht Sie ihn ausgelöst haben, sondern daß er von sich aus eingesetzt hat und Sie weder die Ursache kennen noch wissen, wie lange er anhalten wird. Und dann stellen Sie sich vor, sie spürten diesen Schmerz nicht im Oberschenkel, sondern im Kopf, in den Ohren oder in der Brust. Sie würden auf der Stelle von Panik ergriffen. Nicht Schmerzen setzen uns im Leben am meisten zu, denn wir sind so ausgestattet, daß wir mit ihnen umgehen können. Das größte Übel heißt: *Unwissenheit!* Und daraus resultieren *Angst und Panik!*

Marathonläufer können lange, körperlich qualvolle Strecken zurücklegen und sich trotzdem gut dabei fühlen. Ein anderes Beispiel ist auch das Wettrudern, das alljährlich zwischen zwei englischen Universitäten stattfindet. Die Verlierer lassen den Kopf hängen und geben ein Bild des Jammers ab. Die Sieger, die körperlich nicht minder erschöpft sein dürften, sitzen aufrecht und lachen. Sie sind zwar ausgepowert, gleichzeitig aber in Hochstimmung. Warum ist ein Team euphorisch, das andere zutiefst deprimiert? Die Antwort liegt auf der Hand: Beide Mannschaften haben viele Stunden Vorbereitung und Training investiert, haben körperlich und geistig größten Einsatz erbracht, um ein einziges Ziel zu erreichen: den Sieg. Am Ende entscheiden vielleicht nur wenige Zentimeter über Sieg oder Niederlage. Aber genau diese Zentimeter machen den Unterschied zwischen Euphorie und Depression aus. Das hat nichts mit körperlicher Verfassung zu tun, es ist allein eine Sache des Kopfes. Die Sieger könnten die ganze Strecke noch einmal rudern, genau wie die Läufer bei den Olympischen Spielen, die sämtliche Energiereserven aufbieten, um die Goldmedaille zu erringen, und dann noch eine Ehrenrunde drehen, ohne sich auch nur im geringsten ihrer Erschöpfung bewußt zu sein.

Wenn sie auf Entzugserscheinungen des Nikotins zu sprechen kommen, stellen Raucher wie Nichtraucher auf der Stelle die Verbindung zu unangenehmen Erfahrungen beim Aufhören her. Hier sind wir beim zweiten Punkt angelangt, den Sie völlig verinnerlichen müssen:

RAUCHER LEIDEN UNTER ENTZUGSERSCHEINUNGEN,
SOLANGE SIE RAUCHEN!

Ich habe an anderer Stelle von den »nervösen Zuckungen« eines Rauchers gesprochen: Beobachten Sie einen Raucher, insbesondere wenn er gerade nicht rauchen darf. Er wird entweder mit seinen Fingern spielen, oder eine Hand befindet sich in der Nähe des Mundes. Und wenn sich sonst nichts an ihm bewegt, wird er mit dem Kiefer mahlen. Ich glaube, daß ich mir dadurch meine Zähne ruiniert habe. Allerdings habe ich es damals nicht mit dem Rauchen in Verbindung gebracht, sondern es für eine Folge des normalen Streßes und der Belastungen im Alltag gehalten.

Da Zigaretten die körperliche Beeinträchtigung nur zum Teil abstellen können, leiden Raucher selbst während des Rauchens. Viele starke Raucher halten auch die freie Hand immer in der Nähe des Mundes.

Wenn ich sage, Raucher *leiden* unter Entzugserscheinungen, ist das nicht ganz korrekt, denn der tatsächliche Schmerz ist so gut wie gar nicht wahrnehmbar und äußert sich lediglich in einem Gefühl der Leere und Unsicherheit. Raucher *leiden* niemals unter Entzugserscheinungen! Sie leiden beim Aufhören unter Niedergeschlagenheit und Angst, manchmal sogar unter Panik, wenn sie sich nicht mehr auf ihre Krücke stützen können, die ihrer Meinung nach diese Gefühle beseitigen würde. Hier folgen noch zwei weitere Punkte, die Sie sich immer wieder vergegenwärtigen müssen:

1. Raucher, die aufhören wollen, müssen nicht unter dem Gefühl des Verzichts leiden, sobald sie verstehen, daß Zigaretten den Zustand nicht mildern, sondern ihn im Grunde verursachen.
2. Falls sie das nicht verstehen und einfach weiterrauchen, werden sie bis an ihr Lebensende unter dem Gefühl der Leere und Unsicherheit leiden, und zwar immer dann, wenn sie gerade nicht rauchen können, wenn ihnen die Zigaretten ausgehen oder sie dies befürchten.

Verstehen Sie mich bitte nicht falsch. Wenn ich behaupte, die körperlichen Entzugserscheinungen seien so gut wie nicht spürbar, heißt das nicht, Raucher, die unter Einsatz von Willenskraft aufhören wollen, würden nicht leiden. Sie übertreiben vielleicht ein wenig, was die körperlichen Beschwerden betrifft. Doch das ist nur eine Folge der Niedergeschlagenheit und Depression, die ihnen wirklich zu schaffen macht. Ich kenne das nur zu gut und bin deswegen nicht nur einmal fast verzweifelt. Würde man Sie von einem Wolkenkratzer stoßen, und Sie wüßten nicht, daß Sie unten von einem Netz aufgefangen werden, hätten sie genausoviel Angst, als wenn überhaupt kein Netz vorhanden wäre. Was mich betrifft, hätte ich vermutlich die gleiche Angst, wenn ich wüßte, daß ein Netz gespannt ist.

Die Angst ist so groß, daß Raucher sich lieber die Beine amputieren lassen, anstatt aufzuhören. Ich habe einmal erlebt, daß eine Frau ihrem Mann drohte, bei neunzig Stundenkilometern aus dem Auto zu springen, weil er nicht zum Zigarettenkaufen anhalten wollte. Sicher wäre sie nicht gesprungen, aber die Tür hatte sie bereits geöffnet!

Ein Detektiv sagte mir einmal, wie schwierig es sei, von Straffälligen ein unterschriebenes Geständnis zu bekommen. Ich gab ihm den Rat: »Wenn er Raucher ist, müssen Sie ihm nur den Tabak wegnehmen, dann wird er binnen einer halben Stunde seine eigene Mutter verraten.«

»Das dürfen wir nicht. Und selbst wenn wir es dürften, könnte ich das nicht einmal dem Volksfeind Nummer eins antun. Eher würde ich ihm meine eigenen Zigaretten geben.«

Ist das nicht eigenartig? Die Angst vor dem Verzicht ist so groß, daß ein Raucher dies keinem anderen antun möchte, egal, welches Verbrechen er begangen hat. Doch noch befremdlicher finde ich, daß unsere Gesetze es verbieten, dem Volksfeind Nummer eins den Volkskiller Nummer eins vorzuenthalten.

So real die Angst oder Panik auch ist, handelt es sich hier um ein rein mentales Problem, das aufgrund von Unwissenheit und Selbstbetrug entsteht. Doch zum Glück können wir dieses Problem beseitigen, bevor Sie Ihre letzte Zigarette rauchen.

In Kapitel 17 stellte ich die Frage: »Warum kratzen wir uns bei Juckreiz?« Stellen Sie sich vor, Sie hätten einen Stich, an dem Sie nicht kratzen dürfen und der nicht nur einige Sekunden lang juckt, sondern ein halbes Jahr. Und nun malen Sie sich aus, in welcher Verfassung Sie sich nach diesem halben Jahr vermutlich befinden und welche Willenskraft Sie aufbringen müssen, um während dieser ganzen Zeit nicht ein einziges Mal die Stelle zu berühren. Stellen Sie sich dazu auch noch vor, daß Sie davon überzeugt waren, der Stich würde bis an Ihr Lebensende weiterjucken, wenn Sie sich nicht kratzen dürften. Wie viele Stunden, Tage, Wochen, Monate oder Jahre glauben Sie, würden Sie es aushalten, ohne zu kratzen? Und versuchen Sie auch noch, sich vorzustellen, wie erleichtert Sie wären, wenn Sie tatsächlich das halbe Jahr durchgehalten hätten.

Genau diese Qualen machen Raucher durch, die mit Hilfe von Willenskraft aufhören wollen. Lange nachdem der Körper von jeglichen körperlichen Entzugserscheinungen befreit ist, haben sie nach dem Essen, bei Langeweile oder Streß oder wenn sie sich konzentrieren müssen, immer noch das Gefühl, auf eine echte Hilfe oder richtigen Genuß verzichten zu müssen. Auch wenn es sich nur um eine Illusion handelt, meinen sie doch permanent, sich an diesem kleinen, eingebildeten Stich kratzen zu müssen. Abhängige beschreiben dieses Gefühl sehr zutreffend als »den Affen auf meinem Rücken«. Genau wie ein tropfender Wasserhahn jemanden allmählich in den Wahnsinn treiben kann, wird die Widerstandskraft des ehemaligen Rauchers Schritt für Schritt untergraben. Parallel dazu vergißt er zunehmend, aus welch triftigen Gründen er eigentlich aufgehört hat, und er verliert die Angst vor einem Rückfall. Schließlich springt der Zeiger an der Waage um, und er steckt sich wieder eine Zigarette an. Von nun an wird er entweder langsam und kaum merklich immer weiter nach unten in den Schacht gezogen, oder er fällt gleich ungebremst bis zum Boden.

Aber wie werden Sie den Affen auf Ihrem Rücken los? Zum Glück existiert er nicht wirklich. Er ist nur ein Produkt unserer Phantasie oder, korrekter ausgedrückt, ein Überbleibsel der Gehirnwäsche. Warum muß ich mich bei einem Juckreiz unbedingt kratzen, kann es mir aber bei Herpes verkneifen? Ganz einfach, ich weiß, daß ich Herpes niemals loswerde, wenn ich die Stelle immer wieder berühre. Warum fand ich das Aufhören so einfach, nachdem ich meine letzte Zigarette ausgedrückt hatte? Weil mir bewußt wurde, daß jenes Gefühl der Leere und Unsicherheit von der letzten Zigarette ausgelöst wurde. Und der Garant dafür, daß ich bis an mein Lebensende unter diesem Zustand leiden würde, wäre *die nächste Zigarette.*

Warum habe ich dabei nicht unter den schlimmen Entzugserscheinungen gelitten, die mir vorher immer zu schaffen gemacht haben? Weil ich auch vorher nicht unter diesen Entzugserscheinungen gelitten habe. Was mir bei jedem vorherigen Versuch aufzuhören solche Qualen bereitet hatte, war die Überzeugung, die Zigarette würde mir eine Art Hilfe oder Genuß bieten und darauf müßte ich nun verzichten. Als mir aber klarwurde, daß diese Vorstellung nichts als Illusion war, verschwand das Gefühl des Verzichts und damit auch die Qual. Ich hatte nur noch ein Gefühl: *Ich bin frei!*

Vielleicht habe ich Sie jetzt davon überzeugt, daß die echten körperlichen Entzugserscheinungen vom Nikotin so gut wie nicht spürbar sind. Dennoch kann es nach dem Ausdrücken der letzten Zigarette eine gewisse Zeit dauern, bis Ihr Körper aufhört, nach Nikotin zu verlangen. Wie kann man diese Zeit überbrücken? Und angenommen, es handelt sich nur um ein mentales Problem, wie kann man in diesem Fall das Verlangen abstellen? Und die wichtigste Frage: Wann *weiß* man, daß man wirklich frei ist?

Keine Sorge, Sie werden es wissen. Doch bei meiner Methode, mit dem Rauchen aufzuhören, gibt es zwei Aspekte, über die ich mir noch immer nicht ganz im klaren bin. Ich verstehe sie, bin mir aber nicht sicher, was ich einem Raucher, der aufhören will, raten soll. Der eine ist die Frage des richtigen Zeitpunkts; damit werden wir uns später noch beschäftigen. Beim anderen geht es darum, wann der »Moment der Freiheit« eintreten soll. Dazu müssen wir aber erst folgende Phänomene begreifen:

DAS »FÜNF-TAGE-« UND DAS »DREI-WOCHEN-SYNDROM«

KAPITEL 29

Das »Fünf-Tage-« und das »Drei-Wochen-Syndrom«

Weil die körperlichen Entzugserscheinungen von Nikotin nicht mit Schmerzen verbunden und kaum wahrnehmbar sind, kann man sich leicht dazu verleiten lassen, sie einfach zu ignorieren. Doch *ganz ohne geht es nicht.*

Sie müssen sich darüber im klaren sein, daß Sie mit der ersten gerauchten Zigarette eine Bestie zum Leben erweckt haben, ähnlich einem Bandwurm, nur mit dem Unterschied, daß diese Bestie nur von einer Substanz abhängig ist, die sie am Leben erhält: ein starkes Gift namens Nikotin! Sobald Sie die Nikotinversorgung unterbinden, haben Sie bereits alles Nötige getan, um diese Bestie aus Ihrem Körper zu vertreiben. Sie wird einfach verhungern. Sie kennen doch diese Filme, in denen der männliche Hauptdarsteller zu seinem weiblichen Pendant sagt: »Schließ die Tür, und öffne sie unter keinen Umständen für jemand anders als mich.« Kaum hat der Held die Szene verlassen, kommt sein bester Freund und klopft an die Tür. In diesem Augenblick realisiert auch der letzte Zuschauer, daß der beste Freund die Bestie ist. Ebenso steht für alle gleichermaßen fest, daß die Heldin dies nicht erkennen und entgegen der Anweisung öffnen wird!

Ein paar Tage lang wird es Ihnen genauso ergehen. Die Nikotinbestie wird noch um Sie herumschleichen. Wenn ich sie mit einem Bandwurm vergleiche, soll das nicht heißen, es handle sich dabei um einen lebenden Parasiten. Doch der Effekt ist ähnlich! Die Bestie existiert und ist körperlich spürbar, vergleichbar dem Hungergefühl. Aber während der Hunger nach Essen fortbesteht, wird das Verlangen nach Nikotin von dem Moment an, in dem Sie die Versorgung damit einstellen, allmählich verschwinden. Die Bestie will aber immer noch gefüttert werden, was Sie zu der Vorstellung verleitet, es handle sich tatsächlich um einen lebenden Parasiten.

Dieses Monster besitzt zwei Eigenschaften, die für viele ehemalige Raucher schwer faßbar sind. Der Vergleich mit der Herpesinfektion macht sie vielleicht verständlicher:

1. Wenn ich schon die Irritation, die durch einen Insektenstich hervorgerufen wird, nicht ertragen kann, muß es doch ungleich mehr Willenskraft erfordern, mehrere Tage lang nicht an einem Herpes zu kratzen? Nein, so ist es nicht. Sie erinnern sich, ich habe einfach beschlossen, auf Insektenstiche mit Kratzen zu reagieren, und sehe keinen Grund, es nicht zu tun. Herpesbläschen verleiten noch viel weniger zum Kratzen, man braucht wirklich nicht sonderlich viel Willensanstrengung, um der Versuchung zu widerstehen. Sie gehen davon aus, es erfordere eine gewisse Willenskraft, um die Nikotinbestie einige Tage lang in Schach zu halten. Ich sage aber nein, denn Sie spüren den Entzug vom Nikotin nicht körperlich, das Problem existiert nur im Kopf. Doch weil alles sich im Kopf abspielt, leiden Sie unter Entzugserscheinungen, sobald Sie daran glauben.
2. Bei einer Herpesinfektion kann man genau beobachten, wie sie langsam abklingt, und man weiß, wann sie überstanden ist. Die Entzugserscheinungen von Nikotin hingegen sind kaum wahrnehmbar, man kann sie weder sehen noch fühlen. Deshalb besteht die Gefahr, sie überhaupt nicht zu realisieren. Aber einige Tage lang sind sie tatsächlich vorhanden. Dieses Gefühl äußert sich in Form des Satzes: »Ich will eine Zigarette.« Das wird Ihnen Sorgen bereiten, denn nach der ganzen Gegengehirnwäsche sollten Sie diesen Wunsch doch eigentlich überhaupt nicht haben. Zweifel machen sich breit. Der Wasserhahn beginnt zu tropfen.

Genau aus diesem Grund ist es wichtig zu wissen, daß das kleine Monster im Körper wirklich existiert. Bei manchen ehemaligen Rauchern war die Gegengehirnwäsche so erfolgreich, daß sie sich dessen überhaupt nicht bewußt waren. Ich bemerkte es, als ich meine letzte Zigarette ausgedrückt hatte, interpretierte es aber nicht mehr als den Wunsch: »Ich will eine Zigarette.« Ich sah es ganz klar als das, was es wirklich war: ein Gefühl der Leere und Unsicherheit, das diese letzte Zigarette hervorgerufen hatte. Es war kein besonders angenehmes Gefühl, und doch versetzte es mich in gute Stimmung, weil ich wußte, woher es stammte und daß nun die kleine Bestie in mir am Absterben war. Jede ihrer Todeswindungen bereitete mir sadistisches Vergnügen, und ich mußte nicht die geringste Willenskraft aufbringen, denn ich war in keiner Weise versucht, eine Zigarette anzuzünden.

Selbst wenn Sie also einige Tage lang glauben: »Ich brauche eine Zigarette«, müssen Sie sich deshalb keine Sorgen machen. Sehen Sie es als das, was es ist: eine kleine Bestie, die Sie dazu bringen will, die Tür zu öffnen. Werden Sie so dumm sein wie die Frau im Film? Oder freuen Sie sich darüber, daß sie absolut keine Macht mehr über Sie besitzt? Es ist nun so, daß Sie die Bestie unter Kontrolle haben. Sie werden nicht mehr von ihr umgebracht, sondern die Bestie *wird von Ihnen zerstört.*

Von dem Augenblick an, in dem Sie Ihre letzte Zigarette ausdrücken, wird Ihr Körper nach Nikotin verlangen. Stellen Sie sich ein Diagramm vor, in dem die Kurve, die das Verlangen nach Nikotin beschreibt, kontinuierlich nach oben verläuft und nach circa fünf Tagen ihren Höhepunkt erreicht. Diesen Verlauf nenne ich das »Fünf-Tage-Syndrom«. Danach beginnt das stoffwechselbedingte Verlangen sich zu vermindern, bis es nach ungefähr drei Wochen völlig verschwunden ist.

Mediziner können Sie darüber aufklären, daß Nikotin eine sehr schnell wirkende Droge ist und schon wenige Stunden nach seiner Aufnahme den Körper bereits wieder verlassen hat. Ich möchte das nicht in Frage stellen, meine eigenen Beobachtungen führen zum gleichen Ergebnis. Doch die Geschwindigkeit, mit der das Nikotin vom Körper ausgeschieden wird, ist völlig irrelevant. Was zählt, ist nur die Frage, wieviel Zeit der Körper, der vom Nikotin abhängig war und nun darauf verzichten muß, braucht, um nicht mehr danach zu verlangen. Meiner Meinung nach gibt es darauf keine zufriedenstellende Antwort, da die körperliche Beeinträchtigung zunächst sehr gering ist und es sich vorwiegend um ein mentales Problem handelt. Wie komme ich dann aber auf das »Fünf-Tage-Syndrom«? Diese Theorie basiert auf meinen eigenen Erfahrungen, mit Willenskraft aufzuhören, und wird bestätigt durch die Berichte Tausender anderer Raucher, denen ich geholfen habe.

Rauchern, die per Willenskraft aufhören, kommt es oft so vor, als könnten sie während der ersten fünf Tage an nichts anderes als an das Rauchen denken oder, genauer gesagt, daran, daß sie nicht mehr rauchen dürfen. Dann folgt eine vielleicht nur wenige Stunden dauernde Phase, in der die ehemaligen Raucher feststellen, daß sie das Rauchen völlig vergessen haben. Diese Feststellung kann eine wahre Offenbarung sein, nämlich dann, wenn die Befürchtung, das Leben müsse ohne Zigaretten trostlos sein, abgelöst wird von der Vorstellung, die Zeit würde das Problem schon lösen. Damit ist allerdings auch eine große Gefahr verbunden. Die Exraucher glauben über den Berg zu sein, beglückwünschen sich, den schrecklichen Alptraum überstanden und eine kleine Belohnung verdient zu haben. Was sollte schon passieren, wenn sie nur eine kleine Zigarette rauchten?

Beim »Drei-Wochen-Syndrom« ist die Gefahr noch viel größer. Sie haben das Gefühl, wirklich darüber hinweg zu sein. Sie beneiden andere Raucher nicht mehr. Im Gegenteil, Sie wundern sich, warum die sich solche Glimmstengel in den Mund stecken. Die Gefahr ist deshalb so groß, weil Sie sich zu diesem Zeitpunkt bereits körperlich wie auch mental frei fühlen. Die Versuchung, nun eine Zigarette zu rauchen, ist enorm, und zwar nicht, weil man sich belohnen will oder ein dringendes Verlangen verspürt, sondern um sich selbst zu beweisen, daß man es geschafft hat. Sollten Sie wirklich so dumm sein und sich diese Zigarette anstecken, wird Sie scheußlich schmecken und Ihnen bestätigen, daß sie weder eine Hilfe ist noch Vergnügen bereitet. Sie wird Ihnen nur eines beweisen: *daß Sie frei sind!*

Und Sie waren frei! Bis Sie sich diese Zigarette ansteckten. Doch mit ihr haben Sie Ihrem Körper Nikotin zugeführt. Sobald Sie sie ausdrücken, beginnt der Körper das Nikotin auszuscheiden, und in Ihrem Kopf machen sich Zweifel breit. Eine kleine Stimme sagt: »Es schmeckte scheußlich.« Eine andere antwortet: »Mag sein, aber ich möchte noch eine.« Wenn Sie der Norm entsprechen, widerstehen Sie vorerst der Versuchung, sich sofort eine zweite anzuzünden.

Sie wollen auf keinen Fall wieder abhängig werden, also lassen Sie zur Sicherheit eine gewisse Zeit verstreichen. Wenn Sie dann erneut in Versuchung geraten, können Sie sich sagen: »Ich habe letzte Woche eine geraucht und bin nicht süchtig geworden, was spricht also dagegen, wieder eine zu paffen?« Vielleicht ist es Ihnen zu diesem Zeitpunkt noch nicht bewußt, aber Sie sind erneut in die gleiche Falle getappt – wie in Ihrer Jugend.

Das »Drei-Wochen-Syndrom« ist die größte Annäherung eines Rauchers, der per Willenskraft aufhören will, an den »Moment der Freiheit«. Ich möchte betonen, daß sich die eben beschriebenen Beobachtungen auch nur auf den Versuch mit Willenskraft beziehen. Aber warum beschäftigen wir uns überhaupt so intensiv mit dieser Methode, wo es doch mit der von Allen Carr so leicht ist, und zwar ab dem Moment, in dem man die letzte Zigarette ausdrückt?

Genau das ist mein Dilemma. Ich bin mir nicht sicher, welchen Rat ich Ihnen geben soll. Wenn Sie alle meine Anweisungen verstehen und auch befolgen, kann ich davon ausgehen, daß Sie den »Moment der Freiheit« schon vor oder kurz nach dem Ausdrücken der letzten Zigarette erfahren und niemals wieder in Versuchung geraten werden, eine zu rauchen. Nur zu gerne würde ich Ihnen versichern, daß es bei Ihnen so sein wird. Aber wie können Sie nachprüfen, ob Sie *wirklich* alles verstanden haben? Aus den über die Jahre angesammelten Berichten von Kursteilnehmern weiß ich, daß manche von ihnen gleich mehrere Anweisungen falsch verstanden haben und das Aufhören trotzdem einfach fanden.

Oft höre ich von Rauchern: »Es war genau, wie Sie es vorausgesagt haben, die ersten fünf Tage (oder drei Wochen) waren schwierig, doch dann war es lächerlich einfach.« Ich sage nie etwas in dieser Art. Aber fanden sie es nun schwierig, weil sie genau diesen Punkt mißverstanden haben und allein die Annahme, es könne schwierig sein, sie es auch so empfinden ließ, oder fanden sie es schwierig, weil sie eine ganz andere Äußerung falsch verstanden haben. Ich kann diese Frage nicht beantworten. Auch wenn sie es eine gewisse Zeit lang schwierig fanden, haben sie es doch geschafft. Denken Sie immer daran, daß es auch schon viele Raucher unter Einsatz von Willenskraft geschafft haben. Deshalb dürfen Sie nicht verzweifeln, wenn Sie den »Moment der Freiheit« nicht sofort erleben.

Wie aber können Sie feststellen, daß Sie über dem Berg sind oder Ihr Körper nicht mehr nach Nikotin verlangt? Wenn ich Ihnen keinen Zeitrahmen vorgebe, warten Sie vielleicht Ihr Leben lang darauf. Dann geht es Ihnen wie vielen Rauchern, die mit Willenskraft aufhören. Wenn ich aber sage, es sollte innerhalb von fünf Tagen oder drei Wochen passieren, erwarten Sie auch, daß es in diesem Zeitraum geschieht. Falls sich dies dann aus irgendwelchen Gründen nicht bewahrheitet, verlieren Sie den Glauben daran, fühlen sich niedergeschlagen und bewirken damit, daß es niemals eintreten wird.

Die fünf Tage und drei Wochen sind nachweisbar, doch nicht ganz so exakt einzugrenzen. Das Problem ist, daß dabei viele verschiedene Einflüsse mitwirken. Die fünf Tage nach der letzten Zigarette können aus ganz anderen Gründen gut verlaufen, und Sie denken: »Was soll daran so schwierig sein?« Dann kommt der sechste Tag, und er ist einer von jenen Tagen – wie sie Raucher und Nichtraucher gleichermaßen erleben –, an denen wirklich alles schiefgeht. Die Tatsache, daß Sie nicht mehr rauchen, hat damit überhaupt nichts zu tun, doch die kleine Bestie in Ihrem Körper hat ihre Höchstform erreicht. Sie hatten geglaubt, bereits über dem Berg zu sein, und befinden sich nun mit einem Schlag ganz unten.

Einen weiteren Punkt müssen Sie unbedingt verstehen. Das Verlangen des Körpers nach Nikotin ist identisch mit dem Gefühl von ganz normalem Hunger, Streß oder Panik. Nikotin verstärkt das Gefühl der Leere und Unsicherheit nur noch. Meist stecken Sie sich eine Zigarette an, wenn Sie Hunger verspüren oder unter ganz gewöhnlichem Streß leiden. Sie verschafft eine gewisse Abhilfe, und mit der Zeit glauben Sie, es handle sich um eine echte Erleichterung.

Dies ist einer der Gründe, warum Raucher, die mit Willenskraft aufhören, nie ganz sicher sind, wann sie es wirklich geschafft haben. Es geht ihnen dabei wie jemandem, der, obwohl er schon jahrelang aufgehört hat, immer noch glaubt, eine Zigarette zu brauchen. Wenn sein Körper schon lange Zeit nicht mehr das Gefühl der Leere kennt, das der Nikotinentzug hervorruft, verbindet sein Kopf mit ganz normalem Hunger oder Streß nach wie vor das Bedürfnis: »Ich brauche eine Zigarette!« Dabei würde eine Zigarette kein bißchen helfen, doch woher sollte er das wissen? Er ist nach wie vor davon überzeugt, eine Zigarette würde die Lage verbessern. Der bereits vorhandene Streß wird größer, weil er glaubt, auf ein geeignetes Hilfsmittel verzichten zu müssen.

Es gibt nun zwei Möglichkeiten: Entweder er hat bis an sein Lebensende das Gefühl, etwas zu verpassen, oder er probiert es einfach aus. Leider ist die einzige Möglichkeit, es auszuprobieren, eine Zigarette anzustecken. Damit verschafft er sich eine geringe Erleichterung, und zwar nicht vom ursprünglich erfahrenen Streß und auch nicht vom Streß, den der Nikotinentzug hervorgerufen hat, sondern von jenem zusätzlichen Streß, der aus dem Gefühl entsteht, auf eine Hilfe verzichten zu müssen – die natürlich rein illusorisch ist.

Damit setzt eine Kettenreaktion ein. Dem Körper wurde Nikotin zugeführt. Kaum wird die Zigarette ausgedrückt, verläßt das Nikotin auch schon wieder den Körper und verstärkt damit schon vorhandenen Streß. Erschwerend kommt hinzu, daß man seinen Schwur, niemals mehr zu rauchen, gebrochen hat. Was ist die Folge? Nach dem Motto, wenn schon, denn schon, steckt man die nächste Zigarette an. Auch sie gibt leichten Auftrieb. Und sie hebt den Entzugsstreß nach der ersten Zigarette zum Teil wieder auf. Damit hat man für sich den Beweis erbracht, daß Zigaretten echte Erleichterung verschaffen, und erkennt dabei nicht, daß es sich um eine Illusion handelt. Zu diesem Zeitpunkt ist man sich noch nicht einmal darüber im klaren, daß man bereits wieder in der fleischfressenden Pflanze sitzt und es nur noch in eine Richtung weitergeht, nämlich in die *nach unten!*

Wie können wir diesem Dilemma entrinnen? Warum sollten Sie mir glauben, wenn Sie schon von Dutzenden Rauchern gehört haben, die unter dem gleichen Problem leiden? Wie kann ich beweisen, daß der Entzug von Nikotin wirklich stattfindet, auch wenn er kaum wahrnehmbar und nicht von normalem Hunger oder Streß zu unterscheiden ist? Nun, Raucher leiden auch darunter, wenn sie gerade nicht von Streß geplagt sind. Erinnern Sie sich nur an den Mann auf der Jacht. Er befand sich in einer entspannten Atmosphäre, sein einziger Streß bestand darin, keine Zigaretten zu haben. Oder stellen Sie sich vor, in welche Angst und Panik ein Heroinabhängiger gerät, wenn er keinen Stoff zur Verfügung hat, und wie groß die Erleichterung ist, wenn er wieder zu seinem Heroin kommt. Jemand, der nicht heroinabhängig ist, kennt dieses Gefühl nicht, auch Nichtraucher kennen es nicht, und ebensowenig war es Rauchern wie Heroinsüchtigen bekannt, bevor sie mit der Droge anfingen. Die Droge stellt die Panik nicht ab, *sie verursacht sie!*

Gut, hier ist ziemlich offensichtlich, daß die Droge die Ursache des Problems ist, doch wie soll man feststellen, wann der körperliche Entzug abgeschlossen ist, wenn er gar nicht wahrgenommen wird? Man kann es nicht feststellen! Weil er nicht wahrnehmbar ist, ist es auch nicht nötig zu wissen, wann er vorbei ist. Egal, ob Sie den Entzug erfahren, bevor Sie überhaupt beschlossen haben, mit dem Rauchen aufzuhören, oder danach, das Problem ist mentaler Natur. Es entspringt der Illusion, auf etwas verzichten zu müssen. Ist die Illusion zerstört, verschwindet auch das Problem.

Jemand, der sich das Rauchen abgewöhnt und jahrelang nicht geraucht hat, leidet ganz eindeutig nicht unter *körperlichen* Entzugserscheinungen. Als er versucht hatte aufzuhören, war er davon überzeugt, die Zigarette nach dem Essen zu genießen. Wenn er es damals glaubte, warum sollte er es nach einigen Jahren nicht mehr tun oder bis zum Ende seines Lebens? Doch würde die Illusion immer noch bestehen, wenn er sich vorher selbst bewiesen hätte, daß die Zigaretten nach dem Essen genauso scheußlich schmecken wie alle anderen?

Sie lösen das Dilemma, indem Sie es sobald als möglich selbst ausprobieren. Oder geraten Sie beim Gedanken daran in Panik? Denken Sie immer daran, die Tabakkonzerne brauchen diese Angst und Panik, um Sie in der Falle zu halten. Und denken Sie auch immer daran, daß Nikotin diesen Zustand nicht abschafft, sondern verursacht. Aber – gibt es überhaupt einen Grund zur Panik? Sollte ich Sie wirklich belogen haben, können Sie sich doch jederzeit eine Zigarette anstecken. Aber ich möchte nicht, daß Sie Ihren Versuch mit dieser Einstellung beginnen. Ich will nur betonen, daß es keinen Anlaß zur Panik gibt, und selbst wenn sie sich nicht vermeiden läßt, ist es nicht schlimm. Was kann Ihnen schon Schlimmes passieren, wenn Sie sich nie mehr eine Zigarette anstecken?

SCHLIMMES WIRD IHNEN PASSIEREN,
WENN SIE WEITERRAUCHEN!

Ich werde Sie lediglich auffordern, etwas zu tun, das Sie schon Tausende Male vorher getan haben: eine Zigarette auszudrücken. Doch diesmal handelt es sich um eine ganz besondere Zigarette. Vermutlich ist es die einzige Zigarette Ihres Lebens, die Sie wirklich genießen, ganz einfach deshalb, weil es Ihre letzte ist. Doch wenn Sie beim Ausdrücken dieser letzten Zigarette Wehmut empfinden und das Gefühl haben, ein Opfer zu bringen, wird es Ihnen schlechtgehen.

Und falls Sie dann darauf warten, daß endlich fünf Tage oder drei Wochen vergangen sind, müssen Sie sich die Frage stellen, welche Hoffnungen Sie damit verknüpfen.

Daß das körperliche Verlangen aufhört? Ich habe bereits erklärt, daß dieser Zeitpunkt unmöglich zu fixieren ist.

Daß das Verlangen im Kopf verschwindet? Wenn Sie das nach fünf Tagen oder drei Wochen noch verspüren, kann man auch nicht erwarten, daß es danach aufhört.

Daß Sie feststellen können, ob Sie es geschafft haben oder nicht? Warum sollten Sie nach fünf Tagen oder drei Wochen schlauer sein?

Angenommen, Sie säen Gras aus. Würden Sie sich zehn Tage lang davor setzen und warten, bis sich endlich die ersten Halme zeigen? Das wäre wirklich dumm, außerdem würden Sie sich dabei furchtbar langweilen und deprimiert sein. Weitaus besser ist es in diesem Fall, sein Leben wie gewohnt weiterzuführen und eines Morgens aufzuwachen und voller Freude festzustellen, daß da draußen ein wunderschöner grüner Rasen gewachsen ist. Doch selbst, wenn Sie dumm genug wären, jeden Tag davorzusitzen und zu warten, würde das Gras sich dadurch nicht vom Wachsen abhalten lassen. Es handelt sich dabei um einen biologischen Vorgang, der nicht davon beeinflußt wird, wie gut oder schlecht Sie sich während dieser Zeit fühlen. Und nun stellen Sie sich vor, Sie warten nicht, bis das Gras zu wachsen beginnt, sondern darauf, daß es Ihnen nicht mehr so schlechtgeht. Glauben Sie, es würde Ihnen helfen, wenn es Ihnen zunächst nur fünf Tage lang schlechtginge oder drei Wochen oder vielleicht bis ans Ende Ihres Lebens?

Diesen Aspekt habe ich im Zusammenhang mit dem Aufhören überhaupt nicht beachtet, und ich bin meinem Freund Dennis Bray zu Dank verpflichtet, daß er mich darüber aufklärte. Es war bei einem meiner gescheiterten Versuche, mit Willenskraft aufzuhören. Ich hatte bereits drei Wochen durchgehalten und fühlte mich, soweit ich mich noch erinnern kann, nicht allzu schlecht dabei, als Dennis, der früher auch geraucht hatte, mich fragte, wie es mir gehe.

»Ich habe drei Wochen überlebt.«

»Was meinst du mit drei Wochen *überlebt?*«

»Ich habe es drei Wochen ohne Zigaretten ausgehalten!«

»Und worauf wartest du jetzt? Willst du nun die ganzen Jahre, die du noch vor dir hast, *überleben?* Du hast es doch geschafft, du bist jetzt Nichtraucher!«

Damit brachte er mich zum Nachdenken. Worauf wartete ich noch?

Wollte ich mich mein Leben lang fragen, ob ich jemals wieder rauchen würde? Ich hatte einen kleinen »Moment der Freiheit« und fühlte mich ein paar Tage lang wirklich gut. Ich sage »kleinen«, weil ich die Nikotinfalle damals noch nicht richtig begriff. Und obwohl ich mich einige Tage lang wie erlöst fühlte, ging schließlich etwas schief, und ich saß wieder in der Falle. Aber es blieb etwas hängen für die Zukunft.

Manche Raucher wollen wissen: »Wann werde ich mich als Nichtraucher fühlen?« oder »Was ist das für ein Gefühl, Nichtraucher zu sein?« Würden Sie im Traum jemanden fragen: »Wie ist es, wenn man keine Orangen ißt?« oder, wenn wir die Frage umformulieren: »Wie fühlt man sich, wenn man eine Orange will, aber keine bekommt?« Die Antwort lautet: »Lausig.« Wenn Sie aber gar keine Orange wollen, kümmert es Sie nicht weiter. Im Gegenteil, es würde Ihnen gegen den Strich gehen, wenn Sie eine essen müßten. Das gleiche passiert, wenn Sie sagen: »Ich möchte keine Zigarette.« Ändern Sie etwas an der Vorstellung, Raucher und Nichtraucher seien völlig verschiedene Menschen. Ein Raucher raucht nicht ununterbrochen. In den Zeitspannen zwischen zwei Zigaretten ist er im Grunde Nichtraucher. Aber fühlen Sie sich als anderer Mensch, sobald Sie eine Zigarette ausgedrückt haben? Natürlich nicht! Die meiste Zeit haben Sie den Vorgang des Ansteckens, Rauchens und Ausdrückens nicht einmal bewußt ausgeführt. Was sich mit dem Ausdrücken einer Zigarette änderte, war lediglich die Tatsache, daß Sie sich für eine Weile nicht selbst die Luft abschnürten. In nur wenigen Tagen werden Sie sich genauso fühlen wie immer: *Wie Sie selbst!* Sie werden eine körperlich und geistig leistungsfähigere Person sein, mit mehr Geld, mehr Energie, mehr Selbstvertrauen und mehr Selbstachtung, aber Sie werden immer noch *Sie* selbst sein!

Es ist ausschlaggebend, nicht fünf Tage, drei Wochen oder auch nur fünf Sekunden zu warten, bis man sich als Nichtraucher fühlt. Raucher, die es mit Willenskraft versuchen, machen oft diesen Fehler und haben deshalb häufig so große Probleme. Worauf warten Sie die ganze Zeit? Daß Sie herausfinden, ob Sie jemals wieder rauchen werden? Wenn das zutrifft, dann warten Sie darauf, etwas nicht zu tun: ein Zustand, der andauern wird *bis an Ihr Lebensende!*

Ab dem Moment, in dem Sie Ihre letzte Zigarette ausdrücken, sind Sie Nichtraucher. Denken Sie daran, wir wollen zu einer bestimmten *Einstellung* finden! Es ist entscheidend, mit Euphorie, Selbstvertrauen und dem Glauben an den eigenen Sieg an den Start zu gehen. Sollte der Gedanke an körperliche Entzugserscheinungen Sie noch abschrecken, dann denken Sie daran, daß Sie während Ihres ganzen Raucherlebens darunter gelitten haben, ohne es je zu bemerken. Also kann es Ihnen beim Aufhören von Anfang an nicht schlechtergehen. Denken Sie an das Wettrudern. Die eine Mannschaft ist euphorisch, weil sie gewonnen, die andere deprimiert, weil sie verloren hat. Bei den Ruderern standen die Chancen fünfzig zu fünfzig. Sie haben viel mehr Glück, Sie haben eine hundertprozentige Chance, Ihren Gegner zu besiegen, vorausgesetzt, *Sie befolgen alle Anweisungen.*

Machen Sie sich immer noch Sorgen, Sie könnten den »Moment der Freiheit« nicht erleben? Das ist nicht nötig, denn wenn Sie alle Anweisungen befolgen, werden Sie von dem Augenblick an, in dem Sie Ihre letzte Zigarette ausdrücken, glücklicher Nichtraucher sein und diesen »Moment der Freiheit« überhaupt nicht brauchen. Und dann werden Sie ihn garantiert erleben. Worauf Sie allerdings wirklich achten müssen, ist, alle Anweisungen richtig zu verstehen und zu befolgen. Und was sollte Sie davon abhalten, sich genau daran zu halten?

Im folgenden Kapitel wollen wir eine von drei besonderen Gruppen Rauchern genauer unter die Lupe nehmen:

RAUCHERINNEN

KAPITEL 30

Raucherinnen

Sämtliche Raucher greifen zur Zigarette, weil ihnen durch die Gehirnwäsche vermittelt wurde, daß Rauchen bestimmte Vorteile oder Hilfe bietet. Dabei wirkt die Gehirnwäsche auf jeden Raucher individuell. Sicher ist jedoch, daß man die Raucher in verschiedene Kategorien einteilen kann, zum Beispiel in:

1. Zigaretten-, Pfeifen- oder Zigarrenraucher
2. Raucher von selbstgedrehten oder vorgefertigten Zigaretten
3. Raucher von Zigaretten mit oder ohne Filter
4. Junge Raucher, Raucher mittleren Alters oder ältere Raucher
5. Gelegenheitsraucher, Durchschnittsraucher, starke Raucher
6. Raucher, die in Gesellschaft rauchen, bei Streß, Langeweile, zur Konzentration oder zur Entspannung
7. Raucher, die inhalieren, und solche, die nur paffen
8. Wohlhabende oder finanziell schlecht gestellte Raucher
9. Männliche oder weibliche Raucher

Wenn Sie diese neun Punkte immer wieder neu kombinieren, ergeben sich allein daraus über fünftausend verschiedene Klassifizierungsmöglichkeiten. Nehmen Sie weitere Faktoren hinzu, wie etwa niedriger, mittlerer oder hoher Teergehalt der gerauchten Zigaretten, Abstammung, Hautfarbe oder Religionszugehörigkeit der Raucher, sind die Möglichkeiten schier unerschöpflich. Wie kann Allen Carr all diesen verschiedenen Kombinationen gerecht werden? Eine denkbare Antwort wäre, daß alle der oben genannten Kategorien irgendwann einmal im Laufe meines Raucherlebens Geltung für mich hatten, mit einer Ausnahme: Ich habe es nie geschafft, tief zu inhalieren.

Meine größte Erfolgsquote liegt bei den starken Langzeitrauchern, die sich in jenem Stadium befinden, in dem ich vor zehn Jahren selbst gewesen bin. Die geringste Erfolgsquote erziele ich mit Jugendlichen oder Gelegenheitsrauchern. Ich bin durchaus in der Lage, auf diese Personen einzugehen, doch vielleicht haben sie nicht genügend Vertrauen in mich oder finden es schwierig, sich auf mich einzulassen. Der Hauptgrund dürfte allerdings darin liegen, daß sie nicht die Notwendigkeit sehen oder nicht wirklich den Wunsch hegen, sich aus dem Gefängnis zu befreien.

Außerdem liegt meine Erfolgsquote bei Personen, deren Muttersprache nicht Englisch ist, ebenfalls unter dem Durchschnitt. Das trifft selbst dann zu, wenn die betreffenden Kursteilnehmer besser Englisch sprechen als ich. Dies hat jedoch nichts mit Herkunft oder Hautfarbe zu tun, sondern damit, daß diese Menschen so sehr mit dem Übersetzen beschäftigt sind und dadurch leicht die wichtigen Punkte übersehen. Ich habe zum Beispiel keine Probleme, sauber gesprochenes Französisch zu verstehen. Aber wenn ein Witz erzählt wird, entgeht mir immer die Pointe.

Die zweite Einschränkung bei den Punkten eins bis neun ergibt sich aus der Tatsache, daß ich keine Frau bin. Da jedoch meine Erfolgsquote bei Frauen geringfügig höher ist als bei Männern, scheint das Geschlecht keine Rolle zu spielen.

In Großbritannien und den meisten westlichen Ländern gibt es inzwischen mehr Raucherinnen als Raucher. Besonders besorgniserregend ist, verglichen mit den gleichaltrigen Jungen, die Zahl der rauchenden Mädchen im Teenageralter. Viele Frauen glauben, daß sie aufgrund ihres Geschlechts und einer damit verbundenen Fehlprogrammierung eher dazu neigen. In diesem Zusammenhang ist es wichtig zu erkennen, daß es so etwas wie Veranlagung zur Sucht nicht gibt und daß Frauen ebenso leicht mit dem Rauchen aufhören können wie Männer. Und es ist wichtig zu verstehen, warum es gegenwärtig mehr Raucherinnen als Raucher gibt.

Die sogenannten Experten bieten verschiedenste Erklärungen an, warum der Trend sich irgendwann umgekehrt hat. Früher wurde Rauchen als ganz und gar nicht damenhaft betrachtet, also gab es mehr rauchende Männer. Manche Fachleute führen den Umschwung auf die Frauenbewegung zurück: Frauen sollten nicht nur Hosen tragen und Männerjobs übernehmen, sondern sich darüber hinaus auch noch unsere schlechten Angewohnheiten aneignen. Daraus resultiert wohl auch die große Zahl weiblicher Führungskräfte, die nicht mit handfesten Ausdrücken spart. Doch ich glaube nicht, daß ein Raucher sich – aus welchen Gründen auch immer – bewußt für das Rauchen entscheidet, ebensowenig wie ein Fisch sich entscheidet, an die Angel zu gehen.

Machos führen als Erklärung gerne an, daß nicht die Zahl der Raucherinnen zugenommen hat, sondern daß mehr Männer erfolgreich aufgehört haben, seit Rauchen von der Gesellschaft verpönt wird. Männern würde dies eher gelingen, da sie stärker seien und über größere Willenskraft verfügten.

Leider muß ich alle, die diese Meinung vertreten, enttäuschen. Sorry, Jungs, aber in Wirklichkeit ist genau das Gegenteil der Fall. Meiner Meinung nach hat die Emanzipationsbewegung diese Entwicklung indirekt ausgelöst. Die Frauen wollen nicht ihre Männlichkeit unter Beweis stellen, aber soseh r die Frauenbewegung zur Stärkung ihrer Rechte und der Situation der modernen Frau im allgemeinen beigetragen hat, hat sie doch auch dazu geführt, mehr Streß in den Alltag und das Leben der Frauen zu bringen.

Jede Frau in einer Führungsposition, die traditionell Männern vorbehalten war, wird bestätigen, daß sie das Fünffache dessen leisten muß, was von einem Mann verlangt wird, um die gleiche Anerkennung zu erhalten. Quizsendungen oder Spielshows im Fernsehen werden in der Regel noch immer von Männern moderiert, die mit ihren – sorgfältig einstudierten – Improvisationen besonders witzig sein wollen. Die Rolle der Frauen ist es, halbnackt und mit Dauerlächeln die Szene zu betreten und zwischendurch – ebenso offensichtlich einstudierte – dümmliche Bemerkungen zu machen. Ich will mich gar nicht beklagen, wie jeder Mann bewundere ich die Schönheit des weiblichen Körpers. Doch dieses Bild schmeichelt den geistigen Fähigkeiten der Frauen nun wirklich nicht.

Es stört mich ganz außerordentlich, wenn wir in unseren Kursen auf die Frage nach dem Beruf oft die Antwort hören: »Ich bin nur Hausfrau.« *Nur* Hausfrau! Wie ist es nur möglich, daß in unserem aufgeklärten Zeitalter Hausfrauen von der Gesellschaft so unterbewertet werden und sie sich auch selbst als minderwertig betrachten? Eine solche Haltung wäre entschuldbar, wenn wir uns in der Steinzeit befänden, als der Mann hinaus mußte und Leib und Leben riskierte, um eine Mahlzeit zu beschaffen, während die Frau zu Hause in der Höhle saß und auf ihn wartete.

Im Vergleich zu den meisten anderen Berufen zählt der einer Hausfrau zu den wenigen wirklich anstrengenden. Hat sie dann noch kleine Kinder, ist ihr Tag auch mit deren Betreuung mehr als ausgefüllt. Der Großteil der Hausarbeit besteht aus ziemlich profanen Tätigkeiten, was jedoch nicht heißt, daß Intelligenz dabei keine Rolle spielt. Ich war immer der Meinung gewesen, mein Beruf als Wirtschaftsprüfer sei mit sehr viel Verantwortung verbunden. Ich hatte eine Menge Streß, doch nur, weil ich diese Arbeit haßte. Die Arbeit, die ich jetzt mache, beinhaltet weitaus mehr Verantwortung, denn ich habe das Leben vieler Menschen in der Hand, und dennoch empfinde ich keinerlei Streß dabei, im Gegenteil, es geht mir zunehmend besser.

Ich weiß, daß ich diese Zeilen bereuen werde, aber meine eigene Situation ist ein klassisches Beispiel für die Ungerechtigkeit, die vielen Frauen in unserer sogenannten aufgeklärten Zeit widerfährt. Im Lauf der Jahre hat man mir für mein Wissen über das Rauchen und meine einzigartige Methode viele Komplimente gemacht. Einer der Gründe meines Erfolgs liegt darin, daß ich über den Luxus verfüge, meine Zeit und mein Denken fast ausschließlich auf den Kampf gegen das »Kraut« verwenden zu können. Ich betrachte mich als glücklichen Mann. Das verdanke ich jedoch nur der Fähigkeit meiner Frau Joyce, ihre Gedanken und ihre Energie auf tausenderlei Dinge konzentrieren zu können und diese nicht nur äußerst effizient abzuwickeln, sondern dabei auch noch gutgelaunt zu sein.

Ich muß mich nicht um das Bezahlen der Rechnungen kümmern, muß weder das Haus putzen noch einkaufen, kochen oder ans Telefon gehen. Als wir gemeinsam das Büro in London führten, hat sie vermutlich die Hälfte der Anrufer bereits kuriert, ehe sie zu mir durchkamen. In manchen Dingen bin ich völlig hilflos ohne sie, zum Beispiel wenn es darum geht, Kleidung zu kaufen. Ich weiß schon seit langem nicht mehr, welche Kragenweite ich habe. Zum Glück kann ich mich noch selbst anziehen, doch würde sie mir nicht jeden Morgen meine Sachen zurechtlegen, wäre ich wie ein gestrandeter Wal! Doch wer sammelt all die Lorbeeren im Kampf gegen das Rauchen ein? Das Leben kann ganz schön ungerecht sein. Hinter jedem großen Mann steht eine Frau. Ich vermute, in den meisten Fällen steht vor jeder großen Frau ein relativ mittelmäßiger Mann.

Der größte Trugschluß beim Rauchen ist der, daß es helfe, Streß zu bewältigen. Es gibt heute mehr Raucherinnen als Raucher, weil – glauben Sie es oder nicht – Frauen größerem Streß ausgesetzt sind als Männer. Indem die Frauen ermutigt wurden, für ihre Rechte zu kämpfen und mit den Männern gleichzuziehen, hat die Frauenbewegung dazu beigetragen, den Streß zu vermehren. Ich möchte die emanzipatorischen Bestrebungen auf keinen Fall kritisieren, im Gegenteil, meine Sympathien sind auf der Seite der Frauen, und ich unterstütze sie. Ich gebe auch offen zu, daß Frauen im allgemeinen nicht nur den Männern gleichwertig, sondern ihnen sogar überlegen sind. Wenn man sich eingehender mit den biologischen Gegebenheiten befaßt, wird man feststellen, daß es sich bei den Männern nicht um ein eigenes Geschlecht handelt, sondern lediglich um eine Variante des weiblichen Körpers oder um einen Weg der Natur, eine größere Genvielfalt zu schaffen. Und mit zwei Geschlechtern bereitet der Akt der Fortpflanzung natürlich viel größeres Vergnügen!

So berechtigt das Eintreten der Frauen für ihre Rechte auch ist, so bedeutet es doch zusätzlichen Streß. Viele Frauen müssen heute nicht nur mit den Männern Schritt halten, sie müssen auch immer noch Kinder gebären, Erziehungsarbeit leisten, das Haus in Ordnung halten, sich um Essen und Kleidung für die Kinder kümmern. Nur wenige moderne Männer wären in der Lage, alle diese Aufgaben zu bewältigen, selbst wenn sie es grundsätzlich wollten. Kein Wunder, daß heute mehr Frauen als Männer rauchen.

Ein Wort der Warnung an die Damen. Aus meinen Äußerungen mögen Sie vielleicht schließen, daß es für Sie schwieriger ist aufzuhören oder daß es in Ihrem Fall sogar klüger wäre weiterzurauchen. So ist es nicht! Ich will damit nur sagen, und vielleicht habe ich damit nicht einmal recht, daß Frauen mehr Streß im Alltag haben als Männer. Aus diesem Grund tappen sie eher in die Falle und bleiben auch leichter darin hängen. Machen Sie sich eines ganz klar: Rauchen hilft nicht gegen Streß. Für die meisten Raucher ist es die Hauptursache ihres Stresses, und aufgrund ihrer Nikotinabhängigkeit erscheinen ihnen auch viele andere Dinge in ihrem Leben besonders anstrengend und belastend.

Ich spreche dabei nicht von den negativen Auswirkungen der zunehmenden Vergiftung auf die körperliche und geistige Verfassung, auf das Leistungsvermögen und die Selbstachtung. Dies verstärkt zwar auch den Streß im täglichen Leben, doch in erster Linie meine ich das Gefühl der Panik, Leere und Unsicherheit, das unter dem Einfluß von Nikotin entsteht. Durch das Zusammenwirken all dieser Faktoren erscheinen dem Raucher banale, alltägliche Rückschläge, die ein Nichtraucher spielend bewältigt, wie große Katastrophen.

Aber nehmen wir einmal an, Zigaretten würden tatsächlich helfen, Streß besser zu bewältigen. Demnach müßten Raucher im Vergleich zu Nichtrauchern relativ ruhige und entspannte Menschen sein. Entspricht das der Realität? Sind Raucher nicht meist angespannt und ruhelos, vor allem dann, wenn sie gerade nicht rauchen können? Brauchen nicht Raucher meist etwas, um ihre Nervosität zu bekämpfen? Warum sind Raucher so nervöse Menschen, wenn Zigaretten angeblich die Nerven beruhigen?

Sie werden viel weniger Streß haben, wenn Sie mit dem Rauchen aufgehört haben. Und jeder Raucher kann auf einfache Weise aufhören. Mutter Natur hat jeden von uns mit den entsprechenden Fähigkeiten ausgestattet, um normalen Streß zu bewältigen, und dabei hat das Rauchen mit seinen verhängnisvollen Folgen keine Rolle gespielt. Dafür hat sie uns mit dem entsprechenden Warnsignal ausgestattet, um uns vor dem Rauchen zu schützen.

Mit dem Rauchen sind viele tragische Aspekte verbunden. Ganz oben auf der Liste steht das Rauchen in der Schwangerschaft. Es macht mich wirklich wütend, daß unsere Gesellschaft es jungen Mädchen so leichtmacht, in die Falle zu tappen. Wir nötigen sie geradezu hineinzutreten. Wenn sie dann schwanger werden und die bis dahin wahrscheinlich anstrengendste Phase ihres Lebens durchmachen und ihre kleine Krücke am dringendsten zu brauchen glauben, setzen wir sie unter Druck, damit aufzuhören. Sollten sie es nicht schaffen, begegnen wir ihnen mit der gleichen Verachtung wie einem Kinderschänder.

Vom medizinischen Standpunkt aus ist diese Haltung verständlich Doch der Mutter oder dem ungeborenen Kind ist damit nicht geholfen. Nichtraucher, ehemalige Raucher, Verwandte und Außenstehende glauben allerdings, das Recht und die Verpflichtung zu haben, die junge Frau an den Pranger zu stellen. Selbst rauchende Freundinnen beteiligen sich an der Zurechtweisung: »Ich verstehe wirklich nicht, warum du in der Schwangerschaft rauchen mußt. Ich an deiner Stelle würde sofort aufhören.« Das gilt jedoch nur, bis sie selbst in die gleiche Lage kommen.

Manche Mädchen haben Glück. Wie von selbst verändern sich, zum Vorteil von Mutter und Kind, ihre Eßgewohnheiten, und gleichzeitig scheint ihnen die Lust auf Zigaretten zu vergehen. Hier haben wir wieder einmal ein Beispiel für die einzigartige Funktionsweise des menschlichen Körpers. Andere junge Frauen dagegen entscheiden sich ganz bewußt, mit dem Rauchen aufzuhören, und schaffen es nicht. Selbst wenn das Baby gesund auf die Welt kommt, haben sie deshalb ein schlechtes Gewissen, obwohl man ihnen selbst gar nicht die Schuld dafür geben kann. Ich wage nicht daran zu denken, von welchen Selbstvorwürfen sie geplagt wären, wenn das Baby mit einer Behinderung geboren würde. Aber manche schaffen es tatsächlich – bis nach neun beschwerlichen, angsterfüllten, erwartungsvollen und aufregenden Monaten der neue Erdenbürger geboren wird.

Wenn es Mutter und Kind gutgeht, sind Ängste und Erschöpfung zunächst vergessen. Die junge Mutter befindet sich nun in Hochstimmung. Sie erlebt ein Wechselbad der Gefühle; das Gehirn signalisiert jetzt: *Ich brauche eine Zigarette!*

Manche Frauen berichten, daß sie während der Schwangerschaft die meiste Zeit nicht geraucht, sich aber sofort nach der Geburt eine Zigarette angesteckt haben. Manche widerstehen diesem spontanen Impuls, werden aber in der Phase der postnatalen Depression schwach. Leider ist die Schwangerschaft nur für wenige ein Anlaß, für immer aufzuhören. Wenn der ursprüngliche Grund nicht mehr relevant ist, verschwindet auch der Wunsch, nicht mehr zu rauchen.

Viele schwangere junge Frauen ignorieren die schädlichen Auswirkungen des Rauchens auf ihr ungeborenes Kind oder rechtfertigen sie mit der Aussage: »Ich denke, ich würde dem Baby mehr schaden, wenn ich zum jetzigen Zeitpunkt versuchen würde aufzuhören.« Manche behaupten sogar, ihr Arzt hätte ihnen aus diesem Grund verboten, mit dem Rauchen Schluß zu machen. Ich könnte ein eigenes Buch darüber schreiben, was die Ärzte angeblich für Ratschläge zum Thema Rauchen geben. Ich bezweifle nicht, daß einige davon richtig sind, doch die meisten werden von Rauchern aus dem Zusammenhang gerissen zitiert, unterliegen einer gewissen erzählerischen Freiheit oder – auch ein beliebter Trick – werden von anderen Rauchern übernommen, nach dem Motto, was für diesen Raucher gilt, gilt auch für mich.

Viele Ärzte raten werdenden Müttern, den Zigarettenkonsum einzuschränken, wenn sie schon nicht ganz damit aufhören können. Sicher geschieht dies in bester Absicht und klingt auch logisch, doch, wie ich in Kapitel 31 erklären werde, ist es für die werdende Mutter die schlechteste von drei Alternativen. Anstatt sich für nur wenige Tage den Entzugserscheinungen von Nikotin auszusetzen – seien sie psychischer oder körperlicher Natur –, setzt sie sich die ganzen neun Monate lang dem zusätzlichen Streß aus. Der wirklich schlimme Effekt jedoch ist, daß sich in den Kopf dieser Frau die Illusion eingräbt, eine Zigarette sei etwas ganz Kostbares. Nach der Geburt findet sie sich in der gleichen Situation wieder, wie jemand, der eine Diät macht und das Gefühl des Verzichts nicht mehr länger ertragen kann. Der Diätwillige geht auf Freßtour, der Raucher pafft eine Zigarette nach der anderen.

In den letzten Jahren sind immer mehr Firmen mit der Bitte an uns herangetreten, mit ihnen gemeinsam Konzepte gegen das Rauchen zu entwickeln. Dieser Trend ist sehr ermutigend und wird erheblich dazu beitragen, den Feind zu besiegen. Die meisten Firmen haben keine Ahnung, wie viele positive Aspekte sich daraus ergeben, und sind immer wieder erstaunt, daß vor allem die Raucher über diese Bestrebungen froh sind – vorausgesetzt, man packt es richtig an. Leider gelingt dies vielen Firmen nicht, und bei genau diesen Gelegenheiten hört man oft so sonderbare Ausreden wie: »Mein Arzt hat gesagt ...«

Vor kurzem behauptete eine junge Frau, die an Asthma litt, ihr Arzt hätte ihr geraten zu rauchen, um sich bei Asthmaanfällen Erleichterung zu verschaffen. Sie erzählte dies in einer Gruppe von dreißig Rauchern. Ich sagte: »Aber Rauchen ist eine der Hauptursachen von Asthma. Ich kann kaum glauben, daß Ihr Arzt Ihnen wirklich diesen Rat gegeben hat.« Sie blieb bei ihrer Behauptung. Ich sagte daraufhin: »Das ist ein Skandal, bitte nennen Sie mir den Namen dieses Arztes.« Diese Frage veranlaßte sie, ihre Behauptung etwas abzuschwächen: »Nun, er sagte es nicht direkt. Ich erzählte ihm, daß ich bei einem Asthmaanfall eine Zigarette geraucht habe, die mir zu helfen schien, und er nickte dazu.« Hätte ich nicht weitergefragt, hätten dreißig Raucher danach verbreiten können, Rauchen wirke lindernd bei Asthmaanfällen.

Nun will ich nicht weiter ins Detail gehen, inwiefern Rauchen einem ungeborenen Kind Schaden zufügen oder es sogar um sein Leben bringen kann. Darüber wurde schon genug geschrieben, und außerdem sind die negativen Auswirkungen auf ihr Kind nicht unbedingt das, was eine schwangere Frau dauernd hören will. Sie weiß das instinktiv, und wenn es ihr helfen würde aufzuhören, hätte sie es längst getan. Doch all die Leute, die es gut meinen und schwangeren Frauen ein schlechtes Gewissen einreden, scheinen nicht zu realisieren, daß die Frauen selbst sich am meisten der Gefahren bewußt sind. Sie geben es vielleicht nicht zu und versuchen, ihr Handeln zu rechtfertigen, verhalten sich damit aber nur wie alle anderen Raucher. Sie fühlen sich bereits schuldig. Und je mehr Schuldgefühle ihnen andere einreden, um so mehr brauchen sie das, was sie für ihre Krücke halten.

Abgesehen von der Schwangerschaft selbst und den Anfeindungen von außen, erleben schwangere Mädchen oft noch einen Schock ganz anderer Art. Die meisten jugendlichen Raucher glauben, alles unter Kontrolle zu haben und jederzeit aufhören zu können. Die Schwangerschaft ist dann oft der Auslöser dafür, daß ihnen bewußt wird, daß auch sie zu den Millionen »Nikotinjunkies« gehören!

Aber eine Folge des Rauchens, die sich auf ein Baby auswirkt, sollte ich doch erwähnen. Ich habe gelesen, daß Kinder heroinsüchtiger Mütter unter Entzugserscheinungen leiden. Das erscheint naheliegend, denn schließlich ist das Ungeborene an den Blutkreislauf der Mutter angeschlossen. Daraus könnte man ableiten, daß es sich mit Nikotin genauso verhält. Ich führte eine Erhebung unter den Babys in meinem Verwandten- und Bekanntenkreis durch, um herauszufinden, welche in den ersten Wochen nach der Geburt im allgemeinen zufriedener waren.

Dazu muß ich anmerken, daß meine Umfrage nicht mehr als zwanzig Kinder umfaßte und auch nicht streng wissenschaftlichen Anforderungen genügte. Dabei kam heraus, daß Mütter, die nicht rauchten, zum größten Teil zufriedenere Babys hatten, die Kinder der rauchenden Mütter hingegen durchweg unzufrieden waren.

In den meisten Fällen verließ ich mich auf Beobachtungen, die ich schon Jahre vor meiner Umfrage gemacht hatte. Sie werden mir vielleicht unterstellen, daß ich das Ergebnis so manipuliert habe, daß es meinen Erwartungen entsprach. Damit liegen Sie aber falsch. Die Resultate schienen meiner Ansicht zu widersprechen und veranlaßten mich, meine These ernsthaft in Frage zu stellen. Ich behaupte immer, der körperliche Entzug von Nikotin sei kaum wahrnehmbar und Raucher leiden nicht unter dem winzigen Stich, sondern darunter, daß sie sich nicht kratzen dürfen. Sollte ein Baby durch den Nikotinentzug körperlich beeinträchtigt sein, kann es unmöglich wissen, daß eine Zigarette Abhilfe schaffen würde. Aber aus welchem Grund ist es dann so unruhig?

Bei meinen Versuchen, mit Willenskraft aufzuhören, war ich immer sehr angespannt, weil ich keine Zigarette rauchen durfte. Dabei half mir auch die Erkenntnis nicht, daß das Gefühl der Leere durch die Zigaretten ausgelöst wurde und bald verschwinden würde. Ich kannte nur zwei Situationen: die eine, in der ich glaubte, die Zigarette würde das Gefühl der Leere abschwächen, und die andere, in der ich wußte, daß sie der Auslöser dafür war. Ich habe keine Ahnung, was für ein Gefühl es ist, unter Nikotinentzug zu leiden, diesen Zustand aber nicht mit Zigaretten in Verbindung zu bringen. Wie sollte ich mir also darüber ein Urteil erlauben?

Doch folgende Überlegung könnte uns helfen. Ich habe den körperlich wahrnehmbaren Nikotinentzug mit dem Hunger nach Essen verglichen. Ich weine heute nicht mehr, wenn ich hungrig bin, aber als Baby tat ich es. Es ist von der Natur so eingerichtet, daß ein Säugling mit Weinen seinen Hunger signalisiert. Wenn es unter den Entzugserscheinungen von Nikotin leidet, empfindet es permanent ein Hungergefühl und weint deshalb auch ständig. Füttern befriedigt es jedoch nicht, im Gegenteil, die erschöpfte und verunsicherte Mutter neigt dazu, das Kind zu überfüttern, und verschlimmert die Situation dadurch noch.

Inzwischen wird auch der Zusammenhang zwischen Rauchen und plötzlichem Kindstod diskutiert. Ich weiß nicht, inwieweit eine wissenschaftlich erwiesene Verbindung zwischen diese beiden Phänomenen besteht, doch eines steht fest: Die Geburt ist eine der größten Belastungen, denen ein Lebewesen ausgesetzt ist. Ich weiß nur zu gut, in welche depressiven Zustände ein Raucher verfällt, der per Willenskraft aufhören will. Doch ich war mir immer der Tatsache bewußt, daß ich diesen Zustand jederzeit beenden konnte, indem ich mir eine Zigarette ansteckte. Und lieber wäre ich gestorben, als dieses Elend auf Dauer zu ertragen. Aber wer kann schon beurteilen, welchen Qualen ein Baby ausgesetzt ist, das überhaupt keine Wahl hat, das nicht einmal eine illusorische Lösung für ein Problem parat hat, für das es nichts kann? Vielleicht entscheidet sein Instinkt, nachdem es gerade das Trauma der Geburt überstanden hat und noch nicht viel Widerstandskraft besitzt, daß überhaupt nicht zu atmen besser sei, als ein weiteres Trauma zu erleiden.

Es ist statistisch erwiesen, daß Frauen in westlichen Ländern im

Durchschnitt älter werden als Männer. Nun deutet aber alles darauf hin, daß sich die Kluft allmählich schließt. Besteht hier vielleicht ein direkter Zusammenhang zwischen Rauchen und Lebenserwartung?

Aber kommen wir zurück zum Wesentlichen. Egal, ob männlich oder weiblich, schwanger oder nicht, ich möchte, daß Sie aus dem ganz egoistischen Grund aufhören, einfach mehr Spaß am Leben zu haben! Ich behaupte nicht, daß es im Leben keine ernsten Probleme gibt. Sollten Sie ein solches Problem haben, und steht es in Ihrer Macht, etwas dagegen zu tun, dann tun Sie es! Können Sie es nicht ändern, dann akzeptieren Sie es einfach. Es ist niemandem damit geholfen, wenn Sie sich dauernd darüber Sorgen machen. Falls Sie Raucher sind, haben Sie ein ernstes Problem! Doch zum Glück können Sie etwas daran ändern: *Hören Sie mit dem Rauchen auf!*

Sie werden wie ich und Tausende anderer herausfinden, daß sich viele Probleme, die einmal so übermächtig schienen, in nichts auflösen. Egal, welcher Art Ihre Probleme sind und ob sie tatsächlich oder nur in Ihrer Vorstellung existieren, sobald Sie aus der Nikotinfalle entkommen sind, werden sie Ihnen viel kleiner erscheinen, als es heute der Fall ist.

Raucher, die mit Erfolg aufgehört haben, geraten vor allem aus zwei Gründen wieder in die Falle. Zum einen haben sie sich vielleicht nicht ganz aus den Fängen des Rauchens befreit, das Gefühl des Verzichts ist noch unterschwellig vorhanden. Doch selbst wenn dies völlig unter Kontrolle ist, besteht immer noch die Gefahr, durch Einwirken des zweiten Faktors erneut in die Falle zu tappen, und zwar durch die

GELEGENHEITSRAUCHER.

KAPITEL 31

Gelegenheitsraucher

»Kleine Freuden versüßen den Alltag.«

»Es schadet nicht, solange man es in Maßen tut.«

Das mag für manche Dinge im Leben gelten, doch auf das Rauchen oder jede andere Form der Drogenabhängigkeit angewandt, heißt es nichts anderes als: »Es tut gut, die Füße in Treibsand zu stecken, aber nicht weiter als knietief.«

»Sie können ruhig die Niagarafälle überqueren, aber steigen Sie nicht weiter als einen Meter hinunter.«

Sie glauben, das seien keine passenden Vergleiche? Und ob! Das erste Beispiel unterscheidet sich vom zweiten nur dadurch, daß beim zweiten die Folgen klar auf der Hand liegen und unmittelbar eintreten, während beim ersten die Auswirkungen subtil sind und relativ lange auf sich warten lassen. Das macht sie aber auch so gefährlich. Wie viele Menschen, glauben Sie, haben ihr Leben im Treibsand verloren oder beim Überqueren der Niagarafälle?

Jeder Raucher, der schon mehrmals vergeblich versucht hat, seinen Konsum zurückzuschrauben, weiß aus Erfahrung, daß dies nur für einen begrenzten Zeitraum möglich ist. In *Endlich Nichtraucher!* und in unseren Kursen bin ich schon ausführlich darauf eingegangen, warum gelegentliches oder reduziertes Rauchen nicht funktionieren kann. Doch trotz dieser Informationen und der eigenen Erfahrungen werden immer wieder Raucher rückfällig, weil sie glauben, alles unter Kontrolle zu haben. Genau das ist auch der Grund, warum Raucher überhaupt in die Abhängigkeit geraten.

Lassen Sie mich eins klarstellen: Ich behaupte nicht, das sei der einzige Grund, abhängig oder rückfällig zu werden. Aber ich behaupte, daß ein Raucher noch so triftige Gründe haben kann, sich eine Zigarette anzuzünden, seien sie echt oder illusorisch, er würde doch niemals diese eine rauchen, wenn er wüßte, daß er von nun an bis an sein Lebensende rauchen muß und nie mehr aufhören kann. Doch wenn es Ihnen gelingt, diesen Zusammenhang richtig zu erkennen, werden Sie niemals wieder in die Falle geraten.

Vielleicht zweifeln Sie an meiner Theorie. Machen wir den Test mit einem Beispiel, das wir ganz sicher als angenehm empfinden. Lange bevor ich es mir zeitlich oder finanziell leisten konnte, erschien mir das Golfspielen außerordentlich attraktiv. Ich wußte, ich würde süchtig werden, wenn ich einmal damit anfinge. Hätten Sie jedoch vor dem ersten Mal, als ich auf den Platz ging, zu mir gesagt: »Du kannst diese Runde spielen, aber dann mußt du von nun an von morgens bis abends spielen, Tag für Tag, bis ans Ende deines Lebens«, wäre ich niemals auf diese Bedingung eingegangen, sosehr mir dieser Sport auch gefiel. Und selbst wenn ich so dumm gewesen wäre, auf diesen Vorschlag einzugehen, wäre ich des Golfens nach drei Monaten überdrüssig geworden. Ich kann mir beim besten Willen nicht vorstellen, daß es auch nur einen Menschen gibt, der eine Zigarette anfassen würde, wenn er im voraus wüßte, daß er danach von morgens bis abends, Tag für Tag rauchen müßte.

Warum fallen wir aber dann sogar wiederholt in die Falle, obwohl wir wissen, daß es aus logischen Gründen nicht bei der gelegentlichen Zigarette bleiben kann und dies auch schon selbst erfahren haben? Es ist möglich, weil ein Teil der Gehirnwäsche noch wirkt und diese Information unser eigenes theoretisches und praktisches Wissen zurückdrängt. Die Information lautet, es ist möglich, das Rauchen unter Kontrolle zu halten oder nur gelegentlich zu einer Zigarette zu greifen. Ich kann nur wiederholen, diese Information ist falsch. Doch erst einmal zu den wichtigsten Störfaktoren, die uns ins Wanken bringen:

1. Nicht jeder Jugendliche wird nach der ersten Zigarette abhängig. Tatsache ist also, daß manche Personen eine Zigarette rauchen können, ohne süchtig zu werden. Vielleicht gehöre auch ich dieses Mal zu den Glücklichen.
2. Wenn ich es schon einfach fand, ganz aufzuhören, muß es doch noch einfacher sein, nur gelegentlich eine zu rauchen. Und selbst wenn Allen Carr recht hat und ich erneut süchtig werde, kann ich ja mit seiner Methode wieder aufhören.
3. Allen Carr geht davon aus, daß alle Raucher süchtig werden und dies für den Rest ihres Lebens bleiben. In Wahrheit hören aber viele Raucher auf, sobald sie es nicht mehr genießen. Millionen von Menschen haben das bereits bewiesen.
4. Zu Beginn war ich selbst Gelegenheitsraucher. Ich konnte rauchen, es aber genausogut lassen. Ich rauchte nur solche, die ich wirklich wollte, und weiß deshalb, daß es möglich ist. Das ist eine Tatsache.

5. Ich kenne eine Reihe von ehemals starken Rauchern, die nun glücklich darüber sind, nur einige Zigaretten oder bei manchen Gelegenheiten eine Zigarre zu rauchen. Ich selbst habe das wiederholt über einen längeren Zeitraum praktiziert, weiß also, daß es möglich ist. Auch das ist eine unumstößliche Tatsache.
6. Ich kenne einige Gelegenheitsraucher, die diesen Zustand ihr Leben lang aufrechterhalten und glücklich damit sind. Daher weiß ich, daß dies möglich ist. Wieder eine feststehende Tatsache.

Diese Fakten summieren sich zu überzeugendem Beweismaterial dafür, daß es, wenn nicht Ihnen oder mir, doch einigen Rauchern möglich ist, ihr Leben lang als Gelegenheitsraucher glücklich zu sein. Ich habe noch keinen Raucher getroffen, der nicht einen Gelegenheitsraucher beneiden würde. Selbst die Mehrzahl jener, die *Endlich Nichtraucher!* gelesen oder einen Kurs mitgemacht haben, kennen dieses Neidgefühl. Das bestätigt meine Behauptung, daß ein Teil der Gehirnwäsche noch nachwirkt. Die oben angeführten Punkte sind zum Großteil nicht anfechtbar, mit einer Ausnahme: der Verwendung des Wortes »glücklich«. Es gibt keine glücklichen Raucher, egal, ob Gelegenheits- oder andere Raucher.

Dieses Märchen müssen wir ein für allemal aus der Welt schaffen. Einige Jugendliche werden nach der ersten Zigarette tatsächlich nicht süchtig. Doch sie sind die Stecknadel im Heuhaufen, und sie werden von Ihnen nicht wegen des Rauchens dieser einen Zigarette beneidet, sondern nur aus dem einen Grund: *Sie wurden keine Raucher!* Das Problem der ersten Zigarette ist folgendes: Wenn Sie Pech haben, werden Sie abhängig, wenn Sie Glück haben, bleiben Sie Nichtraucher. Genausogut könnten Sie eine Münze werfen: *Bei Kopf gewinnen Sie nichts! Bei Zahl verlieren sie alles!!*

Es ist höchste Zeit, mit dem Mythos des glücklichen Gelegenheitsrauchers aufzuräumen. Vielleicht glauben Sie an eine nette Alternative zwischen dem Dasein als Nichtraucher und der lebenslangen Sucht? Da es offensichtlich viele solcher Raucher gibt, müßten doch auch Sie es schaffen, einer von ihnen zu werden. Sie können es, nicht nur theoretisch, sondern auch praktisch. Doch bevor Sie sich zu sehr über diese Aussicht freuen, sollten wir überlegen, warum Sie nicht schon längst zu dieser Gruppe gehören, oder, für den Fall, daß Sie einer dieser glücklichen Gelegenheitsraucher sind, warum Sie nun dieses Buch lesen. Klären wir als erstes die Frage, ob Sie tatsächlich Gelegenheitsraucher werden wollen.

Mein Beispiel vom Golfen war gar nicht so unrealistisch. Niemand würde wohl von morgens bis abends, Tag für Tag bis an sein Lebensende Golf spielen wollen. Doch wenn es nur ein- oder zweimal die Woche wäre, würden sicher viele Golfer die Gelegenheit ergreifen, oder? Nun nehmen wir an, ich könnte es Ihnen ermöglichen, bis ans Ende Ihres Lebens täglich nur zwei Zigaretten zu rauchen. Würden Sie darauf eingehen? Oder noch besser, Sie wären in der Lage, ihren Zigarettenkonsum so unter Kontrolle zu halten, daß Sie nicht gewohnheitsmäßig rauchen, sondern nur dann, wenn Sie wirklich den Wunsch danach verspüren. Bevor Sie nun aber vom Regen in die Traufe kommen, habe ich eine sehr gute Nachricht für Sie. Genau das machen Sie ja gegenwärtig, ebenso wie alle anderen Raucher. Sie mögen diese Behauptung in Frage stellen, aber sind Sie jemals gezwungen worden, eine Zigarette zu rauchen? Sie haben doch jede einzelne Zigarette bisher nur geraucht, weil Sie selbst es wollten. Die Tatsache, daß ein Teil Ihres Gehirns Ihnen sagt, sie nicht zu rauchen, ändert daran nichts.

Strenggenommen ist es auch nicht ganz richtig, daß jeder Raucher dann raucht, wenn er selbst den Wunsch dazu hat. Mit jeder Zigarette, die Sie bisher geraucht haben, sind Sie Ihrem eigenen Wunsch nachgekommen, doch gibt es immer wieder Gelegenheiten, bei denen Sie nur zu gern rauchen würden, es aber nicht können, weil sie entweder gerade keine Zigaretten haben oder das gesellschaftliche Umfeld es nicht erlaubt, oder auch, weil Ihr Verstand Ihnen sagt: *Rauche nicht!* Wenn also Raucher genau dann rauchen könnten, wenn tatsächlich der Wunsch danach besteht, würden sie mehr rauchen, auf keinen Fall aber weniger. Es gäbe nichts mehr, was ihren Konsum einschränken würde, und sie würden Kettenraucher werden, wie ich es war. *Das ist die natürliche Tendenz.*

Also gehen wir davon aus, Sie wollen auf den Stand von zwei Zigaretten pro Tag kommen. Auch hier habe ich gute Nachrichten für Sie. Wenn das Ihr Wunsch ist, können Sie ihn in die Tat umsetzen. Wer sollte Sie davon abhalten? Warum haben Sie nicht schon Ihr ganzes Raucherleben lang nur zwei Zigaretten am Tag geraucht, wenn Sie die Gelegenheitsraucher so beneiden? Wären Sie mit nur zwei Zigaretten täglich nicht glücklich gewesen? Natürlich nicht, *weder Sie noch ein anderer Raucher!*

Bevor Sie nun aber anfangen, Gelegenheitsraucher tatsächlich zu beneiden, wollen wir uns diese Gruppe einmal näher ansehen. Während dieser Betrachtung sollten Sie zwei Fakten deutlich vor Augen haben:

1. Jeder Raucher wünscht sich, er hätte nie begonnen.
2. Jeder Raucher lügt. Er belügt andere, und er belügt sich selbst.

In Kapitel 25 von *Endlich Nichtraucher!* berichtete ich von einem Mann, der mich spätabends anrief: »Mr. Carr, bevor ich sterbe, möchte ich aufhören zu rauchen.« Dem Mann war es ernst, und man konnte deutlich erkennen, daß mit seiner Stimme etwas nicht in Ordnung war. Er erklärte mir, daß er an Kehlkopfkrebs erkrankt sei, daß er nicht aufhören könne zu rauchen, ohne einen »Cold Turkey« zu bekommen, und nun die Menge schrittweise reduzieren wolle. Inzwischen war er von vierzig Filterzigaretten auf fünf Selbstgedrehte pro Tag heruntergekommen, schaffte es aber nicht, diese Menge weiter zu verringern. Ich riet ihm: »Sie machen den größten Fehler, wenn Sie versuchen, die Zahl der Zigaretten einzuschränken. Rauchen Sie noch ein paar Tage, wann immer Sie wollen, und dann kommen Sie zu mir.«

Das war noch zu Beginn meiner Kurstätigkeit, und ich hatte einfach nicht damit gerechnet, daß er ein ganzes Jahr lang äußerste Willenskraft aufgebracht und größte Depressionen durchgestanden hatte, um seinen Konsum von vierzig auf fünf Zigaretten herunterzuschrauben. Seine ganze Energie war dadurch aufgebraucht. Ich hörte durch das Telefon, wie erschüttert er war. Da machte ich den zweiten Fehler. Anstatt darauf zu bestehen, daß er meine Anweisungen befolgte, willigte ich ein, ihn am nächsten Tag zu empfangen. Er brauchte zwei Sitzungen und war bei jeder in Tränen aufgelöst. Im Grunde gab das große Elend dieses Mannes den Anstoß, *Endlich Nichtraucher!* zu schreiben.

Wie ich bereits sagte, halten Raucher nur aus Angst an ihrer Sucht fest. Und wer bereits unter einer nikotinbedingten Erkrankung leidet, empfindet diese Angst noch stärker. Eine Einschränkung des Konsums mindert nur den Wunsch aufzuhören und verstärkt gleichzeitig die Illusion, Rauchen sei ein Genuß. Dadurch wächst die Panik und hindert Raucher daran, meine Anweisungen richtig zu verstehen. Diese Enttäuschung erlebe ich immer wieder mit Rauchern, die bereits erkrankt sind. Ich weiß, daß auch ihnen das Aufhören leichtfallen könnte, doch es ist schwierig, sie in einen so entspannten Zustand zu versetzen, daß sie meine Ausführungen nicht nur hören, sondern auch verstehen.

Das erste Treffen mit diesem Mann war absolut nutzlos. Ich drang nicht zu ihm durch. Doch die Saat, die ich gesät hatte, begann während unseres zweiten Treffens aufzugehen. Für kurze Zeit war die Angst aus seinem Gesicht gewichen, kehrte jedoch nach einigen Momenten wieder zurück. Stellen Sie sich vor, eine Person fällt aus einem Boot in einen sehr tiefen See. Sie greifen nach ihr, können sie aber nicht fest genug fassen. Aus Angst, Sie könnten die Person dabei ganz fallen lassen, wagen Sie es aber auch nicht, den Griff zu verändern. Im Gesicht des Fallenden erkennen Sie einen Ausdruck des Entsetzens. Langsam entgleitet er Ihnen und verschwindet im Dunkel des Wassers. Der entsetzte Gesichtsaudruck verfolgt Sie bis an Ihr Lebensende, und immer wieder fragen Sie sich, ob

Sie ihn hätten retten können. Genauso erging es mir mit diesem Mann. Ich verfügte über das nötige Wissen, um ihn aus dem Labyrinth herauszuführen, konnte es ihm aber nicht vermitteln. Schließlich kam mir die Idee, es aufzuschreiben, dann könnte er es lesen, so oft er wollte und wann immer er sich in der richtigen Verfassung fühlte. Vielleicht würde er es dann verstehen.

Der Mann schien mehr Kontrolle über sich zu haben, als er nur fünf Zigaretten am Tag rauchte, als zu der Zeit, als es vierzig waren. Doch die Lage stellt sich nur so dar, solange man von der verzerrten Vorstellung ausgeht, der Konsument habe die Droge unter Kontrolle. Nehmen Sie die Fakten. Als er vierzig Zigaretten rauchte, war er sich dessen überhaupt nicht bewußt, doch beim Stand von fünf Zigaretten täglich war sein ganzes Leben von dem teuflischen Kraut bestimmt, denn:

DIE DROGE HAT DEN KONSUMENTEN UNTER KONTROLLE.

Bei vierzig Zigaretten am Tag dachte er überhaupt nicht darüber nach. Erst als er versuchte, aus der Falle zu entkommen, wurde ihm sein Konsum bewußt. Wäre er heroinabhängig gewesen, hätte er zwar das Gesetz übertreten, sich aber dennoch bei der staatlichen Gesundheitsbehörde registrieren lassen können, um dann kostenlos Heroin und medizinische Hilfe zu erhalten. Als Nikotinabhängiger kann er sich seine Droge nicht einmal zu reellen Preisen kaufen. Er muß an den Staat ein Dreifaches des eigentlichen Wertes als Steuer abführen. Bevor der Mann zu mir kam, hatte er seinen Arzt konsultiert. Dessen Rat lautete: »Sie müssen aufhören. Das Rauchen wird Sie umbringen.«

»Ich weiß, deshalb komme ich ja zu Ihnen.«

Der Arzt verschrieb ihm zum Preis von dreißig Mark plus Rezeptgebühr Kaugummis, die genau die Droge enthielten, von der er loskommen wollte.

Vielleicht halten Sie diesen Fall für eine Ausnahme, und Sie würden es selbst nie so weit kommen lassen. Nehmen Sie Ihre rosa Brille ab! Jedes Jahr erreichen zweieinhalb Millionen Raucher dieses Stadium! Glauben Sie wirklich, daß all diese Menschen nachts in aller Ruhe das Zeitliche segnen? Dieser Mann war noch am Leben, aber er befand sich auf dem Weg ins Jenseits, *genau wie Sie, wenn Sie nicht aufhören!*

In seinem Bekanntenkreis galt er jedoch als einer dieser glücklichen Raucher, die es bei fünf Zigaretten am Tag belassen können. Sie hatten ihn auch nie weinend erlebt oder über seine Depressionen sprechen hören. Wie alle Raucher kommen wir uns zwar etwas dumm vor, rauchen aber einfach weiter und rechtfertigen unsere Dummheit mit fadenscheinigen Ausreden. Würden alle Raucher nur einmal den Kopf aus dem Sand nehmen und ihrem Haß auf das Rauchen Luft machen, wäre es genau wie das Schnupfen innerhalb kürzester Zeit tabu. Nur weil wir glauben, alle anderen würden es genießen, klammern wir uns weiter an die Illusion, es mache uns Spaß und biete Hilfe.

Vielleicht kennen auch Sie Raucher wie diesen Mann. Doch wenn Sie behaupten, Sie wären gerne Gelegenheitsraucher, denken Sie dabei bestimmt nicht an solche Menschen. Sie sprechen von den glücklichen Personen, die an keiner selbstverschuldeten Krankheit leiden und nur fünf Zigaretten täglich oder nur in ganz bestimmten Situationen rauchen. In unseren Kursen befinden sich viele dieser Leute. Die starken Raucher in der Gruppe starren diese Personen immer ungläubig an und denken: »Die müssen verrückt sein. Die haben es doch geschafft, ich wünschte, mir würde das ebenfalls gelingen.«

In Kapitel 25 von *Endlich Nichtraucher!* beschreibe ich auch den klassischen Fall einer Anwältin, die mich anrief und eine Einzelberatung wünschte. Für den Fall, daß Sie sich wundern, warum ich immer wieder Beispiele aus meinem ersten Buch anführe, ist das darauf zurückzuführen, daß diese erst bei der fünften Auflage eingefügt wurden. Ich erklärte der Frau, daß Gruppenkurse genauso effektiv seien wie Einzelberatungen, dafür aber nicht annähernd so viel kosteten. Sie bestand jedoch weiterhin auf der Einzelberatung und zahlte bereitwillig die höhere Gebühr. Nun fragen Sie sich, was daran so ungewöhnlich ist. Nun, diese Frau hatte zwölf Jahre lang geraucht, jedoch nicht mehr als zwei Zigaretten täglich.

Die meisten Raucher denken jetzt: Das ist der Traum jedes Rauchers. Nur zwei Zigaretten am Tag. Warum wollte sie soviel Geld für das Aufhören ausgeben? Ich würde das Doppelte zahlen, wenn Sie mich dazu brächten, mit zwei Zigaretten täglich auszukommen. Doch dabei haben wir es nur mit einem Mythos zu tun. Wir glauben, diese Gelegenheitsraucher haben alles im Griff, doch:

KEIN RAUCHER HAT SEINE SITUATION UNTER KONTROLLE.

Im Fall dieser Anwältin waren beide Eltern an Lungenkrebs gestorben, bevor sie selbst angefangen hatte zu rauchen. Genau wie ich hatte sie große Angst vor dem Rauchen, bevor sie abhängig wurde. Doch schließlich gab auch sie dem immensen Druck nach, versuchte eine Zigarette und fand sie abscheulich. Doch im Gegensatz zu mir, der ich mich innerhalb kürzester Zeit dem Kettenrauchen hingab, kämpfte diese Frau. Sie befand sich nun in der gleichen schizophrenen Lage wie jeder Raucher.

Es ist wie mit dem Hunger nach Essen, je länger wir abstinent sind, um so wertvoller wird es. Und je länger wir uns nach einer Zigarette sehnen, um so kostbarer erscheint sie uns, wenn wir dem Verlangen endlich nachgeben. Darüber hinaus gilt, je weniger wir rauchen, um so weniger schaden wir unserer Gesundheit und unserem Geldbeutel und um so geringer ist die Notwendigkeit aufzuhören.

Die Frau hatte größte Angst davor, mehr zu rauchen, weil es ihr sonst wie ihren Eltern ergehen könnte. Doch je weniger sie rauchte, um so geringer war die Gefahr und um so wichtiger erschien ihr die kleine Krücke. Die Nikotinfalle ist in vielerlei Hinsicht tückisch: Je mehr wir rauchen, um so größer wird unser Verlangen; je weniger wir rauchen, um so größer wird unser Verlangen! Dieser Mechanismus funktioniert ähnlich wie jener Knoten, der sich mit jeder Bewegung des Gefesselten immer fester zusammenzieht.

In welcher Lage befand sich diese Frau nun wirklich? Glauben Sie tatsächlich, sie war eine dieser glücklichen und zufriedenen Gelegenheitsraucherinnen? Warum nahm sie dann meine Hilfe in Anspruch? In Wirklichkeit erlebte sie, genau wie der Mann, der seinen Konsum von vierzig auf fünf reduziert hatte, einen Alptraum. Die ganzen zwölf Jahre hatte ihr Körper nach Nikotin verlangt. Nur ihre Angst vor Lungenkrebs verlieh ihr die immense Willenskraft und Disziplin, mit der sie es schaffte, diesem Verlangen größtenteils zu widerstehen. Von Freunden und Kollegen wurde sie beneidet. Aber natürlich erzählte sie keinem von ihren Qualen, die sie dauernd litt, niemand sollte wissen, wie dumm und schwach sie sich fühlte. In dieser Beziehung sind alle Drogensüchtigen gleich.

Diese Frau gehört zu einer ziemlich seltenen Spezies von Gelegenheitsrauchern. Sie hassen es oder haben Angst davor, Raucher zu sein. Ihr Haß oder ihre Ängste reichen nicht aus, um sie ganz davon abzuhalten, sind aber stark genug, um sie ihr Leben lang dagegen ankämpfen zu lassen. Ein weit häufigeres Exemplar ist jener Raucher, der den Eindruck erweckt, er könne es ohne große Anstrengungen genausogut lassen. Hier handelt es sich in der Regel um Raucher, die zwar abhängig sind, jedoch nicht sehr viel Streß bewältigen müssen, sie wollen nur einfach dazugehören. Wir alle haben so angefangen. Diese Personen sind davon überzeugt, daß sie nie richtig süchtig werden können. Doch sobald mehr Streß in ihr Leben kommt, werden sie starke Raucher. Ein klassisches Beispiel war meine Schwiegermutter. Sie rauchte lange Zeit nur bei geselligen Anlässen. Sie war sechzig Jahre alt, als sie und ihr Mann gemeinsam einen Gasthof kauften, und starb mit fünfundsechzig. Sie hatte zu diesem Zeitpunkt sechzig Zigaretten täglich geraucht.

Die meisten dieser sogenannten glücklichen Gelegenheitsraucher sind es nicht einfach nur so. Entweder sie haben ihren Konsum nach und nach reduziert, um eines Tages ganz aufzuhören, oder sie haben es nicht geschafft, ganz aufzuhören und betrachten die Einschränkung als eine Art Kompromiß.

Sie glauben mir noch immer nicht und sind nach wie vor der Meinung, es gäbe glückliche Raucher, die in völliger Selbstkontrolle durchs Leben gehen und jede kostbare Zigarette gebührend genießen? Doch woher wollen Sie wissen, ob diese Personen sich nicht gerade bemühen, ihren Konsum einzuschränken? Wie erging es Ihnen, als sie versuchten, weniger zu rauchen? Diese Frage können Sie selbst am besten beantworten. Ich kann nur jene Zustände beschreiben, die ich selbst während meiner zahlreichen Versuche, die Anzahl der Zigaretten zu reduzieren, durchgemacht habe. Aus den Berichten unzähliger Kursteilnehmer weiß ich, daß auch sie ähnliches erlebt haben. Und wenn Sie ganz ehrlich sind, ist es Ihnen nicht anders ergangen.

Die Anzahl der Zigaretten zu reduzieren ist nur eine andere Form des Gelegenheitsrauchens. Zu Beginn unseres Raucherlebens dient es uns als Alternative zur völligen Abstinenz oder als Form des Aufhörens, die uns den »Cold Turkey« erspart. Nach einigen Jahren wissen wir, daß weniger rauchen nicht zum Aufhören führt, und sehen es nach jedem gescheiterten Versuch, sich ganz vom Nikotin zu lösen, als eine Art Kompromiß. Wenn wir mit Willenskraft vorgehen, führen wir uns als erstes vor Augen, welche schrecklichen Nachteile das Rauchen mit sich bringt und welche wunderbaren Vorteile sich für uns ergeben, wenn wir es schaffen aufzuhören. Indem wir also mit Zuckerbrot und Peitsche arbeiten, verschaffen wir uns die nötige Motivation, um mit der erhöhten Reizbarkeit, den Depressionen und der Orientierungslosigkeit fertig zu werden, die bei dieser Methode auftreten.

Das Problem dabei ist: *Sobald Sie aufhören zu rauchen, verlieren Ihre anfangs so starken Beweggründe immer mehr an Überzeugungskraft.* Sie müssen nicht mehr damit rechnen, sich eine ernsthafte Erkrankung zuzuziehen, Sie werfen Ihr Geld nicht mehr zum Fenster hinaus, Sie haben mehr Energie und sind kein armseliger Sklave des Nikotins mehr. An den Fakten hat sich nichts geändert, doch wirken diese nun anders auf Sie. Nichtraucher müssen sich nicht mit den Gedanken an Abhängigkeit, Geldverschwendung oder Lungenkrebs herumschlagen. Während also Ihre ursprünglichen Gründe aufzuhören, allmählich an Überzeugungskraft verlieren, zieht am anderen Ende des Seils dieses kleine Nikotinmonster, das einfach keine Ruhe gibt. Das Gefühl, das dabei entsteht, ist nicht schlimmer als eine leichte Erkältung, doch für uns äußert es sich in dem Wunsch: Ich will eine Zigarette. Warum wir eine wollen, wissen wir nicht. Aber wir dürfen nicht. Also glauben wir, auf etwas verzichten zu müssen, und fühlen uns niedergeschlagen. Damit wächst unser Verlangen nach einer Zigarette, was wiederum das Gefühl des Verzichts und der Niedergeschlagenheit verstärkt.

Nun läuft eine Kettenreaktion ab, die früher oder später nur auf eine Art enden kann. Irgendwann haben wir es satt, dauernd niedergeschlagen zu sein, und unsere anfängliche Entschlossenheit gerät ins Wanken. Zweifel machen sich breit, ob wir jemals wieder richtig glücklich sein werden. Wir bewegen uns zwischen Himmel und Hölle, wollen aber auf keinen Fall aufgeben. Damit würden wir die Achtung vor uns selbst verlieren und müßten uns eingestehen, willensschwach zu sein und es wieder einmal nicht geschafft zu haben. Alle Anstrengungen und die Niedergeschlagenheit wären umsonst gewesen, und je länger wir durchhalten und je mehr Anstrengung und Depression wir auf uns nehmen, um so entschlossener sind wir, nicht alles einfach über den Haufen zu werfen.

Jeder Drogenabhängige kennt diese Situation, wenn das Drama seinen Höhepunkt erreicht. Eine Hälfte unseres Gehirns will verzweifelt aufgeben, die andere Hälfte wehrt sich mit allen Kräften dagegen. Schließlich bleibt als Lösung nur ein Kompromiß:

»Ein kleiner Zug kann doch nicht schaden.«

»Den abrupten Entzug halte ich nicht aus, ich höre lieber Schritt für Schritt auf.«

»Ich kann mir nicht vorstellen, keine einzige Zigarette mehr zu rauchen. Ich werde das Rauchen auf bestimmte Gelegenheiten beschränken.«

Nun sind wir kein Raucher mehr, der gerne Nichtraucher wäre, sondern wir sind ein Nichtraucher, der Gelgenheitsraucher werden will. Die Aussage: »Ich möchte gern eine Zigarette, darf aber nicht«, führt natürlich zu depressiver Verstimmung. Immer wenn wir etwas wollen, dies aber nicht bekommen, geht es uns so. Daran ändert auch die Tatsache nichts, daß es sich beim Rauchen um die schlimmste Krankheit handelt, die man sich vorstellen kann. Sie fühlen sich nach und nach immer deprimierter und finden schließlich eine plausible Erklärung, warum Sie nur eine einzige Zigarette rauchen müssen. Aber natürlich bleibt es nicht bei dieser einen. Es folgt die nächste und wieder die nächste. Sie sind erneut in die Falle getappt.

Ich habe nicht nur verschiedene Methoden versucht, um mit dem Rauchen ganz aufzuhören, sondern auch, um es einzuschränken. Häufig wird die Strategie versucht, alle gewohnheitsmäßigen Zigaretten wegzulassen und nur bei geselligen Anlässen zu rauchen. Bei mir hatte sie den Effekt, daß sich meine Kneipenbesuche innerhalb kürzester Zeit von einmal im Monat auf täglich steigerten, nur um rauchen zu können. Dieses Vorgehen verhalf mir also in puncto Rauchen nicht zum Erfolg, animierte mich zusätzlich aber zum Trinken!

Einmal hatte ich die brillante Idee, Nichtraucher zu werden, indem ich mir keine Zigaretten mehr kaufte. Ich weiß, daß ich nicht der einzige bin, der auf diesen Gedanken kam. Ich habe schon von vielen Rauchern gehört, die es auf die gleiche Weise versuchten und scheiterten. Vielleicht zählen auch Sie dazu. Das Brillante an meiner Idee war, daß ich mir vorher überlegte, warum es bei den anderen Rauchern nicht funktioniert hatte. Es lag daran, daß sie Schuldgefühle hatten, von ihren Freunden Zigaretten zu schnorren, und aus diesen Schuldgefühlen heraus schließlich wieder selbst welche kauften. Diese Falle wollte ich umgehen, indem ich meine Bekannten vorher darüber aufklärte, daß ich jede mir angebotene Zigarette ohne Schuldgefühle und ohne mich zur Rückgabe verpflichtet zu fühlen, annehmen würde.

Was dann geschah, übertraf meine Erwartungen bei weitem. Personen, die noch nie jemandem Zigaretten angeboten hatten, fingen plötzlich damit an. Das ist symptomatisch für jede Art der Drogensucht. Solange man richtig abhängig ist und dringend seine Ration braucht, will einem niemand helfen, doch sobald der Eindruck entsteht, man wolle davon loskommen, wird einem von allen Seiten ins Gesicht gequalmt, und jeder hält einem Zigaretten unter die Nase. Am Anfang war es phantastisch. Ich wurde regelmäßig mit Zigaretten versorgt, und das auch noch kostenlos.

Doch schließlich begannen meine Wohltäter, den teuflischen Plan zu durchschauen, und boten mir einfach keine Zigaretten mehr an. Am Ende blieb mir nur noch eine Quelle, nämlich meine Sekretärin. Ich litt unter der für einen Drogensüchtigen typischen Schizophrenie. Zum einen haßte ich sie, weil sie mich immer wieder mit der Droge versorgte, zum anderen schätzte ich sie, weil sie mein Rettungsanker war. Nach einigen Wochen kamen in mir allmählich Schuldgefühle auf. Aber so schnell gab ich nicht auf. Ich hielt mich strikt an meinen Vorsatz und kaufte keine Zigaretten. Doch meine Sucht ließ mich eine andere Lösung finden. Ich dachte, sie könne es sich auf Dauer nicht leisten, mir die teuren Zigaretten anzubieten, also kaufte ich ein Päckchen für sie. Drei Monate später kaufte ich jeden Morgen drei Päckchen ihrer Marke, die ich eigentlich nicht besonders mochte, und konnte so ruhigen Gewissens die angebotenen Zigaretten annehmen. Dabei wähnte ich mich immer noch in dem Glauben, mit dem Rauchen aufhören zu wollen.

Für mich ergab sich daraus der Schluß, daß die Methode, keine Zigaretten mehr zu kaufen, im Grunde ganz in Ordnung war. Ich hatte nur den Fehler begangen, andere Raucher dazu verleitet zu haben, mir welche anzubieten. Doch das war einfach zu korrigieren. Nachdem ein angemessener Zeitraum vergangen war und ich wieder genügend Entschlußkraft und Mut gefaßt hatte, um einen neuen Versuch zu starten, wollte ich es noch einmal wissen. Dieses Mal bat ich meine Bekannten nicht, mir Zigaretten anzubieten. Es ist erstaunlich, wie vernünftig die meisten Menschen reagieren, wenn man ihnen ein Anliegen klar und deutlich erklärt. Der Erfolg war wie gewünscht. Niemand wollte mich in Versuchung führen. Nun ging es schlicht und einfach nur noch darum, keine Zigaretten mehr zu kaufen – und ich würde bald frei sein.

Ich hielt drei schlimme Wochen durch. Bis zu einem Samstag nachmittag, an dem ich allein zu Hause vor dem Fernseher saß und mir ein mit Spannung erwartetes Fußballspiel im Fernsehen ansehen wollte. Es dauerte nur noch wenige Minuten bis zum Anpfiff, und die Spannung war so groß, daß sie auch mich erfaßte. Ich hätte für eine Zigarette sterben können. Sie erinnern sich, ich hatte nicht beschlossen, mit dem Rauchen aufzuhören, sondern lediglich, mir keine Zigaretten mehr zu kaufen. Ich suchte alle Jackentaschen ab, ob sich nicht doch noch irgendwo eine angebrochene Packung befand.

Aber ich wußte genau, daß es nur Zeitverschwendung war, weil ich das in den vorangegangenen drei Wochen schon mehrmals durchexerziert hatte und alle noch vorhandenen Reste längst aufgestöbert waren. Not macht jedoch erfinderisch. Schließlich entdeckte ich eine Zigarette in der Brusttasche einer alten Trainingsjacke. Können Sie sich meine Freude vorstellen? Es war zwar eine ziemlich alte Zigarette, wie alt genau, konnte ich nicht mehr nachvollziehen, aber ich hatte die Jacke bestimmt schon zehn Jahre nicht mehr getragen, und es war eine filterlose. Ich konnte mich überhaupt nicht mehr erinnern, jemals filterlose Zigaretten geraucht zu haben. Aber was kümmert es einen Verdurstenden, ob er sauberes oder schmutziges Wasser trinkt?

Der Tabak war so trocken, daß er auf den Teppich bröselte, sobald ich die Zigarette nicht ganz waagrecht hielt. Ich kroch auf Knien am Boden herum und stopfte eine Mischung aus Tabakkrümeln und Teppichfasern in die Hülse zurück. Als ich sie anzündete, brannte sie komplett ab. War ich wirklich der Meinung gewesen, ich hätte diese Zigarette genießen können? War ich ein glücklicher, zufriedener Raucher? Oder gab ich eher die armselige Figur eines Drogensüchtigen ab? Zu allem Überfluß hatte ich auch noch die ersten zehn Minuten des Fußballspiels versäumt. Könnte das je einem Nichtraucher passieren?

Auch eine klassische Methode, weniger zu rauchen, ist der Vorsatz: »Ich komme mit zehn Zigaretten am Tag aus.« Damit kam ich ziemlich gut zurecht. Ich rauchte tagsüber eine nach der anderen, hielt es aber den ganzen Abend relativ leicht ohne Rauchen aus. Ich konnte während des Tages jede Stunde eine Zigarette rauchen und fand das in Ordnung. Diese Menge würde mich nicht umbringen und auch meinen Geldbeutel nicht zu sehr strapazieren.

Zu Beginn war es grandios. Ich konnte mich stündlich auf eine kleine Belohnung freuen. Ziemlich schnell gewöhnte ich mir an, ständig auf die Uhr zu schauen. Plötzlich dauerte jede Minute in meinem Leben ewig. Aber ich nahm es peinlich genau. Niemals hätte ich mir eine Zigarette angesteckt, bevor der Minutenzeiger auf die Zwölf sprang. Manchmal wartete ich, die Zigarette bereits im Mund, bis der Sekundenzeiger endlich senkrecht stand. Was war nur aus mir geworden!

Dabei wird uns nicht einmal bewußt, welche Willenskraft und Disziplin dieses Verhalten erfordert. Jede Zigarette braucht etwa zehn Minuten, bis sie geraucht ist, und dann dauert es fünfzig Minuten bis zur nächsten. Schließlich kommt einer jener Tage, an denen wirklich alles schiefgeht. Sämtliche Selbstbeherrschungsreserven sind erschöpft, wir sind nicht mehr in der Lage, uns zu kontrollieren. Kein Problem, wir versuchen es einfach am nächsten Tag wieder. Doch der Zauber ist gebrochen, wir sind des Spiels überdrüssig, und man kann nicht von uns erwarten, weiterhin die nötige Beherrschung aufzubringen. Wir greifen das Kontingent des folgenden Tages an.

Ein bekannter Komiker brachte das unausweichliche Ende eines jeden Versuchs, den Konsum einzuschränken, auf folgenden Nenner: »Ich halte mich beim Rauchen strikt an eine Regel: Ich rauche niemals mehr als durchschnittlich zehn Zigaretten am Tag. Manchmal leihe ich mir eine einzelne Zigarette vom Tag darauf aus, doch ich überschreite nie einen Schnitt von zehn Stück. Die Zigarette, die ich eben rauche, ist eine vom 4. Juli 2046!«

In diese Falle bin ich nicht getappt, ich machte genau das Gegenteil. Wenn die Stunde um war, steckte ich mir die Zigarette nicht an, sondern hielt noch eine weitere Stunde durch. Manchmal überstand ich einen ganzen Tag mit nur einer oder zwei Zigaretten. Ich war wie ein Eichhörnchen, das den Wintervorrat anlegt. Aber es hat mir nicht geholfen, mit dem Rauchen aufzuhören. Ließ es mir die Zigaretten weniger wertvoll erscheinen? Ich erinnere mich noch, wie ich zum erstenmal ein Guthaben von zehn Zigaretten erreicht hatte. Ich war aufgeregt wie ein Kind und beschloß, sie alle am nächsten Tag zu rauchen. Was für ein Luxus, zwanzig Zigaretten an einem einzigen Tag! Es war einfach wunderbar!

Doch der Tag darauf war mörderisch. Ich hatte meinen gesamten schwer verdienten Vorrat an einem Tag durchgepafft. Und nun mußte ich mich wieder zusammenreißen und zu meinem Stundenrhythmus zurückkehren. Aber schließlich war es mit meiner Selbstbeherrschung vorbei. Ich sah keine Möglichkeit mehr, mit nur einer Zigarette stündlich auszukommen, also gestand ich mir halbstündlich eine zu. Zwanzig Zigaretten am Tag können doch auch nicht so schlimm sein. Doch natürlich passierte das gleiche wieder. Es ist nicht viel Unterschied, ob man sich zwei Drittel seines Lebens weg wünscht oder fünf Sechstel. Am Ende beschloß ich, daß ich es mir nicht länger antun könnte, mich weiterhin so einzuschränken, und ging dazu über, während des Tages überhaupt nicht mehr zu rauchen und mein Kontingent von zwanzig Zigaretten für den Abend aufzusparen. Wieder funktionierte es zu Beginn großartig. Den ganzen Tag lang war ich abstinent und fühlte mich wie ein Heiliger. Pünktlich um halb sechs Uhr abends stürzte ich aus dem Büro, raste nach Hause und steckte mir sofort eine Zigarette an. Nachdem ich den ganzen Tag nicht geraucht hatte, schmeckte diese erste Zigarette natürlich umwerfend. Und die nächste? Nicht ganz so gut. Nachdem ich die fünfte Zigarette in Serie geraucht hatte, kam mir plötzlich der Gedanke: *Warum mache ich das?*

Ein Russe löste das Problem genial mit dem Limit von zwanzig Zigaretten am Tag auf seine Art. Er konstruierte ein Zigarettenetui aus Stahl mit einer Zeituhr. Nachdem er es mit zwanzig Zigaretten bestückt hatte, konnte er es nicht mehr öffnen, aber es spuckte zu jeder vollen Stunde eine Zigarette aus. Leider ist es mir nicht gelungen, eines dieser Etuis für meine Sammlung zu erwerben. Kein Wunder, denn die meisten wurden innerhalb einer Woche nach ihrem Erwerb mit einem Hammer geöffnet.

Sie wissen sicher, wie man sich fühlt, wenn einem ein unangenehmes Gespräch bevorsteht, zum Beispiel wenn Sie Ihren Chef um eine Gehaltserhöhung bitten wollen? Es ist Ihnen klar, daß er die Firmenausgaben möglichst gering halten muß, und Sie erwarten heftigen Widerstand. Wie ein Schachgroßmeister versuchen Sie, jedes seiner Argumente vorwegzunehmen und sich ein Gegenargument zurechtzulegen. Endlich bringen Sie den nötigen Mut auf. Sie holen tief Luft, klopfen an seine Tür, treten so entschlossen wie möglich ein und bringen mit schwacher Stimme vor: »Ich glaube, ich habe eine Gehaltserhöhung verdient.« Er sieht Ihnen endlos lange in die Augen und antwortet schließlich: »Das glaube ich auch.« Diese Reaktion sollte Sie eigentlich in Hochstimmung versetzen, aber eigenartigerweise tut es das nicht. Sie empfinden die vielen Stunden der Vorbereitung als Zeitverschwendung. Beinahe sind Sie versucht, Ihren

Chef mit der Bemerkung herauszufordern: »Halt, so einfach können Sie doch nicht nachgeben. Sie möchten doch sicher darüber diskutieren. Schließlich habe ich alle Antworten vorbereitet.«

Ich erlebte eine ähnliche Situation während der Zeit, in der ich meinen Zigarettenkonsum auf zehn Stück am Tag zu reduzieren versuchte. Ich war schon wieder so weit, daß ich regelmäßig über mein Ziel hinausschoß, wollte aber noch nicht wahrhaben, daß mein Vorhaben bereits zum Scheitern verurteilt war. Jeden Morgen kaufte ich eine Zehnerpackung beim nächstgelegenen Tabakhändler. Zwei Stunden später holte ich die nächste, so ging es über den Tag weiter. Allmählich fragte ich mich, ob der Tabakhändler nicht verwundert darüber war, daß ich mich nicht auf einmal für den ganzen Tag eindeckte. Aber vermutlich konnte er sich vorstellen, was mich zu diesem Handeln trieb. Bestimmt dachte er über mich: Du Schwächling, du Weichei. Nicht einmal zwei Stunden haben sie dir gereicht. Und ich dachte mir: Dem werde ich's zeigen!

Und wie habe ich es ihm gezeigt? Indem ich bei zehn Zigaretten am Tag blieb? Nicht ganz. Ich ging zu Fuß über einen Kilometer in die entgegengesetzte Richtung zu einem anderen Händler, um dort die zweite Packung zu kaufen, und wieder zu einem anderen Laden für die dritte. Keiner dieser Tabakhändler schien aber jemals die geringste Notiz von mir zu nehmen. Ich hielt mich damals für einen rationalen Menschen, doch dieses Kraut hatte mich an den Rand einer Paranoia gebracht. Vielleicht stellen Sie bei sich ähnliche Symptome fest? Nein? Fühlen Sie sich nur nicht zu sicher, in Kürze treiben Sie vielleicht ähnliche Spielchen, es sei denn, Sie entscheiden sich jetzt sofort zum Aufhören.

Vielleicht sind Sie jetzt immer noch der Meinung, es gäbe einige Gelegenheitsraucher, die von allem das Beste für sich herausholen. Wie kann ich nur jene Raucher unter Ihnen, die nicht mehr als zwei Zigaretten am Tag brauchen und diese auch noch genießen, davon überzeugen, daß eine solche Situation unmöglich ist? Gehen Sie mit Logik an das Problem heran. Wir wissen, daß es Raucher gibt, die die nötige Disziplin aufbringen, nur zwei Zigaretten täglich zu rauchen. Aber können Sie sich ernsthaft vorstellen, daß es auch nur einen Raucher auf unserem Planeten gibt, der nun zufällig nicht mehr als diese zwei Zigaretten täglich braucht oder will und der dauerhaft auf diesem Stand bleibt, Tag für Tag, bis ans Ende seines Lebens? Dabei kann es sich doch um keinen Zufall handeln. Wir haben bereits festgestellt, daß die Vorstellung, Rauchen mache Spaß oder biete Genuß, nichts weiter ist als eine Täuschung. Doch angesichts der vielen Raucher, die dazu verleitet werden zu glauben, Rauchen biete genau das und beseitige andererseits auch Langeweile und Streß oder fördere Entspannung und Konzentration, fällt es doch schwer, sich vorzustellen, daß es auch nur einen einzigen Raucher gibt, der permanent den nötigen Impuls erhält, während seines Daseins als Raucher nicht mehr und nicht weniger als exakt zwei Zigaretten pro Tag zu rauchen.

Und dann gibt es noch jene Gelegenheitsraucher, deren Zigarettenkonsum keiner Regelmäßigkeit unterliegt, die tage- oder wochenlang überhaupt nicht rauchen und sich nur ab und zu eine Zigarette genehmigen. Das klingt doch gut, im Schnitt nur eine Zigarette in der Woche oder im Monat, vielleicht sogar nur eine im Jahr. Was soll daran verkehrt sein? Wäre es nicht noch besser, nie eine Zigarette zu rauchen? Nehmen wir kurz einmal an, Rauchen biete tatsächlich eine gewisse Hilfestellung oder sei ein Genuß. Wer würde sich das ein Jahr, einen Monat oder nur einen Tag vorenthalten wollen? Warum sollte der Raucher in der dazwischenliegenden Zeit auf diese Vorteile verzichten?

Ich hörte von einem Pfeifenraucher, der im Alter von vierzig Jahren damit aufhörte und nach seiner Pensionierung wieder anfangen wollte. Er ging davon aus, daß er dann ein Vergnügen brauchen würde, um sich die Zeit besser zu vertreiben, und sich mit fünfundsechzig Jahren keine großen Gedanken mehr über Gesundheitsrisiken machen müßte. Ich weiß nicht, ob Sie das Ende der Geschichte positiv oder negativ sehen. Eines hat dieser Mann nicht berücksichtigt oder, besser, ignoriert: Rauchen ist kein Vergnügen. Als der erwartete Tag endlich kam, konnte er seine Pfeife einfach nicht genießen, sosehr er es auch versuchte. Das überrascht mich nicht. Ich selbst brauchte drei Monate, bis ich einigermaßen mit einer Pfeife zurechtkam, und damals war ich noch jung und fit, hochgradig nikotinabhängig und teilweise immun gegen die im Tabak enthaltenen Gifte.

Nun ist es schon schlimm genug, wenn ein Raucher ein paar Stunden auf die nächste Zigarette warten muß. Aber wie schlimm muß es erst sein, wenn man sich fünfundzwanzig Jahre lang auf etwas gefreut hat und dann feststellt, daß es eigentlich *gar nicht wirklich existiert!*

Gelegenheitsraucher, die versuchen, ihren Zigarettenkonsum einzuschränken oder auf einem bestimmten Niveau zu halten, schaffen sich damit einige Probleme:

1. Die körperliche Abhängigkeit vom Nikotin bleibt bestehen. Damit entsteht ein noch größeres Problem. Auch im Kopf bleibt das starke Verlangen nach Zigaretten weiterhin bestehen.
2. Die Zeit zwischen zwei Zigaretten ist für sie völlig wertlos.
3. Anstatt sich eine Zigarette anzuzünden, wann immer sie eine wollen

und um damit teilweise die Entzugserscheinungen abzustellen, leiden sie zusätzlich zum normalen Alltagsstreß nun auch noch unter dem Entzug. Wenn Sie Gelegenheitsraucher eine Weile beobachten, werden Sie feststellen, daß sie ziemlich nervös sind.

Im Zusammenhang mit dem Einschränken der Zigarettenmenge oder dem Gelegenheitsrauchen gibt es noch einen vierten Punkt, der mehr Schaden anrichtet als die drei oben genannten zusammen. Wenn Sie eine Zigarette nach der anderen rauchen, verschwindet die Illusion, auch nur eine davon zu genießen. Selbst der Akt des Anzündens läuft automatisch und unbewußt ab. Sie werden auch schon beobachtet haben, daß diese sogenannten besonderen Zigaretten, die man wirklich bewußt genießt, jene sind, die auf eine Phase der Abstinenz folgen. Das sind die Zigaretten nach einem Essen, nach dem Sex, nach dem Sport, nach dem Einkaufen oder die erste nach dem Aufwachen. Das Rauchen bietet keinerlei Genuß oder Hilfestellung. Was einem Raucher als Genuß erscheint, ist nicht die Zigarette als solche, sie ist nur schädliches Gift, sondern das Ende einer Beeinträchtigung, die durch das Verlangen nach einer Zigarette entsteht. Dabei kann es sich sowohl um die kaum spürbare körperliche Beeinträchtigung handeln als auch, was weitaus schlimmer ist, um jene, die sich im Kopf ausbreitet, weil man einen Tag, eine Stunde oder wie lange auch immer warten muß, bis man sich an jenem kleinen Stich kratzen darf.

Aus diesem Grund ist es so viel schwieriger aufzuhören, wenn man nur gelegentlich raucht oder die Zahl der Zigaretten reduziert. Was wollen Sie mit dem Aufhören bezwecken? Wollen Sie bis an Ihr Lebensende das Gefühl haben, sich nicht mehr auf eine besonders starke Krücke stützen zu können oder auf einen großen Genuß verzichten zu müssen? Dann ist ein Einschränken des Zigarettenkonsums genau das Richtige. Oder versuchen Sie vielleicht, möglichst lange Perioden abstinent zu bleiben, und hoffen, daß der Wunsch zu rauchen dann von alleine verschwindet? Aber weniger rauchen führt genau zum Gegenteil. Es verstärkt die Illusion, es handle sich um einen Genuß, und damit auch den Wunsch zu rauchen. Gleichzeitig schwächt es aber auch die drohenden Gefahren des Rauchens ab und drängt damit den Wunsch aufzuhören in den Hintergrund.

Nun höre ich Sie argumentieren: »Was ist so schlimm daran, daß die Illusion des Genusses zunimmt und die Gefahren abgeschwächt werden? Nur eins: Der Genuß ist tatsächlich *nur* Illusion! Was wir als Genuß empfinden, ist die Beseitigung des Verlangens, das uns in unserem Wohlbefinden beeinträchtigt. Die einzige Möglichkeit, die Illusion zu verstärken, besteht darin, die Beeinträchtigung zu verstärken. Es ist eine Wohltat, die Hand aus dem heißen Wasser zu nehmen. Je länger wir sie drin lassen, um so mehr genießen wir es anschließend, sie wieder herauszuziehen. Wenn Sie weniger rauchen, verstärken Sie die Niedergeschlagenheit, nicht aber den Genuß. Ziel dieses ganzen Kapitels ist es, Ihnen durch persönliche Erfahrungen und Fallbeispiele zu zeigen, daß Gelegenheitsraucher es nicht genießen, Raucher zu sein. Und indem ich Ihnen genau erkläre, wie die Droge wirkt, will ich Ihnen klarmachen, daß es keinem Raucher möglich ist, sein Dasein als solcher zu genießen. Sie dürfen auch nicht vergessen, daß es sich bei gelegentlichem Rauchen um keinen stabilen Zustand handelt. Es liegt in der Natur der Droge, daß ihr Konsum stetig zunimmt, und zwar nicht, um sich den Juckreiz zu holen, sondern um daran zu kratzen.

Vorausgesetzt, sie befinden sich nicht in einem Stadium, in dem das Rauchen ihre Gesundheit oder ihre finanzielle Situation ernsthaft gefährdet, können Raucher die meiste Zeit ihre Augen vor diesen Fakten verschließen. Obwohl ihr Leben zu einem großen Teil vom »Kraut« bestimmt ist, sind sie sich dessen nur selten bewußt. Gelegenheitsraucher hingegen sind sich fast ständig des Rauchens bewußt, und folglich ist auch ihr Leben dauernd vom Tabak bestimmt. Und nur weil sie über entsprechende Willenskraft und Disziplin verfügen, geben sie sich der Illusion hin, sie selbst würden über den Tabak bestimmen. Die meisten von ihnen bemerken überhaupt nicht, daß sie sich in einem Gefängnis befinden, und können folglich auch nicht ausbrechen.

Vielleicht sind Sie der Meinung, daß Unwissenheit in diesem Fall von Vorteil ist, und beneiden die Gelegenheitsraucher darum. Es mag sehr wohl Umstände geben, in denen es besser ist, nicht zu viel zu wissen, aber Rauchen gehört ganz bestimmt nicht dazu. Machen Sie sich immer wieder klar, daß Rauchen kein echter Genuß ist und keine Hilfe bietet, das alles ist nur Illusion. Lassen Sie uns eine der Unklarheiten beseitigen, die ich zu Beginn dieses Kapitels erwähnte habe: Als wir mit dem Rauchen anfingen, war es uns zunächst egal, ob wir rauchten oder nicht. Warum können wir diesen gesegneten Zustand nicht wieder erreichen?

Dazu sollten wir zunächst klären, was Sie an diesem Zustand überhaupt für so erstrebenswert halten. Erscheinen Ihnen die Zigaretten heute vielleicht deshalb so kostbar, weil sie Ihnen so viel bedeuteten, als Sie sie noch rauchen durften, oder weil Ihnen das Leben ohne sie so traurig vorkommt? Wenn Sie ganz ehrlich sind und ein gutes Erinnerungsvermögen besitzen, wissen Sie sicher noch, wie scheußlich die ersten Zigaretten schmeckten und wie lange es dauerte, bis Sie inhalieren konnten oder sich als ganzer Kerl beziehungsweise als Dame von Welt fühlten.

Doch können Sie sich, nachdem Sie diese Rolle verinnerlicht hatten, noch daran erinnern, jemals das Bedürfnis nach einer Zigarette verspürt zu haben? Nein. Der Grund ist folgender: Obwohl Ihr Körper an Entzugserscheinungen litt und Ihr Unterbewußtsein Ihnen sagte, daß eine Zigarette vorübergehend Abhilfe schaffen würde, war diese Information nicht in Ihrem Bewußtsein verankert. Sie waren davon überzeugt, daß Sie alles unter Kontrolle hätten und jede Zigarette nur rauchten, weil Sie es wollten.

Es ist sehr gut möglich, alle Illusionen über Bord zu werfen und die gleiche Einstellung gegenüber dem Rauchen zu erlangen, wie man sie vor seiner Abhängigkeit hatte. Es ist jedoch nicht möglich, nur einen Teil der Illusionen aufzugeben. Und auf gar keinen Fall ist es möglich, wieder jenes Stadium zu erreichen, in dem man nur gelegentlich rauchte. Und selbst wenn es möglich wäre, würden Sie das gar nicht wollen, denn der angeblich so gesegnete Zustand ist ebenfalls Illusion. Damals haben Sie es im Grunde überhaupt nicht genossen, Raucher zu sein. Machen Sie sich immer wieder klar, daß kein Raucher dies jemals aus eigenem Wunsch wurde. Wir glauben es nur, weil wir uns ohne Zigaretten so miserabel fühlen, und erinnern uns mit Wehmut an jene Zeit, als wir nur gelegentlich rauchten, weil wir heute zuviel rauchen. Glauben Sie mir, selbst wenn es in meiner Macht stünde, Sie in jene Zeit zurückzuversetzen: *Es würde Ihnen nicht gefallen!*

In Kapitel 18 habe ich eine Reihe von Gründen genannt, warum es so wichtig ist, den Unterschied zwischen Gewohnheit und Abhängigkeit zu verstehen. Der wichtigste allerdings ist folgender: Wenn ein Raucher den Fehler macht, Rauchen für eine Gewohnheit zu halten, kann er mit gutem Grund sagen: »Ich habe mir angewöhnt, zwanzig Zigaretten am Tag zu rauchen. Wenn ich nun meinen Körper und meinen Kopf auf nur fünf Zigaretten täglich oder auf die sogenannten besonderen Zigaretten trainieren kann und dies auch über längere Zeit durchhalte, bin ich es bald gewohnt, eben nur diese fünf Zigaretten oder nur zu bestimmten Gelegenheiten zu rauchen.«

Das klingt alles sehr logisch, ist es aber nicht, und zwar aus zwei Gründen: Zum einen hat jener gesegnete Zustand, den wir wieder herbeisehnen, *niemals wirklich existiert.*

Und, was noch wichtiger ist, in Anbetracht der typischen Funktionsweise der Drogensucht *kann er überhaupt nicht existieren.*

Zum anderen gilt:

RAUCHEN IST KEINE GEWOHNHEIT, ES IST EINE SUCHT!

Die Gründe, die Sie zum Aufhören veranlassen, bringen Sie vielleicht dazu, den Konsum zu reduzieren, doch dies wird nie zur Gewohnheit werden. Es liegt im Wesen der Drogensucht, die Entzugserscheinungen abzuschwächen, und nicht, sie auszuhalten. Und aufgrund der typischen Eigenschaften der Droge kann kein Raucher, egal, ob starker oder Gelegenheitsraucher, sein Dasein als solcher genießen. Ich weiß, daß viele Raucher glauben, die Zigaretten wirklich zu genießen. Und alle Raucher glauben, daß sie zu bestimmten Zeiten zumindest bestimmte Aspekte des Rauchens genossen haben. Ich dachte ebenso. Doch Tatsache ist, daß es sich dabei um eine raffinierte Täuschung handelt. Sie wissen: *Es besteht immer die Tendenz zum Kettenrauchen!*

Sobald der Raucher eine Zigarette ausdrückt, wird das Nikotin vom Körper ausgeschieden und ein Teil seines Gehirns meldet: *Ich will noch eine, aber nicht morgen oder in einer Stunde, ich will sie jetzt gleich.*

Ein anderer Teil seines Gehirns hält dagegen: *Du kannst jetzt aber keine rauchen! Es bringt dich um! Es kostet dich ein Vermögen!*

Die negativen Aspekte des Rauchens veranlassen uns dazu, es unter Kontrolle zu halten. Selbst der Wunsch, am momentanen Zigarettenkonsum festzuhalten, erfordert lebenslang Willenskraft und Disziplin, denn je resistenter der Körper gegen die Droge wird, um so mehr will er davon haben – und nicht weniger. Aufgrund des kontinuierlich steigenden Tagesbedarfs geht es mit Ihrer Gesundheit und Ihren Finanzen, mit denen es infolge des jahrelangen Rauchens ohnehin nicht zum Besten steht, weiter bergab. Sie werden immer gereizter, was Ihren Wunsch, weniger zu rauchen oder ganz aufzuhören, verstärkt!

Doch die Droge hat nach und nach auch Ihr Nervenkostüm, Ihren Mut und Ihr Selbstvertrauen zerstört. Als Jugendlicher konnten Sie noch aus freien Stücken entscheiden, ob Sie rauchen wollten oder nicht. Doch inzwischen verfügen Sie nicht mehr über ausreichend Willenskraft, bestimmte Intervalle zwischen den einzelnen Zigaretten einzuhalten. Der eine Teil in Ihnen will, daß die Intervalle immer länger werden, doch in Wirklichkeit verkürzen sie sich. Das ist eine logische Entwicklung bei jeder Form von Drogensucht. Solange Sie sich Ihrer Abhängigkeit von einer Droge nicht bewußt sind, sehen Sie vom rationalen Standpunkt aus keine Notwendigkeit, auf sie zu verzichten. Doch sind Sie sich schließlich Ihrer Abhängigkeit bewußt, kommen Sie nicht mehr ohne die Droge aus. Wenn Sie sich in diesem Stadium befinden, macht auch die Tatsache, daß die Droge Sie in den Tod führt, nicht den geringsten Eindruck auf Sie.

Denken Sie immer daran: Ihr momentaner Zigarettenkonsum wird niemals zu einer festen Gewohnheit werden, ganz zu schweigen von einer reduzierten Menge. Warum glauben Sie, haben Sie sich *angewöhnt*, ihren täglichen Bedarf immer höher zu schrauben? Sie haben sich ebensowenig bewußt dazu entschieden, wie sie anfangs Raucher geworden sind. Schon der Versuch, die Zahl der täglich gerauchten Zigaretten zu reduzieren, erinnert an die Fliege im Innern einer fleischfressenden Pflanze, die so gern wieder an ihren Ausgangspunkt gelangen würde. Die Falle ist so angelegt, daß die Fliege sich nur in eine Richtung bewegen kann: *nach unten!* Selbst wenn es ihr gelänge, sich wieder zum Rand hochzuarbeiten, würde sie sofort wieder nach unten abrutschen.

Die Nikotinfalle funktioniert auf genau die gleiche Weise. Raucher wissen aus Erfahrung, daß sie mit dem Versuch, ihren Konsum einzuschränken oder auf einem bestimmten Niveau zu halten, nur immer wieder abgleiten. Der einzige Unterschied zwischen der fleischfressenden Pflanze und der Nikotinfalle besteht darin, daß erstere zwar die Fliege täuschen kann, wir sie aber sofort durchschauen, während die Nikotinfalle viel subtiler und komplexer angelegt ist. Die wunderbare Wahrheit aber lautet, daß niemand wirklich vom Nikotin abhängig ist, und sobald wir die Funktionsweise der Falle verstehen, ist keine Willenskraft mehr nötig, um freizukommen. Angenommen, Sie besäßen die immense Willenskraft, die erforderlich ist, um den Zigarettenkonsum bis ans Lebensende auf einem bestimmten Level zu halten, dann stellt sich immer noch die Frage: *Wollen Sie das wirklich?*

Wir haben bereits festgestellt, daß ein Raucher sich nur aus einem Grund eine Zigarette ansteckt, nämlich um den Entzugserscheinungen entgegenzuwirken, die durch die vorhergehende Zigarette ausgelöst wurden, und daß Rauchen weder echten Genuß noch Hilfe irgendeiner Art bietet. Damit widerspreche ich mir zum Teil selbst. Denn wenn eine Zigarette hilft, die Entzugserscheinungen abzuschwächen, die die vorhergehende Zigarette ausgelöst hat, ist damit doch eine echte Erleichterung verbunden, selbst wenn sie nur partiell wirkt, oder? Immerhin ist der Raucher nach dem Anstecken dieser Zigarette nicht mehr so nervös wie vorher.

Raucher führen dieses Argument oft an, um ihr Scheitern zu rechtfertigen: »Die Entzugserscheinungen waren so schlimm, ich hatte keine Wahl, ich mußte diese Zigarette einfach rauchen!« Das mag schon sein, doch ich behaupte trotzdem, daß Rauchen keine Hilfe und kein Vergnügen ist. Der Raucher raucht, um die Entzugserscheinungen, die von der vorhergehenden Zigarette ausgelöst wurden, zu lindern. Doch anstatt sie zu lindern, löst sie sie von neuem aus.

Wie groß ist die Beeinträchtigung, die von den durch eine einzige Zigarette verursachten Entzugserscheinungen ausgeht? Sehr, sehr gering und nicht meßbar, doch wollen wir für den Moment die Einheit *ein Nicopain* dafür einführen. *Ein Nicopain* entspricht der Beeinträchtigung, unter der Sie als Raucher leiden, wenn Sie eine Zigarette ausgedrückt haben und keine weitere mehr rauchen. Nehmen wir nun an, Sie sind der Meinung, *ein Nicopain* nicht ertragen zu können. Also rauchen Sie, nachdem Sie die Hälfte überstanden haben, die nächste Zigarette. Damit beseitigen Sie sofort ein halbes *Nicopain*? Oder leiden Sie nun wieder unter einem ganzen *Nicopain*, sobald Sie diese zweite Zigarette ausdrücken? Anstatt die Entzugserscheinungen verringert zu haben, müssen Sie nun mit einem halben *Nicopain* zusätzlich fertig werden. Vorausgesetzt natürlich, Sie stecken sich nicht gleich wieder eine Zigarette an. Spinnen wir diesen Faden weiter, und lassen Sie uns überlegen, was passiert, wenn Sie Ihre Entzugserscheinungen weiter abschwächen wollen.

Nehmen wir an, Sie seien ein Raucher, der vierzig Jahre lang täglich zwanzig Zigaretten geraucht hat, und gehen wir davon aus, daß Sie immer, wenn Ihr Körper die durch den Entzug bedingte Beeinträchtigung zur Hälfte überstanden hat, die nächste Zigarette anstecken. Damit müßten Sie im Lauf Ihres Lebens die Menge von 300 000 *Nicopain* erleiden. Und jedes einzelne dieser *Nicopains* wurde von der allerersten Zigarette, die Sie geraucht haben, verursacht. Denn ohne jene erste Zigarette hätte es alle weiteren für Sie nicht gegeben!

Analog dazu ist die zweite Zigarette schuld an 299 999 *Nicopains*. Keineswegs, mögen Sie einwenden, jede Zigarette verursacht nur *ein Nicopain*, denn Sie müssen ja die nächste nicht rauchen. Doch wir sprechen die ganze Zeit davon, daß Sie die nächste anzünden müssen, um die von der vorhergehenden ausgelösten Entzugserscheinungen abzuschwächen. Mit diesem Vorgehen läuft die Kettenreaktion weiter bis zu Ihrem Tod! Aber vielleicht rauchen Sie eines Tages nicht mehr? Doch, das werden Sie, *es sei denn, Sie hören auf!*

Ich vergleiche den Genuß des Rauchens oft mit dem Tragen zu enger Schuhe und der Erleichterung, wenn man sie endlich ausziehen kann.

Dieser Vergleich mag an den Haaren herbeigezogen sein, aber genau darauf läuft auch das *Vergnügen* beim Rauchen hinaus. Wer, glauben Sie, leidet mehr, derjenige, der seine Schuhe halbstündlich ausziehen kann, oder der, der sie den ganzen Tag tragen muß? Raucher mit regelmäßigem und häufigem Zigarettenkonsum verschaffen sich jedenfalls häufiger Erleichterung von den Entzugserscheinungen als Gelegenheitsraucher, die ihr ganzes Leben lang darunter leiden.

Egal, ob die Entzugserscheinungen körperlicher oder mentaler Natur sind, normale und starke Raucher empfinden sie nur, wenn sie versuchen aufzuhören, keine Zigaretten zur Hand haben oder sich in einer Situation befinden, in der Rauchen nicht erlaubt ist. Gelegenheitsraucher leiden praktisch während ihres gesamten Raucherlebens darunter. Sie verschaffen sich nur etwa eine Stunde täglich Erleichterung, die restlichen dreiundzwanzig Stunden müssen sie damit zurechtkommen.

Ich betone wieder, nach Allen Carrs Methode gibt es keinen Psychoterror, im Gegenteil, wenn Sie alle Anweisungen befolgen, werden Sie glücklich darüber sein, nicht mehr rauchen zu müssen. Möglicherweise verspüren Sie einige Tage lang ein leichtes Spannungsgefühl oder einen Anflug von Ruhelosigkeit und Leere. Das ist auf den körperlichen Entzug von Nikotin zurückzuführen. Doch ihr positiver Gemütszustand ist die Gewähr dafür, daß Sie nicht darunter leiden werden. Vielleicht sind Sie der Meinung, mit solchen Gefühlen ist zwingend eine gewisser Leidenszustand verbunden. Doch es handelt sich dabei um genau die gleichen Symptome, die ein Fußballspieler hat, wenn er auf den Anpfiff im Endspiel zur Weltmeisterschaft wartet. Er leidet keineswegs, im Gegenteil, er befindet sich in absoluter Hochstimmung.

Sollten Sie, aus welchen Gründen auch immer, dennoch leiden und in Versuchung geraten, sich mit einer Zigarette *Erleichterung* zu verschaffen, müssen Sie sich selbst die Frage stellen, was Sie davon abhalten wird, immer wieder noch eine Zigarette zu rauchen. Diese Zigarette wird Ihnen überhaupt keine Erleichterung bringen. Im Gegenteil, sie wird der Auslöser von Entzugserscheinungen auf körperlicher und mentaler Ebene sein, die Sie bis an Ihr Lebensende verfolgen werden. Machen Sie sich auch klar, daß jegliche Form von Entzugserscheinungen nicht die Folge davon ist, daß Sie aufgehört haben zu rauchen, sondern daß Sie irgendwann einmal damit angefangen haben. Nichtraucher leiden nicht unter Nikotinentzug. Das passiert nur Rauchern, und zwar nicht erst, wenn sie versuchen aufzuhören. Sie leiden praktisch täglich darunter, *ihr ganzes Raucherleben lang.*

Starke Raucher sind der Meinung, daß Gelegenheitsraucher den Himmel auf Erden haben. In Wirklichkeit aber gehen sie durch die Hölle. Einerseits können sie nicht rauchen, so oft sie wollen, andererseits sind sie auch nicht *frei*!

Mit jeder Zigarette, die Sie rauchen, meldet sich eine Stimme in Ihrem Kopf: »Ich brauche oder ich will eine Zigarette.« Eine andere Stimme antwortet: »Es beherrscht mich, es kostet mich ein Vermögen, es ist schmutzig und abstoßend.« Es ist nicht allzu schwierig, sich diesen Argumenten zu verschließen, doch über eines können wir uns nicht hinwegtäuschen: Die gleiche Droge, die wir brauchen, um unsere Entzugserscheinungen abzuschwächen, ist das schlimmste tödliche Gift in der westlichen Welt. So oft Sie versuchen, Ihren Entzugserscheinungen entgegenzuwirken, vergiften Sie Ihren Körper ein Stück mehr – *daran besteht kein Zweifel.*

Noch eine Sorte Raucher wird oft von anderen Rauchern beneidet. Strenggenommen handelt es sich bei ihnen nicht um Gelegenheitsraucher, sie werden jedoch gern mit diesen in einen Topf geworfen. Dabei sind sie häufig sogar sehr starke Raucher. Ich spreche von den Quartalsrauchern. Die meisten anderen Raucher betrachten sie nicht als unglückliche Existenzen, die immer wieder in den gleichen Gully stürzen, sondern beneiden sie um ihre Fähigkeit, nach Belieben mit dem Rauchen aufzuhören und wieder anzufangen. Natürlich wollen diese Raucher nicht dümmer erscheinen als wir anderen und halten deshalb diesen Mythos weiter aufrecht.

Glauben Sie diesen Rauchern kein Wort. Analysieren Sie ihre Situation rational. Würden sie jemals beschließen aufzuhören, wenn sie wirklich so gern Raucher sind? Sicher entscheiden sie sich aus genau demselben Grund zum Aufhören wie jeder andere Raucher auch: *Sie sind nicht gerne Raucher!*

Also hören sie auf zu rauchen. Aber warum um alles in der Welt überlegen sie es sich schließlich wieder anders und wechseln erneut zu den Rauchern? Es kann darauf nur eine Antwort geben: *Sie sind nicht gerne Nichtraucher!*

Was für sonderbare Menschen. Warum können sie sich nicht ein für allemal entscheiden? Aber beneiden Sie sie bloß nicht. Wie alle Gelegenheitsraucher holen sie nicht das Beste für sich heraus, sondern das Schlechteste. Sie nehmen die Qualen auf sich, mit Hilfe von Willenskraft aufzuhören, werden jedoch niemals *glückliche* Nichtraucher und greifen schließlich wieder zur Zigarette. Sobald sie wieder süchtig sind, erinnern sie sich, warum sie eigentlich aufgehört hatten. Diese Raucher befinden sich permanent in einer Situation, in der sie sich unwohl fühlen. Die Kirschen in Nachbars Garten schmecken immer süßer. Sie tauschen mit dem Nachbarn den Garten, und wieder wachsen dort die süßeren Früchte.

Eigentlich ist gar nichts Besonderes an diesen Rauchern. Befinden sie sich nicht in genau der gleichen Situation wie alle anderen Raucher auch? Gelegenheitsraucher, starke Raucher, alte Raucher, junge Raucher, solche, die gerade aufhören wollen – eigentlich geht es doch allen gleich. Solange wir rauchen dürfen, betrachten wir es als selbstverständlich oder würden es lieber nicht tun, aber sobald wir nicht mehr rauchen können, erscheinen die Zigaretten uns äußerst kostbar. Zusammen mit der Zigarette trauern wir einer Illusion nach. Wenn Sie also andere Raucher beneiden, egal, zu welcher Spezies sie gehören, beneiden Sie sie um etwas, was überhaupt nicht existieren kann und nie existieren wird.

Sie wissen, um bis an Ihr Lebensende glücklicher Nichtraucher zu bleiben, müssen Sie erst die richtige Einstellung finden. Wenn Sie glauben, Rauchen biete Hilfe oder Genuß, mag es Ihnen zwar gelingen, nie mehr zu rauchen, doch Sie werden immer das Gefühl haben, auf etwas verzichten zu müssen. Wenn Sie einen einzigen Zug als Hilfe oder Genuß empfinden, gilt das auch für Millionen von Zügen. Mit dieser Einstellung werden Sie bis an Ihr Lebensende der Meinung sein, auf etwas verzichten zu müssen oder leicht angreifbar zu sein. Die eigentliche Gefahr geht nicht vom Rauchen einer Zigarette aus, sondern bereits vom Wunsch danach. Denn wenn Sie sich nach einer Zigarette sehnen, wird Sie auch nichts davon abhalten, noch eine zweite zu wollen: *Und noch eine! Und noch eine! Und noch eine!*

Wenn Sie jedoch erkennen, daß Rauchen weder Hilfe noch Genuß bieten kann, muß der Wunsch nach Zigaretten oder der Neid auf andere Raucher Ihnen einfach lächerlich erscheinen. Solange diese beiden Gefühle noch vorhanden sind, haben Sie eigentlich nur zwei Möglichkeiten: Entweder Sie rauchen tatsächlich bis an Ihr Lebensende nicht mehr, haben aber dauernd das Gefühl, auf etwas verzichten zu müssen, und fühlen sich schlecht, oder Sie rauchen bis ans Ende Ihrer Tage und fühlen sich – unabhängig von der Menge – *noch schlechter!*

Zu Beginn dieses Kapitels berichtete ich über Fallbeispiele, die zur Annahme verleiten, man könne als Gelegenheitsraucher glücklich sein. Sicher habe ich Sie inzwischen davon überzeugt, daß sie ins Land der Märchen gehören. Doch habe ich bereits stichhaltig bewiesen, daß es einen glücklichen Gelegenheitsraucher einfach nicht geben kann? Die Antwort muß nein lauten, denn wie sollte ich dieses Nichtvorhandensein beweisen? Man kann auch seit mehreren Jahrhunderten nicht beweisen, daß es das Ungeheuer von Loch Ness nicht gibt, allerdings hat man es auch gar nicht ernsthaft versucht. Selbst wenn man den ganzen See trockenlegen würde und kein Ungeheuer fände, bestünde immer noch die Möglichkeit, daß es sich in den Schlamm eingegraben hat oder über Land entkommen ist.

Wenn Sie nun immer noch nicht überzeugt sind, möchte ich es Ihnen überlassen, den Beweis dafür zu erbringen. Falls alle diese glücklichen Gelegenheitsraucher tatsächlich existieren, dürfte es doch ein leichtes sein, einen zu finden. Wie, Sie kennen bereits mehrere? Sind Sie wirklich sicher? Haben Sie das auch nachgeprüft, oder haben Sie ihnen auf Anhieb geglaubt und deshalb den Eindruck gewonnen, sie seien glücklich?

Auch ich hatte – noch nach meinem »Unabhängigkeitstag« – geglaubt, einige von ihnen zu kennen. Erst viel später wurde mir klar, daß es aufgrund der Eigenart der Nikotinfalle einen glücklichen Raucher nicht geben kann, auch nicht, wenn er nur Gelegenheitsraucher ist. Als ich das schließlich realisierte und auch erkannte, daß alle Raucher lügen, sei es gegenüber sich selbst oder anderen, konnte ich sie endlich ohne rosarote Brille sehen.

Stellen Sie diesen Rauchern genau die Fragen, die ich in *Endlich Nichtraucher!* und in diesem Buch stelle, und zwar besonders die Fragen aus jenen Kapiteln, in denen es um eine Einschränkung des Konsums oder um das Gelegenheitsrauchen geht. Ist Ihnen schon einmal aufgefallen, daß Gelegenheitsraucher dauernd damit prahlen, wie wenig sie rauchen? Ein starker Raucher kann das vielleicht verstehen. Aber ist es wirklich so einleuchtend? Die meisten Hobbys wollen wir doch auch so oft wie möglich ausüben. Oder können Sie sich vorstellen, daß ein begeisterter Golfer stolz darauf ist, nur einmal im Jahr zu Weihnachten auf den Golfplatz zu gehen, und behauptet, nur deshalb ein glücklicher Golfer zu sein? Rauchen ist tödlich, führt zur Versklavung und kostet ein Vermögen. *Richtig!* Je weniger Sie rauchen, desto glücklicher sind Sie. Das Ideal ist, überhaupt nicht rauchen zu müssen. Nicht nur die starken Raucher würden gerne ihren Konsum einschränken, auch Gelegenheitsraucher haben dieses Bestreben. Warum wären sie sonst stolz darauf, so wenig zu rauchen?

Warum halten es Gelegenheitsraucher für nötig, immer wieder darauf aufmerksam zu machen, daß sie es tagelang ohne Zigaretten aushalten und es ihnen nicht das geringste ausmacht? Ein starker Raucher wünscht sich nichts mehr als das und beneidet den Gelegenheitsraucher aus Gründen, die leicht nachvollziehbar sind. Ich esse für mein Leben gern Hummer, kann es aber auch monate-, ja sogar jahrelang ohne aushalten. So gern ich Hummer auch mag, macht es mir jedoch nicht das geringste aus, keinen zu bekommen. Doch falls wir im Lauf unserer Unterhaltung auf Hummer zu sprechen kämen, wäre es doch ziemlich befremdlich, wenn ich folgendes sagen würde: »Sie müssen wissen, Hummer zu essen ist ein großer Genuß für mich, aber es macht mir nichts aus, drei Wochen darauf zu verzichten.«

Eine solche Behauptung würde ich doch nur aufstellen, wenn ich Probleme damit hätte, wenn ich bestimmte Energien aufwenden müßte, um der Versuchung zu widerstehen. Nach drei Wochen der Abstinenz hätte ich dann Grund, stolz auf mich zu sein. Wenn Gelegenheitsraucher damit prahlen, daß sie es auch eine gewisse Zeit ohne Zigaretten aushalten, heißt das, sie versuchen unter Einsatz von Willenskraft aufzuhören: *auf Dauer!* Wenn sie nicht damit prahlen, heißt es, sie können wirklich nach Belieben rauchen oder nicht. Sie genießen es überhaupt nicht, finden es im Grunde abstoßend, doch *sie spielen mit dem Feuer.*

Über eines habe ich noch nicht gesprochen: Wenn es mit der Methode von Allen Carr so einfach ist, mit dem Rauchen aufzuhören, kann es doch überhaupt nicht gefährlich sein, gelegentlich eine Zigarette zu rauchen? Selbst wenn man wieder süchtig wird, muß man nur nach dieser Methode vorgehen – und schon ist man wieder Nichtraucher. Vielleicht haben Sie genügend meiner Anweisungen befolgt, um einfach und mit Freude aufzuhören. Doch wenn nach wie vor der Wunsch besteht, ab und zu einmal an einer Zigarette zu ziehen, haben Sie meine Vorgehensweise noch nicht ganz verstanden. Welchen Sinn sollte es haben, Ihnen zu helfen, aus einem Gefängnis freizukommen, wenn Sie selbst eigentlich gar nicht raus wollen?

Ich behaupte, Ihnen dabei helfen zu können, auf einfache Weise das Rauchen aufzuhören und ein glücklicher Nichtraucher zu bleiben. Aber ich behaupte nicht, einen glücklichen Raucher aus Ihnen machen zu können. Im Gegenteil, ich habe schon in aller Ausführlichkeit erklärt, warum das nicht möglich ist und warum Gelegenheitsraucher schlechter dran sind als starke Raucher. Ehemalige Raucher scheinen einfach nicht wahrhaben zu wollen, daß es durchaus möglich ist, als Nichtraucher glücklich zu sein, doch sobald Sie auch nur einmal an einer Zigarette ziehen,

SIND SIE KEIN NICHTRAUCHER MEHR UND WERDEN AUCH NICHT MEHR GLÜCKLICH SEIN!

Es ist einfach, Raucher zu bleiben. Fast genauso einfach ist es, Nichtraucher zu bleiben. Das darf Sie aber nicht zu der Annahme verleiten, es sei genau so einfach, Gelegenheitsraucher zu bleiben. Was erscheint Ihnen leichter, ein Leben lang auf einem Zaun zu balancieren oder auf die eine oder andere Seite zu fallen und dort zu bleiben? Oberstes Ziel meiner Methode und eines der Hauptanliegen dieses Buches ist es, den Wunsch oder das Bedürfnis, ab und zu an einer Zigarette zu ziehen, völlig zu beseitigen. Sie müssen erkennen, daß der Wunsch oder das Bedürfnis zu rauchen dann nicht nur einmal auftaucht, sondern millionenfach. Und Sie müssen sich darüber im klaren sein, wenn Sie diese Zigarette nicht rauchen, sondern sich nur danach sehnen, sind Sie kein glücklicher Nichtraucher mehr. Sie haben das Gefühl, auf etwas verzichten zu müssen. Sie werden *ein erbärmlicher Nichtraucher!*

Sie fühlen sich erbärmlich, weil Sie sich nach etwas sehnen, das überhaupt nicht existiert. Wenn Ihre Widerstandskraft schließlich aufgebraucht ist und Sie die erste Zigarette rauchen, sind Sie damit kein erbärmlicher Nichtraucher mehr, sondern ein *noch erbärmlicherer Raucher!*

Die erbärmlichsten aller Raucher verdienen sogar ein eigenes Kapitel. Sie sind eine besondere Spezies des Gelegenheitsrauchers, es handelt sich dabei um

HEIMLICHE RAUCHER.

KAPITEL 32

Heimliche Raucher

Es gibt viele tragische Aspekte im Zusammenhang mit dem Rauchen, und es ist schwer zu sagen, welcher der tragischste ist. Ein Raucher, dessen Emphysem sich im fortgeschrittenen Stadium befindet, so daß man ständig das Gefühl hat, für ihn atmen zu müssen, rangiert schon ziemlich weit oben in der Skala. Besonders tragisch ist es auch, von einem Raucher, dem gerade ein Bein amputiert wurde, zu hören, das habe absolut nichts mit dem Rauchen zu tun. Ähnlich geht es mir mit jenen Fällen, in denen der Raucher eben erfahren hat, daß er an Lungenkrebs erkrankt ist, und sich selbst und andere nun davon überzeugen will, daß er nichts bereue und jede Zigarette ein Genuß war.

Raucher begreifen nicht, daß sie Opfer einer genialen Falle sind. Sie glauben, nur zu rauchen, weil sie entweder dumm oder willensschwach sind. Und sie lügen. Die geschieht jedoch nicht, weil sie etwa von Natur aus nicht aufrichtig wären, sondern weil sie sich durch die Selbsttäuschung in ihren Augen und denen der anderen zumindest einen Hauch von Respekt bewahren wollen. Meist handelt es sich dabei lediglich um kleine Schwindeleien; so untertreiben sie bei dem Geldbetrag, den sie für Zigaretten ausgeben oder bei der Zigarettenmenge, die sie täglich rauchen. Wenn sie in die Enge getrieben werden, tischen sie aber auch ohne Zögern faustdicke Lügen auf. Viele Jugendliche leugnen gegenüber ihren Eltern, Raucher zu sein, und bringen es fertig, ihnen dabei auch noch in die Augen zu sehen.

Sicher ist es Ihnen auch schon einmal passiert, daß Sie im Lauf eines Gesprächs einen Einwand vorbringen wollten, dazu aber nicht den Mut hatten. Sie verachten sich dafür bis an Ihr Lebensende. Zum Glück habe ich daraus schon in relativ jungen Jahren meine Lehren gezogen. In meinem Leben gibt es ausgesprochen wenige Situationen, in denen ich nicht die Zivilcourage besaß, meine Meinung zu sagen. Ich spreche von Zivilcourage, meine aber damit eher gesunden Menschenverstand. Sie müssen abwägen, was Ihnen wichtiger ist: entweder für unhöflich oder dumm gehalten oder nicht ernstgenommen zu werden oder sich das ganze Leben lang selbst dafür zu verachten, daß man sich nicht getraut hat, den Mund aufzumachen. Ich finde ersteres weniger belastend. Ein tapferer Mensch stirbt nur einmal, ein Feigling tausendmal. Wenn es um Zivilcourage geht, bin ich nicht tapfer genug, ein Feigling zu sein.

Doch so gut ich diese Lektion gelernt hatte, bewahrte sie mich nicht davor, heimlicher Raucher zu werden. Es ist schon schlimm genug, gegenüber einer Person, die man liebt und der man vertraut, ein feierliches Versprechen nicht einzuhalten. Doch wenn man auf diesen Treuebruch noch einmal eins obendrauf setzt und diese Person, die einem ebensoviel Liebe und Vertrauen entgegenbringt, auch noch belügt, ist das absolut erniedrigend. Aus diesem Grund halte ich heimliches Rauchen für die schlimmste Art des Rauchens. Eine sonst in jeder Beziehung ehrliche und integre Person baut ein Lügengebilde um sich auf. In *Endlich Nichtraucher!* schildere ich, wie heimliches Rauchen fast zu einer Scheidung geführt hätte. Ich muß zugeben, daß jene Geschichten, die wir in unseren Kursen über heimliches Rauchen zu hören bekommen, nicht nur die tragischsten, sondern auch die komischsten sind.

Ein Paar wollte gemeinsam mit dem Rauchen aufhören. Beide Partner waren fest dazu entschlossen. Nachdem sie die letzte Zigarette ausgedrückt hatten, beseitigten sie sämtliche Aschenbecher und renovierten das ganze Haus. Nach ungefähr drei Monaten glaubte die Frau immer noch einen Hauch von Zigarettenqualm im Haus zu bemerken. Sie beschuldigte Ihren Ehemann, heimlich zu rauchen. Er blickte ihr direkt in die Augen und leugnete es rundheraus. Einige Tage später wachte sie nachts auf und stellte fest, daß ihr Mann nicht im Bett lag. Sie schlich nach unten und fand ihn, wie er vor dem Kamin kniete und dort hineinrauchte. Zum Glück fand die Frau es komisch und sagte: »Wenn dir das Rauchen so viel bedeutet, dann mußt du einfach dabeibleiben.« Aber empfand er es wirklich als Genuß, mitten im Winter aus dem warmen Bett zu steigen und sich im kalten Wohnzimmer auf den Boden zu knien, nur um Rauch den Kamin hochzupaffen? Dabei muß man sich doch dumm und willensschwach vorkommen.

Doch die amüsanteste Geschichte berichtete mir eine junge Frau, die mit dem Rauchen aufgehört hatte, weil ihre siebenjährige Tochter darauf bestand: »Mama, ich will nicht, daß du stirbst.« Wie so oft, wenn man es mit Einsatz von Willenskraft versucht, hatte sie einige Tage überhaupt nicht geraucht und dann als Kompromißlösung beschlossen, sich abends zur Belohnung eine oder zwei Zigaretten zu genehmigen. Am Abend wollte das Kind aber einfach nicht einschlafen. Die Mutter erzählte: »Ich wurde richtig ärgerlich, aber nicht, weil sie nicht einschlief, sondern weil ich unbedingt diese Zigarette rauchen wollte. Irgendwann schlief sie schließlich doch ein. Ich rannte in die Küche hinunter. Kaum hatte ich die Zigarette angesteckt, meldete sich ein Stimmchen hinter mir: ›Mama, du rauchst doch nicht, oder?‹« Die Frau konnte die Zigarette unbemerkt in das Spülbecken verschwinden lassen. Ich fand die Geschichte deshalb so komisch, weil in meiner Kindheit die Eltern mir die Ohren langgezogen hätten, wenn sie mich beim Rauchen erwischt hätten – und heute ist es genau umgekehrt!

Ich nehme an, daß jeder Raucher schon einmal in die Garage verschwunden ist, um heimlich zu rauchen. Aber wirklich peinlich ist folgende Geschichte, die mir ein Kursteilnehmer erzählt hat. Er besuchte Verwandte in Kanada – alles Nichtraucher. Mit dem Vorwand, er brauche etwas frische Luft, ging er bei minus zwanzig Grad vor die Tür, um unbemerkt eine Zigarette zu rauchen. Doch voller Panik kehrte er ins Haus zurück. Er hatte eine dieser scheußlichen kleinen Zigarren geraucht, die mit einem Plastikmundstück versehen sind. Das Plastik war an seiner Lippe festgefroren. Damit war er natürlich durchschaut. Auch das gehört zu den großen Freuden des Raucherlebens!

Durch mein Rauchen war ich schon häufig dem Gespött preisgegeben. Aber am peinlichsten berührt hat mich bisher ein Erlebnis, das einer völlig fremden Person widerfuhr. Es geschah während eines Nichtraucherflugs in den USA. Die gewohnte Ruhe während des Flugs schlug plötzlich in Panikstimmung um. Vier Besatzungsmitglieder eilten wie ein Sturmtrupp den Gang entlang und hämmerten gegen die Toilettentür. Für mich bestand kein Zweifel, wir waren das Opfer einer Flugzeugentführung oder zumindest einer Bombendrohung. Doch in der Toilette saß nur eine Frau, die dort heimlich rauchte und dadurch die Rauchmelder ausgelöst hatte. Die Besatzung war allerdings etwas übereifrig und verängstigte die arme Frau so sehr, daß sie erst nach zwanzig Minuten bereit war, die Tür zu öffnen.

Nachdem wir die tatsächliche Ursache der Aufregung kannten, betrachteten wir übrige Passagiere den Zwischenfall als willkommene Abwechslung – jedoch nur, bis die Frau die Tür öffnete. Es war ihr offensichtlich so unendlich peinlich, daß sie wohl am liebsten aus dem Flugzeug gesprungen wäre, zur Not auch ohne Fallschirm. Die allgemeine Belustigung verwandelte sich spontan in ehrliches Mitgefühl für die Frau. Mir wurde bewußt, daß genausogut ich an ihrer Stelle dort hätte stehen können, und war zutiefst dankbar, daß ich nicht mehr in der Nikotinfalle saß.

Auf mich wirken Schilder wie »Bitte den Rasen nicht betreten« oder »Frisch gestrichen« einfach unwiderstehlich. Ich denke jedesmal: Was sind das nur für Spielverderber? Und natürlich kann ich nicht umhin, verstohlen einen Fuß auf das Gras zu setzen oder ganz leicht die Farbe zu berühren – nur um zu sehen, ob sie schon getrocknet ist. Und je mehr die Gesellschaft Raucher zum Aufhören zwingen will, um so entschlossener wehren sie sich dagegen und um so mehr Phantasie bringen sie auf, um die Verbote zu umgehen. Ein bekannter Popstar, der unser Büro in Birmingham aufsuchte, berichtete von einem Gerät, das er sich ausgedacht hatte, um in der Flugzeugtoilette rauchen zu können, ohne die Rauchmelder auszulösen. Ich verstand nicht, wie das Gerät genau funktionierte, doch mußte man sich vor die Toilette knien und einen Kunststoffschlauch in die Kloschüssel führen.

Er war so stolz auf seine Erfindung, daß er sie eigentlich patentieren lassen wollte, und überzeugt, er könne damit ein Vermögen machen. Wir haben hier ein gutes Beispiel, was passiert, wenn man das Rauchen generell verbietet. Die Raucher sind so entschlossen, sich dem Druck zu widersetzen, daß sie dabei den eigentlichen Feind nicht mehr erkennen. Zu gern hätte ich dem Popstar auf einem Video vorgeführt, wie er in der engen Kabine vor der Kloschüssel kniet. Ich bin sicher, auch ihm wäre klargeworden, daß bei aller Phantasie diese Zigarette wahrlich kein Genuß war. Zum Glück müssen Nichtraucher solche Erniedrigungen nicht ertragen.

Viele Raucher glauben, daß sie aus Protest mit dem Rauchen angefangen haben: »Meine Eltern waren beide Nichtraucher, ich fing an zu rauchen, um mich gegen sie aufzulehnen.« Aber die meisten Eltern sind auch nicht heroinabhängig. Ich kenne nicht einen einzigen Heroinabhängigen, der diese Droge nahm, um gegen seine Eltern zu rebellieren. Könnte man nicht genausogut sagen: »Meine Eltern haben zwei Beine, also ließ ich mir eins amputieren, um mich gegen sie aufzulehnen?«

Da Rauchen inzwischen nicht mehr als gesellschaftsfähig gilt, ist dieses Aufbegehren der letzte Rückhalt für viele Raucher: »Ich bin bereit, die Gesundheitsrisiken auf mich zu nehmen, und brauche niemanden, der mir sagt, ob ich rauchen darf oder nicht.«

Als heimlicher Raucher stehen Sie völlig isoliert da, Sie haben den letzten Rest an Würde verloren. Nicht einmal mehr auf die dubiose Würde, gegen die Gesellschaft aufzubegehren, können Sie sich nun berufen. Rebellen sind stolz auf ihre Haltung, sie sind jederzeit bereit aufzustehen und für ihre Sache einzutreten. Als heimlicher Raucher können sie nicht behaupten: »Ich rauche, weil ich mich selbst dafür entschieden habe.« Sie sind heimlicher Raucher geworden, weil Sie sich des Rauchens abgrundtief schämen und nicht wollen, daß andere davon erfahren. Sie haben jeden Rest von Selbstachtung verloren.

Wenn Sie anfangen, heimlich zu rauchen, können Sie nicht mehr tiefer sinken. Sie beginnen die Menschen, von denen Sie am meisten geliebt werden und die auch Sie lieben, zu belügen. Es gibt jedoch einen erlösenden Faktor im Dasein eines heimlichen Rauchers. Sie täuschen vielleicht die Menschen, die Sie lieben, doch *Sie machen sich selbst nichts mehr vor!*

Sie wissen, daß Sie ganz unten sind und daß Sie nicht aus freien Stücken rauchen. Sie sind *ein Sklave! Ein erbärmlicher, bedauernswerter Drogensüchtiger!*

Solange Sie diese Tatsache nicht voll und ganz akzeptieren, ist ein Entkommen nicht möglich. Doch sobald Sie sie anerkennen, ist die Freiheit nicht nur möglich, sondern – vorausgesetzt Sie befolgen alle Anweisungen – sogar garantiert!

Wenden wir uns nun einem weiteren Mythos zu, der die Raucher oft schon beim Gedanken ans Aufhören abhält:

WERDE ICH DAS LEBEN JEMALS WIEDER GENIESSEN KÖNNEN?

KAPITEL 33

Werde ich das Leben jemals wieder genießen können?

Glauben Sie an Zufälle? Vor kurzem war ich auf dem Begräbnis eines sehr guten Freundes. Er war kein Heiliger und einer dieser wenigen Personen, die viele Freunde, aber keine Feinde haben. Er war genauso alt wie ich und Raucher. Ich bin überzeugt davon, daß er ohne diese Sucht heute noch am Leben wäre und noch viele schöne Jahre vor sich hätte. Nach dem Begräbnis war ich in melancholischer Stimmung, aber ich weinte nicht um ihn. Wenn dieses Leben wirklich eine Art Vorstufe für ein besseres Dasein ist, wurde er dort mit offenen Armen empfangen. Aber egal, seine Probleme auf dieser Welt haben in jedem Fall ein Ende. Wenn es einen Himmel gibt, wird er dort ebenso eine Ausnahmeerscheinung sein, wie er es hier war.

Er war ein ganz besonderer Mensch. Sein Name taucht nicht im *Who's Who* auf, doch hätte man ihn je aufgenommen, müßte er in der Rubrik Hobbys stehen: Familie und Haus. Ich wollte etwas Besonderes für ihn tun, doch wie so oft bei solchen Gelegenheiten, fiel mir einfach nichts ein. Die beste Idee war noch ein Kranz, der in Form seiner Hausnummer geflochten war. Sein Heim war für viele Freunde der Treffpunkt schlechthin. Nach einem Termin pflegte er immer zu sagen: »Gehen wir noch zu Nummer 37.«

Am Tag des Begräbnisses war ich nicht in der Lage, an meinem Buch zu schreiben. Doch am Tag danach erschien es mir als die beste Therapie, mich wieder in die Arbeit zu stürzen. Es war genau dieses Kapitel – und die Überschrift ist kein Zufall.

Wenn die Überzeugung, es sei möglich, nur eine einzige Zigarette zu rauchen, Menschen in die Falle lockt, dann ist die Annahme, man könne das Leben nicht mehr richtig genießen oder mit Streß fertig werden, der Hauptgrund, warum Raucher den entscheidenden Tag immer wieder hinausschieben:

ICH WERDE RECHTZEITIG AUFHÖREN,
ABER NICHT HEUTE. ICH HÖRE MORGEN AUF.

Die Angst läuft in zwei Phasen ab:
1. Die Anfangsphase: Sie ist geprägt vom Gefühl des Elends und von Ängsten, fälschlich auch als »Entzugsphase« bezeichnet. Vorausgesetzt wir überstehen diese Phase, beginnt die zweite, nämlich
2. der Rest unseres Lebens, die Zeit, in der unser Gehirn nicht mehr vom Rauchen besessen ist und wir den Beweis erbracht haben, daß es auch ein Leben nach dem Rauchen gibt.

Warum spreche ich bei Phase zwei auch von Angst? Nun, wir erleben vielleicht Zeiten größter Euphorie über unseren Erfolg und platzen dann vor Tatendrang, empfinden Mitleid für andere Raucher, fragen uns, warum wir nur all die Jahre rauchen mußten, und sind uns absolut sicher, nie wieder in Versuchung zu geraten. Doch wenn wir unter Einsatz von Willenskraft an die Sache herangehen, sind diese Perioden viel zu selten und viel zu kurz. Sie werden unterbrochen von Zeiten des Zweifels. Dann beginnen wir, Raucher zu beneiden. Wir müssen immer noch gegen die Versuchung ankämpfen. Doch die meiste Zeit empfinden wir weder Euphorie noch Versuchung, sondern leben einfach vor uns hin. Wir denken nicht bewußt ans Rauchen, obwohl wir eine bestimmte Leere verspüren. Es ist mehr die Ahnung, daß uns etwas fehlt, daß das Leben nicht mehr ganz genauso ist wie vorher. Es ist, als würden wir bis ans Ende unseres Lebens warten, daß etwas Bestimmtes passiert.

Doch wir finden nie genau den Auslöser für dieses Gefühl. Glauben wir, etwas zu versäumen, oder sind wir immer noch nicht sicher, ob wir es wirklich geschafft haben, und befürchten einen Rückfall?

Welche der beiden Phasen ist die schlimmere? Das anfängliche Elend oder der Rest unseres Lebens als Nichtraucher? Der Ausdruck »Nichtraucher« ist übrigens nicht besonders hilfreich. Wir sprechen von Heroinsüchtigen und ehemaligen Heroinsüchtigen, aber bezeichnen wir Personen, die niemals heroinsüchtig waren, etwa als Nichtsüchtige? Das Präfix »Nicht-« ist von negativen Assoziationen begleitet. Wie das Wort »aufgeben« im Zusammenhang mit dem Rauchen, vermittelt es den Eindruck, Nichtraucher würden etwas versäumen.

In meinem Kopf besteht nicht der geringste Zweifel, welche der beiden

Phasen die schlimmere ist. Ich habe bereits darüber berichtet, daß ich mehr als einmal bittere Tränen während der ersten Phase vergossen habe. Doch nicht das Elend an sich brachte mich zum Weinen, sondern die Vorstellung, ich könnte nie richtig frei werden.

Wann sind Sie Nichtraucher? Die Antwort ist denkbar einfach: immer wenn Sie eine Zigarette ausdrücken. Die Frage war aber anders gemeint: Wann werden Sie auf Dauer Nichtraucher? Die ebenso einfache Antwort lautet: wenn Sie Ihre letzte Zigarette ausdrücken! Das mag gut sein, aber woher sollen Sie wissen, welche Zigarette Ihre letzte ist? Bei der Führerscheinprüfung sind Sie kein besserer Autofahrer als vor der Prüfung, doch danach haben Sie das wunderbare Gefühl, etwas geschafft zu haben: Heureka! Ich habe bestanden! Wenn Sie mit dem Rauchen aufhören wollen, lautet die wirklich wichtige Frage, die Sie für sich beantworten müssen: *Wann wissen Sie, daß Sie Nichtraucher sind?*

In unseren Kursen erhalten wir auf diese Frage die unterschiedlichsten Antworten, zum Beispiel: »Wenn ich mit Freunden etwas trinken gehen oder eine Mahlzeit genießen kann, ohne eine Zigarette rauchen zu wollen.«

Gut, aber viele Exraucher sehnen sich nach acht Jahren Abstinenz immer noch nach Zigaretten. Die meisten Antworten beziehen sich auf eine bestimmte Situation, und die Raucher wissen nicht, wie lange sie warten müssen, bis sie eintritt.

»Wenn ich es geschafft habe, einen ganzen Tag lang ohne Zigarette auszukommen.« Die zeitlichen Abstände variieren individuell zwischen einem Tag und einem Jahr. Doch woher will ein Raucher im voraus wissen, daß seine Schätzung richtig ist?

»Wenn ich mich als Nichtraucher fühle.« Darüber haben wir in Kapitel 29 gesprochen.

Der Fahrschüler kann bei der Führerscheinprüfung jubeln, weil er sicher *weiß*, daß er die Prüfung bestanden hat. Bei allen oben angeführten Antworten hat der ehemalige Raucher das Gefühl, auf etwas verzichten zu müssen. Doch wie können Sie sicher sein, niemals mehr zu rauchen, wenn Sie es als Verzicht empfinden? Und selbst wenn Sie nicht glauben, ein Opfer zu bringen, ist das noch lange keine Garantie dafür, daß Sie nie wieder rauchen werden. Um den Erfolg sicherzustellen, genügt es nicht, es zu versuchen oder zu hoffen oder sogar fest darauf zu vertrauen, daß es Ihnen gelingen wird, sondern: *Sie müsen ganz sicher wissen, daß Sie es schaffen werden.*

Viele Raucher glauben, sie werden niemals ganz frei sein. Jahrelang war auch ich einer von ihnen. Ich glaubte es nicht nur, ich wußte es. Raucher in meinem Alter erinnern sich vielleicht noch an die Zigarettenmarke »Strand« und den dazugehörigen Werbeslogan: »Mit einer Strand sind Sie nie allein.«

Ich habe niemals im Leben diese Marke geraucht, aber genau das war meine Einstellung: Solange ich eine Packung Zigaretten in der Jackentasche hatte, brauchte ich keine Gesellschaft. Die Zigaretten waren nicht nur meine Freunde, sie waren mein Selbstvertrauen, mein Mut, meine Persönlichkeit. Ich war zutiefst davon überzeugt, daß ich einen wichtigen Gefährten verlieren würde und die Stütze meines Charakters, sollte ich eines Tages tatsächlich aufhören zu rauchen.

Es kam mir jedoch niemals in den Sinn, daß diese Packung Zigaretten meinen Mut und mein Selbstvertrauen zerstörte, daß Nichtraucher sich nicht unsicher fühlen und von Panik ergriffen werden, wenn sie keine Zigaretten haben. Warum konnte ich nie realisieren, daß eine Packung schon längst nicht mehr ausreichte? Am Anfang geraten wir in Panik, wenn wir nur noch drei Zigaretten haben, mir ging es so, wenn ich nur noch drei Packungen hatte.

Werbefachleute haben mich darüber aufgeklärt, daß der »Strand«-Slogan unter wirtschaftlichen Gesichtspunkten ein Flop war. Das fand ich ziemlich überraschend, weil ich weiß, daß er auf viele andere Raucher die gleiche Wirkung ausübte wie auf mich. Vielleicht handelt es sich um eines dieser Beispiele, in denen sich ein Spruch einfach verselbständigt. Damals stellte die Werbung heraus, welche Vorteile es in der Gesellschaft bringt, Raucher zu sein. Vielleicht sollte der »Strand«-Slogan die Botschaft transportieren: Wenn Sie eine Packung »Strand« herumreichen, sind Sie von Freunden umgeben, und nicht: Wenn ich eine Packung »Strand« habe, brauche ich keine anderen Freunde. Vielleicht hatten die Raucher das Gefühl, es handle sich dabei um einen echten Feind, und lehnten die Marke deshalb ab. Wer will sich schon in die Abhängigkeit eines Feindes begeben?

Folgendes müssen Sie wissen: Wenn Sie glauben, daß Sie nie ganz frei sein werden, dann *werden Sie auch* nie *ganz frei sein.*

Stellen Sie sich vor, Sie hätten Grund zur Annahme, daß Sie HIV-positiv sind. Sie machen einen Test und müssen eine Woche auf das Ergebnis warten. Man kann davon ausgehen, daß das sicher nicht die beste Woche Ihres Lebens sein wird. Müßten Sie einen Monat oder ein Jahr warten, wäre alles noch viel schlimmer. Aber nun stellen Sie sich vor, Sie müßten Ihr ganzes Leben warten und würden nie ein richtiges Ergebnis erhalten.

Genau das geschieht mit Rauchern, die nicht sicher sind, ob sie frei sind. Zugegeben, es ist nicht ganz so schlimm wie in dem genannten Beispiel, doch die Wirkung ist die gleiche. Sie warten auf ihr Zeugnis. Sie warten darauf, daß die Zweifel verschwinden. Doch warum sollten diese verschwinden, solange sie gehegt werden? Sie brauchen den Rest ihres Lebens, um herauszufinden, ob sie es geschafft haben, und werden es im Grunde nie erfahren. Keiner kann ihnen einen Brief ins Jenseits schicken, in dem es heißt: »Und übrigens, falls es Sie noch interessiert, herzlichen Glückwunsch, Sie haben es wirklich geschafft, mit dem Rauchen aufzuhören.«

Sie verbringen die ihnen verbliebene Zeit in der Hoffnung, nie wieder mit dem Rauchen anzufangen. Ich empfinde es als ziemlich frustrierend, darauf warten zu müssen, daß die Welt endlich von diesem Teufelszeug befreit wird. Aber immerhin habe ich die Hoffnung, es vielleicht doch noch zu erleben. Wie frustrierend muß es dagegen sein, auf etwas zu warten und gleichzeitig zu befürchten, daß es nie eintritt? Worauf sollten Sie sich dabei freuen können? Sie könnten bestenfalls Angst davor haben.

Aus diesem Grund fühlen sich Raucher, die mit Willenskraft aufhören wollen, so erbärmlich. Sie verbringen den Rest ihres Lebens damit, darauf zu warten, daß etwas *nicht* passiert. Daraus resultiert dann diese Leere, das Gefühl, daß »etwas fehlt«, von dem ich vorher gesprochen habe. Außerdem trägt es in großem Maß dazu bei, daß Drogensüchtige glauben, eine entsprechende Veranlagung zu besitzen. Und es führt zu der Annahme, eine Person, die einmal abhängig war, könne nie wieder ganz frei sein, oder: einmal Raucher, immer Raucher.

Vielleicht male ich ein zu pessimistisches Bild. Viele Exraucher sehnen sich ab und zu nach einer Zigarette, bleiben aber lieber Nichtraucher. Ich will aber nicht, daß Sie sich in der gleichen Situation wähnen. Zum Glück ist das nicht nötig, denn Sie gehen nach meiner Methode vor. Aber warum bleiben wir so lange Raucher, obwohl wir wissen, daß

1. wir uns nie bewußt entschieden haben, ein Leben lang Raucher zu sein
2. Rauchen idiotisch ist
3. Nichtraucher viel besser dran sind als wir
4. wir das Leben ganz gut genießen und auch mit Streß umgehen konnten, bevor wir zu rauchen begonnen haben, und daß Millionen ehemaliger Raucher bereits bewiesen haben, daß dies auch wieder möglich ist, nachdem man mit dem Rauchen aufgehört hat

Bei den ersten drei Punkten sind wir uns sicher. Doch wie sollten wir beim vierten Punkt Gewißheit erlangen, wenn wir uns nicht selbst davon überzeugen können, ob wir das Leben dann noch genießen und mit unserem Alltag fertig werden? Wir befinden uns nach wie vor in einem Dilemma. Darin liegt auch das eigentliche Problem. Hier stellt sich die Frage nach dem Huhn und dem Ei. Um sicherzugehen, daß sie das »Kraut« für immer und ewig aus Ihrem Leben verbannt haben, dürfen Sie keine Zweifel mehr haben. Doch wie können Sie die Zweifel zerstreuen, wenn Sie sich einfach nicht sicher sind?

Doch das Problem ist nicht so komplex wie die Geschichte vom Huhn und vom Ei. Nehmen Sie mich als Beispiel. In dem Moment, als der Hypnotiseur zu mir sagte: »Rauchen ist eine Form der Drogensucht. Wenn Sie lange genug nicht rauchen, dann schaffen Sie es«, wußte ich, ich würde es schaffen. Ich erwartete nicht, daß es einfach wäre oder schnell gehen würde. Ich hätte es mir damals nicht träumen lassen, doch bereits zu dem Zeitpunkt, als ich diese Worte hörte, war ich frei. Weil ich diesen Worten Glauben schenkte, war ich sofort sicher, daß auch ich es schaffen würde, und damit waren alle Zweifel beseitigt. Erst später wurde mir klar, daß man nicht mit dem Ausdrücken der letzten Zigarette Nichtraucher ist, sondern sobald man weiß, daß man niemals mehr den Wunsch oder das Befürfnis haben wird, nach einer Zigarette zu greifen. Wenn man nach anderen Methoden vorgeht, drückt man die letzte Zigarette aus und hofft, daß aus diesem Akt der Wunsch oder das Bedürfnis entsteht, nicht mehr zu rauchen. Mit meiner Methode funktioniert es genau andersherum.

Diese Worte waren für mich so wichtig, weil sie mir die Sicherheit gaben, ich würde es schaffen. Ich werde nie genau sagen können, warum sie diesen Eindruck auf mich machten, dazu hätte ich die ganze Wirkungsweise der Informationen über das Rauchen, die ich im Lauf der Jahre gesammelt hatte, verstehen müssen, egal, ob diese Informationen falsch oder richtig waren und ob ich sie bewußt oder unbewußt aufgenommen hatte. Ich weiß nur, daß in meinem Fall der Satz »Es ist eine Form der Drogensucht«, die gewünschte Wirkung zeigte.

Doch wie lauten in Ihrem Fall die magischen Worte, die Ihnen zu der Erkenntnis verhelfen, daß Sie die Zigaretten nicht vermissen werden, Ihr Leben intensiver genießen werden und mit Streß besser zurechtkommen? Sie brauchen keine magischen Worte. Mir haben diese Worte das Aufhören erleichtert. Doch die Gewißheit, daß ich nie wieder süchtig werde, erlangte ich erst durch mein Wissen über die Eigenheiten der Sucht. Wir müssen also nur dafür sorgen, daß auch Sie das Wesen dieser Sucht von Grund auf verstehen.

Genau darum haben wir uns bemüht. Viele Leser sind jetzt schon der Überzeugung, alles richtig verstanden zu haben. Falls auch Sie dazugehören, sollten Sie nicht vorschnell handeln. Es gibt einige wichtige

Gründe, weshalb ich die Raucher bitte, ihre letzte Zigarette erst dann zu rauchen, wenn ich sie dazu auffordere. Sie würden ja auch nicht den Everest besteigen, bevor alle Vorbereitungen getroffen sind.

Möglicherweise sind Sie der Meinung, sich bereits ausreichend darauf vorbereitet zu haben, das Rauchen für immer zu beenden. Das kann durchaus richtig sein. Aber vielleicht haben Sie doch unbewußt etwas übersehen. Auf dem Berg könnte ein solches Versehen über Leben und Tod entscheiden. Vielleicht klingt es etwas dramatisch, doch bei Ihnen geht es um den gleichen Einsatz, und nichts zwingt Sie, mit Ihrem Leben zu spielen. Denken Sie daran, mir ist es gelungen, *auf Dauer* aufzuhören, und ich konnte Tausenden von Rauchern dabei helfen, dieses Ziel zu erreichen. Hätten Sie das gleiche auch nur einmal geschafft, müßten Sie dieses Buch nicht lesen.

Vielleicht sind Sie immer noch der Überzeugung, kein Raucher könne einfach und für immer aufhören. Dann müssen Sie sich von dieser Vorstellung befreien, doch das ist nur möglich, wenn Sie wissen, wie es dazu gekommen ist.

Könnte nicht eine der Hauptursachen darin liegen, daß uns von klein auf vermittelt wird, es sei schwierig aufzuhören? Und kennen nicht alle von uns Tausende anderer Raucher, die das bestätigen? Und, was noch mehr zählt, haben wir selbst nicht auch schon die Erfahrung gemacht? Wir *glauben* nicht nur, es sei schwierig, wir *wissen* es. Das Gefühl der Panik, wenn uns die Zigaretten ausgehen, mag unlogisch sein, ist aber dennoch real, ebenso wie die Reizbarkeit und Niedergeschlagenheit, die sich einstellen, wenn wir versuchen aufzuhören.

Diese Gefühle sind sogar sehr real und in keiner Weise unlogisch. Wenn Sie in einer Zelle ohne Frischluftzufuhr und Licht eingeschlossen sind, ist es logisch, daß Angst oder sogar Panik Sie befällt.

Wir wissen, daß Rauchen an sich unlogisch ist. Wir verstehen zwar nicht, warum wir von Zigaretten abhängig zu sein scheinen, doch ist das Gefühl von Panik und Angst, wenn wir auf sie verzichten müssen, durchaus zu erklären. In Kapitel 16 schilderte ich – vielleicht etwas übertrieben – als typisches Beispiel, wie ein Mann während seines Urlaubs in einem Restaurant plötzlich ohne Zigaretten dasteht. Doch warum geraten wir in solche Panik, wenn die Zigaretten tatsächlich so scheußlich schmecken, wie ich immer behaupte?

Nehmen wir einmal an, sein Problem wären nicht die Zigaretten gewesen, sondern die Tatsache, daß er mit einem Bärenhunger im Restaurant angekommen wäre, und nichts zu essen bekommen hätte. Der Geruch von phantastischem Essen wäre in der Luft gehangen, und jeder außer ihm hätte es sich so richtig schmecken lassen. Auch in diesem Fall hätte er zwar keine körperlichen Schmerzen verspürt, aber der Abend wäre ihm verdorben gewesen. Nun könnte man einwenden, er hätte sich so elend gefühlt, weil er um den guten Geschmack des Essens gebracht wurde. Ich halte dagegen, daß wir immer dann, wenn wir nicht essen, um den Geschmack eines guten Essens gebracht werden, aber deshalb fühlen wir uns nicht niedergeschlagen. Dem Mann ging es nicht schlecht, weil er um den guten Geschmack gebracht wurde, sondern weil er die Beeinträchtigung nicht abstellen konnte, die er aufgrund des Hungergefühls erfuhr. Auf den ersten Blick handelt es sich vielleicht um ein und dasselbe Problem. Doch es ist wichtig, daß Sie den Unterschied erkennen.

Sein einziges Problem lag darin, daß er nikotinabhängig war. Er fühlte sich leer und unsicher. Obwohl er keine körperlichen Schmerzen verspürte, war doch dieses Gefühl körperlich. Und es war unangenehm. Er konnte es nicht einordnen; er wußte nur: Ich will eine Zigarette. Er verstand auch nicht, warum er eine Zigarette wollte, und noch viel weniger verstand er, auf welche Weise eine Zigarette das Gefühl der Leere und Unsicherheit beseitigen würde. Aber das war auch nicht nötig, nötig war nur, daß die Zigarette es einfach bewirken würde. Doch in diesem Fall konnte er nicht rauchen, woraufhin er sich elend fühlte und schließlich in Panik geriet. Daran ist nichts Geheimnisvolles, es ist ein logischer Ablauf.

In Kapitel 28 haben wir uns bereits mit der Panikstimmung beschäftigt, die sich bei Rauchern einstellt, wenn die Zigaretten zu Ende gehen oder sie unter Einsatz von Willenskraft mit dem Rauchen aufhören wollen. Dieses Panikgefühl ist psychischer Natur. Sobald Sie verstanden haben, daß die Zigarette das Gefühl der Leere nicht beseitigen kann, sondern es verursacht, haben Sie die Ursache dieser Panik schon aus der Welt geschafft. Es ist so, als würde man einem Gefangenen den Schlüssel zu seiner Zelle geben. Falls Sie zu diesem Punkt noch Zweifel haben, sollten Sie noch einmal Kapitel 28 lesen.

Vielleicht können Sie nachvollziehen, daß ein Raucher in Panik gerät, wenn sein Vorrat an Zigaretten zur Neige geht. Er will ja nicht aufhören, fühlt sich um etwas betrogen und ist deprimiert, wenn er nicht rauchen kann. Aber warum geraten Raucher, die es mit Willenskraft versuchen, überhaupt in einen depressiven Gemütszustand, wenn sich die körperlichen Entzugserscheinungen von Nikotin wirklich kaum bemerkbar machen? Erst muß der Wunsch aufzuhören vorhanden gewesen sein, sonst hätten sie sich doch nicht dazu entschlossen. Warum sollten sie sich dann aber deprimiert fühlen und den Eindruck nicht loswerden können, auf etwas verzichten zu müssen?

Hatten diese Raucher wirklich den *Wunsch* aufzuhören? Denken Sie einmal an Ihre ersten eigenen Versuche. Hatten Sie damals den aufrichtigen *Wunsch* aufzuhören? Oder machten Sie sich in erster Linie Sorgen wegen der Auswirkungen des Rauchens auf Ihre Gesundheit und Ihren Geldbeutel? Ein Teil Ihres Gehirns wollte weiterrauchen, sonst wären Sie heute nicht mehr Raucher. Und warum sollten Sie davon ausgehen, daß die Panik verschwindet, sobald Sie ganz mit dem Rauchen aufhören, wenn Sie schon nicht verstehen konnten, warum Sie in Panik gerieten, wenn Ihnen die Zigaretten ausgingen? Wenn man die Sache logisch betrachtet, müßte sie doch zunehmen. Wie sollten wir den Rest unseres Lebens ohne Zigaretten auskommen, wenn uns schon Panik befällt, weil wir es im Restaurant ein paar Stunden ohne Zigaretten aushalten müssen?

Doch meist geraten wir bei einem Versuch, der mit Willenskraft unternommen wird, während der so wichtigen ersten Tage überhaupt nicht in Panik. Unser Dasein als Raucher hängt uns so zum Hals heraus, daß wir ziemlich glücklich sind, endlich losgekommen zu sein. Doch während dieser ersten Tage erreichen auch die körperlichen Entzugserscheinungen ihren Höhepunkt. Es ist vielleicht falsch, von Höhepunkt zu sprechen, weil man damit assoziieren könnte, daß diese relativ heftig sind. Besser drückt man es so aus: Nach einigen Tagen erreichen die körperlichen Entzugserscheinungen das Stadium, in dem sie am ehesten wahrnehmbar sind. Selbst auf ihrem Höhepunkt sind sie jedoch kaum zu spüren.

Vielleicht fällt es Ihnen schwer, diese letzte Behauptung zu glauben – dennoch entspricht sie den Tatsachen. Ich bin davon überzeugt, daß ich mich vom stärksten Raucher auf Erden in den stärksten Passivraucher verwandelt habe. Nach einem ganzen Tag in Gesellschaft von Rauchern spüre ich förmlich, wie die Leere und Spannung meinen Körper verläßt. Das beschäftigt manche Raucher sehr. Doch merkwürdigerweise lautet die häufigste Frage nicht: »Sorgen Sie sich nicht um Ihre Gesundheit?«, was ich mit ja beantworten müßte. Am meisten werde ich gefragt: »Weckt das in Ihnen nicht den Wunsch nach einer Zigarette?« Nein, es bewirkt genau das Gegenteil, es weckt in mir den Wunsch, an die frische Luft zu gehen und den Schmutz und die Spannung loszuwerden.

Das Aufhören ruft erst ein Gefühl des Elends hervor, wenn Zweifel auftreten. Das gilt auch, wenn man es mit Willenskraft versucht. Gehen wir einmal davon aus, wir brächten die Kraft auf, einen Versuch zu starten. Vielleicht ergreift uns schon zu Beginn Panik. Keine Sorge. Dieses Mal werden wir das Spiel durchschauen. Wenn andere Raucher es schaffen, dann schaffen auch wir es. Doch kaum wollen wir unser Vorhaben in die Tat umsetzen, meldet sich die leiste Stimme wieder: »Du willst eine

Zigarette.« Dieser Wunsch geht vom Körper aus. Und er ist real. Wir finden uns nun in einer unmöglichen Situation wieder. Wir sind fest entschlossen, Nichtraucher zu bleiben, doch ein Teil in unserem Gehirn meldet, daß wir eine Zigarette wollen, was soviel heißt wie: »Ich möchte Raucher sein.« Doch wie können wir gleichzeitig Raucher und Nichtraucher sein?

Raucher scheinen diese simple Tatsache nicht zu begreifen. Auf den Fragebogen, die wir in unseren Kursen verteilen, vermerken Raucher oft: »Ich genieße es, Raucher zu sein, aber das Rauchen an sich mag ich nicht besonders.« Manchmal liest man auch genau das Gegenteil: »Ich genieße das Rauchen, bin aber nicht gern Raucher.« Würde ein Golfspieler sagen: »Ich genieße es, Golfer zu sein, doch ich hasse das Golfspielen«, könnten Sie ihm nichts anderes raten, als einen Psychiater aufzusuchen.

Die Abhängigkeit von diesem »Kraut« schafft eine so schizophrene Situation, daß Raucher glauben, Rauchen und Raucher zu sein seien zwei völlig verschiedene Dinge. Machen Sie sich eines klar: Raucher sind nur aus einem einzigen Grund Raucher: *Weil sie rauchen!* Und solange sie rauchen, *sind sie Raucher!* Sie müssen nur eine Voraussetzung erfüllen, um Nichtraucher zu sein: *nicht zu rauchen! Niemals!* Das ist nicht die einzige Voraussetzung, um bis ans Ende Ihres Lebens glücklicher Nichtraucher zu bleiben, aber, und das ist wichtig, es ist eine grundlegende Voraussetzung, um die richtige Einstellung zu gewinnen.

Finden Sie es wirklich überraschend, daß Raucher so unsicher, ängstlich, frustriert und reizbar sind? Eigentlich wäre es doch überraschend, wenn es nicht so wäre.

Wir haben uns schon eingehend mit jener Angst beschäftigt, die uns vom Versuch aufzuhören abhält, nämlich der Angst vor der ersten Phase. Hauptanliegen dieses Kapitels ist es, eine andere, subtilere und größere Angst aus der Welt zu schaffen: Werde ich jemals wieder das Leben genießen oder mit Streß fertig werden können?

Man kann wohl davon ausgehen, daß Raucher die Zigarette nach dem Essen, vor allem im Restaurant oder im Urlaub mit Freunden, am meisten zu vermissen glauben. Einer unserer Kursteilnehmer brachte dieses Thema auf den Punkt. Es handelte sich bei ihm um einen intelligenten Menschen, und er wollte unbedingt aufhören. Sein einziges Problem war die Tatsache, daß er soviel rauchte. Kurz und gut, er war einer jener Typen, denen es in der Regel schon nach der ersten Sitzung leichtfällt aufzuhören. Nach seinem fünften Besuch überkam mich allmählich Verzweiflung. Nicht nur er war davon überzeugt, den Mechanismus der Falle voll und ganz verstanden und bestimmt alle Anweisungen beachtet zu haben, sondern auch ich war dieser Meinung.

Er hatte während dieser Zeit nicht geraucht. Als er zum sechsten Gespräch kam, war er schon neun Monate ohne Zigaretten ausgekommen. Er litt nicht unter heftigen Entzugserscheinungen, hatte aber das Gefühl, immer auf etwas zu warten. Diesen Zustand habe ich bereits beschrieben. Ich muß gestehen, ich war überzeugt, daß auch das sechste Treffen erfolglos sein würde. Nur eine zufällige Bemerkung beim Abschied gab mir den entscheidenden Hinweis. Es war kurz vor Ostern, und ich erwähnte, daß ich ein Seminar in Paris abhalten würde. Er erwiderte:

»Es fällt mir schwer, mich mit dem Gedanken abzufinden, nie mehr vor einem Café in Paris in der Sonne sitzen zu können, den Akkordeonspielern zuzuhören, ein Glas Wein in der einen Hand, eine Gauloise in der anderen, und die Passanten zu beobachten.«

Damit hat er wohl am besten beschrieben, welche Zigaretten die meisten Raucher vermissen. Ich antwortete:

»Versuchen Sie, sich daran zu erinnern, wie es war, als sie zum letztenmal ganz bewußt eine Gauloise geraucht haben. Haben Sie sich dabei gedacht: Wenn dieser Rauch in meine Lungen dringt, entspricht das genau meiner Vorstellung vom Himmel. Sie beschreiben da eine sehr hübsche Szene, die ich hoffentlich an diesem Wochenende selbst erleben werde, doch die Gauloise leistete dazu nicht den geringsten Beitrag. Ich war einmal davon überzeugt, das Golfen ohne Zigaretten nicht mehr genießen zu können. Heute erscheint mir die Vorstellung, auf dem Golfplatz zu rauchen, als schlichtweg abartig. Sie können sich solchen Vergnügungen nach wie vor hingeben, wann immer Sie wollen. Aber solange Sie sich selbst einreden, Sie könnten sie ohne eine Gauloise nicht genießen, wird es auch so sein. Außerdem haben Sie doch früher Silk Cut geraucht, und Raucher von Silk Cut können in der Regel Gauloise nicht ausstehen.«

Ich war allerdings ziemlich sprachlos, als er mir sagte, er hätte noch nie eine Gauloise geraucht und wäre auch noch nie in Paris gewesen. Es hatte ihm fünfzig Jahre lang nichts ausgemacht, das noch nicht erlebt zu haben, doch nun hatte er plötzlich das Gefühl, er würde etwas verpassen, weil er es in Zukunft nie mehr erleben könnte! So tief geht die Gehirnwäsche! Er realisierte in keiner Weise, daß er einem Mythos aufgesessen war.

Wenden wir uns kurz noch einmal jenen Exrauchern zu, die bei einer Essenseinladung so gerne rauchen würden. Was für eine lächerliche Situation. Sie haben vielleicht acht Jahre nicht geraucht und sagen selbst, sie hätte nicht vor, jemals wieder damit anzufangen. Ich habe keine Vorstellung, wie viel Willenskraft und Selbstbeherrschung man in diesen acht Jahren aufbringen muß, ganz zu schweigen von der Energie, die man in Zukunft noch würde aufbringen müssen. Und man wird sich bis an sein Lebensende nach etwas sehnen und gleichzeitig *hoffen, daß man es nie bekommt.*

Worin liegt das Problem, wenn wir uns nach etwas sehnen, das es überhaupt nicht gibt? Lassen Sie mich eines klarstellen: Zigaretten existieren, doch es ist ein Mythos, daß sie Hilfe oder Vergnügen bieten oder den Genuß eines Essens steigern. Wenn wir herausfinden, daß positiv besetzte Dinge wie die Wunderlampe von Aladin oder der Weihnachtsmann nur in einer Phantasiewelt existieren, sind wir nicht enttäuscht. Doch was könnte lächerlicher sein, als das Verlangen nach der Todesdroge Nummer eins aufrechtzuerhalten? Davon *haben Sie absolut nichts!*

Genau wie die Gesellschaft mir per Gehirnwäsche eingehämmert hat, Zigaretten wären eine Hilfe – der »Strand«-Slogan bringt das auf einen kurzen Nenner –, ist der Mann, der vom Café in Paris träumte, auf ein ebensolches Trugbild hereingefallen. Nun könnte man argumentieren, der Exraucher sehnt sich nach etwas, was er wirklich genossen hatte: die Zigarette nach dem Essen. Doch in Wirklichkeit träumt auch er von etwas, das er nie real erfahren hat.

Falls Sie das immer noch bezweifeln, sollten Sie sich noch einmal die geselligen Ereignisse aus der Vergangenheit vor Augen führen. Bei wie vielen dieser Unmengen von Zigaretten, die Sie in Ihrem Leben schon geraucht haben, ist Ihnen wohl der Gedanke gekommen: Ich kann mir nichts Angenehmeres vorstellen, als diesen Rauch in meine Lunge einzusaugen?

Wenn ich mir all meine Raucherjahre in Erinnerung rufe, fallen mir viele Situationen ein, in denen diese Zigaretten eigenartig schmeckten, schal und manchmal sogar widerlich. Noch deutlicher kann ich mich an die Augenblicke erinnern, in denen ich nach Luft rang oder Hustenanfälle bekam. Und ich erinnere mich auch sehr gut daran, wie peinlich es mir war und wie unsicher ich mich fühlte, wenn Nichtraucher mir in solchen Momenten spöttische Blicke zuwarfen. Doch unter den Hunderttausenden von Zigaretten, die ich geraucht habe, fällt mir nicht eine ein, bei der ich dachte: Das ist meine Vorstellung von Glück. Oder: Was habe ich nur für ein Glück, Raucher zu sein.

Ich bin mir sicher, Sie können sich an viele romantische Situationen erinnern, die sie mit einer Zigarette verbinden, ähnlich wie der Mann, der einen denkwürdigen Abend in jenem Restaurant im Urlaub erlebte. Aber blieb ihm der Abend so gut in Erinnerung, weil er rauchte? Wenn das der Grund ist, dann war der Abend reine Geldverschwendung. In diesem Fall hätte er nämlich genausogut zu Hause bleiben und dort rauchen können. Und glauben Sie, er hat bewußt geraucht, solange er noch ausreichend Zigaretten besaß? Die Wahrheit ist: Was als ganz besonderer Abend begonnen hatte, endete aus einem einzigen Grund als Desaster. Schuld daran war nicht der Umstand, daß dem Mann die Zigaretten ausgingen, sondern daß er Raucher war. Anstatt den Abend zu genießen, machen die Zigaretten ihn zunichte.

DAS KANN EINEM NICHTRAUCHER NICHT PASSIEREN.

Man kennt die Äußerung: »Nein, heute abend gehe ich nicht aus, ich freue mich auf einen ruhigen Fernsehabend daheim.« Aber haben Sie jemals einen der unzähligen Raucher, die angeblich das Rauchen genießen, sagen hören: »Heute abend will ich weder weggehen noch den ganzen Abend zu Hause fernsehen. Ich habe mir meine Lieblingszigaretten gekauft und freue mich auf einen entspannten Abend, an dem ich nichts mache außer rauchen.«

Wenn Sie sich selbst gegenüber absolut ehrlich sind, müssen Sie zugeben, daß Sie nur bewußt ans Rauchen denken, wenn Sie sich für Ihr Leben gern eine Zigarette anstecken würden, dies aber gerade nicht können, oder wenn Sie eine Zigarette rauchen, es aber lieber nicht tun würden.

Der Nikotinentzug schafft die Illusion, doch die Gehirnwäsche führt zur Abhängigkeit. In Kapitel 24 machten wir den Versuch, auf Fotos die Zigaretten abzudecken, und stellten fest, daß sich dadurch an der Wirkung der Person absolut nichts änderte. Es erfordert mehr Vorstellungskraft, den gleichen Effekt in realen Situationen zu erzielen, in denen Sie bisher die Zigarette für unverzichtbar hielten. Wenn Sie sich dauernd selbst vormachen, das Leben ohne Zigarette nicht genießen zu können, *wird Ihnen dies gewiß auch nicht gelingen.*

Mein Bekannter aus der Geschichte mit Paris hatte sehr wohl verstanden, wie Raucher durch ihre Nikotinabhängigkeit der Illusion erliegen, aus dem Rauchen echte Hilfe oder echten Genuß zu beziehen, hatte es dabei jedoch unterlassen, dieses Wissen auf seine eigene Situation zu übertragen. Er hatte die Gehirnwäsche noch nicht ganz überwunden. Aber das ist eine grundlegende Voraussetzung. Sie müssen alle diese Situationen analysieren, sich genau überlegen, warum die Zigarette einen positiven Effekt zu haben schien, sich darüber klarwerden, daß durch das Rauchen alles nur noch schlimmer wurde, und die Illusion nicht etwa durch folgende Denkweise aufrechterhalten: Ich könnte diese oder jene Situation ohne Zigarette nicht genießen. Machen Sie genau das Gegenteil. Halten Sie sich immer wieder die Realität vor Augen: *Daß man diese Situationen erst genießen kann, wenn man sich aus der Sklaverei befreit hat.*

Und nun wenden wir uns dem genau gegensätzlichen Problem zu: *Wie kann ich ohne Zigartte mit Streß fertig werden?*

Dabei spreche ich nicht von wirklich dramatischen Fällen, wie jener Frau, die Ihren Ehemann verlor, sondern von alltäglichen Zwischenfällen, mit denen sich jeder von uns herumschlagen muß. Ein typisches Beispiel ist eine Autopanne. Gut, wir sind rational denkende Menschen und wissen, daß man als Besitzer eines Autos auch hin und wieder eine Panne in Kauf nehmen muß. Aber warum passiert das immer mitten in der Nacht und bei strömendem Regen? Warum bleibt das Auto immer an einer ungünstigen Stelle liegen, zehn Kilometer von der nächsten Telefonzelle, Werkstatt oder Ortschaft entfernt? Und warum hält keiner der vorbeikommenden Autofahrer an und fragt, ob er helfen könne? Statt dessen rasen alle mit hundertzwanzig Stundenkilometern vorbei, spritzen uns mit Schmutz voll und hupen uns an, als würden wir ein Picknick am Straßenrand halten.

Ich kann mir gut vorstellen, daß Sie sich in solchen Fällen als Raucher eine Zigarette angesteckt hätten. Das damit zusammenhängende Problem wir Ihnen erst bewußt, wenn Ihnen, nachdem Sie aufgehört haben zu rauchen, zum erstenmal ein solches Mißgeschick passiert. Was machen Nichtraucher in solchen Fällen? Sie sind deprimiert und leiten alles Nötige in die Wege, um das Problem zu lösen. Was machen ehemalige Raucher? Auch sie sind deprimiert und denken: Früher hätte ich mir eine Zigarette angesteckt.

Das ist natürlich richtig. Aber ich bitte Sie, sich nun in Erinnerung zu rufen, wie es war, als Sie zum letztenmal eine Autopanne oder ähnliches erlebt haben. Höchstwahrscheinlich erinnern Sie sich detailliert an den Zwischenfall als solchen, aber können Sie heute noch mit Sicherheit sagen, ob Sie bereits rauchten, bevor sich der Zwischenfall ereignete? Erinnern Sie sich an das Anzünden der Zigarette? Mit Sicherheit würden Sie sich erinnern, wenn Sie keine mehr gehabt hätten. Rauchten Sie nur diese eine besondere Zigarette? Und, eigentlich das Wichtigste bei der ganzen Sache, hat das Rauchen Ihnen geholfen, Ihr Problem zu lösen? Standen Sie, als ob nichts passiert wäre, auf der Straße und dachten: Es macht überhaupt nichts, daß ich friere, naß und deprimiert bin und zur wichtigsten Verabredung meines Lebens zu spät komme? Oder fühlten Sie sich immer noch elend?

Wir haben es hier mit dem gleichen Sachverhalt zu tun wie bei den schon erwähnten geselligen Zusammenkünften oder den in Kapitel 25 beschriebenen Konzentrationsproblemen. Sobald ehemalige Raucher sich in einer solchen Situation befinden, verspüren Sie das Verlangen nach einer Zigarette. Dabei vergessen Sie jedoch, daß die Zigarette nicht helfen kann, sondern alles zum Negativen wendet. Akzeptieren Sie, daß Sie nach dem Aufhören genau wie jeder Nichtraucher Höhen und Tiefen erleben werden. Doch wenn Sie in solchen Situationen den Wunsch nach einer Zigarette verspüren, rennen Sie einer Illusion hinterher. Die Zigarette hinterläßt Leere in Ihrem Leben, sie verursacht die Leere jedesmal neu, anstatt sie auszufüllen. Indem Sie hinter einem Trugbild herlaufen oder nach einem Ersatz suchen, den es nicht geben kann, *verursachen Sie die Leere!*

Alles, was Sie damit erreichen, ist, gute Tage in schlechte zu verwandeln und schlechte Tage in katastrophale. Warum sind Sie nicht einfach nett zu sich selbst? Machen Sie einfach das Gegenteil. Sagen Sie sich an einem schlechten Tag: Okay, heute läuft es nicht so gut, doch immerhin bin ich nicht mehr Sklave dieses Krauts. Und an einem guten Tag: Das Leben ist schön und soviel angenehmer ohne die Abhängigkeit von diesem Kraut. Ich verlange nicht von Ihnen, die Welt durch eine rosarote Brille zu sehen, ich will lediglich erreichen, daß Sie sie nicht durch die dunklen Gläser betrachten, die Raucher ständig vor Augen zu haben scheinen, wenn Sie aufhören wollen. Sehen Sie das Leben einfach wie es ist.

Abgesehen von Autos, die nicht anspringen, von Pannen und Unfällen, gibt es immer wieder Situationen, die in der Zukunft vielleicht den Wunsch nach einer Zigarette wachrufen könnten. Doch anstatt zu warten, daß solche Ereignisse eintreten, und zu hoffen, daß man zu diesem Zeitpunkt das Rauchen schon vergessen hat, ist es weitaus besser, sich ganz bewußt mental darauf vorzubereiten.

Dabei kann es sich um gesellschaftliche Anlässe, Streßsituationen, langweilige Verpflichtungen oder Phasen, die besondere Konzentration erfordern, handeln. Beispiele dafür sind Kauf oder Verkauf eines Hauses, Weihnachten, Hochzeiten, Urlaube und Begräbnisse. Meine größte Angst war: Wäre ich ohne Zigaretten jemals wieder in der Lage, Golf zu spielen und es auch zu genießen? Sie müssen sich selbst die Frage stellen, welche Situationen für Sie persönlich schwierig werden könnten.

Flughäfen sind Orte, an denen ehemalige Raucher sehr oft in Versuchung geraten, mal wieder eine Zigarette zu versuchen. Sie freuen sich auf Ihren Urlaub und geben sich größte Mühe, damit Sie auch ja nichts vergessen. Mitten in der Nacht wachen Sie plötzlich auf, viel früher als nötig. Aus unerfindlichen Gründen bricht in letzter Minute die übliche Panik aus, so daß Sie trotz allem zu spät und aufgeregt am Flughafen ankommen. Dort erwarten Sie sowohl gute als auch schlechte Nachrichten. Die gute Nachricht: Sie erreichen Ihren Flug noch, er wurde nämlich verschoben. Die schlechte Nachricht: Er wurde um acht Stunden verschoben.

Sie sind müde und frustriert, Ihre ganze Planung gerät durcheinander, und Sie langweilen sich. Kann es Zufall sein, daß der einzige noch freie Platz in der Abflughalle genau gegenüber dem Laden für zollfreie Tabakwaren liegt? Nur zu leicht können Sie auf den Gedanken kommen: Jetzt ausnahmsweise eine Zigarette kann doch nicht schaden. Bevor die Saat nun aufzugehen beginnt, sollten Sie sich daran erinnern, wie Sie früher als Raucher einen verspäteten Abflug erlebt haben. Dachten Sie beim Warten: Hurra, ich bin Raucher. Was macht es da schon aus, wenn ich hier den ganzen Tag rumsitze, anstatt an einem exotischen Strand zu liegen? Schließlich habe ich Zigaretten im Überfluß, also rauche ich einfach eine nach der anderen.

Sollten Sie noch Zweifel hegen, sehen Sie sich am besten die Raucher an, die den gleichen Flug gebucht haben. Machen die den Eindruck, bewußt zu rauchen? Sind sie glücklich und euphorisch? Oder wirken sie noch frustrierter, gelangweilter und müder als Sie selbst. Höchstwahrscheinlich ja, denn: *Das ist die Realität des Raucherlebens.*

Es gibt nur zwei Gelegenheiten, die den Gedanken erlauben, Zigaretten könnten vielleicht irgendwie bei Langeweile helfen. Die eine sind die ersten Rauchversuche in der Jugend, die andere jene Situation, wenn man aufgehört hat und glaubt, es könne nichts passieren, wenn man nur mal eine raucht. Das könnte für einige Augenblicke von Langeweile ablenken. Aus den bereits genannten Gründen müßten wir als Preis dafür bis an unser Lebensende weiterrauchen. Warum also sich selbst in eine solche Versuchung führen?

Ich habe es als dumm bezeichnet, wenn die Exraucher, die den Zigaretten nachtrauern, einem Mythos hinterherlaufen und sich nach etwas sehnen, was sie eigentlich nie haben wollen. Nun denken Sie vielleicht, diese Menschen mögen zwar tatsächlich dumm sein, aber jeder Raucher ist sich dessen sein Leben lang bewußt, und entweder hat man das Verlangen nach Nikotin, nach einer Zigarre oder Zigarette, oder man hat es nicht.

HABEN SIE EINE WAHL?
UND WANN HÖRT DAS VERLANGEN AUF?

Zum Glück haben Sie eine Wahl. Im nächsten Kapitel werden wir uns damit beschäftigen, zwei häufige, aber völlig falsche Behauptungen richtigzustellen:

1. Daß Ihr Körper nach Nikotin verlangt.
2. Daß es eine körperliche Abhängigkeit vom Nikotin gibt.

KAPITEL 34

Wann hört das Verlangen auf?

Ich habe bereits erwähnt, daß die sogenannten Experten im Zusammenhang mit Drogensucht oft Ausdrücke benutzen, mit denen die Betroffenen gewisse Schwierigkeiten assoziieren. Das am häufigsten verwendete Wort dieser Kategorie ist das Verb »aufgeben«, mit dem man automatisch den Gedanken an Verzicht verbindet. Den größten Schaden richtet allerdings das Wort »Abhängigkeit« an, egal, ob es im Zusammenhang mit Nikotin, Alkohol, Lösungsmitteln oder Heroin gebraucht wird. Sie sind von einem Stoff nur abhängig, wenn Sie ohne ihn nicht leben können. Drogensüchtige sind von solchen Substanzen nie wirklich abhängig, sie glauben es nur. Doch wenn Ärzte oder andere Experten von »Abhängigkeit« sprechen, fühlen Süchtige sich in ihren Ängsten bestätigt.

Ein Süchtiger ist niemals von einer Droge abhängig. Für manche Menschen mögen bestimmte Substanzen unerläßlich sein. Ein Diabetiker braucht zum Beispiel unbedingt Insulin, ist aber deshalb nicht drogensüchtig. Er muß sich aus rationalen Gründen diese Substanz zuführen und übt selbst die Kontrolle darüber aus.

Sucht bedeutet genau das Gegenteil. Hier spielen rationale Gründe keine Rolle, eine Kontrolle findet nicht statt. Süchtige leben vielleicht in der Illusion, rational zu handeln und ihren Konsum unter Kontrolle zu haben, doch ich spreche hier von Fakten und nicht von Illusionen. Da es keinen rationalen Grund gibt, der für das Rauchen sprechen könnte, sind sämtliche Raucher, und wenn sie noch so selten rauchen, Drogensüchtige.

Sie sind nie aus körperlicher Notwendigkeit oder stoffwechselbedingt einer Droge ausgeliefert. Sucht ist eine Angelegenheit, die sich im Kopf abspielt. Möglicherweise wurde sie durch eine Beeinträchtigung auf körperlicher Ebene oder eine Besonderheit des Stoffwechsels ausgelöst, doch es handelt sich immer zu hundert Prozent um ein mentales Problem.

Wie schon an anderer Stelle erwähnt, kann ein Raucher, der Vor- und Nachteile des Rauchens objektiv vergleicht, egal, in welchem Lebensabschnitt er sich befindet, immer nur zu einem Ergebnis kommen: *Rauchen ist idiotisch!*

Versetzen Sie sich zurück in die Situation, als Sie sich Ihre allererste Zigarette ansteckten. Nehmen wir an, Sie haben sich vorher nicht überlegt, ob Sie nur diese eine Zigarette probieren sollen, sondern, ob Sie für die längste Zeit Ihres Lebens Raucher werden wollen. Einer so schwerwiegenden Entscheidung wären sicher genaue Überlegungen vorausgegangen. Stellen wir uns vor, Sie hätten jeden Faktor einzeln abgewogen, und das Ergebnis hätte in etwa wie folgt ausgesehen:

Für das Rauchen:	10 Kilogramm
Gegen das Rauchen:	100 Kilogramm

Sie können diese Übung jederzeit selbst durchspielen, es ist aber nicht notwendig, da es unerheblich ist, ob Sie nun sechs oder sechstausend Gründe finden.

Natürlich wird jeder einzelne zu einem anderen Ergebnis kommen. Doch die einzig wahre Antwort lautet:

FÜR DAS RAUCHEN: NULL!

Aber nur Menschen, die keine Gehirnwäsche hinter sich haben, werden sich dessen bewußt sein. Die *Gegen*argumente lauten bei jedem anders. Doch halten wir uns nicht bei diesen Details auf, die Zeiger werden immer deutlich zugunsten eines Lebens als Nichtraucher ausschlagen. Warum haben sich jedoch so viele Menschen für ein Dasein als Raucher entschieden? Sie haben sich nicht dafür entschieden! Sie wurden in die Falle gelockt.

Sind wir erst in der Falle, ändert unsere Vernunft nicht mehr viel an unserem Zustand. Die Argumente *für* das Rauchen nehmen vielleicht etwas an Gewicht zu, wenn unser Körper sich an den schlechten Geschmack gewöhnt hat und die Illusion des Genusses und der Hilfe zu wirken beginnt. Doch die *Gegen*seite macht das mehr als wett, wenn die gesundheitlichen Risiken, die finanziellen Belastungen und die zunehmende Versklavung offensichtlich werden. Warum rauchen wir dann aber weiter? Niemand zwingt uns dazu. Eine Antwort könnte lauten: Wir verschließen unsere Augen vor der Wirklichkeit. Das ist sicher richtig, doch führt es unmittelbar zur nächsten Frage: *Warum setzen wir unseren Verstand nicht ein?*

Angenommen, wir akzeptieren die Tatsache, daß die Waage hundert Kilogramm gegen das Rauchen anzeigt und nur zehn Kilogramm dafür – welche Kraft bewirkt, daß sich die Waage für uns nicht nur im Gleichgewicht befindet, sondern ihre Zeiger sogar zugunsten des Rauchens ausschlagen? Wie immer diese Kraft auch heißen mag, sie muß unglaubliche Macht besitzen, um sich so effektiv gegen die Nachteile des Rauchens durchsetzen zu können.

Es handelt sich natürlich um das kleine Nikotinmonster in unserem Körper, das uns permanent einflüstert, noch eine Zigarette zu rauchen. Aber Allen Carr behauptet doch, daß die körperliche Beeinträchtigung durch dieses Monster so gering ist, daß sie kaum wahrgenommen wird?

Ich stehe zu dieser Behauptung, doch wenn Sie das Monster nicht verstehen, kann es Ihre Lebensqualität äußerst negativ beeinflussen. Solange Ihr Gehirn die leichte Beeinträchtigung als den Wunsch interpretiert: *Ich will eine Zigarette*, fühlen Sie sich elend, wenn Sie keine rauchen dürfen. Und solange Sie glauben, sich ohne Zigaretten immer so elend zu fühlen, wird dies Angst und Panik bei Ihnen auslösen. Die große Macht, die uns wider besseres Wissen weiter rauchen läßt und uns im Gefängnis hält, heißt *Angst!!!*

Es mag sich dabei um ein rein mentales Problem handeln, doch solange Sie es nicht verstehen, erscheint es Ihnen absolut real. Aber die Angst verliert ihre Macht, sobald Sie verstehen, daß die Zigarette diese Angst nicht lindert, sondern sie verursacht. Dann gehört sie im Nu auf die andere Seite des Taus und ist plötzlich mit den anderen Kräften im Bunde, die Ihnen beim Aufhören helfen.

Zum Glück ist diese Angst rein mental und beruht nur auf Unwissenheit. Sie läßt sich beseitigen, bevor Sie die letzte Zigarette ausdrücken. Die Angst verschwindet, sobald Sie die Funktionsweise der Falle vollständig verstehen und sobald Sie *wissen*, daß Sie das Leben als Nichtraucher viel intensiver genießen werden und wirklich *jeder* Raucher auf einfache Weise aufhören kann.

Wie ich in Kapitel 18 erklärte, verwenden wir das Wort »Sucht« für einen Zustand, in dem eine unbekannte Macht uns zwingt, wider besseres Wissen dauerhaft eine Droge zu nehmen. Ein Süchtiger wird nicht durch äußerlich sichtbare Mauern gefangengehalten, sondern durch Angst. Beseitigen Sie Unwissenheit und Angst, werden die Gefängnismauern einstürzen, und die Sucht löst sich auf.

Die äußerst geringe körperliche Beeinträchtigung durch den Nikotinentzug ist nicht größer als ein Maulwurfshügel, doch unter dem Einfluß der massiven Gehirnwäsche erscheint sie uns wie ein Berg. Beseitigen Sie Angst und Unwissenheit, dann bleibt als einzige Kraft, die für das Rauchen steht, der Maulwurfshügel. Doch auch diese leichte körperliche Beeinträchtigung wird durch das Rauchen verursacht und nicht abgeschwächt, demzufolge sollte auch sie auf die andere Seite des Taus wechseln. So befinden wir uns in einem Wettbewerb, bei dem alle Mannschaften in eine Richtung ziehen. Der Wettkampf ist beendet, *ebenso wie das Elend und die Versklavung*.

Wer wie ich das Pech hatte und einmal Kettenraucher war und sich diesem Tauziehen aussetzen mußte, kann bestätigen, daß es keinen besseren Vergleich für das Rauchen gibt als eben jenes Tauziehen. Es Sport zu nennen, ist absolut inkorrekt. Viel besser wäre die Bezeichnung »legalisierte Folter«. Bei richtigen Sportarten sind die besten Wettbewerbe, die, bei denen gleich starke Mannschaften beteiligt sind.

Man kann sich allerdings kein langweiligeres Spektakel vorstellen, als ein Tauziehen mit zwei gleich starken Mannschaften. Beide Seiten stemmen sich in den Boden und hängen bewegungslos am Seil. Dabei vergeht die Zeit so langsam, daß es den Zuschauern wie Stunden vorkommt und den Teilnehmern wie Tage. Nun könnte man annehmen, es gehe dabei um körperliche Kraft und Ausdauer. Doch im Grunde entscheidet die Psyche, wobei das Hauptproblem ist, daß die Gedanken um nichts anderes kreisen als um die Schmerzen in den Muskeln. Sie beginnen in den Oberschenkeln und breiten sich allmählich im ganzen Körper aus.

Die denkbar schlechteste Position am Seil ist die ganz vorn. Man blickt den Gegnern unmittelbar ins Gesicht, sieht ihre versteinerten Mienen und die hervortretenden Muskeln. Am meisten aber irritieren die Augen, die wie bei Zombies ins Leere starren. Nichts scheint sich in den Köpfen dieser Gegner abzuspielen, sie leiden nicht unter den gleichen Schmerzen wie Sie. Der Reihe nach mustern Sie jeden Konkurrenten einzeln, um eine Schwäche zu entdecken. Doch da ist nichts. Ganz offensichtlich könnte jeder von ihnen den Rest seines Lebens relativ glücklich an diesem Seil hängend verbringen.

Das Tauziehen endet immer dann, wenn ein Teilnehmer nachgibt. Auf keinen Fall wollen Sie der erste sein. Jeder empfindet Sympathie für einen Fußballer, der beim Elfmeter den Ball knapp über das Tor kickt. Bei der Wirtshausdiskussion hinterher gibt es immer wieder neue Sichtweisen, die besprochen werden. Doch worüber soll man schon bei einem Wettbewerb im Tauziehen reden? Man kann sich nicht zwanzig Minuten über die Qualitäten des Schiedsrichters, die Farbe des Seils oder den Zustand des Bodens auslassen. Beim Tauziehen geht es nur um eins: Wann gibt einer auf.

Nachdem Sie sich davon überzeugt haben, daß sich in der anderen Mannschaft nur starke Teilnehmer befinden, denken Sie über Ihre eigene Mannschaft nach. Das Problem ist nur, daß Sie Ihre Hintermänner nicht sehen. Der Schmerz in den Gliedern ist so groß, daß Sie das Gefühl haben, ganz allein der Konkurrenz standzuhalten. Alles nur Hirngespinste – doch Sie sind sich ganz sicher, daß Ihre Mitstreiter nicht annähernd den gleichen Einsatz bringen wie Sie. Panik ergreift Sie. Sie fühlen die ersten Anzeichen von Muskelkrämpfen und wissen, wenn nicht ein anderer aus Ihrer Mannschaft in Kürze Schwäche zeigt, werden Sie es sein, der bis zum nächsten Wettbewerb im Mittelpunkt der Diskussion steht.

Irgendwo haben Sie einmal gelesen, daß Wunderheiler durch Gedankenübertragung heilen können. Sie versuchen auf die Schnelle, einem Ihrer Mitstreiter eine leichte Herzattacke zu wünschen. Doch schließlich kommt die Erlösung: Einer hat aufgegeben. Der Rest der Mannschaft würde ihn dafür insgeheim am liebsten umarmen, statt dessen fallen jedoch alle über ihn her. Tauziehen muß der einzige Sport auf Erden sein, bei dem die Freude über den Sieg genau so groß ist wie die Freude über die Niederlage, vorausgesetzt natürlich, man war nicht selbst das schwächste Glied in der Kette. Als letzte Erniedrigung wird man von der anderen Mannschaft ganz unfeierlich über den Kies gezogen, wenn die Entscheidung schließlich gefallen ist. Aus unerfindlichen Gründen kommt aber keiner auf die Idee, das Seil einfach loszulassen. Vielleicht bereiten die Kratzer und Abschürfungen nach der vorangegangenen Tortur so etwas wie masochistisches Vergnügen.

Wenn Sie auf Ihre Jahre als Raucher zurückblicken, werden Sie es genauso unverständlich finden, warum Sie jemals ein Problem damit hatten. Der einzige Unterschied zwischen dem Rauchen und einem Wettbewerb im Tauziehen besteht darin, daß Sie freiwillig aus der Kette ausbrechen und sich dabei als Sieger fühlen.

Raucher, die sich telefonisch an uns wenden, sind häufig verwirrt, aber auch erleichtert, wenn wir sie bitten, vor ihrem Besuch bei uns nicht den Versuch zu machen, mit dem Rauchen aufzuhören oder es einzuschränken. Noch größere Überraschung und auch Erleichterung ruft die Anweisung hervor, einen ausreichenden Vorrat ihrer Lieblingsmarke mitzubringen und auf keinen Fall schon vorher aufzuhören oder weniger zu rauchen.

Manche haben den Eindruck, in dieser Zeit weniger als normal zu rauchen, die meisten jedoch geben an, mehr zu rauchen. In den Anfangszeiten unserer Kurse, als wir noch über keine ausreichende Klimaanlage verfügten, hatte man zeitweise das Gefühl, in einer Opiumhöhle zu sitzen. Viele unserer Besucher waren davon überzeugt, es handle sich um eine Veranstaltung zur Abschreckung. Wenn die Abschreckung tatsächlich gewirkt hätte, hätte ich diese Form der »Therapie« ganz bestimmt eingesetzt, doch wie bereits erläutert, kann man damit keine Erfolge erzielen.

Wieder andere Raucher fanden dieses Vorgehen widersprüchlich. Zu Beginn des Kurses sage ich normalerweise:

»Rauchen bringt Ihnen keinerlei Vorteile.«

»Aber warum geben Sie uns dann die Anweisung, bis zum Ritual der letzten Zigarette weiterzurauchen?«

Dafür gibt es eine Reihe triftiger Gründe. Erstens basiert unsere Vorgehensweise darauf, daß wir das Konglomerat aus Mythen und falschen Vorstellungen, an dem alle Raucher festhalten, völlig beseitigen. Das ist in mancherlei Hinsicht nur möglich, wenn währenddessen tatsächlich geraucht wird, zum Beispiel wenn es um die Frage geht, welche Zigaretten ein Raucher wirklich genießt.

Zweitens sind Raucher, auch wenn sie das nicht gern hören, drogensüchtig. Und es ist typisch für jede Form der Drogensucht, daß der Süchtige die Droge unbewußt konsumiert oder wünscht, sie überhaupt nicht konsumieren zu müssen. Das macht die Falle so wirkungsvoll. Erst wenn sie nicht mehr rauchen und das Nikotin aus dem Körper ausgeschieden wird, verspüren sie aus ihnen unerklärlichen Gründen den Wunsch nach einer Zigarette. Können Sie diesem Wunsch nicht nachkommen, fangen sie an, sich darüber Gedanken zu machen, werden unruhig, können sich nicht mehr konzentrieren und geraten in Panik.

Ach ja, jetzt habe ich zugegeben, daß Rauchen doch die Konzentration fördert. Nein, das stimmt nicht! Konzentrationsstörungen und Panikattacken treten nur auf, weil sie irgendwann einmal angefangen haben zu rauchen, nicht weil sie nun aufhören wollen. Nichtrauchern ist dieser Zustand unbekannt. Ich möchte mich aber nicht an einen Drogensüchtigen wenden, wenn er sich in einem Zustand der Panik befindet, weil er auf seine Droge verzichten muß. Er würde mir in dieser Phase sowieso nicht zuhören und könnte meine Informationen nicht aufnehmen, selbst wenn er es versuchte.

Nehmen wir an, ich wollte einen Menschen, der unter Platzangst leidet, überreden, einen vollen Lift zu betreten, oder eine Person mit Angst vor dem Fliegen auffordern, ein Flugzeug zu besteigen, indem ich sagte: »Nun betreten Sie bitte den Lift oder das Flugzeug, dann werde ich Sie von Ihren Ängsten befreien.« Wie würden Sie meine Chancen auf Erfolg einschätzen?

Wer eine dieser Phobien aus eigener Erfahrung kennt, wird bestätigen, daß dies reine Zeitverschwendung wäre. Wenn es mir nicht gelingt, zunächst alle Facetten der Angst zu beseitigen, werde ich diese Person unter keinen Umständen dazu bringen können, in den Lift oder das Flugzeug zu steigen. Sollte ich den Betroffenen dazu drängen, würde ich seine Angst und Panik damit noch verstärken. Die Panik würde vermutlich ein solches Ausmaß annehmen, daß er mich eher umbringen würde, als meinem Drängen nachzugeben. Dieses Handeln wäre als reine Selbstverteidigung auch noch zu rechtfertigen.

Nun stehen wir wieder vor einem Definitionsproblem. Wir benutzen das Wort »Phobie«, um eine Art von Angst zu beschreiben, die eine Person ohne erkennbaren Grund befällt – wie zum Beispiel meine Angst vor Spinnen. Wäre ich nun zu einem Psychiater gegangen, und dieser hätte meine Angst als Phobie bezeichnet, wäre meine Angst dadurch noch stärker geworden, weil ich nun angenommen hätte, ich würde unter einer echten Störung leiden. Da es in meiner Heimat keine giftigen Spinnen gibt, ist meine Angst vor diesen Tieren unbegründet. Australier hingegen haben allen Grund, sich vor giftigen Spinnen in acht zu nehmen, ihr Leben könnte durch sie in Gefahr geraten. Vielleicht waren jedoch meine Vorfahren durch Giftspinnen gefährdet, und diese Angst wurde über die Gene an mich weitergegeben.

Würde ich mein ganzes Leben auf einer Insel verbringen, auf der es keinen natürlichen oder von Menschen geschaffenen Gegenstand gibt, der höher als eineinhalb Meter über den Erdboden aufragt, gäbe es keinen vernunftmäßig zu erfassenden Grund für Höhenangst. Glauben Sie nicht auch, daß ich trotzdem darunter leiden könnte? Das Benutzen eines Aufzugs oder Flugzeugs ist begleitet von einer Reihe ganz normaler Ängste:

1. Angst vor der Höhe, falls ein Aufzugseil reißt oder das Flugzeug einen Defekt aufweist
2. Angst vor dem Ersticken, hervorgerufen durch beengte Räume
3. Angst vor dem Eingesperrtsein
4. Angst, selbst keinen Einfluß auf die Situation zu haben und von der Kompetenz und dem Wissen fremder Menschen und der Qualität ihrer Ausrüstung abhängig zu sein

Heutzutage muß man beim Fliegen auch noch das Risiko von Anschlägen oder Entführungen einkalkulieren. Dabei handelt es sich um Ängste, nicht um Phobien. Sie sind realistisch und können unser Leben bedrohen. Menschen, die sich dessen nicht bewußt sind, sei es nun aus Dummheit, Ignoranz oder mangelnder Sensibilität, bewegen sich außerhalb der Norm. Weisen Sie jedoch einen Menschen, der unter solchen Ängsten leidet, darauf hin, daß das Flugzeug über eine Reihe von Sicherheitssystemen und Notfalleinrichtungen verfügt, daß die Besatzung genauso gern am Leben bleiben möchte wie er und der Technik und den eigenen Fähigkeiten vertraut, sonst würde sie nicht soviel Zeit in der Luft verbringen, haben Sie gute Chancen, einen Großteil dieser Ängste abzubauen und die Person zum Besteigen des Flugzeugs zu bewegen.

Analog dazu lassen Menschen sich auch nur aus Angst davor abhalten, mit dem Rauchen Schluß zu machen. Das Ausdrücken der letzten Zigarette entspricht dem Besteigen des Flugzeugs im oben geschilderten Beispiel. Allerdings gibt es einige grundlegende Unterschiede. Sind die Luken im Flugzeug erst einmal dicht, und hat es vom Boden abgehoben, hat der angsterfüllte Passagier keine Möglichkeit mehr auszusteigen. Das könnte seine Angst noch verstärken, doch irgendwie übersteht er die Reise. Wenn ein Raucher seine hoffentlich letzte Zigarette ausdrückt, hat er nicht den geringsten Anlaß, in Panik zu geraten, weil er sich jederzeit wieder eine anstecken könnte.

Doch wie ich bereits erklärt habe, ist es von großer Bedeutung, ganz sicher zu sein, daß Sie sich nie wieder eine Zigarette anzünden wollen. Nur dann werden Sie bis an Ihr Lebensende frei sein. Wenn Sie es mit der Einstellung versuchen, daß Sie jederzeit die Wahl haben, beseitigt das zwar jeglichen Anlaß zur Panik, bedeutet aber, daß Sie früher oder später doch scheitern werden.

Sie sollten sich von Anfang an klar darüber sein, daß es kein Zurück gibt. Aus diesem Grund müssen wir als erstes jede Form von Angst oder Panik beseitigen. Zum Glück ist das möglich. Angst vor Spinnen, Aufzügen oder Flugzeugen ist normal und natürlich, und wir können sie nie völlig abstellen, abgesehen davon, daß das sogar dumm wäre. Sie ist Teil unseres Schutzmechanismus, ohne den wir viel größeren Gefahren ausgesetzt wären. Über zweihundert Menschen haben auf der »Herald of Free Enterprise« ihr Leben verloren, weil die Besatzung sich nicht der Bedrohung bewußt war. An der Angst davor, mit dem Rauchen aufzuhören, ist im Gegensatz dazu absolut nichts Normales oder Natürliches. Sie ist nicht in unseren Instinkten verankert. In keinem Menschen ist diese Angst vorhanden, bevor er in die Falle tritt. Sie entsteht erst, wenn wir mit dem Rauchen beginnen. Diese Angst hilft uns nicht zu überleben, im Gegenteil: *Sie ist die Garantie für unseren Ruin.*

Es handelt sich dabei um eine völlig unnatürliche und überflüssige Angst, die durch das Rauchen entstanden ist. Doch die gute Nachricht lautet, daß sie genau deshalb völlig beseitigt werden kann, noch bevor Sie die letzte Zigarette ausdrücken. Dies kann mir jedoch nicht gelingen, wenn ich mich an einen von Panik erfüllten Drogensüchtigen wende. Ich muß mit einer Person sprechen, die an die Sache genauso entspannt, rational und logisch herangeht, wie sie es in einem anderen Fall tun würde. Nur dann ist sie in der Lage, alles richtig zu verstehen und von dem Zeitpunkt an, in dem sie ihre letzte Zigarette ausdrückt, glücklicher Nichtraucher zu sein und für immer zu bleiben.

Als ich noch rauchte, hatte ich große Angst vor Flügen, Arztterminen, Zahnarztbehandlungen, ja sogar vor Besuchen im Krankenhaus. Auch heute empfinde ich diese Unternehmungen nicht als Vergnügen, doch immerhin fühle ich mich nicht mehr in Bedrängnis dabei. Könnte der Grund für die frühere Abneigung gegen diese Situationen vielleicht der gewesen sein, daß ich dort nicht rauchen durfte? Aufzüge haben noch nie die geringste Angst in mir ausgelöst, wenn sie nur nicht verglast und außen an Gebäuden angebracht sind. Lag es etwa daran, daß ich in Aufzügen rauchen konnte oder nur für ganz kurze Zeit darauf verzichten mußte?

Immer wenn Sie eine Zigarette ausdrücken, werden Sie Nichtraucher. Wenn Sie Ihre letzte Zigarette ausdrücken, werden Sie auf Dauer Nichtraucher. Wie wissen Sie, welche Zigarette Ihre letzte ist? Sie wissen es erst, wenn Sie glücklicher Nichtraucher sind. Glücklicher Nichtraucher sind Sie dann, wenn Sie kein Verlangen mehr nach einer Zigarette haben, und ein für alle Zeit glücklicher Nichtraucher, wenn Sie niemals mehr Verlangen nach einer Zigarette verspüren.

Im vorangegangenen Kapitel habe ich beschrieben, welche Verwirrung im Kopf eines Rauchers angesichts der Frage »Ab wann bin ich Nichtraucher?« entstehen kann. Wir haben dabei festgestellt, daß wir bei einem konkreten Vorhaben, wie zum Beispiel der Besteigung des Everest, genau wissen, wann das Ziel erreicht ist, mag das Vorhaben auch noch so schwierig sein. Wie aber können wir feststellen, daß es uns gelungen ist, etwas nicht zu tun? Sie können immer nur behaupten, es »bis jetzt« geschafft zu haben. Einen Teil der Verwirrung haben wir mit der Feststellung beseitigt, daß wir die Frage immer falsch formulierten. Das eigentliche Geheimnis, das es zu ergründen gibt, lautet: *Wann wissen Sie, daß Sie für immer glücklicher Nichtraucher sind?*

Diese Frage richtig zu beantworten ist wichtig, aber auch kompliziert. Wie kann ein ehemaliger Raucher sicher *wissen,* daß er als solcher bis an sein Lebensende glücklich sein wird? Die sogenannten Experten streuen noch zusätzlich verwirrende Informationen aus. Eine Nichtraucherorganisation legte die Norm für erfolgreiche Abstinenz auf ein Jahr fest. Wie praktisch, daß es sich ausgerechnet um ein Jahr handelt. Glauben Sie an solche Zufälle? Wie erklären sich diese Experten dann Menschen wie mich und die unzähligen anderen, die nach meiner Anweisung vorgegangen sind und wußten, daß sie mit dem Ausdrücken der letzten Zigarette frei waren? Und wie erklären sie sich die Raucher, die schon seit mehreren Jahren abstinent sind, sich aber immer noch nach Zigaretten sehnen und in unsere Kurse kommen, um diesem Zustand abzuhelfen?

Enthaltsamkeit für die Dauer eines Jahres ist ein absolut willkürlicher Zeitraum. Wie soll es nach diesem Jahr weitergehen? Und wie frustriert müssen Raucher sein, die ein Jahr nicht geraucht haben und danach immer noch das Verlangen nach einer Zigarette verspüren? Die Richtlinien, die von den Rauchern selbst festgelegt werden, haben mehr Logik als diese willkürlich festgelegte Zeitspanne. Doch wenn Ihnen die sogenannten Experten nicht einmal genau sagen können, was sie eigentlich erreichen wollen: *Haben Sie dann überhaupt eine Chance, es auch zu erreichen?*

Aus diesem Grund ist es praktisch unmöglich, mit der Willenskraft-Methode aufzuhören, sie geht nämlich von einer Reihe falscher Vorstellungen aus, nämlich:

1. Rauchen sei eine Gewohnheit. Um diese Gewohnheit abzustellen, genüge es, für eine unbestimmte Zeit abstinent zu sein. Wir haben jedoch schon festgestellt, daß es sich nicht um eine Gewohnheit, sondern um Sucht handelt.
2. Man müsse ein Opfer bringen, oder der Raucher müsse etwas »aufgeben«. Wenn Sie zum Zeitpunkt des Aufhörens der Meinung sind, Rauchen biete Ihnen echten Genuß oder sei eine Stütze, wird sich an dieser Vorstellung niemals etwas ändern, egal, wie lange Sie schon aufgehört haben. Dabei ist es unerheblich, daß das Opfer, das Sie bringen, eine Illusion ist, denn die Illusion bleibt erhalten, und die Tatsache, daß wir unserem Verlangen nicht nachgeben können, läßt uns die Zigaretten um so begehrenswerter erscheinen.
3. Es bedürfe immenser Willenskraft, um sein Ziel zu erreichen. Welche Ihrer Hände ist stärker, die linke oder die rechte? Machen Sie die Probe. Verschränken Sie Ihre Hände vor dem Brustkorb. Nun ziehen Sie mit beiden Händen gleichzeitig nach außen und verstärken dabei allmählich das Ziehen, bis die schwächere Hand nachgibt. Dieser Fall wird jedoch nicht eintreten, denn obwohl tatsächlich eine Hand weniger Kraft besitzt als die andere, geht es hier nicht um ein Kräftemessen beider Hände, sondern um einen inneren Konflikt. Niemand zwingt Sie zu rauchen. Und was Sie vom Aufhören abhält, ist nicht mangelnde Willenskraft, sondern ein innerer Konflikt.
4. Zwischen dem Ausdrücken der letzten Zigarette und dem danach folgenden Leben als erfolgreicher Nichtraucher liege eine traumatische Übergangsperiode. Dabei gibt es allerdings keine logischen Anhalts-

punkte, wie lange diese Übergangsperiode dauern könne oder nach welchen Kriterien der Erfolg zu messen wäre.

Kurz und gut, bei der Methode mit Willenskraft handelt es sich um eine Mixtur aus Unwissenheit, Unsicherheit und Angst. Wen wundert es also, daß Raucher damit selten Erfolg haben? Die Hauptursache für das Scheitern, die stärker ins Gewicht fällt als alle anderen Hemmnisse zusammen, liegt darin, daß die Raucher sich aus einer unmöglichen Situation heraus an den Start begeben. Sie beginnen ihren Versuch mit dem Vorsatz: »Ich möchte gern Nichtraucher sein.« Sicher wünschen sie sich auch aufrichtig, keinen Wunsch mehr nach Zigaretten zu verspüren, doch wollen sie zugleich Nichtraucher und Raucher sein.

Wir haben bereits festgestellt, daß man nur Erfolg haben kann, wenn man sämtliche Zweifel ausräumt. Und was könnte destruktiver sein als die Frage, ob man nun lieber Nichtraucher oder Raucher wäre? Das Trauma, das unweigerlich auf die Periode der Abstinenz folgt, endet immer mit der Entscheidung des ehemaligen Rauchers, es sei doch das kleinere Übel, Raucher zu sein. Wer könnte ihm das auch verübeln? Ganz sicher nicht ich, der ich aus demselben Grund so lange Raucher gewesen bin.

Vielleicht sind Sie noch immer der Meinung, man könne nie ganz *sicher* sein, daß bestimmte Ereignisse im Leben nicht eintreten werden. Sie können auch nicht sicher sagen, daß Sie niemals in Ihrem Leben von einem Meteoriten getroffen werden. Ich versuche allerdings, daß diese Vorstellung Sie nicht über die Maßen beschäftigt, da die Wahrscheinlichkeit des Eintreffens eines solchen Ereignisses äußerst gering ist, auch wenn Sie es nicht mit absoluter Sicherheit ausschließen können. Wie sollten Sie dann aber sicher sein, daß Sie bis an Ihr Lebensende als Nichtraucher glücklich sein werden, wenn Tausende ehemaliger Raucher jedes Jahr einen Rückfall erleiden?

Ich garantiere Ihnen, Sie werden niemals mehr in die Falle tappen. Und auch jedem anderen ehemaligen Raucher kann ich diese Freiheit garantieren. Obwohl die Wahrscheinlichkeit, wieder in die Abhängigkeit zu geraten, bei weitem höher ist, als von einem Meteoriten getroffen zu werden, haben ehemalige Raucher einen beachtlichen Vorteil: Falls ein Meteorit auf sie zusteuert, können sie rein gar nichts dagegen unternehmen, doch *niemand kann sie zum Rauchen zwingen. Es liegt allein in ihrer Hand.*

Die einzige Person, um die Sie sich also kümmern müssen, sind Sie selbst. Aus welchem Grund steckt sich jemand eine Zigarette an? Darauf gibt es nur eine Antwort: *Weil er es selbst so will.*

Es gibt Tausende von Einflüssen, die einen Raucher zum Anzünden einer Zigarette bewegen können. Dabei ist es unerheblich, ob dies bewußt oder unbewußt geschieht oder ob es sich dabei um jene Beeinträchtigung handelt, die von der kleinen Bestie oder der Gehirnwäsche ausgeht, immer meldet das Gehirn des Rauchers: Ich will eine Zigarette. Ein anderer Teil seines Gehirns erwidert: Wenn ich nur nicht rauchen müßte. Diese schizophrene Situation wiederholt sich mit jeder Zigarette, die geraucht wird, auch wenn Raucher sich selten dieses Konflikts bewußt sind.

Um sicherzugehen, daß Sie niemals wieder der Wunsch überkommt: »Ich will eine Zigarette«, müssen wir dafür sorgen, daß Sie sich für alle Zeiten drei grundlegende Punkte einprägen. Erstens müssen Sie sich von der Vorstellung freimachen, es wäre möglich, nur gelegentlich eine Zigarette zu rauchen. Zweitens müssen Sie verstehen, daß Zigaretten keinerlei Vorteile bieten, so daß Sie immer, wenn etwas in Ihrem Kopf das Verlangen: »Ich will eine Zigarette« auslösen sollte, dieses ohne ein Gefühl des Opferbringens oder Verzichts zurückweisen.

Der dritte und wichtigste Punkt jedoch ist, den Irrglauben zu beseitigen, Sie müßten, nachdem Sie die Zigarette, die hoffentlich Ihre letzte war, ausgedrückt haben, eine zeitlich nicht festgelegte Übergangsphase durchstehen – irrtümlich als Entzugsperiode bezeichnet –, bevor das Verlangen völlig aufhört oder sich auf ein erträgliches Maß reduziert.

Vielen Personen fällt es schwer zu glauben, daß sie, was dieses Verlangen betrifft, eine ganz einfache Entscheidung treffen können. Sie leiden unter der falschen Vorstellung, daß man das Verlangen nach etwas verspüre oder eben nicht. Diese Vorstellung beruht auf drei Faktoren. Erstens hält in unserem Körper das Verlangen nach Nikotin noch einige Tage an. So gering es auch sein mag, ist es aber doch vorhanden, ebenso wie eine damit einhergehende unterminierende Wirkung.

Bisher habe ich der Einfachheit halber hin und wieder von einem »geringfügigen körperlichen Verlangen« gesprochen. Doch die schöne Wahrheit lautet, der Körper ist überhaupt nicht in der Lage, Verlangen nach etwas zu entwickeln, egal, ob Drogen, Essen oder andere Stoffe. Ihr Körper kann Hunger, Müdigkeit, Beeinträchtigungen und Schmerzen spüren, doch selbst diese Empfindungen werden über den Kopf wahrgenommen. Wenn Sie sich diese Zustände nicht bewußt machen, empfinden Sie sie auch nicht.

Nur Ihr Gehirn kann ein Verlangen verspüren, und zwar nur der Teil, der für bewußte Wahrnehmung zuständig ist. Jeder Mensch kann selbst entscheiden, ob er sich nach einer Zigarette sehnt oder nicht. Möglicherweise gibt es auch im Unterbewußtsein Illusionen, die eine Person dazu bringen, Verlangen nach einer Zigarette zu verspüren, doch das Verlangen als solches läuft bewußt ab und kann von jedem Raucher gesteuert werden. Und das ist auch immer so gewesen.

Zweitens glauben wir, unser Verlangen nur kontrollieren zu können, indem wir ausreichend Willenskraft aufbringen, weil wir uns bei jedem Versuch, per Willenskraft mit dem Rauchen aufzuhören, anstrengen, möglichst nicht an dieses Thema zu denken und letzten Endes davon besessen sind. Weil wir es für unmöglich halten, *nicht* an etwas zu denken, halten wir es für ebenso unmöglich, kein Verlangen zu spüren.

Der dritte und wichtigste Grund, warum wir glauben, unser Verlangen nach Zigaretten nicht steuern zu können, liegt darin, daß praktisch jeder Raucher, der einmal aufgehört hat, gelegentlich gern eine Zigarette rauchen würde. Genauso wie uns weisgemacht wurde, Rauchen biete Vergnügen oder Hilfe, wurde uns eingeredet, wir müßten weiterhin ein Verlangen nach Zigaretten verspüren, zumindest in einer bestimmten Übergangsphase nach dem Aufhören.

Stellen Sie sich vor, ein Kind will unbedingt ein Sahnetörtchen essen, das eigentlich aus Karton und Rasierschaum besteht. Würde es das Törtchen noch haben wollen, nachdem es einen genaueren Blick darauf geworfen hat? Bestimmt nicht. Und noch weniger, wenn das Törtchen auch noch Zyankali enthielte. Das Kind war hinter einer Illusion her, doch sobald es die Wahrheit kannte, war damit Schluß. Millionen Menschen haben noch immer das Verlangen, weil sie zwar aufgehört, nie aber die Wahrheit erfahren haben. Es ist vielleicht dumm, sich etwas zu wünschen, was man gleichzeitig überhaupt nicht haben will, doch dieses Verhalten ist verständlich. Wenn man zutiefst davon überzeugt ist, die Zigarette nach dem Essen sei ein Genuß, dann würde man ein großes Opfer bringen, sie nicht zu rauchen. Man ist dann nach wie vor der Meinung, Rauchen mache Spaß oder biete Hilfe, und fühlt sich aus verständlichen Gründen darum betrogen.

Nun könnte man einwenden, daß das Kind zwar keine Lust mehr auf das falsche Törtchen hat, doch könnte die Attrappe seine Geschmacksnerven für ein echtes Törtchen sensibilisiert haben. In diesem Fall hätte das Kind immerhin seine Enttäuschung mit einem echten Sahnetörtchen ausgleichen können. Hier kommen wir zu dem eigentlichen Trauma, mit dem der ehemalige Raucher konfrontiert wird. Entweder betrachtet er Zigaretten nach wie vor als den echten Artikel und glaubt, nun auf etwas verzichten zu müssen, oder er sieht hinter die Fassade. Nun gibt es zwar echte Sahnetörtchen, doch alle Zigaretten sind nur Attrappen und können die Leere nicht füllen. Es ist, als würden Sie plötzlich feststellen, daß Ihr bester Freund in Wahrheit Ihr schlimmster Feind ist. Sie sind froh, es herausgefunden zu haben, doch fühlen Sie sich gleichzeitig elend, weil Sie Ihren besten Freund verloren haben.

Doch das stimmt so nicht. Diese Person war nie wirklich Ihr Freund, das haben Sie nur geglaubt. Er war immer schon Ihr schlimmster Feind, denn Sie haben ihm vertraut, und er hat das Vertrauen mißbraucht. Doch jetzt kennen Sie die Wahrheit. Damit besitzt er nicht mehr Ihr Vertrauen und kann Ihnen keinen Schaden mehr zufügen. Also haben Sie einen Feind verloren.

Ich glaube, mit diesem Vergleich läßt sich die Nikotinfalle am anschaulichsten beschreiben. Wenn ein Ihnen nahestehender Freund oder Verwandter stirbt, folgt für Sie eine Zeit der Trauer. Irgendwann haben Sie den größten Schmerz überwunden, und das Leben verläuft wieder in normalen Bahnen, dennoch bleibt eine Leere zurück, die Sie nie mehr ganz füllen können. Aber das ist eine Tatsache, an der sich nichts ändern läßt. Sie haben keine andere Wahl, als die Situation zu akzeptieren, und früher oder später gelingt Ihnen das auch.

Raucher, Alkoholiker, Heroinabhängige und andere Drogensüchtige haben ebenso das Gefühl, einen Freund verloren zu haben, wenn sie per Willenskraft ihre Sucht beenden wollen. Sie wissen, daß ihre Entscheidung richtig ist, doch es bleibt das Gefühl, ein Opfer zu bringen. Gehen wir davon aus, daß sie trotzdem über das anfängliche Trauma hinwegkommen, dann bleibt aber immer noch diese Leere in ihrem Leben. Es ist keine echte Leere, aber schon die Vorstellung allein löst bei ihnen dieses Gefühl aus.

Der einzig wichtige Unterschied besteht allerdings darin, daß dieser spezielle »Freund« *nicht wirklich tot ist!* Im Gegenteil, Tabakindustrie, andere Raucher und die Gesellschaft im allgemeinen sorgen dafür, daß diese ehemaligen Raucher bis an ihr Lebensende der Versuchung durch die allzeit präsente verbotene Frucht ausgesetzt sind. Es braucht nur einen kurzen Moment der Schwäche oder Trunkenheit, und sie enden wieder im Schacht.

Wenn Sie jedoch Ihren Todfeind verlieren, können Sie sich das anfängliche Trauma ersparen. Sie können sich von Beginn an freuen. Die wundervolle Wahrheit lautet, daß Zigaretten Ihnen keinerlei Vorteile bieten und nichts existiert, was Sie aufgeben müßten.

Wir haben bereits darüber gesprochen, daß Sie nach Ihrer letzten Zigarette zunächst vermutlich sehr oft an das Rauchen denken werden. Dieses Thema wird Sie auch im späteren Leben hin und wieder beschäftigen. Aber es ist unmöglich, ganz bewußt nicht an etwas zu denken, und entsprechende Versuche führen immer zu Problemen. Aber wenn Sie es schon nicht in der Hand haben, welches Thema Sie beschäftigt, können

Sie zumindest steuern, welche Gefühle und welche Einstellung Sie dazu entwickeln.

Sie können die nächsten Tage und möglicherweise den Rest Ihres Lebens damit verbringen, sich eine Zigarette zu wünschen und sich gleichzeitig fragen, wann dieses Verlangen endlich aufhören wird. Doch wie sollte es jemals verschwinden, wenn Sie dauernd diesen Wunsch haben. Wenn Sie sich für diese Einstellung entscheiden, werden Sie immer das Gefühl haben, ein Opfer zu bringen, und sich schlecht fühlen. Irgendwann werden Sie schließlich wieder rauchen und sich dabei noch schlechter fühlen.

Die andere Möglichkeit ist, nicht gezielt das Verlangen nach Zigaretten zu pflegen, sondern einfach abzuwarten, was passiert. Dabei werden Sie sich nicht ganz so miserabel fühlen wie bei der ersten Alternative, aber auch nicht besonders gut. Über Ihrem Kopf hängt jene dunkle Wolke, und Sie hoffen, daß nichts passiert.

Doch Sie haben zum Glück noch eine viel bessere Alternative. Wann immer Sie an das Rauchen denken, verspüren Sie weder das Verlangen nach einer Zigarette, noch warten Sie darauf, daß etwas nicht eintritt, sondern Sie haben das Gefühl: Hurra, ich bin Nichtraucher. *Es liegt ganz allein an Ihnen.*

Doch was ist mit der kleinen Bestie, die noch ein paar Tage bei uns bleibt? Sagt Sie uns nicht: »Ich will eine Zigarette?« Ja, sie ist noch einige Tage präsent, dessen müssen Sie sich bewußt sein. Doch nun verstehen Sie ihr Wesen. Wenn der Wunsch aufkommt: »Ich will eine Zigarette«, sollten Sie ihm nicht nachgeben, aber auch nicht angespannt sein, weil Sie keine haben können, sondern kurze Zeit warten. Es besteht kein Anlaß zur Panik. Dieses Gefühl ist gar nicht so schlimm, Raucher haben es ihr ganzes Leben lang. Programmieren Sie Ihr Gehirn um. Es hat dieses Gefühl »Ich will eine Zigarette« nur gespeichert, weil es bisher allen Grund zu der Annahme hatte, eine Zigarette würde die Leere und Unsicherheit, unter der Sie gelitten haben, abstellen. Doch nun wissen Sie, daß eine Zigarette dieses Gefühl nicht abschwächen kann, sondern es verursacht hat. Akzeptieren Sie dieses Gefühl als das, was es ist. Denken Sie daran: Nichtraucher kennen dieses Problem nicht. Nur Raucher leiden darunter, und zwar solange sie rauchen. Bald wird es für alle Zeiten vorbei sein!

Wenn Sie so vorgehen, werden Sie sich vielleicht ein bißchen angespannt fühlen, aber das geht vorüber. Vor allem während der ersten Tage werden Sie feststellen, daß Sie vergessen, mit dem Rauchen aufgehört zu haben. Meistens passiert es früh am Morgen, wenn Sie sich noch im Halbschlaf befinden. Sie denken: Jetzt stehe ich auf und rauche eine Zigarette. Erst dann fällt Ihnen ein, daß Sie aufgehört haben. Sie werden es auch bei geselligen Anlässen erleben. Sie unterhalten sich, plötzlich wird Ihnen eine Packung Zigaretten unter die Nase gehalten, automatisch greifen Sie danach, erinnern sich aber sofort, daß Sie nicht mehr rauchen. Diese Situation kann die ganze Unterhaltung stören, besonders wenn der Freund, der Ihnen die Zigaretten anbietet, Sie noch, bevor es Ihnen selbst wieder einfällt, daran erinnert: »Ich dachte, du rauchst nicht mehr?«

Sie stehen mit ausgestreckter Hand im Raum. Dieser Zwischenfall kann Sie völlig aus der Fassung bringen. Die anderen Raucher können Ihre Schadenfreude nicht verbergen. Sie sehen es als Beweis, daß Sie es noch lange nicht geschafft haben, und sind davon überzeugt, daß Sie in diesem Moment für eine Zigarette sterben würden. Leider kann es bei Ihnen die gleichen Gedanken auslösen. Trifft es Sie unvorbereitet, hat es ähnliche Wirkung wie ein unerwarteter Schlag auf den Solarplexus. Bevor Sie wieder Atem holen können, fährt der Raucher mit weiteren Geschützen auf:

»Ich genieße meine Zigaretten, was wäre das Leben ohne die kleinen Annehmlichkeiten?«

»Ich weiß, sie sind nicht unbedingt gut für meine Gesundheit, aber wer will schon neunzig werden! Auch wenn ich nicht rauche, bekomme ich vielleicht Krebs.«

»Sie sind zwar teuer, doch was hilft es, reich zu sein, wenn man sich dabei schlecht fühlt?«

Obwohl wir genau wissen, daß diese Argumente falsch und unlogisch sind, können Sie uns in solchen Situationen durchaus vernünftig erscheinen und großen Schaden anrichten. Es ist möglich, daß von einem Augenblick zum anderen unsere ganzen Vorbereitungen und Anstrengungen wie ein Kartenhaus in sich zusammenfallen. Wir verlieren unser Selbstvertrauen. Unsere Gedanken beginnen zu kreisen: Mache ich mir vielleicht nur etwas vor? Warum komme ich in solche Situationen, ich bin doch frei? Zweifel schleichen sich ein, und wir beginnen unsere Entscheidung in Frage zu stellen.

Wir sind uns einig, daß Essen und Nikotinsucht keine Gewohnheiten sind. Essen ist ein lebenserhaltender Vorgang, Nikotinsucht die Illusion eines Vergnügens oder einer Hilfe. Gehirn und Körper sind darauf ausgerichtet, den Hunger in regelmäßigen Abständen mit verschiedenen Arten von Nahrung zu stillen, das Gehirn des Rauchers muß in regelmäßigen Intervallen auf den »Juckreiz« antworten. Mit Essen und Rauchen assoziieren wir im Lauf der Zeit verschiedene Gerüche oder Situationen, das Abstellen des Hungergefühls oder das Kratzen bei einem Stich.

Diese Assoziationen verschwinden natürlich nicht sofort mit dem Ausdrücken der letzten Zigarette. Einige Tage werden Sie den »Juckreiz« noch spüren. Er ist zwar kaum wahrnehmbar, aber dennoch vorhanden. Nachdem die körperliche Beeinträchtigung nachgelassen hat, bleiben einige Assoziationen noch bestehen. Dadurch lassen sich Raucher, die mit Willenskraft aufhören, oft irritieren. Sie haben sich ein Gedankengebilde gegen das Rauchen aufgebaut und sehen wenige oder keine Argumente dafür. Trotzdem sagt ihnen eine leise Stimme: »Du willst eine Zigarette.« Sie verstehen nicht, warum. Der Wasserhahn beginnt zu tropfen.

Wenn Sie diesen Vorgang verstehen, müssen Sie sich keine Sorgen machen. Es handelt sich dabei um eine natürliche Reaktion, die man einplanen muß. Wichtig ist nur, daß Sie sich im voraus auf diese Situationen vorbereiten. Ob am Morgen gleich nach dem Aufstehen oder wenn Sie von der Arbeit oder vom Einkaufen heimkommen und ein leeres Haus betreten, allein oder in Gesellschaft anderer Raucher – betrachten Sie diese Momente realistisch: Sie haben für kurze Zeit vergessen, daß Sie nicht mehr rauchen. Daran ist nichts Ehrenrühriges, im Gegenteil, es ist sogar ein gutes Zeichen und der Beweis dafür, daß Ihr Leben sich diesem glücklichen Zustand nähert, in dem Sie sich befunden haben, bevor Sie in die Falle getappt sind, als der Gedanke ans Rauchen oder Nichtrauchen Sie in keiner Weise beschäftigte. Das einzig Negative dabei ist nicht, daß Sie keine Zigarette haben können, sondern daß Sie vorübergehend vergessen haben, *daß Sie keine Zigarette mehr brauchen.*

Wenn Sie diese Momente schon im voraus einkalkulieren und sich dagegen wappnen, werden Sie nicht von ihnen überrumpelt. Sie müssen sich auch nicht davor verstecken, Sie tragen eine starke Rüstung, die Sie unverwundbar macht. Es besteht kein Anlaß, Ihre Entscheidung in Frage zu stellen, sie ist die einzig richtige. In diesen Momenten müssen Sie sich selbst daran erinnern, wie schön es ist, frei zu sein. Damit verwandeln Sie das vorübergehende Gefühl der Schwäche unmittelbar in ein Gefühl der Stärke, der Sicherheit und des Wohlbefindens.

ES LIEGT AN IHNEN!

In solchen Situationen hilft es auch, nicht nur in bezug auf das eigene Verhalten vorbereitet zu sein, sondern auch die Reaktionen der anderen Raucher, die in den meisten dieser Fälle involviert sind, zu verstehen. Zwischen Rauchern und ehemaligen Rauchern herrscht permanenter Psychoterror. Die ehemaligen Raucher haben sämtliche Trümpfe in der Hand, doch wenn Sie unvorbereitet in Situationen wie die oben beschriebene geraten, könnten Sie einer Täuschung erliegen, die Sie genau das Gegenteil annehmen läßt. *Das wird dem Raucher nie passieren!* Wir werden den Standpunkt des Rauchers in Kapitel 36 genauer untersuchen.

Diese »Rückschläge« nehmen an Wirkung zu, wenn sie erst nach Monaten oder vielleicht sogar Jahren eintreten, wenn Sie also längst den Eindruck haben, über alle Schwierigkeiten hinweg zu sein. Erst vor wenigen Monaten wollte ich, bevor ich den Kopf aus dem Autofenster streckte, einen nichtexistenten Zigarettenstummel aus dem Mund nehmen. Hätte ich unter Einsatz von Willenskraft aufgehört zu rauchen, wäre dieses Erlebnis sehr entmutigend für mich gewesen. Ich hätte wie folgt reagiert: Jetzt rauche ich schon zehn Jahre nicht mehr und immer noch verfolgt mich diese Gewohnheit. Statt dessen dachte ich: Vor zehn Jahren hätte ich diesen ekligen Stummel tatsächlich zwischen den Lippen gehabt. Ich bin froh, daß ich nicht mehr sein Sklave bin!

Sicher denken Sie jetzt: Muß ich zehn Jahre warten, bis ich so weit bin? Nein! Ich hatte diese Einstellung ab dem Moment, als ich meine letzte Zigarette ausdrückte. Ich war überwältigt von meiner neu gewonnenen Freiheit. Viele haben die Erfahrung gemacht, daß sie wieder rückfällig wurden, wenn sie betrunken waren, und machen sich Sorgen, das könnte erneut passieren. Mir ging es häufig so, wenn ich es mit Willenskraft versuchte. Ich behauptete dann immer, es sei mir überhaupt nicht bewußt gewesen, daß ich rauchte. In Wahrheit, so vermute ich wenigstens, vermißte ein Teil meines Gehirns die Zigaretten, und meine Trunkenheit war der notwendige Anlaß, um wieder mit dem Rauchen anzufangen. Wie sonst ist es zu erklären, daß ich am folgenden Tag einfach weiterrauchte?

Sechs Monate nach meinem persönlichen »Unabhängigkeitstag« erlebte ich etwas Erstaunliches. Ich war bei einem Freund zu Besuch, und wir spielten Billard. Plötzlich bemerkte ich, daß ich eine glimmende Zigarette zwischen den Fingern hielt. Ich hatte keine Ahnung, wie sie dahin gekommen war. Der Freund war derselbe, der mir immer den Rauch ins Gesicht qualmte, und ich muß leider zugeben, daß ich ihn in Verdacht hatte, sie mir einfach untergeschoben zu haben. Wenn das wirklich der Fall war, muß er von meiner Reaktion ziemlich enttäuscht gewesen sein. Mit größtem Vergnügen drückte ich die Zigarette sofort aus und empfand dabei nicht im geringsten das Gefühl von Verzicht.

Akzeptieren Sie, daß Sie sich körperlich und mental umstellen müssen. Aber machen Sie sich deshalb keine Sorgen. Dabei geschieht nichts Schlimmes, sondern etwas Wunderbares. Jede Veränderung in Ihrem Leben erfordert eine bestimmte Übergangsphase, selbst wenn diese Veränderung positiv ist. Ein höher dotierter Job, eine bessere Schule, ein schöneres Haus oder eine angenehmere Wohngegend, alles erfordert eine gewisse Anpassung. Eine Weile fühlen Sie sich vielleicht etwas orientierungslos, aber es besteht kein Anlaß, dies als frustrierend zu empfinden.

Bereiten Sie sich darauf vor, daß Sie sich vielleicht hin und wieder dabei ertappen, eine Zigarette zu wollen. Der Moment danach ist entscheidend. Entweder sagen Sie sich: »Ich kann oder darf nicht rauchen«, was unlogisch und destruktiv ist und dazu führt, daß Sie sich niedergeschlagen und um etwas betrogen fühlen. Es kann aber genausogut ein Augenblick des Glücks sein: Ich habe ja ganz vergessen, daß ich frei bin! Ich bin kein Sklave dieser schmuddeligen Dinger mehr! Sie haben die Wahl. Ich betone an dieser Stelle noch einmal, daß ich von Ihnen nicht verlange, die Welt durch eine rosarote Brille zu betrachten, sondern so, wie sie wirklich ist.

Als ich noch jünger war, veranlaßte mich in erster Linie Geldknappheit zum Aufhören. Später war es dann meine angeschlagene Gesundheit und die Angst vor dem Tod. Abgesehen davon, daß sich mein schlechter Gesundheitszustand besserte, brachte mir das Aufhören noch zwei ganz andere Vorteile, mit denen ich überhaupt nicht gerechnet hatte und die mir erst zwei Monate, nachdem ich mit dem Rauchen Schluß gemacht hatte, bewußt wurden. Einen habe ich bereits erwähnt: das »Strand«-Image. Ich war davon überzeugt, die Zigarette sei meine Krücke, die mir Mut und Selbstvertrauen gebe. Mein größte Sorge in bezug auf das Aufhören war: Werde ich ohne meine Krücke zurechtkommen?

Als ich *Endlich Nichtraucher!* schrieb und an dem Kapitel arbeitete, in dem es darum ging, daß Rauchen weder zur Entspannung beitragen noch Selbstvertrauen geben kann, widmete ich diesem wichtigsten Aspekt im Zusammenhang mit dem Rauchen nicht mehr als eine knappe Seite. Obwohl die Erkenntnis, daß Zigaretten das Gefühl der Leere und Unsicherheit nicht beseitigen konnten, sondern es immer wieder neu verursachten, eine wahre Offenbarung für mich bedeutete, hatte ich damals noch keine Ahnung, in welchem Ausmaß das Rauchen mein Selbstvertrauen in anderen Lebensbereichen zerstört hatte. Es hatte mir meine Stärke geraubt. Damit meine ich geistige Stärke, nicht körperliche. Ich will dabei jedoch nicht ausschließen, daß sich der Verlust meines körperlichen Wohlbefindens auch negativ auf meine geistige Verfassung ausgewirkt hat. Nachdem ich mit dem Rauchen Schluß gemacht hatte, erlangte ich diese geistige Stärke wieder und empfinde nun Situationen, die mir früher beängstigend oder belastend erschienen, absolut normal. Ich muß keinen Mut mehr aufbringen, ich habe die Situation unter Kontrolle.

Die Leute halten mich inzwischen für einen Routinier in Sachen Hörfunk und Fernsehen. Doch für mich sind solche Auftritte noch immer eine Nervenprobe. Bei meinem ersten Fernsehauftritt wurde ich von einem Journalisten interviewt, dessen Gesprächspartner sonst Präsidenten, Premierminister und andere wichtige Persönlichkeiten des öffentlichen Lebens sind. Ich hatte seine Auftritte schon seit Jahren bewundernd verfolgt und noch nie erlebt, daß dieser Mann unsicher oder nicht mehr Herr der Lage gewesen wäre. Sie können sich meine Nervosität vorstellen. Nur meine Entschlossenheit, gegen das Rauchen anzukämpfen, konnte meine Panik unterdrücken, hatte ich doch hier eine einmalige Chance, meine Botschaft an viele Menschen weiterzugeben. Zum einen dachte ich: Klasse! Er ist einfach die ideale Person, um meine Ideen zu verdeutlichen. Er besitzt einen analytischen Verstand und die Fähigkeit, ein Thema auf den Punkt zu bringen. Zum anderen hatte ich die Befürchtung: Und wenn er mich auseinandernehmen will? Er ist der König seiner Zunft. Wenn er will, kann er mich zur Schnecke machen.

Ich rühme mich der Fähigkeit, beurteilen zu können, ob jemand Raucher ist oder nicht, und zwar aufgrund seines Hautbildes und seiner Verhaltensweise. Zum Glück bemerkte ich erst in der Sendung, daß der Moderator selbst Raucher war. Mir ist nicht klar, warum ich die offensichtlichen Symptome übersehen hatte, vermutlich war ich zu nervös gewesen. Er hatte den für einen Raucher typischen grauen Teint und bewegte seine Hände so fahrig wie nur langjährige starke Raucher es tun.

Selbst in der Sendung fiel mir das erst auf, nachdem er sich wie ein Advokat des Teufels benahm. Ich dachte: Warum macht er das? Warum argumentiert jemand, der sonst so logisch denkt, plötzlich so unlogisch? Endlich kam ich auf die Lösung. Hatte ich nicht drei Jahre lang praktisch täglich die gleichen Argumente von Leuten gehört, die sich wie mein Gegenüber in der Nikotinfalle befanden.

Der darauf folgende Zwischenfall bestärkte mich in meiner Annahme. Nach der Sendung lud der Moderator zu einem Champagnerfrühstück ein. Gleich zu Beginn steckte er sich eine Havanna an. Die anderen konnten diesen Geruch noch vor dem Frühstück nicht ertragen, und schoben mich vor. Er bekam einen roten Kopf, was ich weder vorher noch nachher bei ihm je erlebt hatte, und wandte sich peinlich berührt an mich: »Übrigens inhaliere ich nie.« Ich erwiderte: »Wenn das so ist, können Sie sich ein Vermögen sparen.«

Im nächsten Kapitel wenden wir uns folgendem Thema zu: dem Ende

DER VERSKLAVUNG

KAPITEL 35

Die Versklavung

Die Mehrzahl der Raucher möchte aus gesundheitlichen Gründen aufhören, viel weniger haben finanzielle Beweggründe. Manchmal gibt ein Raucher als Grund auch an: »Ich möchte mich unter Kontrolle haben.« Dieser Aspekt ärgerte und verwirrte auch mich während meines ganzen Raucherdaseins. Jeden anderen Bereich meines Lebens konnte ich steuern. Ich haßte das »Kraut«, überließ ihm aber die Kontrolle über mein Leben. Doch das wahre Ausmaß der Versklavung wurde mir erst Monate, nachdem ich aufgehört hatte, klar. Ich war mir immer des Gefühls der Abhängigkeit bewußt gewesen, doch im Grunde handelte es sich dabei nur um den Ärger, weil ich nicht davon loskam. Doch hier spreche ich davon, wie sehr das Rauchen praktisch jeden Bereich des Lebens, darunter auch unsere Arbeit, unsere Hobbys, unsere Ernährungsgewohnheiten und sogar unseren Freundeskreis, bestimmt.

Meiner Meinung nach besteht der größte Gewinn, mit dem Rauchen aufzuhören, nicht in den Vorteilen für die Gesundheit oder den Geldbeutel. Das sind zwar die wichtigsten Beweggründe, um aufzuhören, und ich stimme mit all denjenigen überein, die Gesundheit für unser größtes Gut halten.

Hier scheine ich mir selbst zu widersprechen. Ich behaupte in einem Atemzug, Gesundheit sei unser höchstes Gut und dennoch nicht der größte Gewinn, wenn wir Nichtraucher werden. Doch welchen Gewinn sollten jene Raucher daraus ziehen, die gesund sind? – Und die Mehrzahl der Raucher betrachtet sich selbst als gesund.

Ich bin das beste Beispiel. Gesundheit und Geld waren immer meine Beweggründe aufzuhören, und zwar in dieser Reihenfolge. Doch ich litt nicht unter Lungenkrebs oder einer anderen lebensbedrohenden Krankheit, also verlor ich durch das Aufhören nur die Angst davor. Allerdings hatte ich aufgrund des Scheuklappeneffekts sowieso keine Angst vor Lungenkrebs, der Gewinn war also für mich nicht erkennbar.

Ich wußte, daß ich enorme Summen für Zigaretten ausgab. Geld wirkt sich auf die Lebensqualität jedoch nur dann aus, wenn nicht genügend vorhanden ist. Haben Sie mehr Geld, als Sie brauchen, erfordert der Umgang damit auch größeres Verantwortungsbewußtsein. Viele Jugendliche fangen nur nicht mit dem Rauchen an, weil sie das Glück haben, es sich in dieser Lebensphase einfach nicht leisten zu können. Solange Sie die Zigarette als Vergnügen oder als Krücke sehen, betrachten Sie das Geld als gut investiert. Können Sie sich das Rauchen nicht leisten, kann das Aufhören einen Umschwung bewirken. Sie kommen aus andauernden finanziellen Schwierigkeiten heraus und können sich innerhalb eines gewissen Rahmens nun das Leben angenehmer gestalten und sich ab und zu auch einen kleinen Luxus gönnen. In diesem Fall liegt der finanzielle Vorteil klar auf der Hand und macht einen großen Unterschied.

Es klingt in meinen Ohren eigenartig, wenn ich mir überlege, daß ich in meinem Leben dreihunderttausend Mark für Tabak ausgegeben habe, und dabei behaupte, das Aufhören hätte mir keinen finanziellen Vorteil gebracht. Mit Sicherheit hat es das. Entscheidend ist jedoch, daß ich mir diese Zigaretten leisten konnte und sich mein Lebensstil, nachdem ich aufgehört hatte, nicht wesentlich änderte. Doch macht es mir großen Spaß, dieses Geld für echte Vergnügungen ausgeben zu können und mich nicht mehr selbst dafür verachten zu müssen, daß ich es vorher verwendet hatte, um mich selbst zu vernichten. Der eigentliche Gewinn war nicht der bessere Gesundheitszustand oder der finanzielle Vorteil, die natürlich auch ins Gewicht fielen, sondern daß ich mich nicht mehr als Trottel oder Sklave fühlen mußte.

Was mich am Phänomen Rauchen immer am meisten erstaunt, ist die Tatsache, daß es sich unweigerlich über jede Logik hinwegsetzt. Normalerweise würde man als höchsten Gewinn, wenn man mit dem Rauchen aufhört, Gesundheit und Geld vermuten. Doch in meinem Fall waren die größten Errungenschaften jene, mit denen ich nicht im geringsten gerechnet hatte.

Wie im Beispiel mit dem Kind, das sich weigerte, vom Empire State Building zu springen, ist es nicht möglich, jeden einzelnen Vorteil mit Punkten zu bewerten. Sie stehen alle miteinander in Zusammenhang. Der Zuwachs an Energie ist einfach umwerfend, ebenso der Gewinn an Mut und Selbstvertrauen und die Rückkehr der Lebensfreude. Ab Mitte Zwanzig fühlte ich mich wie ein alter Mann, heute, mit Ende Fünfzig, wie ein Kind. Das alles addiert sich zu einer höheren Lebensqualität. Aber warum das alles analysieren? Vielleicht läuft es ein bißchen darauf hinaus, sich wie ein »Moralapostel« zu fühlen, aber was soll's. Es ist ein wunderbares Gefühl! Machen Sie sich das immer wieder bewußt!

Es gibt nichts Lächerlicheres, als die Vogel-Strauß-Methode – den Kopf in den Sand stecken und davon ausgehen, daß eine Gefahr, die man nicht sehen kann, auch nicht existiert. Wir intelligente Menschen lachen über die Dummheit dieses Tiers und bemitleiden es wegen seiner Ignoranz. Doch genau so verhalten wir uns als Raucher. Wir sind so fest entschlossen, allen Menschen, die uns vom Rauchen abbringen wollen, Widerstand zu leisten, daß wir uns an jede fadenscheinige Ausrede klammern, um nur wieder eine Zigarette paffen zu können. Gleichzeitig verschließen wir unsere Augen vor den negativen Aspekten des Raucherdaseins, gerade so, als würden sie überhaupt nicht existieren. Wir erkennen den echten Feind nicht und übersehen das vermutlich größte Übel von allen: *die pure Versklavung!!*

Wenn man Raucher fragt, warum sie rauchen, fallen die Antworten oft negativ aus, das heißt, sie nennen nicht die Gründe, warum sie rauchen, sondern, warum sie noch nicht aufgehört haben, zum Beispiel:

»Ich kann es mir leisten.«

»Es scheint meiner Gesundheit nicht zu schaden.«

»Es ist mein einziges Laster.«

»*Ein* Vergnügen muß man im Leben ja haben.«

Nun stellen Sie sich vor, Sie hätten diese Antworten auf die Frage erhalten: »Warum spielen Sie Fußball?« Ich glaubte lange Zeit, man müsse nur diese fadenscheinigen Ausreden, hinter denen die Raucher sich verschanzen, demontieren, um sie zum Aufhören zu animieren. Ich erinnere mich an ein bestimmtes Wochenende, noch bevor mein Freund Ronnie den »Moment der Offenbarung« erlebte. Er hatte gerade einen besonders schweren Hustenanfall überstanden. Ein Bekannter, ebenfalls Raucher, zeigte Mitgefühl:

»Du holst dir noch Lungenkrebs, wenn du so weitermachst. Warum hörst du nicht auf?«

»Du rauchst auch, warum hörst du nicht auf?«

»Das würde ich sofort, wenn ich so husten müßte.«

Ich erklärte dem Bekannten, daß der Husten an sich keine Krankheit sei, sondern nur eine Reaktion des Körpers, durch die das Gift aus den Lungen befördert werde, und daß jene Raucher, die nicht husten eher an Lungenkrebs erkrankten. Der erschrockene Ausdruck in seinem Gesicht bestätigte mir, daß ihm mein Einwand logisch erschien, was ihn allerdings nicht davon abhielt weiterzurauchen. Aber er fing an zu husten.

Ein extremes Beispiel war ein Kettenraucher in meinem Golfclub. Er war körperlich und mental eine starke Persönlichkeit, Anfang Sechzig und immer noch fit, einer unserer Golfer. Ich kann es einfach nicht mitansehen, wenn das »Kraut« solche Menschen kaputtmacht. Also begann ich immer wieder kleine Bemerkungen zu machen, die ihn dafür sensibilisieren sollten, wie schön es ist, nicht mehr zu rauchen. Doch damit bewirkte ich genau das Gegenteil.

Wir kennen den Effekt bei Frauen. Wir schicken ihnen Blumen, sind aufmerksam, höflich, respektvoll. Und sie behandeln uns wie einen Fußabtreter. Wir verstehen den Hinweis und ändern unser Verhalten, und plötzlich finden sie uns interessant.

Genauso verhielt es sich mit diesem Mann. So vorsichtig meine Versuche auch waren, er hatte sofort das Gefühl, ich wolle ihn zum Aufhören bringen, und baute einen Panzer um sich auf. Erst als ich ihn als hoffnungslosen Fall betrachtete und mich nicht mehr um ihn kümmerte, wendete sich das Blatt. Immer wenn ich auf den Golfplatz kam, nagelte er mich fest und hielt mir Vorträge über die teuflischen Folgen des Rauchens, als ob *ich* es nicht wüßte!

Sie vermuten sicher schon richtig, daß ich der Versuchung, Raucher zu kurieren, nicht widerstehen kann. Ich verbringe neunzig Prozent meiner Tage damit, mir zu überlegen, wie man Rauchern helfen kann. Der Hauptgrund, warum ich heute noch in meinen Golfclub gehe, ist nicht das Golfspielen, sondern mich von dieser Obsession abzulenken.

Bei einer der oben beschriebenen Gelegenheiten verbrachte der Mann über eine halbe Stunde damit, mir die Widerwärtigkeiten des Rauchens zu erläutern. In diesem Moment war Rauchen aber das letzte, worüber ich mich unterhalten wollte. Ich hatte dem Mann schon wiederholt erklärt, er müsse sich nur einen Termin geben lassen, wenn er Hilfe brauche. Ich wollte aber nicht unhöflich sein und hörte mir geduldig seine Ausführungen an. Mein Anteil an der Konversation beschränkte sich darauf, gelegentlich zustimmend zu nicken. Schließlich ließ er von dem Thema ab und verabschiedete sich wie üblich mit der Bemerkung, daß er mich bald aufsuchen werde.

Kaum hatte er sich umgedreht, machte er auch schon wieder kehrt und sagte: »Ich habe in letzter Zeit viel über das Rauchen nachgedacht und stimme Ihnen in allen Punkten zu. Es bietet mir keinerlei Vorteile. Der einzige Trost für mich ist, daß ich eine Marke rauche, die mehr kostet als andere, dafür aber auch die beste ist!« Ich antwortete ihm: »Nehmen Sie mal an, ich wäre heroinsüchtig und hätte Ihnen nun eine halbe Stunde lang erzählt, welches Elend damit verbunden ist. Dann würde ich mit der Bemerkung schließen, mein einziger Trost sei, daß ich für mein Gift doppelt so viel bezahle wie jeder andere. Würden Sie mich nicht für den allergrößten Idioten halten?« Er erwiderte daraufhin: »Nun haben Sie mir auch noch den letzten Strohhalm geraubt, an den ich mich klammern konnte.«

Ich glaubte ihm, trotzdem kam er nicht zu einem meiner Kurse. Die Geschichte endet mit einer guten und einer schlechten Nachricht. Die gute Nachricht ist, er hat inzwischen aufgehört, die schlechte, er schaffte es erst nach einem Herzinfarkt und ist nur noch ein Schatten seiner selbst. Was ist die Moral von der Geschichte? Es genügt nicht, die Märchen und Entschuldigungen, mit denen Raucher ihre Sucht rechtfertigen, zu entkräften. Sie rauchen nicht aus den angegebenen Gründen, sondern es ist genau andersherum, sie basteln sich Gründe zurecht, um ihr Weiterrauchen zu rechtfertigen. Ist eine Illusion, hinter der sie sich versteckt haben, wie eine Seifenblase geplatzt, suchen sie nach einer anderen. Hat sich auch die letzte Illusion verflüchtigt, stehen die Raucher zwar ohne jeglichen Schutz da, doch auch dies wird sie nicht aufhalten. Sie erreichen damit lediglich jenes Stadium, in dem auch ich mich befand:

ICH WEISS NICHT, WARUM ICH RAUCHE!
ICH BIN EIN NARR! ICH BIN EIN JUNKIE!

Manche Befürworter meiner Methode sagen: »Allen Carr demontiert auf logische Weise sämtliche Märchen und Ausreden, mit denen Raucher ihre Sucht rechtfertigen.« Das ist wahr. Aber es bringt keinen Raucher dazu aufzuhören. Was Raucher zum Aufhören bewegt, ist die Einsicht, daß sie keineswegs Sklave des »Krauts« sein müssen und daß sie das Rauchen nicht vermissen werden. Daß sie das Leben intensiver genießen, daß sie besser mit Streß zurechtkommen werden und daß sie kein schreckliches Trauma durchmachen müssen, wenn sie aufhören wollen.

Ich behaupte seit Jahren: »Alle Raucher wollen aufhören.« Viele Menschen, Raucher und Nichtraucher gleichermaßen, haben diesbezüglich ihre Zweifel. Ich habe bereits erklärt, warum Nikotinersatzstoffe das Aufhören erschweren. Interessanter an der massiven Kampagne zur Einführung des Nikotinpflasters ist jedoch, daß erstaunlich viele Raucher sich zu einem Test bereit erklärten. Woher kamen sie plötzlich in so großer Zahl? Wieso sollte ausgerechnet das Pflaster ein solches Interesse auslösen? Es kann keine andere Erklärung dafür geben, als daß diese Raucher wirklich aufhören wollten. Sie warteten nur auf eine Wundermittel, das ihnen die Freiheit bringen sollte. Auch wenn das Nikotinpflaster nicht dieses Wunder vollbringen konnte, so investierten doch viele Raucher bereitwillig Hunderte von Mark, um es zumindest auszuprobieren.

Aber das Wundermittel, auf das so viele Raucher warten, existiert schon seit fast zehn Jahren. Aber leider erliegen die meisten von ihnen der irrigen Annahme, man brauche immense Willenskraft zum Aufhören. Und weil sie es bisher nicht geschafft haben, sehen sie dies als Beweis dafür, nicht die nötige Willenskraft zu besitzen. Sie alle suchen nach einem Wundermittel oder irgendeinem »Knüller«, der ihnen den ersten Energieschub bringt.

Erinnern Sie sich noch an die Publicity, die Boy George zuteil wurde, als er vor einigen Jahren versuchte, vom Heroin loszukommen? Er wurde von einer Ärztin behandelt, die eine Art Wunderkasten erfunden hatte, mit dem sie die Entzugserscheinungen abschwächte. Diese Ärztin lebt inzwischen in den USA. Ich war sehr geschmeichelt, als sie mir in einem Brief mitteilte, daß sie *Endlich Nichtraucher!* benutze, um den Rauchern beim Aufhören zu helfen. Noch größeren Stolz empfand ich, als Boy George kurze Zeit später im Fernsehen Reklame für mein Buch machte.

Ich habe mich schon manches Mal gefragt, ob ich mit meiner Methode nicht etwas falsch gemacht habe. Es wäre ein leichtes gewesen, ein elektronisches Gerät herstellen zu lassen oder eine harmlose Tablette, die nach einem geheimen Rezept zusammengemischt wird und auf magische Weise die Entzugserscheinungen beseitigt. Ich hätte mir ein Patent dafür geben lassen und Millionen verdienen können. Mehr auf alle Fälle als die Erfinder des Nikotinpflasters, denn mein Produkt funktioniert und ihres nicht. Außerdem hätte ich keine Konkurrenz.

Ich habe es aus einem ganz einfachen Grund nicht getan. Jeder von uns besitzt ein Wundermittel, das um ein Vielfaches wirksamer ist als alles, was je ein Arzt oder Pharmakonzern anbieten kann. Oder kennen Sie eine effektivere Waffe als das menschliche Gehirn? Sie brauchen diese »Knüller« nicht. Meine Methode und Ihr Gehirn lassen gemeinsam dieses Wundermittel entstehen.

Erst Monate, nachdem ich aufgehört hatte, fiel mir auf, daß ich als Raucher keine Hochzeiten mochte. Die Erklärung war einfach: Hochzeiten sind langweilig, die Feiern laufen alle nach dem gleichen Schema ab. »Ist die Braut nicht unglaublich hübsch?« Ja, sie ist es. So unscheinbar und nichtssagend sie sonst auch ist, strahlt sie an diesem Tag Schönheit und Charakter aus. Und sie hat die Situation absolut unter Kontrolle. Bis zur Hochzeit stand sie ganz unter dem Einfluß ihrer Mutter. Nach der Feier weist sie ihre Mutter höflich, aber bestimmt darauf hin, sie solle doch bitte ab sofort aufhören, dauernd so ein Theater zu machen und einfach den Mund halten. Unglaublich, die Mutter gehorcht!

Aus unerfindlichen Gründen scheint das Ritual der Hochzeit auf den Bräutigam genau umgekehrt zu wirken. Bis dahin waren Sie immer überrascht darüber, wie sicher er sich trotz seiner Jugend in Gesellschaft bewegte. Nun wirkt er wie ein schüchterner, unbeholfender, schwerfälliger Trampel. Sie verstehen nicht, was eine so lebhafte und schöne junge Frau nur an ihm findet und warum Sie seine Akne vorher nie bemerkt haben.

Heute liebe ich Hochzeiten. Sie sind immer aufregende gesellschaftliche Ereignisse. Hat sich die Art der Feiern geändert? Nein, natürlich nicht. Geändert hat sich nur, daß ich nun nicht mehr in der Kirche sitze und denke: Ich darf nicht rauchen, ich will endlich hier raus und mir eine Zigarette anstecken. Heute wünsche ich mir nicht mehr die Hälfte meiner Zeit zum Teufel, nur weil ich nicht rauchen darf.

Eines Tages hatte ich ein Stadium erreicht, in dem ich nicht mehr schwimmen wollte, weil mir die nötige Kraft und Atemluft fehlte. Ich war mit Freunden am Mittelmeer und machte den Vorschlag: »Kommt, wir gehen ins Wasser.« Es dauerte keine fünf Minuten, bis ich sagte: »Es reicht, kehren wir um.« Die Freunde antworteten: »Warum so eilig, wir schwimmen doch erst seit ein paar Minuten.« Aber wie sollte ich ihnen erklären, warum ich es so eilig hatte? Weil ich eine Zigarette brauchte und es mir ziemlich dumm vorgekommen wäre, im Meer zu rauchen? Also ging ich allein zum Strand zurück. Noch bevor ich richtig abgetrocknet war, hatte ich bereits eine durchnäßte und mit Sand verklebte Zigarette im Mund. Ja, das sind die großen Freuden des Raucherlebens.

Sie müssen sich immer vor Augen halten, daß diese Versklavung schlimmer wird. Woche für Woche wird der arme Raucher von einer anderen gesellschaftlichen Gruppe attackiert, die ihm Angst einjagen, ihn bloßstellen oder ihm das Rauchen verbieten will. Strauße und Raucher stecken aus Angst den Kopf in den Sand. Beide sehen sich mit einer Bedrohung konfrontiert, der sie sich nicht gewachsen fühlen. Ihre einzige Reaktion besteht darin, so zu tun, als würde die Gefahr nicht existieren. Beseitigt der Strauß die Gefahr, wenn er den Kopf in den Sand steckt? Natürlich nicht. Beseitigt er wenigstens die Angst? Ich kenne die Antwort auf diese Frage nicht, vermute aber, daß sie nein lautet. Wenn sein Kopf im Sand steckt, kann ihn nicht viel von seiner Angst ablenken. Ich kann Ihnen aber aus eigener Erfahrung sagen, daß Raucher weder die Gefahr noch die Angst abstellen, indem sie ihren Kopf in den Sand stecken.

Vielleicht sind Strauße ja gar nicht so einfältig, wie wir glauben. Es könnte ja sein, daß früher ihr größter Feind zwar schneller war als sie, dafür aber schlecht sah und der Strauß sich am besten verteidigte, indem er seinen Kopf versteckte. Vielleicht sind auch Raucher nicht so dumm, wie sie zunächst scheinen. Vielleicht verschließen sie ihre Augen nicht vor den Schrecken der Nikotinsucht selbst, sondern weil sie glauben, es gebe keinen Ausweg. Die Nikotinpflasterkampagne erbrachte den Beweis, daß Raucher den Versuch unternehmen aufzuhören, wenn man ihnen Gelegenheit dazu gibt. Es ist jedoch tragisch, daß sie damit einmal mehr hinters Licht geführt wurden. Mich motiviert es deshalb um so mehr, ihnen die Methode nahezubringen, die sie in die Freiheit führen wird.

Solange Raucher den Kopf in den Sand stecken, bleiben sie aber mit Sicherheit in ihrem Gefängnis. Die einzig wirkliche Gefahr ist ihre Ignoranz. Würden sie nur einmal den Kopf aus dem Sand nehmen, könnten sie sofort diese Ignoranz, ihre Abhängigkeit und ihre Ängste loswerden. Öffnen Sie Ihre Augen! Nicht Ihre Mitmenschen oder die Gesellschaft ist verantwortlich für Ihr Problem, sondern die Nikotinsucht! Nichtraucher machen sich keine Sorgen, ob sie auch genügend Zigaretten bei sich haben, ob das Flugzeug auf der Landebahn vielleicht unnötig lange warten muß, ob die nächste Person, mit der sie zusammentreffen, Raucher oder Nichtraucher ist. Diese Probleme haben nur die armen Raucher.

Auf seltsame Art beginnen die Raucher selbst, unbewußt gegen die Versklavung anzukämpfen. Eine der Ungereimtheiten beim Rauchen sind die zollfreien Zigaretten. Der Raucher deckt sich mit einem größtmöglichen Vorrat ein und nutzt, wenn möglich, auch noch das Kontingent eines Nichtrauchers. Zufrieden mit sich selbst, rechnet er aus: Ich habe mindestens sechzig Mark gespart. Doch eine Stimme meldet sich zu Wort: »Willst du wirklich diesen ganzen Dreck in deine Lunge ziehen? Und wenn du hier sechzig Mark gespart hast, solltest du einmal ausrechnen, was sie dich normalerweise gekostet hätten!« Sie denken: Nur keine Sorge, wenn ich die alle geraucht habe, höre ich ganz bestimmt auf. Sie sind aber sehr viel schneller zu Ende, als Sie gedacht haben. Ihr Gedanke: Schließlich habe ich die meisten verschenkt. Ich *werde* schon aufhören, aber jetzt ist nicht der richtige Zeitpunkt. Und so geht der Alptraum weiter.

Viele Raucher kaufen heutzutage keine zollfreien Zigaretten mehr. Sie hoffen, daß sie von ihrer Sucht frei sind, bevor sie diese Menge geraucht haben. Das ist eine erstaunliche Entwicklung, die unsere Gesellschaft heute prägt. Alle Raucher wünschen sich, sie hätten niemals angefangen. Aber nicht nur einzelne Sichtweisen und Trends ändern sich, sondern das ganze Drumherum. Ist Ihnen vielleicht aufgefallen, daß teure goldene Feuerzeuge von Einwegfeuerzeugen verdrängt werden? In meiner Jugend war ein wertvolles Zigarettenetui ein Standardgeschenk zum achtzehnten oder zwanzigsten Geburtstag. Heute sieht man diese Etuis kaum mehr. Die Raucher denken heute in kürzeren Zeiträumen. Sie hoffen, in nicht allzuweiter Ferne aufzuwachen und sich in jener Situation wiederzufinden, die Sie bald erleben werden: *befreit von dem Alptraum.*

Jeder Raucher schämt sich, weil er raucht, und wünscht sich, er hätte nie damit angefangen. In der Gesellschaft gelten Raucher allgemein als willensschwache Menschen. Doch die Fakten sprechen gegen diese Annahme. Im Gegenteil, Raucher, die sich nicht davon abbringen lassen, sind in der Regel dominante Persönlichkeiten, jene Sorte Mensch, die sich nicht gern von anderen Vorschriften machen läßt. Aber ebensowenig wollen sie sich von einem Kraut beherrschen lassen, das sie zutiefst verachten. Glauben Sie mir, es ist einfach wunderbar, sich aus dieser Versklavung zu befreien und andere Raucher nicht mit Neid oder dem Gefühl des Verzichts zu betrachten, sondern echtes Mitleid für sie zu empfinden, sie eben wie jeden anderen Drogensüchtigen zu sehen. Der größte Gewinn für den Nichtraucher ist nicht Gesundheit oder mehr Geld, sondern die Selbstachtung, mit anderen Worten: *frei zu sein!*

Raucher finden im Lauf ihres Daseins viele überzeugende Argumente aufzuhören. Auf die Frage: »Warum wollen Sie aufhören?« folgen in den meisten Fällen die Gründe: »Gesundheit, Geld, Familie, Befreiung von der Abhängigkeit.« Doch der wahre Grund, der so viele Raucher schon zum Aufhören veranlaßt hat und aufgrund dessen das Rauchen eines Tages aussterben wird, ist der, daß es nicht mehr gesellschaftsfähig ist. Die einzig gültige Ausrede, die wir je hatten, um das Rauchen zu rechtfertigen, lautete:

ES IST EINE GESELLSCHAFTLICHE STÜTZE.

KAPITEL 36

Die gesellschaftliche Stütze

Inzwischen betrachten auch viele Raucher selbst das Rauchen als unsozial und fühlen sich in Gesellschaft von Nichtrauchern häufig befangen. Doch was veranlaßt mich zu der Behauptung, die meisten Menschen würden heute nicht mehr aus gesundheitlichen Gründen aufhören, sondern weil sie das Rauchen als unsozial empfinden? Die Gesundheit ist zwar der Hauptgrund, warum wir nicht mehr rauchen möchten, doch hilft uns dieses Argument nicht beim Aufhören. Den sogenannten Experten, aber auch den Rauchern selbst, scheint deshalb auch nicht aufzufallen, daß Raucher nicht aus den Gründen rauchen, die gegen, sondern aus jenen, die für das Rauchen sprechen. Hören Raucher wegen der gesundheitlichen Risiken auf, haben sie das Gefühl, etwas *aufzugeben*. Sie glauben, auf etwas verzichten zu müssen, was wiederum ihr Gefühl verstärkt, ein echtes Opfer zu bringen. Früher oder später landen sie unweigerlich wieder in der Falle.

»Um nicht ungesellig zu sein«, lautete oft die Antwort auf die Frage nach dem Warum. Das ist allerdings nicht der eigentliche Grund, sondern nur eine Ausrede, um ein bei genauerer Betrachtung unlogisches Verhalten zu rechtfertigen. Die Tatsache, daß Rauchen als unsozial gilt, wirkt im Kampf gegen das »Kraut« deshalb so effektiv, weil es die Raucher dazu zwingt, sich beim Tauziehen auf die richtige Seite zu schlagen. Es geht nicht mehr darum, warum sie nicht rauchen sollten, sondern darum, warum sie rauchen. Weil Rauchen unsozial ist, genießen sie selbst diese besonderen Zigaretten nicht mehr. Im Grunde haben sie sie niemals wirklich genossen, doch nun haben sie nicht einmal mehr die Illusion des Genusses. Damit wird ihnen allmählich klar, daß sie nie etwas anderes waren als *arme, mitleiderregende Drogensüchtige*.

Wir wissen, daß wir eigentlich nicht rauchen sollten, und verstehen nicht, warum wir es trotzdem tun. Wir wissen nur, daß wir nicht anders können. Aus diesem Grund brauchen wir eine plausible Ausrede, um unsere Dummheit zu rechtfertigen. Das Problem dabei ist, daß sich die am häufigsten angegebenen Gründe schon beim ersten Nachhaken als nicht stichhaltig erweisen.

»Ich genieße den Geschmack.«

»Heißt das, Sie essen die Zigaretten.«

»Meine Hände haben mit der Zigarette eine Beschäftigung.«

»Warum zünden Sie sie dann an?«

»Es ist eine Art orale Befriedigung.«

»Soll das bedeuten, Sie sind noch nicht von der Mutterbrust entwöhnt? Ist es wirklich nur ein Ersatz?«

Noch vor wenigen Jahren war die Ausrede: »Es gibt mir Halt in Gesellschaft«, schwer zu widerlegen, war die Zigarette damals doch das Erkennungszeichen für einen ganzen Kerl oder die Dame von Welt. Haben wir nicht alle deshalb angefangen, weil einer unserer Freunde oder Kollegen rauchte? Und eine Runde Zigaretten auszugeben oder Feuer anzubieten war immer eine hilfreicher Einstieg, wenn man mit Fremden ins Gespräch kommen wollte.

Aber Rauchen war nie eine Stütze in der Gesellschaft. Man kann sich wohl kaum einen unsozialeren Zeitvertreib vorstellen als Rauchen. Doch wie zum Teufel kamen wir jemals auf die Idee, es sei ein verbindendes Element in der Gesellschaft, die Umwelt mit giftigem Rauch zu belasten? Selbst Raucher beklagen sich über verqualmte Räume. Nichtraucher empfanden verrauchte Luft schon immer als unsozial, ungesund und äußerst abstoßend.

Würden Sie in einem Restaurant den Lüftchen aus Ihrem Darm ungehemmt freien Lauf lassen, würde der toleranteste Mensch Ihnen das nicht als soziales Verhalten durchgehen lassen, sei es vor, während oder nach dem Essen. Steckte Absicht dahinter, würde man Sie bitten, das Restaurant zu verlassen. Doch selbst wenn es aus Versehen passierte, würde man Ihre guten Manieren ernsthaft in Zweifel ziehen. Außer in einer Gruppe von Schuljungen fällt mir nur noch eine Situation ein, in der höfliche und rücksichtsvolle Erwachsene länger andauerndes Furzen in der Öffentlichkeit nicht als unsozial betrachten würden: Wenn jemand seine Körperfunktionen nicht mehr kontrollieren kann oder der Meinung ist, ein Essen nicht genießen zu können, wenn er sich nicht vorher Erleichterung verschafft.

Nein, selbst dann würde es als extrem unsozial gelten. Aber nehmen wir einmal an, die überwiegende Mehrheit der Bevölkerung hätte genau das gleiche Problem und man würde dieses Verhalten als normal akzeptieren. Wäre es denkbar, daß alle, die nicht in der Öffentlichkeit furzen, als Außenseiter, ja sogar als unsozial betrachtet würden? Nun, in manchen Kulturen gilt es als unhöflich gegenüber dem Gastgeber, wenn man nach dem Essen nicht eine herzhaften Rülpser von sich gibt. Trotzdem bedarf es größter Vorstellungskraft, das Furzen im Restaurant als gesellschaftsfähig zu betrachten.

Genauso werden zukünftige Generationen kaum begreifen, daß man Rauchen jemals als geselligen Akt ansehen konnte. Ich kann mir auch heute nur schwer vorstellen, daß das Schnupfen einmal als völlig normal empfunden wurde. Die einzige Person, bei der ich es bewußt erlebte, war meine Großmutter mütterlicherseits, leider ist das auch meine einzige Erinnerung an sie.

Soziales Verhalten entsteht beim Zusammentreffen mehrerer Menschen, sei es aus Gründen der Geselligkeit oder um gemeinsamen Interessen nachzugehen. Musikliebhaber besuchen gemeinsam Konzerte, um das Erlebnis zu intensivieren. Aus dem gleichen Grund verabreden sich Angler oder Golfer zu gemeinsamen Ausflügen in malerische Gegenden. Raucher rotten sich vielleicht zusammen, um sich nicht so dumm zu fühlen, aber können Sie sich vorstellen, daß einer den Vorschlag macht: »Laßt uns doch einen Tag gemeinsam nach Brighton fahren. Das ist eine tolle Stadt, um so richtig loszurauchen.«

Bei Heroinsüchtigen gilt es als »sozial«, eine Spritze herumzureichen, wobei sie sich allerdings nur zu oft ziemlich »unsoziale« Krankheiten einfangen. Soziales Verhalten bedeutet eigentlich, gemeinsame Unternehmungen zu fördern. Golfer, Angler und andere Gruppen mit gleichen Interessen schließen sich häufig zu Clubs und Vereinen zusammen, um dadurch das Vergnügen an ihren Hobbys zu steigern, doch außer FOREST oder einer Opiumhöhle habe ich noch nie von einem Zusammentreffen gehört, dessen Zweck die Organisation von Raucherpartys ist. Drogensüchtige finden aus demselben Grund zusammen wie alle anderen Gruppen, die ein gemeinsames Problem haben: In Gesellschaft anderer fühlen sie sich auf dem sinkenden Schiff nicht so einsam. Geteiltes Leid ist halbes Leid.

Haben Sie bei einer Veranstaltung schon einmal erlebt, daß jemand Sie zum Nichttrinken überreden wollte? Ich meine damit nicht jene Situationen, in denen Ihre Ehefrau oder eine andere Ihnen nahestehende Person Sie davon überzeugen will, daß es genug ist. Ich spreche davon, daß ein Ihnen völlig Unbekannter auf Sie zukommt und sagt: »Bitte trinken Sie keinen Alkohol, das ist doch unsozial.« Davon habe ich noch nie gehört, dafür aber häufig den umgekehrten Fall erlebt. Jemand weist höflich eine alkoholisches Getränk zurück, wird daraufhin als Spielverderber bezeichnet oder zumindest als ungesellig. Dabei scheint es keinen zu interessieren, ob es sich bei der betreffenden Person um einen überzeugten Abstinenzler oder einen ehemaligen Alkoholiker handelt, dessen ganze Zukunft oder Gesundheit vielleicht davon abhängt, ob er dieses Getränk annimmt oder nicht. Doch in der Regel reagiert derjenige, der das Getränk anbietet, mit Ungläubigkeit und verhält sich, als würde nicht er, sondern der andere irrational und unsozial handeln.

Warum legen ansonsten intelligente, höfliche und vernünftige Menschen ein solches Verhalten an den Tag? Weil ein riesengroßer Unterschied besteht, ob man dumm handelt oder sich dumm fühlt. Wenn jemand zuviel trinkt, weiß er, daß er sich dumm verhalten wird. Na und? Wenn es allen anderen genauso geht, ist es egal. Doch sobald nur eine nüchterne Person anwesend ist, verhalten sich die Betrunkenen nicht nur dumm, sie fühlen sich auch so. Genauso ist es mit dem Rauchen. Wir Raucher wissen, daß wir uns dumm verhalten. Na und? Wir befinden uns in guter Gesellschaft. Das letzte, was wir brauchen, ist einer dieser wohlmeinenden Nichtraucher, der uns insgeheim verachtet und mit seiner Anwesenheit bewirkt, daß wir uns unwohl fühlen.

Ich habe bereits erwähnt, daß ich Nichtraucher immer als eigene Spezies betrachtet hatte. Im nachhinein fallen mir einige sehr sympathische und interessante Personen ein, zu denen ich sicher eine intensivere Freundschaft gepflegt hätte, wären sie Raucher gewesen. Doch ich fühlte mich in ihrer Gesellschaft dumm und schmuddelig. Ich muß ihnen allerdings zugute halten, daß sie mir nie das Gefühl gaben, mich insgeheim zu verachten. Es ist auch nicht von Bedeutung. Ich hatte einfach für mich selbst den Eindruck, daß es so wäre, und fühlte mich deshalb einfach nicht wohl, wenn ich mit ihnen zusammen war. War das nun deren Schuld oder meine? Ich nehme an, daß keiner etwas dafür konnte. Ich kam nur in diese Situation, weil ich vom Tabak abhängig war.

Doch dieser unsoziale Aspekt des Rauchens wurde mir erst einige Zeit, nachdem ich aufgehört hatte, bewußt. Eigentlich bemerkte ich ihn erst, als eine Reihe von rauchenden Freunden mir mit eben dieser Einstellung begegnete. Ich schätze mich glücklich, mit einigen Menschen schon von Kindheit an befreundet zu sein. Sie können bestätigen, daß ich nicht unbedingt die toleranteste Person in ihrem Bekanntenkreis bin. Und doch hatten diese Freundschaften, aus welchen Gründen auch immer, nicht nur über die Jahre Bestand, sondern wurden auch nicht durch meine Unzulänglichkeiten beeinträchtigt.

Aber seit ich Nichtraucher bin, habe ich einige Freunde, die mir viel bedeuteten, verloren. Nun nehmen Sie bestimmt an, daß käme daher, daß ich einer dieser Moralapostel geworden bin. Aber das ist nicht der Fall. Ich weiß nur zu gut, daß man einen Raucher am ehesten bei den Zigaretten hält, indem man ihn zum Aufhören zwingen will. Manche Nichtraucher greifen mich an, weil ich Raucher ermutige, in meiner Anwesenheit zu rauchen. Aber kann es purer Zufall sein, daß die Freunde, die mir verlorengingen, alle Raucher waren? Als Raucher sind wir nicht in der Lage, uns so zu sehen, wie wir wirklich sind. Wie sollten wir es dann ertragen, von einem Freund im richtigen Licht gesehen zu werden?

Jedesmal, wenn ich das Gelände meines Golfclubs betrete, sehe ich aus dem Augenwinkel, wie mindestens drei Personen sofort ihre Zigarette ausdrücken. Das ist aber nicht mein Problem, sondern ein Problem, unter dem Raucher ihr Leben lang leiden. Habe ich nicht schon genügend durchgestanden, als ich während der ganzen Jahre als Nikotinsüchtiger unter diversen Beeinträchtigungen gelitten habe und zudem auch noch von außen angegriffen wurde? Muß ich nun auch noch den Rest meines Lebens als Ausgestoßener verbringen, weil ich es heute nicht mehr bin?

Ich werde oft gefragt: »Gibt es wirklich keinen Nachteil, wenn man mit dem Rauchen aufhört?« Diese Frage kann ich ohne zu zögern beantworten: »Absolut keinen.« Aber habe ich nicht diese Freunde verloren, weil ich aufhörte zu rauchen? Gewiß nicht! Ich gebe offen und ehrlich zu, daß ich diese Freunde vermisse, besonders einen von ihnen, der mir sehr nahestand und leider schon früh gestorben ist – weil er rauchte. Doch ich habe diese Freunde nicht verloren, weil ich aus dem Schacht entkam, sondern weil sie sich selbst noch darin befanden. Das einzige, das einen Keil zwischen Raucher und Nichtraucher treiben kann, ist das Rauchen. Gäbe es das Rauchen nicht, *gäbe es auch diesen Keil nicht.*

Manche sogenannten Experten geben Ihnen nicht nur den Rat, Situationen zu meiden, in denen geraucht wird, wenn Sie selbst aufhören wollen, sondern auch Ihren Freundeskreis zu wechseln. Bitte machen Sie das nicht. Es ist schon schlimm genug, dieses Übel in unserer Gesellschaft zu haben. Es ist schlimm genug, daß Raucher und Nichtraucher sich unbewußt aus dem Weg gehen. Es ist schlimm genug, daß es uns um Gesundheit, Geld, Energie, Freiheit, Würde, sogar um unser Leben bringt. Aber soll es uns auch noch die Freunde nehmen? Dieser Preis wäre ganz sicher zu hoch!

Abgesehen von der selbstauferlegten Trennung, die Raucher und Nichtraucher automatisch vollziehen, werden ihnen darüber hinaus nun in Restaurants, Bussen und Zügen separate Plätze zugewiesen. Das wirkt jeder Art von Kommunikation entgegen. Selbst wenn das Rauchen nicht der unappetitliche, abstoßende Zeitvertreib wäre, der er nun mal ist, kann man ein solches Vorgehen nicht als sozial bezeichnen. Genausogut könnte man Apartheid als sozialen Akt ansehen.

Warum wird das Rauchen heute generell als unsozial betrachtet? Was hat sich wirklich geändert? Nicht das Rauchen an sich. Wenn überhaupt etwas anders ist, dann sind es die Filter und andere Feinheiten sowie der höhere Anteil an Nichtrauchern. Diese Faktoren haben möglicherweise dazu beigetragen, daß die Belästigung durch den Tabakausstoß insgesamt zurückgegangen ist. Wirklich geändert hat sich nicht das Rauchen selbst, sondern die Einstellung unserer Gesellschaft dazu, und zwar aus einem einzigen Grund: Nichtraucher sind heute in der Mehrzahl. Sie müssen sich nicht in eine Ecke verkriechen und sich als Außenseiter fühlen. Heute bewegen sich die Raucher außerhalb der Norm.

Die Zigarette gilt heute nicht mehr als das Markenzeichen eines ganzen Kerls oder einer Dame von Welt. Sie ist der Beweis dafür, daß jemand es nicht schafft aufzuhören oder Angst hat, es überhaupt zu versuchen. Der Mann auf der Jacht nannte auf dem Fragebogen als Grund aufzuhören seine Gesundheit. Aber er wußte schon seit Jahren, daß die Zigaretten seiner Gesundheit Schaden zufügten. Zum Aufhören bewegte ihn der Zwischenfall auf der Jacht. Er fühlte sich erniedrigt. Genau wie Joyce mir aufzeigte, welches Bild ich in den Augen eines Nichtrauchers abgebe, wurde er nicht zum Aufhören bewegt, weil der Nichtraucher ihn als bemitleidenswerte Figur sah, sondern weil er selbst sich plötzlich als solche fühlte.

Wir hören in unseren Kursen oft tragikomische Geschichten, wie jemand zum Aufhören animiert wurde. Meist handelt es sich dabei um einmalige Vorfälle, die dem Raucher sein wahres Bild vor Augen führen. Besonders beeindruckt war ich von der Geschichte eines Mannes, der, wie es heute üblich ist, die Geburt seines Kindes miterlebte:

»Meine Frau litt schrecklich unter den Wehen. Nach ungefähr zwei Stunden hielt ich es nicht mehr aus. Ich mußte eine rauchen. Sie flehte mich an, sie nicht allein zu lassen, aber Sie wissen ja, wie das ist. Der einzige Ort, an dem man im Krankenhaus rauchen durfte, war ein runder Treppenschacht am anderen Ende des Gebäudes. Ich weiß nicht, ob es Absicht der Krankenhausleitung war, jedenfalls war der Boden mit Kippen übersät. Ich paffte auf Teufel komm raus und hatte dabei ein ziemlich schlechtes Gewissen. Da hörte ich eine hochschwangere Frau die Treppe hochkeuchen. Sie sah aus, als würde jeden Moment die Geburt beginnen. Trotzdem hatte sie eine Zigarette im Mund und stank wie ein Aschenbecher. Es war abstoßend – und es traf mich wie ein Blitz. Meine Frau machte gerade die schlimmsten Qualen durch und brauchte mich dringender denn je – und was tat ich? Und ich dachte auch noch, das Recht zu besitzen, diese Frau zu verachten. In diesem Moment traf ich die Entscheidung, zu Ihnen zu kommen.«

Ein weiteres typisches Beispiel stammt von einem Vater, der an einem Elternabend in der Schule folgendes erlebte:

»Ich selbst hatte so gut wie keine Schulbildung, aber ich war unglaublich stolz darauf, daß mein Sohn in eine bestimmten Schule aufgenommen wurde. Ich muß zusätzlich zu meiner regulären Arbeit noch einen Nebenjob ausüben, um mir das überhaupt leisten zu können. An diesem Abend saßen ungefähr fünfzig Personen dichtgedrängt in einem Klassenzimmer. Ich war der einzige Raucher, und, überflüssig zu erwähnen, es gab keine Aschenbecher. Die Veranstaltung schien kein Ende zu nehmen. Als ich endlich draußen war und mir eine Zigarette ansteckte, fragte meine Frau mich, was ich von den verschiedenen Vorschlägen hielte. Da fiel mir urplötzlich auf, daß ich so damit beschäftigt gewesen war, nicht rauchen zu können, daß ich nicht ein Wort von dem, was gesagt wurde, gehört hatte.«

Wahrscheinlich waren noch mehr Raucher anwesend, die glaubten, sie seien die einzigen in der Runde. Auch eine schier unvorstellbare Geschichte berichtete ein Raucher von einer U-Bahn-Fahrt in einem Nichtraucherabteil. Das war zu der Zeit, als es in jedem Zug nur ein Raucherabteil gab. Er erlebte folgendes:

»Mit jedem Halt arbeitete ich mich ein Stück weiter zum Raucherabteil vor. Als ich es endlich erreichte, waren dort nur wenige Fahrgäste. Ich begann eine Unterhaltung mit einer sehr sympathischen alten Dame; sie war bestimmt über Achtzig. Schließlich bot ich ihr eine Zigarette an, woraufhin sie jedoch erklärte, sie sei Nichtraucherin. Der Boden war übersät mit Kippen, selbst mir wurde leicht übel vom Gestank des kalten Tabaks. Ich fragte sie, warum um alles in der Welt sie dann in diesem Raucherabteil sitze. Ihre Antwort lautete, es sei das einzige Abteil gewesen, in dem noch ein Sitzplatz frei war! Da fiel es mir wie Schuppen von den Augen, daß die anderen Abteile alle überfüllt waren und sogar die Raucher den Schmutz und Gestank des Raucherabteils nicht ertragen konnten!«

Aber vermutlich waren nicht Schmutz und Gestank ausschlaggebend, sondern die Erkenntnis, einer aussterbenden Rasse anzugehören. Die Isolation in diesem Raucherabteil gab den Rauchern das Gefühl, sich vielleicht noch nicht in einer Todeszelle, zumindest aber in der Miniaturausgabe einer Aussätzigenstation zu befinden.

Eine berühmte Schauspielerin, die mich um Hilfe bat, erzählte mir bei ihrem Besuch, sie habe große Probleme gehabt, schwanger zu werden, bekam jedoch nach jahrelang vergeblichem Bemühen ein gesundes Kind. Mit diesem friedlich schlummernden Baby im Kindersitz auf der Rückbank fuhr sie auf der mittleren Spur der Autobahn und warf dabei eine glimmende Kippe aus dem Fenster. Wenige Augenblicke später fing das Baby an zu schreien. Zunächst dachte die Frau, es wäre einfach nur aufgewacht, bis sie im Rückspiegel Flammen lodern sah. Der Schal des

Babys brannte. Instinktiv drehte sie den Kopf nach hinten. Plötzlich hörte sie Bremsen quietschen, sie hatte beinahe ein Auto auf der Nebenfahrbahn gestreift. Nur weil der Fahrer im entscheidenden Moment richtig reagiert hatte, kam es nicht zu einem Zusammenstoß. Den Schal konnte sie gerade noch rechtzeitig vom Hals des Kindes reißen, die Verbrennungen waren zum Glück nur leicht. Das Feuer war durch die Kippe entstanden.

Ich fragte sie, ob sie aufgrund dieses Vorfalls zu mir gekommen sei. Sie antwortete, daß sie nach diesem Vorfall gedacht hatte, sie würde ein für allemal die Lust auf Zigaretten verlieren. Doch so unglaublich es ihr schien, sobald das Schlimmste vorüber war, steckte sie sich wieder eine Zigarette an. Das ist allerdings nichts Ungewöhnliches, jeder Raucher würde in einer Situation wie dieser so handeln. Die Frau sagte: »Ich war davon überzeugt, ein hoffnungsloser Fall zu sein, wenn schon dieses Erlebnis nicht ausreichte, mich zum Aufhören zu bringen. Ehrlich gesagt sehe ich keine Chance, daß Sie mir helfen können.« Ich konnte diese Frau nur zu gut verstehen. Ich selbst *wußte,* daß das Rauchen mich umbringen würde, und trotzdem hörte ich nicht auf.

Ich erwähnte schon einmal, daß ich bisher noch keinen Raucher getroffen habe, der sich für süchtiger hielt, als ich es einmal war. Doch ich rauchte grundsätzlich nicht im Bad, obwohl ich schon von einigen Rauchern gehörte habe, die es genießen, mit einer Zigarette und einem Glas Champagner in der Wanne zu liegen. Vor kurzem erzählt mir ein Kursteilnehmer, er würde in der Dusche rauchen und die Zigarette dabei mit einer Hand vor dem Wasser schützen. Das klingt ziemlich verrückt, aber es gibt kaum etwas, was ich einem Raucher nicht zutrauen würde.

Hauptsächlich die Ärzteschaft hat dazu beigetragen, daß die Gesellschaft das, was sie früher für geselliges Miteinander hielt, heute als hochgradig unsozial empfindet. Wie die Kampagne gegen Alkohol am Steuer mitgeholfen hat, daß man heutzutage niemandem mehr ein alkoholisches Getränk aufdrängt, das er eigentlich nicht will, hat der Einfluß des Rauchens auf die Entstehung von Lungenkrebs die Einstellung gegenüber dem Rauchen verändert.

Bevor der Schrecken des Krebses drohte, wußten Raucher zwar, daß sie Trottel waren und das Rauchen sie lethargisch und kurzatmig machte. Doch solange sie nicht wirklich nach Luft ringen mußten oder es sich finanziell noch leisten konnten, waren sie durchaus bereit, diese und alle anderen Nachteile des Rauchens in Kauf zu nehmen, weil sie ja glaubten, dafür Genuß oder Hilfe zu erhalten.

Aber *Lungenkrebs!* Allein schon das Wort läßt mich erschauern. Von diesem Zeitpunkt an wünschten sich alle Raucher, niemals angefangen zu haben, und faßten den Entschluß, bald aufzuhören. Manche Raucher setzten dieses Vorhaben auch in die Tat um. Vielleicht waren es jene, die schon ganz am Boden waren, genau wie ich damals. Auch sie wußten, daß es sie umbringen würde. Die Aufklärung über den Lungenkrebs war der letzte Anstoß dafür, es ernsthaft zu versuchen.

Doch die Mehrzahl der Raucher kam gar nicht so weit. Nicht einmal Jahre später, nachdem ich miterlebt hatte, wie mein Vater endlich von dieser schrecklichen Krankheit erlöst wurde, begriff ich es. Ich legte ein feierliches Versprechen ab, niemals mehr zu rauchen, und brach es in dem Augenblick, als ich das Krankenhaus verließ. Und das geschah noch bei vielen anderen Gelegenheiten.

Die Gefahren des Krebses zeigen bei den meisten Rauchern nicht mehr Wirkung, als wenn man Jugendlichen erzählt, Motorradfahren sei gefährlich. Dennoch hat sich die Einstellung der Gesellschaft dem Rauchen gegenüber geändert. Während man es früher als zwar unsauberes, teures und destruktives, aber dennoch geselliges Vergnügen oder als Hilfe betrachtete, sieht man es heute als die Ursache lebensbedrohlicher Erkrankungen an. Das Entscheidende dabei ist, daß Raucher daraufhin zum erstenmal wirklich aufhören wollten. Leider war die Angst nicht groß genug, um die Mehrzahl von ihnen wirklich dazu zu bringen, doch immerhin wies die Falle, die immer so perfekt schien, nun einen echten Mangel auf. Bis dahin hatte sie die Aufgabe, die Raucher darüber hinwegzutäuschen, daß sie eigentlich nicht rauchen sollten, und sie hatte ihnen jene Gründe geliefert, die für das Rauchen sprachen.

Die Angst vor dem Krebs hat viele Raucher dazu veranlaßt, die rosarote Brille abzunehmen und das Rauchen im wahren Licht zu sehen. Beobachten Sie doch einmal genau Raucher, und hören Sie ihnen ganz objektiv zu. Nicht nur in jenen Situationen, in denen sie husten und keuchen, sondern auch in jenen speziellen Momenten, in denen sie die Zigarette eigentlich genießen sollten.

Vor kurzem führten zwei meiner Freunde auf dem Golfplatz folgendes Gespräch:

»Warum rauchst du?«

»Ich rauche nicht viel.«

»Du hast während der ganzen Runde ununterbrochen Zigarre geraucht. Du hast sie sogar während des Schlagens im Mund.«

»Zigarren sind nicht annähernd so schädlich wie Zigaretten. Aber genausogut könnte ich es auch monatelang ohne Rauchen aushalten.«

Ich mußte mich enorm zurückhalten, um mich nicht in die Unterhaltung einzumischen. Der Nichtraucher schien sich mit den Antworten des Rauchers zufriedenzugeben. Darüber war ich froh, denn meine Sympathie galt dem Raucher. Vor zehn Jahren hätte wahrscheinlich ich an seiner Stelle gestanden und die gleichen unlogischen Argumente vorgebracht.

Hätte ich mit Hilfe meiner Willenskraft aufgehört, hätte ich kein Mitleid für den Raucher empfunden, sondern ihn beneidet. Ich hätte dann gedacht: »Du Glückspilz. Du kannst während dieser Runde rauchen, ich aber nicht. Und du hältst es monatelang ohne Rauchen aus. Manche Leute haben einfach mehr Glück als Verstand.«

Doch nun dachte ich anders:

»Warum behauptest du, nicht viel zu rauchen, wenn du ganz offensichtlich Kettenraucher bist?«

»Warum antwortest du nie auf die Fragen, die dir gestellt wurden?«

»Warum behauptest du, Zigarren seien weniger schädlich als Zigaretten? Würdest du vielleicht auf die Frage, warum du deinen Kopf gegen die Holzdielen donnerst, antworten, daß es weniger schmerzt, als wenn du damit gegen die Wand rennen würdest?«

»Warum prahlst du damit, es auch monatelang ohne Rauchen auszuhalten? Und warum rauchst du überhaupt, wenn du schon der Meinung bist, du müßtest stolz darauf sein, es monatelang ohne Rauchen auszuhalten?«

»Warum rauchst du?« war die Eingangsfrage. Das deprimierendste Lied, das je geschrieben wurde, ist wohl »Ein Loch ist im Eimer«. Ganz offensichtlich kann das Loch nur repariert werden, wenn Wasser zur Verfügung steht. Aber es ist unmöglich, Wasser zu holen, wenn der Eimer ein Loch hat. So dreht sich alles immer wieder im Kreis. Wenn Sie Raucher fragen, warum sie rauchen, drehen sie sich genauso im Kreis.

Vor vielen Jahren saß ich um die Weihnachtszeit in einem Restaurant. Es war schon Mitternacht und alle waren mit dem Essen fertig. Aber nicht eine Person rauchte, ich konnte es einfach nicht glauben und fragte den Kellner: »Ist das ein Nichtraucherlokal?« Die Antwort war: »Nein.« Einige Minuten später steckte sich jemand in der Ecke eine Zigarette an. Und ein Raucher nach dem anderen »outete« sich. Sie waren alle die ganze Zeit dagesessen und hatten gehofft, daß endlich einer den Mut aufbringen würde, mit dem Rauchen zu beginnen.

Ist Ihnen schon einmal aufgefallen, wie sich das Verhalten der Raucher in Restaurants während der letzten Jahre gewandelt hat? Die meisten rauchen nicht mehr zwischen den einzelnen Gängen. Wenn sie sich eine Zigarette anstecken, entschuldigen sie sich bei den Nichtrauchern am Tisch, blicken sich aber auch im Raum um, um sich zu vergewissern, daß wenigstens noch eine andere Person raucht.

Eine weitere Situation, in der Raucher ihren Kopf aus dem Sand nehmen müssen, ist das Fliegen. Sie können sich aussuchen, ob sie auf das Rauchen verzichten oder weithin für alle sichtbar zeigen wollen, daß sie Nikotinjunkies sind. Viele Raucher betrachten Enthaltsamkeit als das kleinere Übel. Sollten sie sich aber doch um einen Raucherplatz bemühen, werden sie feststellen, daß die armen Raucher immer weiter in den hinteren Teil des Flugzeugs abgedrängt werden. Und da sind diese lächerlich kleinen Aschenbecher, die meistens voller Bonbonpapierchen stecken. Sollten sie zufällig einmal leer sein, müssen sie sich verrenken, um sie zu erreichen. Es gibt immer zu wenig Raucherplätze, und der Computer bringt es zu allem Überfluß häufig auch noch fertig, einen dieser kostbaren Plätze an einen Nichtraucher zu vergeben. Meist ist es der Platz neben Ihnen! Katzen steuern in der Regel als erstes auf Personen zu, die allergisch gegen sie sind. Im Flugzeug ist es so, daß der Rauch immer genau in die Nase des Nichtrauchers zieht, egal, wie sehr Sie sich auch bemühen, die Lüftung richtig einzustellen. Er starrt Sie schweigend an, während er mit den Händen den Rauch wegfächelt. Aber er beklagt sich nicht. Das ist das Ärgerlichste an allem. Der über die ganzen Jahre angesammelte Frust, den all diese hochnäsigen Nichtraucher bei Ihnen ausgelöst haben und den Sie schweigend ertrugen, brodelt wie ein Vulkan in Ihnen und wartet nur darauf, endlich ausbrechen zu können. Diesmal sind Sie im Recht. Sie haben alle Argumente auf Ihrer Seite. Sie können es nicht erwarten, den ganzen angestauten Ärger loszuwerden, wenn er nur ein Wort sagen würde.

Doch dazu ist er viel zu gewitzt. Nur zu gut erinnert er sich noch an das letzte Mal, als er sich darüber beklagte, legal vergiftet zu werden. Was machen Sie also? Sie beschließen, keine Notiz von ihm zu nehmen. Sie starren geradeaus auf den Vordersitz, gerade so, als wäre er mindestens so faszinierend wie die Sixtinische Kapelle. Sie ertragen die Situation und glauben stur daran, daß Ihnen das alles Vergnügen bereitet. Dann kommt der Moment, in dem Sie wirklich eine Zigarette brauchen, vielleicht beim Start oder bei der Landung. »Bitte stellen Sie das Rauchen ein!« Typischer Fall, solange Sie rauchen dürfen, würden Sie lieber nicht rauchen, aber wenn Sie es wirklich brauchen, dürfen Sie nicht.

Wenn Sie endlich von dieser Abhängigkeit befreit sind und auf Ihr Leben als Raucher zurückblicken, werden Sie sich fragen: Wo war dieser ganze Genuß? Es gibt keinen. Es handelt sich um nichts anderes als um Selbstbetrug. Es stimmt einfach nicht, daß Raucher zumindest diese sogenannten besonderen Zigaretten genießen würden. Achten Sie einmal darauf, sie sind nur glücklich und gut drauf, wenn sie nicht bewußt rauchen. Sobald sie sich des Rauchens bewußt werden, fühlen sie sich offensichtlich unwohl und beginnen, sich zu rechtfertigen.

Übrigens sind gesellschaftliche Ereignisse das ideale Feld, um Gelegenheitsraucher zu beobachten, jene, die behaupten, nicht mehr als fünf Zigaretten am Tag zu rauchen. Sie rauchen diese fünf Zigaretten allein während der Unterhaltung mit Ihnen. Sie fragen: »Ich dachte, Sie rauchen nur fünf Zigaretten am Tag?« »Wenn ich ausgehe, rauche ich manchmal mehr.« Ja, tun wir das nicht alle? Und wie rasch das geht! Kaum ist die eine angesteckt, ist sie auch schon wieder zu Ende geraucht. Achten Sie darauf, wie schnell der Raucher die nächste anzündet und wie automatisch das abläuft. Sie werden feststellen, daß ab dem Moment, in dem die Zigarette brennt, der Raucher diese aber nicht mehr wahrnimmt.

Auch das Umfeld des Rauchens hat sich geändert. Noch vor wenigen Jahren war es üblich, daß beispielsweise eine Gruppe von neun Rauchern in der Kneipe stand und unverfroren Rauchwolken in die Luft paffte. Der zehnte in der Runde, ein Nichtraucher, stand als Außenseiter daneben. Heute befinden sich die Raucher in der Minderheit und verstecken die Zigarette in der hohlen Hand oder halten sie hinter ihren Rücken. In letzter Zeit habe ich auch öfter beobachtet, wie Raucher die Asche in ihre Hand, eine Streichholzschachtel oder sogar in ihre Hosenaufschläge schnippen, weil sie sich schämen, nach einem Aschenbecher zu fragen.

Eine Party, zu der ich letztes Jahr eingeladen war, zeigte mir deutlich, wie ungesellig Rauchen inzwischen geworden ist.

Gastgeber und Gastgeberin waren Nichtraucher. Doch sie wußten, was sich gehört, und hatten überall im Haus Aschenbecher verteilt. Bei jedem neuen Gast versuchte ich einzuschätzen, ob er Raucher oder Nichtraucher war. Als bereits die Hälfte der Gäste eingetroffen war, rauchte noch immer keiner, und es erweckte auch niemand den Eindruck, Raucher zu sein.

Dann kam eine Frau in Begleitung ihres Ehemanns. Sie rauchte nicht sofort, machte aber jenen gehetzten Eindruck, wie er für Raucher, die unter Druck stehen, typisch ist. Später fand ich heraus, daß der Ehemann ehemaliger Raucher war und sich zu einem Moralapostel entwickelt hatte. Er machte ihr das Leben zur Hölle, weil er aufgehört hatte und sie nicht. Ihre Gesichtszüge entspannten sich erst, als sie die Aschenbecher sah, nahmen aber sofort wieder den ursprünglichen Ausdruck an, sobald sie realisiert hatte, daß auch nicht ein einziger Gast rauchte.

Ich beobachtete die Frau weiter. Auch sie taxierte nun die Neuankömmlinge und hoffte verzweifelt, daß endlich ein Raucher auftauchen würde. Eine Ewigkeit schien sie die einzige Raucherin unter den Gästen zu sein. Falls noch andere anwesend waren, wollte keiner der erste sein. Schließlich hielt sie es nicht mehr länger aus. Sie stand in einer kleinen Gruppe von Leuten in der Mitte des Raums. Als sie ihre Handtasche öffnete, kam eine Packung Silk Cut zum Vorschein. Früher hätte sie in die Runde gefragt, ob noch jemand rauche, und vermutlich wäre danach die halbe Packung leer gewesen. Statt dessen bot sie zwar Zigaretten an, nahm dabei aber nicht einmal die Packung aus der Tasche. Niemand wollte eine. Dann kam aber aus einiger Entfernung eine andere Frau auf sie zu und sagte: »Gott sei Dank, ich dachte schon ich wäre die einzige Raucherin hier.« Sie rauchte eigentlich Marlboro, steckte sich aber auch ohne zu zögern eine Silk Cut an.

Die beiden Frauen blieben den ganzen Abend wie festgeklebt in der Mitte des Raums stehen und boten sich abwechselnd Zigaretten an. Marlboro-Raucher behaupten meist, lieber Baumwolle zu rauchen als Silk Cut, und von Silk-Cut-Rauchern hört man häufig, sie würden lieber zu Kamelmist greifen als zu einer Marlboro. Doch hier erwies sich die Kombination von Höflichkeit und schierer Dankbarkeit als stärker. Da sämtliche Aschenbecher an den Wänden plaziert waren, mußte immer eine der Damen sich wegbewegen, um die Asche loszuwerden. Kaum war sie zurück, war die andere unterwegs. Nur zu gern hätte ich ihnen auf Video vorgeführt, wie sie diesen ganzen Abend verbracht hatten.

Eine vor kurzem geschiedene Klientin aus Birmingham schilderte folgende Situation:

»Eine Freundin, die mich verkuppeln wollte, regte sich fürchterlich darüber auf, wie ich mich auf einer Party am Abend zuvor verhalten hatte. Ich hatte mich praktisch den ganzen Abend nur mit einem einzigen Gast unterhalten, einem mir von ihr vorgestellten Mann. Sie war ziemlich aufgebracht, als ich ihr erzählte, daß ich ihn langweilig, angeberisch und körperlich abstoßend fand. ›Aber niemand hat dich gezwungen, dich ausschließlich mit ihm zu beschäftigen!‹ Damit hatte sie natürlich recht. Auch ich hatte mir bereits Gedanken darüber gemacht, warum ich das getan hatte. Das Ergebnis meiner Überlegungen beunruhigte mich. Es gab nur einen Grund: Er war auch Raucher. Er hätte genausogut Dracula oder Quasimodo sein können, es hätte mich nicht gestört, wenn er nur rauchte!«

Wenn Sie Ihre letzte Zigarette ausdrücken, werden Sie feststellen, daß sich Ihre Freunde und Kollegen in zwei Lager spalten. Die einen, von denen ich schon an früherer Stelle gesprochen habe, werden Ihnen direkt ins Gesicht qualmen, Sie ununterbrochen daran erinnern, welches Vergnügen es ist, Raucher zu sein, und Ihnen immer wieder Zigaretten anbieten, weil sie angeblich ganz vergessen haben, daß Sie ja aufgehört haben. Warum verhalten sich sogar Verwandte oder Freunde so unsensibel und auch gehässig?

Als erstes müssen Sie sich vergegenwärtigen, daß Sie es mit der Angst und Panik von Drogenabhängigen zu tun haben. Jede Aggression entsteht aus Angst. Panik hat die positive Eigenschaft, daß sie uns dazu bringt, unser Leben wertvoller einzustufen, als das eines anderen. Andererseits verleitet sie uns aus genau diesem Grund zu Taten, derer wir uns bis an das Lebensende schämen.

Die eben beschriebenen Raucher verhalten sich nicht mit Absicht destruktiv. Ihre Bemerkungen sind nicht einmal auf Sie persönlich gemünzt, sondern dienen im Grunde nur dazu, die eigene Dummheit zu rechtfertigen. Sie wissen ja, alle Raucher lügen. Betrachten wir noch einmal jene Situation, die ich im vorhergehenden Kapitel geschildert habe: Sie greifen automatisch nach einer Zigarette, und Ihr Freund erinnert Sie daran, daß Sie gar nicht mehr rauchen. Warum fiel es ihm nicht schon ein, bevor er Ihnen die Zigarette anbot oder Sie auf das Angebot eingingen, sondern genau in dem kurzen Augenblick, als Sie nach ihr griffen? Ist das wirklich nur Zufall? Dieser Vorfall ärgert Sie ziemlich, denn Sie haben das Gefühl, er habe die ganze Zeit daran gedacht und wollte Sie absichtlich auf die Probe stellen.

Sie gehen recht in der Annahme, daß er die ganze Zeit daran gedacht hat, aber er wollte Sie sicher nicht absichtlich auf die Probe stellen. Betrachten Sie die Situation einmal vom Standpunkt des Rauchers aus. Rauchen gilt inzwischen allgemein als abstoßend und unsozial. Heute ist derjenige der Starke, der aufgehört hat, der nicht mehr vom Tabak abhängig ist. Das Schiff der Raucher ist mehr eine Aussätzigenstation denn ein Luxusliner. Millionen von Rauchern haben sich schon davongemacht. Die Raucher fühlen sich ein bißchen wie die Ratten, die das sinkende Schiff nicht verlassen. Sie haben Angst, bald allein an Bord zu sein.

Wenn Sie dieses sinkende Schiff jedoch verlassen, betrachten Ihre rauchenden Freunde und Bekannten sie als Deserteur. Aber sie werden Ihnen keine Vorwürfe deshalb machen, sondern wünschen sich den nötigen Mut, um Ihrem Beispiel zu folgen. Doch Sie gehören nun zu den Millionen von Menschen, die entkommen sind. Dadurch fühlen sich die auf dem Schiff Zurückgebliebenen noch dümmer, isolierter und angreifbarer.

Sie sind neidisch auf Sie, und Sie selbst haben alles noch schlimmer gemacht, weil Sie immer wieder betonten, wie schön es ist, nicht mehr zu rauchen und frei zu sein. Eigentlich hatten die anderen erwartet, Sie würden dauernd jammern und deprimiert sein, statt dessen sind Sie glücklich und euphorisch. Vermutlich hatten die Raucher zunächst sogar die Absicht gehabt, Sie zu unterstützen, indem sie in Ihrer Anwesenheit nicht rauchen wollten, befürchten aber nun zunehmend, Sie könnten sich ihnen überlegen fühlen. Und genau das ist die Situation, in der Raucher am dringendsten eine Zigarette brauchen, dann nämlich, wenn sie eigentlich nicht rauchen sollten.

Mancher Freund oder Bekannte hält noch eine Weile durch, aber irgendwann geht es nicht mehr. Er würde sich nur allzugern im nächsten Moment eine Zigarette anzünden, fühlt sich aber als Versager, weil er seinem Vorsatz nicht treu bleibt, und will auf keinen Fall die Aufmerksamkeit auf sich lenken. Also wartet er, bis der Eindruck entsteht, daß das Thema für Sie überhaupt nicht mehr existiert. Um das Täuschungsmanöver zu vollenden, muß er so tun, als hätte er es ebenfalls völlig vergessen, und bietet Ihnen, als wäre alles wie früher, eine Zigarette an. Doch plötzlich sitzt er in der Klemme, denn völlig unerwartet greifen Sie danach. Nun muß er gegen die für einen Drogensüchtigen typische Schizophrenie ankämpfen. Entweder er läßt es zu, daß Sie sich die Zigarette anstecken, wäre dann aber unmittelbar an Ihrem Rückfall schuld, oder er kompromittiert Sie, indem er Sie daran erinnert, daß Sie ja nicht mehr rauchen. Weil es sich jedoch um einen echten Freund handelt, entscheidet er sich für das zweite.

Warum kompensiert der Freund ein derartiges Verhalten, indem er dann über Sie lacht und Ihnen erzählt, wie gut die Zigaretten schmecken? Er lacht in Wirklichkeit gar nicht über Sie. Sie haben nur den Eindruck, weil Sie sich ertappt fühlen und es Ihnen peinlich ist. Doch für den Freund ist es noch viel peinlicher. Seine kleine List hat sich nämlich gegen ihn selbst gerichtet. Sein dümmliches Grinsen resultiert nur aus der Peinlichkeit über sein Verhalten, und das Gerede über das Angenehme des Rauchens soll einzig und allein seine Dummheit rechtfertigen und nicht Sie überzeugen. Dieser Freund weiß genau, daß seine Argumente nichts taugen.

Wenn Sie die Angst verstehen, die einen sonst so liebenswerten Menschen zu einem derartigen Verhalten veranlaßt, hat dies die genau entgegengesetzte Wirkung auf Sie. Sie werden spüren, daß diese Person normalerweise ganz und gar nicht boshaft oder rachsüchtig ist und sich nicht etwa so verhält, weil sie Ihnen schaden will, sondern weil sie Angst hat. Für Sie kann dies nur hilfreich sein, Sie werden noch mehr Genugtuung empfinden, das sinkende Schiff verlassen zu haben.

Wirklich gefährlich sind jene Raucher, die besonders verständnisvoll erscheinen, die das ganze Elend, das Sie durchmachen, nur zu gut nachvollziehen können und alles in ihrer Macht Stehende tun, um Sie weiter zu ermutigen. Diese Sorte schafft es sogar, in Ihrer Anwesenheit tatsächlich nicht zu rauchen. Das kann besonders frustrierend sein, wenn Sie sich nichts mehr wünschen, als eine Zigarette angeboten zu bekommen, um dann voller Zufriedenheit sagen zu können: »Ich brauche keine mehr.«

Am frustrierendsten ist jedoch, wenn diese Raucher Ihnen beweisen, daß sie es genausogut lassen können. Sie sind anders, sie sind nicht völlig von der Droge abhängig. Es macht ihnen nichts aus, auf die Zigaretten zu verzichten, während sie mit Ihnen zusammen sind. Ist Ihnen schon einmal aufgefallen, wie viele dieser Raucher es heutzutage gibt? »Es würde mir niemals einfallen, in Gesellschaft von Nichtrauchern zu rauchen.« Warum waren die Raucher vor zehn Jahren nicht so rücksichtsvoll? Aber wie Raucher, die behaupten: »Meine Lieblingszigarette ist die nach dem Essen« und trotzdem gern vor und zwischen den Mahlzeiten rauchen, muß man auch die Aussage jener Raucher in Zweifel ziehen, die angeblich nicht im Traum darauf kämen, in Gesellschaft von Nichtrauchern zur Zigarette zu greifen. Dabei meinen sie nichts anderes als: »Ich käme nicht im Traum auf die Idee, in Gesellschaft von Nichtrauchern zu rauchen, solange ich der einzige Raucher bin.« Nehmen Sie nur den Fall, daß zehn Raucher mit einem Nichtraucher zusammen sind. Nicht einer der Raucher würde sich im geringsten darum scheren, ob der Nichtraucher sich gestört fühlt.

Am meisten hilft ein Nichtraucher einem Raucher, indem der auf die höfliche Frage, ob das Rauchen ihn stören würde, nicht antwortet: »Bitte rauchen Sie nicht, der Geruch stört mich«, sondern sagt: »Danke für die Frage. Ja, es stört mich tatsächlich. Aber ich weiß auch, daß Sie vom Nikotin abhängig sind und keine Kontrolle darüber haben. Also rauchen Sie nur.« Sie werden sehen, nichts könnte den Raucher daraufhin zum Rauchen bewegen. Er muß sich selbst beweisen, daß er es ohne Rauchen aushalten kann.

Lassen Sie sich nicht von jenen Rauchern irritieren, die behaupten, sie könnten es nach Belieben auch bleiben lassen. Jeder Raucher versucht immer wieder, sich selbst und andere davon zu überzeugen, daß er ohne Zigaretten auskommt. Denken Sie nur an den Mann auf der Jacht. Er bewies sich und dem anderen, daß er nicht rauchen mußte. Jüngere Raucher verbringen ein ganzes Wochenende bei ihren nichtsahnenden Eltern und denken nicht einmal an eine Zigarette. Raucher sehen sich ganz entspannt eine Theatervorstellung an, sitzen ruhig über Stunden im Flugzeug und liegen drei Wochen im Krankenhaus, ohne zu rauchen. Und sie sind jedesmal selbst so überrascht und erfreut darüber, daß sie es für angebracht halten, damit zu prahlen.

Ich muß nicht damit angeben, auf Hummer verzichten zu können. Daraus folgere ich, daß diese Raucher vermuten, in der Falle zu sitzen, und die kurze Zeit, während der sie standhaft sind, bestärkt sie in dem

Glauben, aufhören zu können, vorausgesetzt, es bestünde die Notwendigkeit oder der Wunsch dazu. Dies ist eine der Finessen der Nikotinfalle, die uns darüber hinwegtäuscht, wie sehr wir gefangen sind: Wir halten es lange Zeit ohne Zigaretten aus, ohne dabei größere Beeinträchtigung zu erfahren, und danach erscheinen sie uns nur um so kostbarer.

Aber sagt die Tatsache, daß wir längere Zeit abstinent sein können, gleichzeitig aus, daß wir unseren Konsum unter Kontrolle haben? Wir übersehen dabei gern, daß wir nicht aus Zufall oder eigenem Antrieb abstinent waren, sondern weil wir dazu gezwungen wurden. Daß wir uns aus freien Stücken dieser Situation ausgesetzt haben, ändert daran nichts. Was tat der Mann auf der Jacht, nachdem er von Bord gegangen war? Warum sind Raucher im Theater immer die ersten, die in den Pausen die Bar belagern? Was machen Raucher unmittelbar, nachdem sie ihre nichtsahnenden Eltern, das Krankenhaus, den Flieger oder sonst einen Ort, an dem sie nicht rauchen durften, verlassen haben? Sie stecken sich sofort eine Zigarette an. Diese Phasen der Abstinenz beweisen nicht im geringsten, daß die Raucher sich unter Kontrolle haben, sie zeigen genau das Gegenteil an: *daß sie Drogensüchtig sind.*

Nun aber zurück zu den verständnisvollen Rauchern, jene, die Sie nicht in Versuchung führen wollen und den Eindruck vermitteln, nach Belieben auch auf das Rauchen verzichten zu können. Glauben Sie ihnen nicht blind. Auch diese Raucher bleiben auf dem sinkenden Schiff zurück und fühlen sich fast genauso angreifbar wie die anderen. Da sie sensibler und intelligenter sind, sind sie vermutlich noch leichter zu verletzen. Lassen Sie sich von ihnen nicht an der Nase herumführen. Sie verzichten in Ihrer Anwesenheit nicht auf das Rauchen, um Ihnen damit zu helfen, sondern weil sie sich verletzlich fühlen. Sie wollen nur Ihnen und sich selbst beweisen, daß sie sich völlig unter Kontrolle haben und jederzeit auf das Rauchen verzichten können.

Zwischen beiden Typen von Rauchern besteht eigentlich kein grundlegender Unterschied. Zunächst scheinen sie sich nur in dem einen Punkt voneinander zu unterscheiden, daß der Boshafte in Ihrer Anwesenheit schwach wurde, der Verständnisvolle hingegen nicht. Doch wenn Sie beide Typen genau beobachten und ihr Handeln verstehen, werden Sie feststellen, daß sie den gleichen Alptraum erleben. Innerhalb kurzer Zeit fühlen sie sich unwohl. Der Juckreiz setzt ein. Wird er akut, finden sie irgendeine Ausrede, um sich von Ihnen zu entfernen. Bleiben sie in Ihrer Nähe, beginnen sie, mit der Packung oder dem Feuerzeug zu spielen. Ihnen mag es so erscheinen, als würden sie ihren Vorsatz einfach vergessen und unbewußt nach einer Zigarette greifen.

Achten Sie auf diese Signale. Sagen Sie folgendes:

»Ich weiß es wirklich zu schätzen, daß du aus Rücksicht auf mich nicht rauchst. Aber so gut das auch von dir gemeint ist, es ist nicht nötig. Ich habe aufgehört, nicht du. Du erwartest ja auch nicht von einem Nichtraucher, daß er deinetwegen raucht. Ich verlange also nicht von dir aufzuhören, nur weil ich selbst aufgehört habe. Wenn du rauchst, stört mich das nicht im geringsten. Ich höre auf, weil mir das Rauchen keinen Spaß gemacht hat und ich als Nichtraucher sehr glücklich bin. Aber ich weiß, wie sehr du die Zigaretten genießt. Du hast immer geraucht, wenn wir zusammen waren, und es wäre mir unangenehm, wenn du es plötzlich nicht mehr tun würdest.«

Nun haben Sie das Blatt gewendet. War der Raucher bisher der Meinung, er würde sich solidarisch zeigen und Rücksicht auf Sie nehmen, liegt der Fall jetzt genau umgekehrt. Der Raucher findet sich in einer merkwürdigen Position wieder. Inzwischen bräuchte er wirklich dringend eine Zigarette, und da er das Rauchen ja genießt und Sie deutlich gemacht haben, daß es Ihnen unangenehm ist, wenn er Ihnen zuliebe darauf verzichtet, müßte er sich nun eigentlich sofort eine Zigarette anzünden. Doch seltsamerweise scheint ihn das noch mehr anzuspornen, nicht zu rauchen, und er wird Ihr Angebot mit folgendem Kommentar zurückweisen: »Nein, es macht mir wirklich nichts aus, ich kann es genausogut lassen.«

Beobachten Sie ihn weiter. Sie werden feststellen, daß ihn jedes Ihrer Worte so zu faszinieren scheint, als wären Sie der größte Dichter seit Oscar Wilde. In Wirklichkeit aber hört er Ihnen überhaupt nicht zu, sondern denkt intensiv darüber nach, wie er aus dieser Sackgasse, in die er sich selbst hineinmanövriert hat, wieder herauskommt. Er kann sich entweder eine Zigarette anstecken, damit aber sein Gesicht verlieren, oder darauf verzichten und sich ganz elend fühlen. Er befindet sich in jenem Dilemma, das ein Drogenabhängiger zeit seines Lebens ertragen muß, das heißt, solange er abhängig bleibt. Wenn er eine Münze wirft, hat er die beiden Optionen: *Bei Kopf gewinnt er nicht! Bei Zahl verliert er!*

Aber sicher ist es nicht während der ganzen Zeit der Abhängigkeit so, sondern nur in bestimmten Situationen. Über weite Strecken unseres Daseins als Raucher können wir unsere Augen davor verschließen, und nur in diesen bestimmten Situationen werden wir uns unseres Dilemmas bewußt, doch der dunkle Schatten hängt fortwährend über uns, solange wir rauchen.

Sollten Sie nun Rachegelüste gegenüber Ihrem Freund hegen, müssen Sie ihn nur weiter im Auge behalten. Sobald er der Meinung ist, Sie wären so in das Gespräch vertieft, daß Sie von nichts anderem mehr Notiz nehmen, wird er sich ganz langsam zu einer Zigarette hintasten. In dieser Phase bedient er sich gern einer Frage, um Ihre Aufmerksamkeit von sich abzulenken, und hofft, daß Sie sein Vorhaben nicht bemerken. Das Schneckentempo ist eine Art von Sicherheit, für den Fall, daß Sie es doch registriert haben. Damit will er vortäuschen, daß keinerlei Panik besteht, daß die Zigarette völlig unwichtig ist und seine Aufmerksamkeit voll und ganz Ihrer faszinierenden Erzählung gilt.

Aus demselben Grund steckt er sich die Zigarette nicht sofort an. Im Gegenteil, oft wartet er minutenlang damit, dreht und wendet sie nach allen Richtungen und benutzt sie zunächst als eine Art Stab, um die Unterhaltung damit zu unterstreichen. Dieses Ritual haben Sie vermutlich schon des öfteren in Restaurants oder bei anderen geselligen Anlässen beobachtet. Es ist eine typische Verhaltensweise des ersten Rauchers, der sich eine Zigarette anstecken will. Warum ist dieses Ritual nötig? Warum zündet er sich nicht einfach eine Zigarette an, wenn er gern rauchen möchte? Raucher finden es angebracht, in solchen Situationen zu dokumentieren, daß sie ihre Sucht durchaus unter Kontrolle haben. Sie wollen den Anwesenden dadurch beweisen: »Seht alle her, ich bin kein Junkie. Ich rauche gern, kann es aber genausogut bleiben lassen. Ihr müßt doch alle erkennen, daß ich mir nicht in Panik eine anstecken muß.« Doch dem interessierten Beobachter sagen sie damit etwas ganz anderes. Dieses Verhalten ist eine typische Begleiterscheinung der Versklavung durch eine Droge. Ist die Zigarette erst einmal angezündet, wird sie nicht mehr so offensichtlich zur Schau gestellt, sondern eher unter dem Tisch oder hinter dem Rücken des Rauchers versteckt.

Besitzen Sie nicht das Durchhaltevermögen, dieses Ritual zu ertragen, sollten Sie eine Entschuldigung finden, den Raum für kurze Zeit zu verlassen und dem Freund dadurch die Gelegenheit zu geben, sich eine Zigarette anzustecken. Sind Sie sadistisch veranlagt, gehen Sie hinaus, schließen die Tür hinter sich, zählen bis fünf und kommen dann wieder herein. Sie werden den Raucher genau im Moment des Anzündens ertappen. Er wird dann ganz und gar nicht den Eindruck erwecken, sich entspannt dem Ritual hinzugeben, sondern eher Panik vermitteln. In den meisten Fällen wird jedoch die Zigarette bereits angesteckt sein, wenn Sie die Tür öffnen.

Die meisten dieser Verhaltensmuster kenne ich so gut, weil ich sie selbst jahrelang praktiziert habe. Das Traurige daran ist, daß Sie, solange Sie in der Falle sitzen und so sehr mit diesen Täuschungsmanövern beschäftigt sind, überhaupt nicht bemerken, daß die einzige Person, die Sie damit hinters Licht führen, Sie selbst sind.

Viele der sogenannten Experten werden Ihnen raten, gesellschaftlichen Ereignissen aus dem Weg zu gehen, bis Sie sich stark genug fühlen, der

Versuchung zu widerstehen. Das ist ein typisches Vorgehen, wenn man es mit der Willenskraft-Methode versucht. Machen Sie sich eins klar: Sie geben nichts auf, gewinnen aber eine Menge dazu. Sie befreien Ihren Körper und Geist von einer schrecklichen Krankheit. Sie hören nur auf zu rauchen, das heißt aber nicht, *daß Sie damit aufhören zu leben!*

Ganz im Gegenteil. Das Leben ist wunderbar und wird noch wunderbarer, wenn Sie nicht mehr rauchen. Gehen Sie erst recht zu geselligen Zusammenkünften, diese Situationen machen Rauchern und Nichtrauchern gleichermaßen Spaß. Beweisen Sie sich selbst und allen anderen Anwesenden, daß Sie von Anfang an Vergnügen daran haben.

Lassen Sie sich nicht irritieren, wenn Sie eventuell der einzige Nichtraucher sind. Machen Sie sich klar, daß nicht Sie auf etwas verzichten, sondern die Raucher. Jeder wird sich wünschen, es Ihnen gleichzutun, sich von dem Alptraum zu befreien. Zwar werden es die meisten nicht offen zugeben, denn auch Sie hätten das nicht getan, solange Sie im Schacht saßen, aber beobachten Sie sie nur. Diese Raucher führen Ihnen vielleicht am wirkungsvollsten vor, wie gut es Ihnen als Nichtraucher geht.

Gehen Sie nicht davon aus, daß diese Personen nur eine Zigarette rauchen. Beobachten Sie, was wirklich passiert. Achten Sie auf das »Jucken«, das der Raucher empfindet, bevor er zu einer Zigarette greift. Denken Sie an das Gefühl der Unsicherheit, das sich als Folge des Nikotinentzugs einstellt. Lenken Sie Ihre Aufmerksamkeit darauf, wie die Raucher andere animieren wollen, sich ebenfalls eine Zigarette anzuzünden. Achten Sie auf die Erleichterung nach den ersten Zügen. Beobachten Sie, wie unbewußt die Zigaretten geraucht werden und was die Raucher tun müssen, um an das Nikotin zu kommen. Sehen Sie den Schmutz, der aus Mund und Nase kommt? Stellen Sie sich vor, was davon erst in der Lunge bleiben muß. Machen Sie sich bewußt, daß die Raucher selbst während des Rauchens den »Juckreiz« nur zum Teil abstellen. Und, der wichtigste Punkt, denken Sie daran, daß ab dem Moment, in dem die Zigarette ausgedrückt wird, das Nikotin bereits wieder aus dem Körper ausgeschieden wird und das »Jucken« und Verlangen erneut beginnt. Achten Sie auf den vernebelten Blick und den fahlen Teint, auf das Husten und Keuchen, auf die Ausreden und unlogischen Argumente, mit denen die Raucher sich rechtfertigen. Und versuchen Sie, sich die Angst und Unsicherheit hinter der Fassade der Stärke zu vergegenwärtigen.

Beobachten Sie nicht nur die Kettenreaktion, die in der Öffentlichkeit abläuft, sondern erinnern Sie sich daran, wie der Alptraum weitergeht, wenn Sie nicht mehr Zeuge sind. Denken Sie an den Morgen danach, wenn es aus dem Mund des Rauchers wie aus einer Jauchegrube riecht, an den nächsten Kassensturz, an die Angst vor dem Krebs, an den nächsten Nationalen Nichtrauchertag, die nächste Erkältung, Grippe oder Bronchitis, an den nächsten Asthmaanfall, an die vorwurfsvollen Blicke der Familienangehörigen, an Situationen, in denen Rauchverbot herrscht oder ausschließlich Nichtraucher anwesend sind. Machen Sie sich bewußt, wie dumm und schmutzig der Raucher sich dabei fühlen wird. Denken Sie daran, er wird sein Leben lang Geld ausgeben, um sich dem Risiko schwerster Erkrankungen auszusetzen. Er ist lebenslänglich dazu verurteilt, mit schlechtem Atem, Raucherbelag auf den Zähnen, mangelnder Energie und Kondition, Abhängigkeit und Verzicht sowie Verachtung durch seine Mitmenschen zu leben, am schlimmsten jedoch ist, daß er sich selbst verachtet.

Warum macht ein Raucher diese Tortur mit? Weil jede Zigarette ihm einen neuen Schub gibt? Was soll dieser Schub bewirken? Einen Schritt zurück zu dem Zustand von Frieden und Sicherheit, in dem er sich permanent befand, bevor er sich seine erste Zigarette ansteckte, und den er wieder erreichen könnte, wenn er nur nicht die nächste rauchen würde. Was erhält er im Gegenzug für die lebenslange Beeinträchtigung? *Absolut nichts!*

Wie ich schon erklärt habe, besteht ein großes Problem beim Aufhören darin, daß es zunächst als etwas Negatives erscheint. Zigaretten werden herumgereicht, Raucher scheinen aktiv etwas zu tun, Nichtraucher hingegen verhalten sich passiv. Doch in Wirklichkeit ist es genau umgekehrt: Die Raucher wünschen sich, sie müßten nicht rauchen, doch – und hier haben wir den negativen Aspekt – sie können nicht anders. Die ehemaligen Raucher üben in positivem Sinn Kontrolle aus, sie müssen nicht mehr etwas tun, was sie nicht wollen.

Es wird Ihnen helfen, sich dies immer wieder zu vergegenwärtigen. Bietet Ihnen jemand eine Zigarette an, sollten Sie diesen Raucher nicht zurechtweisen. In diesem Fall, oder auch für den Fall, daß Sie das Gefühl haben, übergangen worden zu sein, weil Ihnen eben keine Zigarette angeboten wurde, ist es besser, mit folgender oder einer ähnlichen Antwort zu reagieren: »Ich war auch einmal Raucher, aber Sie machen sich keine Vorstellung, wie schön es ist, nicht mehr von diesem Kraut abhängig zu sein, jeden Morgen aufzuwachen und frische saubere Luft einzuatmen. Sie sollten es auch einmal versuchen.«

Befürchten Sie, das wäre die gleiche herablassende Haltung, die Raucher Nichtrauchern gegenüber an den Tag legen? Die Raucher werden es sicher so sehen und Ihre Bemerkung nicht unerwidert lassen. Aber der große Unterschied besteht darin, daß Sie die Wahrheit sagen und den anderen helfen wollen, aus einem Gefängnis zu entkommen. Die Raucher hingegen werden Lügengeschichten auftischen und Sie in dieses Gefängnis zurückholen wollen. Damit setzt wieder die typische Schizophrenie der Drogensüchtigen ein.

Selbst innerhalb der Familie oder unter Freunden wird der eine oder andere unterschwellig hoffen, daß Sie aufgeben und auf dem sinkenden Schiff bleiben. Wenn Sie sich schon keine Zigarette anstecken, wünscht man Ihnen zumindest das Verlangen danach zurück. Das würde die Raucher nämlich darin bestätigen, daß Rauchen doch gut ist. Ein Teil von ihnen wird Sie aber auch beneiden, weil Sie die Freiheit erlangt haben und das auch noch als positiv empfinden.

Sie werden jedoch diesen Rauchern einen großen Gefallen erweisen. All jene, die den Zigaretten nachtrauern, sich teilweise nach Jahren immer noch nach einer Zigarette sehnen, jagen den Rauchern so große Angst ein, daß viele nicht einmal mehr den Versuch wagen aufzuhören, weil sie davon überzeugt sind, sowieso nie ganz frei zu werden. Wenn diese Raucher hingegen sehen, wie glücklich Sie sind, wird ihnen das wieder Hoffnung geben. Das ist eine ganz wunderbare Nachricht, die sich heute in der Gesellschaft verbreitet: der Gordische Knoten, der Raucher so viele Jahre an das Nikotin fesselte, ist gelöst. In der Gefängnismauer befindet sich ein großes Loch. Millionen von Rauchern sind schon durch dieses Loch entkommen, und mit jedem Raucher mehr, der die Freiheit erlangt, wird dieses Loch größer. Erinnern Sie sich an die Berliner Mauer – sobald eine Stelle offen war, fiel in Kürze das ganze Mauerwerk.

Entscheidend ist folgender Punkt: Die anderen erwarten, daß Sie den Zigaretten nachtrauern und sich schlecht fühlen, doch wenn sie sehen, daß Sie wirklich glücklich und zufrieden sind, wird das nicht nur viele Raucher wieder hoffen lassen und ihnen den nötigen Anstoß geben, Sie werden in ihren Augen als Held oder Heldin dastehen. Und was noch wichtiger ist: *Sie werden sich selbst als Held fühlen!*

Die einzige Schwierigkeit beim Aufhören sind nicht die Entzugserscheinungen, sondern das Gefühl, etwas zu versäumen, auf etwas verzichten zu müssen. Wann und wo immer Sie einen Raucher sehen, der sich eine Zigarette ansteckt, müssen Sie sich bewußt machen, daß nur der Raucher auf etwas verzichtet, niemals aber der Nichtraucher! Ich habe mir vorgenommen, Tag für Tag an meinem Schreibtisch zu sitzen, um dieses Buch zu schreiben. Ich habe mir nicht vorgenommen, dies bis ans Ende meiner Tage zu tun, obwohl ich allmählich befürchte, es könnte vielleicht doch darauf hinauslaufen!

Was immer einen Raucher dazu bewegen mag, seine erste Zigarette anzustecken, sie schmeckt immer scheußlich. Und er entscheidet sich nicht bewußt, für den Rest seines Lebens Raucher zu werden. Machen

Sie sich klar, daß jeder Raucher, der sich, bei welcher Gelegenheit auch immer, eine Zigarette, Zigarre oder Pfeife anzündet, dies nicht aus freien Stücken tut, sondern nur aus einem einzigen Grund: *weil er nämlich nikotinsüchtig ist!*

In seinem Körper sitzt eine kleine Nikotinbestie, die eine große Bestie in seinem Kopf entstehen läßt. Kein Nichtraucher muß auf etwas verzichten, nur der Raucher. Er opfert Gesundheit, Geld, Energie, Selbstachtung, Selbstvertrauen, Konzentrationsfähigkeit, Mut, Würde, innere Ruhe und Freiheit. Beneiden Sie keinen dieser armen Menschen. Würden Sie einen Heroinabhängigen beneiden? Durch Heroin sterben in unserem relativ kleinen Land jedes Jahr nicht ganz dreihundert Menschen, Rauchen fordert jede Woche mehr als zweitausend Menschenleben.

Falls Sie an dieser Stelle immer noch nicht davon überzeugt sind, ob Sie aufhören wollen, denken Sie an folgendes: Wie bei jeder Form der Drogensucht, kann es nur schlimmer werden. Sie sinken täglich tiefer ins Bodenlose. Beneiden Sie die armen Raucher nicht, sondern *haben Sie Mitleid mit ihnen.*

KAPITEL 37

Gesundheit

Vorausgesetzt, Sie haben alle Anweisungen befolgt, das heißt, Sie haben die richtige Einstellung gewonnen und alle Illusionen und Mißverständnisse, die in der Gesellschaft über das Rauchen und die Raucher bestehen, aus dem Weg geräumt, insbesondere indem Sie andere Raucher und Ihr eigenes Verhalten in bezug auf das Rauchen einer genauen Beobachtung unterzogen haben, werden Sie in Zukunft alle anderen Raucher als ziemlich traurige Gestalten empfinden. Ihre Einstellung gegenüber dem Rauchen wird sich wandeln von: »Ich muß aufhören, weil es mich umbringt und ein Vermögen kostet« in: »Ich habe nicht den geringsten Wunsch, noch einmal zu rauchen.«

Sollten Sie noch nicht zu dieser Ansicht gelangt sein, kann das nur bedeuten, daß Sie irgendwo den Faden verloren haben. In diesem Fall sollten Sie versuchen, die einzelnen Punkte, die Ihnen noch Sorgen bereiten, genau zu eruieren und die entsprechenden Kapitel noch einmal durchzulesen. Falls Sie dann immer noch Befürchtungen haben zu scheitern, muß Sie das nicht weiter kümmern. Befolgen Sie nur die Anweisungen, und der Erfolg wird sich ganz von selbst einstellen. Wenn es Ihnen so geht wie mir früher und Sie glauben, sich von den Millionen anderer Raucher auf der Welt zu unterscheiden, sind Sie genauso arrogant und dumm, wie ich es einmal war.

Haben Sie jedoch die richtige Einstellung gefunden, liegt die schwerste Arbeit hinter Ihnen. Unterweisung und genaueste Vorbereitung sind beinahe abgeschlossen. Sie verfügen über alle Voraussetzungen, um das angestrebte Ziel zu erreichen, ein Ziel, das viele ehemalige Raucher, darunter auch ich, als das wichtigste ihres Lebens betrachten. Wenn Sie meine Ausführungen von Grund auf verstanden haben, sind Sie mit großer Wahrscheinlichkeit schon ungeduldig und aufgeregt, wie ein Hund, der an der Leine zieht. In Kürze werden Sie Ihre letzte Zigarette rauchen.

Ich möchte Sie jedoch bitte, noch ein wenig Geduld zu haben. Es ist uns bereits gelungen, den größten Teil der Gehirnwäsche, mit der die Gesellschaft uns von Kindesbeinen an bombardiert hat, loszuwerden. Einen Aspekt haben wir jedoch noch nicht betrachtet. Es handelt sich dabei um eine Art vorbeugender Gehirnwäsche, die wir uns zwangsweise selbst auferlegt haben. Ich spreche von den Auswirkungen des Rauchens auf unsere Gesundheit.

Wenn ich in den Kursen auf den Zusammenhang von Rauchen und Gesundheit zu sprechen komme, habe ich immer das Gefühl, die Raucher denken: »Er hat doch versprochen, keine Schocktherapien anzuwenden.« Aber eine Form von Schocktherapie liegt nur dann vor, wenn man Rauchern mit den drohenden Gefahren für ihre Gesundheit solche Angst einjagt, daß sie aus diesem Grund aufhören wollen. Diese Personen befinden sich dann in einer ähnlichen Situation, als wären sie in den oberen Stockwerken eines brennenden Gebäudes eingeschlossen. Sie haben die Wahl zwischen Skylla und Charybdis. Entweder sie springen aus dem Gebäude, oder sie bleiben an Ort und Stelle. Ich beneide keinen um diese Entscheidung und hoffe, nie in eine solche Situation zu geraten. In beiden Fällen riskieren die Betroffenen schwerwiegende Verletzungen oder gar den Tod.

Doch im Grunde treffen sie keine echte Entscheidung, sie reagieren vielmehr instinktiv. Solange sie inmitten des Feuers eine Chance haben, bleiben sie im Gebäude. Sie haben immer noch die Hoffnung auf Rettung. Erst wenn Hitze und Atemnot unerträglich werden, entschließen sie sich zu springen. Es handelt sich ganz einfach um ein Tauziehen der Ängste. Erst wenn die Angst vor dem Verbrennen oder Ersticken größer ist als die vor dem Springen, entscheidet die betroffene Person sich zum Springen.

Raucher befinden sich in einer ähnlichen Lage. Einerseits besteht die Angst vor Krankheiten wie Lungenkrebs und Emphysemen, andererseits die Angst vor dem Aufhören. Hört man dann tatsächlich auf, wird diese Angst plötzlich real. Genau wie die Person in dem brennenden Gebäude erst springt, wenn sie keine andere Möglichkeit mehr sieht, schiebt ein Raucher den schrecklichen Tag instinktiv immer weiter in die Ferne und hofft, daß er noch gerettet wird, bevor eine dieser tödlichen Krankheiten ihn ereilt.

Der Raucher hat jedoch gegenüber dem Menschen im Flammeninferno in zweifacher Hinsicht einen entscheidenden Nachteil. Die vom Feuer bedrohte Person kann die mißliche Lage nicht mehr ignorieren. Die Gefahr, darin umzukommen, ist zwar noch nicht unmittelbar eingetreten, wird aber in wenigen Minuten real werden. Das Risiko des Rauchers, an den Folgen seines Zigarettenkonsums zu sterben, liegt Jahre in der Zukunft. Vielleicht tritt dieser Fall nie ein. Es besteht also kein Zwang, das Problem sofort zu lösen, die natürliche Tendenz geht dahin, es unter diesen Umständen auch nicht sofort in Angriff zu nehmen. Raucher können ihre Augen vor dem Problem verschließen, und genau das machen sie auch.

Nichtraucher können nur schwer verstehen, warum Raucher für das zweifelhafte Vergnügen, scheußlich schmeckenden Qualm in ihre Lungen einzuatmen, so große Risiken auf sich nehmen. Ich konnte selbst nicht verstehen, warum ich weiterrauchte, nachdem mein Vater viel zu früh den entwürdigenden und schmerzhaften Tod eines Lungenkrebskranken gestorben war. Heute ist mir klar, daß es auch keinen Unterschied gemacht hätte, wenn er bei einem Verkehrsunfall ums Leben gekommen wäre. Das hätte mich auch nicht davon abgehalten, weiter Auto zu fahren.

Aber warum ist es nötig, all die grausamen Details durchzugehen, in welcher Weise Rauchen sich auf die Gesundheit auswirkt, wenn wir ohnehin nicht mehr den Wunsch haben zu rauchen? Geht Allen Carr nun doch zur Schocktherapie über? Er hat doch selbst schon zugegeben, daß die Raucher die Nase voll haben von den gesundheitlichen Risiken. Das hat doch bisher nicht gewirkt, was verspricht er sich nun davon? Gut, wir wissen über die Auswirkungen auf die Gesundheit Bescheid. Sie kennen vielleicht auch die genaue Lage eines Minenfeldes. Doch was nutzt Ihnen dieses Wissen, wenn Sie es nicht gezielt einsetzen, um dieses Minenfeld zu umgehen? Wenn Sie vorhaben, es in jedem Fall zu betreten, wären Sie besser dran, Sie würden überhaupt nichts von seiner Existenz wissen. Rauchern ging es viel besser, als sie noch nichts von den Krebsrisiken wußten. Was nützt es ihnen, nun die Risiken zu kennen, *wenn dieses Wissen sie nicht vom Rauchen abhält?*

Oder gehören Sie zu den Rauchern, die der Meinung sind, sich mit den Gesundheitsrisiken genügend auseinandergesetzt zu haben und sie in Kauf nehmen zu können? Wenn das so ist, bewundere ich Ihren Mut. Ich frage mich allerdings auch, ob Sie noch immer so mutig wären, wenn es darauf ankäme. Kennen Sie Filme, in denen Russisches Roulette gespielt wird? Was glauben Sie, wie viele Raucher soviel Mut und Dummheit besäßen, um sich auf ein solches Spiel einzulassen? Einer von tausend? Einer von Millionen? Und doch ist es genau das, was Raucher Tag für Tag tun. Die Chancen, beim Russischen Roulette umzukommen, stehen eins zu sechs, beim Rauchen eins zu vier!

Gut, der Vergleich hinkt etwas. Beim Russischen Roulette stehen die Chancen eins zu sechs, wenn der Abzugshahn nur einmal gezogen wird. Aber es stirbt nicht einer von vier Rauchern bei jeder Zigarette, die geraucht wird. Richtig, aber Russisches Roulette macht nicht süchtig!

Wenn Sie einmal den Hahn gezogen haben, heißt das nicht, Sie müssen das Spiel immer wieder spielen. Ich stelle es mir eher so vor, daß das erste Mal auch das einzige Mal bleibt, selbst wenn Sie es überleben sollten. Doch jeder vierte Raucher erleidet ein weitaus qualvolleres und längeres Sterben, als das beim Russischen Roulette der Fall ist. Und dieser Tod ist eine unmittelbare Folge des Rauchens. Das sind die Fakten.

Gut und schön, der Unterschied liegt also darin, daß es beim Russischen Roulette schneller geht. Wenn Sie rauchen, können Sie jahrelang weiterleben, bevor Sie an den Folgen sterben. Aber glauben Sie wirklich, das würde es einfacher machen? Gehen Sie einmal davon aus, die Chancen stünden beim Spiel mit dem Revolver hundertfünfzigtausend zu eins, daß er mit einer Kugel geladen ist, Sie müßten aber bis an Ihr Lebensende zwanzigmal am Tag zu jeder vollen Stunde den Revolverlauf gegen Ihren Kopf halten und abdrücken. Was glauben Sie, wie lange es dauern würde, bis Sie reif fürs Irrenhaus wären? Aber genau das macht der Raucher mit jeder Zigarette, die er sich ansteckt. Sind Sie wirklich der Meinung, er würde das tun, wenn er sich dieses Risikos bewußt wäre, wenn er nicht seine Augen vor den Tatsachen verschließen würde?

Vor einigen Jahren ereignete sich in Großbritannien ein schweres Zugunglück. Hätte einer der Fahrgäste den Zug bestiegen, wenn er das im voraus gewußt hätte? Angenommen, ich hätte versucht, einen Fahrgast zu überzeugen: »Sehen Sie, die Wahrscheinlichkeit, daß Sie dabei verletzt werden, ist zehnmal geringer als die Wahrscheinlichkeit, daß Sie an den Folgen Ihres Zigarettenkonsums sterben, und ich biete Ihnen obendrein neunzigtausend Mark, wenn Sie das Risiko eingehen.« Wie viele Personen wären wohl so dumm und mutig zugleich gewesen, dieses Risiko einzugehen? Einer von tausend? Vielleicht, aber bestimmt nicht ich. Nun ändern wir die Bedingungen: »Sie zahlen mir neunzigtausend Mark, und ich lasse Sie dafür in diesem Zug mitfahren.« Können Sie sich vorstellen, daß auch nur eine einzige Person auf dieser Welt sich auf diesen Handel eingelassen hätte? Aber genau das ist die Summe, die der Durchschnittsraucher ausgibt, um jeden Tag seines Raucherdaseins ein zehnmal größeres Risiko in Kauf zu nehmen. Und welchen Vorteil bringt ihm das? *Absolut keinen!*

Sind Sie der Meinung, Raucher würden nichts an ihrer Situation ändern, wenn sie sich dieser Fakten tagtäglich bewußt wären? Natürlich nicht! Deshalb müssen sie Scheuklappen anlegen. Da wir entweder glauben, nicht aufhören zu können, oder unsere Angst vor dem Aufhören größer ist als die Angst vor dem Lungenkrebs, müssen wir uns einen Schutzmechanismus zulegen. Wir haben uns angewöhnt, die Gesundheitsrisiken zu ignorieren. Wir reden uns ein, daß uns schon nichts passieren wird oder daß wir rechtzeitig aufhören werden. Ist es tatsächlich schon zu spät, gilt das Argument: »Was nutzt es, jetzt aufzuhören. Es ist doch schon passiert.« Aus genau diesem Grund sind wir uns des Großteils unseres Zigarettenkonsums überhaupt nicht bewußt und betrachten das Rauchen als Gewohnheit. Die meisten starken Raucher glauben, nur ungefähr zwei der Zigaretten, die sie täglich rauchen, wirklich zu genießen. Im Grunde genießen sie aber nicht eine einzige. Sie gehen nur von dieser Annahme aus, weil sie glauben, sie würden überhaupt nicht rauchen, wenn sie nicht wenigstens etwas von diesen beiden Zigaretten hätten. Selbst wenn wir das Teuflische am Rauchen nicht wahrhaben wollen, fühlen wir uns dumm. Nun stellen Sie sich vor, wieviel dümmer Sie sich noch vorkommen müßten, wenn Sie jede Zigarette in vollem Bewußtsein rauchen würden. Das hätte folgenden Effekt:

»Warum atme ich diesen Schmutz in meine Lunge ein? Ich finde eigentlich kein besonderes Vergnügen daran.«

»Wenn ich diese Zigarette anzünde, wird mich nichts davon abhalten, die nächste zu rauchen. Damit wird diese Zigarette mich neunzigtausend Mark kosten.«

»Bis jetzt bin ich noch davongekommen. Aber genau diese Zigarette könnte den Krebs in meiner Lunge verursachen.«

Wenn Sie bei jeder Zigarette, die Sie rauchen, an das alles denken müßten, wäre auch die Illusion des Genusses weg. Es fällt Rauchern nicht schwer, die Augen vor dem Risiko des Lungenkrebses zu verschließen. Was ich jedoch nie verstanden habe und heute noch nicht richtig nachvollziehen kann, ist, wie ein Raucher einfach weiterrauchen kann, nachdem der Arzt ihm eröffnet hat: »Wenn Sie nicht aufhören, werden Sie Ihre Zehen verlieren.«

Wie beim Feuer, sieht sich der Raucher hier unmittelbar mit der Gefahr konfrontiert. Sicher würde jeder Raucher lieber aufhören, als seine Zehen zu verlieren? Aber vielleicht denkt er, der Arzt will ihm nur Angst einjagen und ihn dadurch zum Aufhören bewegen? Also hört er nicht auf und verliert lieber seine Zehen.

Nun sagt der Arzt: »Wenn Sie jetzt nicht aufhören, werden Sie Ihre Füße, möglicherweise sogar Ihre Beine verlieren.« Haben Sie schon einmal im Film gesehen, wie die Beine eines Passagiers auf einem sinkenden Schiff eingeklemmt sind, und die einzige Möglichkeit, ihn zu befreien darin besteht, ihm die Beine zu amputieren? Ich kann mir diese Filme nicht ansehen. Ich kann mir nichts Schlimmeres vorstellen, als keine Beine zu haben. Aber viele Raucher, denen das bevorsteht, hören trotzdem nicht auf. Dabei wissen sie ganz genau, daß der Arzt nicht blufft, denn sie haben bereits ihre Zehen verloren.

Vielleicht sind Sie jetzt endgültig davon überzeugt, daß ich eine Schocktherapie anwenden will. Ich verspreche Ihnen, daß ich das nicht tun werde. Ich erwähne diese Fakten nur, weil ich Ihnen verständlich machen will, warum ein Raucher selbst in diesem Stadium nicht aufhört zu rauchen. Sie sind davon überzeugt, daß Sie dies an seiner Stelle sofort tun würden. Aber ich will Ihnen erläutern, warum das nicht der Fall ist. Damit kommen wir zum zweiten Vorteil, den eine Person, die in einem brennenden Gebäude eingeschlossen ist, gegenüber einem Raucher hat. Die Angst, aus dem Fenster zu springen, bleibt immer gleich. Die Angst zu verbrennen oder zu ersticken, nimmt hingegen ständig zu und wirkt schließlich stärker als die Angst vor dem Sprung. Damit erhält die betroffene Person zumindest eine gewisse Chance zu überleben. Beim Raucher nimmt die Angst vor Krankheiten ebenfalls zu, sie wird jedoch nie so stark wie die Angst vor dem Aufhören.

Ich bin immer wieder erstaunt, wie wenige Raucher sich dessen bewußt sind, daß Rauchen zum Verlust von Gliedmaßen führen kann. Auch mir wurde das erst Monate, nachdem ich aufgehört hatte, klar. Doch ich kann mich noch erinnern, daß Jahre zuvor jemand aus meinem Bekanntenkreis gewarnt wurde, er würde beide Beine verlieren, wenn er weiterrauche. Er hörte nicht auf, beide Beine mußten amputiert werden. Warum hat mein Gehirn diese Information nicht verarbeitet? Hatte ich etwa kein Vertrauen in die Ärzte? Vielleicht. Wenn Sie mir hingegen gesagt hätten, in dem Gebäude, in dem ich mich gerade aufhielt, sei eine Bombe versteckt, hätte ich es mit Sicherheit sofort verlassen, noch bevor ich Ihren Hinweis angezweifelt hätte.

Ich weiß noch genau, daß ich mich immer wieder fragte, warum sich jemand lieber die Beine amputieren läßt als mit dem Rauchen aufzuhören. Dazu fielen mir zwei mögliche Erklärungen ein. Ich kann mich nicht mehr erinnern, in welchem Alter der eben erwähnte Bekannte damals war, doch erschien er mir ziemlich alt, und ich dachte: Sind in diesem Alter Beine noch so wichtig? Aber nein, Beine sind überhaupt nicht wichtig. Man kann auch ohne Beine weiterleben. Aber Zigaretten sind lebenswichtig! Zu meiner Entlastung muß ich anmerken, daß ich diese Erklärung wieder verwarf. Aber wie kam ich überhaupt auf so etwas? So wirkt sich die Abhängigkeit auf das Denkvermögen aus.

Ich verlegte mich also auf die zweite Erklärung, daß Raucher wie dieser Bekannte Geistesgestörte sind. Aber warum kam mir nie in den Sinn, daß ich ebenso dazugehörte? Ich rechnete bereits damit, mein Leben aufs Spiel zu setzen, ganz abgesehen von meinen Beinen, und hörte dennoch nicht auf. Alle Raucher sind geistesgestört. Eltern sagen zu ihrem Sohn oder ihrer Tochter:

»Sei doch nicht so dumm, siehst du nicht, wie weit es mit mir gekommen ist? Warum hörst du nicht auf, solange du noch kannst?«

Das Kind hält dagegen:

»Du mußt doch aufhören, nicht ich. Ich würde es niemals so weit kommen lassen.«

Die Nikotinfalle ist jedoch so angelegt, daß jeder Raucher, der eine zweite Zigarette raucht, sich bereits darin verfangen hat. Wir verstehen nicht, warum wir rauchen und sehen in der Anfangsphase auch keinen Grund aufzuhören. Haben wir dann einen plausiblen Grund, befinden wir uns in exakt in der Situation, in der wir unsere kleine Krücke am dringendsten brauchen. Ein angeschlagener Gesundheitszustand oder Geldmangel mögen vielleicht eine Weile dazu beitragen, uns davon abzuhalten. Doch es wird nicht lange dauern, bis wir uns wieder erholt haben oder unsere finanzielle Situation sich gebessert hat. Da wir nun immer noch den Wunsch haben zu rauchen, tappen wir früher oder später wieder in die Falle.

Schließlich erreichen Sie jenen Zustand, in dem auch ich mich befand. Sie wissen zwar, daß die Zigaretten Sie umbringen werden, doch die Droge und das darin enthaltene Gift haben Sie sowohl geistig als auch körperlich so sehr geschwächt, daß Sie sich einfach Ihrem Schicksal ergeben. Sie denken: Wenn das Leben mit meinem kleinen Vergnügen oder meiner Krücke so aussieht wie jetzt, kann es ohne sie erst recht nicht lebenswert sein. Ein Nichtraucher erkennt auf den ersten Blick, was das Nikotin aus einem Raucher macht. Ebenso erkennen es Raucher bei anderen Rauchern, vor allem in der Eltern-Kind-Beziehung. Der einzige, der nicht in der Lage ist, sich realistisch zu sehen, ist der Raucher selbst.

Wie heißt diese immense Macht, die *jeden* Raucher in einen Geistesgestörten verwandelt, die unser Gehirn vernebelt, uns den Kopf in den Sand stecken läßt und uns davon überzeugt, daß es besser ist, einzelne Gliedmaßen oder das Leben zu opfern, als mit dem Rauchen aufzuhören. Ihr Name ist: *Angst!!!*

Ich meine damit nicht die Angst vor Lungenkrebs oder dem Tod. Ich spreche von einer noch größeren Angst. Einer Angst, die uns dazu bringt, die Augen vor diesen Gefahren zu verschließen. Ich spreche von der Angst, das Leben ohne Zigaretten nicht mehr genießen oder bewältigen zu können. Nichtraucher kennen diese Angst nicht. Und Nikotin schwächt diese Angst nicht ab, sondern verursacht sie. Der größte Gewinn, der mit dem Aufhören verbunden ist, ist die Auflösung dieser Angst.

Die Angst vor dem Lungenkrebs konnte mich nicht vom Rauchen abhalten. Und würde Sie bei Ihnen etwas bewirken, hätten Sie schon längst aufgehört. Solange ich der Meinung war, ich könnte mein Leben ohne

Zigaretten nicht mehr richtig kontrollieren oder genießen, versuchte ich instinktiv, das Krebsrisiko zu ignorieren. Aber als ich realisierte, daß ich ohne Zigaretten mit meinem Leben viel besser zurechtkam und es weitaus mehr genießen konnte, mußte ich die Gesundheitsrisiken nicht mehr zurückdrängen, sie waren plötzlich Bonuspunkte für das Aufhören.

Ich will auf keinen Fall die Folgen von Lungenkrebs, Herzerkrankungen, Arteriosklerose, Emphysemen, Angina pectoris, Thrombosen, Bronchitis und Asthma verharmlosen. Es handelt sich dabei um schwerwiegende Erkrankungen, und ich betrachte es als unentschuldbar, daß unsere Gesellschaft noch immer Millionen von Rauchern in einen frühzeitigen, qualvollen Tod infolge dieser Krankheiten schickt. Aber eine Schocktherapie bewirkt aus den bereits genannten Gründen absolut nichts.

Der Schock, in Kürze in den Flammen umzukommen, kann eine Person dazu bewegen, aus einem brennenden Hochhaus zu springen, aber nur, wenn es keine Feuerleiter gibt. Ich stelle den Rauchern eine Feuerleiter zur Verfügung: einen einfachen Weg, um aufzuhören. Keine Schocktherapie. Doch der häufigste Grund, um mit dem Rauchen Schluß zu machen, ist die Gesundheit. Und solange Raucher ihre Augen vor den Gesundheitsrisiken verschließen, verfügen sie nicht über den nötigen Anreiz, um die Feuerleiter zu benutzen.

Aus diesem Grund lautet eine wichtige Anweisung: sich die Gesundheitsrisiken bewußt zu machen; alles andere würde nur dazu beitragen, Sie in der Falle zu halten. Schauen Sie der Realität ins Auge. Wenn Sie sich nun als Raucher ziemlich dumm vorkommen, müssen Sie sich nur bewußt machen, wie dumm Sie sich erst fühlen müßten, wenn Sie an Lungenkrebs erkranken würden. Sagen Sie nicht mehr: »Mir wird schon nichts passieren.« Damit erreichen Sie nur, daß Ihnen doch etwas passiert! Nutzen Sie diese Information, um glücklicher Nichtraucher zu werden. Denken Sie ab jetzt: »Es *wird* mir passieren.« *Damit erreichen Sie, daß Ihnen nichts passiert!*

Daß wir diese tödlichen Krankheiten gerne als Schicksalsschlag oder einfach als Pech betrachten, bestärkt uns in dem Glauben, sie könnten uns nichts anhaben. Mit anderen Worten, entweder es trifft uns, oder wir kommen völlig ungeschoren davon. Ich wußte zwar, daß ich durch das Rauchen kurzatmig wurde, daß es Husten verursachte und meine Lunge verpestete. Doch das waren keine spezifischen Erkrankungen. Ich fühlte mich lediglich nicht so fit wie ich es als Nichtraucher getan hätte. Na und? Ich trieb weniger Sport als früher, doch deshalb war ich noch lange nicht krank. In *Endlich Nichtraucher!* beschreibe ich Rauchen als fortwährende Kettenreaktion. Man muß sich das so vorstellen, als würde man eine Zündschnur in Brand setzen, deren Länge man nicht kennt.

Mit jeder Zigarette, die man raucht, kommt man der früher oder später explodierenden Bombe um einen Schritt näher. Ich vergleiche das Rauchen oft mit dem Überschreiten eines Minenfeldes. Sie könnten auf eine Mine treten, Sie könnten es aber auch unbeschadet überstehen. Haben Sie das Feld sicher überquert, können Sie aufatmen. Wenn Sie rauchen, bewegen Sie sich bis an Ihr Lebensende auf einem Minenfeld.

Wie werden Raucher mit dieser Situation fertig? Nun, sie werden damit fertig, weil das Leben selbst uns mit genau den gleichen Problemen konfrontiert. Nur eines wissen wir ganz sicher: daß wir früher oder später alle sterben werden. Würden wir uns darüber unablässig Gedanken machen, wäre unser Leben allerdings ganz schön traurig. Also machen wir das einzig Vernünftige, wir genießen das Leben so gut es eben geht. Raucher wenden die gleiche Logik an: »Ich kann es nicht ändern, warum soll ich mir dann dauernd Gedanken darüber machen?« Also liegt es nur allzu nahe, daß sich die Gesundheitsbehörden mit ihren Ratschlägen auf die schlimmen Krankheiten konzentrieren, doch diese Schocktherapie hat bei mir nichts bewirkt. Manche Experten wollen Sie zum Aufhören bringen, indem sie Ihnen ein Bild von einer Raucherlunge zeigen. Doch warum sollte die Farbe einer Lunge Sie überzeugen, wenn das Wissen um den Lungenkrebs schon nicht hilft. Raucher können sich bestimmt schon vorher die Farbe ihrer Lunge vorstellen. Als man noch mehr filterlose Zigaretten rauchte, waren nikotinverfärbte Finger, Zähne oder Bärte nichts Ungewöhnliches. Viele Menschen empfanden diese sichtbaren Zeichen des Rauchens als noch abstoßender als den typischen Atem eines Rauchers. Die davon betroffenen Raucher wußten mit Sicherheit, daß ihre Lunge zehnmal mehr Nikotin abbekam als ihre Finger. Und da sie die Rückstände des Rauchs von der Lunge nicht einfach wegschrubben konnten wie an den Fingern, war ihnen bestimmt auch bewußt, daß es in ihrer Lunge unvergleichlich schlimmer aussehen mußte. Trotzdem machten sie nicht mit dem Rauchen Schluß!

So schrecklich diese tödlichen Krankheiten und ihre Folgen auch sein mögen, erscheint mir ein anderer gesundheitlicher Aspekt im Zusammenhang mit dem Rauchen noch viel besorgniserregender. Ich habe einmal einen Tierfilm gesehen, in dem eine Kröte mit dem Hinterteil zuerst von einer Schlange verschluckt wurde. Einen Moment lang war nur noch ein Teil des Kopfes zu sehen. Die Kröte hatte einen zufriedenen Ausdruck im Gesicht, so als hätte sie einen netten warmen und bequemen Rastplatz gefunden. Diese Szene beeindruckte mich weitaus stärker als die, wenn ein Löwe eine Antilope jagt. Ich dachte: Sicher weiß sie, daß sich ihre Beine schon im Verdauungstrakt befinden, und in Kürze wird auch ihr Kopf darin verschwinden.

Die Szene war so unheimlich, weil die Kröte nicht zu bemerken schien, was mit ihr geschah. Genau das finde ich auch an der Nikotinfalle so tückisch. Sie ist nicht zuletzt deshalb so raffiniert, weil sie, ähnlich wie der Prozeß des Alterns, so langsam wirkt. Unser Spiegelbild scheint sich von einem Tag zum anderen nicht zu ändern. Der Alterungsprozeß wird uns erst bewußt, wenn wir ein zehn Jahre altes Foto betrachten. Die durch das Rauchen bedingte Verschlechterung unseres körperlichen und geistigen Zustands geht ebenfalls so schleichend vonstatten, daß es uns nicht schwerfällt, dies einfach zu ignorieren. Können wir es eines Tages nicht mehr leugnen, schieben wir es eher auf das Alter als auf das Rauchen.

Wäre es mir möglich gewesen, in meinen Körper hineinzusehen, hätte ich sofort mit dem Rauchen Schluß gemacht, davon bin ich überzeugt. Ich spreche in diesem Fall von der kontinuierlich fortschreitenden Beeinträchtigung unseres Stoffwechsels. Das wäre noch nicht einmal so schlimm, wenn wir nur Zelle für Zelle von der Versorgung mit Sauerstoff und anderen Nährstoffen abtrennen würden. Doch wir ersetzen diese Stoffe durch verschiedenste giftige Substanzen wie Nikotin, Kohlenmonoxid, Teer und andere.

Es ist schon tragisch genug, daß dieser Entzug lebenswichtiger Stoffe Kurzatmigkeit und Lethargie hervorruft, darüber hinaus werden aber sämtliche Organe und Muskeln erheblich in ihrer Funktionsweise beeinträchtigt. Der Effekt ist ähnlich wie bei Aids. Unser Immunsystem wird Schritt für Schritt zerstört. Vor kurzem verlautete aus Medizinerkreisen, daß HIV-positive Raucher doppelt so schnell an Aids erkranken wie HIV-positive Nichtraucher. Aber dieses Phänomen ist schon seit zehn Jahren bekannt, warum kommen die Ärzte erst heute damit heraus?

Im Tier- und Pflanzenreich bedeutet Leben auf diesem Planeten einen ständigen Kampf. Dieser Kampf äußert sich auf die unterschiedlichste Weise. Manchmal ist er klar zu erkennen, dann zum Beispiel, wenn eine Art die andere als Beute nimmt, wenn zwei Arten um das Überleben oder zwei Mitglieder der gleichen Art um Nahrung, Lebensraum oder einen Paarungsgefährten kämpfen. Und alle Arten müssen sich in gleicher Weise gegen die Naturgewalten behaupten. Manchmal ist der Überlebenskampf aber nur auf den zweiten Blick zu erkennen, wenn ein Lebewesen Sorge tragen muß, nicht von einem Konkurrenten aufgefressen oder übermäßig von Parasiten belagert zu werden.

Die Menschen haben den Überlebenskampf zum größten Teil für sich entschieden. Unsere noch verbliebenen größten Feinde heißen Krieg, Umweltverschmutzung, Umweltkatastrophen und Hungersnot. Abgesehen von diesen Bedrohungen, die unserer Habsucht und Dummheit entspringen, sind die einzigen echten Bedrohungen nur noch lebensgefährdende Krankheiten.

Ich bin davon überzeugt, daß die meisten Krankheiten von der Verschmutzung unserer Umwelt verursacht werden. Wie bereits in Kapitel 6 aufgezeigt, können Tiere in freier Wildbahn ohne die Hilfe von Ärzten und ohne konservierte Nahrungsmittel und vorgefertigte Behausungen überleben – manche von ihnen werden dabei sogar älter als die meisten Menschen. Ein gesunder, starker Körper verfügt über ausreichende Mittel, Krankheiten abzuwehren. Unsere schlagkräftigste Waffe im Kampf gegen Krankheiten ist unser Immunsystem. Die schwerwiegenden Schädigungen, die wir durch das Rauchen unserer Gesundheit zufügen, führen nicht unmittelbar zu Erkrankungen, beeinträchtigen jedoch unser Immunsystem so stark, daß es nicht mehr wirksam gegen sie ankämpfen kann.

Aids ist eine schreckliche Krankheit, aber sie hat unser Bewußtsein dafür sensibilisiert, wie wichtig unser Immunsystem ist. Wenn ich damals resalisiert hätte, was Rauchen für meinen Körper bedeutet, hätte ich mit Sicherheit schon als junger Mensch wieder aufgehört. Aber als Jugendliche können wir noch mit den Nichtrauchern mithalten und uns selbst immer wieder einreden, daß Rauchen uns nichts anhaben kann. Oft trifft es Raucher in unseren Kursen wie eine Offenbarung, wenn sie sich plötzlich daran erinnern, daß sie damals nicht nur mit den Nichtrauchern mithalten konnten, sondern in vielen Sportarten sogar bessere Leistungen erbrachten.

Vielleicht meint es die Natur gut mit uns, wenn sie uns den Alterungsprozeß nicht unmittelbar wahrnehmen läßt. In diese Kategorie fällt möglicherweise auch das gewaltlose und schrittweise Verschwinden der Kröte im Schlund der Schlange. Man kann sich sogar vorstellen, daß die Kröte ganz und gar zufrieden war. Manchmal ist Unwissenheit gar nicht so schlecht, und die Kröte hätte sowieso nichts mehr an ihrem Schicksal ändern können. Genauso geht es uns mit dem Altern. Auf Raucher läßt sich dies jedoch nicht übertragen, denn sie können etwas gegen ihre Situation tun. Sehen Sie manchmal nach dem Ölstand in Ihrem Wagen? Lassen Sie ab und zu einen Autocheck machen, den Ölfilter oder das Öl wechseln? Wie lange würde Ihr Auto wohl ohne diese Routinearbeiten fahren? Wir haben vorher von der Dummheit der Menschen gesprochen. Halten auch Sie Ihren Wagen für wichtiger als Ihren Körper? Wenn es Ihnen nichts ausmacht, Ihren Wagen zu ruinieren, können Sie sich jederzeit einen neuen kaufen, aber *Sie haben nur einen Körper!*

Wer das Glück hat, gesund zu sein, betrachtet dies meist als Selbstverständlichkeit. Vielleicht halten Sie Ihre Gesundheit nicht für das

Wichtigste in Ihrem Leben. Aber glauben Sie mir, all das, was Ihnen im Moment wichtiger erscheint, wird unbedeutend, sobald Sie krank sind.

Da wir ohnehin nichts dagegen machen können, wären wir ohne das alte Foto, das uns den Alterungsprozeß vor Augen hält, vielleicht besser dran. Aber andererseits ist es sehr schade, daß uns kein Foto zeigen kann, wie wir heute aussähen, wenn wir nicht in die Nikotinfalle geraten wären. Noch besser wäre es, wenn man jeden Raucher von einer Sekunde zur anderen in den geistigen und körperlichen Zustand zurückversetzen könnte, in dem er sich befand, bevor er Raucher wurde. Oder wenn man ihm einen Eindruck davon vermitteln könnte, wie er sich nach drei Wochen Nichtrauchen fühlen wird. Die Arbeit an diesem Buch wäre mir dann erspart geblieben. Jeder Raucher würde denken: Werde ich mich wirklich so großartig fühlen? Ich versichere jedem von Ihnen: Sie werden nicht nur körperliche Gesundheit und Energie zurückgewinnen, sondern auch mehr Selbstvertrauen und Achtung vor sich selbst erlangen.

Und Ihre nächste Frage wird lauten: Bin ich wirklich so tief gesunken?

Der durch das Rauchen eintretende Abbau der Kräfte geht so schleichend vonstatten, daß er kaum wahrgenommen wird. Die Rückkehr zu einem normalen Gesundheitszustand vollzieht sich nach Beendigung des Rauchens ebenso schrittweise, so daß der Effekt nicht so stark spürbar ist, so als würde er von einem Moment zum anderen stattfinden. Die meisten Raucher, die nach meinen Anweisungen vorgehen, erkennen aber diese Entwicklung. Dagegen klagen viele Raucher, die mit Hilfe von Willenskraft aufhören, daß sie sich nun körperlich und mental noch schlechter fühlen. Das überrascht mich nicht. Wenn Sie mit der Willenskraft-Methode aufhören, haben Sie das Gefühl, auf etwas verzichten zu müssen, und sind deshalb deprimiert. Sie sind besessen davon, irgendeine fadenscheinige Ausrede zu finden, um wieder mit dem Rauchen beginnen zu können. Ich kann nicht beurteilen, ob es Ihnen aufgrund der depressiven Stimmung auch körperlich schlechter geht oder ob es sich dabei nur um die List eines Drogensüchtigen handelt, um eine Entschuldigung für die Rückkehr zur Droge zu finden. Es ist auch nicht wichtig. Ich kann aus persönlicher Erfahrung sagen, daß die Wirkung in jedem Fall die gleiche ist.

Zum Glück gibt es jedoch eine Möglichkeit, Körper und Geist unmittelbar in diesen anderen Zustand zu versetzen, so daß Sie sofort wissen, wie Sie sich als Nichtraucher fühlen werden. Wenn Sie schon einmal ein Haustier besessen haben, wissen Sie sicher, wie frustrierend es sein kann, sich bei bestimmten Gelegenheiten nicht mit ihm verständigen zu können. Wenn das Tier zum Beispiel krank ist und Ihnen nicht mitteilen kann, wo es Schmerzen hat, oder wenn Sie in Urlaub fahren und schon vorausahnen, wie sehr es Sie vermissen wird und nicht versteht, wann Sie zurückkommen. In solchen Situationen wünscht man sich aufrichtig, mit dem Tier sprechen zu können.

Wir Menschen besitzen anderen Lebewesen gegenüber zwei große Vorteile. Wir können miteinander kommunizieren. Ich kann Ihnen meine eigenen Erfahrungen vermitteln und die anderer Raucher, die von sich geglaubt haben, sie könnten niemals frei werden. Sie befinden sich nun in der vorteilhafen Lage, diese Erfahrungen nutzen und daraus lernen zu können. Der zweite große Vorteil gegenüber anderen Lebewesen besteht in unserer Vorstellungkraft. Sie müssen nicht jede Erfahrung selbst machen. Sie können Nick Faldo beobachten, wie er bei der Open Championship im Golf den Titel holt, und nachvollziehen, wie groß der Druck und die Herausforderung waren und wie sehr er sich schließlich über den Sieg freut. Ebenso können Sie sich ein Bild davon machen, welches Ausmaß Ihr körperlicher und mentaler Kräfteabbau angenommen hat, und im voraus abschätzen, wie er sich weiterentwickeln wird.

Wenn Sie starke Raucher, Alkoholiker oder Heroinsüchtige beobachten, steht für Sie auf den ersten Blick fest, daß diese Personen keinerlei Vorteile aus ihrer Droge ziehen. Sie sehen nur zu deutlich, daß es ihnen ohne ihre *Krücke* viel besser gehen würde. Aber stempeln Sie diese Leute nicht einfach als Narren ab, sondern benutzen Sie sie, um sich selbst im rechten Licht zu sehen. Machen Sie sich klar, daß Sie in die Tiefen einer fleischfressenden Pflanze abgerutscht sind. Es ist nicht wichtig, wie weit unten Sie sich schon befinden, es wird Ihnen in jedem Fall besser gehen, wenn Sie daraus befreit sind. Denken Sie nicht mehr: Das kann mir nicht passieren. Sie sind schon mitten drin! Es hat angefangen, *als Sie sich Ihre erste Zigarette ansteckten.*

Die Medizin führt inzwischen eine Vielzahl von Krankheiten auf das Rauchen zurück, darunter Diabetes, Gebärmutterhals- und Brustkrebs. Einige der destruktiven Auswirkungen des Rauchens, unter denen ich zum Teil schon über Jahre hinweg gelitten hatte, wurden mir erst lange, nachdem ich mit dem Rauchen aufgehört hatte, bewußt.

Während ich Dummköpfe und Geistesgestörte, die bereit waren, ihre Gliedmaßen zu opfern, zutiefst verachtete, war mir jahrelang nicht klar, daß ich mich selbst auf dem Weg zur Arteriosklerose befand. Meinen fast permanent grauen Teint führte ich auf natürliche Veranlagung oder mangelnde sportliche Betätigung zurück. Nicht im Traum hätte ich daran gedacht, daß er von der Verstopfung der Blutgefäße herrühren könnte. Als ich um die Dreißig war, litt ich unter Krampfadern, die sich jedoch wie durch ein Wunder zurückgebildet haben, seit ich nicht mehr rauche. Ungefähr fünf Jahre, bevor ich aufhörte, hatte ich jede Nacht ein merkwürdiges Gefühl in den Beinen. Es war kein stechender Schmerz, nur ein Gefühl der Unruhe. Joyce mußte mir jede Nacht die Beine massieren. Erst ein Jahr, nachdem ich mit dem Rauchen Schluß gemacht hatte, fiel mir auf, daß ich die Massagen nicht mehr brauchte.

Etwa zwei Jahre, bevor ich aufhörte, hatte ich von Zeit zu Zeit heftige Schmerzen in der Brust, die ich zunächst für die Anzeichen von Lungenkrebs hielt. Vermutlich war es aber eine Angina pectoris, jedenfalls habe ich diese Schmerzen seither nicht mehr gespürt.

Als Kind blutete ich immer heftig, wenn ich mich geschnitten hatte. Das jagte mir jedesmal Angst ein. Niemand hatte mir erklärt, daß das zum natürlichen Heilungsprozeß gehörte und das Blut zum richtigen Zeitpunkt von selbst gerinnen würde. Ich hatte Angst, Bluter zu sein und eines Tages zu verbluten. Als ich älter war, blutete ich selbst bei tieferen Schnittverletzungen nur wenig. Eine rötlichbraune Flüssigkeit sickerte nur tropfenweise aus der Wunde.

Die Farbe bereitete mir Sorgen. Ich wußte, daß Blut in der Regel hellrot ist, und folgerte daraus, unter einer bestimmten Blutkrankheit zu leiden. Über die geringe Menge war ich ganz froh. Auf das starke Bluten konnte ich gut verzichten. Erst nachdem ich nicht mehr rauchte, erfuhr ich, daß Rauchen die Blutgerinnung verstärkt und die bräunliche Farbe auf Sauerstoffmangel im Blut zurückzuführen ist. Damals hatte ich keine Ahnung von diesen Dingen, doch rückblickend finde ich diese Folge des Rauchens wirklich erschreckend. Wenn ich mir vorstelle, wie mein Herz arbeiten mußte, um diesen zähen Brei tagaus, tagein durch die verstopften Blutgefäße zu transportieren, erscheint es mir noch heute wie ein Wunder, daß ich keinen Schlaganfall oder Herzinfarkt erlitten habe. Dabei wurde mir einmal mehr bewußt, welche Kraft und Resistenz diese unglaubliche Maschine Mensch besitzt.

Als ich etwa vierzig war, zeigten sich auf meinen Händen Leberflecken. Falls Sie nicht wissen, was das ist, es handelt sich dabei um jene braunen oder weißen Flecken, die sich bei alten Menschen oft im Gesicht oder auf den Händen bilden. Ich wollte sie ignorieren und als Ausdruck frühzeitigen Alterns abtun, bedingt durch mein hektisches Leben. Erst vor drei Jahren merkte ein Raucher in einem meiner Kurse an, daß seine Leberflecken verschwunden seien, nachdem er nicht mehr rauchte. Ich hatte meine völlig vergessen und war überrascht zu sehen, daß auch sie verschwunden waren.

Seit ich denken kann, flimmerte es mir vor den Augen, wenn ich zu schnell aufstand, vor allem in der Badewanne. Mir wurde schwindlig, und ich hatte das Gefühl, gleich umzukippen. Dieses Phänomen brachte ich nie mit dem Rauchen in Verbindung. Ich war vielmehr davon überzeugt, daß es völlig normal sei und auch bei allen anderen auftreten würde. Als mir vor zwei Jahren ein ehemaliger Raucher berichtete, daß er nun nicht mehr unter diesen Symptomen leide, fiel mir auf, daß es mir ebenso erging.

Vielleicht haben Sie jetzt den Eindruck gewonnen, ich sei ein Hypochonder. Sicher war ich das, als ich noch rauchte. Zu den großen Übeln des Rauchens gehört auch, daß wir glauben, es gebe uns Mut, merken aber nicht, daß es uns in Wirklichkeit schrittweise und kaum merklich unseres Mutes beraubt. Als mein Vater sagte, er möchte keine fünfzig Jahre alt werden, war ich schockiert. Ohne es zu merken fehlte mir zwanzig Jahre später ebenso die Lust am Leben. Ich will in diesem Kapitel nicht den Teufel an die Wand malen, sondern genau das Gegenteil erreichen. Als Kind hatte ich Angst vor dem Tod. Dann glaubte ich, das Rauchen würde mir diese Angst nehmen. Vielleicht war es auch so. Aber dann hat es diese Angst durch eine viel schlimmere ersetzt, die *Angst vor dem Leben!*

Heute habe ich wieder Angst vor dem Sterben, aber es beunruhigt mich nicht. Ich bin mir dieser Angst deshalb so bewußt, weil ich jetzt das Leben so sehr genieße. Und ich mache mir darüber nicht mehr Gedanken als in meiner Kindheit. Ich bin viel zu sehr damit beschäftigt, die schönen Seiten des Lebens zu genießen. Aller Wahrscheinlichkeit nach werde ich keine hundert Jahre, aber versuchen will ich es. Und ich will jeden kostbaren Moment davon bewußt erleben!

Es gibt in bezug auf die Gesundheit noch zwei andere Aspekte, die ich ebenfalls erst realisierte, als ich nicht mehr rauchte. Zum einen hatte ich jede Nacht die immer gleichen Alpträume. Ich träumte, jemand würde mich jagen. Die einzige Erklärung, die ich mir dafür denken kann, ist der Entzug vom Nikotin während der Nacht und das daraus resultierende Gefühl der Unsicherheit. Der einzige Alptraum, der mich heute ab und zu quält, ist der, daß ich wieder rauche. Das kommt bei ehemaligen Rauchern relativ häufig vor. Manche befürchten deshalb, daß sie unterbewußt doch noch das Verlangen nach Zigaretten haben. Aber keine Sorge. Die Tatsache, daß es sich um einen Traum handelt, sagt schon aus, daß Sie nur zu froh sind, nicht mehr zu den Rauchern zu gehören. Unmittelbar nach dem Aufwachen aus einem Alptraum befindet man sich meist in einem Zwischenstadium, man weiß zunächst nicht genau, ob wirklich eine Katastrophe eingetreten ist oder man dies nur geträumt hat. Aber wie groß ist die Erleichterung darüber, wenn sich herausstellt, daß alles nur ein Traum war!

Damit kommen wir zum zweiten Vorteil. Wenn es in den Kursen um das Thema Konzentration geht, stelle ich gelegentlich die Frage: »Welches Organ in Ihrem Körper ist am meisten auf eine ausreichende Blutversorgung angewiesen?« Das dümmliche Grinsen, vor allem bei den Männern, sagt mir dann in der Regel, daß sie an ein ganz anderes Organ denken als ich. Als schüchterner Engländer behandle ich dieses Thema lieber mit Zurückhaltung und habe keinerlei Absicht, einen kleinen Kinsey-Report über die negativen Auswirkungen des Rauchens auf meine Sexualität abzugeben oder über die der anderen Exraucher, mit denen ich mich über dieses Thema unterhalten habe. Auch dieser Aspekt wurde mir erst bewußt, nachdem ich schon eine Weile mit dem Rauchen aufgehört hatte. Bis dahin hatte ich meine Potenz und sexuelle Aktivität beziehungsweise den Mangel daran, auf mein fortgeschrittenes Alter zurückgeführt.

Wenn Sie Dokumentarfilme über die Tier- und Pflanzenwelt sehen, werden Sie immer wieder feststellen, daß die erste und wichtigste Regel Überleben heißt. Die zweite Regel lautet Überleben der Art und Fortpflanzung. Die Natur sorgt dafür, daß die Fortpflanzung nur unter gesunden Partnern stattfindet, die vorher für ein sicheres Heim und ausreichenden Vorrat an Nahrung gesorgt haben. Der Mensch kann sich aufgrund seines Erfindungsgeistes diesen Regeln bis zu einem gewissen Grad entziehen, doch ich weiß mit Sicherheit, daß Rauchen zu Impotenz führen kann. Und Sie können darauf vertrauen, daß Sie Ihr Sexualleben viel intensiver genießen werden, wenn Sie sich gesund und fit fühlen.

Wir sind nun fast am Ziel. Nur noch ein wichtiges Thema gilt es zu behandeln, bevor wir die letzte Zigarette rauchen:

DEN RICHTIGEN ZEITPUNKT

KAPITEL 38

Der richtige Zeitpunkt

Für Raucher gibt es zwei klassische Kategorien von Ereignissen, die sie zum Aufhören animieren. Um sie unterscheiden zu können, muß ich noch einmal auf die Schizophrenie des Rauchers zurückkommen, im besonderen auf das in Kapitel 34 verwendete Bild mit der Waage. Obwohl der Zeiger ständig in Bewegung ist, schlägt er doch während der meisten Zeit, die wir als Raucher verbringen, zugunsten des Rauchens aus, so irrational das vom logischen Standpunkt aus auch scheinen mag. Zur ersten Kategorie gehören jene Ereignisse in unserem Leben, die den Zeiger in die andere Richtung lenken und den Raucher dadurch zu einem Versuch, mit dem Rauchen aufzuhören, motivieren. Dies kann ein Asthmaanfall sein, der dazu führt, daß wir uns um unsere Gesundheit sorgen, oder der Verlust des Arbeitsplatzes, aufgrund dessen wir uns das Rauchen finanziell nicht mehr leisten können.

Die zweite Kategorie sind jene in meinen Augen bedeutungslosen Tage wie Neujahr, Nationale Nichtraucher- oder Geburtstage. Ich bezeichne sie als bedeutungslos, weil sie mit unserem Rauchen nicht das geringste zu tun haben oder, mit anderen Worten ausgedrückt, auf der Waage keinerlei Wirkung zeigen. Dem Raucher dienen sie lediglich als Zeitpunkt, um mit dem Rauchen aufzuhören.

Was ist daran verkehrt? Nichts wäre daran verkehrt, wenn es auch nur einem Raucher beim Aufhören helfen würde. Ich will nicht bestreiten, daß eine Reihe von Rauchern tatsächlich an einem dieser bedeutungslosen Tage aufgehört hat. Doch dann haben sie es, genau wie bei der Willenskraft-Methode, trotzdem geschafft und nicht deswegen. Diese Tage bedeuteten für diejenigen, die es geschafft haben, nur eine zusätzliche Erschwernis. Bedeutungslose Tage richten aus mehreren Gründen immensen Schaden an.

Erstens bewirken sie keine Bewegung auf der Waage, der Raucher in seiner Schizophrenie will also im Grunde weiterrauchen. Jeder Versuch, ihn dazu zu bringen, seine Krücke wegzuwerfen, sei es aus eigenem Antrieb oder auf Druck von außen, verstärkt nur seine Illusion, es handle sich tatsächlich um eine Krücke oder um ein Vergnügen. Ein typisches Beispiel ist der Nationale Nichtrauchertag. Angesichts des öffentlichen Drucks von allen Seiten stellen sich den Rauchern die Haare zu Berge, mit dem Resultat, daß die meisten von ihnen an genau diesem Tag nicht auf die Zigaretten verzichten wollen – und schon gar nicht auf Dauer. Das Tragische dabei ist, daß so viel Energie verschwendet wird, um den Rauchern das Aufhören nur noch schwerer zu machen!

Aber noch bedeutungsloser ist der Silvesterabend. Geht man von seiner Erfolgsquote aus, steht er ganz unten. Dieses Phänomen läßt sich am besten erklären, indem man ein typisches Beispiel genauer analysiert. Außerdem werden Sie dadurch besser verstehen, warum auch die anderen bedeutungslosen Tage nur Schaden anrichten. Zum einen fehlt von Anfang an das richtige Engagement auf seiten des Rauchers, zum anderen ist durch die besonderen Umstände unmittelbar vor und nach dem Silvesterabend das Scheitern schon vorprogrammiert.

Silvester ist nicht aus purem Zufall der am häufigsten gewählte Zeitpunkt zum Aufhören. Abgesehen davon, daß es Tradition ist, an diesem Tag Vorsätze zu fassen, sind wir an diesem Tag häufig eingeladen. Gerade um Weihnachten und Neujahr rauchen wir in der Regel so viel, daß uns unser Mund jeden Morgen nach dem Aufwachen wie ein Aschenbecher vorkommt. Eine Ironie am Rande: Genau das sind die Zigaretten, die angeblich so gut schmecken. Bis zum Silvesterabend sieht es in Brust und Hals so schlimm aus, daß wir nur zu bereitwillig den Vorsatz fassen, nicht mehr zu rauchen.

Nach einigen Tagen Abstinenz hat unser Körper den Großteil des Schleims wieder ausgeschieden. Die Umstände, die uns zu unserem guten Vorsatz bewegt haben, sind nicht mehr existent. Gleichzeitig hat die kleine Bestie in unserem Körper einige Tage keine Nahrung mehr bekommen. Sie befindet sich auf dem Höhepunkt ihres Todeskampfes und schreit nach Nikotin.

Diese Form der Leere wird noch verstärkt von einer anderen Leere, ausgelöst durch das Stimmungstief, das immer auf eine längere Periode des Feierns folgt. Selbst wenn wir darüber hinwegkommen, steht uns die eigentliche Probe erst bevor: Wir müssen zurück an unseren Arbeitsplatz. Der normale Montagmorgen ist schon schlimm genug, doch der erste Arbeitstag nach Silvester kostet im Vergleich dazu eine viel größere Überwindung.

Wer kann es uns schon verübeln, wenn wir eine, nur eine einzige der Zigaretten annehmen, die uns Kollegen, die ihre Vorsätze schon längst wieder über Bord geworfen haben, anbieten? Und wie kostbar diese Zigarette zu sein scheint. Es dauert nicht lange, und wir rauchen noch eine und noch eine.

Bedeutungslose Tage können Ihnen nicht beim Aufhören helfen, weil sie den Zeiger auf der schizophrenen Waage in Ihrem Gehirn nicht beeinflussen. Solange der Zeiger auf die Raucherseite weist, bleiben Sie auch Raucher. Bedeutungslose Tage richten immensen Schaden an, weil sie uns zu halbherzigen Versuchen anregen, in deren Verlauf unsere Gefühle Achterbahn fahren. Sie führen uns in eine Phase des Leidens und des Verzichts, mit dem einzigen Resultat, daß wir noch mehr davon überzeugt sind, es wäre schwierig, mit dem Rauchen aufzuhören, und das kostbarste Gut auf Erden sei dieser krebserregende Glimmstengel!

Das Teuflische an jedem gescheiterten Versuch ist, daß die Raucher es nur nicht schaffen, weil sie glauben, auf etwas verzichten zu müssen. Sie haben es mit Willenskraft versucht und sämtliche Reserven aufgebraucht. Nun dauert es wieder zwei Jahre, bis sie den Mut fassen, erneut einen Versuch zu starten. Ebensogut könnte man einen Marathonläufer, der hundert Meter vor dem Ziel zusammenbricht, mit den Worten trösten: »Mach dir nichts draus. Ruh dich ein paar Stunden aus, und lauf die Strecke noch einmal. Beim nächstenmal wirst du es schon schaffen.« Aber der Marathonläufer wird es unter diesen Voraussetzungen ganz sicher nicht schaffen. Dem Raucher hingegen würde es mit meiner Methode sehr wohl gelingen – wenn man ihn nur zu einem erneuten Versuch überreden könnte!

Vielleicht sind Sie aber immer noch der Meinung, diese bedeutungslosen Tage hätten zumindest eine positive Eigenschaft, nämlich die Raucher wenigstens zu einem Versuch anzustiften. Aber genau das ist ihre destruktivste Eigenschaft. Unser ganzes Raucherleben lang suchen wir verzweifelt nach Gründen, um den schlimmen Tag immer weiter hinauszuschieben. Doch hier haben wir eine willkommene Ausrede, um mit unserem Versuch bis zum nächsten bedeutungslosen Tag zu warten – und dann wieder zu scheitern!

Angenommen, in Ihrem Fuß würde ein Dorn stecken, der Ihnen große Schmerzen bereitet. Würden Sie nun beschließen, bis Silvester oder bis zum nächsten Nationalen Dorn-Entfernungs-Tag zu warten, um ihn herauszuziehen? Oder wenn Sie heute zwanzig sind, den Dorn erst an Ihrem vierzigsten Geburtstag zu entfernen? Wir schieben den Tag immer weiter in die Ferne, weil wir auf keinen Fall heute aufhören wollen. Warum sollte sich diese Situation an einem bedeutungslosen Tag ändern? Sie empfinden nichts als ein Gefühl des Verzichts und der Panik!

Aus diesen Gründen sollten wir unsere Versuche aufzuhören auf die erste Kategorie konzentrieren, Gelegenheiten also, bei denen ein bestimmtes Ereignis den Zeiger umspringen läßt und uns damit zum Aufhören animiert. Oft handelt es sich dabei um einen Anlaß, den wir im voraus als Auslöser bestimmt haben, um bei seinem Eintreten ohne Reue und große Überlegungen mit dem Rauchen aufzuhören, zum Beispiel bei einer Schwangerschaft oder wenn nichts mehr darüber hinwegtäuschen kann, daß das Rauchen nicht nur die Gesundheit beeinträchtigt, sondern unweigerlich zum Tod führen wird, wenn wir nicht sofort aufhören.

Aber egal, welchen Tag wir uns aussuchen, es scheint immer der falsche zu sein. Auch das gehört zu den Tücken der Nikotinfalle.

Vielleicht sind Sie der Meinung, Sie würden mit dem Rauchen aufhören, wenn Sie Ihren Arbeitsplatz verlieren oder wenn deutlich zu erkennen ist, daß das Rauchen Sie ins Grab bringen wird. Aber sind das nicht genau jene Phasen, in denen Sie Ihre illusorische Krücke am dringendsten brauchen? Glauben Sie wirklich, es wäre einfacher, mit dem Rauchen aufzuhören, wenn Sie keine Arbeit mehr haben oder vor einer Bypassoperation stehen, wenn es Ihnen schon unter normalen Umständen so schwerfällt und Sie sich so elend fühlen?

Manchmal höre ich von Kursteilnehmern: »Ich habe mich an Ihre Anweisungen gehalten und bin dankbar, daß ich nun aufgehört habe. Aber bei mir will sich einfach nicht diese Freude und Euphorie einstellen, die Sie offensichtlich erfahren haben.« Das liegt daran, daß ich keine echten Probleme hatte. Ich war zutiefst davon überzeugt, welche zu haben, und wartete immer auf eine weniger streßige Periode in meinem Leben, um dann mit dem Rauchen aufzuhören. Als junger Angestellter, der für eine Familie sorgen mußte, hatte ich das Gefühl, die Last der ganzen Welt zu tragen. Wenn meine Kinder etwas falsch gemacht hatten, bekam ich Wutanfälle, die in keiner Relation zu ihrem Vergehen standen. Ich war zutiefst davon überzeugt, daß es sich dabei um einen schwerwiegenden Defekt in meinem Charakterbild handelte. Heute weiß ich, daß diese Reizbarkeit nichts mit meinem Charakter zu tun hatte, sondern von dem Gefühl der Leere und Unsicherheit hervorgerufen wurde, die sich einstellt, wenn der Körper nach Nikotin verlangt. Aber selbst heute kann ich das meinen Kindern nicht glaubhaft machen, denn immer wenn sie einen Raucher über das Rauchen sprechen hören, fallen die Worte: »Es beruhigt mich, es entspannt mich.«

Erst nachdem ich aufgehört hatte, wurde mir klar, daß diese anderen Probleme mir nur so riesig erschienen waren, weil ich körperlich und geistig ziemlich angeschlagen war. Doch wenn Sie aufhören wollen, wenn Sie arbeitslos werden oder vor einem größeren chirurgischen Eingriff stehen, sind das nicht gerade die Momente, in denen Sie Freudensprünge machen werden. Aber machen arbeitslose Raucher oder Raucher, denen eine Operation bevorsteht, Freudensprünge? Natürlich nicht, sie werden ebensowenig Anlaß dafür sehen wie ein Nichtraucher in der gleichen Situation. Aber als Nichtraucher werden Sie sich nicht so elend fühlen. Es wird Ihnen genauso gehen wie mir: Diese Probleme, so real sie auch sein mögen, werden Sie als Nichtraucher in weitaus geringerem Maße beschäftigen. Eine Gefahr müssen Sie jedoch bedenken: Wenn Sie die Entscheidung aufzuhören auf die Zeit nach Ihrer Problemlösung verschieben, haben Sie automatisch Ihren Grund aufzuhören beseitigt. So raffiniert ist die Nikotinfalle – doch wir werden noch raffinierter sein!

Ich behaupte seit Jahren, über das Rauchen besser Bescheid zu wissen als jeder andere Mensch auf diesem Planeten. Es handelt sich dabei um einen unglaublich simplen Bauernfängertrick, den die Gesellschaft in ein ebenso unglaublich kompliziertes Labyrinth aus Trugbildern verwandelt hat. Dieses Labyrinth basiert auf Lügen, Unwissenheit und Mißverständnissen auf seiten der Raucher im besonderen und der Gesellschaft im allgemeinen, die sogenannten Experten miteingeschlossen.

Weil ich sowohl die simple Struktur als auch die Komplexität der Nikotinfalle verstehe, kann ich einen einfachen und richtigen Weg aufzeigen, wie man ihr entkommt.

Als ich *Endlich Nichtraucher!* schrieb, war ich mir noch nicht ganz sicher über das richtige Timing. Damals riet ich zum Beispiel einem Geschäftsmann, der davon überzeugt war, die Zigaretten würden ihm zur Entspannung verhelfen, während eines längeren Urlaubs mit dem Rauchen aufzuhören. Doch heute halte ich es für das Beste, wenn er sich dafür den hektischsten und streßigsten Tag des Jahres aussucht. Analog dazu hört ein Raucher, dem die Zigaretten in Gesellschaft am wichtigsten sind, am besten dann auf, wenn das für ihn aufregendste gesellschaftliche Ereignis des Jahres stattfindet.

Obwohl ich absolut sicher bin, daß dies die besten Zeiten sind, zweifle ich nach wie vor daran, ob ich einem Raucher tatsächlich raten soll, genau dann aufzuhören. Ich will Ihnen erklären, was mich zu diesen Zweifeln veranlaßt. Nehmen wir als Beispiel den Geschäftsmann. Würde er während seines Urlaubs aufhören, ergäben sich daraus folgende Vorteile:

1. Der ehemalige Raucher ist glücklich, entspannt und kommt dadurch besser mit den Entzugserscheinungen zurecht.
2. Sollte er tatsächlich unter Konzentrationsstörungen oder erhöhter Reizbarkeit leiden, leiden zumindest nicht die Umsatzzahlen oder die Mitarbeiter darunter.
3. Nach drei Wochen Abstinenz hat der ehemalige Raucher alle Entzugserscheinungen überwunden und der Großteil des Giftes wurde

vom Körper ausgeschieden. Dies und die dreiwöchige Erholung bewirken, daß der Exraucher vor Energie und Selbstvertrauen nur so strotzt, wenn er wieder ins Büro kommt, und zunächst überhaupt nicht mehr daran denkt, daß er jemals geraucht hat.

Aber dadurch entsteht ein verzerrtes Bild sowohl des Rauchens als auch des Urlaubs. Der Geschäftsmann erweckt den Eindruck, völlig erholt und mit aufgeladenen Batterien aus dem Urlaub zurückzukehren, wild entschlossen, die Geschäftswelt zu erobern. Doch wie sieht es in Wirklichkeit aus? Die letzten Wochen vor dem Urlaub rannte er wie eine aufgescheuchte Henne durch die Gegend, um auch ja sicherzugehen, daß alles auf dem aktuellsten Stand ist und die Firma während seiner Abwesenheit weiter funktioniert. Die ersten Urlaubstage kann er sich überhaupt nicht entspannen und fragt sich unablässig, ob er nicht irgend etwas Wichtiges vergessen habe. Schließlich vergißt er aber das Büro und läßt sich von der Urlaubsstimmung einfangen. Plötzlich erscheinen ihm all die Dinge, über die er sich so viele Gedanken gemacht hat, völlig unwichtig. Er fragt sich, wie er nur so angespannt sein konnte, und nimmt sich vor, auch nach dem Urlaub diese unbedeutenden Kleinigkeiten nicht mehr so ernst zu nehmen.

Drei Wochen lang wurde er umsorgt und gehätschelt. Er mußte sich um nichts kümmern und war für nichts verantwortlich. Geld spielte keine Rolle. Er hat zuviel gegessen und getrunken und in seinem euphorischen Zustand Muskelpartien beansprucht, von deren Existenz er nichts geahnt hatte. Überflüssigerweise hatte dann der Rückflug Verspätung, und er kommt sowohl körperlich als auch mental als Wrack zu Hause an.

Je mehr man einen Urlaub genießt, um so schlechter fühlt man sich nämlich, wenn er zu Ende ist. Hinzu kommt noch, daß der Urlaub, den man sich eigentlich sowieso nicht leisten konnte, doppelt so teuer war wie geplant. Aber vielleicht ist ja in dem Stapel Post, der sich in der Zwischenzeit angesammelt hat, etwas Erfreuliches. Und wirklich, unter den üblichen Postwurfsendungen, Rechnungen und Umschlägen vom Finanzamt befinden sich nicht nur eine, sondern drei Mitteilungen, daß man in Kürze einen Preis im Wert von fünfhunderttausend Mark gewinnen wird.

Die Koffer sind noch nicht richtig ausgepackt, als man sich ziemlich niedergeschlagen an seinem Schreibtisch wiederfindet. Die Kollegen benehmen sich völlig abweisend. Sie sagen zwar nichts, aber bringen unmißverständlich zum Ausdruck: »Für dich ist alles in Ordnung. Aber während du weg warst, saßen wir hier fest und mußten auch noch deine Arbeit erledigen.« Man befindet sich drei Wochen im Rückstand mit seinen Arbeiten. Nicht eine davon, die man so mühevoll vorbereitet hat, damit sie auch ja korrekt ausgeführt wird, ist tatsächlich erledigt worden. Es ist nur allzu verständlich, wenn ein ehemaliger Raucher in dieser Situation der Versuchung erliegt, schnell eine Zigarette zu rauchen. Aber dieses Verständnis wird ihm nicht helfen: *Er sitzt schon wieder in der Falle.*

Wenn man sich einen seiner Meinung nach einfachen Tag zum Aufhören aussucht, stellt sich das Problem, daß man den Erfolg erst beurteilen kann, wenn es zum Härtetest kommt: »Gut, ich habe bewiesen, daß ich einen Urlaub ohne Zigaretten genießen kann, aber was passiert, wenn ich wieder ins Büro muß, wenn ich eine Autopanne habe, wenn ich mit meinen Freunden auf den Golfplatz gehe oder Karten spiele und alle anderen rauchen? Was ist bei der nächsten Hochzeit, an Weihnachten oder wenn bei der nächsten Essenseinladung die Zigarren herumgereicht werden?« Sie müssen sich bei den unterschiedlichsten Gelegenheiten immer wieder selbst auf die Probe stellen. Das bedeutet, daß sie immer noch von Zweifeln und Unsicherheit geplagt sind.

Hören Sie jedoch an einem Tag auf, an dem es Ihnen ausgesprochen schwierig erscheint, weil er mit besonders viel Streß verbunden oder besonders entspannt ist, weil Sie zu einer Party eingeladen sind, sich langweilen oder sehr konzentriert sein müssen, können Sie sich dabei selbst sofort beweisen, daß Sie eine solche Situation auch von Anfang an ohne Zigaretten genießen oder durchstehen können. Sie haben dann die Gewißheit, daß Sie es auch in jeder anderen Lebenslage schaffen können. Mit anderen Worten ausgedrückt: Wenn Sie über einen fünfzig Zentimeter hohen Zaun springen können, wissen Sie noch lange nicht, ob es Ihnen auch über einen doppelt so hohen Zaun gelingt oder ob Sie überhaupt das eigentliche Ziel erreichen, nämlich über einen dreimal so hohen Zaun zu springen. Springen Sie jedoch als erstes über die höchste Marke, brauchen Sie sich über die beiden niedrigeren keine Gedanken mehr zu machen.

Man kann also kategorisch davon ausgehen, daß der Zeitpunkt, den man für sich persönlich als den schwierigsten betrachtet, gleichzeitig auch der beste ist. Was ist also der Grund für meine Zweifel? Warum rate ich Ihnen nicht einfach, diesen Zeitpunkt zu wählen? Werden Sie in einer solchen Situation auch genügend Mut und Selbstvertrauen aufbringen? Wenn Sie als erstes über den höchsten Zaun springen wollen und es nicht schaffen, werden Sie an Selbstvertrauen einbüßen. Schaffen Sie es aber als erstes, über den niedrigsten und den mittleren Zaun zu springen, beziehen Sie daraus genügend Selbstvertrauen und Erfahrung, um auch den höchsten Zaun zu überwinden.

Mit der Wahl des für Sie schwierigsten Zeitpunkts sind aber noch weitere Probleme verbunden. Selbst wenn Sie davon überzeugt sind, daß das Aufhören damit am einfachsten ist und Sie in dieser Phase auch den nötigen Mut aufbringen werden, besteht immer noch die Gefahr, daß Sie im letzten Moment einen Rückzieher machen. Denn tun wir das nicht im Grunde unser ganzes Raucherdasein lang – immer wieder nach einer Ausrede suchen, um den gefürchteten Tag noch einmal hinauszuschieben?

Gehen wir nun aber davon aus, daß Sie das Prinzip verstehen und sicher sind, keinen Rückzieher zu machen, der Zeitpunkt aber, den Sie für sich persönlich als den schwierigsten erachten, einige Monate oder sogar Jahre in der Zukunft liegt. Sollen Sie nun so lange warten, um mit dem Rauchen aufzuhören? *Mit Sicherheit nicht!*

Nun haben Sie bestimmt den Eindruck, anstatt die Lage zu klären, stelle ich sie nur noch verwirrender dar. Aber leider ist sie tatsächlich so verworren. Solange Sie noch von den Ängsten eines drogensüchtigen Gehirns geplagt werden, ist es praktisch unmöglich herauszufinden, ob Ihre Entscheidung auf rationalen Überlegungen basiert oder nicht. Aber zum Glück gibt es eine ganz einfache Methode, um den für Sie besten Zeitpunkt zum Aufhören zu bestimmen: Folgen Sie dem Rat, den Sie einem anderen Raucher erteilen würden.

Stellen Sie sich vor, Ihr Kind, Ihr Vater oder Ihre Mutter litten unter einer Krankheit, die sie langsam zum Tode führt, einer Krankheit, für die es eine einfache Therapie gibt. Würden Sie der kranken Person nun raten, bis zum nächsten Urlaub zu warten oder bis sie weniger Streß hat, oder würden Sie ihr nicht eher folgendes sagen: »Bitte hör sofort auf. Ich habe große Angst, daß du sterben wirst. Diese Krankheit wird nicht besser. Sie wird immer schlimmer! *Bitte hör jetzt auf! Dann kannst du deinen Urlaub wirklich genießen. Dann erscheint dir das Leben nicht mehr so voller Streß.*«

Ich habe Ihnen nun erklärt, warum geplante Termine irgendwann in der Zukunft, egal, ob es sich dabei um einen bedeutungslosen Tag oder einen beliebigen anderen handelt, immer die falschen sind. Daran ist nichts Geheimnisvolles, im Grunde kann es gar nicht einleuchtender sein. Es gibt nur einen einzigen richtigen Zeitpunkt zum Aufhören, und der ist

JETZT! HEUTE!

Über den richtigen Zeitpunkt muß man sich überhaupt keine Gedanken machen. Es gibt keine plausiblen Gründe, um ihn immer wieder hinauszuschieben. Und es gibt eine Reihe sehr triftiger Gründe, warum jetzt der einzig richtige Zeitpunkt ist, um aufzuhören. Sehen wir sie uns der Reihe nach an:

1. Wenn Sie an dieser Stelle im Buch angelangt sind, liegt ein gründlicher Prozeß der mentalen Vorbereitung und Übung hinter Ihnen, so daß es Ihnen nun leichtfällt aufzuhören. Wie ein Boxer, der unmittelbar davorsteht, den entscheidenden Schlag im Kampf um den Titel zu landen, oder der Bergsteiger, der den Everest bezwingen will, stehen Sie *jetzt* auf dem Gipfel!
2. Es gibt keinen einzigen rationalen Grund, warum Sie mit Ihrem Versuch noch warten sollten. Wenn Sie ihn trotzdem noch hinauszögern, bedeutet das, Sie haben die Funktionsweise der Nikotinfalle nicht voll und ganz erfaßt. *Vorsicht*! Wenn Sie sie jetzt nicht verstanden haben, werden Sie sie auch in Zukunft nicht verstehen. Bevor Sie beschließen, noch zu warten, sollten Sie das Buch noch einmal lesen, das Problem mit einem Freund besprechen, eines unserer Büros konsultieren oder einen unserer Kurse besuchen.
3. Welchen Vorteil sollte ein Aufschub bringen? Warum sollten Sie überhaupt so etwas in Erwägung ziehen? Es wird nichts Schlimmes passieren. Sie werden nichts aufgeben. Im Gegenteil, Sie entledigen sich einer schlimmen Krankheit und bekommen dafür viele positive Erlebnisse. Und es wird kurz und schmerzlos sein. Damit haben Sie es besser als der Boxer oder der Bergsteiger, die ihr Vorhaben nicht nur präzise planen und vorbereiten, sondern auch noch beachtliche Anstrengungen und Schmerzen auf sich nehmen müssen, bis sie an ihr Ziel gelangen. Ihre gewissenhafte Planung und Vorbereitung bestand darin, einen Schlüssel anzufertigen, mit dem Sie die Tür Ihres Gefängnisses öffnen können. Die Tür ist in dem Augenblick offen, in dem Sie Ihre letzte Zigarette ausdrücken!

Es gibt keinen Grund, noch zu warten! Es gibt keinen Grund, deprimiert oder ängstlich zu sein! Freuen Sie sich darüber, daß sich die immer dunkler werdende Wolke über Ihrem Kopf bald verflüchtigen wird!

GENIESSEN SIE IHR ENTKOMMEN!!
FREUEN SIE SICH ÜBER IHRE FREIHEIT!!!

KAPITEL 39

Die letzte Zigarette

Schon allein die Worte »die letzte Zigarette« lassen wohl die meisten Raucher vor Schrecken erschauern. Lösen sie auch bei Ihnen noch böse Vorahnungen, Ängste und Befürchtungen aus? Oder kehren sie wie das »Frisch gestrichen«-Schild den Rebell in Ihnen heraus? Und können Sie sich trotz dieser ganzen Gegengehirnwäsche nur schwer mit der Vorstellung abfinden, niemals mehr eine Zigarette, Zigarre oder Pfeife zu rauchen? Keine Sorge, auch das kommt von der Gehirnwäsche. Aber dennoch müssen wir alle diese Dinge beseitigen.

Manche Raucher befinden sich offensichtlich in Panik, wenn sie zu einem unserer Kurse kommen. Wir bauen diese Angst schrittweise ab und verwandeln sie zu einem Gefühl des Vertrauens und schließlich der Erleichterung über die Aussicht, bald frei zu sein, doch beim einen oder anderen Raucher kehrt die Panik zurück, wenn es an das Ritual der letzten Zigarette geht. In der Regel handelt es sich dabei um intelligente, vernünftige Personen, die auch wirklich aufhören wollen und meine Methode richtig verstanden haben. Aber sie scheinen nicht zu realisieren, daß sie niemals mehr eine Zigarette rauchen werden – und so ist es auch.

Mancher ältere Golfspieler erinnert sich vielleicht noch an Henry Longhurst, der zu Recht als bester Beobachter und Kommentator gilt, den der Golfsport je hatte. Als vor einer Reihe von Jahren ein neuer Golfschläger entwickelt wurde, der manchen Golfern das Putten erleichterte, rief das den offiziellen Verband der Golfer in Großbritannien auf den Plan. Die Funktionäre des Verbandes argwöhnten, daß Golfer an ihrer Runde am Sonntagmorgen nunmehr echten Spaß hätten. Wie alle Funktionäre im Golf und vermutlich in anderen Sportarten auch, erinnerten sie sich ihrer heiligen Pflicht, auf keinen Fall zuzulassen, daß Menschen Spaß an etwas haben. In ihrer unendlichen Weisheit verbannten sie also diesen Schläger von den Golfplätzen. Nur leider wissen die Sportler dieser Welt nicht, wie gut sie es haben, daß diese Riege altmodischer und von edler Gesinnung getragener Menschen sich so für ihre Interessen einsetzt.

Ich war zu jener Zeit ein junger Angestellter und fuhr jeden Tag mit der U-Bahn in die City zur Arbeit. Das einzige, was mir diese Fahrten, in denen man sich wie in einer Legebatterie fühlt, halbwegs erträglich machte, war die Lektüre der faszinierenden Artikel Henry Longhursts. Er reagierte in der für ihn typischen Weise auf das Verbot, indem er dem Golfsport einfach den Rücken kehrte, und das, obwohl er nicht nur ein ausgezeichneter Amateurgolfer war, sondern dieser Sport ihn immer schon in seinen Bann gezogen hatte. Ich bewunderte es aufrichtig, daß er aus Prinzip ein solches Opfer brachte.

Doch am nächsten Tag war meine Achtung vor ihm ins Wanken geraten. Er war mein gefallener Held. Für mich war Longhurst immer der Inbegriff dessen gewesen, was die britischen Wesensart an Positivem zu bieten hatte. Er verfügte über umfassendes Wissen und Verständnis für alles, was mit dem Golfsport zusammenhing, und besaß darüber hinaus die wunderbare Fähigkeit, anderen die Augen für Feinheiten und Details zu öffnen, auf die sie sonst nie aufmerksam geworden wären. Er konnte persönliche Unzulänglichkeiten auf den Punkt bringen, ohne dabei den betreffenden Golfspieler selbst herabzuwürdigen. Er war streng in seinem Urteil, gleichzeitig aber bescheiden, wenn es um seine Person ging.

Warum habe ich meine Achtung vor ihm verloren? Er schrieb: »Ich kann Ihnen gar nicht beschreiben, welche Freude aus mir spricht, weil ich endlich das Golfspielen aufgegeben habe!« Nun müssen Sie wissen, daß ich zu dieser Zeit gerade damit angefangen hatte, aber bereits fanatischer Anhänger dieses Sports geworden und davon überzeugt war, daß es sich um das wunderbarste Spiel handelte, das jemals erfunden wurde. Ich dachte: Henry, du bist ein Narr. Wie kannst du nur innerhalb eines Tages deine Meinung über den Sport, den du dein ganzes Leben praktiziert hast, so ändern?

Doch erst nachdem ich aufgehört hatte zu rauchen, das war dreißig Jahre später, wurde mir klar, daß Henry kein Gift versprühen wollte, sondern einfach nur ehrlich war. Golf ist ein wunderbares und das komplizierteste Spiel auf Erden. Als Anfänger üben Sie erst einmal endlos Schläge, manchmal erscheint Ihnen das alles sinnlos, manchmal ist es geradezu peinlich. Aber Sie lassen sich dadurch nicht aus der Ruhe bringen, Ihre Erwartungen sind ohnehin nicht allzu groß, Sie bewegen sich in der frischen Luft und lassen an dem kleinen weißen Ball alle angestauten Aggressionen aus, genauer gesagt, an dem Boden, auf dem der Ball liegt. Ab und zu gelingt Ihnen ein Schlag, der eines Profis würdig ist. Diese seltenen Gelegenheiten bereiten Ihnen große Freude und motivieren Sie zu weiterem Training.

Bald sind Sie ein halbwegs erfahrener Spieler, dem nur noch selten einer dieser katastrophalen Schläge unterläuft. Nun rechnen Sie immer mit guten Schlägen. Sie bereiten Ihnen kein besonderes Vergnügen mehr, sondern sind die Norm. Machen Sie jedoch einen Fehler, werden Sie wütend. Ihre ganze Einstellung zum Spiel hat sich inzwischen geändert, ohne daß Sie es bemerkt haben. Zu Beginn sehen Sie alles positiv, die schlechten Schläge machen Ihnen nichts aus, die guten sind Anlaß zur Freude. Sie haben nichts zu verlieren, aber alles zu gewinnen. Haben Sie aber einen gewissen Spielstand erreicht, wird Ihre Einstellung negativ, die guten Schläge machen Ihnen keinen Spaß mehr, über die schlechten ärgern Sie sich.

Ich kann mir keine angenehmere Art, sein Geld zu verdienen, vorstellen, als an die malerischsten und exotischsten Orte der Welt zu reisen, um dort Golfbälle zu schlagen. Aber die Spieler wandern mit finsterer Miene auf dem Platz umher, als hätte man ihnen Daumenschrauben angelegt. Und wer macht die sauerste Miene? Der Führende im Wettbewerb. Warum sieht er so unglücklich aus? Weil er weiß, daß die Katastrophe jeden Moment hereinbrechen kann. Und je mehr die Spannung in ihm wächst, um so wahrscheinlicher wird die Katastrophe. Dabei sollte er doch in der Lage sein, auf dem Gipfel seines Könnens eine nette Golfrunde zu genießen. Statt dessen könnte man glauben, er müsse die Niagarafälle auf einem Hochseil überqueren. Erst nachdem er den Wettkampf sicher überstanden hat, kann er sich freuen. Vorausgesetzt natürlich, er hat ihn gewonnen!

Sehr viele Amateurgolfer sind auf weit niedrigerem Niveau schon in die gleiche Falle gegangen. Beobachten Sie sie. Achten Sie auf ihre Ausflüchte. Manchmal schaffen sie es nicht einmal, einen Golfball nur wenige Meter weit zu schlagen, sind dafür aber in der Lage, den Schläger über Entfernungen zu schleudern, von denen ein Diskuswerfer bei der Olympiade nur träumen kann. Wahrscheinlich haben sie nicht an einer von zehn Runden Spaß. Dennoch können sie sich nicht vorstellen, ihr Ritual am Sonntagmorgen aufzugeben. Sie klammern sich an die Illusion, wie es früher war, an einen Mythos, der längst nicht mehr existiert. Das Golfspiel hat nicht an Attraktivität verloren, aber sie haben nicht mehr die richtige Einstellung dazu. So ging es auch Henry Longhurst. Er war jahrelang einem Mythos erlegen, der für ihn längst keine Gültigkeit mehr hatte. Der Golfverband hatte ihm im Grunde einen großen Gefallen erwiesen, indem er ihn endlich dazu brachte, das quälende Ritual, dem er sich unterworfen hatte, aufzugeben. Welche Erleichterung das für ihn bedeutete, wurde ihm jedoch erst klar, nachdem er dem Golfsport tatsächlich den Rücken gekehrt hatte.

Nun fragen Sie sich, was das alles mit dem Rauchen zu tun hat. Glauben Sie mir, es ist wichtig. Machen wir nicht während unseres Daseins als Raucher ein ähnliches Ritual durch? Jahrelang verschließen wir unsere Augen vor der Wirklichkeit und suchen verzweifelt nach Ausreden, egal, wie fadenscheinig sie auch sein mögen, um uns weiterhin an unsere kleine Krücke oder unser Vergnügen klammern zu können. Aber wir brauchten das Rauchen nicht, bevor wir angefangen haben, Nichtraucher scheinen sehr gut auch ohne zurechtzukommen. Was ist überhaupt so grandios am Rauchen, wo ist das angebliche Vergnügen, wo der Genuß? Plötzlich traf mich die Erkenntnis:

ICH BRAUCHE ES EIGENTLICH GAR NICHT.
ICH KANN NICHT BESCHREIBEN, WIEVIEL FREUDE
MAN EMPFINDET, WENN MAN ENDLICH REALISIERT,
DASS MAN DAS RAUCHEN ÜBERHAUPT NICHT
MEHR BRAUCHT!

Es ist eine unbeschreibliche Erleichterung! Endlich ist der hinterhältige Affe auf dem Rücken verschwunden. Ein großer dunkler Schatten lichtet sich über Ihnen: Sie haben keinen Grund mehr zur Selbstverachtung, Sie brauchen sich keine Sorgen mehr darüber zu machen, wieviel Geld Sie zum Fenster hinauswerfen und wie Sie Ihrer Gesundheit damit schaden. Fragen wie die, ob noch genügend Zigaretten in der Packung sind, ob Sie an einem bestimmten Ort rauchen dürfen, ob die Person, auf die Sie als nächstes treffen, raucht oder nicht, interessieren Sie nicht mehr. Und Sie fühlen sich nicht mehr schwach, elend, schmutzig oder schuldig!

In Kürze werden Sie Ihre letzte Zigarette rauchen und schwören, nie wieder eine anzuzünden. Es ist absolut notwendig, davon überzeugt zu sein, daß man niemals mehr eine Zigarette rauchen will. Würde man diesen Schritt auslassen, könnte man vielleicht bis ans Ende des Labyrinths finden, dann jedoch auf eine unsichtbare Schranke treffen, die nicht zu überwinden ist. Die Illusion, Rauchen verschaffe uns einen echten Vorteil, hindert uns daran, die Vorstellung, wirklich niemals mehr eine Zigarette rauchen zu sollen, zu akzeptieren. Dazu kommt noch die Erfahrung, daß wir deprimiert waren und das Gefühl hatten, auf etwas verzichten zu müssen, als wir mit Willenskraft versuchten aufzuhören. Das waren unserer Meinung nach echte Gründe für diese Schranke. Nun haben wir bewiesen, daß diese Gründe reine Einbildung sind. Doch um dem Labyrinth zu entkommen, müssen wir die Schranke beseitigen.

Falls Sie die Vorstellung, niemals mehr eine Zigarette rauchen zu dürfen, nur schwer akzeptieren können, hilft es Ihnen vielleicht, sich die einzig mögliche Alternative vor Augen zu führen: *bis an Ihr Lebensende nicht aufhören zu dürfen!*

Sie müssen eine einfache Entscheidung treffen. Hilft Ihnen auch das nicht? Haben Sie den Eindruck, Sie müßten sich für das kleinere Übel entscheiden? Dann beantworten Sie folgende Fragen:

1. Würde Sie die Vorstellung, niemals mehr im Leben an Grippe zu erkranken, besonders beschäftigen? Natürlich nicht! Grippe ist etwas Negatives, gut, dann nehmen wir statt dessen etwas, was die meisten als Delikatesse betrachten:
2. Treibt Ihnen der Gedanke, niemals mehr Kaviar essen zu können, den kalten Schweiß auf die Stirn?
3. Haben Sie schlaflose Nächte, oder geraten Sie vielleicht sogar in Panik, wenn Sie sich vorstellen, vielleicht niemals an Aids zu erkranken oder sich nie einen Schuß Heroin setzen zu dürfen?

Nein? Aber warum um alles in der Welt macht es Ihnen dann solches Kopfzerbrechen, daß Sie nun nicht mehr unter der Todesursache Nummer eins leiden werden? Ich habe Ihnen gesagt, es sei lächerlich einfach, mit dem Rauchen aufzuhören, vorausgesetzt, Sie beachten alle meine Anweisungen. Die erste Anweisung lautete, alle folgenden Anweisungen zu beachten. Die zweite Anweisung lautet: Hören Sie mit dem Rauchen auf, selbst wenn Sie sich nicht vorstellen können, nie wieder rauchen zu dürfen. Sie hören auf, weil Sie kein Sklave mehr sein wollen. Denken Sie ab jetzt:

IST ES NICHT GROSSARTIG! ICH MUSS NIEMALS MEHR EINES DIESER UNAPPETITLICHEN DINGER IN DEN MUND STECKEN! ICH BIN FREI!

Wir müssen die Gehirnwäsche *vollständig* eliminieren. Genau wie ein Pilot, der vor dem Start eine Checkliste durchgeht, müssen auch wir alle notwendigen Punkte abhaken, um sicherzugehen, daß Sie Ihr Vorhaben erfolgreich zu Ende bringen. Die nächste Anweisung lautet, erst dann zum nächsten Punkt überzugehen, wenn Sie den vorhergehenden zu Ihrer Zufriedenheit erledigt haben. Sollte noch der geringste Zweifel bestehen, lesen Sie die entsprechenden Kapitel noch einmal, oder wenden Sie sich an eines unserer Büros. Sie sind im Begriff, eine endgültige Entscheidung zu treffen. Und nur eines kann dazu führen, daß Sie scheitern oder sich deprimiert fühlen: Zweifel an Ihrer Entscheidung, sei es in naher Zukunft oder auf längere Sicht. Es gibt zwei Faktoren, die in Ihnen Zweifel aufkommen lassen können:

1. Die Überzeugung, Sie würden ein echtes Opfer bringen. Machen Sie sich klar: *Es gibt nichts, was Sie aufgeben müssen!* Ich meine damit nicht, daß es Ihnen im Vergleich zu einem Nichtraucher so viel besser ginge. Was ich damit sagen will, ist, daß Rauchen kein echtes Vergnügen bereitet, daß es keine Hilfe und keinerlei Vorteile bietet. Alles andere ist Illusion. Der traurigste aller Aspekte im Zusammenhang mit dem Rauchen ist, daß Raucher sich mit dem Anstecken einer Zigarette ein kurzzeitiges Vergnügen oder vorübergehenden Halt verschaffen – Nichtrauchern gelingt dies offenbar auch ohne Zigarette –, jenes Gefühl, das in ihnen das Bewußtsein für die schrecklichen Krankheiten, für das Geld, die Versklavung, den Schmutz und die Erniedrigung trübt. Sie halten das für einen Widerspruch oder für verwirrend? Lassen Sie es mich erklären. Wenn wir einen zu engen Schuh ausziehen, verspüren wir Erleichterung. Aber was genau genießen wir daran? Wir müssen die Beeinträchtigung, die mit dem Tragen zu enger Schuhe verbunden ist, nicht mehr länger ertragen. Mit anderen Worten: Wir fühlen uns wie jemand, der keine zu engen Schuhe trägt. Wir brauchten keine Zigaretten, bevor wir mit dem Rauchen anfingen. Wenn das Nikotin unseren Körper verläßt, leiden wir unter einem Gefühl der Leere und Unsicherheit. Stecken wir uns die nächste Zigarette an, verschwindet dieses Gefühl zum größten Teil. Da die Beeinträchtigung teilweise aufgehoben ist, entsteht der Eindruck, die Zigarette sei eine Hilfe, biete Genuß, wirke entspannend und befriedigend. Der eigentliche Genuß besteht also darin, es jemandem gleichzutun, der nicht unter dieser Beeinträchtigung leidet: *einem Nichtraucher!*

   Der Genuß, den ein Raucher aus einer Zigarette zieht, besteht also darin, vorübergehend in jenen Zustand des Friedens, Vertrauens und der Ruhe zurückzukehren, in dem sich Nichtraucher ihr Leben lang befinden. Da jede Zigarette die Beeinträchtigung verursacht, anstatt sie zu beseitigen, ist der Genuß oder die Hilfe also nicht echt, sondern nur Illusion. Aber da der Körper gegen die Droge immun wird, versetzt selbst die Illusion den Raucher niemals in jenen glücklichen Zustand zurück, in dem Nichtraucher sich befinden. Aber das einfache Rezept, um diesen Glückszustand wieder zu erlangen, lautet: *Aufhören!*
2. Der zweite Faktor, der Zweifel in Ihnen wecken könnte – und es häufig auch tut –, ist die Ansicht, es sei möglich, ab und zu eine Zigarette zu rauchen, ohne wieder abhängig zu werden. Denken Sie daran, Sie müssen nur eine Voraussetzung erfüllen, um Ihr Leben lang Nichtraucher zu bleiben, nämlich nie mehr zu rauchen. Um ein Leben lang

glücklicher Nichtraucher zu bleiben, dürfen Sie niemals den Wunsch haben zu rauchen. Wenn dieser Wunsch aber vorhanden ist, wollen Sie immer noch eine Zigarette rauchen. Sie haben dann die Wahl: Entweder Sie leben fortan mit dem Wunsch zu rauchen, dürfen aber nicht und sind deshalb deprimiert, oder Sie dürfen und sind aufgrund dessen noch deprimierter. Vielleicht finden Sie es schade, daß Sie sich nicht gelegentlich eine Zigarette anzünden dürfen, doch sobald Sie es akzeptiert haben, wird es Sie nicht mehr beschäftigen, als die Tatsache, daß Sie sich nicht gelegentlich einen Schuß Heroin setzen dürfen. Machen Sie sich folgendes bewußt:

ES GEHT UM ALLES ODER NICHTS.

Darüber hinaus können noch drei sekundäre Faktoren Zweifel an Ihrer Entscheidung hervorrufen:

1. Die Annahme, Sie seien ein eingeschworener Raucher, Sie besäßen eine gewisse Veranlagung zur Sucht oder Sie würden sich in einem bestimmten Punkt von allen anderen Menschen unterscheiden.
2. Der Einfluß Ihrer Mitmenschen. Denken Sie immer daran, nicht Sie müssen auf etwas verzichten, sondern die anderen Raucher! Wenn Sie dieses Buch gelesen und verstanden haben, besitzen Sie mehr Fachwissen zu diesem Thema als die anderen. Ignorieren Sie sie, oder lassen Sie sie an Ihrem Wissen teilhaben.
3. Pure Dummheit! Aus meiner Erfahrung heraus weiß ich, daß einige Leser aus genau diesem Grund scheitern werden. Und wie alle anderen vor ihnen, werden auch sie sich elend fühlen. Bitte tragen Sie Sorge, daß nicht Sie es sind!

Wenn Sie die oben erwähnten Punkte voll und ganz verstehen, können wir mit den Anweisungen fortfahren. Sie stehen vor einer Entscheidung. Manche Menschen finden jede Entscheidung schwierig. Alle Menschen finden bestimmte Entscheidungen schwierig. Manche Entscheidungen sind auch tatsächlich schwierig, zum Beispiel welchen Fernseher oder welches Auto man kaufen soll. Oft stimmen mehrere Produkte in Preis und Qualität so überein, daß es praktisch unmöglich ist, eine Wahl zu treffen. Es spielt aber keine Rolle, ob es Ihnen normalerweise leichtfällt, eine Entscheidung zu treffen, oder ob Sie damit Schwierigkeiten haben. Zum Glück wird die Entscheidung, die Sie in Kürze treffen werden, die leichteste Ihres Lebens sein. In bezug auf Zahl und Qualität der noch vor Ihnen liegenden Jahre wird diese Entscheidung die wichtigste und beste sein, die Sie treffen können. Und wenn Sie die Vor- und Nachteile eines Lebens als Nichtraucher abwägen, werden Sie feststellen, daß den wahrhaft immensen Vorteilen nicht ein einziger Nachteil gegenübersteht.

Der Zeiger schlägt so deutlich zugunsten der einen Seite aus, daß über die richtige Entscheidung kein Zweifel bestehen kann. Aber Sie müssen die Entscheidung trotzdem treffen. Über die richtige Entscheidung hat noch nie ein Zweifel bestanden. Sie haben sich nicht entschieden, bis an Ihr Lebensende Raucher zu bleiben, Sie wurden einfach in die Falle gelockt. Sie sind einfach so hineingerutscht. Die Falle ist jedoch so angelegt, daß Sie nicht einfach wieder hinausgleiten können. Sie will Sie als Sklaven behalten. Aber zum Glück können Sie sich leicht aus der Falle befreien. Eine der wichtigsten Anweisungen, um das Entkommen wirklich leicht zu machen, lautet: Rauchen Sie in Kürze Ihre letzte Zigarette, und legen Sie gleichzeitig vor sich selbst das feierliche Versprechen ab – egal, was in Ihrem Leben von nun an passieren wird –, niemals wieder zu rauchen!

Vielleicht sind Sie nun der Meinung, dieses Versprechen hätte keinen Wert, weil Sie es schon ein oder sogar mehrere Male abgelegt und nicht eingehalten haben. Falls es so ist, besteht trotzdem kein Anlaß zur Sorge, mir erging es ebenso. Wir sind nicht daran gescheitert, weil wir dieses Versprechen gemacht haben, sondern aus anderen Gründen. Diese Gründe haben wir nun zwar aus der Welt geschafft, dennoch müssen Sie das Versprechen ablegen. Wie ich schon mehrmals betonte, ist einer der Hauptgründe für das Scheitern das Auftauchen von Zweifeln. Wenn Sie nicht ganz bewußt die Entscheidung treffen, kommen zwangsläufig Zweifel auf.

Wenn Sie das Versprechen ablegen, sollten Sie die Worte nicht einfach so hersagen und hoffen, daß sich das gewünschte Ergebnis dann von allein einstellt. Sie müssen die Worte nicht laut sprechen, aber Sie müssen sich im voraus darauf einstellen, daß Sie in diesem Moment von überzeugenden Gründen für das Aufhören motiviert werden. In einigen Tagen werden diese Gründe allmählich schwächer. Je mehr Tage, Wochen und Jahre vergehen, um so verschwommener wird Ihre Erinnerung daran werden, wie Sie heute über das Rauchen denken. Prägen Sie sich diese Gedanken also genau ein, solange sie noch so präsent sind. Dann mag zwar Ihre Erinnerung daran verblassen, nicht jedoch die Entschlossenheit, niemals mehr zu rauchen.

Machen Sie sich jetzt bewußt, daß Sie sich schon in wenigen Monaten nicht mehr vorstellen können, warum Sie es einmal für nötig hielten, Zigaretten zu rauchen, ganz zu schweigen davon, daß diese völlig Ihr Leben bestimmten. Dann werden Sie die Angst verlieren, wieder in die Falle zu geraten. Doch das bedeutet *Gefahr!* Sie sind angreifbar. Machen Sie sich schon heute klar, daß dies eine kritische Phase sein wird. Dann fehlt nur, daß Sie vielleicht in einer Runde von Rauchern ein wenig zuviel trinken oder etwas Unvorhergesehenes geschieht – und schon fällt Ihr Schutzpanzer ab. Rechnen Sie bereits heute mit solchen Situationen, und nehmen Sie in Ihr Versprechen mit auf, daß diese Fälle Sie nicht unvorbereitet treffen und Sie auf keinen Fall dazu verleiten können, sich eine Zigarette anzustecken.

Ich werde Sie in Kürze auffordern, Ihre letzte Zigarette zu rauchen. Rauchen Sie sie ganz bewußt. Nehmen Sie den Geruch, den Geschmack und den Schmutz, den Sie in Ihre Lunge einatmen, voll und ganz wahr. Sehen Sie sich nach dem ersten Zug das obere Ende des Filters an. Er hat sich bereits verfärbt. Nehmen Sie den zweiten Zug durch ein sauberes weißes Kleenextuch. Wenn Sie nun feststellen, daß es ebenfalls verfärbt ist, haben Sie den Beweis dafür, daß der Filter seinen Zweck nur zum Teil erfüllt. Sie wissen, daß der echte Filter, der den Schmutz nicht nur aus diesem einen, sondern aus Millionen von Zügen aufsammelt, Ihre kostbare Lunge ist. Und Sie wissen, daß Sie diesen Filter nicht auswechseln können.

Versuchen Sie herauszufinden, welche Art von Genuß Sie daraus ziehen. Nutzen Sie diese letzte Zigarette, um sich noch einmal vor Augen zu führen, welche Fesseln Ihnen so lange angelegt waren. Denken Sie an die kleine Nikotinbestie in Ihrem Körper. Die Bestie, die Sie mit der ersten Zigarette zum Leben erweckt haben. Die Bestie, die einen großen Teil Ihres schwer verdienten Geldes aufgefressen hat, Stunde für Stunde, Tag für Tag, Jahr für Jahr. Eine Bestie, die Sie langsam vergiftet hat. Eine Bestie, die Sie ausgelacht hat und immer noch lacht, weil sie wie die Tabakindustrie, die sie geschaffen hat, darauf vertraut, daß es nicht lange dauern wird, bis Sie sich die nächste Zigarette anzünden werden.

Erinnern Sie sich an das Märchen von Rumpelstilzchen? Das kleine Männchen, das wochenlang voller Schadenfreude die Prinzessin ärgerte, und sie beide wußten, daß sie niemals den Namen erraten würde? Können Sie nachempfinden, wie die Prinzessin sich fühlte, als sie am letzten Tag zufällig den Namen hörte, aber noch eine Weile mitspielte und vorgab, den Namen immer noch nicht zu kennen? Haben Sie eine Vorstellung davon, welche Freude und welche Sicherheit sie plötzlich verspürte, weil die Rollen nun vertauscht waren? Anstatt sich in den Fängen des heimtückischen kleinen Monsters zu winden, war sie es nun, die über das Männchen triumphierte.

Genau diese Rolle spielen auch Sie in dem Augenblick, in dem Sie Ihre letzte Zigarette ausdrücken. Das heimtückische kleine Nikotinmonster wird es zu diesem Zeitpunkt noch nicht ahnen, ebensowenig wie Ihre Freunde oder Verwandten, *aber Sie!*

Sie durchtrennen seine Lebensader. Drücken Sie diese Zigarette nicht in Weltuntergangsstimmung aus, weil Sie nun nicht mehr rauchen dürfen, sondern in der Freude darüber, daß Sie soeben Ihrem größten Feind den Todesstoß versetzen. Sie stellen die Nikotinzufuhr ab, mehr ist nicht nötig. Nichts kann sein Hinscheiden verhindern. Es sei denn, Sie würden sich über seine Todeswindungen Gedanken machen.

Diese letzten Windungen werden Sie noch einige Tage spüren. Doch anstatt sich deshalb zu sorgen, werden Sie ein wahres Vergnügen daran haben. Dieser Todeskampf kann sich in den verschiedensten, vielleicht auch widersprüchlichen Erscheinungsformen äußern: in Reizbarkeit, schlechter Laune, Unsicherheit, Orientierungslosigkeit, Lethargie, aber auch in besonderer Tatkraft oder Nervosität. Es handelt sich dabei um jenen Zustand, unter dem Raucher Zeit ihres Lebens leiden und der sich oft hinter der Aussage verbirgt: *Ich muß meine Hände beschäftigen.*

Dieses Gefühl ist real, und es ist körperlich. Gleichzeitig ist es ziemlich schwer faßbar. Wenn wir es jedoch genauer unter die Lupe nehmen, kann es zum besseren Verständnis der Nikotinfalle beitragen. Warum müssen Raucher nicht ihre Füße beschäftigen? Warum scheinen Nichtraucher dieses Problem nicht zu kennen? Und warum hatten Raucher es nicht, bevor sie anfingen zu rauchen?

Viele behaupten, sie hätten es sehr wohl gehabt und genau aus diesem Grund angefangen zu rauchen. Sie mögen nun entgegnen: »Ich akzeptiere Ihre Aussage. Gehen wir also davon aus, es hätte nichts mit dem Rauchen zu tun, sondern beruhe auf einem körperlichen oder geistigen Defekt. Wenn Sie wirklich etwas brauchen, um Ihre Hände zu beschäftigen, könnten Sie doch auch etwas weniger gefährliches und billigeres als eine Zigarette benutzen. Würde ein Bleistift nicht den gleichen Zweck erfüllen? Und warum zünden Sie die Zigarette an, wenn es vordergründig darum geht, die Hände zu beschäftigen? Warum saugen Sie dieses tödliche Gift in Ihre Lunge ein?«

Nun, obwohl das Gefühl, die Hände beschäftigen zu müssen, tatsächlich existiert, müssen Sie sich klarmachen, daß es von der letzten Zigarette ausgelöst wurde, und die nächste wird es nicht abstellen. Und führen Sie sich ganz besonders deutlich vor Augen, daß es sich nur um ein vorübergehendes Phänomen handelt. Bald wird es für immer verschwunden sein. Machen Sie sich auch klar, daß damit keine großen körperlichen Schmerzen verbunden und Sie keiner übermäßigen Beeinträchtigung ausgesetzt sind, sofern Sie nicht anfangen, sich darüber unnötig

Gedanken zu machen oder eine Zigarette herbeizuwünschen. Es ist gut, daß diese Beeinträchtigung so gering ist, denn dadurch kann man auch gut mit ihr fertig werden. Allerdings entsteht für manche Raucher daraus ein Problem. Bei ihnen äußert sich dieses Gefühl in Form des Gedankens: *Ich brauche oder ich will eine Zigarette!*

Das kann ziemlich entmutigend sein, haben diese Raucher doch alle meine Anweisungen genau befolgt, geduldig alle meine Ausführungen verinnerlicht und sind nun überzeugt, die Gehirnwäsche beseitigt zu haben. Warum um alles in der Welt brauchen sie aber dann immer noch eine Zigarette? Diese Frage kann man nur beantworten, wenn man den Unterschied zwischen körperlichen und mentalen Abläufen versteht. Das Gefühl, eine Zigarette zu brauchen oder zu wollen, ist real und körperlicher Natur. Da ihr Gehirn viele Jahre lang dazu angehalten wurde, dieses körperliche Empfinden als den Wunsch nach einer Zigarette zu interpretieren, unterlag es schließlich der Illusion, die Zigarette würde dieses Gefühl abstellen. Ihr Körper wird noch einige Tag unter dieser leichten körperlichen Beeinträchtigung leiden. Dabei handelt es sich um die oben erwähnten Todeswindungen des Nikotinmonsters. Vielleicht sind Sie auch der Meinung, man bräuchte etwas Zeit, um das Gehirn so umzuprogrammieren, daß es diese Empfindung folgendermaßen interpretiert: *Darunter leiden nur Raucher! Ist es nicht wunderbar! Ich bin frei!*

Wie immer sich dieses Gefühl auch äußert, die nächste Anweisung lautet, in jedem Fall darauf vorbereitet zu sein und es zu akzeptieren. Möglicherweise steht es in absolut keinem Zusammenhang mit dem Umstand, daß Sie aufgehört haben zu rauchen. Es gibt noch so viele andere Ursachen, die Reizbarkeit, Unsicherheit, Ruhelosigkeit oder Unbehagen hervorrufen. Natürlich kann es aber auch Folge der körperlichen Beeinträchtigung aufgrund des Nikotinentzugs sein. Wie auch immer, schieben Sie es auf den Entzug.

Stellen Sie fest, welcher Art die Schmerzen sind, unter denen Sie leiden. Und denken Sie dabei immer daran, daß jegliche Unannehmlichkeit, mit der Sie es vielleicht zu tun haben, nicht davon kommt, daß Sie aufgehört haben zu rauchen, sondern daß Sie einmal damit angefangen haben. Vergessen Sie dabei nicht, daß die Beeinträchtigung nicht erst eingesetzt hat, als Sie Ihre letzte Zigarette ausdrückten. Raucher leiden permanent darunter, immer wenn sie keine oder nur noch wenige Zigaretten haben, wenn sie sich in einer Bücherei aufhalten, einem Krankenhaus, Kino, Theater, Museum, in einer Kirche, Kunstausstellung oder an einem beliebigen anderen öffentlichen Ort. Immer wenn sie öffentliche Verkehrsmittel benutzen, einen Freund besuchen, der nicht raucht, oder in einem

Nichtraucherbüro etwas erledigen müssen. Selbst während des nächtlichen Schlafs macht sie sich in ihrem Unterbewußtsein bemerkbar. Das wirkt sich unmittelbar auf die Träume und die Qualität des Schlafs aus. Denken Sie ganz besonders intensiv daran, daß jede weitere Zigarette diese Beeinträchtigung nicht abschwächt, sondern dafür sorgt, daß Sie sie bis ans Ende Ihrer Tage ertragen müssen.

Halten Sie sich immer wieder vor Augen, daß Nichtraucher nicht unter den körperlichen und mentalen Folgeerscheinungen des Nikotinentzugs leiden, daß sie das Gefühl der Leere und Unsicherheit nicht kennen und daß genau dieses Gefühl Raucher blind macht für die Auswirkungen in bezug auf Gesundheit, Geld, Abhängigkeit und gesellschaftliche Ächtung. Sollte sich dieses Gefühl in den nächsten Tagen einstellen, werden Sie sich nicht darüber beklagen, daß Sie nun keine Zigarette rauchen dürfen, sondern sich selbst daran erinnern: »Großartig, diese kleine Bestie in mir ist am Sterben.« Selbst wenn Sie sich dabei etwas unsicher oder angespannt fühlen, werden Sie sich doch in einer glücklichen Grundstimmung befinden.

Vergessen Sie nicht, die Zeit arbeitet für Sie. Es ist ein bißchen wie in jener Sorte von Romanen, in denen die Mächte der Finsternis alle möglichen Tricks anwenden, um den Helden aus dem schützenden Kreis zu locken. Doch die Tricks sind nichts weiter als raffinierte Trugbilder. Solange Sie innerhalb des Kreises bleiben, und solange Sie wissen, daß kein Grund zu Angst oder Panik besteht, sind Sie in Sicherheit. Genießen Sie es, die kleine Bestie in Ihnen auszuhungern. Genießen Sie ihre Todeswindungen. Und machen Sie sich keine Gewissensbisse, wenn Sie dabei Schadenfreude empfinden, schließlich war es lange genug umgekehrt. Es kann Ihnen nichts mehr passieren, vorausgesetzt, Sie rauchen niemals mehr eine Zigarette.

Wenn wir in unseren Kursen zum Ritual der letzten Zigarette kommen, höre ich gelegentlich den Einwand: »Ich will gar keine mehr. Ist es denn unbedingt notwendig, diese letzte Zigarette zu rauchen?« Vielleicht verspüren auch Sie bereits diese Abneigung. Es wäre naheliegend, immerhin haben wir uns die ganze Zeit nur damit beschäftigt, in Ihnen den Wunsch nach einer Zigarette zu beseitigen. Doch so ungern ich auch jemandem zum Rauchen rate, ist das Ritual der letzten Zigarette aus verschiedenen Gründen wichtig, nicht zuletzt, weil es sich dabei um ein bedeutendes Ereignis in Ihrem Leben handelt, vielleicht um die wichtigste Entscheidung, die Sie jemals getroffen haben und treffen werden. Ein Ritual ist mehr als angemessen, um den Moment richtig auszukosten. Sie haben damit auch ein positives Erlebnis, das Ihnen Halt geben kann, sollte die Erinnerung einmal verblassen. Sie heilen sich nicht nur selbst von einer schrecklichen Krankheit, Sie verschaffen sich damit auch einen einzigartigen Gewinn, um den Sie jeder Raucher beneiden wird und aufgrund dessen Ihnen Raucher und Nichtraucher gleichermaßen großen Respekt zollen werden. Aber die größte Genugtuung werden Sie selbst empfinden!

Sie sind im Begriff, der heimtückischsten, subtilsten und raffiniertesten aller Fallen zu entkommen. Ich habe behauptet, jeder Raucher könne sich ihr auf einfache Weise entledigen; das ist richtig, doch es erfordert auch beachtliches Durchhaltevermögen, die langwierige und tiefgreifende Prozedur zu überstehen, die zum Verständnis der eigenen Person und der Falle beiträgt, Sie in den Zustand versetzt, das Aufhören als einfach zu empfinden, und dazu führt, ein Leben lang glücklicher Nichtraucher zu bleiben. Und Sie brauchen Mut, um der Wahrheit ins Auge zu sehen. Ich fühle mich immer wieder bestätigt durch die vielen positiven Stimmen von Exrauchern, die mit Hilfe von *Endlich Nichtraucher!*, mit meinem Video oder durch die Teilnahme an einem Kurs mit dem Rauchen Schluß gemacht haben. Das verleitet mich zur der Annahme, ich sei ein guter Lehrmeister, doch jeder Lehrmeister ist nur so gut wie seine Schüler. Stufen Sie Ihre eigene Leistung nicht zu gering ein.

Der wichtigste Grund für das Ritual der letzten Zigarette ist jedoch folgender: Die einzige Schwierigkeit beim Aufhören liegt nicht in der körperlichen Beeinträchtigung durch die Entzugserscheinungen, sondern in aufkeimenden Zweifeln, in der Unsicherheit und im Warten darauf, Nichtraucher zu werden. Mit Ihrem feierlichen Versprechen bekennen Sie sich zu Ihrer Absicht, Nichtraucher werden zu wollen. Sie werden Nichtraucher, indem Sie ihre letzte Zigarette ausdrücken. Diesen Moment müssen Sie bewußt erleben, um die letzte Zigarette mit Pathos, Genugtuung und Triumphgefühlen ausdrücken zu können und damit in voller Absicht die kleine Nikotinbestie ein für allemal zu vernichten. Dies ist der Moment, in dem Sie sich mit Recht freuen können:

HURRA! JETZT BIN ICH NICHTRAUCHER!

Haben Sie dieses Ritual bereits hinter sich, besteht natürlich keine Notwendigkeit, es zu wiederholen. Wenn Sie auf keinen Fall mehr eine Zigarette rauchen wollen, können Sie auch darauf verzichten. Doch dieser Prozeß muß bewußt stattfinden. Es ist wirklich unerläßlich zu akzeptieren, daß Sie niemals mehr rauchen werden. Alles andere führt zu Zweifeln und schließlich zum Scheitern. Doch wie können Sie sichergehen, daß es sich auch tatsächlich um Ihre letzte Zigarette handelt? Ganz einfach, indem Sie die restlichen Anweisungen befolgen:

1. Machen Sie sich bewußt, daß Sie in dem Moment, in dem Sie Ihre letzte Zigarette ausdrücken, bereits Nichtraucher sind. Durch das Beenden der Nikotinzufuhr haben Sie den letzten Schritt vollzogen, um Nichtraucher zu werden. Damit ist die Gefängnistür geöffnet. Die noch folgenden Anweisungen sollen sicherstellen, daß Sie Ihr Leben als glücklicher Nichtraucher beginnen und dies bis an Ihr Lebensende auch bleiben.
2. Warten Sie nicht
   - bis Sie Nichtraucher werden.
   - daß die körperlichen Entzugserscheinungen verschwinden.
   - auf den »Moment der Freiheit«.

   Damit würden Sie nur eine Phobie hervorrufen. Führen Sie Ihr Leben wie gewohnt weiter. Denken Sie daran, Sie müssen nicht warten, bis Sie wieder ein normales Stadium körperlichen und geistigen Wohlbefindens erreicht haben, Sie werden kontinuierlich Fortschritte machen, sobald der Vergiftungsprozeß beendet ist. Rechnen Sie mit guten und mit schlechten Tagen, wie Sie es auch als Raucher gewohnt waren. Je weiter die Wiederherstellung des körperlichen und geistigen Wohlbefindens voranschreitet, um so besser werden Ihnen die guten, und um so harmloser die schlechten Tage erscheinen. Machen Sie sich klar, daß sich sowohl auf körperlicher als auch auf geistiger Ebene in Ihrem Leben ein wichtiger Wandel vollzieht. Wie bei allen größeren Umstellungen, auch bei jenen zum Besseren, brauchen Körper und Geist Zeit, sich anzupassen. Rechnen Sie damit, daß Sie sich für einige Tage eigenartig fühlen werden. Das Spektrum dieser Empfindungen kann von Spannung, Unsicherheit und Orientierungslosigkeit bis hin zu Zuversicht und Euphorie reichen, und die Gefühle können von einem Moment zum anderen genau ins Gegenteil umschlagen. Akzeptieren Sie das, und machen Sie sich deshalb keine Sorgen. Vielleicht glauben Sie, es sei nicht möglich, gleichzeitig angespannt und unsicher, aber auch glücklich zu sein. Vertrauen Sie mir, es ist möglich, wenn Sie wissen, daß die Spannung und das Gefühl der Unsicherheit Folge einer Krankheit waren, von der Sie soeben genesen sind.
3. Rufen Sie sich ins Bewußtsein, daß Sie aufgehört haben zu rauchen, nicht aber zu leben. Ändern Sie Ihre Lebensweise nicht, weil Sie aufgehört haben zu rauchen, sondern ändern Sie sie aus dem gleichen egoistischen Grund, aus dem Sie mit dem Rauchen Schluß gemacht haben: *um das Leben mehr zu genießen.*
4. Greifen Sie nicht zu Ersatzbefriedigungen. Sie brauchen keine!
5. Sie haben eine für Ihr Leben enorm wichtige Entscheidung getroffen. Falls Sie irgendwann einmal alle Vor- und Nachteile des Rauchens ge-

genübergestellt haben, konnte das einzig mögliche Ergebnis immer nur lauten: Laß es bleiben! Alles spricht so deutlich für ein Leben als Nichtraucher, daß man sich diese Gegenüberstellung schlichtweg ersparen kann. Aber Sie brauchen nicht mich, der Ihnen das sagt. Jeder Raucher weiß das sein ganzes Leben lang – bevor er in die Falle tritt, während er sich darin befindet und nachdem er daraus entkommen ist. Sie brauchen mich nur, um Ihnen folgendes zu verdeutlichen: Nachdem Sie diese Entscheidung getroffen haben, von deren Richtigkeit Sie schon immer überzeugt waren, kann nichts und niemand etwas daran ändern. Machen Sie es sich also nicht selbst schwer, indem Sie diese Entscheidung immer wieder in Frage stellen oder Zweifel an ihrer Richtigkeit aufkommen lassen, weder in den nächsten Tagen noch in den Jahren, die noch vor Ihnen liegen. Denn sobald Sie Fragen oder Zweifel zulassen, sei es durch das Verlangen nach einer Zigarette oder durch Lamentieren darüber, daß Sie keine rauchen dürfen, bringen Sie sich selbst in eine unmögliche Situation: Sie sind deprimiert, weil Sie keine Zigarette rauchen, und noch deprimierter, wenn Sie eine rauchen. Es ist von größter Wichtigkeit, niemals mehr eine Zigarette zu rauchen. Doch nachdem Sie die Entscheidung getroffen haben und davon überzeugt sind, daß es die richtige war, lautet die *wichtigste* Anweisung von allen:

LASSEN SIE NIEMALS FRAGEN ODER ZWEIFEL AN DIESER ENTSCHEIDUNG AUFKOMMEN!
LASSEN SIE NIEMALS DAS VERLANGEN NACH EINER ZIGARETTE ZU!

Ich habe darauf hingewiesen, wie das feierliche Versprechen der Gefahr, irgendwann einmal in Versuchung zu geraten, wenn Ihre Erinnerung nachläßt, vorbeugen kann. Dem tatsächlichen Akt des Anzündens geht immer der Gedanke daran voraus. Zunächst ist man versucht, nur eine Zigarette oder eine Packung oder nur bei einer bestimmten Gelegenheit zu rauchen. Denken Sie zurück, welches Elend und welche Kosten die erste Zigarette verursacht hat. Falls Sie wirklich vorhaben, danach keine mehr zu rauchen, gibt es doch eigentlich keinen Grund, diese eine zu rauchen. Wollen Sie dieses Risiko wirklich eingehen? Natürlich nicht! Legen Sie die Karten offen auf den Tisch: Wenn Sie immer noch die Versuchung spüren, sollten Sie sich fragen: *Will ich bis an mein Lebensende Raucher bleiben?*

Sie müssen mit dieser Frage nicht unnötig Zeit verschwenden, und genau das ist der Schlüssel, um beim Aufhören zu bleiben. Bereiten

Sie sich mental darauf vor, daß Sie den Gedanken an nur eine Zigarette oder einen Zug von Anfang an im Keim ersticken. Es macht keinen Sinn, sich lange damit aufzuhalten. In kürzester Zeit wird Ihr Gehirn akzeptieren, daß diese Saat nicht mehr aufgeht. Sie werden überrascht sein, wie schnell Sie das verinnerlicht haben. Schon allein der Gedanke an nur einen Zug wird ebenso schnell verschwinden, wie er aufgetaucht ist.

6. Meiden Sie nicht die Gesellschaft von Rauchern oder Situationen, in denen geraucht wird. Tragen Sie jedoch keine Zigaretten bei sich, und bewahren Sie auch keine in Ihrer Wohnung, am Arbeitsplatz oder im Auto auf. Oft hört man von Rauchern, die mit Hilfe von Willenskraft aufgehört haben, es sei ratsam, immer eine Packung Zigaretten dabeizuhaben. Manche Raucher betrachten das sogar als Geheimnis Ihres Erfolgs. Man kann einige sehr nützliche Schlußfolgerungen aus der Geschichte des Mannes auf der Jacht ziehen. Er befand sich in Panik, solange er keine Zigaretten besaß, hielt es aber ganz gut ohne Rauchen aus, als er welche besorgt hatte. Das bestätigt meine Behauptung, das Problem sei rein mentaler Natur. Aber nicht der Umstand, daß er nun Zigaretten hatte, hielt ihn vom Rauchen ab, sondern der Einfluß des Nichtrauchers. Sobald er aus dessen Sichtfeld verschwunden war, steckte er sich eine Zigarette an. Ich gebe zu, daß es zur Beseitigung der Panikstimmung beitragen mag, immer eine Packung Zigaretten bei sich zu tragen, wenn man mit Hilfe von Willenskraft aufhört. Doch ist diese Methode unglaublich schwierig und uneffizient. Erinnern Sie sich an die Geschichte des Mannes, der sechs Monate lang seine Zigarettenpackung anstarrte? Sie wollen es sich doch nicht so schwermachen? Wenn Sie nach meinen Anweisungen vorgehen, beseitigen wir als erstes die Panik. Es besteht also kein Grund, Zigaretten mit sich herumzutragen. Betrachten Sie es rational. Die einzige Schwierigkeit beim Aufhören entsteht durch das Warten, durch die Zweifel. Warum, um Himmels willen, sollten Sie aber Zigaretten mit sich herumschleppen, wenn Sie niemals wieder rauchen wollen? Wenn Sie immer Zigaretten in der Tasche haben, sorgen Sie selbst dafür, daß Sie mit Zweifeln an den Start gehen. Damit ist das Scheitern schon vorprogrammiert. Würden Sie einem ehemaligen Alkoholiker raten, immer eine Flasche Whiskey vorrätig zu haben? Wenn Sie Zigaretten verfügbar haben, stellen Sie sich damit dauernd selbst auf die Probe und führen sich unnötig in Versuchung. Dann bedarf es nur noch eines geringen Anstoßes – und schon sind Sie gescheitert. Wenn Sie aber keine Zigaretten greifbar haben, überstehen Sie auch einen Moment der Schwäche. Denn bis Sie sich her-

ablassen, einen anderen Raucher um eine Zigarette zu bitten, oder den nächsten Kiosk erreicht haben, ist dieser Moment schon wieder vorbei. Das kann aber über Erfolg oder Niederlage entscheiden. Warum rate ich Ihnen jedoch nicht, die Gesellschaft anderer Raucher zu meiden? Wenn Sie einmal den wahren Charakter des Rauchens erkannt haben, stellt es keine Versuchung mehr dar. Haben Sie immer Heroin bei sich? Natürlich nicht. Schon der Gedanke daran ist Ihnen ein Greuel. Müssen Sie es vermeiden, mit Heroinsüchtigen zusammenzutreffen, weil sie Sie dazu verführen könnten, sich Heroin in die Venen zu spritzen? Nein, schon der Anblick würde Ihnen reichen. Betrachten Sie die Raucher ab jetzt, wie sie wirklich sind. Vielleicht müssen Sie dann ihre Gesellschaft meiden, weil sie sie als abstoßend empfinden, nicht aber, weil Sie durch sie in Versuchung geraten könnten.

7. Versuchen Sie nicht, sich durch bestimmte Techniken von den Gedanken ans Rauchen abzulenken, und der wichtigste Punkt, unterlassen Sie den Versuch, *nicht* an das Rauchen zu denken. Wie es in meinem Video so schön heißt: »Versuchen Sie, nicht an *Elefanten* zu denken.« Woran denken Sie gerade? Es ist einfach unmöglich, absichtlich *nicht* an etwas Bestimmtes zu denken. Schon allein der Versuch ruft Angst hervor, und Sie fühlen sich am Ende deprimiert. Während der nächsten Tage werden die Todeswindungen der kleinen Bestie Sie sowieso immer wieder daran erinnern. Und selbst nach deren endgültigem Dahinscheiden werden immer Raucher um Sie herum sein, die Sie daran erinnern werden. Das ist schon so, seit Sie auf der Welt sind. Wir können es nicht ändern, und wir können Rauchern oder dem Gedanken ans Rauchen nicht aus dem Weg gehen. *Es gibt keinen Grund, nicht an das Rauchen zu denken.*

Ihnen steht nichts Schlimmes bevor, im Gegenteil, Sie werden eine wunderbare Erfahrung machen! Der Gedanke ans Rauchen braucht Sie nicht zu deprimieren. Ich denke zu neunzig Prozent meiner Zeit über das Rauchen nach. Wichtig ist nur, wie Sie darüber denken. Bei den Gedanken »Ich darf keine Zigarette rauchen« oder »Wann hört das Verlangen endlich auf?« müssen Sie sich zwangsläufig elend fühlen. Sie sollten statt dessen denken: *Großartig! Ich bin Nichtraucher! Hurra! Ich bin frei!*

Dann erst werden Sie glücklich sein. Wenn Sie sich diese Gedanken für die nächsten Tage oder bis ans Ende Ihres Lebens bewahren, dann *werden Sie sogar unbeschreiblich glücklich sein.*

Nun ist der Augenblick Ihres Triumphes gekommen. Können Sie sich vorstellen, mit welchen Gefühlen Hillary die Flagge auf dem

Mount Everest gehißt hatte? Sie sind im Begriff, einen ähnlichen Sieg zu erringen. Ich fordere Sie nun auf:

RAUCHEN SIE IHRE LETZTE ZIGARETTE.

Am Ende eines Kurses machen sich Raucher oft Sorgen, sich vielleicht nicht alles gemerkt zu haben. Möglicherweise haben Sie ähnliche Bedenken. Dafür gibt es aber keinen Grund. Ich erwarte nicht, daß Sie sich an alles erinnern, was Sie hier gelesen haben. Ich erwarte nicht einmal, daß Sie sich an die detaillierten Anweisungen in diesem Kapitel erinnern. Es ist auch nicht nötig. Doch ich werde diese Anweisungen im nächsten Kapitel noch einmal zusammenfassen, um Ihnen die Möglichkeit zu geben, sie sich besser einzuprägen.

KAPITEL 40

Die Anweisungen

Ich habe schon wiederholt darauf hingewiesen, daß der Erfolg garantiert ist, sofern Sie alle Anweisungen befolgen. Vielleicht waren Sie schon versucht, eine Abkürzung zu nehmen und nur dieses Kapitel zu lesen. Aber anstatt den ganzen Prozeß zu verkürzen, würden Sie damit lediglich einen Kurzschluß verursachen.

Manche Journalisten wollen meine Methode auf einen möglichst kurzen Nenner bringen und beschreiben sie dann mit den Worten: »Es handelt sich eigentlich nur darum, den gesunden Menschenverstand einzusetzen.« Richtig, aber alle Raucher wissen, daß Rauchen dumm ist, und es hilft ihnen nicht weiter. Meine Methode beinhaltet weitaus mehr.

Wenn es nur darum ginge, möglichst einfache Anweisungen zu formulieren, würden die folgenden beiden genügen:

1. Rauchen Sie niemals wieder.
2. Sollten Sie an das Rauchen denken, dann bitte immer nur »Hurra! Ich bin Nichtraucher!« jubeln.

Falls Sie sich an diese beiden simplen Anweisungen halten, werden Sie bis ans Ende Ihres Lebens glücklicher Nichtraucher sein. Sollten Sie jedoch der Meinung sein, Rauchen biete Ihnen Hilfe oder sei ein Genuß, könnten Sie sich zwar sagen: »Hurra! Ich bin Nichtraucher!«, aber Sie würden es nicht glauben. Im Gegenteil, Sie hätten das Gefühl des Verzichts und wären deprimiert. Früher oder später würden Sie dann wieder rauchen. Deshalb ist es so wichtig, nicht nur alle Anweisungen zu befolgen, sondern auch meine gesamte Argumentation zu verstehen und, wichtiger noch: *sie zu glauben.*

Will man meine Methode voll und ganz verstehen, muß man als erstes das Wesen der Niktoinfalle begreifen. Man muß sich darüber im klaren sein, daß man absolut nichts aufgeben muß und das ganze Geschäft mit dem Tabak auf einem raffinierten und heimtückischen Bauernfängertrick beruht, der in großem Ausmaß Anwendung findet. Sobald wir diese Taktik durchschauen, haben wir mit den Mitteln der Vernunft die daraus resultierende massive und komplexe Gehirnwäsche rückgängig gemacht. Das Codewort lautet: *mit Vernunft*.

Sollten jetzt oder später Zweifel bei Ihnen aufkommen, heißt das, Sie haben vergessen, eine oder mehrere Anweisungen zu befolgen und/oder verstehen Sie nicht mehr umfassend. Anhand dieser Checkliste können Sie Punkt für Punkt durchgehen und sich dabei fragen: »Befolge ich diese Anweisung? Glaube ich daran?« Sollten Sie sich nicht ganz sicher sein, lesen Sie die entsprechenden Kapitel noch einmal.

M	MARK:	EINE ZIGARETTE KOSTET SIE X* MARK UND BRINGT SIE UM.
I	IN FRAGE STELLEN:	STELLEN SIE IHRE ENTSCHEIDUNG NIEMALS IN FRAGE.
T	TERMIN ZUM AUFHÖREN:	HEUTE!
V	VERANLAGUNG:	EINE VERANLAGUNG ZUR SUCHT GIBT ES NICHT.
E	ERSATZMITTEL:	BENUTZEN SIE KEINE.
R	RATSCHLÄGE:	IGNORIEREN SIE SIE, WENN SIE NICHT MIT MEINEN ÜBEREINSTIMMEN.
N	NIKOTIN:	NEHMEN SIE NIKOTIN IN KEINER FORM ZU SICH.
U	UNTERDRÜCKEN:	UNTERDRÜCKEN SIE DEN GEDANKEN ANS RAUCHEN NICHT.
N	NIEMALS:	LASSEN SIE NIEMALS MEHR DEN WUNSCH NACH EINER ZIGARETTE AUFKOMMEN.
F	FREIHEIT:	MIT DEM AUSDRÜCKEN DER LETZTEN ZIGARETTE SIND SIE FREI.
T	TRAUER:	ES GIBT KEINEN GRUND ZUR TRAUER, SIE MÜSSEN NICHTS AUFGEBEN.

* Sie können die X-Mark ermitteln, indem Sie Ihr Alter von der Zahl 55 subtrahieren und das Ergebnis mit 2250 multiplizieren. Falls Sie in Zukunft irgendwann einmal an eine Zigarette denken sollten, können Sie sich immer daran erinnern, wieviel Geld Sie sparen. Sollten Sie älter als 55 sein, fallen die Kosten nicht mehr so ins Gewicht, denn wenn Sie weiterrauchen, werden Sie höchstwahrscheinlich nicht so alt.

Sollten Zweifel über einen der oben erwähnten Punkte bestehen, wird Ihnen folgende Übersicht helfen, die entsprechenden Kapitel schneller zu finden:

	In diesem Buch: Kapitel	*In »Endlich Nichtraucher!«* Kapitel
M	31, 32	16–17, 23–26, 34
I	34, 39	
T	38	28
V	21	
E	26, 27	37
R	20, 24	1
N	26	6
U	39	
N	31, 32, 34	23–26, 33, 34
F	28, 29, 34, 39	33
T	14, 16, 23, 31-3, 35, 36 39	6–21, 29

Haben Sie manchmal Zweifel, daß die Welt rund ist? Nein, Sie wissen, daß sie rund ist, und ich könnte Sie auch in Jahren nicht davon überzeugen, sie sei flach? Doch vor fünfhundert Jahren führte diese Frage zu großen Kontroversen. Jemand fand es plötzlich notwendig, etwas in Frage zu stellen, was der Rest der Menschheit als feststehende Tatsache akzeptiert hatte. Diese Person stellte eine der kürzesten und doch die wichtigste aller Fragen: *Warum?*

Genauso habe ich es mit den allgemein bekannten Fakten im Zusammenhang mit dem Rauchen gemacht. Ich habe nicht den geringsten Zweifel, daß die »Rauchergesellschaft« in fünfhundert Jahren genauso wenige Mitglieder zählen wird wie heute die »Vereinigung zur Rettung der Idee von der Erde als Scheibe«. Und dazu wird es weniger als fünfhundert Jahre brauchen. Ich bin immer noch so optimistisch zu glauben, daß ich selbst es noch erleben werde. Oft bekomme ich Briefe mit folgendem Inhalt: »Was Sie für mich getan haben, ist nicht mit Geld zu bezahlen.« Sie stehen nicht in meiner Schuld, doch wenn Sie den »Moment der Freiheit« erleben und das Bedürfnis verspüren, mir eine Freude zu machen, gibt es eine einfache Möglichkeit: Helfen Sie, die Nachricht zu verbreiten. Helfen Sie mir, mein Ziel zu erreichen. Damit erweisen Sie mir den größten Dienst.

Wir wollen eine bestimmte Einstellung erlangen. Haben Sie zu dieser gefunden, besteht kein Anlaß mehr zu weiteren Fragen. Sie müssen sich nicht alle Gründe merken, warum Raucher sich als traurige Figuren empfinden. Sie wußten schon, bevor Sie Raucher wurden, daß Raucher Dummköpfe sind. Und Ihre Jahre als Raucher haben dies nur bestätigt. Ich habe ausführlich beschrieben, wie sonst intelligente Menschen sich in die Nikotinfalle locken lassen, weil sie glauben, Rauchen könnte echten Genuß bieten. Nachdem Sie die rationale Bestätigung dafür erhalten haben, was Sie instinktiv schon immer wußten, besteht kein Grund mehr, die Richtigkeit Ihrer Entscheidung in Frage zu stellen. Sie zweifeln auch nicht daran, daß die Erde wirklich rund ist. Sollte in Zukunft das Rauchen Ihre Gedanken beschäftigen, sei es unter besonders guten oder besonders schlechten Umständen, brauchen Sie sich nur an zwei Wörter zu erinnern. Das eine Wort lautet *Warum*? Damit rufen Sie sich wieder ins Gedächtnis, daß Sie alle Fragen in bezug auf das Rauchen geklärt haben und weitere Überlegungen zu nichts führen. Aber wie bereits erwähnt, ist es nicht möglich, den Gedanken an das Rauchen bewußt abzustellen. Wie können Sie also Ihre Gedanken in eine positive Richtung lenken? Mit dem zweiten Schlüsselwort: *Hurra!* So einfach ist das. Sie brauchen in den nächsten Stunden, Tagen und bis ans Ende Ihres Lebens beim Thema Rauchen immer nur eines zu denken:

HURRA! ES GEHT MIR GUT! ICH BIN NICHTRAUCHER!

HALTEN SIE SICH DARAN, UND SIE WERDEN ES BIS ANS ENDE IHRES LEBENS BLEIBEN.

KAPITEL 41

Das Nachglühen

Nun sollten Sie Ihre letzte Zigarette ausgedrückt haben. Ist das der Fall, sind Sie Nichtraucher. Betrachten Sie sich selbst ab jetzt als Nichtraucher. Sie brauchen auf nichts mehr zu warten: Genießen Sie Ihr Leben. Aber vermutlich sind Sie dazu noch zu befangen. Glauben Sie mir, ich bin mindestens so befangen wie Sie. Und nachdem ich Sie davon überzeugt habe, daß wirklich jeder Raucher auf einfache Weise aufhören kann, liegt mir nichts ferner, als noch einmal Zweifel in Ihnen wecken zu wollen.

Haben Sie keine Zweifel, brauchen Sie nicht mehr weiterzulesen. Doch es kann auf keinen Fall schaden, einen Blick auf die nächsten Seiten zu werfen. Vor zehn Jahren habe ich die Glut meiner letzten Zigarette gelöscht, doch noch heute fühle ich das Nachglühen. Ich war zutiefst davon überzeugt gewesen, niemals der Versklavung durch den Tabak zu entrinnen. Daß ich es trotzdem geschafft habe, erfüllt mich noch heute mit großer Freude.

Das Entkommen aus der Nikotinfalle war für mich mit enormen Vorteilen verbunden. Damit meine ich nicht nur Gesundheit, Glück, Energie, Mut, Vertrauen, längere Lebenserwartung, Wohlstand, Freiheit und Selbstachtung. Ich spreche davon, daß mein Leben einen ganz neuen Stellenwert bekommen hat, daß ich zu einer völlig neuen Lebensphilosophie gefunden habe. Bevor wir bei diesem Thema jedoch mehr ins Detail gehen, müssen wir zwei Punkte ansprechen, die eventuell Probleme bereiten könnten.

Erstens erleben Sie möglicherweise den »Moment der Freiheit« nicht. Wenn Sie das nicht weiter beschäftigt und Sie sich auch so als Nichtraucher glücklich fühlen, um so besser. Genießen Sie das Leben! Falls es Sie aber beschäftigt, müssen wir uns darum kümmern. Ehemalige Raucher, die diesen »Moment der Freiheit« nicht erleben, gehören meist in die Gruppe derer, die nicht aus eigenem Antrieb aufhören wollten, sondern das Ritual nur mitgemacht haben, um einer nahestehenden Person einen Gefallen zu erweisen. Es ist jedoch nicht immer einfach festzustellen, ob dies auf einen Exraucher tatsächlich zutrifft. Wie bereits erwähnt: Alle Raucher wollen aufhören, und alle Raucher wollen rauchen. Mit dieser Schizophrenie müssen wir als Raucher leben. Darüber hinaus hat praktisch jeder Raucher einen Freund oder Verwandten, der ihn nur zu gern als Nichtraucher sehen würde.

Nehmen Sie nur mich als Beispiel. Als ich damals zur Hypnose ging, wollte ich damit lediglich meiner Frau einen Gefallen tun. Ich hatte nicht im geringsten erwartet, daß es dazu beitragen würde, mit dem Rauchen aufzuhören. Weil ich aber unbewußt doch den Wunsch hatte, war das ein wichtiger Schritt auf meinem Weg in die Freiheit.

Wenn Sie davon ausgehen, der »Moment der Freiheit« mache sich nicht bemerkbar, weil Sie nicht genügend motiviert sind aufzuhören, könnte Sie das leicht in Versuchung führen, wieder zu rauchen. In diesem Fall sollten Sie zunächst folgendes beachten: In der Regel finden Raucher, die nicht ausreichend motiviert sind, irgendeine Ausrede, um dieses Buch nicht anfangen oder nicht zu Ende lesen zu müssen. Wenn Sie nicht ausreichend motiviert wären, wären Sie vermutlich nicht bis zu dieser Stelle im Buch gekommen. Sollten Sie noch immer in Erwägung ziehen, wieder zu rauchen, dann beantworten Sie so ehrlich wie möglich die folgende Frage, bevor Sie selbst das Todesurteil über sich fällen:

»Glauben Sie, Sie könnten aufhören, wenn ein Arzt Ihnen mitteilen würde, daß Sie Ihre Beine verlieren, falls Sie nicht sofort mit dem Rauchen Schluß machen?«

Wenn Ihre Antwort lautet: »Ja, ich glaube, unter diesen Umständen würde ich es schaffen«, heißt das, Sie haben einen oder mehrere grundlegende Punkte nicht richtig verstanden. Sollte ein nochmaliges Lesen des Buches nichts daran ändern, verlassen Sie sich vielleicht auf die Hoffnung, daß bald ein Wundermittel erfunden wird, mit dessen Hilfe Sie aufhören können. In diesem Fall kann ich Ihnen eine positive Nachricht verkünden: Nehmen Sie den Kopf aus dem Sand, es *ist* bereits erfunden! Sie müssen nur noch feststellen, warum Sie es nicht einsetzen wollen! Eine der tückischen Eigenschaften der Nikotinfalle besteht darin, daß Sie, egal, wie weit unten Sie schon sind, von ihr so manipuliert werden, daß Sie nicht mehr entkommen wollen. Am besten wäre es, Sie würden sich an eines unserer Büros wenden. Adressen und Telefonnummern finden Sie am Ende des Buchs.

Häufig kommen Raucher, die nicht im geringsten motiviert sind aufzuhören und den Besuch bei uns vermutlich als reine Zeitverschwendung betrachten. Wir sehen das aber anders. Einen Großteil der Zeit verwenden wir darauf, jene Blockaden zu beseitigen, die den Raucher vom Wunsch aufzuhören abhalten. Erst dann erklären wir, wie einfach das

Aufhören an sich ist. Als ich das erste Büro in London eröffnete, war ich mir der Bedeutung folgender zwei Faktoren bewußt:

1. Auch wenn mancher Raucher es selbst nicht so empfindet, wußte ich bereits damals, daß das Aufhören jedem Raucher leichtfallen kann.
2. Ich wußte auch, daß ich manche Raucher innerhalb von zehn Minuten davon überzeugen konnte, bei anderen wiederum zehn Jahre dazu brauchte.

Aus diesem Wissen heraus legte ich die Kursgebühr für einen Besuch bei uns nicht pro Stunde fest, wie es bei den meisten Trainern, Therapeuten oder Beratern üblich ist, sondern entschied mich für einen Pauschalpreis. Das hat zwei Vorteile. Zum einen erspart es dem Raucher die Sorge, sich eventuell nötige Folgebesuche nicht leisten zu können. Theoretisch könnten sie tausend Kurse absolvieren, ohne einen Pfennig mehr bezahlen zu müssen. Und falls sich kein Erfolg einstellt, erstatten wir diese Kursgebühr ohne weitere Nachfrage zurück. In der Regel reicht eine Sitzung aus, die restlichen schaffen es nach der zweiten oder dritten.

Die Royal Canadian Mounted Police (berittene Polizei in Kanada) hat einen Wahlspruch, der lautet: »Ein Mountie fängt seinen Mann immer.« Ich würde dasselbe nur zu gern von mir behaupten können. Wir streben eine Erfolgsquote von hundert Prozent an, wissen aber, daß wir sie nie wirklich erreichen können. Doch unsere Bemühungen haben uns immerhin in die Nähe dieses Ziels gebracht. Manchmal geben Raucher es mit uns auf, aber wir können von uns genauso stolz wie ein Mountie behaupten: »Wir haben noch nie einen Raucher aufgegeben.« Und ich verspreche Ihnen, solange ich etwas zu sagen habe, werden wir das auch in Zukunft nicht tun.

Ich besaß einmal ein Auto, das die besonders üble Eigenschaft hatte, immer dann anzuspringen, wenn ich es nicht so dringend brauchte, aber selten, wenn ich es unbedingt benutzen mußte. Mehrere Vertragswerkstätten konnten den Fehler nicht beheben, weil der Wagen dort immer ohne Probleme ansprang. Verzweifelt rief ich einen Mechaniker an, der nur nebenbei Autos reparierte und im Lokalteil unserer Zeitung inseriert hatte. Ich sagte am Telefon: »Mein Auto macht mir fürchterliches Kopfzerbrechen.« Seine Antwort lautete: »Das können Sie sich ab sofort ersparen. Sie haben Ihr Problem mit dem Anruf bei mir gelöst. Ab jetzt ist es nicht mehr Ihr Problem, sondern meins.«

Damit gab er mir soviel Hoffnung und Vertrauen, daß ich mir vornahm, das gleiche Prinzip anzuwenden, um Rauchern aus der Falle zu helfen. Aber leider kann ich Ihnen nicht alles abnehmen. Solange Sie sich in der Falle befinden, haben Sie ein Problem. Um Sie von diesem Problem befreien zu können, brauche ich Ihre Hilfe. Sie müssen aber wissen, daß ich das Problem auch als meines erachte, bis Sie aus der Falle entkommen sind. Auch das ist ein Vorteil unserer Kursgebührgestaltung. Das nimmt uns den Druck. Wir brauchen uns keine Gedanken darüber zu machen, ob der betreffende Raucher sich mehrere Sitzungen leisten kann oder ob wir in Einzelfällen einen Verlust machen. Die wenigen, die es nicht bei der ersten Sitzung schaffen, profitieren davon, daß es der großen Mehrheit auf Anhieb gelingt. Mit diesem System können wir es uns leisten, auf jeden einzelnen Raucher individuell einzugehen, egal, wie oft er zu uns kommen muß.

Manchmal stellt sich auch bei ehemaligen Rauchern, die geradezu versessen darauf sind, mit dem Rauchen Schluß zu machen, der »Moment der Freiheit« nicht ein. Das liegt meist daran, daß sie ihr Vorhaben zu verbissen angehen und deshalb die eine oder andere Anweisung nicht richtig verstehen oder befolgen. Die häufigsten Fehler sind:

1. auf den »Moment der Freiheit« zu warten
2. möglichst nicht an das Rauchen zu denken
3. an dem Glauben festzuhalten, man könne manche Gelegenheiten ohne Zigarette nicht mehr genießen
4. davon auszugehen, daß ohne Zigaretten eine Leere entsteht

Denken Sie immer daran: Wenn Sie alle Anweisungen befolgen, führt Sie das zwangsläufig ans Ziel! Aber wenn Sie alle verstehen und daran glauben, heißt das noch nicht, daß Sie sie auch automatisch befolgen. Bevor ich einen Golfball schlage, ermahne ich mich immer: »Den Kopf unten lassen!« Sicher muß ich Ihnen nun nicht sagen, was ich als nächstes mache. Gehen Sie jede Anweisung bis ins Detail durch. Fragen Sie sich: Befolge ich diese Anweisung wirklich?

Das Wichtigste dabei ist, sich immer vor Augen zu halten, daß sämtliche Anweisungen auf ein Ziel hinarbeiten: *die richtige Einstellung!*

Falls Sie alle Anweisungen verstehen und befolgen und sich dennoch in Endzeitstimmung befinden, geht es Ihnen wie einem Gefangenen, der den Schlüssel in die Freiheit besitzt, sich aber weigert, ihn zu benutzen. Wenn das Ihr Problem ist, besteht absolut kein Grund für Weltuntergangsstimmung. Sie müssen nur den Schlüssel drehen. Und legen Sie ihn mit einem Gefühl der Erleichterung beiseite. Sie haben es in der Hand, vorausgesetzt, Sie verstehen und befolgen die Anweisungen.

Außer, daß Sie den »Moment der Freiheit« nicht erleben, kann nur noch ein einziger Punkt schiefgehen, nämlich, daß sich früher oder später Zweifel einstellen. Nachdem ich immer wieder betont habe, wie wichtig es ist, alle Zweifel aus der Welt zu schaffen, spreche ich ungern davon, daß möglicherweise Zweifel in Ihnen aufsteigen könnten. Es steht in Ihrer Macht, dies zu verhindern. Manche Raucher gehen jedoch unter falschen Voraussetzungen an den Start, oder sie beginnen zwar richtig, aber zu einem späteren Zeitpunkt läuft etwas schief. Sollte das bei Ihnen der Fall sein, besteht kein Grund zur Panik. Und vor allem: Geben Sie Ihren Versuch nicht auf.

JEDEM RAUCHER KANN DAS AUFHÖREN LEICHTFALLEN.

Wenn Sie Probleme haben, liegt das entweder daran, daß Sie eine oder mehrere Anweisungen nicht richtig verstehen und/oder nicht richtig befolgen. Stellen Sie fest, unter welcher körperlichen Beeinträchtigung Sie leiden. Wenn die Schmerzen unbedeutend oder überhaupt nicht vorhanden sind, können Sie daraus folgern, daß Ihr Problem im Kopf sitzt und es an Ihnen liegt, etwas dagegen zu unternehmen.

Gehen Sie als nächstes die Checkliste durch, und versuchen Sie selbst, den Fehler zu entdecken. Wenn das auch nicht hilft, lesen Sie die Beschreibung jener Pille im letzten Teil von Kapitel 26. Glauben Sie, Sie hätten ebensolche Probleme, wenn Sie diese Pille genommen hätten? Wenn die Antwort ja lautet, setzen Sie die Pille mit einer Zigarette gleich. Versuchen Sie es andersherum. Lautet die Antwort nein, versuchen Sie herauszufinden, warum Ihnen die Zigarette anders erscheint als die Pille. Manchen Personen fällt es auch leichter, sich die Analogie anhand des Beispiels von der Herpesinfektion und der Wundersalbe aus Kapitel 14 in *Endlich Nichtraucher!* zu vergegenwärtigen.

Das Beispiel mit dem Herpes eignet sich auch gut zur Widerlegung der Theorie, die Regierung könne das Raucherproblem leicht lösen, indem sie entweder ein Tabakverbot verhängt oder den Zigarettenpreis auf fünfzehn Mark pro Packung hochschraubt. Wenn Sie glauben, die Salbe würde Sie von der Herpesinfektion befreien, wären Sie auch bereit, tausend Mark für eine Tube zu bezahlen, egal, ob sie auf legalem Weg zu erwerben wäre oder nicht. Das ist nur zu verständlich, da das Opfer doch davon ausgeht, völlig abhängig von dieser Salbe zu sein, auch wenn es sich dabei um eine Illusion handelt. Die Nikotinfalle ist nicht so einfach zu durchschauen, weil die meisten Raucher nicht glauben, vom Nikotin abhängig zu sein. Dies wird ihnen erst bewußt, wenn sie mit dem Rauchen aufhören wollen. Und selbst wenn sie nicht davon loskommen, akzeptieren die meisten noch immer nicht ihre Abhängigkeit, weil sie sie nicht verstehen. Sie bleiben weiter abhängig, auch wenn es sich, genau wie bei der Salbe, um eine Illusion handelt. Angenommen, der Preis für eine Packung Zigaretten läge noch immer bei einer Mark fünfzig und Sie fragen verschiedene Raucher: »Würden Sie aufhören, wenn der Preis viermal so hoch wäre?«, würde die Mehrheit mit Ja antworten. Doch inzwischen hat sich der Preis vervierfacht, und nach wie vor gibt es zum Beispiel in Großbritannien dreizehn Millionen Raucher.

Glauben Sie, ein Heroinsüchtiger macht sich Gedanken über den Preis für seine Droge? Ja, das macht er, genau wie ein Raucher sich über die Summen, die er in die Luft bläst, Gedanken macht. Aber das hält beide nicht davon ab, ihr Geld dafür auszugeben.

»Die Schulzeit ist die schönste Zeit deines Lebens.« Warum stellen das immer nur die Erwachsenen fest? Kennen Sie ein einziges Kind, das ins Schwärmen gerät, weil es eine Schule besuchen darf? Die Natur hat uns einen Gefallen erwiesen, indem sie es so eingerichtet hat, daß wir uns an schöne Dinge gern erinnern, schlechte dafür schnell vergessen. Das läßt manche bittere Pille im nachhinein als angenehm erscheinen, beim Rauchen kann es allerdings zum Desaster führen, und nur allzuoft geschieht das auch. Ich bin mir durchaus bewußt, daß ich den folgenden Punkt schon ausführlich behandelt habe. In diesem Zusammenhang möchte ich Sie auch darauf hinweisen, daß meiner Meinung nach das größte Verbrechen, dessen man sich gegenüber einem Mitmenschen schuldig machen kann, nicht darin besteht, ihn zu beleidigen oder ihm den Arm zu brechen, sondern ihn zu langweilen. Wenn ich also das Risiko auf mich nehme, Sie zu langweilen, müssen Sie sich immer den Grund dafür vor Augen führen.

Eltern halten ihre Kinder für dumm, wenn sie in die Nikotinfalle tappen. Wie dumm muß dann erst ein Erwachsener sein, der schon einmal daraus entkommen ist und wieder hineingerät? Doch trotz aller Warnungen, die ich immer wieder ausspreche, widerfährt genau das vielen Rauchern. Unterschätzen Sie niemals die Tücken der Falle. Ich sprach von zwei Punkten, die noch zu klären sind. Der erste betraf jene Raucher, die den »Moment der Freiheit« nicht erleben. Der zweite bezieht sich auf ein weitaus ernsteres Problem. Das betrifft all jene, die diesen Moment erleben. Mit ihm ist nämlich eine große Gefahr verbunden. Und je leichter Ihnen das Aufhören fällt, um so größer ist diese Gefahr.

Ich habe diese Gefahr bereits in einigen Facetten beleuchtet, und es geht, wie ebenfalls schon besprochen, im wesentlichen darum, die einmal getroffene richtige Entscheidung niemals in Frage zu stellen. Dabei fällt mir ein Buch ein, das ich als Jugendlicher gelesen habe. Das erste Kapitel trug den Titel: »Warum eine junge Dame niemals eine Einladung in das Schlafzimmer eines jungen Herrn annehmen sollte, egal, wie harmlos der Anlaß dafür auch scheinen mag.« Das zweite Kapitel hatte die Überschrift: »Wie man sich nach dem Betreten des Zimmers verhält.«

Wir müssen uns der Realität stellen. Nichts darf Sie darüber hinwegtäuschen, daß die Tabakkonzerne und andere Raucher mit großem Einfallsreichtum immer wieder darauf hinarbeiten werden, Sie in Versuchung zu führen, aus Profitgier die einen, aus Angst und Unwissenheit die anderen. Ich habe bereits Ratschläge erteilt, wie mit solchen Situationen umzugehen ist. Ich bin immun. Sollten Sie es noch nicht sein, ist es jetzt an der Zeit, diese Immunität zu erlangen.

In Kapitel 1 habe ich Sie gebeten, vier wesentliche Punkte im Leben eines Rauchers schriftlich festzuhalten. Lesen Sie sie jetzt noch einmal durch, und gehen Sie sie immer wieder durch, wenn auch nur der geringste Zweifel aufkommt. Wenn Ihnen auch das keinen Halt geben kann, müssen Sie einen anderen Anker finden, der Sie rettet, wenn Sie in Versuchung geraten. Aber finden Sie ihn jetzt. Wenn Sie warten, bis Sie ihn wirklich brauchen, ist es schon zu spät.

Der eigentliche Schlüssel ist die Einsicht, daß es nie bei einer einzelnen Zigarette bleibt. Sonst könnten wir diese jederzeit rauchen. Wenn Sie sich vorstellen, Sie selbst oder eine andere Person würde rauchen, dürfen Sie dabei niemals von einer einzigen Zigarette zu bestimmten Gelegenheiten ausgehen. Sehen Sie das Rauchen als das, was es tatsächlich ist: eine sich lebenslang fortsetzende Kettenreaktion. Dann wird sich bei jedem Gedanken an das Rauchen automatisch die Assoziation einstellen:

ES GEHT MIR PHANTASTISCH!
ICH HABE DIE KETTE DURCHBROCHEN!

Aber nun sprechen wir nicht mehr vom Scheitern und möglichen Versuchungen, sondern wenden uns wieder meinen Leitsätzen zu. Da ich bereits zur Rettung vieler Menschenleben beigetragen habe, unterstellt man mir oft altruistische und philanthropische Beweggründe, die ich selbst nicht für mich in Anspruch nehmen würde. Falls Sie nun von mir eine auf diesen Leitmotiven basierende Philosophie erwarten, muß ich Sie enttäuschen. Meine Philosophie geht von der egoistischen Annahme aus, daß die Gottheit oder höhere Intelligenz, die uns geschaffen hat, wollte, daß wir unser Leben genießen. Und sie hat uns mit einer unglaublichen Körpermaschine ausgestattet, die uns diesen Genuß ermöglichen soll. Diese Annahme basiert nicht auf Hoffnung oder Glauben, sondern auf Beobachtung, Erfahrung und Fakten.

Nun glauben Sie vielleicht nicht mehr, meine Philosophie sei altruistisch, sondern nehme keine Rücksicht auf Verluste. Auch falsch. Unser

Schöpfer hat uns ein Gewissen eingepflanzt. Wenn wir eine Tat begehen, die wir für niederträchtig oder gemein halten, mag diese uns vielleicht einen materiellen Vorteil bringen, doch im Grunde gewinnen wir dabei nichts, weil wir uns selbst dafür verachten. Wenn wir dagegen einer anderen Person einen Gefallen erweisen, der vielleicht sogar mit einem finanziellen Verlust verbunden ist, bedeutet das für uns immer einen Gewinn, weil wir danach zufrieden mit uns selbst sind.

Bei den Grundregeln des Christentums, wie sie in den Zehn Geboten zusammengefaßt sind, handelt es sich im Grunde um eine Sammlung von Handlungsmaximen, die auf einem gesunden Menschenverstand basieren und ohne die eine Gruppe von zivilisierten Menschen nicht in Harmonie zusammenleben kann. Jene, die sich an diese Regeln halten, sind im Normalfall auch glücklich. Wer sich nicht daran hält, ist meist unzufrieden und deprimiert. Ich werde Ihnen aber nun nicht dazu raten, allen materiellen Komfort und Ihren ganzen Besitz an die Armen und Bedürftigen zu verteilen. Mein Grundsatz lautet, das Leben zu genießen. Das ist allerdings nicht möglich, wenn um Sie herum nur Elend herrscht. Oder glauben Sie, Sie könnten eine Gourmetmahl genießen, wenn Ihnen ein Verhungernder dabei zusieht? Würden Sie dann nicht viel lieber das Essen mit dieser Person teilen oder es ihr ganz überlassen und selbst ein paar Stunden hungern? An Weihnachten sehen wir es als unsere Pflicht an, andere zu beschenken und für wohltätige Zwecke zu spenden. Das bedeutet für uns auch persönlichen Gewinn, danach fühlen wir uns besser. Wie glücklich wären wir wohl erst, wenn wir dies unser ganzes Leben lang so praktizieren würden!

Sicher haben Sie schon von Einsteins Relativiätstheorie gehört. Ich habe nur eine vage Vorstellung davon. Ich glaube, diese Theorie ist äußerst kompliziert und hängt irgendwie mit der Geschwindigkeit des Lichts zusammen. Aber ehrlich gesagt muß ich gar nicht mehr darüber wissen. Dafür möchte ich Ihnen etwas über Allen Carrs Relativitätstheorie sagen. Im wesentlichen geht es bei dieser Theorie darum, daß das Leben aus Höhen und Tiefen besteht. Würde es kontinuierlich in einer Linie verlaufen, wäre es völlig langweilig, und wir könnten genausogut als Kohlkopf vor uns hinvegetieren.

Ein guter Tag ist ein Tag, der besser ist als der vorhergehende. Ein schlechter Tag ist einer, der nicht so gut ist wie der vorhergehende. Egal, in welcher Position wir uns befinden und wodurch die Tage sich unterscheiden, wir betrachten diese Schwankungen einfach als normal. Als junger Bengel von der Straße beneidete ich die gleichaltrigen Schnösel aus wohlhabendem Haus. Erst Jahre später wurde mir klar, daß ich eigentlich viel besser dran war. Wenn man ganz unten anfängt, kann es nur in eine Richtung weitergehen, nämlich nach oben. Bei den anderen ist es genau umgekehrt.

Vor einigen Jahren feierte ich Weihnachten mit Freunden in einem Hotel. Als Festessen gab es ein Acht-Gänge-Menü. Ich höre mich noch sagen: »Wie um Himmels willen soll ich das alles schaffen?« Daraufhin antwortete jemand: »Jetzt sei doch nicht so, es ist Weihnachten, das gehört nun mal dazu.« Ich akzeptierte das, aber genießen konnte ich das Essen nicht. Ich nahm den ganzen restlichen Tag nichts mehr zu mir außer Magentabletten und fühlte mich so vollgestopft, daß ich eine Woche lang keine richtige Mahlzeit mehr brauchte. Ich war aber so mit meinen eigenen Problemen beschäftigt, daß mir damals gar nicht bewußt wurde, daß dieses eine Essen für Menschen, die kurz vor dem Verhungern standen, ein Festbankett bedeutet hätte.

Malen Sie sich doch einmal aus, wie entsetzt Papillon angesichts der Kakerlake gewesen sein muß, die er aus seiner ersten Suppe im Gefängnis fischte. Jeder von uns hat sicher schon ein ähnliches Erlebnis gehabt, und wir können uns seinen Ekel gut vorstellen. Drei Monate später jagte derselbe Mann jedoch Kakerlaken, um nicht verhungern zu müssen. Wer von uns kann sich heute noch in seine Lage versetzen?

Andererseits gibt es Beispiele wie jenes von dem Mann, der dreihunderttausend Mark bei einer Fußballwette gewonnen hat. Eine Woche später erschien er seinem Freund sehr niedergeschlagen:

»Jock, was ist los mit dir? Ich habe gehört, du hast letzte Woche dreihunderttausend Mark gewonnen!«

»Ja, ja, richtig.«

»Warum machst du dann so ein Gesicht?«

»Ich habe diese Woche nicht einen Pfennig gewonnen!«

»Machen dich die ganzen Bettelbriefe so depressiv?«

»Nein, ich verschicke sie ja immer noch!«

Sie müssen akzeptieren, daß Höhen und Tiefen ein fester Bestandteil unseres Lebens sind. Erleben Sie die Höhen bewußt, und freuen Sie sich darüber! Manchmal ist der Auslöser dafür eine nette Laune des Schicksals, und Sie kennen den Grund. Beim nächstenmal kennen Sie den Grund vielleicht nicht, freuen sich aber einfach des Lebens. In beiden Fällen sollten Sie nicht Ihre Zeit damit verschwenden, die Gründe zu analysieren. Nehmen Sie es, wie es kommt, leben Sie für den Augenblick, und versuchen Sie, das Beste daraus zu machen.

Erleben Sie eine Tiefe, wenden Sie die umgekehrte Taktik an. Nehmen Sie diesen Zustand nicht einfach hin. Versuchen Sie herauszufinden, warum es Ihnen so schlechtgeht. Manchmal liegt der Grund dafür klar auf der Hand. Gut, vielleicht haben Sie auch einen schweren Schicksalsschlag erlitten, aber möglicherweise können Sie mit etwas Initiative die Wirkung abschwächen, ganz aufheben oder sogar zum Guten wenden. In jedem Fall bekommen Sie dadurch wieder die Kurve nach oben. Selbst wenn Sie an der Situation nichts ändern können, wie zum Beispiel bei einem gebrochenen Bein, muß das nicht zu Depressionen führen. Vom Augenblick des Unfalls an setzt der Heilungsprozeß ein, Sie befinden sich bereits auf dem Weg der Besserung. Nun sind Sie zwar für eine Weile in Ihren Aktivitäten eingeschränkt, doch sehen Sie diesen Zustand als einmalige Chance, sich endlich all die Bücher vorzunehmen, die Sie seit langem lesen wollten, sich mit einem Musikinstrument zu beschäftigen, Schach oder Karten oder was auch immer zu spielen.

Manchmal kann man einem Schicksalsschlag aber keine positiven Aktionen entgegensetzen, was aber dennoch nicht Anlaß zu depressiver Verstimmung geben muß. Die meisten Dinge, die uns heutzutage so ausgiebig beschäftigen, sind keine Probleme im eigentlichen Sinn. Bevor Sie sich also dem Schicksalsschlag ergeben, sollten Sie sich erst fragen: »Ist es wirklich so schlimm?« Nicht selten machen wir uns schon im voraus Sorgen, daß vielleicht etwas passieren könnte. In diesem Fall ist es ganz hilfreich, davon auszugehen, daß eine solche Situation tatsächlich eintritt. Versuchen Sie dabei folgendes herauszufinden: »Angenommen, es passiert tatsächlich, was wäre daran so furchtbar?« Oft ist die Vorwegnahme des schlimmstmöglichen Ausgangs weniger beängstigend als die des weniger schlimmen.

In solchen Fällen ist es gut, sich mit Menschen zu vergleichen, denen es viel schlechter geht: »Ja, ich bin ausgestellt worden. Aber es geht mir immer noch besser als diesen armen Menschen in Jugoslawien. Ich habe meine Familie und meine Freunde und bin nicht am Verhungern.«

Manchmal gelingt es uns jedoch nicht, die Ursache für unser Stimmungstief herauszufinden. Wir wachen am Morgen auf, fühlen uns hundeelend und wissen nicht, warum. Sicher gibt es dafür einen Grund. Vielleicht befinden wir uns in einer ungünstigen Mondphase oder der Biorhythmus ist nicht im richtigen Lot. Möglicherweise beschäftigen wir uns auch unterbewußt mit einem Problem, das wir nicht festmachen können. Aber auch diese Situationen dürfen Sie nicht tatenlos hinnehmen. Nutzen Sie Ihren Verstand, um die Ursache herauszufinden. Sie können vielleicht nichts an der Situation ändern, aber vielleicht schlimmere Auswirkungen verhindern.

Ich fasse noch einmal zusammen: Wenn Sie eine Hoch erleben, bringen Sie den Kahn nicht zum Kentern, freuen Sie sich einfach darüber. Erleben Sie ein Tief, setzen Sie sich mit der aktuellen Situation auseinander, und unternehmen Sie alles, um das Problem aus der Welt zu schaffen.

Gehen Sie vom rationalen Standpunkt an die Sache heran. Wenn das alles nichts hilft, wenn Sie einfach einen jener Tage haben, die jeder von uns ab und zu erlebt, an denen wir uns scheinbar grundlos niedergeschlagen fühlen, akzeptieren Sie es einfach. Sagen Sie sich selbst: »Gut, heute bin ich am Boden. Ich habe jetzt zwei Möglichkeiten: Entweder bessert sich meine Lage, dann ist es gut, oder sie verschlimmert sich, dann kann ich auch nichts daran ändern.«

Der Schlüssel ist folgender: Genießen Sie es, wenn alles gut läuft, leben Sie für den Augenblick, holen Sie so viel wie möglich für sich heraus. Läuft es schlecht, setzen Sie Ihre Vorstellungskraft ein, und freuen Sie sich auf die Zukunft. Nutzen Sie die wunderbare Gabe, die wir Menschen besitzen: *Phantasie!* Nehmen Sie sich immer etwas Schönes vor, worauf Sie sich freuen können. Das muß kein Luxusurlaub sein, es reichen kleine Dinge, die Verabredung mit einem Freund etwa, oder das nächste Essen. Selbst wenn Sie überhaupt nichts Positives finden, worauf Sie sich freuen könnten, bleibt Ihnen immer noch die angenehme Vorstellung, daß Sie irgendwann wieder aus diesem Tal herauskommen werden.

Uns Menschen in der westlichen Zivilisation geht es wie einem Korken, der vom Frühlingswind auf dem Wasser dahingetrieben wird. Wir fallen von einer Angst in die nächste und sind so sehr damit beschäftigt, immer den Kopf über Wasser zu halten, daß wir kaum Zeit finden, unsere Erfahrungen in Ruhe zu verarbeiten oder festzustellen, in welche Richtung wir treiben. Andere Kulturen gehen ganz anders damit um. Denken Sie nur an einen buddhistischen Mönch, der sein Leben lang auf dem gleichen Felsen sitzt und nichts weiter braucht als täglich ein Glas Wasser und eine Schale Reis. Nun denken Sie vielleicht: Was ist das für ein Leben? Aber urteilen Sie nicht vorschnell, glauben Sie wirklich, sein Leben bestünde nur darin, auf diesem Felsen zu sitzen? Vielleicht befindet er sich gar nicht auf diesem Felsen, sondern an einem beliebigen anderen Ort, an den seine Vorstellungskraft ihn hingetragen hat. Wer von uns kann erahnen, welche Zufriedenheit er daraus zieht? Bedenken Sie, daß seine Kultur Tausende von Jahren älter ist als unsere, bevor Sie ein vorschnelles Urteil fällen.

Im Grunde verhalten wir uns ganz ähnlich. Begeben wir uns mit Hilfe von Fernsehen, Kino, Theater oder Fußballspielen nicht auch auf die Flucht? Und was soll daran falsch sein? Es funktioniert! In den seltenen Fällen, in denen ich mich heute nicht so gut fühle, lege ich entweder eine CD von Pavarotti, Domingo und Carreras ein oder sehe mir eine dieser wunderbaren alten Schnulzen an, die auf die Tränendrüsen drücken.

Manche Menschen begehen den Fehler, vor ihren Problemen davonlaufen zu wollen. Damit beschwören sie eine Katastrophe herauf. Wenn ein Problem auftaucht oder auftauchen könnte, sollten Sie als erstes überlegen, ob Sie dieses Problem beseitigen oder verhindern können, oder ob Sie eine Möglichkeit haben, die Folgen einzudämmen. Besteht dazu eine Möglichkeit, ergreifen Sie die Initiative. Wenn sich nichts daran ändern läßt, macht es auch keinen Sinn, sich den Kopf darüber zu zerbrechen. Denken Sie immer daran, nicht die Probleme rufen Ängste hervor, sondern die Gedanken, die wir uns darüber machen.

Wenn Sie sich meine Lebenseinstellung zu eigen machen, wird Ihnen das Leben völlig neue Perspektiven eröffnen. Sie werden häufiger und intensiver Höhen erleben, Tiefen hingegen werden sich seltener einstellen und Ihnen weniger tragisch erscheinen. Diese Veränderung ist zum Teil real, zum Teil beruht sie auf Ihrer neuen Sicht der Dinge. Die Fähigkeit, die Perspektive zu verändern, ist ein weiterer Baustein in unserer unglaublichen Maschine Körper. Wir können diese Bausteine für gute und für schlechte Zwecke einsetzen. Aber warum sollten wir sie nicht alle dafür nutzen, das Leben erfreulicher zu gestalten, anstatt es zu zerstören? An diesem Punkt haben Sie ein großes Problem gelöst, Sie rauchen nicht mehr. In wenigen Tagen werden Sie sich körperlich und geistig besser fühlen und mit positiver Energie in Ihr neues Leben starten!

Nur für den Fall, daß noch der Hauch eines Zweifels besteht: Wenn ich von Höhen spreche, meine ich damit natürlich nicht jenen Zustand, in dem ein Drogensüchtiger oder Alkoholiker sich befindet, wenn er bis zur Besinnungslosigkeit zugedröhnt ist. Eine echte »Höhe« ist die Freude am Leben. Sicher glauben viele Menschen, daß Alkohol und eine Reihe anderer Drogen sie in echte Höhen versetzen können. Ich werde im nächsten Kapitel erklären, warum das nur ein Trugschluß ist. In Wahrheit bewirken sie nämlich genau das Gegenteil!

Sollte Nikotin Ihr einziges Problem gewesen sein, brauchen Sie eigentlich nicht weiterzulesen. Aber vielleicht interessieren Sie sich für die wahren Fakten über

ALKOHOL, HEROIN UND ANDERE DROGEN.

KAPITEL 42

Alkohol, Heroin und andere Drogen

Bei jeder Form der Abhängigkeit, sei es von Nikotin, Alkohol, Heroin oder einer beliebigen anderen Droge, handelt es sich im Grunde um die gleiche Falle. Diese Suchtmittel unterscheiden sich lediglich durch die chemischen Substanzen, die sie als Köder verwenden. Sie alle haben eine typische Eigenschaft, nämlich die, die Illusion hervorzurufen, daß sie dem Opfer Hilfestellung oder irgendeinen anderen Vorteil bieten. In Wahrheit bewirken sie genau das Gegenteil.

Man kann aus jeder dieser Fallen aber auf einfache Weise wieder entkommen, indem man die Illusion durchschaut und sich bewußt macht, daß die Droge genau das Gegenteil von dem ist, was sie vorgibt zu sein, und kein Süchtiger ihr wirklich ausgeliefert ist. Die ersten 41 Kapitel dieses Buches sowie das Buch *Endlich Nichtraucher!* liefern eine ausführliche Erklärung der Nikotinabhängigkeit. Neunzig Prozent des Inhalts bezieht sich auf alle Arten von chemischen Drogen, und es ist nicht nötig, dies für jede Droge separat darzulegen. Falls Ihr Problem nicht mit Nikotin, sondern einer anderen Droge zusammenhängt, ist es jedoch von größter Bedeutung, beim Lesen dieser Kapitel und von *Endlich Nichtraucher!* das Wort »Nikotin« durch den Namen Ihrer Droge zu ersetzen. Bei den folgenden Kapiteln würde das keinen Sinn ergeben, da diese auf die jeweiligen Besonderheiten einzelner chemischer Substanzen eingehen.

Die Angst vieler Eltern, wenn ihre Kinder Haschisch rauchten, bezog sich weniger auf diesen Stoff, als vielmehr darauf, daß die sogenannten Drogenexperten Haschisch als Einstiegsdroge bezeichneten, die früher oder später zu harten Drogen wie Heroin führe. Nun hatte Haschisch sicher seinen Anteil daran, der Einstieg vollzog sich jedoch schon sehr viel früher.

Ganz zu Anfang steht gewiß die Packung Süßigkeiten, die Kinder regelmäßig von ihren Eltern bekommen. Außer daß sie sich damit den Appetit verderben und die Zähne ruinieren, richtet man damit zwar keinen unmittelbaren Schaden an, nur werden die Kinder schon so erzogen, daß sie immer wieder kleine Belohnungen erwarten. Mit dem Erwachsenwerden betrachten sie Süßigkeiten nach und nach als kindisch und zu kalorienhaltig, also suchen sie nach Ersatz. Zu diesem Zeitpunkt hat die Gehirnwäsche ihnen bereits eingebleut, daß auch Zigaretten kleine Belohnungen sein können, und aufgrund des passiven Rauchens sind sie ohnehin schon in einem gewissen Maß süchtig.

Damit ist der Boden für das Rauchen bereitet. Die Raucher entwickeln wachsende Immunität gegen das Nikotin, die Entzugserscheinungen werden nur noch teilweise gemindert. Die Leere macht sich damit permanent bemerkbar. In ihrem Bestreben, diese Leere zu füllen, haben sie vielleicht noch Glück und behelfen sich mit übermäßigem Essen, wie es bei mir der Fall war. Andere steigern den Konsum von Alkohol oder greifen zu jenen Substanzen, die in der Gesellschaft als härtere Drogen gelten. Aber alle drei Wege haben eines gemeinsam: Sie führen immer in die Tiefe des Schachts. Parallel dazu steigt natürlich auch der Nikotinkonsum. Das große Übel heißt nicht Haschisch, sondern

NIKOTIN

»Nun höre ich Ihnen seit einer halben Stunde zu und stelle fest, daß ich noch nie im Leben soviel sinnloses Geschwätz über mich ergehen lassen mußte. Und der Effekt das Ganzen ist, daß ich wieder rauchen will.«

Manchmal gehen solche Anrufe während unserer Radiosendungen ein. Zu Beginn brachten mich diese Bemerkungen ganz schön aus dem Konzept. Ich verstand diese Reaktion, wenn sie von Rauchern kam, die genau wie ich unzählige Male per Willenskraft versucht hatten aufzuhören und davon überzeugt waren, daß es nicht einfach sein konnte. Was aber veranlaßte einen ehemaligen Raucher zu einer derartigen Äußerung? Ich zermarterte mir das Gehirn, womit ich ihn wohl dazu gebracht hatte, mit dem Rauchen wieder anfangen zu wollen. Meine Ausführungen mußten doch allesamt Wasser auf die Mühlen eines Exrauchers sein. Leider waren die einzelnen Anrufer so aufgebracht, daß sie nur unzusammenhängendes Zeug redeten. Anstatt mir den genauen Grund ihres Ärgers darzulegen, beschränkten sie sich auf Verallgemeinerungen wie: »Sie reden Unsinn!«

Schließlich waren es ausgerechnet Alkoholiker, die mir den Schlüssel zum Verständnis lieferten. In *Endlich Nichtraucher!* wies ich darauf hin, daß praktisch alle Alkoholiker oder ehemaligen Alkoholiker gleichzeitig auch starke Raucher sind oder waren. Ich ging sogar so weit zu behaupten, Alkoholismus sei eher ein Problem des Rauchens als des Trinkens. Doch damals hatte ich noch nicht genügend Beweise gesammelt, um diese Behauptung besser untermauern zu können. Jetzt liegt mir ausreichend Material vor.

Ich bin immer wieder überrascht über den hohen Anteil ehemaliger Alkoholiker, Heroinabhängiger oder anderer Drogenabhängiger in unseren Kursen. Die meisten von ihnen hatten schon eine ganze Palette von Drogen durchprobiert, sind aber im Lauf der Zeit von allen wieder losgekommen, mit Ausnahme der Zigaretten. Nun hatte unsere Gesellschaft mir aber nachhaltig vermittelt, am schwierigsten wäre der Entzug von Heroin. Doch wenn ich die Gespräche dieser Leute mitanhörte, wurde mir schnell klar, daß es sich, egal, von welcher Droge sie eigentlich sprachen, genausogut um Nikotin hätte handeln können. Kurz und gut, das grundsätzliche Problem schien in allen Fällen gleich zu sein:

1. Zunächst griff der Abhängige (in diesem Fall schließe ich Alkoholiker mit ein) nicht zu einer speziellen chemischen Substanz, weil er sie tatsächlich brauchte, sondern weil es sich so ergab: aus Langeweile, Neugier, Übermut oder durch Gruppenzwang. Die erste Dosis schmeckte scheußlich oder war zumindest kein Genuß. Das einzig Interessante daran war der Nervenkitzel, mit dem Feuer zu spielen.
2. Der Konsument nahm die Droge dann weiter, weil er davon überzeugt war, sie verschaffe ihm echtes Vergnügen oder gebe ihm Hilfestellung. Dabei war er aber immer noch der Meinung, jederzeit aufhören zu können.
3. Der Süchtige entschloß sich schließlich, die Finger von der Droge zu lassen, weil er keinen Genuß mehr daran hatte und es ihm gesundheitlich und/oder finanziell schadete. Dabei bemerkte er, daß er von der Droge abhängig war.
4. Der Grund, warum er nicht aufhören konnte, waren nicht etwa schlimme Entzugserscheinungen oder daß er das Vergnügen, das die Droge ihm verschaffte, dringend brauchte, sondern daß er sich ohne sie elend und deprimiert fühlte.

Es ist nicht immer einfach, die Spreu vom Weizen zu trennen. Wie oft hat es uns die Stimme verschlagen, wenn ein Kind fragte: »Warum rauchst du?« Dann mußten wir die üblichen Klischees und Platitüden hervorkramen, die Süchtige und Nichtsüchtige gleichermaßen für passend halten. Häufig wird in Filmen der Entzug völlig falsch dargestellt. Die Süchtigen werden von unglaublichen Wahnvorstellungen heimgesucht, wie zum Beispiel Spinnen, die über ihr Gesicht laufen. Doch in Wirklichkeit stellen sich solche Bilder nur dann ein, wenn die Droge ihre Wirkung zeigt.

Zweifellos haben aber die Süchtigen selbst zur Entstehung solcher Mißverständnisse beigetragen. Auch wenn ich versuchte, mit Willenskraft aufzuhören, litt ich unter keinen körperlichen Schmerzen. Mein einziges Problem war, daß ich eine Zigarette wollte und keine bekam. Deshalb fühlte ich mich elend und glaubte, auf etwas verzichten zu müssen. Im Lauf der Zeit wurde dieses Problem nicht geringer, im Gegenteil, es wurde immer schlimmer. Früher oder später war mein Widerstand gebrochen, und ich gab auf. Ich hatte keinen logischen Grund, wieder anzufangen, meine Vernunft sagte mir: *Du Narr! Du Idiot!* Also erfand ich zwei Lügen, um meine Dummheit vor mir selbst und meiner Familie zu rechtfertigen:

1. Daß ich unter schrecklichen Schmerzen litt.
2. Daß Rauchen mir echte Vorteile bot.

Bevor ich nun fortfahre, sollte ich anmerken, daß ich die Nikotinfalle heute vor allem deshalb so gut verstehe, weil ich selbst über dreißig Jahre lang in ihr gesessen habe, und zwar so weit drinnen, wie es nur möglich ist, ohne sofort zu sterben. Das ist nicht der einzige Grund, doch ohne diese Erfahrung hätte ich den Mythos um das Rauchen niemals aufdecken können. Damit will ich nicht behaupten, ein Nichtraucher sei nicht in der Lage, die Tücken der Falle zu verstehen. Ich fand es zu Beginn meiner Kursarbeit sogar einfacher, sie einem Nichtraucher zu erklären als einem Raucher, denn Nichtraucher leiden nicht unter jenen Illusionen, die die Abhängigkeit hervorruft.

Nun könnten Sie mit einiger Berechtigung daran zweifeln, daß jemand, der niemals Haschisch geraucht, Heroin gespritzt oder übermäßig Alkohol getrunken hat, in der Lage sei, kompetent über dieses Thema zu sprechen. Doch der Sachverhalt ist folgender:

1. Die Ausführungen in diesem Kapitel beruhen nicht nur auf meinen eigenen Erfahrungen und Beobachtungen. Es handelt sich dabei um die gesammelten Erfahrungen ehemaliger Alkoholiker und Drogenabhängiger, zu denen ich bisher Kontakt hatte. Jeder Satz, den ich hier schreibe, ist außerdem von meinem Mitarbeiter Robin Hayley abgesegnet. Robin ist ein junger Mann, der in Oxford studiert hat und sowohl körperlich als auch geistig auf der Höhe ist wie kaum ein anderer; darüber hinaus besitzt er großen Elan und gesunden Menschenverstand. Ich bin sicher, er wird noch eine große Karriere ma-

chen. Allerdings war ich nicht wenig überrascht, als ich erfuhr, daß er früher nicht nur heroinabhängig war, sondern im Alter von dreizehn Jahren bereits so übergewichtig, daß er die Hilfe von Weight Watchers in Anspruch nehmen mußte.

2. Ich bin so überzeugt von meinen Behauptungen, daß ich mich sogar bereit erklären würde, Heroin zu nehmen, um zu beweisen, daß ich weder davon noch von irgendeiner anderen chemischen Substanz abhängig werden könnte. Vielleicht halten Sie das für eine unglaublich verantwortungslose und arrogante Bemerkung. Es bedeutet aber auch, daß ich weiß, wovon ich spreche. Und es muß Sie eigentlich davon überzeugen, daß ich, wenn ich aus Angst schon niemals eine relativ milde Droge wie Haschisch versucht habe, doch erst recht die Finger vom Heroin lassen würde, wenn ich nicht so von meiner Behauptung überzeugt wäre.

Stellen Sie sich vor, ich wäre der erste Mensch, der ein Boot gebaut hat. Ich will Ihnen dieses Boot auf einem Teich vorführen. Sie sind beeindruckt, aber auch skeptisch: »Dieser Teich ist nur einen Meter tief. Schwimmt es auch in tieferem Wasser? Und wie verhält es sich in Salzwasser? Schwimmt es auch auf Tinte oder Fruchtsaft?« Da ich das Prinzip verstehe, warum das Boot schwimmt, muß ich die anderen Möglichkeiten nicht ausprobieren, ich bin mir sicher, daß es schwimmt. Als ich meine Methode entdeckte, kam es mir überhaupt nicht in den Sinn, daß man sie auch bei einer anderen Droge als Nikotin anwenden könnte. Erst als ich mich immer wieder mit Abhängigen anderer Drogen unterhalten hatte, wurde mir allmählich klar, daß es sich wie mit dem Boot verhält, das auf Tinte ebenso schwimmt wie auf Wasser. Es spielt keine Rolle, von welcher chemischen Substanz Sie abhängig sind, meine Methode ist immer wirksam.

Das ist zwar alles schön und gut, aber wissenschaftlich nicht nachzuweisen. Die konventionelle Medizin kann mit solchen Zufallsergebnissen nichts anfangen. Jedes neue Medikament und jede neue Methode müssen erst jahrelang getestet werden, bevor sie für die Allgemeinheit zugelassen werden. Vor nicht allzulanger Zeit wurde ein neuer Erfolg in der medizinischen Forschung verkündet, angeblich könne man die Widerstandskraft des Immunsystems gegen Tumore stärken. Sicher eine wunderbare Nachricht für die vielen tausend Menschen, die an Krebs erkrankt sind. Aber stellen Sie sich die Enttäuschung vor, wenn diese Menschen erfahren, daß das entsprechende Medikament erst in einigen Jahren verfügbar sein wird! Sicher wissen die Ärzte besser als andere, daß ein Ertrinkender sich an jeden Strohhalm klammert. Auch wenn es aussichtslos erscheint, so ist es doch seine einzige Chance zu überleben und deshalb so gut nachvollziehbar.

Wieso bin ich mir so sicher, daß meine Methode bei jeder Form der Sucht hilft? Es liegt auf der Hand. Genau wie ich *wußte,* daß meine Methode bei allen Rauchern wirken würde, obwohl ich sie noch bei keinem einzigen versucht hatte. Was gibt mir diese Sicherheit? In diesem Fall habe ich es schon ausprobiert, mit dem Ergebnis, daß andere Abhängige leichter zu kurieren sind als Raucher, vorausgesetzt, sie waren vorher nicht bei den Anonymen Alkoholikern oder ähnlichen Organisationen. Ich muß einräumen, daß ich noch nicht ausreichend Zeit hatte, um ähnlich viele Erfahrungen wie mit Rauchern zu sammeln. Wenn wir noch einmal den Vergleich mit dem Boot heranziehen, ist der Auftrieb in Salzwasser größer, aber wie wird es bei Wellen reagieren? Ich weiß, daß Wellen es beeinträchtigen können und werden.

Und so gibt es auch bei Alkohol und Heroin »Wellen«, die beim Nikotin nicht auftreten. Mit »Wellen« meine ich jene Aspekte, die über die Illusion der körperlichen Abhängigkeit hinausgehen, wie etwa Verlust des Arbeitsplatzes, des Hauses oder der Familie. Geht man nach meiner Methode vor, stellen diese »Wellen« das einzige Problem dar. Doch auch mit ihnen kann man fertig werden, und sie bringen das Prinzip meiner Methode nicht zum Wanken. Wir beschäftigen uns damit in einem der folgenden Kapitel noch eingehender.

Ich hoffte, daß meine Raucherkur schnell breite Anerkennung finden würde und ich mich dann anderen Drogenabhängigen zuwenden könnte. Doch dabei unterschätzte ich die Dummheit und Sturheit des Establishments. Ich habe noch immer das Nikotinproblem nicht gelöst, kann mich aber nicht mehr nur damit aufhalten. Ganz zu Beginn erkannten aufgeschlossene und scharfsinnige Raucher ziemlich schnell, daß ich die Antwort wußte, und unterstützten mich nach Kräften. Ihnen folgte eine Reihe ehemaliger Alkoholiker und andere Süchtige, die mich darauf brachten, daß meine Methode auch ihnen helfen könnte.

Vielleicht sehen Sie das genauso und befinden sich in einer Position, aus der heraus Sie dieses Projekt unterstützen könnten. Sollte es Sie irritieren, daß ich keine ärztliche Ausbildung besitze oder die Methode nicht über Jahre wissenschaftlich erprobt wurde, denken Sie bitte immer an folgendes:

1. Die bisherigen sogenannten Experten für Drogensucht sind gescheitert. Anstatt das Problem zu lösen, haben sie einfach die Flinte ins Korn geworfen. Damit ist den Drogenbaronen Tür und Tor geöffnet.

2. Meine Methode bedarf keiner jahrelangen Tests. Ich verordne keine Medikamente, im Gegenteil, ich biete eine einfache und wirkungsvolle Kur gegen die Abhängigkeit von giftigen chemischen Substanzen. Wem kann das schaden? Niemand hat etwas dabei zu verlieren. Im schlimmstmöglichen Fall bleibt der Süchtige weiterhin abhängig. Aber denken Sie an die immensen Vorteile, wenn mein System funktioniert.
3. Wir werden regelmäßig von Ärzten weiterempfohlen, die unsere Erfolge bestätigen.

Wenn es um das Thema Alkohol geht, bin ich gelegentlich das Ziel vehementer Attacken, die in keinem Verhältnis zu meinen Äußerungen zu stehen scheinen. Manchmal gaben die betreffenden Personen zu, ein Alkoholproblem zu haben. Doch wenn dieses Bekenntnis ausblieb, war die Situation für mich zuweilen verwirrend, und ich tendierte dazu, diese Personen als nicht ganz zurechnungsfähig abzustempeln. Erst nachdem eine Frau mir nach einem solchen Beratungsgespräch geschrieben hatte, daß sie seit zwanzig Jahren trocken sei, und mir schilderte, wieviel Willenskraft sie während dieser ganzen Zeit aufbringen mußte, wurde mir manches klar.

Ich verfluchte mich selbst, weil ich nicht schon längst darauf gekommen war. Es muß für einen Abhängigen, der viele Jahre enormen Mut und größte Willenskraft aufgebracht hat, um von Nikotin, Alkohol, Heroin oder irgendeiner anderen Droge loszukommen, unglaublich frustrierend sein, wenn er dann von Allen Carr lapidar zu hören bekommt: »Das hätten Sie sich alles ersparen können. Es ist ganz einfach.« Schließlich verstand ich auch, warum ich bei Radiosendungen hin und wieder so leidenschaftlich von ehemaligen Rauchern angegriffen wurde. Nun aber weitere Einzelheiten zu diesem Thema: Beginnen wir mit dem

ALKOHOL

KAPITEL 43

Alkohol

Ich bin der Meinung, daß es die Krankheit Alkoholismus oder den Alkoholiker, wie die Gesellschaft ihn sieht, nicht gibt. Wenn ich mich dieser Ausdrücke bediene, dann nur, um die Sichtweise der Gesellschaft darzustellen. Wenn ich von Trinkern oder dem Trinken spreche, beziehe ich mich dabei immer auf alkoholische Getränke, es sei denn, aus dem Kontext geht eine andere Bedeutung hervor.

Da die Anonymen Alkoholiker als die Autorität zum Thema Alkoholismus gelten, muß man zwangsläufig auch über sie sprechen, wenn man vom Alkoholismus redet. Ich bin mir durchaus bewußt, daß viele Leser schon Probleme mit dem Alkohol hatten oder immer noch haben und sich dieser Vereinigung gegenüber zur Loyalität verpflichtet fühlen. So mancher von ihnen glaubt sicher auch, ihr die Rettung seiner Existenz zu verdanken. Und dennoch werde ich mit meiner Kritik an den Anonymen Alkoholikern nicht hinter dem Berg halten. Falls Sie nun den Eindruck gewinnen, ich sei nichts weiter als ein frustrierter alter Mann, dessen einziges Vergnügen im Leben darin besteht, andere Institutionen herunterzumachen, möchte ich Sie eines Besseren belehren. Daß ich frustriert bin, ist durchaus zutreffend, das mit dem Vergnügen ändert sich von Zeit zu Zeit. Ich gebe zu, daß es mir Spaß macht, einige Leute zu kritisieren. Doch im Hinblick auf die Ärzteschaft und bestimmte Medienbereiche bereitet es mir eher Schmerzen als Vergnügen.

Was die Anonymen Alkoholiker betrifft, bin ich unentschlossen. Dabei geht es mir eher wie einem Spion, der sich zum Wohl seines Landes in das Feindesland eingeschlichen hat und seine Rolle dort so überzeugend spielt, daß er sich schließlich als echtes Mitglied empfindet. Dann kommt es zur Gewissensfrage, zur Entscheidung, wem gegenüber man nun loyal ist.

Ich bringe den Anonymen Alkoholikern große Achtung entgegen. Ich respektiere ihre Beweggründe, die Unterstützung, die sie bieten, und die Gleichbehandlung aller Mitglieder, unabhängig von sozialem Status,

Rasse, Hautfarbe oder Religion. Ich finde es bewundernswert, daß jedem Redner gleich viel Respekt entgegengebracht wird, egal, wie lange und wie gut sein Vortrag ist und welche Ansichten er vertritt. Doch so lobenswert die Beweggründe auch sein mögen, wird dort in erster Linie ein Vorgehen propagiert, das der Methode unter Einsatz von Willenskraft beim Rauchen entspricht. Ich bin davon überzeugt, daß die Anonymen Alkoholiker das Elend des Trinkers nicht beenden, sondern maßgeblich dazu beitragen, es noch weiter in die Länge zu ziehen!

Wenn sich Ihnen bei dieser Behauptung die Nackenhaare sträuben, sollten Sie folgendes bedenken, bevor Sie das Buch beiseite legen.

1. Bill Wilson, ein Mitbegründer der Anonymen Alkoholiker, ließ zwar vom Trinken ab, starb dafür aber durch das Rauchen!
2. Vielleicht schaffen Sie es, mit Hilfe der Anonymen Alkoholiker vom Trinken wegzukommen, ebenso wie es vielen Rauchern gelungen ist, mit Willenskraft das Rauchen aufzuhören. Aber mir und Tausenden anderer Raucher hat es nicht geholfen. Selbst nach eigenen Angaben haben die Anonymen Alkoholiker noch nicht einen Trinker geheilt.
3. Sie urteilen vorschnell über mich. Hören Sie sich erst meine Beweisführung an. Zum Glück habe ich nur gute Nachrichten für Sie, soweit es um Alkohol oder eine beliebige andere chemische Droge geht. Wenn Sie das Gefühl haben, ich rede Unsinn, können Sie meine Worte jederzeit wieder vergessen, aber bleiben Sie kritisch. Sie haben sich die Anonymen Alkoholiker angehört, also müssen Sie auch mir eine Chance geben.

Aus Fairneß gegenüber den Anonymen Alkoholikern muß ich anmerken, daß meine Informationen über die Vereinigung vor allem aus drei Quellen stammen:

1. Gesprächen mit ehemaligen und derzeitigen Mitgliedern
2. Treffen, bei denen ich anwesend war
3. offiziellem Informationsmaterial, das die Vereinigung mir zusandte

Ich weiß aus meinen eigenen Kursen, daß einzelne Punkte von den Teilnehmern manchmal falsch interpretiert werden, ob aus Unaufmerksamkeit, Gleichgültigkeit oder Absicht sei dahingestellt. Sicher leidet eine so große Vereinigung wie die Anonymen Alkoholiker erst recht unter gewissen Fehleinschätzungen. Aus diesem Grund beschränkt sich meine Kritik auf die Broschüren. Im übrigen glaube ich, daß diese auch für die größten Mißverständnisse in bezug auf Alkohol verantwortlich sind.

Der Titel der ersten Broschüre lautet: »Fragen eines neuen Mitglieds.« Der erste Punkt darin befaßt sich mit der Frage: »Bin ich Alkoholiker?« Daran ist nichts auszusetzen. Sicher ist das die Frage, die für ein neues Mitglied zunächst am wichtigsten ist. Woran ich allerdings etwas auszusetzen habe, ist die Tatsache, daß man von einem Fachmann auf eine einfache Frage nie eine einfache Antwort bekommt, egal, ob man nun einen Anwalt, einen Steuerberater oder einen beliebigen anderen Experten konsultiert. Jeder von uns kennt dieses Problem zur Genüge.

Die Antwort der Anonymen Alkoholiker könnte nicht verschwommener sein: »Wenn Sie regelmäßig mehr trinken, als Sie eigentlich vorhaben oder Ihnen guttut, oder wenn sich aus Ihrem Alkoholkonsum immer wieder Probleme für Sie ergeben, sind Sie möglicherweise Alkoholiker. Aber das können nur Sie selbst entscheiden. Kein Mitglied der Anonymen Alkoholiker wird Ihnen diese Antwort abnehmen.«

Kein guter Anfang, wie ich meine. Diese Antwort würde mir nicht gerade großes Vertrauen einflößen. Würde mir mein Arzt auf die Frage, ob ich Diabetiker bin, eine ähnliche Antwort geben, wäre das mein letzter Besuch bei ihm gewesen. Außerdem würde ich mich ernsthaft fragen, warum ich so horrende Beiträge in meine Krankenversicherung einzahle.

Die zweite Frage lautet: »Was kann ich tun, wenn mir meine Trinkgewohnheiten Sorge bereiten?« Die Antwort: »Nehmen Sie Hilfe in Anspruch – die Anonymen Alkoholiker können Ihnen helfen.« Wenn jemand die Broschüre bereits in Händen hält, kann man davon ausgehen, daß er bereits bei den Anonymen Alkoholikern war und ihm die Antwort auf die erste Frage kein bißchen weitergeholfen hat!

Frage drei lautet: »Wer sind die Anonymen Alkoholiker?« »Wir sind eine Vereinigung von Menschen, die ihre Trinkgewohnheiten nicht mehr unter Kontrolle haben und deshalb in eine Reihe von Problemen geraten sind. Wir versuchen – die meisten von uns mit Erfolg –, wieder ein zufriedenes Leben ohne Alkohol zu führen. Dazu brauchen wir die Hilfe und Unterstützung anderer Alkoholiker, die wir in dieser Vereinigung finden.«

Ich war zwar erleichtert zu erfahren, daß es sich um eine Vereinigung von Menschen handelt, die ihre Trinkgewohnheiten nicht mehr unter Kontrolle hat, dies aber nicht in Zusammenhang mit einer angeborenen Krankheit sieht. Aber bei den Worten »Wir versuchen« beschlichen mich grundlegende Zweifel. Ich erzähle Ihnen folgende Geschichte: Im Jahr 1932 versuchte James Henry Frog-Morton, ein Kricketfeld in weniger als zwanzig Minuten auf den Händen zu umrunden. Glauben Sie, er hat es geschafft? Da die Geschichte nicht als Frage formuliert ist, kann man bereits herauslesen, daß er es nicht geschafft hat, andernfalls hätte ich gesagt: »... umrundete mit Erfolg das Kricketfeld.« Die Worte »Wir versuchen« geht also bereits von einem Scheitern aus. Folgt darauf auch noch die Einschränkung »die meisten von uns mit Erfolg«, verstärkt das die negative Assoziation. Man kann das als Wortspielerei abtun und eigentlich daraus ableiten, daß die meisten Alkoholiker Erfolg haben. Aber worin besteht ihr Erfolg? Daß sie wieder ein *zufriedenes* Leben führen können? Kein Wunder, daß sie alle so deprimiert wirken. Ist das alles, worauf sie sich freuen können? Keine Freude oder Euphorie, kein außergewöhnliches Vergnügen? Dieser Satz sagt genaugenommen, daß man ohne Alkohol keine großen Freuden im Leben zu erwarten habe. Man könne von nun an bestenfalls ein »zufriedenes« Leben führen. Und selbst um dieses Ziel zu erreichen, benötige man die Hilfe und Unterstützung der Anonymen Alkoholiker!

Die Vereinigung weist darauf hin, daß sie über keine professionellen Therapeuten verfügt. Die einzige Qualifikation ihrer Mitglieder besteht darin, daß sie selbst es geschafft haben, vom Alkohol loszukommen, und dadurch allen anderen Alkoholikern, die sich der Vereinigung anschließen, als Beispiel dienen können. Ich finde, das hört sich gut an. Endlich einmal etwas Positives, woran man sich halten kann. Es wirkt nicht unbedingt so beeindruckend auf mich, wie damals Patricks Antwort auf die Frage, ob er die Zigaretten vermisse: »Machst du Witze?« Aber immerhin weiß ich nun folgendes: Wenn ich Alkoholiker bin, selbst aber nicht genau weiß, ob oder ob nicht, und die meisten anderen Alkoholiker Erfolg haben, heißt das für mich, daß meine Aussicht auf Erfolg mehr als fünfzig Prozent beträgt – vorausgesetzt ich bin wirklich Alkoholiker. Erfolg würde in diesem Fall bedeuten, das Leben sei ohne Alkohol bestenfalls zufriedenstellend und ich bräuchte bis ans Ende meines Lebens die Unterstützung der Anonymen Alkoholiker.

Aber die wichtigste Frage kommt erst: »Warum gehen Sie weiterhin zu den Anonymen Alkoholikern, nachdem Sie geheilt sind?« »Wir von den Anonymen Alkoholikern glauben, daß es eine Heilung vom Alkoholismus nicht gibt. Es gibt für uns keine Rückkehr zu einem normalen Trinkverhalten ...« Halt! Was soll das heißen? Sie können sich kurieren, werden aber niemals geheilt sein? Worin liegt der Unterschied? Gut, es dauert vielleicht eine Weile, bis man sich völlig erholt hat, aber ist man nicht, sobald man sich ganz erholt hat, auch ganz geheilt? Und was heißt, es gibt keine Rückkehr zu einem *normalen* Trinkverhalten? Warum sollte ich überhaupt dahin zurückwollen? Heißt das, ich versäume etwas? Das bestätigt im Grunde den bereits gewonnenen Eindruck, das Leben werde sowieso nur noch »zufriedenstellend« sein. Diesem Wort zufriedenstellend haftet etwas Deprimierendes an. Das war die häufigste Bemerkung in den Schulzeugnissen. Die Eltern pflegten dann zu sagen: »Zufriedenstellend? Da ist doch noch mehr drin!« Doch als Schüler war man insgeheim zufrieden, weil die Lehrer damit nicht den wahren Wissensstand preisgaben. Das lag jedoch nicht daran, daß sie besonders großmütig waren, sondern an der Tatsache, daß sie sich bei fünfhundert kleinen Trotteln, die sie gleichzeitig zu unterrichten hatten, nicht an jeden einzelnen erinnern konnten. Wenn etwas zufriedenstellend ist, ist es in meinen Augen unbeschreiblich langweilig. Entweder es ist gut, oder ich kann ganz darauf verzichten.

Hätte ich trotz der vagen Anhaltspunkte der Anonymen Alkoholiker nun aber doch die Erkenntnis gewonnen, Alkoholiker zu sein, hätten die »Fragen eines neuen Mitglieds« ziemlich deprimierend auf mich gewirkt. Aber ein Hoffnungsschimmer wäre mir vielleicht noch geblieben. Selbst wenn es für mich keine Heilung vom Alkoholismus gebe, so hat man wenigstens nicht die Gerüchte bestätigt, mein Verhalten sei erblich bedingt. Aber spätestens die zweite Broschüre hätte jegliche Hoffnung wieder zunichte gemacht!

Sie trägt den Titel »Wer bin ich?« und beginnt wie folgt:

»Der chronische Trinker ist die unglücklichste Person auf Erden. Er sehnt sich zutiefst danach, das Leben wie früher zu genießen, kann sich aber ein Leben ohne Alkohol nicht vorstellen. Er klammert sich an die mitleiderregende Vorstellung, er könne dies durch ein Wunder an Kontrolle verwirklichen.«

Diese Aussage ist ziemlich verwirrend. Soll das heißen, es bedürfe eines Wunders an Kontrolle, um sich ein Leben ohne Alkohol vorstellen zu können? Wenn es so gemeint ist, dürften die Aussichten auf Erfolg ziemlich dürftig sein! In der ersten Broschüre hieß es ja bereits, es gebe keine Heilung! Sicher bedeutet das, ich werde für immer chronischer Trinker bleiben! Das wiederum kann nur bedeuten, ich bin dazu verdammt, bis ans Ende meines Lebens die unglücklichste Person auf Erden zu bleiben!

Die nächsten Seiten enthalten folgende Behauptungen:

»Beim Alkoholismus handelt es sich um eine fortschreitende Krankheit, die sich anfangs oft nur schleichend bemerkbar macht.«

»Alkoholismus ist eine tödliche Krankheit, für die es keine medizinische Therapie gibt. Viele ihrer Opfer sind gezwungen, einen aussichtslosen Kampf dagegen zu führen.«

»Egal, welche Art von Alkohol wir zu uns nehmen, setzt das sowohl körperlich als auch mental bestimmte Reaktionen in Gang ...«

Damit sind meine schlimmsten Befürchtungen bestätigt. Es ist nicht nur ein mentales, sondern auch ein körperliches Problem. Damit stellt die Broschüre Alkoholismus in eine Reihe mit Herzerkrankungen oder Lungenkrebs!

Ich versuche mir gerade vorzustellen, daß ich völlig unten bin und die Ursache dafür nicht Nikotin, sondern Alkohol ist. Aus purer Verzweiflung suche ich Hilfe, obwohl ich eigentlich davon überzeugt bin, daß es für mich keinen Ausweg gibt. Da die Anonymen Alkoholiker als die führenden Experten gelten, wende ich mich an sie. Nun versuche ich mir auszumalen, welchen Effekt es in dieser Situation auf mich hätte, wenn man mir sagen würde: »Sie leiden unter einer *tödlichen körperlichen und mentalen* Krankheit, die immer weiter *fortschreitet* und für die es bisher *keine medizinische Therapie gibt!*« Geht man davon aus, daß Alkoholiker schon ziemlich weit unten sein müssen, bis sie endlich Hilfe suchen, überrascht es mich überhaupt nicht, daß sie schließlich die unglücklichsten Menschen auf Erden werden. Nachdem mir die Anonymen Alkoholiker dies schwarz auf weiß bestätigen, würde ich ehrlich gesagt keinen großen Sinn mehr darin sehen, an ihren Treffen teilzunehmen. Ich würde wahrscheinlich ebensowenig Sinn in einem Weiterleben sehen.

Bevor Sie nun aber einen drastischen Schritt in Erwägung ziehen, lassen Sie sich darüber aufklären, daß es sehr wohl eine Kur gibt, die umfassend, einfach durchführbar und sofort wirksam ist. Nun weiß ich, daß es viele Alkoholiker gibt, die seit Jahren keinen Tropfen mehr angerührt haben und Sie eines anderen belehren wollen. Aber ich sage die Wahrheit. Ich verstehe sehr wohl, warum diese Alkoholiker angesichts meiner Behauptungen verärgert sind und ihre Verärgerung noch zunimmt, wenn ich die Meinung vertrete, daß so etwas wie ein Alkoholiker nicht existiert.

Die Broschüren sprechen von normalen Trinkern einerseits, die ihren Alkoholkonsum unter Kontrolle haben, und Alkoholikern andererseits, die unter einer körperlichen und mentalen Krankheit leiden und, falls nur ein einziger Tropfen Alkohol über ihre Lippen kommt, sofort mehr haben müssen und kein Ende mehr finden. In einer Broschüre wird das so beschrieben:

»Man könnte dieses Phänomen mit einer Allergie vergleichen. Es äußert sich in einem maßlosen Verlangen nach der einen Sache, die die körperlichen Qualen, das irrationale Verhalten und die zunehmende Isolation nur noch verstärken wird.«

Ich halte das für einen sehr eigenartigen Vergleich. Menschen, die unter Allergien leiden, haben das maßlose Verlangen, mindestens einen Kilometer Abstand zum Auslöser ihrer Allergie zu halten. Und ganz bestimmt haben sie nicht im geringsten den Wunsch, diese Substanz ununterbrochen zu sich zu nehmen. Alkoholismus scheint mir viel eher mit

Nikotin- oder Heroinsucht vergleichbar. Ich vermute, der Vergleich mit einer Allergie soll die körperlichen Beeinträchtigungen veranschaulichen. Die Assoziationen, die damit hervorgerufen werden, sind bei näherer Betrachtung allerdings ziemlich verblüffend. Man gewinnt den Eindruck, der Alkohol an sich sei nur eine Begleiterscheinung, man könne auch Alkoholiker sein, ohne jemals eine Tropfen Alkohol getrunken zu haben. Vor kurzem stellte jemand die These auf, man könne schon bei einem zweijährigen Kind feststellen, ob es Alkoholiker sei. *Völliger Unsinn!*

Warum treffen wir immer nur Alkoholiker, die ihren Konsum nicht kontrollieren können oder konnten. Vergessen wir den Alkohol für einen Moment. Angenommen, Sie beobachten einen Ertrinkenden. Käme Ihnen dabei der Gedanke: Ach ja, das ist ein Ertrinksüchtiger, der ertrinkt nicht, weil er in Schwierigkeiten geraten ist, wie es jedem anderen auch passieren kann, sondern weil er einen genetischen Defekt hat. Er kam schon mit der Veranlagung zum Ertrinken zur Welt. Eine solche Annahme wäre doch völlig irrwitzig.

Und doch behaupten viele Alkoholiker genau das. Auch ich dachte so über meinen Nikotinkonsum. Man hört nie etwas über geborene Raucher, aber es gibt die Anonymen Raucher. Sie arbeiten mit den gleichen Prinzipien wie die Anonymen Alkoholiker: Willenskraft als oberstes Gebot. Jahrelang war ich davon überzeugt, anders zu sein als die übrigen Raucher. Sie hatten es unter Kontrolle und konnten es jederzeit bleiben lassen. Ich dagegen mußte rauchen, ich war zutiefst abhängig.

Fälschlicherweise war ich davon ausgegangen, daß die Alkoholiker sich freuen würden zu hören, daß ihr Stoffwechsel völlig normal sei und keine erbliche Veranlagung bei ihnen vorliege. Aber warum waren viele so verärgert, als ich diese Behauptung aufstellte? Es lag an dem Dogma, das die Anonymen Alkoholiker verbreitet haben: Normale Menschen könnten gelegentlich trinken, doch für einen Alkoholiker hätte dies katastrophale Folgen. In diesem Punkt stimme ich mit den Anonymen Alkoholikern überein. Es wäre tatsächlich vernichtend für einen Alkoholiker, auch nur einmal kurz zu nippen. Ebenso hätte es für mich fatale Folgen gehabt, nur kurz einmal an einer Zigarette zu ziehen, als ich versuchte, mit Willenskraft aufzuhören.

Warum sind aber Alkoholiker unfähig, ihren Konsum zu kontrollieren, *normale* Menschen hingegen nicht? Dafür gibt es zwei naheliegende Erklärungen. Entweder:

1. »Ich habe nicht genug Willenskraft, ich bin so unreif, dumm und feige, daß ich mich schon nach einem Glas nicht mehr wie ein vernünftiger Mensch benehmen kann.«

2. »Nichts davon trifft auf mich zu, aber wie Sie sehen, liegt es wirklich nicht an mir, ich unterscheide mich einfach von den anderen. Ich leide unter einer Krankheit, die man Alkoholismus nennt. Alkohol wirkt auf mich anders als auf normale Menschen.«

Welche der beiden Alternativen würde Ihnen noch einen Rest von Selbstachtung lassen, wenn Sie sich für eine entscheiden müßten? Leider hatte ich als Raucher nie diese Wahl. Es war leicht zu erkennen, daß viele starke Trinker ihren Arbeitsplatz, ihr Haus, ihre Familie und den letzten Rest von Selbstachtung verloren hatten, weil sie ganz offensichtlich Sklaven des Alkohols waren. Beim Rauchen ist die Problematik viel subtiler; mancher Kettenraucher wurde und wird als Stütze der Gesellschaft betrachtet. Selbst bei jenen, die genauso tief gesunken waren wie ich und ganz offensichtlich auf ihren Tod hinarbeiteten, nahm man an, dies geschehe nicht aus mangelnder Selbstkontrolle, sondern weil Hilfe und Genuß beim Rauchen bei weitem die Nachteile überwiegen.

Obwohl geborene Raucher also offiziell nicht existieren, war ich einer. Da ich immer als willensstarke Person galt und es in meiner Familie viele starke Raucher gab, war das die einzig logische Erklärung. Ich hätte mich zusammen mit Millionen anderer Raucher nicht mehr hinter dieser Ausrede verstecken können. Die einzige Möglichkeit, sich noch einen Rest von Selbstachtung zu bewahren, lag darin, die Lüge aufrechtzuerhalten, Rauchen sei ein Genuß. Es ist schon ein Jammer, daß der geborene Raucher nie erfunden wurde, den Alkoholikern brachte diese Theorie einige Vorteile. Ich gebe den Anonymen Alkoholikern in dem einen Punkt recht, daß der erste Schritt zur Heilung darin liegt, das Problem zu erkennen und zu akzeptieren. Alkoholiker zu sein, ist einfacher zu akzeptieren, da man von der Existenz dieser Krankheit weiß. Wie aber sollte man akzeptieren, unter einer Krankheit zu leiden, die es nicht gibt?

Wenn ich die Behauptung aufstelle, es gebe so etwas wie Alkoholismus nicht, fühlen sich manche Alkoholiker angegriffen, weil sie aus eigener bitterer Erfahrung wissen, daß schon ein Getränk schlimmste Folgen hat. Sie haben nun eine logische Erklärung dafür, warum normale Menschen ab und zu etwas trinken können, Alkoholiker hingegen nicht. Diese Erklärung gibt ihnen Schutz. Sie wissen, sie dürfen niemals in Versuchung geraten, auch nur einen Tropfen Alkohol zu sich zu nehmen. Indem ich diese Erklärung in Frage stelle, beraube ich sie ihres Schutzes und wecke in ihnen die Vorstellung, daß auch sie in der Lage sein könnten, ihren Konsum unter Kontrolle zu halten.

Aber warum muß ich Zweifel bei den ehemaligen Alkoholikern wecken? Weil sie aus den falschen Gründen die richtige Entscheidung getroffen haben. Wenn es mir gelingt, einen ehemaligen Alkoholiker in Zweifel zu stürzen, weil seine Beweggründe falsch sind, kann das auch denjenigen in unserer Gesellschaft, die vom Alkoholismus profitieren, gelingen. Und sie versuchen es auch immer wieder. Viele ehemalige Alkoholiker spüren selbst, daß sie von falschen Beweggründen geleitet wurden, und nur allzu viele fallen deshalb wieder zurück in den Schacht.

Ich kannte die fatale Wirkung eines einzigen Zuges an einer Zigarette, aber das hielt mich nicht von ihr fern. Früher oder später landete ich wieder im Gully. Ich wußte erst, daß ich sicher war, als ich den wahren Grund erkannte, warum ich nicht einen einzigen Zug nehmen durfte oder, besser gesagt, nicht brauchte. Und von diesem Zeitpunkt an konnte keine Macht der Welt mir diesen Schutz nehmen. Gleichzeitig war ich kein geborener Raucher mehr, kein ehemaliger geborener Raucher und kein geborener Raucher auf Entzug. Ich wußte, ich würde als Nichtraucher bis ans Ende meines Lebens glücklich sein. Ich war frei.

Ich gewann mehr und mehr den Eindruck, daß die Anonymen Alkoholiker zwar Tausenden von Trinkern geholfen haben, ihr Leben und ihre Selbstachtung zu retten, ihnen dies aber nicht gerade leichtmachen. Sie schienen vor allem auf Willenskraft und Unterstützung durch die Gruppe zu bauen. Ich begann, zu Treffen der Anonymen Alkoholiker zu gehen, und war von ihrer Vorgehensweise völlig überrascht.

Zunächst einmal ist die landläufige Meinung, nur der Abschaum unserer Gesellschaft gerate in die Alkoholfalle, absolut falsch. Oft werden die meisten Opfer der Abschaum der Gesellschaft, doch im allgemeinen kommen sie zunächst aus den oberen Gesellschaftsschichten. Ich hatte erwartet, eine traurige Gruppe kaum artikulationsfähiger, unterprivilegierter Trunkenbolde anzutreffen. Weit gefehlt. Es handelte sich keineswegs um gescheiterte Existenzen, sondern um Menschen, die aufgrund ihrer Alkoholsucht in private oder finanzielle Schwierigkeiten geraten waren, die meisten von ihnen weder unterprivilegiert noch artikulationsunfähig. Im Gegenteil, viele waren äußerst gebildet und erfolgreich.

Der Reihe nach gab jeder Anwesende einen Bericht, in dessen erstem Teil er anschaulich und detailliert schilderte, wie er durch den Alkohol immer weiter abgerutscht war. Dabei schien die Hinwendung zum Alkohol eher von den Erfolgen in seinem Leben ausgelöst worden zu sein als von Mißerfolgen oder traumatischen Erlebnissen. Die Redner schienen sich mit ihren Schilderungen über den Abstieg gegenseitig überbieten zu wollen, und allmählich hatte ich das Gefühl, man werde bei den Anonymen Alkoholikern erst zur Kenntnis genommen, wenn man wirklich ganz unten ist.

Um dem Eindruck entgegenzuwirken, ich sei selbstgerecht, will ich

Ihnen folgendes erklären: Diese Menschen erschienen mir so tragisch, weil jeder von ihnen, wenn man das Wort Alkohol mit Nikotin ersetzen würde, ein Allen Carr hätte sein können, der durch Willenskraft vom Rauchen loskommen wollte.

Aber was so erschütternd auf mich wirkte, war nicht der erste Teil dieser Berichte. Nun können Sie mir auch vorwerfen, immer wieder damit zu prahlen, daß es nie einen schlimmeren Nikotinabhängigen wie mich gegeben habe. Das mag angeberisch klingen, doch während ich noch im Schacht saß, war es mir unendlich peinlich. Heute ist es mir weder peinlich, noch schäme ich mich dafür. Ich betrachte mich selbst lediglich als Opfer der Umstände, und wenn ich die Tiefen, in denen ich mich befand, so eindringlich schildere, geschieht das aus denselben berechtigten Gründen wie bei den Anonymen Alkoholikern. Die Wahrscheinlichkeit, wieder in den Gully zu fallen, ist geringer, wenn man sich immer wieder daran erinnert, wie scheußlich es da unten war. Außerdem hilft es anderen Opfern, die sich erst noch befreien müssen, wenn sie wissen, daß sie kein Einzelfall sind, daß sie nicht allein gelassen werden und daß schon andere, die ebenso tief oder noch tiefer gesunken waren, entkommen konnten und inzwischen wieder Freude am Leben haben.

»Entkommen und wieder Freude am Leben haben.« Das ist der Punkt, in dem ich den Anonymen Alkoholikern so vehement widerspreche! Der zweite Teil der Berichtee war, mit nur einer Ausnahme, eine einzige Tirade, geprägt von Weltuntergangsstimmung und Depression. Die Redner ergingen sich in detaillierten Schilderungen über die teuflischen Eigenschaften des Alkohols und wie er sie persönlich in den Ruin getrieben hatte. Er konnte ihnen ganz offensichtlich keine Hilfe und keinen Genuß bieten, und die meisten von ihnen hatten seit Jahren keinen Tropfen mehr angerührt und wollten es auch nie wieder tun.

Warum mußten sie dann immer noch mitkämpfen? Warum müssen manche nach wie vor die Treffen der Anonymen Alkoholiker besuchen, mehrmals die Woche, zehn Jahre nachdem sie den letzten Tropfen Alkohol getrunken haben? Warum befinden sie sich noch immer in dieser Weltuntergangsstimmung? Warum waren sie nicht froh darüber, daß ihr Leben nicht mehr vom Alkohol bestimmt wurde? Manche erklären das ganz lapidar so: »Es hat Jahre gedauert, um so tief zu sinken. Offensichtlich dauert es auch so lange, um sich davon zu erholen.« Diese Antwort klingt logisch, doch nur, solange man sie nicht hinterfragt. So ist es mit allen Klischees und Allgemeinplätzen im Zusammenhang mit Alkoholismus und Drogensucht.

Auch längere Arbeitslosigkeit kann ein Leben ruinieren. Doch wenn es den betroffenen Personen gelingt, wieder einen sicheren Arbeitsplatz zu finden, geht es ihnen mit einem Schlag wieder gut. Infolge der Arbeitslosigkeit mußten sie vielleicht ihr Haus verkaufen, möglicherweise ist auch ihre Familie daran zerbrochen. Es kann Jahre dauern, bis sie ihren alten finanziellen und familiären Status wiederhergestellt haben, vielleicht erwarten sie das auch gar nicht mehr. Doch ihr Problem ist gelöst, sobald sie wieder arbeiten, die Kurve weist nach oben, sie sind glücklich. Warum freuen sich aber Alkoholiker nach der Entscheidung, nie wieder einen Tropfen Alkohol zu trinken, nicht auf jeden neuen Tag in Freiheit?

Ein neuer Arbeitsplatz ist etwas Positives. Haben Sie den Job, ist Ihr Problem gelöst. Beim Alkohol wissen Sie zwar, wann Sie den Entschluß fassen, niemals mehr einen Tropfen zu trinken, aber wie wollen Sie wissen, wann Sie Grund zum Feiern haben? Wann wissen Sie, daß Sie es geschafft haben? Solange Sie zweifeln und unsicher sind, werden Sie es bestimmt nicht wissen. Sie wissen auch erst nach einer bestimmten Zeit ohne Arbeit, daß der neue Job zweifellos die bessere Alternative ist. Alkoholiker sind schizophren, der Gedanke, nie wieder einen Tropfen Alkohol trinken zu dürfen, gefällt ihnen überhaupt nicht. Das ganze Unterfangen ist also von folgenden Aspekten geprägt:

1. Es handelt sich um einen negativen Vorsatz.
2. Es ist begleitet von Zweifeln und Unsicherheit.
3. Es geht auch um die Frage: »Will ich wirklich abstinent sein?«

Das eigentliche Problem sind nicht die Auswirkungen jeder dieser Fragen, wenn man sie isoliert betrachtet. Wenn ich davon ausgehen muß, eventuell mein Haus zu verlieren, egal, ob dieser Fall eintritt oder nicht, ist das negativ. Ich wäre dagegen enorm erleichtert, wenn ich erfahren würde, daß diese Gefahr nicht mehr droht. Aber stellen Sie sich vor, die Lage wäre ungewiß. Ich wäre erst erleichtert, wenn wirklich alle Zweifel beseitigt sind. Es könnte aber auch sein, daß die Gefahr eindeutig beseitigt ist, ich aber trotzdem nicht erleichtert bin, nämlich dann, wenn ich dieses Haus abgrundtief hasse und keinen Grund sehe, erleichtert zu sein, weil ich nun weiter dort wohnen muß!

Es ist die Kombination aller drei Fragen, die auf die Alkoholiker so niederschmetternd wirkt. Wie kann man sämtliche Zweifel und Unsicherheiten ausräumen, wenn man selbst nicht einmal genau weiß, ob man überhaupt abstinent sein will? Wie kann man mit Sicherheit sagen, man wolle abstinent sein, wenn man bereits die Erfahrung gemacht hat, daß man alkoholische Getränke genießt und sich elend fühlt, wenn man darauf verzichten muß? Wie sollte es möglich sein, alle Zweifel auszuräumen, wenn man schon mehrmals seinen Vorsatz aufgegeben hat?

Aber der Erfolg ist sofort möglich und einfach zu erlangen. Hier liegt auch mein Hauptkritikpunkt gegenüber den Anonymen Alkoholikern. Mit ihrem Ansatz geben sie die Garantie dafür, daß ihre Mitglieder niemals frei sein werden. Jeder Redner, und mancher hatte seit über zwanzig Jahren keinen Tropfen Alkohol mehr angerührt, begann seinen Vortrag mit dem Satz: »Ich bin Alkoholiker.«

Nun ist es zwar wichtig, der Tatsache ins Auge zu blicken, daß man Alkoholiker ist, auch aus einem Gefängnis kann man sich erst befreien, wenn man weiß, daß man sich darin befindet. Sobald man sich dessen bewußt ist, hat man jedoch eine Chance, daraus zu entkommen. Ein Alkoholiker ist eine Person, die von sich glaubt, Sklave des Alkohols zu sein. Ebenso wichtig aber ist es zu wissen, *wann man aus dieser Sklaverei befrei ist.*

Wie sollte er sich jedoch aus dem Gefängnis befreien, wenn er davon überzeugt ist, dies sei nicht möglich? Aber genau das vermitteln die Anonymen Alkoholiker ihren Mitgliedern, indem sie behaupten, es gäbe keine Heilung vom Alkoholismus. Vielleicht glauben sie, den Alkoholikern einen gewissen Trost zu spenden, wenn sie sagen: »Ihr könnt nicht erwarten, jemals aus diesem Gefängnis freizukommen. Wenn ihr diese Tatsache akzeptiert, werdet ihr jedoch feststellen, daß das Leben in diesem Gefängnis auch ganz schön ist.« *Nein, das ist es nicht!*

JEDE FORM DER SKLAVEREI IST UNERTRÄGLICH!

Mit der Behauptung, es gäbe keine Heilung vom Alkoholismus, richten die Anonymen Alkoholiker großen Schaden an, denn es ist sehr wohl möglich, sich zu befreien. Ich hatte das gleiche Problem, als ich mit Hilfe von Willenskraft versuchte, mit dem Rauchen aufzuhören. Sie haben Ihrem Feind den Todesstoß versetzt, können es jedoch nicht beweisen, weil er körperlos ist. Also sind Sie auch weiterhin verwundbar und machen sich Sorgen, daß die Bestie wieder zum Leben erwacht.

Der zweite Punkt, in dem ich die Anonymen Alkoholiker kritisiere, ist die Bezeichnung »*normale* Trinkgewohnheiten«. Damit bestätigt man den Alkoholiker in der Annahme, er müsse auf ein Vergnügen oder auf eine Stütze verzichten, und er sei nicht normal. Doch selbst wenn man davon ausginge, es handle sich bei Alkoholismus weniger um eine mentale als um eine körperliche Störung oder, um es auf eine mir angebrachter erscheinende Weise auszudrücken, es handle sich eher um eine Krankheit des Körpers als des Kopfes, beinhaltet das immer noch keine Erklärung, warum Alkoholiker bis ans Ende ihres Lebens dagegen ankämpfen müßten.

Nehmen wir noch einmal mich und mein Rauchen als Beispiel. Ich war wirklich davon überzeugt, es handle sich dabei um eine erblich bedingte Störung. Na und! Ich wußte, es würde mich umbringen. Ich wußte, daß es kein Genuß für mich war. Ich wußte, daß ein Zug reichen würde, und ich wäre wieder Raucher. Ich wußte, daß es mir als Nichtraucher viel besser gehen würde. Niemand zwang mich zum Rauchen. Was war dann mein Problem? Ganz einfach: Ich *wollte* eine Zigarette und fühlte mich um etwas betrogen und war deprimiert, wenn ich keine bekam. Lassen Sie mich eines deutlich machen: Das Problem des Alkoholikers ist nicht, daß er nicht ungestraft trinken darf, sondern, daß er nicht mal *ein* Glas trinken darf!

Wahrscheinlich denken Sie: Genau das sagen die Anonymen Alkoholiker schon seit vielen Jahren: »Wenn Sie den Wunsch nach einem Glas haben, haben Sie den Wunsch nach Millionen Gläsern.« Das ist richtig. Aber es trägt nicht zur Lösung des Problems bei. Im Grunde heißt das: »Wenn Sie nicht der Versuchung widerstehen, ein Glas zu trinken, werden Sie auch nicht der Versuchung widerstehen, Millionen Gläser zu trinken.« Eine sehr scharfsinnige Argumentationsweise, die zufällig auch noch zutrifft. Aber sie geht am eigentlichen Problem vorbei, weil sie es nicht beseitigt. Es gelingt ihr nämlich nicht, den Wunsch nach nur einem Glas aus der Welt zu schaffen. Bei diesem Vorgehen handelt es sich lediglich um eine Art Schockbehandlung, die dem Alkoholiker mit verheerenden Folgen droht, falls er der Versuchung nicht widersteht. Dabei wissen wir seit den Anfängen der Menschheitsgeschichte, daß man eine Person am ehesten mit einer »verbotenen Frucht« verführt.

Die Argumentation der Anonymen Alkoholiker klingt vernünftig, weil man nichts weiter zu tun hat, als einem einzigen Glas zu widerstehen. Schön und gut, würde man damit die Versuchung aus der Welt schaffen. Worin liegt der Unterschied, einer Million Gläsern oder einem Glas eine Million mal zu widerstehen? Tatsache ist, daß viele Alkoholiker ihr Leben lang nur gegen dieses eine Glas ankämpfen müssen. Ich gebe den Anonymen Alkoholikern recht, daß diese Alternative in jedem Fall besser ist, als ein Leben lang im Schacht zu bleiben. Es ist auch bei weitem besser, mit Willenskraft das Rauchen aufzuhören, als es überhaupt nicht zu versuchen. Doch viele Menschen befürchten, sich gegen Nikotin, Alkohol oder andere Drogen einfach nicht wehren zu können. Aber es gibt zum Glück noch eine andere Alternative. Selbst jene, die es mit Willenskraft schaffen, können sich damit sofort und auf Dauer jegliche Beeinträchtigung ersparen.

Vielleicht sind Sie immer noch der Meinung, Alkoholismus sei ein physisches Problem. Nehmen wir für einen Augenblick an, das sei zutreffend. Ich bin mir durchaus bewußt, daß auch mein Körper einige Funktionsstörungen aufweist. Und ich weiß, daß ich kein Arsen zu mir nehmen darf, weil es tödlich wäre. Aber das kehrt nicht den Rebellen in mir heraus. Merkwürdig, derselbe Mensch, der sich furchtlos von Schildern wie »Frisch gestrichen« oder »Rasen betreten verboten« provozieren läßt, verspürt nicht im geringsten den Wunsch, Arsen zu sich zu nehmen. Warum nicht? Vielleicht, weil man von Arsen nicht abhängig wird wie beim Heroin. Doch was sollte das für einen Unterschied machen? Spielt es eine Rolle, ob es zur Abhängigkeit führt oder nicht, wenn ich es nur nehme, weil es verboten ist? Heroin macht abhängig, aber ich habe ohnehin nicht den geringsten Wunsch, es zu versuchen. Leiden Raucher, Alkoholiker und Drogensüchtige bereits unter Entzugserscheinungen, bevor sie zum erstenmal die Droge zu sich nehmen? Natürlich nicht. Damit haben wir den Beweis dafür, daß nicht bestimmte Veranlagungen für den Griff zur Droge verantwortlich sind: *Es liegt in der Natur der Droge, nicht in der des Abhängigen.*

Ich behaupte, Alkoholismus ist ein mentales Problem und hat nichts mit den physiologischen Eigenheiten einzelner Personen zu tun. Niemand ist von Natur aus Alkoholiker. Warum spreche ich aber dann immer wieder von Alkoholikern? Widerspreche ich mir damit selbst? Nicht wirklich. Manche Menschen glauben an Gespenster, ich gehöre nicht dazu. Ich widerspreche mir auch nicht selbst, indem ich das Wort gebrauche, sondern nehme nur Bezug auf jenes Mißverständnis, unter dem manch anderer zu leiden hat.

Allerdings habe ich immer noch nicht den Beweis erbracht, daß es den geborenen Alkoholiker nicht gibt. Doch es liegt nicht in meiner Absicht, damit meine und Ihre Zeit zu verschwenden. Ich habe bereits erklärt, warum man die Nichtexistenz einer Sache nicht beweisen kann. Ich glaube nicht an Gespenster, weil jene, die daran glauben, über Generationen hinweg nicht den Beweis ihrer Existenz erbracht haben. Sollte es tatsächlich Gespenster geben, könnte man das inzwischen bestimmt unwiderlegbar beweisen.

Es mag schon sein, daß man in einigen Fällen nachgewiesen hat, daß bei Alkoholikern tatsächlich physische Abweichungen von der Norm bestehen, und zwar bereits vor ihrer Alkoholsucht. Aber ist Ihnen ein derartiger Fall persönlich bekannt, oder kennen Sie diese Beispiele nur vom Hörensagen? Unter den Tausenden von Alkoholikern, mit denen ich mich bisher über das Thema unterhalten habe, konnte mir nicht einer stichhaltige Beweise dafür liefern, immer waren es nur Geschichten, die sie irgendwo gehört hatten oder die von anderen sogenannten Experten erzählt wurden.

Wenn also für beide Seiten keine ausreichenden Beweise vorliegen, sollten wir uns die Fakten ansehen und dann beurteilen, welche Schlußfolgerung logischer ist. Gehen wir zunächst davon aus, es handle sich um eine körperliche Veranlagung. Warum testet man dann nicht alle Kinder im Alter von zwei Jahren und warnt sie frühzeitig, falls sie Alkoholiker sind. Warum ist es trotzdem so schwierig festzulegen, wer Alkoholiker ist und wer nicht, und warum können auch die Anonymen Alkoholiker kein klare Aussage darüber machen? Ich zitiere dazu aus einer Broschüre (meine Kommentare stehen in Klammern und sind kursiv gedruckt):

»Alkoholiker zu werden ist ein Prozeß, der von zwei bis zu sechzig Jahren andauern kann *(Kann man sich noch vager ausdrücken? Warum tritt der Effekt nicht unmittelbar ein, wenn es sich um eine körperliche Störung handelt?)*, wobei der Durchschnitt bei zehn bis fünfzehn Jahren liegt. *(Ich erkenne keinen Sinn in der Angabe von Durchschnittswerten, aber diese Aussage bedeutet, der durchschnittliche Alkoholiker muß mindestens zehn Jahre lang Alkohol zu sich nehmen, bis sein angeborener körperlicher Defekt erkennbar wird! Wenn jemand allergisch auf Bienenstiche reagiert, weiß er das in der Regel schon nach dem ersten Stich!)* Vielleicht halten Sie sich für immun, aber wiegen Sie sich nicht leichtfertig in Sicherheit. Beantworten Sie ehrlich folgende Fragen.

Gießen Sie sich ein Glas Alkohol ein, bevor Sie sich an die Lösung eines Problems machen? *(Normalerweise nicht, aber sicher habe ich es in Einzelfällen schon getan.)*

Trinken Sie wegen des Geschmacks oder wegen der Wirkung? *(Manchmal wegen des Geschmacks, manchmal wegen der Wirkung, manchmal aus beiden Gründen und manchmal aus keinem dieser Gründe.)*

Schleichen Sie sich manchmal von der Arbeit weg, um vor dem Mittagessen noch schnell einen Schluck zu trinken? *(Ich habe schon vor dem Frühstück getrunken und auch vor dem Mittagessen, aber davonschleichen? Niemals. Wenn ich mich wegen eines Schlucks Alkohol davonschleichen müßte, bräuchte ich keine weiteren Fragen mehr zu beantworten, dann wüßte ich, daß ich ganz bestimmt ein ernsthaftes Alkoholproblem hätte.)*

Trinken Sie alleine? *(Ja, wenn mir danach ist.)*

Haben Sie nach dem Trinken Erinnerungslücken? *(Ja, wenn ich zuviel getrunken habe.)*

Finden Sie, daß andere zu lange für ein Glas brauchen? *(Manchmal, vor allem dann, wenn ich das erste Getränk ausgegeben habe und mein Gegenüber den ganzen Abend daran herumnippt. Das ist fast genauso nervend, wie wenn einer das erste Bier ausgibt, es auf einen Zug leert und erwartet, daß ich gleich das nächste bestelle, obwohl ich bei meinem noch nicht einmal den Schaum abgetrunken habe.)*

Der Fragenkatalog endet mit der Bemerkung: »Lassen Sie äußerste Vorsicht walten, wenn Sie eine oder mehrere Fragen mit einem Ja beantwortet haben – es könnte bedeuten, daß Sie zuviel trinken. Sprechen Sie mit einem Arzt darüber. Vielleicht müssen Sie nicht ganz aufhören zu trinken, aber Sie sind sicher gut beraten, Ihren Konsum unter Kontrolle zu halten.« Der Autor dieser Zitate ist nicht genannt. Namentlich erwähnt ist nur Dr. Christian Barnard als Berater. Ich finde es sehr bedauerlich, daß ein so hervorragender Mediziner seinen Namen für solch einen Unsinn hergibt. Der Fragebogen würde sich eher für ein Thema eignen wie: »Findet das andere Geschlecht Sie attraktiv?«

Ich habe fünf von sechs Fragen mit einem Ja beantwortet. Jeder, der nicht überzeugter Abstinenzler ist, muß mindestens drei Fragen mit Ja beantworten, wenn er ganz ehrlich ist. Daraus schließe ich also, daß fast jeder, der Alkohol trinkt, den Rat eines Arztes einholen sollte, die Mehrzahl der Ärzte selbst natürlich mit eingeschlossen. Nehmen wir einmal an, wir alle würden dieser Empfehlung folgen. Welchen Rat oder welche Hilfe würden wir wohl erhalten? Ich nehme an, den gleichen Rat, den das Buch allen erteilt, die mindestens eine Frage mit Ja beantwortet haben: *Kontrollieren Sie Ihren Alkoholkonsum.*

Aber machen wir das nicht ohnehin die ganze Zeit? Haben wir uns immer, wenn wir den Wunsch danach verspürten und es uns leisten konnten, ein Getränk gegönnt? Gut, vielleicht entsprechen Ihre Trinkgewohnheiten nicht dem, was als normal betrachtet wird. Vielleicht trinken Sie zu anderen Zeiten, anderen Gelegenheiten andere Arten von Alkohol, mit anderer Geschwindigkeit, als das, was als normal gilt. Na und? Das ist Ihr gutes Recht. Ich vermute, Sie wollen Ihre eigenen Trinkgewohnheiten niemand anderem aufzwingen, warum sollen andere dies dann bei Ihnen tun? Als wir junge Kerle waren, beneideten wir jeden unserer Freunde, der acht Halbe Bier an einem Abend schaffen konnte. Warum runzeln wir aber die Stirn, wenn jemand in höherem Alter zum Essen eine Flasche Wein trinkt?

Warum verschiebt die Gesellschaft irgendwann die Meßlatte? Warum wird jemand, der während des Tages im Büro mehrmals einen kräftigen Schluck nimmt, als Alkoholiker mit ernsten Problemen betrachtet, obwohl er es insgesamt auf nicht mehr als zwei große Whiskeys pro Tag bringt, und ein anderer, der jeden Abend zehn doppelte Schnäpse oder acht Halbe Bier in sich hineinschüttet, benebelt nach Hause kommt, als einer gilt, der eben gern mal einen Schluck trinkt? Die Gesellschaft lehrt uns, der entscheidende Unterschied ist die *Kontrolle.*

Alkoholiker brauchen Alkohol. Für sie ist völlige Abstinenz die einzige Möglichkeit, Ihren Konsum zu kontrollieren. Starke Trinker hingegen üben Kontrolle aus. *Kompletter Unsinn!*

Haben Sie schon einmal einen Betrunkenen oder Alkoholiker erlebt, der sich unter Kontrolle hatte? Das ist ein Widerspruch in sich. Man kann Drogen nicht »benutzen«, es ist genau andersherum: *Drogen benutzen uns!*

Das gilt sowohl für den Süchtigen ganz unten in der fleischfressenden Pflanze als auch für den Teenager, der seine erste Zigarette raucht oder seine erste Cola mit Rum trinkt. Damit läßt er sich bereits am Rand der Pflanze nieder. Die fleischfressende Pflanze wie die Droge läßt dem Opfer zu diesem Zeitpunkt noch eine reelle Chance. Es kann wegfliegen, enthaltsam bleiben oder noch einmal eine Kostprobe nehmen. Sowohl Fliege als auch Mensch glauben, weiterhin die Wahl zu haben. Aber darin liegt das Tückische dieser Fallen. Nachdem sie ihre Opfer dazu verführt haben, die falsche Entscheidung zu treffen, sehen diese erst einmal keinen Grund, sie rückgängig zu machen. Die Falle ist schon zugeschnappt. Erkennt das Opfer endlich seinen Fehler, sitzt es schon tief in der Klemme. Beide, fleischfressende Pflanze wie Droge, sind so angelegt, daß die Opfer sich, ist die Falle erst einmal zugeschnappt, nur noch in eine Richtung bewegen können: *Nach unten!*

Alkoholiker unterscheiden sich von anderen Trinkern, egal, ob sie regelmäßig oder gelegentlich trinken, nicht in erster Linie dadurch, daß sie ihren Alkoholkonsum nicht im Griff haben, die anderen hingegen schon, sondern dadurch, daß letztere nicht *wahrhaben* wollen, daß der Alkohol sie unter Kontrolle hat, und zwar seit ihrem zweiten Trinkversuch. Beim Rauchen ist es genauso. Alkohol- und Nikotinfalle weisen viele Gemeinsamkeiten auf.

Ihre Opfer unterliegen von Kindesbeinen an einer Gehirnwäsche und sind eines Tages davon überzeugt, es handle sich bei Rauchen und Trinken um völlig normale und vergnügliche, unterhaltsame Beschäftigungen, die echten Genuß bieten. Rauchen gilt erst seit einigen Jahren als unsozial. Beim Alkohol ist es jedoch so, daß Leute, die bei bestimmten Anlässen nicht trinken, als ungesellig gelten, es sei denn, sie haben eine plausible Ausrede, wie zum Beispiel das Autofahren.

Jugendliche interessiert in der Regel nicht, ob eine Beschäftigung als gesellig gilt oder nicht. Alkohol und Nikotin sind für sie »verbotene Früchte«, und ihr Konsum zeugt in ihren Augen von Reife. Das macht sie so unwiderstehlich.

Beide schmecken zu Beginn scheußlich. Dadurch glauben die Opfer, sie könnten niemals abhängig werden. Die Falle schließt sich so langsam und geräuschlos, daß man es zu spät bemerkt. Bei beiden Substanzen handelt es sich um ein Gift, doch ihr Konsum ist zunächst so gering und unregelmäßig, daß er weder Körper noch Geldbeutel angreift.

Das Heimtückischste daran ist jedoch, daß wir bei beiden zuerst glauben, sie nur zu konsumieren, weil sie uns echten Genuß bereiten. Körper und Gehirn werden allmählich immun gegen die Droge, und wir brauchen immer größere Mengen. Ohne es zu merken, sind wir schließlich abhängig. Ob wir nun weiterhin glauben, sie wegen des Geschmacks oder ihrer Wirkung zu konsumieren, spielt keine Rolle. Entscheidend ist nur, daß wir uns ohne sie elend fühlen.

Ich sagte, ich hätte mein Trinken unter Kontrolle gehabt. Ich trank, wann immer ich Lust dazu verspürte. Aber habe ich beim Rauchen nicht genauso argumentiert, und zwar auch noch, als ich bereits wußte, es würde mich umbringen? Sicher habe ich bei bestimmten Gelegenheiten selbst entschieden, ob ich trinken wollte oder nicht. Aber wie kann ich wissen, ob ich mich nun dafür entschieden habe, weil ich den Wunsch danach hatte oder weil ich süchtig war?

Ich behaupte, es gibt eine einfache Möglichkeit, das herauszufinden, ohne viele Fragen beantworten zu müssen. Nehmen Sie mich als Beispiel. Vor ein paar Jahren war ich zum erstenmal beim Pferderennen in Ascot. Es machte mir großen Spaß, und ich nahm mir vor, es zu einem festen Bestandteil des Carrschen Gesellschaftslebens zu machen, nicht zuletzt wegen des Champagners und Hummers, den es dort gab. Würden Sie nun zu mir sagen: »Du kannst auch in Zukunft nach Ascot gehen, aber es wird keinen Hummer geben«, wäre das überhaupt kein Problem für mich, ich würde trotzdem hingehen. Würden sie jedoch sagen: »Es wird keinen Champagner und auch sonst keinen Alkohol dort geben«, würde ich nicht nur zögern, ich glaube, meine Antwort wäre ziemlich deutlich: »Zum Teufel mit Ascot!«

Vielleicht würden Sie es genau so sehen. Würde mich aber jemand fragen, was ich am meisten genossen habe, den Hummer oder das Glas Champagner, wäre meine Antwort spontan: den Hummer. Hummer ist mir also wichtiger als Alkohol in jeglicher Form, dennoch könnte ich mir jederzeit vorstellen, auch irgendwo hinzugehen, wo es keinen Hummer gibt. Doch der Gedanke, niemals mehr Alkohol trinken zu können, wirkt ähnlich bei mir wie früher die Vorstellung, niemals mehr rauchen zu dürfen.

Ich glaube nicht, daß ich ein Alkoholproblem habe. Ich weiß, daß ich kein Alkoholiker bin, vielmehr würde ich mich als durchschnittlichen Trinker bezeichnen. Doch abgesehen von der Hummer-/Alkohol-Analogie gibt es noch einen anderen Aspekt, den ich auf keinen Fall ignorieren kann. Während meines Raucherdaseins nahmen die Gelegenheiten, bei denen ich rauchte, kontinuierlich zu, ebenso wie die Zahl der Zigaretten, die ich dabei konsumierte. Nach dem gleichen Muster entwickelte sich mein Alkoholkonsum. Nun habe ich beileibe nicht jene Tiefen erreicht wie beim Rauchen, aber dennoch ist ein kontinuierlicher Abwärtstrend zu erkennen. Merkwürdigerweise ist das mit dem Hummer nicht so.

Ich betrachte das Trinken aber im Moment nicht als mein Problem, warum sollte ich mir also den Genuß versagen, selbst wenn es sich dabei nur um eine Illusion handelt? Genau das ist das Heimtückische an beiden Fallen und der wirkliche Unterschied zwischen Alkoholikern und anderen Trinkern. Warum sollten wir auch nur einen Gedanken daran verschwenden, auf ein Vergnügen oder eine Stütze zu verzichten, solange uns die damit verbundenen Gifte nicht übermäßig zu schaffen machen und unsere Finanzen nicht zu sehr angreifen?

Je mehr die negativen Auswirkungen auf Gesundheit und Geldbeutel Sie aber nach unten ziehen, um so größer wird Ihre Abhängigkeit von der Krücke. Sie beginnen, sich selbst zu belügen und Ihre Sucht vor Familie, Freunden und Kollegen zu verbergen. Sie hassen es, mitansehen zu müssen, wie Sie sich selbst zugrunde richten. Andere erkennen viel klarer als Sie, daß Sie weder Vergnügen daran noch Hilfe davon haben. Sie wissen genau, daß Sie Hilfe von außen zurückweisen werden, können aber nicht mehr länger tatenlos zusehen. Aber so diplomatisch sie auch vorzugehen versuchen, um Ihnen die Augen zu öffnen, werden Sie in jedem Fall mit Abwehr reagieren. Sie sind sich vielleicht selbst darüber im klaren, wie weit unten Sie schon angelangt sind, ohne etwas dagegen unternehmen zu können. In diesem Fall machen die anderen alles nur noch schlimmer. Oder aber die anderen sprechen aus, was Sie selbst schon seit einer Weile vermuten, bisher jedoch nicht akzeptieren wollten. Niemand verlangt aber von Ihnen, völlig abstinent zu sein, Sie sollen lediglich den ausgezeichneten Rat von Dr. Barnard befolgen: »Können Sie nicht etwas mehr Kontrolle ausüben? Müssen Sie unbedingt soviel trinken? Können Sie nicht bei der einen oder anderen Gelegenheit auf das Trinken verzichten? Müssen Sie schon vor dieser oder jener Tageszeit trinken? Müssen Sie unbedingt *jeden* Tag trinken?«

Nun haben Sie aber wirklich Probleme! Bisher war Ihr einziges Problem, daß Sie zuviel tranken. Das tun Sie immer noch, hinzu kommt nun aber das Problem, daß Sie nicht mehr soviel trinken dürfen! Als Sie sich erwachsen fühlten, war Alkohol keine »verbotene Frucht« mehr, und nun kehrt das »Frisch gestrichen«-Syndrom in Ihr Leben zurück. Solange Sie trinken durften, soviel Sie wollten, war Alkohol nichts Besonderes, nun ist es aber plötzlich das Kostbarste, was es für Sie auf Erden gibt.

Wichtiger als Frau, Kinder und Freunde, der Arbeitsplatz oder das Haus! Wichtiger als Ihre ganze Existenz. Damit befinden Sie sich in einem Stadium, das jeder Süchtige eines Tages erreicht, vorausgesetzt er lebt lange genug. Sie haben gleichzeitig das Problem, zuviel und zuwenig zu trinken oder nicht dann trinken zu dürfen, wann Sie es wollen, was auf dasselbe hinausläuft. Und das Schlimmste daran: Beide Probleme werden immer größer!

Sie befinden sich in einer unmöglichen Situation: Wenn Sie trinken, haben Sie ein schlechtes Gewissen, weil Sie zuviel trinken. Wenn Sie nicht trinken, glauben Sie, auf etwas verzichten zu müssen, und fühlen sich deshalb elend. Erhöhen Sie Ihren Konsum, wachsen damit auch die Schuldgefühle und die negativen Auswirkungen auf Gesundheit und Finanzen. Trinken Sie weniger, bedeutet das lediglich, daß die Perioden des Verzichts und der damit verbundenen Depressionen länger werden. Damit bleibt Ihnen nicht einmal mehr die Illusion einer Hilfe oder eines Vergnügens. Sie fühlen sich immer gleich elend, egal, ob Sie trinken oder nicht. Daher auch der Merksatz der Anonymen Alkoholiker: »Ein Getränk ist zuviel, tausend sind nicht genug.«

Da wir jedoch glaubten, Hilfe oder Genuß daraus ziehen zu können, und da es uns unlogisch erscheint, zuviel und doch nicht genug zu trinken, können wir diese Situation nicht akzeptieren. Damit beginnt die Zeit der Kompromisse, der Limitierung, der Kontrolle – ein Prozeß, der zwangsläufig zum Scheitern führt, zum Verlust der Selbstachtung, zu Lügen und Täuschungsmanövern. Schließlich wird uns klar, wie vergeblich unsere Bemühungen sind. Die Erfahrungen der Praxis lehren uns, was auch die Anonymen Alkoholiker propagieren:

NUR VÖLLIGE ABSTINENZ HAT EINEN SINN.

Kein Wunder, daß Alkoholiker das nur mit Mühe akzeptieren können, haben Sie doch Arbeitsplatz, Heim und Familie, Freunde und jegliche Selbstachtung diesem kostbaren Saft geopfert. Nun sind Sie ganz unten angelangt und sollen plötzlich akzeptieren, daß sie niemals wieder auch nur einen einzigen Tropfen zu sich nehmen dürfen! Natürlich stellt sich damit gleich zu Beginn Weltuntergangsstimmung ein, und diese Personen brauchen viele Jahre, um sich wieder zu erholen. Aber was können sie schon dafür? Sie kamen ja bereits mit diesem Problem zur Welt, es ist Teil Ihres Erbguts. Sie können es nicht ändern, sie sind *Alkoholiker. Völliger Unsinn!*

Sie können sehr wohl etwas daran ändern. Als erstes müssen sie das Wesen der Bestie erkennen. Die Anonymen Alkoholiker beziehen die

Lehre »Ein Getränk ist zuviel ...« auf den Alkoholiker. Nun, die Aussage ist richtig, nur sollte man sie nicht auf das Opfer, sondern auf die Droge anwenden. Das Problem liegt in Drogen wie Nikotin, Alkohol oder Heroin begründet. Es sind Gifte. Die Wirkung einer einzigen Dosis ist vielleicht ungefährlich, doch ist es bereits eine Dosis zuviel, weil auch sie abhängig macht. Und sobald man mental von ihr nicht mehr loskommt und der Körper immun gegen die Illusion, sie biete Hilfe oder Genuß, wird, werden Sie den Wunsch verspüren, die Dosis kontinuierlich zu erhöhen. Das ist durchaus logisch, *das ist das Wesen der Bestie.*

Die Wirkung des Gifts in Verbindung mit dem permanent steigenden täglichen Konsum führt schließlich zu einer Gegenreaktion, die sich in dem Vorsatz äußert, ganz darauf zu verzichten oder zumindest die Dosis zu reduzieren. Doch damit beseitigt man das illusorische Verlangen nach der Droge nicht. Im Gegenteil, je deprimierter man aufgrund des Verzichts wird, um so dringender glaubt man, sie zu brauchen.

Ich habe behauptet, so etwas wie einen Alkoholiker gebe es nicht. Damit will ich sagen, daß die Art und Weise, wie die Gesellschaft einen Alkoholiker definiert, falsch ist. Auch mein Wörterbuch hilft hier nicht weiter. Es bietet zwei Definitionen des Alkoholismus:

1. Regelmäßiges und starkes Konsumieren alkoholischer Getränke.
2. Daraus resultierende physiologische Beeinträchtigung.

Physiologie ist in meinem Wörterbuch als Lehre von den Lebensvorgängen erklärt. Kann die erste Definition auf eine Person zutreffen, die seit zwanzig Jahren keinen Tropfen Alkohol angerührt hat? Die zweite Definition geht davon aus, daß die Beeinträchtigung von übermäßigem Trinken herrührt und nicht von einer erblichen Veranlagung des Alkoholikers. Der Umkehrschluß entspräche dann in etwa folgender Aussage: »Auf alle Personen, die am 25. Dezember geboren sind, trifft zu, daß Sie am ersten Weihnachtsfeiertag geboren sind.«

Um zu erklären, was einen Alkoholiker wirklich ausmacht, kehre ich noch einmal zum Beispiel der fleischfressenden Pflanze zurück. Die Fliege ist sich nicht bewußt, daß Schwerkraft sowie Dichte und Anordnung der Härchen im Innern der Pflanze nur eine Bewegungsrichtung zulassen: *nach unten.* Sie ist so betört vom Geschmack des Nektars, daß sie erst wenn sie satt ist und wegfliegen will, bemerkt, daß die klebrige Substanz sie nicht nur gesättigt, sondern auch in die Falle gelockt hat. Je mehr sie nun in Panik gerät und sich freikämpfen will, um so mehr klebriger Nektar setzt sich an ihr fest und um so schneller geht es in die Tiefe, wo die Seitenwände der Pflanze allmählich glatt und haarlos sind. An dieser

Stelle würden Härchen den weiteren Absturz nur unnötig bremsen. Die Pflanze läßt die Fliege zwar Nektar sammeln, aber, wie bei jedem geschickten Bauernfängertrick, gibt sie am Ende nichts davon ab. Sie fängt die Fliege, ohne dabei auch nur einen Tropfen des kostbaren Nektars zu opfern.

In welchem Stadium verlor die Fliege die Kontrolle? Als sie versucht hatte, zu entkommen? Nein, zu diesem Zeitpunkt registrierte sie nur, daß sie die Kontrolle bereits verloren hatte. Sie befand sich ab dem Moment in der Falle, in dem sie den Nektar probiert hatte, nur war es ihr da noch nicht bewußt. Das gleiche geschieht bei Abhängigkeit von Nikotin, Alkohol und anderen Drogen. Sie sind Nikotinsüchtiger, Drogensüchtiger oder Alkoholiker, sobald Sie *realisieren,* die Lage nicht mehr unter Kontrolle zu haben. Und genau wie bei der Fliege führt diese Erkenntnis zu Panik, und Sie geraten immer mehr in die Falle. Bis zu diesem Zeitpunkt waren Sie lediglich Raucher, Trinker oder Drogenkonsument, egal, ob gelegentlicher oder starker und regelmäßiger. Ab dem Augenblick, in dem Sie die zweite Dosis zu sich genommen haben, geht es Ihnen wie dem Forscher, der von den Eingeborenen nach allen Regeln der Kunst hofiert wird. Und in der allgemeinen Aufregung, die mit den Vorbereitungen für ein Fest einhergeht, bemerkt er viel zu spät, daß er nicht der Ehrengast, sondern das Hauptgericht ist!

Bemerkt die Fliege erst einmal, daß sie in der Falle sitzt, ist es schon zu spät. Es *gibt* kein Entrinnen. Aber für Alkoholiker, Raucher und Drogensüchtige gibt es einen einfachen Ausweg, vorausgesetzt, sie begreifen die Funktionsweise der Falle. Wenn Sie glauben, diese verstanden zu haben, die Flucht daraus jedoch auf einen späteren Zeitpunkt verschieben, heißt das, Sie haben nicht genau verstanden, worum es geht. Dann werden Sie niemals entkommen.

Um sich aus der Falle zu befreien, muß man sich unbedingt darüber im klaren sein, daß Alkoholiker sich in ihrer erblichen Veranlagung nicht von *normalen* Trinkern oder Abstinenzlern unterscheiden. Solange Sie der Meinung sind, Sie seien schon als Alkoholiker zur Welt gekommen und nicht wie Millionen anderer Menschen erst später in eine tückische Falle geraten, lesen Sie noch einmal Kapitel 21, denn darin geht es um die Neigung zur Sucht.

Ich habe behauptet, die Alkoholfalle sei beinahe identisch mit der Nikotinfalle. Die Unterschiede zwischen beiden können jedoch Verwirrung stiften. Deshalb sollten wir als erstes diese Unterschiede herausarbeiten, denn sonst könnte es sein, daß wir den Wald vor lauter Bäumen nicht sehen. Ich sage immer wieder, der Konsum von Nikotin oder Alkohol biete keinerlei Hilfe oder echten Genuß. Obwohl es eigentlich offensichtlich sein müßte, ist es schon schwierig genug, Raucher davon zu überzeugen, daß das Einatmen von Gift in die Lunge wirklich kein Genuß sein kann. Aber noch schwieriger ist es, einem Alkoholiker zu vermitteln, daß Alkohol kein echter Genuß ist. Alkohol mag vielleicht schädlich sein, aber er ist auch flüssig und damit scheinbar ein Durstlöscher. Warum sollte also Trinken gegen den Durst kein Genuß sein?

Zugegeben, es gibt wenig angenehmere Dinge, als seinen Durst zu löschen. Aber hier haben wir eines der weitverbreiteten Mißverständisse zum Thema Alkohol: Alkoholische Getränke sind keine Durstlöscher! Alkohol wirkt vielmehr dehydrierend und ruft noch größeren Durst hervor. Aus diesem Grund kann man acht Halbe Bier trinken, aber selten mehr als ein Glas Wasser. Soll das also heißen, daß ein halber Liter Bier nach einer Runde Golf nicht als Durstlöscher taugt? Bier besteht nicht zu hundert Prozent aus Alkohol, und es gibt inzwischen sogar alkoholfreie Sorten. Bier oder Wein bestehen zum größten Teil aus Wasser. Aber niemand würde sich einen Cocktail mixen, um damit seinen Durst zu löschen. Es ist nicht notwendig, Alkohol in ein Getränk zu geben, wenn es gegen Durst helfen soll. Nachdem wir lange genug gestillt wurden, bekommen wir von Mutter Natur den besten aller Durstlöscher im Überfluß und umsonst zur Verfügung gestellt. Ein Getränk ohne Kalorien, das frisch und kühl aus jedem Bergbach fließt – zumindest war das so, bis wir unser Wasser zunehmend selbst verschmutzt haben. Aber inzwischen sind wir der Meinung, Wasser sei ein zu einfaches Getränk. Wir brauchen etwas Aufregenderes, Teureres, grün oder pinkfarben, mit vielen Früchten und einem Schirmchen. Wie beim Nikotin ist der Geschmack nur eine Nebenerscheinung, er hat mit der Sache an sich nichts zu tun. Wenn Sie ein alkoholisches Getränk zu sich nehmen, geschieht das, um dem Klischee gerecht zu werden oder *wegen der Wirkung*.

Der Hauptunterschied zwischen Alkohol und Drogen wie Nikotin und Heroin liegt darin, daß der Körper beim Ausscheiden von Alkohol nicht das Gefühl der Leere und Unsicherheit verspürt. Nun höre ich lautstarken Protest. Habe ich etwa noch nie vom *Delirium tremens* gehört? Doch, und ich halte diesen Zustand durchaus für möglich. Aber ist er wirklich eine Folge der körperlichen Entzugserscheinungen? Ich glaube nicht. Ich bin vielmehr der Meinung, es handle sich dabei um einen kombinierten Effekt: Zur Vergiftung des Körpers durch übermäßigen Alkoholkonsum kommt die Panik im Kopf, die durch den Verzicht auf Alkohol hervorgerufen wird. Ich begann zu zittern, wenn ich keine Zigaretten hatte, heute weiß ich aber, daß dies eine Reaktion des Körpers auf jene Panik war, die sich einstellte, weil ich auf meine *Krücke* verzichten mußte. Es hatte nichts mit dem körperlichen »Juckreiz« zu tun.

Es liegt mir fern zu behaupten, Alkoholiker würden durch den Verzicht auf Alkohol nicht in Panik verfallen, ganz offensichtlich ist das durchaus der Fall, doch die Panik entsteht nicht durch den körperlichen Entzug. Es ist genau wie bei Nikotin oder Heroin, der Süchtige glaubt, auf echte Hilfe oder echtes Vergnügen verzichten zu müssen.

Nikotin hilft scheinbar, weil es den Eindruck vermittelt, den »Juckreiz« abzuschwächen, den die vorhergehende Dosis verursacht hat. Alkohol hingegen scheint zu helfen, indem er zum Zustand der Trunkenheit führt. Aus diesem Grund dauert es zehn bis fünfzehn Jahre, bis ein Trinker voll und ganz vom Alkohol abhängig ist. Beim Rauchen kann dieses Stadium schon mit der ersten Zigarette beginnen, sofern dem Raucher finanziell keine Grenzen gesetzt sind. Genau deshalb wird es als völlig normal betrachtet, daß ein Raucher, auch wenn er am Anfang nur zu bestimmten gesellschaftlichen Anlässen raucht, immer Zigaretten bei sich hat. Bei einem Raucher würde man es sogar als ungewöhnlich betrachten, wenn es nicht so wäre. Als ebenso normal gilt es, daß ein Raucher sich als erste Handlung des Tages eine Zigarette anzündet und als letzte einen Glimmstengel ausdrückt und auch dazwischen in regelmäßigen Abständen raucht. Sogar Raucher, die mitten in der Nacht aufstehen und sich eine Zigarette anstecken, werden nicht als Sonderlinge betrachtet.

Raucher brauchen keine Fragen zu beantworten wie: Stecken Sie sich erst einmal eine Zigarette an, bevor Sie über die Lösung eines Problems nachdenken? Rauchen Sie auch alleine? Finden Sie, daß andere Raucher weniger Zigaretten konsumieren als Sie? Schleichen Sie sich manchmal aus Ihrem Nichtraucherbüro weg, um sich vor dem Mittagessen noch schnell eine Zigarette reinzuziehen? Raucher müssen solche Fragen nicht beantworten, weil dieses Verhalten als völlig normal gilt.

Würde ein Trinker dagegen immer einen Flachmann bei sich tragen, als erstes am Morgen ein Glas Whiskey hinunterschütten oder vor jedem Telefonat schnell noch einen Schluck nehmen, er wäre nach dem ersten Mal schon als Alkoholiker abgestempelt. Wie bereits erwähnt, werden Raucher und ihre Rauchgewohnheiten als normal betrachtet, weil sie sehr schnell abhängig werden. Bei Trinkern dauert es hingegen Jahre, bis sie sich in völliger Abhängigkeit befinden. Sie sind daher eine Minderheit und werden in ihrem Verhalten als unnormal angesehen.

Ein weiterer großer Unterschied zwischen Nikotin und Alkohol besteht darin, daß Alkohol das geistige Leistungsvermögen beeinträchtigt. Starke Trinker verlieren ihren Arbeitsplatz, Heim, Freunde und Familie. Ich hatte Glück, daß ich vom Nikotin abhängig war. Nun könnte man einwenden, daß ich als Alkoholiker vielleicht meinen Konsum im Griff gehabt und damit auch nicht Job oder Familie verloren hätte. Ich war damals zutiefst davon überzeugt, durch das Rauchen mein Leben aufs Spiel zu setzen. Wenn diese Überzeugung schon nicht ausreichte, um mich zum Aufhören zu veranlassen, hätte mein Job das erst recht nicht vermocht. Ob ich nun dem Alkohol oder Nikotin verfalle, ändert nichts an meiner Person, in jedem Fall stürze ich kopfüber ins Verderben. Nicht das Opfer macht den Unterschied aus, sondern die Wirkungsweise der chemischen Substanz. Nun könnte man einwenden, Alkohol und Nikotin seien zwei sehr unterschiedliche Stoffe, und ich sei kein Experte, um behaupten zu können, so etwas wie einen Alkoholiker gebe es nicht, weil ich selbst nie Alkoholiker war.

Daß ich nie Alkoholiker war ist richtig, doch ich war Trinker und manchmal sogar starker Trinker. Ich weiß auch, daß ich von Glück sagen kann, daß ich nie zu dem geworden bin, was die Allgemeinheit als Alkoholiker bezeichnet. Alkohol, Nikotin und Heroin sind unterschiedliche Stoffe, aber was spielt das für eine Rolle? Es gibt auch verschiedene Arten fleischfressender Pflanzen. Nun könnte man argumentieren, daß diese unterschiedlichen Pflanzen auch unterschiedliche Insekten anlocken. Na und? Ein Haus ist völlig anders als ein Baum, aber mit ein und derselben Leiter kann man an beiden hochklettern, und zwar jeder einzelne, unabhängig von seinem Körperbau und seinem Charakter.

Alkoholismus und Nikotinsucht sind im Grunde genommen ganz ähnlich:

1. Bis wir einem von beiden verfallen sind, war unser Leben in Ordnung.
2. Durch die von klein auf erfolgte Gehirnwäsche werden wir auf die gleiche Art und Weise in die Falle gelockt.
3. Wir glauben von beiden echte Hilfe oder wahren Genuß zu erhalten, wissen gleichzeitig aber auch, daß sie uns körperlich und finanziell schaden.
4. Wir bringen die Hilfe oder den Genuß mit vielen Anlässen in unserem Leben in Verbindung und glauben, diese ohne die entsprechende Krücke nicht mehr genießen zu können. Also sind wir deprimiert, wenn wir uns in Enthaltsamkeit üben. Das wiederum verstärkt den Eindruck, die Hilfe oder das Vergnügen sei real.

Ein besonders wichtiger Aspekt, in dem beide übereinstimmen, ist die Tatsache, daß sie ein imaginäres Gefängnis darstellen. Haben Sie erst einmal realisiert, daß es überhaupt nichts *gibt,* das man aufgeben könnte, daß beide Ihnen nicht den geringsten Vorteil bieten und Sie ohne Alkohol oder Nikotin nicht nur genauso, sondern weitaus glücklicher sein werden, existiert auch nicht das Gefühl des Verzichts, der Katzenjammer bleibt aus, es herrscht nur noch Euphorie! Wir müssen nichts weiter tun, als Ihnen bewußt machen, daß Alkohol nur eine Katastrophe heraufbeschwört und weder *echte* Hilfe noch *richtigen* Genuß darstellt.

Nun haben wir bereits die Geschichte mit dem Durst geklärt, aber ich werde doch nicht allen Ernstes behaupten wollen, kein Mensch würde je den Geschmack von Alkohol genießen? Aber genau das behaupte ich. Falls Sie mir nicht glauben, sollten Sie einmal puren Alkohol versuchen. Aber gemischt mit anderen Flüssigkeiten schmeckt Alkohol doch gut? Nein, Alkohol ist ein Gift und schmeckt wie alle Gifte scheußlich. Jede Mixtur soll nur den scheußlichen Geschmack von Alkohol überdecken. Nun sind aber ganze Industrien aufgrund des wunderbaren Geschmacks mancher alkoholischer Getränke entstanden. Und was ist mit den professionellen Weinverkostern?

Um alkoholische Getränke wird noch mehr Aufhebens gemacht als um das Rauchen. Die meisten von uns haben sich bestimmt schon dazu hinreißen lassen, fünfzig Mark und mehr für eine Zigarre oder eine Doppelpackung Zigaretten auszugeben, nur weil sie in andersfarbiges Papier gewickelt sind. Unsere Dummheit haben wir dann mit der unvergleichlichen Qualität gerechtfertigt. Doch die wenigsten von uns waren zum entsprechenden Zeitpunkt wirklich zurechnungsfähig. Für eine Flasche Wein dagegen sind manche Leute sogar bereit, Hunderte von Mark auszugeben! Zumindest höre ich immer wieder entsprechende Geschichten, ich selbst kenne niemanden, der das tut. Sind Sie der Meinung, der Geschmack einer Flasche Wein könne die Ausgabe einer solchen Summe rechtfertigen? Wenn ja, sind Sie entweder ein Narr, oder Sie arbeiten im Weinhandel und leben von solchen Narren!

Ich habe allerdings schon miterlebt, daß Leute mit großem Brimborium eine Flasche Wein für fünfzig Mark erstehen. Meistens handelt es sich dabei um Personen, die entweder den letzten Pfennig zusammenkratzen oder soviel Geld haben, daß sie nicht wissen, wohin damit. Ich muß zugeben, daß auch ich dieses Spiel schon manchmal mitgespielt habe. Um nicht unhöflich zu sein, habe ich die Qualität des Weins schon des öfteren gelobt, mir dabei insgeheim jedoch gedacht: In meinem Supermarkt bekomme ich für zehn Mark pro Flasche einen besseren Wein. Vielleicht empfinden Sie nun Mitleid mit mir, weil ich ein solcher Banause bin, der einen Spitzenwein nicht von Essig unterscheiden kann. Dann sollten Sie aber auch bedenken, daß Sie für Ihren Alkohol sechsmal soviel ausgeben wie ich. Ich hingegen verachte die Leute, die den billigsten Fusel trinken, gebe aber wiederum selbst das Sechsfache von dem aus, was sie dafür bezahlen!

Wir glauben, Weine würden mit dem Alter an Qualität gewinnen. Eine ganz schön raffinierte Marketingstrategie: Ein Händler, der zuviel eingekauft hat, muß den Überschuß nicht am Ende der Saison zum halben Preis verhökern. Er braucht nur abzuwarten, bis sich auf den Flaschen Staub angesammelt hat, und kann sie dann noch teurer verkaufen. Viele renommierte Händler haben schon versucht, mich davon zu überzeugen, daß Weine mit zunehmendem Alter besser werden, und ich glaubte ihnen. Bei Lebensmitteln kann man ganz leicht am Geschmack feststellen, ob sie bereits verdorben sind. Doch beim Wein? Ich fing mit dem Ritual um den Beaujolais Primeur an, den Mythos vom Alter eines Weins zu hinterfragen. »Sie sollten ihn unbedingt innerhalb von vierundzwanzig Stunden nach der Abfüllung trinken, selbst wenn Sie dafür einen eigenen Flieger chartern müßten. Sonst können Sie ihn genausogut in den Ausguß schütten.« Wenn mir jemand erzählt, ein Produkt würde besser werden, je älter es wird, wäre ich vielleicht dumm genug, das zu glauben. Will mir diese Person aber gleichzeitig weismachen, dasselbe Produkt würde mit zunehmendem Alter an Qualität verlieren, beginne ich, an ihrer Intelligenz zu zweifeln. Will sie mich für dumm verkaufen!

Fällt es Ihnen schwer, ihre kalorienbewußte und sparsame Ehefrau dazu zu überreden, etwas frische Sahne zu ihren Erdbeeren zu essen? Glauben Sie, Sie könnten sie dazu verleiten, ein Glas frische Sahne zu trinken? Nichts leichter als das! Sie können Sie sogar dazu bringen, mehrere Gläser zu trinken und zehnmal soviel dafür zu bezahlen, wie die gleiche Menge Sahne normalerweise kosten würde. Kaufen Sie ihr nur eine Flasche dieser beliebten Sahneliköre. Wenn Sie gerne süßen Wein oder Likör trinken, sorgt dabei nicht der Alkohol für den guten Geschmack, sondern dies tun die darin enthaltenen Zuckerzusätze. Das Weingeschäft ist etwas subtiler als der Handel mit Bieren. Normalerweise ist das Gegenteil von süß bitter, das Gegenstück zu einem süßen Wein jedoch ein trockener. Wie kann ein Wein trocken sein? Ich habe schon Weine gesehen, die mit Attributen wie jung, lieblich, melancholisch, spritzig oder sogar geheimnisvoll beschrieben wurden. Mir erscheint dabei nur geheimnisvoll, wie wir so dumm sein und diesen Märchen Glauben schenken können.

Bei gesellschaftlichen Anlässen in meinem Golfclub werden die Gläser so schnell ausgetauscht, daß ich nicht mit dem Trinken nachkomme. Manchmal greife ich aus Versehen zu purem Gin, weil ich den Inhalt des Glases fälschlich für eine Mischung aus Gin und Tonic halte. Das ist ein Gefühl, als würde man reinen Ammoniak trinken. Oft kann man beobachten, daß Whiskeytrinker sich darüber aufregen, wenn es an der Bar ihre Lieblingsmarke nicht gibt. Würde man diesen sogenannten Experten jedoch die Augen verbinden, könnten sie vermutlich nur mit Mühe Whiskey von Eistee unterscheiden!

Nun lassen wir aber alle Mythen beiseite und konzentrieren uns auf die Fakten. Bisher hat noch jeder Jugendliche bei seinem ersten Bier insgeheim gedacht: Muß ich dieses ekelhafte Zeug wirklich trinken? Viel lieber wäre mir jetzt ein Glas Limonade. Aber nur Kinder trinken Limonade, *echte* Männer trinken Bier. Bob Hope persiflierte dieses Verhalten auf höchst amüsante Weise in einem Film. Er spazierte in den Saloon, wo alle echten Cowboys Whiskey aus der Flasche tranken, und sagte zum Barkeeper: »Ein Glas Milch!« Er erntete einige befremdliche Blicke und knurrte dann: »In einem schmutzigen Glas.«

Mit Alkohol ist es wie mit Tabak: Nimmt man mehrmals hintereinander ein alkoholisches Getränk zu sich, *gewöhnt* man sich an den Geschmack. Wenn Sie auf eine andere Marke umsteigen, sei es bei Bier, Wein, Whiskey oder andere Alkoholika, finden Sie den neuen Geschmack zunächst eigenartig, nach mehrmaligem Trinken empfinden Sie ihn jedoch als *angenehm*. Wie oft haben wir schon den Ausspruch gehört: »Es schmeckt so schön bitter.« Das ist ein Widerspruch in sich. Nichts kann schön bitter sein. Bitter bedeutet, es schmeckt unangenehm herb. Eine raffinierte Werbekampagne für kanadisches Bier basiert auf dessen scheußlichem Geschmack: »Sie werden es nicht mögen!« Welcher wirklich ganze Kerl könnte dieser Herausforderung widerstehen?

Können Sie in aller Aufrichtigkeit von sich behaupten, das gesellschaftliche Ritual, der Durst oder die Wirkung des Alkohols hätten überhaupt nichts damit zu tun, wenn Sie Ihr Lieblingsgetränk zu sich nehmen, sei es nun Bier, Wein, Korn, Likör oder ein Cocktail, sondern allein der Geschmack sei so unwiderstehlich, wenn Sie Glas für Glas in sich hineinschütten? Oder geht es Ihnen wie mir und Ihr Lieblingswein ist weder zu süß, zu trocken, noch zu fruchtig und hat keinen unangenehmen Beigeschmack. Ist Ihr Lieblingswein einer, mit dem Sie eine vernünftige Menge Alkohol zu sich nehmen können, ohne dafür viel Geld ausgeben oder große Nachwirkungen in Kauf nehmen zu müssen? Oder finden Sie, daß Ihr Lieblingswein auf jeden Fall viel besser schmeckt als andere? Und finden Sie, daß andere Weine abscheulich schmecken, manche vielleicht sogar untrinkbar sind? Glauben Sie mir, wenn der Geschmack auch nur die geringste Rolle spielen würde, würde kein Mensch ein zweites Mal Alkohol zu sich nehmen. Wenn Sie immer noch davon überzeugt sind, Alkohol wegen seines einzigartigen Geschmacks zu trinken, halten Sie sich am besten gleich an reinen Alkohol!

Leider sind viele von uns mit diesen Lee-Marvin-Filmen aufgewachsen. Wenn er in die Stadt fuhr, um einen draufzumachen, hieß das, er mußte mindestens zehn Whiskey hinunterschütten und eine Schlägerei in einer Bar anzetteln, die dabei kurz und klein geschlagen wurde. Die nächsten vier Tage war er dann mehr oder weniger benommen und damit beschäftigt, sich von den Folgen dieses Abends zu erholen. Und dann bemühen wir Tausende von Psychologen, um eine Erklärung dafür zu finden, warum unsere Kinder, denen wir wirklich alles geboten haben, zu saufenden Hooligans werden.

ICH FRAGE MICH EHER, WARUM VIELE ES NICHT WERDEN.

Wenn wir nun den Alkohol nicht konsumieren, weil er ein guter Durstlöscher ist oder so gut schmeckt, dann sicher wegen seiner wunderbaren Wirkung. Was ist daran verkehrt? Jeder weiß doch, daß geselliges Beisammensein mit Alkohol viel mehr Spaß macht, vorausgesetzt, man genießt ihn in Maßen und die Gäste werden nicht ausfallend. Wirklich? Oder ist es genau wie beim Rauchen, und wir wachsen von Kindesbeinen an mit dieser Vorstellung auf? Halten wir den Konsum von Alkohol ebenso wie das Rauchen für ein Zeichen von Reife? Und trinken wir – auch hier eine Parallele zum Rauchen – anfangs nur in Gesellschaft, weil wir uns ohnehin gut amüsieren?

Die Anonymen Alkoholiker haben völlig recht, der Alkoholiker hat den dringenden Wunsch, wieder sein altes Leben zu führen, doch läuft er genau wie der ehemalige Raucher einem Mythos hinterher, der niemals der Realität entsprochen hat. Wie sieht die Realität aus?

Haben Sie an gesellschaftlichen Ereignissen, Geburtstagen, Partys, Hochzeiten, Weihnachten und so weiter nie richtig Freude gehabt, bevor Sie zu trinken begonnen haben? Beobachten Sie doch einmal Kinder bei einem Geburtstagsfest. Sie kommen in ihren schönsten Kleidern und sind zu Anfang schüchtern und gehemmt. Aber fünf Minuten später stellen sie bereits das ganze Zimmer auf den Kopf. Sie befinden sich in absoluter Hochstimmung. Dazu brauchen sie aber weder Nikotin noch Alkohol oder andere Drogen, echte Hochstimmung resultiert aus der Freude am Leben. Da Drogen wie Nikotin erstmals bei solchen Gelegenheiten konsumiert werden, schreibt man ihnen fälschlicherweise diese Wirkung zu. Alkohol führt nach außen hin ebenso zu guter Laune, bewirkt aber eigentlich genau das Gegenteil. Sie glauben wahrscheinlich, Alkohol hebe die Stimmung bei gesellschaftlichen Anlässen, weil es uns in einen Glückszustand versetzt. Doch in Wahrheit wirkt Alkohol depressiv. Verlassen Sie sich nicht auf mein Wort, probieren Sie es selbst aus. Setzen Sie sich allein in ein Zimmer, und trinken Sie die Menge Alkohol, die Sie normalerweise auf einer Party konsumieren. Und nun beurteilen Sie, ob Sie sich glücklich fühlen.

Ich erinnere mich noch genau an den Abend, an dem ich zum erstenmal trank und mit den Idioten mithalten wollte, die damit prahlten, wie viele Gläser Bier sie vertragen könnten. Danach ging es mir unglaublich schlecht. Ich hatte dauernd das Gefühl, mich übergeben zu müssen, aber mein Magen war bereits leer. Noch schlimmer aber wurde es, als ich mich endlich ins Bett legte und die Augen schloß – alles um mich herum drehte sich. Ich konnte diesem Zustand nur abhelfen, indem ich die Augen offenhielt, aber dazu war ich viel zu müde. Sobald die Augen wieder zufielen, ging das Drehen und Würgen weiter, bis ich irgendwann in tiefen Schlaf fiel.

Den nächsten Tag konnte ich nach solchen Trinkgelagen abschreiben. Und jedesmal nahm ich mir vor, in Zukunft nur noch so viel zu trinken, wie ich vertrug. Dieser Vorsatz hielt ungefähr ein Jahr. Gut, vielleicht erinnere ich mich jetzt nur an die extremsten Fälle. Sicher findet es keiner schön, betrunken zu sein. Aber gegen das normale Trinken in Gesellschaft ist doch nichts einzuwenden, oder? Dazu kann ich nur sagen, beobachten Sie Menschen bei solchen Gelegenheiten, und trinken Sie selbst nichts. Die Trinker werden entweder übertrieben emotional oder fangen an zu kichern und sich dumm zu benehmen. Was ist daran verkehrt? Macht der Alkohol sie nicht einfach nur glücklich? Sind diese Menschen wirklich glücklich? Wenn jemand kichert und sich dumm benimmt, kann das ein Zeichen von Trunkenheit oder Benommenheit sein, heißt aber nicht, daß der Betroffene glücklich ist und Spaß hat. Ist Ihnen schon einmal aufgefallen, wie leicht die Stimmung in dieser Phase umkippen kann? Wie schnell ein unbedachtes Wort oder harmloser Blick falsch verstanden wird und das Kichern plötzlich in echte Aggression umschlägt?

Ich habe den mäßigen Konsum von Alkohol jahrelang verteidigt, weil ich davon überzeugt war, er hätte auch eine positive Seite. Alkohol macht betrunken und kann damit Angst, Schüchternheit und Gehemmtheit beseitigen. Früher hatte ich die Angewohnheit, meinen Gästen die Gläser so voll wie möglich zu machen, um die Steifheit am Anfang möglichst schnell abzubauen, vor allem, wenn viele der Gäste sich noch nicht kannten. Aber selbst dabei hilft Alkohol nicht, dieses Warmlaufen am Anfang dauert immer eine gewisse Zeit, egal, ob die Gäste Alkohol trinken oder nicht.

Nikotin und Alkohol gaukeln dem Konsumenten die Illusion von Mut vor, allerdings auf unterschiedliche Weise. Im Fall von Nikotin entsteht Angst, wenn es sich aus dem Körper zu verflüchtigen beginnt. Steckt der Raucher sich dann eine Zigarette an, führt das zu scheinbarer Linderung. Beim Alkohol wird die Illusion durch den Rauschzustand hervorgerufen, der dazu führt, daß Ängste und Hemmungen abgebaut werden. Also bringen Alkohol und Rauchen doch Vorteile mit sich? Aber Mut und die Beseitigung von Ängsten und Hemmungen sind zwei verschiedene Dinge. Mut ist ohne Angst undenkbar. Ich bin davon überzeugt, daß mancher starke Raucher auch starker Trinker wird, weil Alkohol die Ängste, die durch das Nikotin hervorgerufen werden, zum Teil abbaut.

Doch ist genau diese Eigenschaft, Ängste und Hemmungen abzubauen, auch das Heimtückische am Alkohol. Diese Gefühle sind ein wichtiger Schutz- und Überlebensmechanismus. Wenn Ihnen schwerfällt, das zu glauben, lassen Sie uns die folgenden Beispiele betrachten.

Sicher ist Ihnen schon einmal aufgefallen, daß kleine Jungs, die sich zanken, nicht sofort aufeinander einschlagen. Erst einmal läuft ein bestimmtes Ritual aus Drohgebärden und Machtgebaren ab, ähnlich wie bei Rotwild zur Brunftzeit. Das ist völlig normal, denn die wichtigste Regel in der Natur lautet: Überleben. Jedes Lebewesen wird instinktiv einem Kampf aus dem Weg gehen, um damit nicht Verletzungen oder sogar den Tod zu riskieren.

Ich bin davon überzeugt, daß Sie diese Behauptung mit vielen Beispielen aus der Welt der Tiere und auch der Menschen, in denen beide sich von Natur aus aggressiv zu verhalten scheinen, widerlegen könnten. Wenn Sie diese Situationen jedoch genauer unter die Lupe nehmen, werden Sie feststellen, daß Tiere nur zu Aggressionen neigen, wenn sie in Ihrer Existenz bedroht sind, also bei Hunger, Revierkämpfen oder Gefahr durch einen Beutejäger.

Menschen werden in den meisten Fällen aus den genau gleichen Gründen aggressiv. Seit einigen Jahren glaube ich allerdings auch, daß Jugendliche durch das Fernsehen so beeinflußt werden, daß sie Gewalt um ihrer selbst willen anwenden.

Die zweite wichtige Regel in der Natur ist das Überleben der Art. Es mag ungerecht erscheinen, aber dennoch beruht die Selektion der Arten auf dem Prinzip, daß nur die Kräftigsten überleben, um ihre Gene weiterzugeben und damit Stärke und Fortentwicklung der eigenen Art zu sichern.

Innerhalb vieler Arten geht dieses Prinzip so weit, daß nur der Stärkste der Überlebenden sich fortpflanzt. Hirsche zum Beispiel leben praktisch das ganze Jahr über in Harmonie miteinander. Doch während der Brunftzeit gehen sie plötzlich aufeinander los, sind bereit zu töten, um selbst zu überleben. Zweck dieses Brunftverhaltens ist es herauszufinden, welches das stärkste Tier ist, ohne daß dabei die anderen jedoch getötet werden. Das Ritual ist dann zu Ende, wenn klar feststeht, welcher Hirsch der kräftigste ist.

Genau so verlaufen die Streitereien zwischen zwei Jungen. Keiner hat etwas zu verlieren oder einen Vorteil daraus, wenn er dem anderen eine ernsthafte Verletzung zufügt. Schlimm wäre es jedoch, selbst verletzt zu werden. Gleichzeitig darf aber keiner von beiden als Feigling erscheinen. Also wird erst einmal Stärke durch Gesten zum Ausdruck gebracht, in der Hoffnung, daß der andere einen Rückzieher macht oder ein Außenstehender eingreift, bevor es zum Schlagabtausch kommt.

Ist bei solchen Ritualen jedoch Alkohol im Spiel, verlieren die Kontrahenten die Angst – mit schlimmen Folgen. Nun hat keiner mehr Furcht vor Verletzungen oder dem Tod, beide sind bereit, bis aufs Messer zu kämpfen. Aber noch gefährlicher ist, daß jetzt keiner mehr fürchtet, dem anderen eine Verletzung zuzufügen. Normalerweise endet ein solcher Kampf, wenn feststeht, welcher der Beteiligten der Stärkere ist. Unter dem Einfluß von Alkohol haben sich jedoch schon Tausende von Jugendlichen gegenseitig umgebracht, und zwar nicht wegen grundlegender Meinungsverschiedenheiten, sondern lediglich, weil sie vorher getrunken hatten.

Genauso ist es beim Autofahren. Es gibt immer noch Fahrer, die so dumm sind zu glauben, ihre Fahrkünste würden sich mit ein bißchen Alkohol im Blut noch verbessern. Aber in Wirklichkeit reagieren sie unter dem Einfluß von Alkohol verzögert. Gleichzeitig verringert sich die Angst vor einem Unfall und den möglichen Folgen für sich selbst, die Insassen oder andere Verkehrsteilnehmer. Sie fühlen sich lockerer und gut drauf. Doch das ist eine Illusion. Tatsache ist, daß ein sonst sicherer und verantwortungsvoller Fahrer sich in einen potentiellen Mörder verwandeln kann!

Mir fällt nicht ein einziges wirklich schönes Ereignis in meinem Leben ein, dessen Gelingen man auf die Menge oder Art der dabei konsumierten alkoholischen Getränke zurückführen könnte. Dagegen fallen mir eine Menge von Begebenheiten ein, die unsäglich langweilig waren, obwohl der Alkohol dabei in Strömen floß. Und ich kann eine lange Reihe von Anlässen aufzählen, Hochzeiten und andere Feste, die völlig danebengingen, weil einer oder mehrere der Gäste zuviel getrunken hatten.

Nun sind Sie vielleicht nach wie vor der Meinung, Trinken besitze die positive Eigenschaft, manchen Menschen über ihre Schüchternheit und Gehemmtheit hinwegzuhelfen. Aber schauen Sie sich die Fakten an. Jeder Mensch hat ein Gehirn und einen Mund. Bei manchen Menschen befindet sich dazwischen noch eine Schranke. Es gibt aber eine seltene Spezies, der diese Schranke fehlt. Sie verfügt über eine Direktleitung vom Gehirn zum Mund und leidet unter einer Art verbalem Durchfall. Egal, was ihr gerade einfällt, mag es noch so langweilig, banal, falsch, zusammenhanglos, verletzend, lächerlich, unreflektiert oder beleidigend sein, es muß sofort gesagt werden. Diese Leute sind in der Regel unbeliebt und selbst recht unglücklich.

Ich bin da besser dran, denn ich habe diese Schranke zwischen Gehirn und Mund, aber nur eine. Das bringt mich ab und zu in Schwierigkeiten. Manchmal läßt die Schranke nämlich Dinge passieren, die sie besser zurückgehalten hätte. Manche Menschen haben aber zwei oder mehrere Schranken, die dafür sorgen, daß sie niemals etwas Dummes oder möglicherweise Beleidigendes von sich geben. Alkohol setzt diese Schranken außer Kraft. Wir alle kennen doch diese Leute, die den Mund nicht aufkriegen, solange sie nüchtern sind, aber keinen anderen mehr zu Wort kommen lassen, wenn sie ein paar Gläser getrunken haben!

Aber lassen wir uns davon beirren? Denken wir mit einemmal: Ich wußte gar nicht, daß Ted sich so in den Vordergrund spielen kann? Oder denken wir vielmehr: Hier spricht nur der Alkohol? Wenn Sie schüchtern und gehemmt sind und Ihnen das Probleme bereitet, hilft Alkohol Ihnen in keiner Weise. Auch ein Vogel Strauß beseitigt die Gefahr nicht, indem er den Kopf in den Sand steckt. Alkohol macht Sie lediglich betrunken, kann aber ihr Problem nicht lösen. Er täuscht Sie bestenfalls für eine Weile darüber hinweg. Aber diese Betäubung genießen Sie nicht, Sie können sie überhaupt nicht genießen, weil Sie sich Ihres Zustand, ob positiv oder negativ, nicht einmal bewußt sind. In dieser Phase sind Sie ausgeliefert und verletzlich, Ihr Kopf steckt im Sand.

Wenn Sie Glück haben, beleidigen Sie in einem solchen Zustand nur einen engen Verwandten oder Freund. Mit etwas weniger Glück ruinieren Sie vielleicht Ihr Auto, ziehen sich ein paar Verletzungen zu oder verlieren für einige Jahre Ihren Führerschein. Warum spreche ich in diesem Zusammenhang von Glück? Ich meine doch bestimmt Pech? Nein, ich halte es für Glück, weil solche Dinge früher oder später einmal passieren müssen, wenn Sie immer wieder betrunken sind. Sie bringen sich in die Situation eines Tauben und Blinden. Aber genaugenommen sind Sie sogar noch schlechter dran. Taube und Blinde sind sich ihrer Unzulänglichkeiten bewußt und kompensieren sie durch einen ausgeprägteren Tast- und Geruchssinn, durch größere Vorsicht, Sensibilität und das Bewußtsein der eigenen Fähigkeiten. Alkohol hingegen wirkt vernichtend auf die Gehirntätigkeit, keiner Ihrer Sinne funktioniert mehr richtig.

Dann haben Sie vielleicht zusätzlich noch Pech, benutzen in betrunkenem Zustand Ihr Auto, töten ein Kind und wachen danach jede Nacht schweißgebadet aus einem Alptraum auf, der Realität ist. Unser Nationalsport Fußball ist durch den Alkohol in Verruf geraten. Für ein Kind ist es demütigend, vor dem Schulhaus verprügelt zu werden. Wir Briten haben der Welt beigebracht, wie man Fußball spielt, und mußten dann die Schande ertragen, wegen des Alkohols acht Jahre lang an keinem europäischen Wettbewerb mehr teilnehmen zu dürfen. Das einst so mächtige Großbritannien gedemütigt wie ein Schuljunge! Denken Sie nur an all das Übel, das der Alkohol verursacht. Aber fällt Ihnen auch nur eine einzige Gelegenheit ein, in der er Gutes bewirkt hätte? Wenn Sie betrunken sind, ist die Funktion Ihrer Sinne eingeschränkt, Sie sind völlig hilflos und angreifbar. Glauben Sie wirklich, dieser Zustand macht Sie glücklich? Glauben Sie, ein Strauß ist glücklich, wenn er den Kopf im Sand stecken hat?

Früher war ich der Meinung, die berauschende Wirkung von Alkohol könne kurzfristig über negative Erfahrungen hinweghelfen. Wenn man von der Freundin verlassen wird, sei es allemal besser, sich ein paar Tage lang auf Sauftour zu begeben, als zur Fremdenlegion zu gehen. Oder wenn die Arbeit Sie auffrißt und Sie den so dringend benötigten Urlaub nicht antreten können, was könnte es da schon schaden, sich abends ein Glas oder mehrere zu genehmigen, um ein bißchen abzuschalten?

Aber Alkohol löst die Probleme nicht. Wenn er wenigstens den gleichen Effekt hätte, wie eine gut durchschlafene Nacht, wäre schon einiges gewonnen. Zwar wären auch damit die Probleme nicht beseitigt, doch immerhin könnte man an nächsten Tag gestärkt an die Dinge herangehen. Aber sobald seine Wirkung nachläßt, werden die Probleme noch größer, denn man ist danach körperlich, geistig, finanziell und gesellschaftlich schneller angeschlagen und hat damit noch mehr Grund zu trinken. Der Effekt ist schließlich wie beim Nikotin, je mehr Sie zu sich nehmen, um so mehr werden Körper und Gehirn gegen das Gift immun und um so mehr brauchen Sie davon. Je größer Ihr Konsum, um so größer die schädliche Wirkung und um so größer das Bedürfnis nach Alkohol. Das schnelle Hinuntergleiten auf den Boden der fleischfressenden Pflanze ist damit vorprogrammiert.

Aber es kann doch nicht schaden, bei geselligen Anlässen ab und zu mal zu trinken? Genausogut könnte man die These aufstellen: Es macht nichts, HIV-positiv zu sein, solange man es nicht so weit kommen läßt, daß man tatsächlich an Aids erkrankt. Natürlich macht es etwas, HIV-positiv zu sein, weil dies zwangsläufig zu Aids führt. Wenn Sie anfangen, bei geselligen Anlässen zu trinken, werden Sie schließlich immer mehr Gründe finden zu trinken, das liegt einfach in der Natur der Sache. Und trinken wir tatsächlich nur aus Gründen der Geselligkeit? Vielleicht ist das der Anlaß, aber nutzen wir das erste Glas nicht, um ein Problem zu lösen? Fühlen wir uns eventuell dem Anlaß nicht gewachsen, sind schüchtern oder gehemmt, wollen dazugehören? Wenn Sie anfangen,

Alkohol aus Gründen der Geselligkeit zu trinken, begeben Sie sich auf den unweigerlich nach unten führenden Hang, der damit endet, was die Anonymen Alkoholiker als chronischen Alkoholismus bezeichnen!

DAS LIEGT IN DER NATUR DER SACHE.

Nun gibt es aber auch Menschen, die ihr Leben lang Alkohol, Nikotin und sogar Heroin konsumieren können, ohne dabei süchtig zu werden. Das ist nur insofern richtig, als es in der Natur dieser Drogen liegt, daß die meisten ihrer Opfer sich erst nach vielen Jahren ihrer Abhängigkeit bewußt werden. Wie beim Rauchen hängt die Geschwindigkeit, mit der jedes Individuum in der fleischfressenden Pflanze nach unten gleitet, von vielen verschiedenen Faktoren ab, wie zum Beispiel der körperlichen Widerstandsfähigkeit gegen das Gift, der finanziellen Situation, dem Ausmaß von Streß, dem persönlichen Umfeld. Sicher spielt ab einem gewissen Stadium die finanzielle Seite keine große Rolle mehr, der Süchtige wird schon immer irgendwie Geld auftreiben. Aber viele Jugendliche haben tatsächlich nie angefangen zu rauchen, weil sie es sich nicht leisten konnten, und viele blieben aus dem gleichen Grund Gelegenheitstrinker. Häufig sterben Fliegen eines natürlichen Todes, bevor sie in der Tiefe der fleischfressenden Pflanze ankommen. Auch viele Raucher, Trinker und anderes Süchtige hören auf oder sterben, noch ehe sie ganz unten angelangt sind.

Aber lassen Sie sich nicht dadurch verwirren, daß in diesen Fallen raffinierte Verzögerungsfaktoren eingebaut sind. Sicher beneiden Sie eine Maus nicht um den Moment des Genusses, wenn sie am Käse knabbert, bevor die Falle zuschnappt. Und vermutlich würden Sie auch nicht mit der Fliege tauschen wollen, die eben auf einer fleischfressenden Pflanze gelandet ist und zum erstenmal den Nektar kostet. Würden Sie einen Frauenhelden um jenen Augenblick kurz vor dem Samenerguß beneiden, wenn Sie wüßten, daß er sich gerade mit Syphilis ansteckt – selbst wenn deren Folgen sich erst zwanzig Jahre später zeigen?

Aber das ist genau der Punkt, in dem die Anonymen Alkoholiker und die Gesellschaft im allgemeinen von falschen Voraussetzungen ausgehen. Sie legen nämlich die Annahme zugrunde, *normales* Trinken biete echten Genuß. Die schlimme Erfahrung, die Menschen machen, wenn Sie dem Alkohol abschwören, ist nicht körperlicher Art. Sie resultiert vielmehr aus dem Glauben, unnormal zu sein und nun auf etwas verzichten zu müssen. Deshalb beneiden sie die angeblich normalen Trinker. Sollten Sie ein Problem mit dem Trinken haben, egal, ob Sie sich nun selbst als Alkoholiker einstufen oder nicht, kann es hilfreich sein, sich in jene Zeiten zurückzuversetzen, als Sie Ihrer Meinung nach normal getrunken haben. Konnten Sie daran etwas Besonderes finden? Haben Sie damals, als Sie noch beliebig viel oder wenig trinken konnten und sich Ihres Trinkproblems noch nicht bewußt waren, andere beneidet, die weniger als Sie konsumierten? Oder haben Sie die Leute beneidet, die mehr tranken? Oder beneiden Sie die *normalen* Trinker erst, seit Sie selbst ein Problem damit haben?

Sie meinen, ich beneide auch keinen um seine Fähigkeit zu atmen, würde es aber sofort tun, wenn ich selbst nicht mehr dazu in der Lage wäre? Das ist richtig, allerdings besteht hier ein gravierender Unterschied: Wir müssen atmen. Es war und ist für uns lebenswichtig. Auch wenn wir es für selbstverständlich halten, ändert das nichts an dieser Tatsache. Aber Alkohol war nie lebensnotwendig. Um so bedauerlicher ist es, daß wir *normales* Trinken als selbstverständlich betrachten. Hätten wir uns schon einmal eingehender damit befaßt, wäre uns heute längst klar: *Es bietet überhaupt keinen Vorteil!*

Es ist wie mit dem Rauchen. Erst wenn wir ihn nicht mehr konsumieren können und das als Verzicht empfinden, erscheint der Alkohol uns so wertvoll. Und je länger wir ihn uns versagen, um so mehr nimmt sein Wert für uns zu. Natürlich kann man nicht pauschal behaupten, daß uns alles, was erlaubt ist, nicht besonders attraktiv erscheint. Und wenn wir es versuchen, finden wir uns in jener hoffnungslosen Lage wieder, die die Anonymen Alkoholiker mit folgenden Worten so treffend beschreiben: »Man könnte dieses Phänomen mit einer Allergie vergleichen. Es äußert sich in einem maßlosen Verlangen nach der einen Sache, die die körperlichen Qualen, das irrationale Verhalten und die zunehmende Isolation nur noch verstärken wird.«

Alkoholiker leiden nicht unter diesem Verlangen, weil sie dumm sind oder eine erbliche Veranlagung besitzen, sie spüren es aus demselben Grund, aus dem ein Raucher ein Vermögen dafür ausgibt, sich selbst zu ruinieren. Sie unterliegen von klein auf der Gehirnwäsche, die ihnen suggeriert, die Droge biete ihnen echte Vorteile. Und der Konsum der Droge verstärkt diesen Eindruck noch. Darüber hinaus hat die Gehirnwäsche Raucher und Trinker davon überzeugt, daß es schwierig, wenn nicht gar unmöglich ist, davon loszukommen. Die Anonymen Alkoholiker, die führenden Experten auf dem Gebiet des Alkoholismus also, vermitteln den Hilfesuchenden sogar: *Es gibt keine medizinisch erprobte Therapie!*

Das Dumme ist, daß Alkoholiker sich zusammenfinden wie in einer Aussätzigenkolonie, weil die Gesellschaft im allgemeinen und die Anonymen Alkoholiker im besonderen ihnen einreden, sie würden an einer Krankheit leiden, die mit den Mitteln der Medizin nicht behandelbar sei.

Eigenartig ist dabei nur, daß Alkoholiker nicht mehr an der Krankheit leiden, wenn sie den Konsum von Alkohol einstellen. Nur normale Trinker sind von dieser Krankheit befallen. Alkohol ist nicht gefährlicher als Zyankali, sofern sie darauf verzichten!

DER KONSUM VON ALKOHOL
RUFT DIE KRANKHEIT HERVOR.

Doch die Gesellschaft, und vor allem die Anonymen Alkoholiker halten gegenüber den Konsumenten von Alkohol eine grausame Illusion aufrecht: *das überwältigende Verlangen nach einer teuflischen Substanz.*

Wie ich in Kapitel 34 bereits erklärt habe, ist dieses Verlangen nicht körperlicher Natur. Es spielt sich nur im Kopf ab. Und zum Glück kann jeder einzelne dieses Verlangen unter Kontrolle halten. Wie im Fall von Nikotin kann man es auch beim Alkohol abstellen, noch bevor man den letzten Tropfen zu sich genommen hat.

Die Kur ist einfach und wirkt sofort. Machen Sie sich als erstes klar, um welche Illusion es sich handelt. Führen Sie sich als nächstes vor Augen, daß Alkohol nicht den geringsten Vorteil bietet. Beneiden Sie keinen anderen Trinker, egal, ob es sich dabei um den Jugendlichen handelt, der zum erstenmal in seinem Leben zu diesem Gift greift, oder um den reiferen Herrn, der Ihrer Meinung nach seinen Konsum völlig unter Kontrolle hat. Sehen Sie diese Menschen als das, was sie tatsächlich sind: *Fliegen, die sich in unterschiedlichen Tiefen der fleischfressenden Pflanze befinden.*

Diese Menschen sehen es selbst natürlich nicht so. Sie werden sich dessen erst bewußt, wenn das Trinken zu einem Problem geworden ist. Sollten Sie versucht sein, diese Personen um ihre Unwissenheit zu beneiden, machen Sie sich klar, daß diese Unwissenheit ihnen absolut nichts nutzt. Sie betrachten ihren *normalen* Konsum als eine Selbstverständlichkeit, genau wie Sie früher. Sie beziehen keinerlei Vorteil oder Genuß daraus, sondern nehmen bereits körperliche, geistige, finanzielle und gesellschaftliche Nachteile in Kauf, ohne sich vielleicht dessen bewußt zu sein.

Alkohol und Nikotin wirken zwar unterschiedlich auf Körper und Geist, schaffen aber ein identisches Problem: Beide fügen uns erheblichen körperlichen und geistigen Schaden zu und wirken sich negativ auf unsere Finanzen aus. Sie bieten uns nicht den geringsten Vorteil, sondern gaukeln uns dies nur vor. Aufgrund dieser Illusion fühlen wir uns aber deprimiert, wenn wir plötzlich darauf verzichten sollen.

Das Problem läßt sich in beiden Fällen auf einfache Art lösen: Wir müssen verstehen, wie es zu dieser Illusion kommen kann. Wir müssen uns klarmachen, daß es nichts aufzugeben gibt. Und anstatt zu lamentieren, weil wir von nun an keinen Alkohol oder kein Nikotin mehr konsumieren dürfen, sollten wir uns freuen, überhaupt nicht mehr den Wunsch danach zu verspüren.

Wenn Sie wirklich verstanden haben, daß Alkohol Ihnen nicht den geringsten Vorteil bietet, und Sie nicht ein körperliches, sondern ein mentales Problem haben, brauchen Sie nur noch dieses Buch zu Ende und die Kapitel 38 und 41 noch einmal zu lesen und dabei Rauchen oder Nikotin durch Trinken oder Alkohol zu ersetzen.

Was mir bei den Treffen der Anonymen Alkoholiker noch auffiel, war der enorme Anteil an Rauchern, insbesondere an starken Rauchern. Das überraschte mich aber nicht im geringsten, im Gegenteil, es bestätigte meine Vermutungen. Ich habe bereits erläutert, daß bei vielen Menschen der Übergang vom *normalen* zum starken Trinken dadurch beschleunigt wird, daß Raucher teilweise immun gegen Nikotin werden und dadurch eine permanente Leere verspüren, die sie, bewußt oder unbewußt, mit Alkohol zu füllen versuchen.

Wenn Ihr Alkoholkonsum außer Kontrolle gerät, aus welchen Gründen auch immer, werden die Personen in Ihrem Umfeld und schließlich auch Sie selbst realisieren, daß Sie damit Ihr Leben ruinieren. Daher ist es natürlich und logisch, dem Problem durch Abstinenz zu Leibe zu rücken. Nun findet ein Alkoholiker es aber schon schwierig genug, dem Alkohol abzuschwören. Wie sollte man ihm dann erst folgendes klarmachen: »Es bringt nichts, nur mit dem Trinken aufzuhören, du mußt gleichzeitig auch mit dem Rauchen Schluß machen?«

Ich genieße das Leben als Nichtraucher zwar auch, weil ich nun viel gesünder bin, noch wichtiger aber ist die Freude am Leben. Aber ist das nicht ein- und dasselbe? Auf mich trifft das zu, weil Rauchen die Ursache meines schlechten Gesundheitszustandes war. Würde man aber mit dem Trinken aufhören, das Rauchen aber beibehalten, ist es so, als würde man einen Ertrinkenden nur knapp bis an die Wasseroberfläche ziehen. Ehemalige Trinker fühlen sich nicht mehr so angeschlagen, wenn sie abstinent leben. Doch diese Freude am Leben stellt sich nicht ein, solange sie noch rauchen. Ich glaube, daß viele Anonyme Alkoholiker sich nie als völlig geheilt betrachten, weil sie immer noch die Leere verspüren, die sie ursprünglich einmal zum Trinken verführte. Damit bleiben sie nach wie vor anfällig dafür, wieder in die Alkoholfalle zu tappen.

Ich kann gut nachvollziehen, wie verzweifelt ein Mensch sein muß, der jahrelang darum gekämpft hat, vom Alkohol loszukommen, und es letzten Endes nicht schafft. Und ebensogut kann ich mir vorstellen, wie sehr es diesen Menschen entmutigen muß, wenn ich dann auch noch behaupte, er müsse gleichzeitig mit dem Rauchen aufhören. Vermutlich glaubt er, zwei Wunder auf einmal vollbringen zu müssen. Und genau das würde ich von ihm auch verlangen, wenn er weiterhin dem Irrtum unterliegt, er müsse ein Hilfsmittel oder ein Vergnügen aufgeben. Aber stellen Sie sich vor, ich würde Sie zwingen, Arsen und Zyankali zu schlucken, beides so dosiert, daß es Sie gerade nicht umbringen, aber Ihre Gesundheit auf Dauer schädigen und Ihre Finanzen enorm belasten würde. Glauben Sie, es würde Ihnen schwerfallen, auf diese Gifte zu verzichten, wenn Sie plötzlich die Wahl hätten? Sie sind der Meinung, das sei kein realistischer Vergleich? Er ist nicht nur realistisch: *Er beschreibt exakt die Situation von Trinkern und Rauchern!*

Sie geben regelmäßig ein Vermögen aus für zwei hochgiftige Substanzen, die *Ihnen nicht den geringsten Vorteil bringen!*

Ich habe es damit verglichen, gleichzeitig Arsen und Zyankali zu nehmen. Allerdings gibt es einen großen Unterschied: Die einzige Person, die sie dazu zwingen kann, sich mit Alkohol und Nikotin zu vergiften, sind die Betroffenen selbst. Der einzige Grund, aus dem sie sich dazu zwingen, ist die Gehirnwäsche, die sie glauben läßt, es handle sich um echte Hilfe oder wahren Genuß und es sei schwierig, damit Schluß zu machen.

Beseitigen Sie die Rückstände der Gehirnwäsche, und Sie werden feststellen, Abstinenz ist nicht nur lächerlich einfach, sondern ein erfreulicher Zustand. Es bereitet große Freude, eine Therapie für eine Krankheit zu finden, die man für unheilbar gehalten hat. Diese Erfahrung können Sie jedoch nur machen, wenn Sie nicht gleichzeitig unter einer anderen unheilbaren Krankheit leiden. Zum Glück gibt es eine wirksame Therapie gegen beide Abhängigkeiten, sowohl die von Nikotin als auch die von Alkohol:

1. Machen Sie sich klar, daß Ihre Abhängigkeit ein Trugschluß ist.
2. Zwingen Sie sich nicht mehr selbst dazu, Gift zu konsumieren.
3. Machen Sie sich bewußt, daß Sie absolut nichts aufgeben, dafür aber in den Genuß vieler wunderbarer Vorteile kommen.

Vorausgesetzt, Sie haben die richtige Einstellung, ist es einfacher, mit Alkohol und Nikotin gleichzeitig Schluß zu machen als nacheinander. Wenn Sie rauchen und zusätzlich ein Alkoholproblem haben, aber der Meinung sind, nicht mit beidem zur gleichen Zeit aufhören zu können, ist es ratsam, zuerst mit dem Rauchen zu beginnen, selbst wenn Sie es für das kleinere Problem halten. Sind Sie Raucher mit einem Alkoholproblem und haben dem Alkohol schon seit einer Weile mit Erfolg abgeschworen, *dürfen Sie auf keinen Fall, ich wiederhole: auf keinen Fall* wieder mit dem Trinken anfangen, um dann als erstes mit dem Rauchen aufzuhören. Hören Sie in diesen Fall einfach mit dem Rauchen auf, dann sind Sie in Kürze von beidem befreit.

Ich habe von ehemaligen Trinkern schon öfter gehört, daß sie das Problem hätten, von nichtalkoholischen Getränken nur eine begrenzte Menge konsumieren zu können. Lösen Sie sich von der Vorstellung, bei geselligen Anlässen *immer* etwas trinken zu müssen. Was bei solchen Ereignissen den meisten Spaß bereitet, ist die Gesellschaft anderer Personen, nicht das Getränk. Genau wie beim Rauchen braucht man überhaupt keine Ersatzbefriedigung. Es ist sogar besonders wichtig, die Finger von alkoholfreiem Bier zu lassen. Der Effekt ist nämlich der gleiche wie bei Kräuterzigaretten. Wenn man sich das einmal genauer überlegt, ist es schier unfaßbar. Erst werden wir in der Gesellschaft jahrelang so manipuliert, daß wir uns an den bitteren Geschmack von Bier gewöhnen, um den Alkohol auf uns wirken zu lassen. Dann will man uns davon überzeugen, daß diese Wirkung eigentlich doch nicht so wünschenswert ist, läßt den Alkohol weg und zurück bleibt der bittere Geschmack. Sollten Sie es nun für männlicher halten, alkoholfreies Bier als Wasser oder Saft zu trinken, kann ich nur sagen: Werden Sie erwachsen! Genau diese Dummheit hat Sie in die Falle gelockt!

Es gibt noch manch anderen Irrglauben in bezug auf Alkohol. Ich habe bereits dargelegt, daß die Gründe, die wir für unseren Alkoholkonsum nennen – Durst, Geschmack, Wirkung, Geselligkeit und so weiter –, nichts als Lügen sind. Nun könnte man einwenden, daß die Chemikalien, die zur Herstellung von rostfreiem Stahl verwendet werden, einzeln wirkungslos, in ihrer Kombination jedoch sehr effizient sind. Vielleicht ist es mit dem Alkohol genauso, die Kombination von Durst, Geschmack und Wirkung lassen ihn so genußvoll erscheinen. Jeder Mathematiker kann bestätigen, daß sich ein doppeltes Minus in ein Plus verwandelt.

Diese Art von Argumentation ist nichts weiter als Augenwischerei und dennoch schwer aus der Welt zu schaffen. Glauben Sie, Arsen und Zyankali würden sich, wenn man sie gleichzeitig einnimmt, in ihrer Wirkung aufheben oder doppelt so schnell zum Tod führen? Wenn wir Chemikalien miteinander vermischen, um damit rostfreien Stahl herzustellen, benutzen wir die einzelnen Substanzen nicht aufgrund ihrer individuellen Wirkung, sondern weil wir wissen, daß das dabei gewonnene Produkt uns nutzt. Den Konsum von Alkohol rechtfertigen wir dagegen mit Einzeleffekten, nicht mit seiner Gesamtwirkung. Aber bei jedem einzelnen dieser Effekte handelt es sich um einen Irrtum. Dann bleibt uns nur noch eine Rechtfertigung: »Vielleicht liegt der Vorteil in der Summe der einzelnen Effekte?« Aber das ist falsch. Wir wissen bereits, daß die Summe nur eines hervorruft: *Elend und Zerstörung.*

Aber warum gibt es schon seit Menschengedenken und in jeder noch so primitiven Kultur alkoholische Getränke? Will etwa irgend jemand behaupten, das sei ein Hinweis darauf, daß unser Schöpfer es so vorgesehen hat? Alkohol hat seit Menschengedenken nur Elend gesbracht. *Das ist eine Tatsache.*

Warum haben die USA dann die Prohibition wieder aufgehoben? Ich werde diese Frage gleich beantworten, doch erst will ich eine Gegenfrage stellen: Warum wurde die Prohibition verhängt? Warum dürfen Moslems keinen Alkohol trinken? Warum sind manche Abstinenzler so militant? Mit welchem Recht ist jemand, der noch nie in seinem Leben einen Tropfen Alkohol getrunken hat, so fanatisch? Mit welchem Recht wollen diese Personen ihre Meinung durchsetzen und anderen den Spaß verderben?

Die USA haben die Prohibition aus dem gleichen Grund wie Mohammed eingeführt: weil sich damit die üblen Folgen des Alkoholkonsums verhindern ließen.

Warum scheiterte die Prohibition? Aus demselben Grund, aus dem die Methode, mit Hilfe von Willenskraft aufzuhören, nicht funktioniert und die Anonymen Alkoholiker den *Alkoholikern* das Aufhören noch schwerer machen. Drogensüchtige können sich nicht selbst zum Aufhören bringen. Und je größer der Druck durch die Gesellschaft wird, um so entschlossener wollen sie ihre Krücke behalten und um so geringer ist die Chance, daß sie den Feind dahinter erkennen.

Befassen wir uns nun aber mit weiteren Drogen, vor allem mit jener, die mich noch immer das Gruseln lehrt:

HEROIN

KAPITEL 44

Heroin und andere Drogen

Bevor ich den ersten Heroinsüchtigen oder ehemaligen Süchtigen kennenlernte, existierten in meiner Phantasie zwei unterschiedliche Vorstellungen von Heroinabhängigkeit. Bei beiden handelte es sich um ziemlich vage Eindrücke, die mir in erster Linie durch Hollywoodfilme vermittelt wurden. Die »östlich« angehauchte Vorstellung war geprägt von rauchgeschwängerten Opiumhöhlen, in denen drogensüchtige Chinesen auf Matratzen liegend ihr Leben verbrachten, bis die Droge sie irgendwann dahinraffte. Ihr äußeres Erscheinungsbild entsprach in etwa den gescheiterten Existenzen, die sich am Rande von Vergnügungsmeilen aufhalten. Doch Verwahrlosung und eine kurze Lebenserwartung schienen mehr als aufgewogen durch die ekstatischen Halluzinationen, die die Droge hervorrief.

In meiner »westlich« geprägten Vorstellung tummelten sich vor allem Prostituierte, die von schrecklichsten Entzugserscheinungen geplagt wurden. Bei ihnen schien es keine Höhenflüge zu geben. Aber beide Szenarien sendeten für mich nur eine Botschaft aus: Befindet man sich einmal in den Fängen von Heroin, gibt es praktisch kein Entkommen mehr. Ich war immer neugierig, warum das so sein sollte. War der Entzug so furchtbar und langwierig, daß niemand es aushielt? Das erschien mir unwahrscheinlich. Ich war überzeugt, diese Symptome konnten nicht so schlimm und anhaltend sein, daß ich sie nicht ertragen hätte, um mich aus diesem Alptraum zu befreien. Oder war der Drogenrausch so einzigartig? Sicher trug diese Vorstellung am meisten zu meiner großen Angst vor Heroin bei. Vielleicht war es aber auch eine Kombination aus beidem?

Ich war sehr froh, als ich endlich die Gelegenheit hatte, mich mit ehemaligen Drogenabhängigen zu unterhalten. Doch so gebildet und gescheit sie sich über jedes andere Thema unterhalten konnten, war es nicht möglich, Genaueres über ihre Sucht zu erfahren. Zunächst bezweifelte ich, ob jemals einer von ihnen wirklich abhängig gewesen war. Ich konnte nicht verstehen, warum sie über dieses Thema nicht sprechen wollten. Nach und nach wurde mir klar, daß viele von ihnen tatsächlich einmal in höchstem Maß süchtig und durchaus bereit waren, darüber Auskunft zu geben. Aber sie schienen nicht viel mehr darüber zu wissen als ich. Keiner erwähnte jemals die sagenhaften Höhenflüge. Gelegentlich berichtete einer, wie schrecklich der körperliche Entzug war. Fragte man aber nach, wie die Schmerzen sich geäußert hätten, folgten erst einmal eine Denkpause und dann unbrauchbare Antworten.

Allmählich fiel mir auf, daß es diesen Menschen nicht viel anders ging als Rauchern:

»Warum rauchen Sie?«

»Weil ich es so genieße.«

»Ich habe Sie beim Rauchen beobachtet. Ich hatte das Gefühl, Sie rauchen nicht bewußt. Worin besteht der Genuß beim Rauchen?«

»Es ist schwierig, das einem Nichtraucher zu erklären.«

»Ich habe früher auch geraucht, also können Sie es mir sicher erklären.«

»Wenn Sie auch einmal Raucher waren, wissen Sie ja, was ich meine.«

»Ich fürchte, nein, meine Vorstellungen waren ebenso vage, wie Ihre zu sein scheinen. Aber warum wollten Sie aufhören, wenn Sie es doch so genießen?«

»Weil es mir gesundheitlich schadete und so teuer war.«

»Und warum haben Sie nicht aufgehört?«

»Wegen der schlimmen Entzugserscheinungen.«

»Beschreiben Sie mir das genauer.«

Beginnen Sie diese Art von Unterhaltung mit einem Raucher, wird er in Kürze Ihre Gesellschaft meiden. Fragen Sie hingegen einen passionierten Golfer, warum er so gerne Golf spielt, werden eher Sie die Flucht ergreifen. Sollten Sie ihm aber zuhören, wird er den ganzen Abend damit beschäftigt sein, Ihnen seine Leidenschaft zu erklären.

Vor kurzem habe ich im Fernsehen eine Sendung über Heroinsucht verfolgt. Die auf dieses Thema spezialisierten Ärzte und Psychologen versuchten die chemischen Reaktionen bei dieser Sucht zu analysieren und einen Bezug dazu herzustellen, was sie als »Konditionierung« bezeichneten. Einer der Ärzte räumte ein, er habe keine Erklärung dafür, warum die Süchtigen bereit sind, sich auf Dauer den Erniedrigungen auszusetzen, die mit ihrer Abhängigkeit einhergehen. Kurioserweise waren die meisten Studiogäste Raucher, darunter auch einige der Mediziner. Ob sie wohl ihren Patienten oder ihren Kindern erklären konnten, warum sie sich selbst so erniedrigten und sich zu Sklaven des Nikotins machten?

Ich war überrascht zu hören, daß viele Heroinabhängige bei der ersten

Dosis keineswegs ein Hochgefühl oder etwas Ähnliches empfinden. Im Grunde finden sie es beim erstenmal abscheulich, aber die Falle war, wie beim Rauchen, bereits zugeschnappt: »Niemals werde ich von diesem Zeug abhängig sein.« Wenn Heroin tatsächlich »high« macht, müßte der Konsument das doch schon beim erstenmal spüren, oder?

Ich weiß, daß mancher Heroinabhängige beim erstenmal wirklich »zugedröhnt« war. Fragt man aber nach, was das für ein Gefühl ist, stellt sich heraus, daß es wie bei der ersten Zigarette um die Aufregung des Neuen, um Auflehnung und Angeberei ging und nicht um einen körperlichen Genuß.

Der Ausdruck »zugedröhnt« ist etwas verwirrend. Jeder versteht darunter etwas anderes. Jugendliche sagten oft:

»Dieses Dröhnen wird mir bestimmt fehlen.«

»Was meinst du damit?«

»Daß man sich benommen fühlt.«

»Willst du damit sagen, du findest es schön, benommen zu sein? Ich kann mir für mich persönlich nichts Unangenehmeres vorstellen!«

Ich erinnere mich daran, eine Gruppe von Schuljungen einmal beim Schnüffeln an einer Flasche Fleckenentferner beobachtet zu haben. Ich war neugierig und probierte es selbst aus. Nach ein paar Atemzügen wurde mir schwindlig. Ich empfand diesen Zustand alles andere als angenehm, war aber doch fasziniert von der Wirkung. Den gleichen Eindruck hinterließ Riechsalz bei mir, das mir besonders unangenehm erschien. Damals war das Schnüffeln von Klebstoffen noch völlig unbekannt. Ich liebte den Geruch des Klebers, der mit den Flugzeugbausätzen mitgeliefert wurde. Das geht mir noch heute so. Ich wurde kein Schnüffler, kann mir aber vorstellen, wie es dazu kommt.

Jede Chemikalie, die wir zu uns nehmen, an der wir riechen oder die wir inhalieren, übt eine bestimmte Wirkung auf uns aus. Ob diese Wirkung angenehm, unangenehm oder sonst etwas ist, sei dahingestellt. Heroin ist ein hochwirksames Betäubungsmittel und wirkt entspannend auf den Körper. Diesen Effekt wünschen sich jedoch nur Menschen, die auch glauben, es genüge, das aufleuchtende Ölwarnlämpchen im Auto auszubauen, um damit das Problem zu lösen. In beiden Fällen wird das Problem aber nicht beseitigt, sondern verstärkt. Schon die betäubende Wirkung von Heroin mit »high« zu beschreiben ist irreführend, denn Heroin wirkt nicht stimulierend, sondern beruhigend.

Der erste Eindruck, den wir von der Droge bekommen, ist nicht ausschlaggebend, ob wir abhängig werden oder nicht. Wenn die erste Erfahrung unangenehm oder neutral ist, verschwindet damit höchstens die Angst davor, abhängig zu werden. Das Opfer wird sich erst einmal in Sicherheit wiegen. Wir kennen die Gefahren, und trotzdem lassen wir uns dazu verleiten, die erste Dosis Nikotin, Haschisch, Heroin oder eine andere Droge zu nehmen? Ich vermute, daß es in neun von zehn Fällen aus Neugier geschieht, aus dem Gefühl der Auflehnung, durch Gruppenzwang oder aus purer Langeweile. Mit Ausnahme von Nikotin erfolgt der erste Versuch mit der Droge in der Regel auch unter dem Einfluß von Alkohol.

Wenn wir zum erstenmal die Droge nehmen, ist das kein einschneidendes, bedeutendes Ereignis in unserem Leben. Kaum jemand vermutet, daß dieser scheinbar unbedeutende Vorfall bald sein ganzes Leben beherrschen und ruinieren wird. Ein Autofahrer kann zu Beginn einer Reise auch nicht ahnen, daß er vielleicht schon im nächsten Moment Opfer eines tödlichen Unfalls sein wird. Erst wenn wir abhängig *sind* oder, genauer gesagt, uns unserer Abhängigkeit *bewußt* werden, erlangt diese erste Erfahrung Bedeutung. Der Abhängige fühlt sich ziemlich dumm, wenn er sich seinen ersten Versuch noch einmal in Erinnerung ruft. Noch dümmer muß er sich vorkommen, wenn seine Erinnerung ihm sagt: »Es war abscheulich, und trotzdem habe ich weitergemacht.« Einfacher ist es in diesem Fall, sich zu sagen: »Es muß mir schon etwas gegeben haben, warum sonst hätte ich damit weitergemacht?« Ja, warum? Jeder Abhängige sollte sich an seine erste *bedeutungslose* Begegnung mit der Droge mit negativen Vorzeichen erinnern.

Die meisten Raucher glauben, nur eine oder zwei Zigaretten am Tag wirklich zu genießen. Die Wahrheit ist, sie genießen nicht eine einzige. Manchmal kommen Raucher zu uns, die der Meinung sind, jede Zigarette, die sie rauchen, würde bei ihnen ein echtes Hochgefühl hervorrufen. Wenn wir dann darauf bestehen, daß diese Personen bewußt eine Zigarette rauchen, und sie nach dem dabei empfundenen Hochgefühl befragen, wird ihnen klar, daß sich keins eingestellt hat.

Ich bin davon überzeugt, daß es Heroinabhängigen genauso ergeht wie Rauchern und sie nicht wegen eines besonderen Hochgefühls bei ihrer Droge bleiben. Beim Opium liegt der Fall sicher ähnlich wie beim Alkohol. Ich habe überhaupt nichts gegen Schmerzmittel einzuwenden, wie sie beim Zahnarzt oder zu Narkosezwecken verwendet werden, um damit Schmerzen zu betäuben, aber als mittel- oder langfristige Therapie gegen Depressionen können sie die Ausgangssituation nur verschlimmern.

Vielleicht ist Heroin deshalb eine so mächtige Droge, weil es die Eigenschaften von Alkohol und Nikotin in sich vereint. Es führt zu einem Rauschzustand und körperlicher Beeinträchtigungen beim Entzug. Aber warum will sich jemand berauschen? Weil er unzufrieden ist? Weil ihm etwas fehlt? Trunkenheit bewirkt nur vorübergehendes Vergessen. Sie löst keine Probleme, im Gegenteil, die Probleme werden damit nur noch größer. Nun wäre dem Betroffenen vielleicht geholfen, wenn er wenigstens vorübergehend das Vergessen genießen könnte. Doch wie sollte er eine Situation genießen, wenn er sie vergessen hat? Halten sie Alkoholiker für glückliche Menschen? Dann gehen Sie einmal zu den Anonymen Alkoholikern und sehen Sie sich die Realität an.

Wenn Heroin tatsächlich die Eigenschaften von Alkohol und Nikotin in sich vereint und damit auch deren enorme Nachteile besitzt, hat man doppelten Grund, sich niemals darauf einzulassen. Doch wir sprechen davon, was einen Abhängigen bei der Droge hält und wie er davon loskommen kann. Liegt die Ursache dafür in den sogenannten Höhenflügen oder in den schrecklichen Entzugserscheinungen?

Ich glaube nicht, daß Heroin so große Höhenflüge bewirkt. Doch gehen wir einmal davon aus, dies wäre der Fall. Das Leben bietet viele wunderbare Höhenflüge: ein schöner Urlaub, ein Treffen mit guten Freunden, die man schon lange nicht mehr gesehen hat, ein besonderes Sportereignis, ein schöner Kino- oder Theaterbesuch, ein ausgefallener Musikabend. Man kann sich auf diese Dinge schon vorher freuen und sie dann genießen. Aber empfinden Sie es als Mangel, wenn sie nicht andauernd stattfinden? Haben Sie das Gefühl, auf etwas verzichten zu müssen, wenn Sie sich solchen Erlebnissen nicht täglich oder stündlich hingeben können? Das ist ein echter Gradmesser. Es ist schön, ein Hochgefühl zu erleben, doch wenn man ständig darauf angewiesen ist, ist es kein Vergnügen mehr, sondern ein Bedürfnis. Wer nicht heroinabhängig ist, braucht den Stoff nicht. Doch Heroinabhängige brauchen ihn aus demselben Grund, wie Nikotinabhängige ihren Stoff brauchen: um das Gefühl der Leere und Unsicherheit auszugleichen, das der letzte Schuß hervorgerufen hat.

Nicht die Höhenflüge halten einen Heroinabhängigen in der Falle, sondern die Entzugserscheinungen. Betrachten wir dieses Problem einmal näher.

In unserer aufgeklärten Zeit herrscht noch immer die irrige Meinung vor, die Folgen des Heroinentzugs seien so heftig, daß ein Langzeitabhängiger daran sterben könnte, wenn er über einen »Cold Turkey« von der Droge wegkommen will. Die schlimmste Beschreibung dieses Zustands, die ich bisher von einem ehemaligen Süchtigen gehört habe, lautete: »Es ist in etwa wie eine Grippe.« Würden Sie tausend Personen nach der schlimmsten Erfahrung ihres Lebens befragen, glauben Sie, auch nur einer würde antworten: »Diese Frage kann ich ohne zu zögern beantworten. Es war eine Grippe.« Oder Sie stellen eine Million Menschen vor die Entscheidung: »Sie können sich aussuchen, ob Sie lieber einer Grippe haben oder bis an Ihr Lebensende heroinabhängig sein wollen.« Glauben Sie, auch nur einer würde sich für die Heroinabhängigkeit entscheiden?

Vielleicht reicht das immer noch nicht aus, um Sie zu überzeugen. Nennen wir noch weitere Beispiele. In der Sendung im Fernsehen, die ich eben schon einmal erwähnte, wurde auch geschildert, daß Heroin- und andere Drogenabhängige längere Haftstrafen ohne ihren Stoff überstehen und dabei keine nennenswerte körperliche Beeinträchtigung erfahren. Doch kaum sind sie aus der Haft entlassen und zurück in ihrem alten Umfeld, landen sie bei der nächstbesten Gelegenheit wieder bei der Droge.

Noch erstaunlicher aber erschien mir der Bericht, wie amerikanische Polizisten in die Heroinszene eingeschleust wurden. Dabei stellte sich heraus, daß ein Großteil des Stoffs, den sie kauften, nur einen geringen Anteil an Heroin enthielt, in manchen Fällen überhaupt keinen. Doch die echten Kunden, die sich den gleichen Stoff besorgten, schienen dies nicht zu bemerken. Wie aber sollte ein Placebo wirken, wenn der Entzug tatsächlich ein körperliches Phänomen wäre?

Die Sendung nahm auch Bezug auf eine vorhergehende Ausstrahlung, in der die außergewöhnlich hohe Erfolgsquote aufgezeigt wurde, die man in einem Kloster in Bangkok bei der Therapie von Heroinabhängigen erzielt hatte. Die Süchtigen mußten zu verschiedenen Tageszeiten ein Spezialgebräu trinken. Der Mönch, der die Therapie leitete, erklärte, dieses Getränk würde alle Spuren von Heroin aus dem Körper des Süchtigen beseitigen. Im Grunde rief es aber nur heftigste Übelkeit hervor. Kein Wunder, denn die chemische Analyse ergab, daß der Hauptwirkstoff des Gebräus nichts anderes war als unser gutes altes Nikotin. Ist es nicht erstaunlich, daß jede andere Form der Abhängigkeit, sei es von Alkohol, Marihuana, Heroin oder Crack, letzten Endes immer wieder beim Nikotin landet?

Die betroffenen Personen gingen durch ein wahres Martyrium. Wenn sie sich nicht gerade übergeben mußten, lagen sie voller Selbstmitleid auf ihren Betten. Aber die Erfolgsquote war sensationell, was ich sogar glaube. Westliche Fachleute verbrachten viele Stunden damit, die »magischen« Zutaten des Tranks herauszufinden, die angeblich für den Erfolg verantwortlich waren.

Diese Methode widerlegte auch den Mythos, Langzeitabhängige könnten keinen »Cold Turkey« bekommen. Diese Menschen mußten nicht nur mit dem »Cold Turkey« fertig werden, sie waren halb verhungert und wurden gezwungen, regelmäßg dieses Gift zu trinken. Aber sie überlebten diese Prozedur nicht nur, die meisten von ihnen hatten am Ende auch den Entzug geschafft.

Der Irrglaube, bei lange vom Heroin abhängigen Personen würde aufgrund körperlicher Disposition kein »Cold Turkey« eintreten, veranlaßte die sogenannten Experten auf diesem Gebiet, mehr noch als bei allen anderen Drogen einen schrittweisen Entzug in Verbindung mit Ersatzstoffen zu propagieren. Ich habe bereits erläutert, warum ein solches Vorgehen bei Nikotinsucht schwierig, wenn nicht sogar aussichtslos ist. Und das gleiche gilt für jede andere Droge.

Ich kann mir kaum etwas Schlimmeres vorstellen, als für immer zu erblinden. Doch für einen Menschen, der schon blind auf die Welt kam, ist dieser Zustand relativ normal. Im Fall der Drogenabhängigkeit treten die Beeinträchtigungen so langsam ein, daß der Betroffene sich ihrer überhaupt nicht bewußt ist. Das ist das Heimtückische daran. Personen, die von keiner Droge abhängig sind, betrachten einen chronischen Alkoholiker, einen Junkie, der sich regelmäßig eine Spritze setzt, oder einen Raucher, der dauernd vom Husten geplagt ist, mit purem Abscheu. Für den Süchtigen ist dieser Zustand jedoch normal, so normal, daß selbst jene, die unter ihrer Sucht leiden, nicht sicher sind, ob sie wirklich aufhören wollen. Heroin beschert einem Junkie nicht mehr Genuß als einem Raucher Tabak oder einem Trinker Alkohol. Und ebensowenig leiden sie alle unter unerträglichen Schmerzen, wenn sie aufhören.

Was sie in der Falle hält, ist die Annahme, sie müßten auf eine echte Hilfe oder einen wirklichen Genuß verzichten, wenn sie aufhören. Früher oder später fällen sie dann die Entscheidung, daß es weniger schlimm ist, abhängig zu sein, als dauernd unter dem Verzicht zu leiden. Schließlich erschien ihnen nicht so sehr als Problem, daß sie die Droge konsumierten, sondern daß sie die Menge nicht unter Kontrolle hatten. Dabei fällt ihnen nicht auf, daß sie nie im Besitz dieser Kontrolle waren. Indem sie nun versuchen, die Menge einzuschränken, machen sie die schlimmstmögliche Erfahrung. Sie sind nun gleichzeitig abhängig und bringen ein Opfer.

Es ist wirklich einfach, mit jeder beliebigen Droge Schluß zu machen. Die sogenannten Experten wissen, daß Abhängige vor allem mit dem Problem zu kämpfen haben, sich von der Droge fernzuhalten. Man führt das darauf zurück, daß ehemalige Abhängige in dasselbe Umfeld zurückkehren und mit denselben drogensüchtigen Freunden verkehren und diese Einflüsse sie früher oder später wieder rückfällig werden lassen. Aber genausogut könnte man behaupten, ein Raucher wurde rückfällig, weil er in den Tabakladen gegangen ist und mit dem Eigentümer geplaudert hat. Der ehemalige Raucher ist nur aus einem einzigen Grund in diesen

Laden gegangen: *um sich die Droge zu beschaffen.* Die große Zahl von Rückfällen geht darauf zurück, daß die meisten ehemaligen Süchtigen lediglich enthaltsam, nicht aber geheilt waren. Und solange noch ein Verlangen nach der Droge besteht, auch wenn es noch so gering ist, bleiben sie anfällig und geben schließlich auf, sie haben ja keine große Angst vor der Droge. Sie kehren in ihr altes Umfeld und zu ihren alten Freunden zurück, weil sie die Droge wollen. Süchtige begeben sich nur aus einem Grund in die Gesellschaft von Leuten, die sie eigentlich verachten: *Wegen der Droge!*

Die Methode des Mönchs verkehrte die Schocktherapie genau in ihr Gegenteil. Diese ist in der Regel nicht sehr effektiv, egal, welches Horrorszenario man dabei entwirft, weil die Süchtigen nicht daran glauben, daß es wirklich eintritt. Sie werden sich der Folgen erst bewußt, wenn es schon zu spät ist. Doch die Personen, die sich der Therapie des Mönchs unterziehen, mußten eine Prozedur über sich ergehen lassen, die zehnmal schlimmer war als die Abhängigkeit selbst. Niemals mehr würden sie rückfällig werden, denn dann müßten sie diese Tortur erneut auf sich nehmen!

Während meines Dienstes in der Armee machte ich eine ähnliche Erfahrung mit den Filmen, die wir uns zum Thema Geschlechtskrankheiten ansehen mußten. Ihre Wirkung war so nachhaltig, daß ich mich nie im Leben mehr auf eine öffentliche Toilette setzte, ganz abgesehen davon, daß sie mich für alle Zeiten von Bordellen ferngehalten hatten. An die Krankheiten selbst kann ich mich überhaupt nicht mehr erinnern, aber die angewandten Therapien waren mehr als abschreckend. Wenn ich nur an den Katheter denke, laufen mir schon Schauer über den Rücken.

Ich will für die Kur des Mönchs nicht werben, aber zumindest erklären, warum sie wirkt. Sie hat drei große Nachteile:

1. Die Süchtigen machen einen Alptraum durch.
2. Das grundsätzliche Problem des Verlangens wird nicht beseitigt, der ehemalige Abhängige fühlt sich nach wie vor um etwas betrogen und bleibt deshalb anfällig. Manche werden wieder rückfällig und müssen alles noch einmal durchstehen.
3. Das Geheimnis der Sucht wird nicht aufgedeckt, die Situation wird noch konfuser.

Zum Glück muß man aber nicht zu derart drastischen Mitteln greifen. Die wundervolle Wahrheit lautet, es ist einfach, von jeder beliebigen Droge loszukommen, wenn man erkannt hat, daß sie keinerlei Vorteil zu bieten hat. Beim Lesen dieses Buches und von *Endlich Nichtraucher!*

brauchen Sie lediglich das Wort Nikotin durch die andere Droge zu ersetzen. Aber wie kann ich nur so unterschiedliche Drogen wie Alkohol, Nikotin, Heroin, Crack, Kokain und unzählige andere, die heute auf dem Markt sind, in einen Topf werfen, wo sie uns doch körperlich und mental so unterschiedlich beeinflussen? Aus dem einen Grund: *Weil sie uns körperlich und mental manipulieren.*

Man wirft mir oft vor, zu selbstbewußt, machmal sogar arrogant zu sein. Aber ich bin nicht arrogant genug, um mir einzubilden, schlauer zu sein als unser Schöpfer. Im Gegenteil, ich beziehe meine Selbstsicherheit und moralische Stärke aus dem unerschütterlichen Glauben an die Intelligenz unseres Schöpfers. Ich spreche nicht von blindem Vertrauen in einen Schutzengel, der immer über mich wacht, obwohl ich zugeben muß, daß es schon oft Situationen in meinem Leben gab, die mich von der Existenz eines solchen Wesens hätten überzeugen können. Ich spreche von Kraft und Vertrauen auf der Basis von Tatsachen. Unser Schöpfer hat diese unglaublich intelligente und komplizierte Maschine Mensch geschaffen. Je mehr wir über diese Maschine in Erfahrung bringen, um so mehr wird uns bewußt, wie wenig wir eigentlich wissen. Zeugt es nicht von unglaublicher Arroganz und Dummheit, wenn ein Mensch, egal, wie gebildet und wissenschaftlich kompetent er sein mag, behauptet: *Ich weiß es besser als mein Schöpfer!*

Ich habe bereits eine Menge von Beispielen angeführt, wie chemische Substanzen auf Körper und Geist wirken können. Auch wenn ihr Einsatz auf den ersten Blick positiv erscheinen mag, ebnet man damit letztendlich der Katastrophe den Weg. Ärzte verordnen ihren Patienten stimulierende oder beruhigende Mittel. Kann man einen Jugendlichen dafür verantwortlich machen, wenn er denkt: Was kann es schon schaden, etwas Anregendes zu nehmen? Das gibt mir mehr Energie. Zwei oder drei davon, und ich kann die ganze Nacht durchtanzen. Aber eigentlich war es von der Natur nicht so vorgesehen. Müdigkeit ist keine Krankheit, ebensowenig wie Hunger oder Durst, sondern ein Warnlämpchen, das signalisiert: *Du brauchst eine Pause.*

Diese Müdigkeit kann der Ausdruck einer Krankheit sein oder das natürliche Signal des Körpers, daß er Ruhe braucht. In beiden Fällen handelt der Jugendliche seiner Natur zuwider, wenn er eine Pille nimmt, denn damit löst er nicht das Problem, sondern schaltet ein wichtiges Signal aus. Glauben Sie ernsthaft, eine Pille könne Schlaf ersetzen? Dann müßten wir niemals mehr schlafen oder uns ausruhen, wir bräuchten nur noch regelmäßig Pillen einzunehmen. Leider unterliegen nur allzu viele Jugendliche und auch Erwachsene diesem Irrtum. Aber kann man ihnen überhaupt die Schuld dafür geben, wenn ein zugelassener Arzt das

Rezept dafür ausstellt? Es ist von größter Wichtigkeit, zwischen einer Krankheit und ihren Symptomen zu unterscheiden. Die moderne Medizin beschränkt sich allzuoft darauf, die Symptome zu beseitigen, anstatt die Krankheit zu heilen. Die Symptome sind nicht nur lebenswichtige Warnsignale, sondern in vielen Fällen auch Teil der Therapie.

Stellen Sie sich vor, Sie säßen als Pilot im Cockpit eines Flugzeugs, ganz und gar abhängig von Ihren Instrumenten. Angenommen, die Treibstoffanzeige würde auf Null stehen, würden Sie die Anzeige neu justieren und dann ohne Bedenken weiterfliegen? Ihr Körper verfügt über Sensoren und Warnsignale, die noch viel intelligenter sind als die Instrumente in einem Flugzeug und nur dem einen Zweck dienen, Sie zu schützen und am Leben Freude zu haben. Sie sollen eines sicherstellen: *Ihr Überleben.*

Fangen Sie jedoch an, an diesen Instrumenten herumzuspielen, werden Sie sich im Nu in einen Blindflug begeben. Das kann noch eine Weile gutgehen, aber glücklich werden Sie dabei nicht werden. Und früher oder später rasen Sie gegen einen Berg.

Drogen bewirken nicht nur das Gegenteil dessen, was Sie sich von ihnen erwarten, sie haben auch unerwünschte Nebenwirkungen, körperlicher, geistiger, finanzieller und gesellschaftlicher Art. Und diese Nebenwirkungen addieren sich.

Was ist verkehrt an einer Droge, die Sicherheit gibt? Das *Gefühl* der Unsicherheit war Ihr Schutzschild, damit waren Sie *gleichzeitig auch in Sicherheit. Die Droge kehrt diese Situation um.* Fühlten Sie sich früher unsicher, *waren* in Wirklichkeit aber sicher, *fühlen* Sie sich nun sicher, *sind* aber tatsächlich unsicher.

Abgesehen von den auftretenden »Wellen« liegt mein Hauptproblem im Umgang mit Heroinabhängigen darin, daß sie nicht von ihrer Droge loskommen, wenn sie gleichzeitig weiterrauchen. Heroinabhängige inhalieren oft Tabakrauch gleichzeitig mit Heroin, weil das den »Höhenflug« noch zu intensivieren scheint. Aber im Grunde schwächt es nur das Tief ab – bis der Entzug wieder einsetzt. Ich habe bisher nur eine einzige Person getroffen, die man als Alkoholiker bezeichnen kann und die nicht rauchte. Einen Heroinsüchtigen, der nicht raucht, kenne ich bislang nicht. Doch genau wie beim Alkohol ist es auch in diesem Fall sinnvoll, mit Heroin und Nikotin gleichzeitig aufzuhören. Sollte das wirklich nicht möglich sein, ist es ratsam, zuerst mit dem Nikotin Schluß zu machen. Das Gefühl der Leere infolge des Nikotinentzugs weckt den Wunsch nach anderen Drogen. Solange dieses Gefühl anhält, bleibt auch das Verlangen.

KAPITEL 45

Die »Wellen«

Ich habe behauptet, es sei einfach, von jeder beliebigen Droge loszukommen, sei es Nikotin, Alkohol oder Heroin. Zwar nimmt Nikotin wegen seiner katastrophalen Wirkung auf die Gesundheit eine Sonderstellung ein, aber obwohl die negativen gesundheitlichen Folgen in vielen Fällen offensichtlich sind, können selbst Kettenraucher ihrer Rolle im Leben psychisch, physisch, mental, geistig, finanziell und gesellschaftlich gerecht werden. Alkoholiker und Heroinabhängige verlieren hingegen häufig ihren Arbeitsplatz, ihr Heim und ihre Familie, ihre Selbstachtung und oft sogar ihren Lebenswillen. Gewöhnlich bleiben ihnen als Freunde nur noch solche, die im gleichen Boot sitzen und kein Interesse haben, ihnen aus der Sucht herauszuhelfen. Ich bezeichne diese Nebeneffekte, die mit der Illusion, von einer Droge abhängig zu sein, einhergehen, als »Wellen«.

Nicht selten sind schon sogenannte Stützen der Gesellschaft unter der Last ihrer Sucht zu Dieben, ja sogar Mördern geworden. Die Sucht selbst ist leicht zu besiegen. Die meisten Menschen verfügen über ausreichend Phantasie, um zu wissen, daß ihr Leben weitaus glücklicher verlaufen wird, wenn sie sich erst einmal aus ihrer Falle befreit haben. Wie aber kann jemand glücklich sein, der weder Arbeit, Heim, Familie, Selbstachtung noch Lebenswillen besitzt?

Wenn es einem nicht gelingt, die »Wellen« ganz oder wenigstens zum Teil in den Griff zu bekommen, wäre es komplette Zeitverschwendung, einen chronisch Alkoholkranken oder Drogenabhängigen zum Aufhören zu bewegen. Manche Menschen sind sogar davon überzeugt, daß nicht Alkohol oder Drogen das Leben eines Menschen ruinieren, sondern Menschen, deren Leben bereits ruiniert ist, sich Drogen zuwenden.

Viele Experten stellen diese These jedoch in Frage, weil es sich bei der Mehrzahl der Alkoholiker, Kokainkonsumenten oder Heroinabhängigen um willensstarke und einstmals erfolgreiche Persönlichkeiten handelt. Wir tendieren dazu, materiellen Wohlstand als Gradmesser für unseren

Erfolg anzusehen. Doch ist materieller Wohlstand auch ein Garant für Glück? Ein Mann, der nach westlichem Standard alles besaß, was man sich nur wünschen kann, war Richard Burton. Warf er das alles über Bord und nahm den frühen Tod in Kauf, weil er Alkoholiker wurde? Oder wurde er Alkoholiker, weil er alles zu haben schien, doch nichts davon ihn wirklich glücklich machte? Vielleicht gab es eine Leere in seinem Leben. Warum opferte er sein ganzes Glück, um Alkoholiker zu werden? Was ist so schön daran, Alkoholiker zu sein?

Einer anderen Theorie zufolge sehen viele Abhängige in einer wirtschaftlich schwachen Gesellschaft mit hoher Arbeitslosigkeit keinen Sinn im Leben und bleiben deshalb an der Droge hängen, weil die Abhängigkeit selbst ihr Lebenszweck ist. Damit haben sie einen Grund, morgens aufzustehen und genügend Geld zusammenzubetteln oder zu stehlen, um den Vorrat für den Tag sicherzustellen. Freunde treffen sich und diskutieren gemeinsam die Möglichkeiten der Geldbeschaffung für ihre »Gewohnheit«.

Die Sucht gibt ihrem Leben in zweifacher Hinsicht einen Sinn: im Kampf gegen die Gesellschaft zur Verteidigung ihrer »Gewohnheit« und im Kampf gegen die Sucht selbst. Wenn sie nun die Sucht besiegen, indem sie sich von der Droge verabschieden, verlieren sie damit ihren Lebenszweck. Was bleibt, ist eine öde, sinnlose Existenz. Kein Wunder also, daß diese Personen früher oder später wieder rückfällig werden.

Ich halte diese Theorie für ziemlich einleuchtend und würde sogar noch einen Schritt weiter gehen und behaupten, daß diese Menschen aufgrund ihrer ihnen sinnlos erscheinenden Existenz überhaupt erst in die Drogenfalle geraten sind. Ich glaube, daß Wissen und schneller Fortschritt in unserer Industriegesellschaft bei den meisten Menschen eine gewisse Leere hinterlassen haben. Mit anderen Worten, wenn wir Nikotin, Alkohol oder andere Drogen nicht hätten, müßten wir sie erfinden. Vielleicht haben wir genau das getan. Die große Palette neuer Drogen, die regelmäßig auf den Markt drängt, stützt diese Theorie. Genau wie die Zigarettenmarke, die man raucht, keine Rolle spielt, solange man zu seinem Nikotin kommt, scheinen Jugendliche heute die Einstellung zu haben: Es ist egal, welche Droge du nimmst, Hauptsache, du nimmst eine!

Manche glauben auch, es sei wie mit dem Huhn und dem Ei. Ist das Verlangen nach der Droge ein Resultat des beschädigten Lebens oder das beschädigte Leben Resultat der Droge? Am Anfang muß das beschädigte Leben gestanden haben. Selbst wenn es sich dabei nur um eine vorübergehende Situation handeln sollte, wie bei den Soldaten im Vietnamkrieg, oder um den Bruchteil einer Sekunde, wie bei Jugendlichen, die eine Initialzündung brauchen, um in Gesellschaft mehr Selbstvertrauen an den Tag legen zu können oder weil sie dem Druck der Gleichaltrigen nicht standhalten.

Wenn man sich die Zeit nimmt, intensiver darüber nachzudenken, erscheint es schier unglaublich, daß alle anderen Lebewesen auf Erden in ihrer Unwissenheit mit dem zufrieden sind, was die Natur ihnen mitgegeben hat, die intelligenteste Art jedoch, der Mensch, sich selbst ein Problem geschaffen hat, das immer größere Kreise zieht: *die Abhängigkeit von Drogen.*

Wie kann man dagegen angehen? In vielen Fällen gibt es durchaus Möglichkeiten. Oft sind Familie, Freunde oder ist der Arbeitsplatz nicht unwiederbringlich verloren. Häufig wird der Abhängige nicht von Familie, Freunden oder dem Arbeitgeber fallengelassen, sondern in dem Maß, wie der Abhängige selbst seinen Widerstand gegen die Droge aufgibt und sein Schicksal einfach hinnimmt, verlieren auch Familie und Freunde den Glauben an ihn. Sie haben die Lügen und Täuschungsmanöver satt. Und dann kommt der Zeitpunkt, in dem sie nicht nur das Versagen des Abhängigen, sondern auch ihr eigenes akzeptieren.

Nicht immer wird klar, daß die Personen, die in solchen Situationen am meisten leiden, nicht die chronisch Abhängigen selbst sind. Wie bereits dargelegt, erkennen sie infolge ihrer Abhängigkeit nicht mehr richtig, in welch schrecklicher Lage sie sich befinden. Und da sie der Meinung sind, ohnehin nicht von der Droge loszukommen, wollen sie die Realität auch nicht wahrhaben. Anders hingegen die Personen in ihrem Umfeld, die diese Abwehr nicht besitzen. Es ist schon schlimm genug, wenn eine geliebte Person stirbt, aber noch viel schmerzhafter ist es zu sehen, wie ein Mensch sich von einem liebenden, zärtlichen und aufmerksamen Partner in ein selbstsüchtiges, aggressives Monster verwandelt! Vor allem, wenn der Grund dafür so offensichtlich ist und man diesem Menschen dennoch nicht vermitteln kann, daß die Droge an diesem Elend schuld ist.

Die Droge hilft dem Süchtigen, sich über ein Problem hinwegzutäuschen, für das er keine Lösung sieht. Familie und Freunde haben nur die eine Möglichkeit: sich von ihm zu trennen, so schwer ihnen das auch fallen mag. Sollte es Ihnen jedoch gelingen, den Mechanismus der Drogensucht so zu erklären, daß sowohl der Süchtige als auch seine Familie und Freunde die einfache und auf Dauer wirksame Therapie verstehen, werden diese gern und sofort dazu bereit sein, jemanden zu retten, den sie schon aufgegeben haben.

Aber wie können wir Abhängigen helfen, die zur Droge gegriffen haben, weil ihr Leben schon vorher grau und eintönig war, oder jenen, deren Freunde oder Angehörige sich nicht mehr engagieren wollen? In diesem Fall ist die Lösung nicht ganz so einfach, doch mit gesundem Menschenverstand und dem Willen zur Zusammenarbeit kommt man auch hier ans Ziel. Ich werde darauf im nächsten und letzten Kapitel eingehen.

KAPITEL 46

Zusammenfassung

Wie können wir die Pest des 20. Jahrhunderts in unserer Gesellschaft bekämpfen? Bisher ist es uns nicht einmal gelungen, die Geschwindigkeit, mit der die Drogen sich ausbreiten, unter Kontrolle zu halten. Es gibt im Moment sechs verschiedene Ansätze, um das Problem zu lösen:

1. Schocktherapie: Massive Aufklärungskampagnen, um Abhängigen nahezubringen, was sie ohnehin schon besser wissen, als diejenigen, die sie aufklären wollen: *daß sie Idioten sind!* Dieser Ansatz hat bei den meisten Abhängigen bisher nichts bewirkt und ist nicht einmal als Präventivmaßnahme geeignet, um noch nicht Abhängige abzuschrecken.
2. Die Suche nach Ersatzbefriedigungen: In Kapitel 26 habe ich erklärt, warum es keinen geeigneten Ersatz geben kann und warum die nutzlose Suche danach nur dazu führt, daß ehemalige Abhängige bis an ihre Lebensende das Gefühl nicht loswerden, auf etwas verzichten zu müssen.
3. Veränderung des Umfelds von Drogenabhängigen: Grundsätzlich befürworte ich dies in vielen Fällen, doch im Fall von Alkohol, Nikotin und Heroin zeigt die Erfahrung, daß es keine sozialen Barrieren gibt. Der einzige Weg zum Erfolg bestünde darin, jede Form von Streß bei jedem einzelnen zu vermeiden. Ein schöner Gedanke, aber wohl kaum in die Tat umzusetzen.
4. Die Vorgehensweise der Anonymen Alkoholiker: In meinen Augen der am wenigsten hilfreiche Ansatz, weil er davon ausgeht, daß der Fehler beim Abhängigen liegt und nicht bei der Droge und der Einstellung der Gesellschaft ihr gegenüber.
5. Werbeverbot: Meiner Meinung nach wäre der Effekt der gleiche wie bei einem Verbot des Produkts. In den Ländern, in denen die Werbung verboten wurde, ist der Tabakkonsum laut Statistik zurückgegangen. Aber als Wirtschaftsprüfer kenne ich Statistiken nur zu gut

und weiß, wie irreführend sie sein können, insbesondere, wenn sie von der gleichen Behörde erstellt werden, über deren Arbeit sie eine Aussage machen sollen, und diese Behörde von Beamten oder Politikern geleitet wird. Ein klassisches Beispiel ist folgendes: »Die Steigerung der Inflationsrate ist seit drei Monaten rückläufig.« Nun könnte man glauben, dabei handle es sich um eine gute Nachricht, vor allem weil sie uns entsprechend verkauft wird. Doch im Grunde sagt sie nichts anderes aus, als daß die Inflationsrate seit drei Monaten steigt! Aber angenommen, die Tabakstatistiken sind korrekt und werden auch nicht auf verwirrende Weise präsentiert, woher will man wissen, daß der sinkende Verbrauch mit dem Werbeverbot zusammenhängt? Auch in Großbritannien war der Tabakverbrauch in den letzten Jahren rückläufig, und das trotz Werbung. Die Organisatoren der Nationalen Nichtrauchertage betrachten diesen Rückgang als ihr Verdienst, ohne auch nur einen einzigen Beweis dafür erbringen zu können.

6. Den Nachschub an Drogen zu unterbinden: Jede Woche hören wir, daß ein großer Drogenring aufgeflogen sei und man wieder einen Erfolg im Kampf gegen die Drogen verbuchen könne. Aber gleichzeitig breitet sich die Drogensucht permanent aus. Lernen wir tatsächlich nichts aus der Geschichte? Die Prohibition hat uns gelehrt, daß Gesetze die Meinung des Volkes widerspiegeln sollten und nicht umgekehrt. Und wenn nach einem Produkt Nachfrage besteht, wird dieser Markt auch bedient, wenn nötig, illegal.

Ein Verbot von Alkohol wäre keine Lösung. Im Gegenteil, es würde ein zusätzliches Problem schaffen: organisiertes Verbrechen. Die Drogenringe von heute bauen auf den Erfahrungen des Alkoholschmuggels von damals auf. Und was die Heroinabhängigkeit betrifft, interessieren sich die Behörden anscheinend mehr für das *Verbrechen* des Heroinhandels als für das Elend der Süchtigen.

Aufgrund der Erfahrungen mit der Prohibition, die das Alkoholproblem nicht lösen konnte, tendieren sogenannte Experten zu der einfachen Lösung, alle Drogen zu legalisieren. Dabei übersehen sie allerdings, daß die Aufhebung der Prohibition das Problem genausowenig gelöst hat. Die beiden Stoffe – Nikotin und Alkohol –, die um ein Vielfaches häufiger zu Elend, Zerstörung und Tod führen als alle anderen Drogen zusammen, sind beide legal erhältlich.

Das wäre alles zu entschuldigen, wenn dadurch das Problem beseitigt werden könnte, doch das ist keineswegs der Fall. Es ist schier unmöglich, auch nur eine einzige Person zeit ihres Lebens von jeglichem Streß und jeder Depression fernzuhalten, ganz zu schweigen von einer ganzen Nation. Und ebenso offensichtlich ist, daß Menschen zu Drogen greifen werden, solange sie glauben, sie könnten dadurch ihre Probleme lösen oder zumindest mindern. Dabei spielt es keine Rolle, ob diese Drogen illegal beschafft werden müssen, ob sie beworben werden, ob sie schädlich sind und so weiter. Es gibt nur *eine* praktikable Lösung, nämlich die, die ich schon seit mehr als zehn Jahren mit nachweisbarem Erfolg propagiere.

Um die Gesellschaft aufzuklären, und zwar nicht über die schlimmen Nebenwirkungen der Drogensucht, sondern über zwei weniger bekannte Aspekte im Zusammenhang mit Drogen, bedarf es einer massiven Gegengehirnwäsche:

1. Drogen können nicht das bewirken, was man von ihnen erwartet, sie haben genau den gegenteiligen Effekt.
2. Wir brauchen keine Drogen. Wir sind mit allem ausgerüstet, um das Leben meistern und genießen zu können.

Wenn wir erreichen, was wir uns vornehmen, sind wir am Ziel und haben damit das Verlangen nach der Droge beseitigt. Jeder Geschäftsmann kann bestätigen, daß er die Herstellung eines Produkts einstellen wird, wenn keine Nachfrage mehr danach besteht. Dann würde auch keine Werbung mehr helfen, er bliebe einfach darauf sitzen.

Einen großen Haken hat die Sache dennoch. Ich bin davon überzeugt, daß unser Schöpfer uns bestens ausgestattet hat, um überleben zu können, doch ich bezweifle, ob wir über die geeigneten Mittel verfügen, um jene Probleme zu bewältigen, die wir uns selbst geschaffen haben. Die Erfindung des Rades, die Nutzung des Feuers, die Entwicklung des Ackerbaus haben uns unglaublichen Fortschritt gebracht. Und die Menschen meiner Generation durften eine Entwicklung in der Technologie miterleben, die sogar einen Visionär wie H.G. Wells in Erstaunen versetzt hätte.

Ich bin im Grunde Optimist. Ich würde am liebsten hundert Jahre alt werden. Was veranlaßt mich dann dazu, schon wieder eine dunkle Wolke hinter mir aufziehen zu sehen, ähnlich der, die mir als Raucher so vertraut war? In dieser dunklen Wolke steckt nicht die Angst um mich selbst, sondern um meine Kinder und vor allem um meine Enkel. Damit meine ich nicht die normalen Sorgen von Eltern um ihren Nachwuchs, sondern eine gewisse Endzeitangst, ich sehe die Vorboten dafür, daß wir blindlings auf die Zerstörung unseres Planeten hinarbeiten.

Es gibt immer Menschen, die die Meinung vertreten, die menschliche Rasse werde überleben, weil sie früher oder später für jedes Problem eine

Lösung findet. Das heißt nichts anderes als: Wir haben bisher überlebt, warum sollten wir es nicht auch in Zukunft? Damit machen sie nichts anderes als der Vogel Strauß. Dieser Optimismus mag bewundernswert sein, doch beweisen sie damit in etwa soviel Vorstellungsvermögen wie der Mann, der vom Dach eines Hochhauses stürzt und auf seinem Weg nach unten beim zehnten Stockwerk sagt: »So weit, so gut!« Das waren aber auch seine letzten Worte.

Die Entdeckung des Feuers haben wir dazu genutzt, Bomben zu bauen, die ein weitaus größeres Vernichtungspotential in sich tragen als alle nur denkbaren Naturkatastrophen wie Waldbrände oder Vulkanausbrüche. Unsere technische Fortbewegung hat mit der Erfindung des Rads begonnen und sich über den Rolls-Royce bis zur Concorde gesteigert und sich weiter bis zu den Raketen entwickelt, deren Tempo weit über unser Vorstellungsvermögen hinausgeht. Was soll daran falsch sein? Nichts, solange wir diese Entwicklung unter Kontrolle haben und wissen, in welche Richtung wir uns bewegen. Doch wohin soll das alles führen? Wäre es sinnvoll, sich auf das einfache Rad zurückzubesinnen und ohne Bremsen oder eine andere Möglichkeit, die Geschwindigkeit zu beeinflussen, einen Berg hinunterzurollen? Oder würde man die Situation verbessern, indem man das Fahrzeug noch tausendmal schneller macht?

Genau das ist der Grund für meine Vorbehalte. Diese schreckliche Kurzsichtigkeit. Wir verfügen über hochentwickelte Technologien, die aber in erster Linie vorangetrieben wurden, um Feinde in größerer Zahl vernichten zu können und den Reichtum einzelner Gruppen zu mehren. Diese Technologien sind außer Kontrolle geraten. Sie tragen nicht zum kollektiven Wohlstand bei, sondern zur Zerstörung unseres Planeten. Sie machen uns blind für die von unseren Vorfahren erworbene Fähigkeit, gemeinsam als zivilisierte Menschen in Glück und Harmonie zu leben.

Betrachten wir kurz einige Aspekte im einzelnen: Automatisierung sollte eigentlich eine Verbesserung für die Mitarbeiter einer Firma mit sich bringen. Von der richtigen Organisation der Arbeitsabläufe erhoffte man sich einen höheren Lebensstandard für alle und eine Reduzierung der Arbeitszeit. Doch wie sieht es heute damit aus? Etwa ein Fünftel der Bevölkerung hat überhaupt keine Arbeit, für die meisten von ihnen besteht auch wenig Aussicht, jemals wieder eine zu finden. Diejenigen, die das Glück haben, einen Arbeitsplatz zu besitzen, erkranken an Krebs oder erleiden Nervenzusammenbrüche, weil sie nun doppelten Einsatz bringen müssen, um mit der Technologie Schritt zu halten, jener Technologie, mit deren Hilfe sie den Überfluß an Waren produzieren, die sich nur wenige leisten können. Diese Menschen haben weniger freie Zeit, um ihr schwer verdientes Geld genießen zu können. Und wenn sie dieses

Geld ausgeben wollen, haben sie ein schlechtes Gewissen, weil so viele andere Menschen verhungern, arbeitslos sind und keine Perspektiven für die Zukunft haben.

Mit der Arbeitslosigkeit nehmen auch Verbrechen, Gewalt und Drogenkonsum zu. Oder will vielleicht jemand behaupten, diese Probleme würden uns nicht in immer stärkerem Maße zu schaffen machen?

Die Mittel der Medizin haben sich während unserer Zivilisationsgeschichte von Gebeten über Zaubersprüche, Hexerei, Kräuter und Aderlaß zum Skalpell entwickelt. Früher hat man um Heilung von einer Krankheit gebetet, dann hat man Blutegel gesetzt, und schließlich ist man dazu übergegangen, Teile aus dem Körper zu entfernen, ihn zu vergiften oder eine Wunderpille zur Heilung von Krankheiten zu entwickeln. Während der Zeit, die ich bewußt miterlebt habe, hat sich der Schwerpunkt in der Medizin vom Skalpell auf Pillen und giftige Substanzen verschoben. Für mich besteht kein Zweifel daran, daß die Ärzte einen wesentlichen Anteil an unserem heutigen Drogenproblem haben.

Ich muß noch einmal betonen, daß ich kein Arzt bin. Was gibt mir also das Recht oder die Qualifikation, die Methoden der Medizin in Frage zu stellen? Nun, ich habe mir jahrelang angehört, welche Ratschläge Ärzte zum Thema Rauchen, Alkohol und Drogensucht erteilten. Diese Ratschläge entsprachen genau dem Gegenteil dessen, was richtig gewesen wäre. Und wer sagt mir, daß sie sich in anderen Bereichen nicht genauso irren?

Betrachten Sie die Angelegenheit aus einem anderen Blickwinkel. In jedem Entwicklungsstadium der Medizin, vom Zauberspruch bis hin zur Pille, hätte man auf die Zweifel eines Laien genauso reagiert, wie man das heute auf meine Äußerungen zum Rauchen tut: »Sie sind qualifizierte Ärzte, sie wissen, was sie tun.«

Nehmen wir einmal an, nicht Ihr Körper macht Ihnen Probleme, sondern Ihr Auto. Was wäre Ihre Reaktion, wenn der Mechaniker Ihnen vorschlagen würde: »Knien wir uns nieder, und beten wir darum, daß Ihr Wagen wieder anspringt«?

Wir würden uns einen anderen Mechaniker suchen, weil wir wissen, daß es in diesem Fall nur ein Mittel gibt, nämlich die Ursache zu finden und den Fehler zu reparieren. Aber ist es im Grunde nicht genauso mit jedem anderen Problem im Leben? Bei Autos leuchtet es uns ein, weil sie von Menschen gebaut wurden und wir ihre Funktionsweise verstehen. Würden wir aber einen Menschen aus der Steinzeit in unser 20. Jahrhundert versetzen, hielte der den Vorschlag des Mechanikers für absolut logisch. Da wir den menschlichen Körper nicht selbst konstruiert haben und folglich seine Funktionsweisen auch nicht ganz verstehen, ist unsere

Chance, Fehler zu beheben, in etwa so groß wie die eines Steinzeitmenschen, ein modernes Auto wieder in Gang zu bringen. Eigentlich sind unsere Aussichten noch viel geringer. Der Steinzeitmensch war nicht weniger intelligent als wir, auch wenn wir heute über ausgeklügelte Technologien verfügen. Aber der menschliche Körper ist um ein Vielfaches komplizierter als das technisch fortschrittlichste Auto.

In letzter Zeit geht man zunehmend gegen Krankheiten vor, indem man den Schlüssel aller Probleme in unserer DNA sucht oder, genauer gesagt, in unserem Erbgut. Heute scheint man alles auf unsere Gene zurückzuführen. Die Forschung zeigt, daß Alkoholismus, Homosexualität oder die Erkrankung an Gehirntumor bereits im Erbgut eines Menschen angelegt sind.

Was mich jedoch am meisten überrascht ist, daß es immer wieder Erstaunen hervorruft, wenn Veranlagungen wie etwa Homosexualität auf unsere Gene zurückgeführt werden. Mich würde es eher erstaunen, wenn es nicht so wäre. Wie sonst sollten sich die Arten weiterentwickeln? Nehmen wir als Beispiel den Computer, mit dem ich arbeite. Er trägt die DNA eines Buchs. Diese grundlegende DNA wird mehrere tausendmal kopiert. Angenommen, ich würde meine Meinung nun ändern. Welche Möglichkeit hätte ich, diese Änderung zum Ausdruck zu bringen? Indem ich die DNA ändere. Ich will Ihnen damit verdeutlichen, daß meine Ansichten, egal, ob falsch oder richtig, direkt in meinen Computer übergehen. Aber sie sind nicht meine Ansichten, weil sie in meinem Computer gespeichert sind.

Nehmen wir an, Sie würden das Manuskript dieses Buches kritisch überarbeiten und in meiner Argumentation einen schwerwiegenden Fehler finden. Sie könnten nun den Computer so programmieren, daß er diesen Fehler berichtigt. Doch Ihnen wäre damit nicht im geringsten geholfen, denn ich würde beim Durchlesen der Druckfahnen wieder den Originalzustand herstellen. Ist jemand homosexuell, weil seine Gene von Geburt an so programmiert waren, oder haben sich seine Gene im Lauf der Zeit verändert, weil er homosexuell wurde?

Lassen wir die Homosexualität und nehmen wir als Beispiel eine Krankheit. Ändern Sie das für diese Erkrankung verantwortliche Gen, und Sie haben das Problem gelöst. Aber das wäre nicht viel anders, als vor zweihundert Jahren mit den Pocken. Menschen, die an Pocken erkrankten, bekamen einen Ausschlag am Körper. War das Problem gelöst, wenn man die betreffenden Stellen herausschnitt? Der Ausschlag war nicht die Ursache der Krankheit, sondern das Symptom.

Um ein Problem zu lösen, egal, ob es sich um eine Krankheit oder etwas anderes handelt, muß man als erstes die Ursache finden und beseitigen. Jede Art der Therapie, die nicht von diesem Ansatz ausgeht, sollte man mit größtem Vorbehalt betrachten. Wenn wir glauben, Krankheiten werden von unseren Genen ausgelöst, halten wir damit unseren Schöpfer nicht nur für unintelligent, sondern sogar für ausgesprochen dumm, weil er unser Erbgut so programmiert hat.

Ich bin ein großer Befürworter von Lehre, Forschung und Fortschritt. Aber es gibt auch unzählige Beispiele, welchen Schaden wir anrichten können, wenn wir Gott spielen wollen und uns in Dinge einmischen, von denen wir nichts verstehen. Die Fehler der Medizin mußten bisher nur Tausende oder vielleicht auch Millionen von Menschen ausbaden. Wenn Krankheiten in unserer DNA verankert sind, wäre es dann nicht sinnvoll, sie auszumerzen und nicht auf die folgenden Generationen übergehen zu lassen? Sicher, aber es gibt genügend Fälle, in denen Menschen sich in eine zunächst einfach erscheinende Angelegenheit einmischten und sich daraus dann schwerwiegende Folgen ergaben. Wir brachten Hasen nach Australien, die sich dort zu einer Plage auswuchsen. Aber die Experten fanden eine einfache Lösung dafür. Da es in Australien keine Füchse gab, wurden Füchse angesiedelt. Leider waren diese intelligenter als die Experten. Sie sahen keinen Sinn darin, wertvolle Energie zu verschwenden, indem sie den Hasen hinterherjagten, wenn die einheimischen Tiere viel einfacher zu haben waren. Damit scheiterten die Experten an der Lösung des Hasenproblems und schufen gleichzeitig zwei neue Probleme.

Wenn wir nun damit beginnen, an der DNA herumzubasteln, die noch nicht einmal richtig erforscht ist, spielen wir wirklich Gott. Wir experimentieren an genau dem Programm herum, das für die gesamte menschliche Rasse verantwortlich ist. Jeder Fehler kann Millionen andere Fehler nach sich ziehen. Die Geschichte von Frankenstein und seinem Monster könnte leicht Realität werden, und das in einem Ausmaß, an das wir nicht zu denken wagen.

Ich betrachte es als unverantwortlich, daß wir dahingehend manipuliert wurden, den Konsum von Nikotin und Alkohol als völlig normal zu betrachten und Krankheiten für etwas ganz Natürliches zu halten, wovon Ärzte uns jederzeit mit Wunderpillen heilen können. Jahrelang wollte mich meine Mutter, und später dann meine Frau, dazu überreden, zum Arzt zu gehen, wenn ich erkältet war. Wenn ich es tatsächlich tat, verordnete der Arzt mir Tabletten, Hustensaft und einige Tage Bettruhe. Wenn ich mir den Arztbesuch, die Medikamente oder die Bettruhe nicht leisten konnte, machte das keinen großen Unterschied. Die Erkältung schien immer gleich schwer zu sein und gleich lange zu dauern. Eine erstaunliche Erfahrung machte ich bei meiner letzten Grippe, die schon einige Jahre zurückliegt. Ich ging zum Arzt, und er sagte folgendes zu mir:

»Kein Grund zur Sorge. Das ist ein Bazillus, der gerade umgeht. In ein paar Tagen ist alles vorbei.« Er verordnete kein Medikament. Seine ehrliche Einschätzung der Lage half mir weitaus mehr als jedes Placebo, das er mir hätte verschreiben können.

Ich kann es akzeptieren, daß wir Angriffen anderer Lebewesen auf diesem Planeten ausgesetzt sind. Und ich bin der Meinung, daß sowohl Menschen als auch Elefanten ein Immunsystem besitzen, das ihnen hilft, diese Angriffe zu überleben. Ich kann es allerdings nicht hinnehmen, daß die Mehrzahl der modernen Krankheiten, unter denen Menschen und Tiere heute leiden, eine natürliche Folge des Überlebenskampfes zwischen Virus und Mensch sein sollen.

Wird Lungenkrebs oder eine Herzerkrankung durch einen Virus verursacht? Glauben Sie, Gott hat uns nur geschaffen, um uns mit solchen Krankheiten zu quälen? Als ich ein Kind war, fing man gerade damit an, Heilmethoden gegen tödliche Krankheiten zu entdecken. Leider muß ich nun aber auch miterleben, daß man Krankheiten erfindet, gegen die es keine Therapie gibt. Wie kann es sein, daß über Generationen hinweg das Überleben jeder Art nur von den klimatischen Bedingungen und dem Wettbewerb mit anderen Arten abhing? Sind nicht alle Krankheiten ein Produkt menschlicher Zivilisation, sei es die Pest oder Aids? Woher kommt Aids überhaupt? Glauben Sie wirklich, unser Schöpfer war so dumm, eine System zu schaffen, in dem Kreaturen Geschlechtsverkehr ausüben müssen, um ihre Art zu erhalten, und sich dabei gleichzeitig eine tödliche Krankheit holen? Glauben Sie, unser Schöpfer hat eingeplant, daß irgendein Lebewesen Kondome benutzt?

Die Beweislage ist erdrückend. Diese Katastrophen können nur eine Folge der Verschmutzung und systematischen Ausbeutung unseres Planeten durch den Menschen sein und der Einmischung von Menschen in Angelegenheiten, von denen sie nicht genügend verstehen. Auf diese Weise könnten wir ein Monster nach der Art Frankensteins schaffen, nur viel schlimmer. Im Grunde ist dieser Prozeß bereits im Gang, vorerst jedoch nur in kleinen, isolierten Bereichen. Deshalb ignorieren wir diese Entwicklung noch.

Über viele Generationen hinweg haben Bauern ihr gesammeltes Wissen an ihre Nachkommen weitergegeben, um ihnen zu vermitteln, wie man aus wertvollem Ackerland das Optimale herausholen kann. Nun hat der intelligente moderne Mensch aber herausgefunden, daß er mit den Mitteln der Massenproduktion, mit Chemikalien, Giften und Insektiziden genügend Ertrag erwirtschaften kann, um die Grundlage für eine Überbevölkerung zu schaffen, deren Versorgung unseren Enkelkindern größte Probleme bereiten wird. Dann werden sich doppelt so viele Menschen in einer Wüstenlandschaft drängen, die voll von Insekten ist, gegen die kein einziges Gift mehr wirkt!

Die unglaubliche Wahrheit lautet jedoch, daß es für die meisten dieser Probleme, wie Umweltverschmutzung, Zerstörung der Regenwälder oder Überfischung der Meere, bereits eine ganz einfache Lösung gibt. Wir müssen nur *damit aufhören!*

Nehmen Sie als Beispiel den Krieg. Angenommen, Sie und ich wären Nachbarn und wir würden uns streiten, ob die Äpfel, die von Ihrem Baum auf meiner Seite des Gartens zu Boden fallen, nun Ihnen oder mir gehören. Schließlich würden die Behörden eingreifen. Wir müßten beide vor Gericht, und man würde von uns verlangen, wie erwachsene Menschen zu handeln und den Streit beizulegen. Aber wie lösen die Behörden ihre eigenen Probleme? Als Argentinien die Falklandinseln besetzte, wurde dabei niemand verletzt oder getötet. Hat Großbritannien dann abgewartet, daß die Vereinten Nationen sich um die Angelegenheit kümmern? Nein, unschuldige Argentinier und Briten mußten sterben, und zwar aus keinem anderen Grund als aus Stolz.

Oder ein Beispiel aus der Wirtschaft. Sie oder ich machen absichtlich unmäßig hohe Schulden, die wir vermutlich nie mehr zurückzahlen können. Das wäre eine kriminelle Handlung. Aber viele Nationen betreiben das gleiche schon seit Jahren. Das Groteske daran ist, daß diese Schulden meist gemacht wurden, um Kriege zu finanzieren, die niemand wollte, oder um sich auf solche vorzubereiten.

Das sind einige der Gründe, die die dunkle Wolke hinter mir aufziehen lassen. Es bringt mir keinen Vorteil, die Katastrophen, die der Menschheit in Zukunft drohen, aufzuzählen. Indem wir nur reden und uns diese Probleme ins Bewußtsein rufen, *finden wir keine Lösungen dafür.*

Es gibt Organisationen wie Green Peace, deren Mitglieder ihr Leben wegen einiger Wale aufs Spiel setzen. Doch sie sind nur ein Tropfen im Ozean. Ihre Hauptfeinde sind jene Regierungen, deren Völker am meisten vom Überleben der jeweiligen Tiere abhängen. Nehmen wir als Beispiel noch einmal den Mann, der vom Hochhaus fiel. War seine Aussage »So weit, so gut« wirklich so dumm? Möglicherweise nicht. Vielleicht hat er erkannt, daß er nichts mehr daran ändern kann und wollte möglichst tapfer seinem Ende entgegengehen. Das Beispiel wäre noch anschaulicher, wenn er einen Fallschirm dabeigehabt hätte. Würde er ihn erst öffnen, wenn er beim zehnten Stock angekommen ist, wäre er nicht tapfer, sondern dumm, weil er zu lange gewartet hat.

Ich glaube, das entspricht genau der Situation, in der wir uns befinden. Vielleicht haben auch wir schon zu lange gewartet. Aber ich bin nach wie vor optimistisch und glaube, wir können noch etwas bewerkstelligen. Voraussetzung dafür ist allerdings, daß wirklich jeder einzelne von uns, der nur einen Funken von Verstand besitzt, realisiert, daß sich bald etwas ändern muß, *sonst ist es zu spät!*

Wie bereits erwähnt, liegen die Probleme klar auf der Hand. Und es gibt dafür ebenso klare und einfache Lösungen. Es bedarf lediglich der richtigen Koordination. Man braucht nicht lange darüber nachzudenken, um herauszufinden, daß die einzigen Personen, die die Macht besitzen, wirklich etwas zu bewegen, unsere führenden Politiker sind. Nur leider scheinen sie als letzte zu begreifen, was für den Rest der Bevölkerung nur allzu sichtbar ist. Bei näherer Betrachtung finde ich das nicht einmal so überraschend. Ihr Arbeitsplatz hängt davon ab, wen wir wählen. Um genügend Stimmen zu erhalten, müssen sie die Meinung der Mehrheit in der Bevölkerung vertreten. Theoretisch wählen wir sie, damit sie unseren Staat führen. Die Praxis sieht jedoch so aus, daß sie von uns gewählt werden, weil sie in unserem Sinn handeln. Aber brauchen wir sie dazu überhaupt? Die gegnerischen Parteien listen in ihren Programmen jeweils die Punkte auf, mit denen sie unsere Stimmen zu gewinnen hoffen. Dabei geht es in erster Linie um Steuern, Gesundheitswesen und Arbeitslosigkeit. Währenddessen wird unser Planet systematisch zerstört. Das Ganze kommt mir vor, als würden wir unseren nächsten Urlaub planen, während unser Haus um uns herum in Flammen aufgeht.

Ich gebe ehrlich zu, daß ich schon vor Jahren meinen Glauben an Politiker verloren habe. Sie scheinen unfähig zu sein, interne Probleme wie Drogenkonsum, Gesundheitswesen, Arbeitsplätze oder Kriminalität in den Griff zu bekommen. Alle diese Probleme wachsen kontinuierlich an. Aber ist das ein Wunder?

Stellen Sie sich vor, Sie stünden kurz vor einer Gehirnoperation. Wären Sie damit einverstanden, daß diese Operation jemand durchführt, der noch nie in seinem Leben ein Skalpell in der Hand gehalten hat? Oder würden Sie es zulassen, daß jemand eine Zahnfüllung bei Ihnen erneuert, der noch nie eine Zahnarztpraxis von innen gesehen hat? Aber der wichtigste Job im Land, der des Premierministers, erfordert keinerlei Ausbildung oder Qualifikation. Wir würden diese Aufgabe bereitwillig auch einer Person übertragen, die nicht einmal eine bestimmte Mindestqualifikation besitzt, wie dies zum Beispiel für einen vergleichsweise unbedeutenden Beruf wie den eines Wirtschaftsprüfers notwendig ist.

Aber diese Person kann immerhin genügend Experten um sich scharen. Wenn nur die Experten nicht genauso unqualifiziert und schlecht ausgebildet wären. Wir verstehen nicht, daß es dem Fußballnationaltrainer nicht gelingt, eine ordentliche Mannschaft aufzustellen, obwohl er die Fußballelite des Landes zur Auswahl hat. Wenn er aber selbst noch nie Fußball gespielt hätte, wüßten wir sofort, warum. Wie können wir von einem Gesundheitsminister erwarten, seinen Job gut zu erledigen, wenn er selbst nicht einmal Arzt ist? Diese Minister bleiben auf ihren Stühlen sitzen, bis sie sich einen groben Schnitzer erlauben. Dann erfolgt in der Regel eine Kabinettsumbildung. Eigentlich traurig, denn nun wechseln sie von einem Amt, in dem sie sich gerade gewisse Kenntnisse erworben haben, ins nächste, von dem sie wieder nichts verstehen. Das geht so lange gut, bis sie einen so unverzeihlichen Fehler begehen, daß sie in der ersten Riege nicht mehr zu halten sind. Was passiert dann mit ihnen? Wird ihnen der Kopf abgehackt? Natürlich nicht. Wir leben in keiner Fantasy-Welt. Werden sie einfach gefeuert? Niemals, gefeuert werden nur Bergarbeiter oder Zugführer, wenn sie etwas falsch machen. Wenn ein Minister sich als unkompetent erweist, wird er in Großbritannien zum Lord oder, im Falle einer Frau, zur Lady ernannt!

Nun bin ich vielleicht ungerecht gegenüber Politikern, denn zumindest in einem Bereich sind sie Experten: Wie man gewählt wird. Hier liegt auch das Problem. Der Wahlkampf kostet sie soviel Kraft und Energie, daß sie nach den Wahlen völlig erschöpft sind und sich bis zum nächsten Wahlkampf erholen müssen. Ich glaube, ich stehe mit meiner Meinung zur Parteipolitik nicht mehr allein auf weiter Flur. Ich setze nicht die geringste Hoffnung in unsere Politiker, daß sie in der Lage sein werden, unsere innenpolitischen Probleme zu lösen, ganz zu schweigen von jenen Schwierigkeiten, die eine weltweite Kooperation erfordern.

Warum sind die USA heute die mächtigste Nation? Vermutlich wären sie es nicht, wenn sie sich noch immer aus fünfzig unabhängigen Staaten zusammensetzen würden. Könnte jemand ernsthaft dafür plädieren, Amerika solle zu seinen fünfzig Einzelstaaten zurückkehren, von denen jeder seine eigenen Grenzen, seine eigene Sprache, Währung, Gesetzgebung und Regierung besitzt? Sicher würde kein einziger Amerikaner einen solchen Rückschritt befürworten.

Warum aber zögern wir, wenn es um ein Vereintes Europa geht? Mir fällt nicht ein logisches Argument dagegen ein. Manche Menschen befürchten: »Wir werden unsere nationale Identität verlieren.«

Werden wir das? Habe ich meine Identität als Bürger Londons verloren, weil ich zufällig auch Engländer bin? Haben Schotten oder Waliser ihre nationale Identität verloren, weil sie gleichzeitig Briten sind? Ich meine, das hat ihr Bewußtsein für ihre Identität noch mehr geschärft.

»Ich will nicht von Franzosen oder Deutschen regiert werden.«

Bisher haben wir es aber auch nicht als Problem betrachtet, von einem Schotten oder Waliser regiert zu werden. Die große Mehrheit findet es wichtiger, daß der Premierminister politische Kompetenz besitzt. In einem Vereinten Europa wäre es völlig unwichtig, aus welchem Land der Premierminister käme. Großbritannien hat in den letzten vierzig Jahren ohnehin nichts Nennenswertes zustande gebracht. Für uns kann es nur enorme Vorteile bringen, von einem Deutschen regiert zu werden.

Es tut mir leid, wenn ich schon wieder auf das Golfspielen zu sprechen komme, aber in diesem Bereich gibt es schon ein herausragendes Beispiel für ein Vereintes Europa. Ich spreche vom Ryder Cup. Als der Wettbewerb noch auf Großbritannien und Irland beschränkt war, kümmerte sich niemand groß darum. Aber alle Europäer zusammen können den Amerikanern mehr als Paroli bieten. Und unterstützen Sie als Zuschauer die Mannschaft weniger, wenn es sich bei einem Europäer nun um einen Spanier, Schotten, Deutschen, Italiener oder Schweden handelt? Es macht nicht den geringsten Unterschied. Im Moment weist sogar alles darauf hin, daß Ballesteros trotz seiner schlechten Form der nächste Mannschaftskapitän wird. Ich habe dazu keinerlei Protest vernommen, ganz zu schweigen von einem möglichen Aufschrei: »Haben wir die Armada schon vergessen?«

Ich glaube, wir haben nicht so sehr Angst vor einer erfolgreichen europäischen Vereinigung, sondern davor, daß die Art und Weise, wie sie in Angriff genommen wird, das Ziel in unerreichbare Ferne rücken läßt.

Angenommen, Sie würden einen Wettbewerb ausschreiben, in dem es um die am wenigsten geeignete Methode zur Bildung eines Vereinten Europas geht. Ich glaube, folgender Vorschlag hätte die größten Chancen, den ersten Preis zu gewinnen.

Jedes Land wählt sechshundert Parlamentsmitglieder. Von den Bewerbern wird als Qualifikation lediglich verlangt, daß sie den Wunsch haben, genügend Macht zu erlangen, um die Welt in einen besseren Platz zum Leben zu verwandeln. Außerdem muß jeder Kandidat die speziellen Interessen der eigenen Wählerschaft vertreten und sich der Partei gegenüber loyal verhalten. Dadurch entsteht eine Konfliktsituation zwischen den Interessen der Wählerschaft, der Partei und dem eigenen Gewissen. Dieser Konflikt läßt sich nur lösen, indem die Kandidaten ihre Prinzipien etwas ändern. Jeder der sechshundert Vertreter eines Landes vertritt ohnehin eine etwas andere Meinung und andere Interessen, doch eines haben sie alle gemeinsam: Jeder von ihnen hat großen Einsatz erbracht, um an die Macht zu kommen. Sollen sie sich nun selbst aus ihrer Position befördern, indem sie ihre Macht an ein Europäisches Parlament abgeben? Man braucht keine große Phantasie, um zu verstehen, warum Verhandlungen wie jene in Maastricht einfach als Farce enden müssen.

Nun fragen Sie sich vielleicht, was das alles mit Rauchen und Drogenabhängigkeit zu tun hat. Nun, während die Unsicherheit angesichts dieser genannten Probleme wächst, bleibt der Boden für Drogen und ihren Konsum weiterhin fruchtbar. Wenn die Lösungen für die angesprochenen Probleme auch einfach sind, können sie nicht von Einzelpersonen oder Gruppen umgesetzt werden, auch wenn diese noch so motiviert sind. Sie können auch nicht von einzelnen Ländern aus der Welt geschafft werden. Selbst ein Land von der Größe und Macht der USA hat bisher keine Lösung dafür gefunden.

Hier handelt es sich um globale Probleme, die nur durch weltweite Kooperation zu lösen sind. Halten Sie dieses Ziel für schwer realisierbar? Ich glaube, man könnte es lächerlich einfach erreichen, vor allem, wenn man jedem Menschen auf Erden folgendes vermitteln könnte: »Ich biete dir, deinen Kindern und Enkeln ein Leben ohne Drogen, Krieg, Gewalt, Hunger, Umweltverschmutzung und Unsicherheit.« Wie viele Menschen würden ein solches Angebot wohl ausschlagen?

Vielleicht halten Sie mich für leichtgläubig. Aber denken Sie einmal darüber nach. Für unsere derzeitigen Probleme gibt es naheliegende und einfache Lösungen, und wir alle wollen diese Probleme beseitigen:

Warum sollte unter diesen Voraussetzungen eine Zusammenarbeit so schwierig sein?

Gut, wenn es so einfach ist, wie lautet dann das simple Rezept von Allen Carr? Glauben Sie mir, ich mache Ihnen nichts vor, und die Lösung ist wirklich einfach. Doch so lächerlich einfach es ist, mit dem Rauchen aufzuhören, brauche ich doch sechs Stunden, um den Durchschnittsraucher davon zu überzeugen, daß dies der richtige Schritt ist. Und deshalb ist es mir auch nicht möglich, in nur wenigen Worten zu erläutern, warum die Lösung unserer anderen Probleme ebenfalls einfach ist.

Ich habe nur eine Bitte an Sie: Wenn Sie meine Besorgnis teilen und mit mir einer Meinung sind, daß unsere Politiker unfähig sind, die Probleme zu bewältigen, dann sollten Sie mir schreiben und Ihren Standpunkt darlegen. Ich betone noch einmal, ich spreche nicht von einer bestimmten Partei, ich meine sie alle!

Ich freue mich auch über Kommentare, sei es Kritik oder Bestätigung, zu allen anderen in diesem Buch angesprochenen Themen. Wenn Sie eine Antwort wünschen, bitte ich Sie, einen frankierten Rückumschlag beizulegen. Vielen Dank.

NOCH EINE WARNUNG ZUM SCHLUSS

Sie gehören nun zu den Millionen ehemaliger Raucher, die einmal davon überzeugt waren, sich niemals aus der Sklaverei der Nikotinsucht befreien zu können, und es doch geschafft haben. Herzlichen Glückwunsch!

Sie können den Rest Ihres Lebens als glücklicher Nichtraucher genießen. Um das auch sicherzustellen, brauchen Sie nur die folgenden einfachen Anweisungen zu befolgen:

1. Bewahren Sie dieses Buch so auf, daß Sie es sofort zur Hand haben. Verlegen Sie es nicht, leihen Sie es nicht aus, und verschenken Sie es nicht.
2. Falls Sie jemals anfangen sollten, Raucher zu beneiden, machen Sie sich klar, daß diese Raucher Sie beneiden. Nicht Sie müssen auf etwas verzichten, sondern die Raucher.
3. Denken Sie immer daran, daß Sie nicht gern Raucher waren. Aus diesem Grund haben Sie aufgehört. Sie genießen es nun, Nichtraucher zu sein.
4. Zweifeln Sie niemals an Ihrer Entscheidung, nicht mehr zu rauchen. Sie wissen, es war die einzig richtige Entscheidung.
5. Falls Sie jemals denken: Vielleicht sollte ich doch einmal eine Zigarette rauchen, müssen Sie sich darüber im klaren sein, daß es *eine* Zigarette nicht gibt. Die Frage muß also korrekterweise lauten: »Will ich wirklich wieder Raucher werden, Tag für Tag diese Dinger in meinen Mund stecken?« Die Antwort lautet:

»NEIN! GOTT SEI DANK BIN ICH FREI!«

Informationen für den Leser

In den letzten Jahren hat sich die Methode von Allen Carr wie ein Lauffeuer über den ganzen Erdball verbreitet. Genauso wie die Bücher von Allen Carr in immer mehr Sprachen weltweit übersetzt werden, entstehen immer neue Standorte, in denen Kurse nach der Methode von Allen Carr angeboten werden.

Die Nichtraucherkurse nach der Methode von Allen Carr stellen eine ideale Ergänzung dar, wenn Sie das Gefühl haben, zwar alles verstanden zu haben, aber es noch nicht umsetzen zu können. Sie können einen Kurs auch alternativ besuchen, wenn Sie persönliche Betreuung wünschen. Rufen Sie uns bei Fragen einfach an. Kontaktadressen finden Sie auf den folgenden Seiten.

Allen Carr's Easyway Nichtraucherkurse werden seit 1993 mit sehr großem Erfolg im deutschsprachigen Raum angeboten. Die Kurse haben eine Erfolgsquote von 90 Prozent, gemessen an unserer Geld-zurück-Garantie. Unverbindliche und kostenlose Informationen über die Kurse erhalten Sie unter der Telefonnummer

Allen Carr's Easyway Deutschland	01 80-3 20 17 17
Allen Carr's Easyway Österreich	01-3 33 13 55
Allen Carr's Easyway Schweiz	01-7 10 56 78

oder im Internet unter

www.allen-carr.de
www.allen-carr.ch
www.allen-carr.at

Eine Liste mit den weltweiten Standorten finden Sie auf den folgenden Seiten. Allgemeine Anfragen über Allen Carr's Easyway richten Sie bitte an das Büro in Überacker bei München.

Wir freuen uns immer wieder zu hören, wenn es ein Raucher geschafft hat, sich aus der Nikotinfalle zu befreien. Sie haben wirklich etwas Großartiges geleistet.

Um mit Ihnen diese Freude teilen zu können, senden Sie doch bitte untenstehenden Abschnitt an folgende Adresse:

Allen Carr's Easyway
Hochgstattweg 8
82216 Überacker
Tel.: 0 81 35-84 66
Fax: 0 81 35-89 20

Liebes Allen-Carr-Team

HURRA, ICH BIN NICHTRAUCHER

Name ______________________________

Adresse ______________________________

____

Bemerkungen:

____

____

____

____

____

____

____

Standorte ALLEN CARR'S EASYWAY®

München

Petra Wackerle & Stephan Kraus
Hochgstattweg 8
82216 Überacker
Tel.: (0 81 35) 84 66
Fax: (0 81 35) 89 20
E-mail: info@allen-carr.de

Düsseldorf

Axel Matheja
Steffenstraße 4
40545 Düsseldorf
Tel.: (02 11) 5 57 17 38
Fax: (02 11) 5 57 17 40
E-mail: axel.matheja@allen-carr.de

Berlin

Tel.: (030) 21 75 04 88
E-mail: info@allen-carr.de

Frankfurt

Elfi Blume
Tel.: (0 67 01) 96 06 73
E-mail: elfi.blume@allen-carr.de

Hamburg

Regine Hildebrandt
Tel.: (0 40) 28 05 10 56
E-mail: info@allen-carr.de

Bad Salzuflen

Wolfgang Rinke
Im neuen Land 20 a
32107 Bad Salzuflen
Tel.: (0 52 22) 79 76 22
Fax: (0 52 22) 79 76 24
E-mail: wolfgang.rinke@allen-carr.de

Stuttgart

Petra Wackerle & Stephan Kraus
Heumadener Straße 11
70329 Stuttgart
Tel.: (07 11) 4 20 91 54
Fax: (0 81 35) 89 20
E-mail: info@allen-carr.de

ÖSTERREICH

Salzburg: Erich Kellermann
Tel.: (06 62) 87 87 18
Fax: (00 49-0 80 31) 46 30 68
E-mail: erich.kellermann@allen-carr.at

Wien: Erich Kellermann
Tel.: (01) 3 33 13 55
Fax: (00 49-0 80 31) 46 30 68
E-mail: erich.kellermann@allen-carr.at

SCHWEIZ

Cyrill Argast
Bernhofstraße 34
CH-8134 Adliswil
Tel.: (01) 7 10 56 78
Fax: (01) 7 10 56 83
E-mail: cyrill.argast@allen-carr.ch

Weitere Standorte auf Nachfrage

Australien

148 Central Road, Nunawading, Vic 3131, Victoria. Tel. & Fax: (03) 98 94 88 66. Trudy Ward
E-mail: easywaya@Bigpond.com

Belgien

Marialei 47, 2018 Antwerpen. Tel.: (03) 2 81 62 55. Fax: (03) 7 44 06 08. Dirk Nielandt
E-mail: GD32280@GLO.BE

Ecuador

Veintimilla 878 y Amazonas, P. O. Box 17-03-179, Quito, Tel. & Fax: (02) 56 33 44). Tel.: (02) 82 09 20. Ingrid Wittich

England

1c Amity Grove, Raynes Park, London SW20 OLQ. Tel. & Fax: (01 81) 9 44 77 61. John Dicey

415 Hagley Road West, Quinton, Birmingham B32 2AD. Tel. & Fax: (01 21) 4 23 17 27. Jason Vale
E-mail: JASEYBEAN @ AOL.COM

Christchurch Business Centre, Grange Road, Dorset BH23 4JD. Tel. (0 14 25) 27 27 57. Fax: (0 14 25) 27 42 50. Anne Emery

185 Burton Stone Lane, York Y03 6DG. Tel.: (07 00) 9 00 03 05
Fax: (0 19 04) 34 01 59

Leeds: Tel.: (01 13) 23 50 00.
Fax: (0 19 04) 34 01 59. Diana Evans

10 Dale Terrace, Dalton-le-Dale, Seaham, County Durham, SR7 8QP. Tel. & Fac: (01 91) 5 81 04 49.
Tony Attrill

Bristol: Unit 13, The Coach House, 2 Upper York Street, Bristol BS2 8QN. Tel.: (0117) 9 08 11 06. John Emery

Angel Cottage, Cutteridge Farm, Whitestone, Exeter EX4 2HE. Tel.: (0 13 92) 81 16 03.
Trevor Emdon
E-mail: horwell.@eurobell.co.uk

48 Eastfield, Joppa, Edinburgh EH15 2PN. Tel. & Fax: (01 31) 6 60 66 88. Derek McGuff.
E-mail: derek@jmcg.demon.co.uk
Kent: Tel. (0 16 22) 67 95 95.
Angela Jouanneau

Frankreich

70, rue St. Ferreol, 13006 Marseille. Tel.: (04) 91 33 54 55.
Fax: (04) 91 33 32 77. Erick Serre
Email: ELYFRANCE@COMPUSERVE.COM

Holland

Pythagorasstraat 22, 1098 GC Amsterdam. Tel.: (0 20) 4 65 46 65. Fax: (0 20) 4 65 66 82. Eveline De Mooij

De Beaufortlaan 22 B, 3768 MJ Soestduinen (gem. Soest). Tel. (stop smoking): (0 35) 6 02 94 58. Tel. (weight) (0 35) 6 03 21 53. Fax: (0 35) 6 03 22 65. Nicolette de Boer
E-mail: nicolette@overtoom.com

Mathenesserlaan 290, 3021 HV
Rotterdam. Tel.: (0 10) 2 44 07 09.
Fax: (0 10) 2 44 07 10.
Kitty van't Hof.
E-mail: carr.rotterdam@wxs.nl

Hongkong

22nd Floor, A & B Guangdong Tours
Centre, 18 Pennington Street,
Causeway Bay. Tel.: (8 52) 28 93 15 71.
Fax: (8 52) 25 54 29 58.
Jon Lewis-Evans & Leo Ngai
E-mail: easyway@hkwww.com

Irland

123 Coolamber Park, Templeogue,
Dublin 16. Tel.: (01) 4 94 16 44.
Brenda Sweeney
E-mail: seansw@iol

Island

Ljosheimar 4, 104 Reykjavik.
Tel.: (3 54) 5 53 95 90.
Fax: (3 54) 5 88 70 60.
Petur Einarsson & Valgeir Skagfjord
E-mail: pein@ismennt.is

Israel

97 Jaffa Street, Office 806, Jerusalem.
Tel.: (02) 6 24 25 86.
Michael Goldman

Italien

Studio Pavanello, Piazza Argentina 4,
20124 Mailand.
Tel.: (02) 29 52 92 51.
Francesca Cesati

Kanada

461 North Service Road, Unit B7,
Oakville, Ontario, L6M 2V5.
Tel.: (9 05) 8 27 38 88.
Fax: (9 05) 8 27 94 34. Nancy Toth.
E-mail: aceasyway@msn.com

Spanien

C/Fernandez De Los Rios, 106, 1. IZQ.
28015 Madrid. Tel.: (91) 5 43 85 04.
Rhea Sivi + Geoffrey Molloy
E-mail: sivimoll@arrakis.es

Südafrika

P.O. Box 5269, Helderberg, Somerset
West, 7135. Tel.: (0 83) 6 00 55 55.
Fax: (0 83) 86 00 55 55.
Dr. Charles Nel

USA

12823 Kingsbridge Lane, Houston,
Texas 77077. Tel.: (2 81) 5 97 19 04.
Fax: (2 81) 5 97 98 29. Laura Cattell.
E-mail: ACatt38826@aol.com

St. Louis: Tel. & Fax:
(3 14) 5 67 45 05
Keith Newmark
E-mail: ac-ezway@swbell.net